# 医药商品学

## 第5版

（供药学类及相关专业用）

主　　编　孟光兴

副主编　易红焱　田丽娟

编　　者　（以姓氏笔画为序）

丁丽曼（浙江中医药大学）

王青宇（郑州大学药学院）

左根永（山东大学公共卫生学院）

田丽娟（沈阳药科大学）

朱　虹（哈尔滨医科大学）

刘　玲（河南大学药学院）

孙国君（浙江工业大学药学院）

杨东梅（广东药科大学）

陈　新（广州新健元医药科技有限公司）

林津晶（福建中医药大学）

易红焱（中国药科大学）

孟光兴（广东药科大学）

曹　燕（华中科技大学同济医学院药学院）

崔　强〔大连市妇女儿童医疗中心（集团）〕

樊玉录（上海健康医学院）

中国健康传媒集团

中国医药科技出版社 ·北京

## 内 容 提 要

　　本教材是"全国高等医药院校药学类专业第六轮规划教材"之一，内容共 23 章。包括绪论、医药商品的分类与编码、医药商品质量与质量管理、医药商品包装、医药商品的运输与储存养护、药品安全与合理用药、药物政策与医药商品市场；选择十六大类重要的药品进行论述，选择品种以市场上的畅销药、《国家基本药物目录（2018 年版）》《国家基本医疗保险、工伤保险和生育保险药品目录（2024 年）》为依据，详细介绍这些药品的名称、作用与适应证、制剂、不良反应、用药指导、商品信息及贮藏等内容。本教材为书网融合教材，即纸质教材有机融合电子教材、教学配套资源（PPT、微课、视频等）、题库系统、数字化教学服务（在线教学、在线作业、在线考试），使教学资源更加多样化、立体化。

　　本教材的编写紧密围绕形成医药商品属性的因素展开，融合了药学、商品学、经济学、医学、市场营销学、消费心理学等学科的理论与知识，可供药学相关专业师生使用，也是医药商品经营管理人员在职培训或自学的重要参考资料。

### 图书在版编目（CIP）数据

医药商品学 / 孟光兴主编. -- 5 版. -- 北京 : 中
国医药科技出版社, 2025. 7. -- ISBN 978-7-5214-5447-5

Ⅰ. F763

中国国家版本馆 CIP 数据核字第 2025A1Q171 号

**美术编辑**　陈君杞
**版式设计**　友全图文

出版　**中国健康传媒集团** | 中国医药科技出版社
地址　北京市海淀区文慧园北路甲 22 号
邮编　100082
电话　发行：010 – 62227427　邮购：010 – 62236938
网址　www. cmstp. com
规格　889mm × 1194mm $^{1}/_{16}$
印张　24 $^{1}/_{4}$
字数　747 千字
版次　2025 年 8 月第 5 版
印次　2025 年 8 月第 1 次印刷
印刷　北京印刷集团有限责任公司
经销　全国各地新华书店
书号　ISBN 978 – 7 – 5214 – 5447 – 5
定价　**69.00 元**

获取新书信息、投稿、
为图书纠错，请扫码
联系我们。

　　"全国高等医药院校药学类规划教材"于20世纪90年代启动建设。教材坚持"紧密结合药学类专业培养目标以及行业对人才的需求，借鉴国内外药学教育、教学经验和成果"的编写思路，30余年来历经五轮修订编写，逐渐完善，形成一套行业特色鲜明、课程门类齐全、学科系统优化、内容衔接合理的高质量精品教材，深受广大师生的欢迎。其中多品种教材入选普通高等教育"十一五""十二五"国家级规划教材，为药学本科教育和药学人才培养作出了积极贡献。

　　为深入贯彻落实党的二十大精神和全国教育大会精神，进一步提升教材质量，紧跟学科发展，建设更好服务于院校教学的教材，在教育部、国家药品监督管理局的领导下，中国医药科技出版社组织中国药科大学、沈阳药科大学、北京大学药学院、复旦大学药学院、华中科技大学同济医学院、四川大学华西药学院等20余所院校和医疗单位的领导和权威专家共同规划，于2024年对第四轮和第五轮规划教材的品种进行整合修订，启动了"全国高等医药院校药学类专业第六轮规划教材"的修订编写工作。本套教材共72个品种，主要供全国高等院校药学类、中药学类专业教学使用。

　　本套教材定位清晰、特色鲜明，主要体现在以下方面。

　　**1.融入课程思政，坚持立德树人**　深度挖掘提炼专业知识体系中所蕴含的思想价值和精神内涵，把立德树人贯穿、落实到教材建设全过程的各方面、各环节。

　　**2.契合人才需求，体现行业要求**　契合新时代对创新型、应用型药学人才的需求，吸收行业发展的最新成果，及时体现2025年版《中国药典》等国家标准以及新版《国家执业药师职业资格考试考试大纲》等行业最新要求。

　　**3.充实完善内容，打造精品教材**　坚持"三基五性三特定"，进一步优化、精炼和充实教材内容，体现学科发展前沿，注重整套教材的系统科学性、学科的衔接性，强调理论与实际需求相结合，进一步提升教材质量。

　　**4.优化编写模式，便于学生学习**　设置"学习目标""知识拓展""重点小结""思考题"模块，以增强教材的可读性及学生学习的主动性，提升学习效率。

　　**5.配套增值服务，丰富学习体验**　本套教材为书网融合教材，即纸质教材有机融合数字教材，配套教学资源、题库系统、数字化教学服务等，使教学资源更加多样化、立体化，满足信息化教学需求，丰富学生学习体验。

"全国高等医药院校药学类专业第六轮规划教材"的修订出版得到了全国知名药学专家的精心指导，以及各有关院校领导和编者的大力支持，在此一并表示衷心感谢。希望本套教材的出版，能受到广大师生的欢迎，为促进我国药学类专业教育教学改革和人才培养作出积极贡献。希望广大师生在教学中积极使用本套教材，并提出宝贵意见，以便修订完善，共同打造精品教材。

中国医药科技出版社

2025年1月

# 数字化教材编委会

主　编　孟光兴

副主编　易红焱　田丽娟

编　者　（以姓氏笔画为序）

丁丽曼（浙江中医药大学）

王青宇（郑州大学药学院）

左根永（山东大学公共卫生学院）

田丽娟（沈阳药科大学）

朱　虹（哈尔滨医科大学）

刘　玲（河南大学药学院）

孙国君（浙江工业大学药学院）

杨东梅（广东药科大学）

陈　新（广州新健元医药科技有限公司）

林津晶（福建中医药大学）

易红焱（中国药科大学）

孟光兴（广东药科大学）

曹　燕（华中科技大学同济医学院药学院）

崔　强［大连市妇女儿童医疗中心（集团）］

樊玉录（上海健康医学院）

# 前　言

医药产业作为保障国民健康的核心载体，是国民经济的重要组成部分，也是人民健康的重要保障，兼具经济增长与民生保障双重属性。医药产业的快速发展，不仅对医药商品的研发、生产、质量控制、标准化体系建设、流通及市场营销能力等方面提出了新的要求，而且要求医药商品的生产者和经营者必须具有丰富的商品学知识。在大健康产业广泛受到关注、"健康中国2030"战略持续深化的背景下，从商品学的角度研究药品及药品市场，对促进医药产业健康发展有重要意义。

随着"三医协同"改革逐步深入，医药商品学的重要性更为凸显。"三医协同"指医保、医疗、医药三者在政策、治理、服务等层面的系统性联动改革；医保聚焦高价值购买、医疗提供高价值服务、医药研发高价值产品，医药商品是将医保、医疗、医药三者贯穿联通的关键线索；三者统一于健康价值提升，其目标是构建以人民健康为中心的整合型服务体系。医药商品学领域的研究对促进我国医改深入发展有重要价值。

医药商品学是研究医药商品的使用价值及其在流通过程中实现医药商品使用价值规律，指导消费者合理用药，分析医药商品市场信息以提高医药企业的经济与社会效益的一门综合性、应用性边缘学科。本教材的编写以我国正在开展的"健康中国2030""三医协同"等战略和政策为背景，根据我国医药产业现状及市场发展要求，以国家对药品质量相关的一系列政策法规为基础，在综合现有教学研究与成果的基础上，结合各参编学校的相关教学实践，广泛吸取现行相关教材的优点，采用分工合作方式编写，经多次讨论修改后定稿。本教材将商品学基本理论与医药商品的特殊性相结合，反映当前国家医药政策和医药市场的变化，力求达到科学性和实用性的统一。本教材的编写紧密围绕形成医药商品属性的因素展开，融合了药学、商品学、经济学、医学、市场营销学、消费心理学等学科的理论与知识，可供药学相关专业师生使用，也是医药商品经营管理人员在职培训或自学的重要参考资料。

本版教材紧密结合2025年版《中国药典》及GMP、GSP等国家标准、法规和规范以及《国家基本药物目录（2018年版）》《国家基本医疗保险、工伤保险和生育保险药品目录（2024年）》等行业最新政策进行修订，在上一轮教材基础上进一步优化、精炼和充实内容，在编写形式上设有学习目标、重点小结等模块。本教材为书网融合教材，即纸质教材有机融合电子教材，教学配套资源（PPT、微课、视频等）、题库系统、数字化教学服务（在线教学、在线作业等）。

本教材由孟光兴担任主编。编写分工如下：孟光兴（第一章、第十二章）、易红焱（第二章）、丁丽曼（第三章）、曹燕（第四章）、朱虹（第五章）、田丽娟（第六章、第八章）、左根永（第七章）、崔强（第九章、第十章）、陈新（第十一章）、杨东梅（第十三章、第十四章）、刘玲（第十五章、第十六章）、樊玉录（第十七章、第二十一章）、王青宇（第十八章、第十九章）、孙国君（第二十章）、林津晶（第二十二章、第二十三章）。

在本教材的编写过程中借鉴和引用了同行前辈的思想精华和研究成果，在此表示衷心的感谢。由于编者水平有限，书中难免有疏漏和不足之处，恳请专家学者和广大读者批评指正，以期不断完善。

编　者
2025年5月

# 目 录

# 第一章 绪 论

PPT

## 📖 学习目标

1. 通过本章学习，掌握医药商品学的研究对象、内容和任务；熟悉医药商品学的学科性质；了解学习医药商品学的意义。

2. 具有识别与区分药品、保健食品、医疗器械、保健化妆品的能力。

3. 养成以商品学的视角理解认识药品的思维方式。

## 第一节 商品与医药商品

### 一、商品的概念

#### （一）商品的含义

商品是社会生产发展到一定历史阶段的产物，是能够满足人们需要的，用来交换的劳动产品。首先，商品具有有用性，能够满足人们的物质需要和精神需要；其次，商品是为了交换而生产的劳动产品，即商品以进入流通领域为特征。

商品具有价值和使用价值两个基本属性，是两者的统一体。商品的价值，是指凝结在商品中的无差别的人类劳动，它反映了人和人之间的社会关系。商品的使用价值，是指商品的效用或物的效用，即"物的有用性"。对具体商品而言，商品使用价值是指该种商品具有能够满足人与社会生产、生活某种需要的用途与功能。

商品的价值和使用价值共存于同一商品体上，二者是相互依存、不可分离的统一体。不存在只有价值没有使用价值的商品，也不存在只有使用价值没有价值的商品。

#### （二）商品的使用价值

商品的使用价值是指商品对其使用者（包括社会）的意义、作用或效用。商品的使用价值是由商品具有的有用属性形成的，商品的属性可以分为自然属性和社会属性。商品作为有用途的物体，在形成使用价值时，起直接和主导作用的是商品的自然属性，主要包括商品的成分、结构、性质等；商品的社会属性是由商品的自然属性派生的，主要包括社会、经济、文化和艺术多方面的内容。

**1. 商品使用价值具有二重性** 商品具有两方面的使用价值：一是商品对于它的生产者和经营者虽然没有直接的使用价值，但有一种间接的使用价值，即可以用来交换，称之为交换使用价值，也可以称为商家使用价值；二是商品对于它的消费者有直接的使用价值，即可满足人和社会的某种需要，这种使用价值称为商品的消费使用价值。人们所说的商品使用价值通常是指商品的消费使用价值。

**2. 商品使用价值具有动态性和历史性** 商品的使用价值要经过形成、转移、实现和消亡的运动历程，尤其是商品的使用价值如何实现是关键，关系到能否最大限度地满足人们需要。随着社会科学技术的进步和人类文明程度的提高，在不同时期，商品的使用价值在发生变化，商品使用价值的作用、效用和意义随着人类社会的发展和进步不断提高。

**3. 商品使用价值具有双重功能**　商品使用价值的双重功能是指由商品的自然属性决定的实用功能和由商品的社会属性决定的美化功能。人们日常生活中所需要的衣、食、住、行等各种商品，往往在具有特定的实用功能的同时，又具有美化的功能。现代商品观念要求，商品生产经营者不仅要注意满足人们的物质需要，同时还需要注意满足人们的精神需要。

### （三）现代商品的整体概念

消费者购买商品，本质上是购买一种需要。这不仅体现在商品消费时，而且还表现在商品购买和消费的全过程。商品不仅是使用价值和价值的统一，还是有形体和无形体的统一，商品能给人们带来的实际利益和心理利益构成了商品整体。现代商品的整体概念包含以下四个层次的内容，各层次之间的关系可以用商品球模型表示，见图1-1。

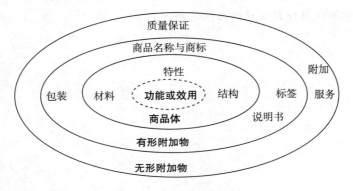

图 1-1　商品球模型

**1. 商品的功能或效用**　是指商品为满足消费者的一定需要所能提供的可靠的、必备的功能或职能。例如，某一特定降血压药的功能或效用是降低血压，满足患者治疗疾病的需要。商品的功能或效用是商品概念的核心，商品通过在使用过程中所能提供的功能或效用来满足消费者的需要。从本质上来看，消费者购买的不是商品本身，而是商品的功能或效用，即使用价值。因此，功能或效用是商品的核心。

**2. 商品体**　是人们通过有目的和有效的劳动投入而创造出来的劳动产物，具有能满足使用者需求的具体功能。功能是商品体在不同条件下表现出来的某些自然属性和社会属性的总和，不同的使用目的或用途要求商品具有不同的功能。商品体能够具备哪些性质或功能是由商品体的成分组成及其反映的社会内涵所决定的。其中，商品体的成分组成又决定了商品体可能形成的形态结构。商品体是由多种不同层次要素构成的有机整体，是商品的使用价值形成的客观物质基础。

**3. 有形附加物**　包括商品名称、商品包装及其装潢与标识、商标及其注册标记、专利标记、质量和安全及卫生标识、环境（绿色或生态）标识、商品使用说明标签或标识、检验合格证、使用说明书、维修卡（保修卡）、购物发票等。它们主要是为了满足商品流通（运输、装卸、储存、销售等）需要、消费（使用）需要以及环境保护和可持续发展需要所附加的。其中，包装、商标等既有使用价值，也有价值。商标还会随着生产经营企业的技术进步和经营管理水平的提高而增加新的价值。

**4. 无形附加物**　是指人们购买有形商品时获得的各种服务和附加利益。如提供信贷、送货上门与免费安装调试服务、售后保证与维修服务、退还退赔服务承诺、一定时期内的优惠折扣、附加财产保险等。善于开发和利用合法的商品无形附加物，不仅有利于充分满足消费者的综合需求，为消费者提供更多的实际利益，而且有利于企业在激烈的竞争中突出自己商品的附加服务和利益优势，提高市场竞争力。

## 二、医药商品的概念

### （一）医药商品的定义

医药商品作为一种特殊的商品，是人们通过劳动创造医药产品，再将医药产品投入市场，通过流通交换而形成的医药商品。主要包括药品、保健食品、医疗器械等在内的、与人类健康相关的商品。

**1. 药品** 我国《中华人民共和国药品管理法》（2019 年修订）中关于药品的定义是："指用于预防、治疗、诊断人的疾病，有目的地调节人的生理机能并规定有适应症或者功能主治、用法和用量的物质，包括中药、化学药和生物制品等。"

**2. 保健食品** 是指声称具有特定保健功能或者以补充维生素、矿物质为目的的食品。即适宜于特定人群食用，具有调节机体功能，不以治疗疾病为目的，并且对人体不产生任何急性、亚急性或者慢性危害的食品。

**3. 医疗器械** 是指单独或者组合使用于人体的仪器、设备、器具、材料或者其他物品，包括所需要的软件。医疗器械用于人体体表及体内的作用不是用药理学、免疫学或者代谢的手段获得，但是可能有这些手段参与并起一定的辅助作用。医疗器械的功能主要是通过物理的方式来完成，如机械作用、物理屏障和支持人体器官或人体某种功能等。而药物一般是通过药理学、免疫学、药物化学和药剂学等手段达到预期的目的。医疗器械的使用旨在达到下列预期目的：对疾病的预防、诊断、治疗、监护、缓解；对损伤或者残疾的诊断、治疗、监护、缓解、补偿；对解剖或者生理过程的研究、替代、调节；妊娠控制。

**4. 保健化妆品** 是指以涂擦、喷洒或者其他类似的方法，散布于人体表面任何部位（皮肤、毛发、指甲、口唇等），以达到清洁、消除不良气味、护肤、美容和修饰目的的日用化学工业产品。

本书主要研究和讨论医药商品中的药品。本书出现的"医药商品"和"医药"，如果不做特别说明都指"药品"。

### （二）国外关于药品的定义

**1. 美国** 美国《联邦食品、药品与化妆品法》规定，药品是指法定的《美国药典》《美国顺势疗法药典》《国家处方集》或它们的补充本中收载的物品；或用于诊断、治愈、缓解、治疗或预防人或其他动物疾病的物品；或指用于影响人或其他动物的身体构造或功能的物品（食品除外）；或用作上述三项所指物品的任何成分的物品之一，但不包括医疗用品或其组成部件或附件。

**2. 英国** 英国《药品法》规定，药品是指以医学目的应用于人体或动物的任何物质或物品。草药和民间用药亦是药物，制备药物的成分同样亦作药物看待。

**3. 日本** 日本《药事法》规定药品包括医药品和类药品。关于医药品的定义为：《日本药局方》中所列的物品；为诊断、治疗、预防人或动物的疾病而使用的物品，但不包括医疗器械；以影响人或动物的结构或功能为目的的物品，但不包括医疗器械、化妆品。类药品是对人体起缓和作用而使用的物品，如漱口水、除臭剂、脱毛剂、染发剂、烫发剂，防止粉刺、皮肤粗糙、斑疹、冻伤、皮肤或口腔疾病的消毒灭菌剂、洗澡用剂等。

### （三）医药商品的特殊性

医药商品具有一般商品的两个基本属性，即使用价值与价值。在医药商品的生产和流通过程中，基本经济规律起着主导作用，按经济规律的沉浮变化。但是医药商品又不同于一般商品，它是一种特殊商品，不能完全按照一般商品的经济规律来对待医药商品。医药商品具有以下特殊性。

**1. 生命关联性** 药品是以人为使用对象，预防、治疗、诊断人的疾病，有目的地调节人的生理功能，有规定的适用证、用法和用量要求。质量合格的药品通过正确合理使用可以治病救人、保证人的健康，质量不合格的药品或者使用不合理的药品可能会延误治疗或因毒副作用而损害人的健康甚至危及人的生命。因此，生命关联性是药品首要的特殊性。

**2. 医用专属性**　专属性表现在对疾病的对症治疗，患什么病，用什么药。处方药必须经医生开具处方、药师调剂后才能用于患者防治疾病；非处方药必须根据病情，患者自我诊断、自我治疗，合理选择药品，按照药品说明书、标签正确使用或在药师的指导下使用。药品不像一般商品，彼此之间不可互相替代。

**3. 作用两重性**　药品有防治疾病的一面，也具有不良反应的另一面。管理有方，用之得当，可以治病救人，造福人类；若失之管理，使用不当，则可致病，危及人体健康，甚至危及生命。如阿片类药物可以镇痛，一旦使用不当则能致瘾，有碍健康和危害社会。

**4. 质量的重要性**　药品与人们的生命有直接关系，因此确保药品质量尤为重要。药品只有合格品与不合格品之分，而没有顶级品、优质品与等外品的划分。药品的质量指标必须符合规定的标准。由于药品质量的重要性，国家对药品的研制、生产、流通、使用等环节实行严格的质量监督管理以确保药品质量的安全。

**5. 高度专业性**　患者在用药前很少知道药品的质量标准是什么，更无法判断药品的质量。药品质量是否合格只能由药学专业技术人员利用其具备的药学及相关法律知识来判断，对于药品的内在质量是否合格的判断还必须借助专门的检验方法和检验仪器。此外，从使用方法上说，除外观外患者无法辨认其内在质量，许多药品需要在具备专门医学、药学理论知识的执业医师和执业药师的指导下使用，不由患者自由选择决定。

**6. 限时性**　药品与人的生命相关的特殊性决定了药品具有限时性。虽然人们只有防病治病时才需要用药，但药品生产、经营部门平时就应有适当储备，只有药品等患者，不能患者等药品。有些需用量很少、有效期短或者生产周期长的药品，宁可报废，也要有所储备；有些药品即使没有利润，也必须保证生产供应。

---

🔗 **知识拓展** ------------------------------------------------

**《药品管理法》中关于药品（drug）的定义要点**

（1）使用目的和使用方法是区别药品与食品、毒品等其他物质的关键。没有任何物质其本质就是药品，只有当人们为了防治疾病，遵照医嘱或说明书，按照一定方法和数量使用该物质，才称其为药品。食品或毒品的使用目的与药品不同，使用方法也不同。

（2）我国法律上明确规定传统药（中药材、中药饮片、中成药）和现代药（化学药品、生物药品等）均是药品。这一规定有利于继承、整理、提高和发扬中医药文化，更有效地开发利用医药资源为现代医疗保健服务。

（3）确定了药品的使用对象是人。在我国，农用药和兽用药不属于《药品管理法》的管理范畴。《药品管理法》管理的是人用药品，不包括兽用药。

------------------------------------------------

## 第二节　医药商品学概述

商品学是随着商品生产和商品交换的发展而逐步产生的，它是商品经济发展到一定阶段的必然产物。医药商品学融合了商品学、经济学、医学、市场营销学、消费心理学等学科的基本理论与基础知识，并与药物学有机结合，是连接医药工业产品与商品流通的桥梁与纽带。

## 一、医药商品学的研究对象

科学研究的对象是指观察、思考、研究的客体。商品学作为一门独立的科学，有特定的研究对象和范畴。商品学研究的客体是商品，商品具有价值和使用价值双重属性。探讨商品的价值属于政治经济学、经济学及有关经济门类学科的研究范畴，而探讨商品的使用价值则属于商品学的研究范畴。由此，确认医药商品学的研究对象是医药商品的使用价值，即研究医药商品使用价值及影响其使用价值实现的各种因素及客观规律。

医药商品使用价值是以医药商品的属性为基础的，医药商品的属性包括自然属性和某些社会属性。自然属性构成医药商品的实体，是决定医药商品有用性的物质基础，没有这一物质基础，则医药商品就不存在。这就决定了医药商品学研究医药商品使用价值必须以商品的自然属性为基础。但是，医药商品学在研究商品使用价值时，尤其在研究促进医药商品使用价值的实现时，往往会涉及属于医药商品某些社会属性的问题。解决这些问题，将有利于医药商品使用价值的实现。因此，医药商品学研究商品的使用价值，要从医药商品的自然属性入手，以此为基础，联系医药商品的某些社会属性，研究与医药商品使用价值有关的一系列问题。

由此可见，医药商品学作为一门独立的新兴学科，既不是单纯的自然科学，也不是单纯的社会科学，它是一门综合性的边缘学科。在研究医药商品使用价值的过程中，还需要市场学、经济学、管理学、广告学、心理学、美学和地理学中有关的理论知识。更确切地说，医药商品学是一门以自然科学为主，又与其他人文社会科学密切关联的边缘学科。

## 二、医药商品学的研究内容

商品学研究的内容是由商品学研究的对象所决定的，商品学的研究对象——商品使用价值以商品的属性为主要依据。因此，医药商品学研究的内容围绕形成医药商品属性的诸因素而进行。医药商品学的研究内容以医药商品体为基础，以满足医药市场的需求为出发点，以医药商品整体内容为线索，以构成医药商品属性的质量问题为核心内容，主要研究医药商品在流通领域和消费领域中的商品质量及其变化规律。具体而言，医药商品学的研究内容包括以下两方面。

### （一）与医药商品质量有关的自然属性

医药商品的化学成分、结构和性质等自然属性等与医药商品的质量具有密切关系，是研究医药商品使用价值不可缺少的基本知识。医药商品质量包括内在质量和外在质量。决定医药商品内在质量的是化学性质、物理性质、生物性质等。决定医药商品外在质量的是规格、剂型、结构等。

### （二）影响医药商品质量的因素

**1. 医药商品标准**　医药商品的标准是对医药商品质量和与质量有关的各个方面规定的典范与准则，是评价医药商品质量好坏的理论依据，研究医药商品的使用价值，必须研究质量标准。

**2. 医药商品的分类及编码**　医药商品种类繁多，性质各异，用途复杂，必须采用科学的分类。主要包括研究医药商品分类中各类别的概念及相互关系，确立医药商品种类的划分依据，建立科学系统的分类体系，以适应医药企业经营和管理的需要。

**3. 医药商品的包装**　商品包装作为商品体的附加物，其质量好坏直接或间接地影响医药商品的质量。医药商品的包装具有保证医药商品在流通过程中不变质、不减量，并具有美化商品、宣传商品、提高商品竞争力、便于储存运输和便于管理的重要作用，是医药商品不可缺少的组成部分。

**4. 医药商品的储存养护与安全运输**　商品的储存养护和运输是医药商品流通过程中的一个必不可少的环节，是降低商品损耗、维护医药商品质量的重要措施，是保证医药商品使用价值实现的主要手段之一。医药商品在存放和流通过程中，由于受到各种外界因素的影响，往往会发生各种各样的质量变化的现象，采取科学的储存养护措施，控制外界条件对医药商品质量的不利影响，才能使商品质量得以保持。

以上医药商品学研究的基本内容和医药商品质量的关系如图1-2所示。

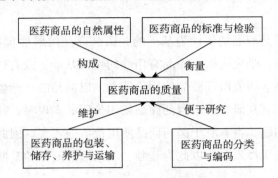

图1-2　医药商品学的基本内容与医药商品质量的关系

此外，形成和影响医药商品质量的诸因素，如原料、生产工艺和流通领域的各个环节等，也是医药商品学研究的内容。同样的原料，采用不同的生产工艺会生产出不同品种的医药商品；不同水平的生产工艺生产的医药商品，在质量上也会不同；流通渠道的不同也会影响医药商品的质量。商品的使用价值具有由自然属性决定的使用功能和由社会属性决定的美化功能。这就要求医药商品的经营者不仅要满足消费者的物质需要，同时也要注意满足其精神需要。因此，医药商品的新产品开发、医药商品信息与预测等内容也是医药商品学所研究的范畴。

医药商品学研究医药商品使用价值的目的是为商品经济发展提供依据。为此，必须从系统的角度分析商品与商品、商品与技术、商品与社会、商品与人、商品与资源、商品与环境、商品与经济效益等之间的关系，全面研究医药商品的质量，实现系统的整体优化。

综上所述，医药商品学学科体系的总体框架由总论和各论构成。总论部分，即医药商品学学科体系框架的主体部分，包括医药商品的分类编码、质量和质量管理、医药商品包装、医药商品运输和储存养护、药物的相互作用和合理使用等。各论部分，即医药商品学学科体系的支架部分，选择十六大类重要的药品种类进行论述，详细介绍这些药品的作用与适应证、制剂、不良反应、用药指导、商品信息及贮藏等内容。商品学总论和商品学各论构成了商品学学科完整的科学体系。

## 三、医药商品学的任务

根据医药商品学的研究对象和内容，医药商品学的任务是：医药商品的经营人员和消费者通过掌握医药商品的知识，学会合理用药，促进医药商品使用价值的实现，推动医药经济的发展；科学而全面地评价医药商品的质量，指导医药商品质量的改进和新药开发，促进医药生产企业生产出满足消费者和社会需求的医药商品；研究医药商品的科学分类方法，实现对医药商品的科学分类管理；研究医药商品的包装、储存、运输，掌握不同医药商品在生产和流通过程中可能引起质量变化的各种因素，根据医药商品的特性确定适宜的包装，进行合理的储存与运输，以保护医药商品的质量；规范医药商品经营，保证为人们提供质量合格、安全有效的医药商品。

## 四、学习医药商品学的意义

医药商品学是一门技术经济应用科学，所研究的医药商品的生产、销售均是在国家管理下由市场来进行调节。医药商品学既要研究医药商品技术性特征，也需要从市场的角度来研究医药商品。学习医药商品学具有重大意义。

### （一）确保医药商品的质量

通过对医药商品自然属性的研究，分析医药商品在流通中可能发生质量变化的因素，明确医药商品在包装、储存、运输中的要求及适宜条件，从而实施科学管理、防止医药商品的质量发生不良变化，确保医药商品质量的完好。

### （二）提高医药企业管理水平

一切科学理论都是实践经验的结晶，反过来理论又能更好地指导各项实践活动使其循着科学的轨迹发展。通过学习医药商品学可以使医药商品生产者和经营者熟悉和掌握医药商品的经营管理法规，可以了解医药商品生产、销售、包装、物流、广告和电子商务等方面的知识，掌握医药商品经营管理的方法和手段，有助于提高医药企业管理水平。

### （三）保护消费者利益

一方面，医药商品经营者通过医药商品学的学习，普及医药商品知识，向消费者进行科学的宣传、指导，正确地回答消费者提出的问题，起到促进生产与指导消费的积极作用，促进医药商品使用价值的充分发挥和实现。另一方面，通过对医药商品质量的研究，明确医药商品的质量标准以及检测方法，有利于全面准确的评价、识别、鉴定医药商品质量，有效杜绝假冒伪劣产品进入市场，保护消费者利益。

 **知识拓展**

#### 李时珍与《本草纲目》

李时珍（1518—1593）中国古代医药学家，明朝人，字东璧，晚年自号濒湖山人，湖北蕲春县蕲州镇东长街之瓦屑坝（今博士街）人。

《本草纲目》是我国历史上较早的一部药物商品学专著，共有52卷，载有药物1892种，其中载有新药374种，收集医方11096个，书中还绘制了1160幅精美的插图，方剂11096首（其中8100余首是李时珍自己收集和拟定的），约190万字，分为16部、60类。每种药物分列释名（确定名称）、集解（叙述产地）、正误（更正过去文献的错误）、修治（炮制方法）、气味、主治、发明（前三项指分析药物的功能）、附方（收集民间流传的药方）等项。《本草纲目》系统总结了我国16世纪以来药物学、植物学方面的经验知识，是我国医药宝库中的一份珍贵遗产。

《本草纲目》在医药商品学的产生与发展过程中有着重要的地位，对医药商品学的研究有重要的参考价值。其后相继被译成多种文字版本在国外流传，曾传入日本，并在日本普及。一些日本商品学学者认为，商品学是由本草学和物产学演变而发展起来的。

**思考题**

答案解析

1. 简述学习医药商品学的意义。
2. 简述医药商品学的研究内容。

3. 简述《药品管理法》中药品定义的要点。

4. 简述医药商品的特殊性。

（孟光兴）

---

书网融合……

本章小结　　　　习题

# 第二章　医药商品的分类与编码

PPT

📖 **学习目标**

  1. 通过本章学习，掌握药品的分类标志和类别；熟悉医药商品代码的编制方法，能破译商品的条码；了解药品追溯码的相关知识。

  2. 具有分析和解决实际问题的能力，能够将所学知识应用于实际工作中，提高对医药商品管理的效率和准确性。

  3. 养成系统性和逻辑性思维方式，在进行医药商品分类和编码时，能够从多角度考虑问题，形成全面的理解与判断。

## 第一节　医药商品的分类

### 一、商品分类概述

#### （一）商品分类的概念

  商品、材料、物质、现象乃至抽象概念等所有的事物都可概括一定范围的集合总体。任何集合总体都可以根据一定的标志或特征，科学系统地逐次划分或归纳成若干范围更小、特征更趋一致的局部集合体。这种将集合总体科学地、系统地逐次划分或归纳的过程称为分类。

  商品分类是在商品生产的发展过程中形成的。随着社会分工的不断发展，商品生产和交换的范围和领域不断扩大，商品的数量和种类也在不断增加。为了合理地组织商品生产和流通，就需要对商品进行科学的分类，以提高社会生产的效率。

#### （二）商品分类的原则

  **1. 商品分类范围明确**　在进行商品分类时，首先必须明确拟分类的商品集合体所包括的范围，这样进行的商品分类才能符合客观实际。在能够划分规定范围内的所有商品的同时，还要留有补充不断出现新商品的余地。

  **2. 商品分类目的明确**　对商品进行分类时必须先明确商品分类的目的。分类的目的是为了方便和适用，要从商品生产、销售、经营出发，最大限度地实现商品的使用价值。

  **3. 商品分类标志恰当**　对商品进行分类时，选择分类标志至关重要。通过选择恰当的分类标志，能够保证商品所属类别的专一性和稳定性，保证商品分类具有科学性和系统性。

#### （三）商品分类的方法

  商品分类的基本方法有线分类法、面分类法和混合分类法。在实际应用中，常根据分类的目的和要求，选择合适的分类方法建立商品分类体系和编制商品分类目录。

  **1. 线分类法**　又称层级分类法或垂直分类法，是将分类对象按照所选定的若干个属性或特征逐次划分为相应的若干层级，每个层级内包含若干类目，形成一个层级相连、逐级展开的分类体系的分类方法。在这种分类方法中，被划分的类目（上位类）与划分后的类目（下位类）之间存在隶属的关系。上位类包含下位类，下位类必然包含于对应的上位类中，同一层级内的各类目（同位类）之间构成并列关系。

线分类法的基本要求如下。

（1）由某一个上位类类目划分出的下位类类目的总范围，应与该上位类类目的范围相等。

（2）当某一个上位类类目划分成若干个下位类类目时，应选择同一种划分基准。

（3）同位类类目之间不交叉、不重复，并只对应于一个上位类类目。

（4）分类要依次进行，不能有空层或加层。

例如，药品剂型可以采用线分类法进行分类，见表2-1，其中"丸剂"相对于"蜜丸"和"水蜜丸"为上位类类目，而"蜜丸"和"水蜜丸"相对于"丸剂"为下位类类目，"丸剂"和"散剂"为同位类类目。

表2-1　药品剂型分类表

| 名称 | 名称 |
| --- | --- |
| 丸剂 | 散剂 |
| 蜜丸 | 颗粒剂 |
| 水蜜丸 | 混悬颗粒 |
| 水丸 | 泡腾颗粒 |
| …… | …… |

线分类法的优点是层次清楚，能较好地反映类目之间的逻辑关系，既符合手工处理的传统习惯，又便于计算机处理；但是线分类法结构弹性较差，一旦分类完成，不易改动。因此，采用线分类法进行商品分类时应预先留有足够的后备容量。

**2. 面分类法**　又称平行分类法，是将商品总体的若干属性或特征视为若干个"面"，若干个分类"面"相互之间没有隶属关系，每个分类"面"中又可分成彼此独立的若干个类目，将这些分类"面"的类目组合在一起，就形成一个新的复合类目。

面分类法的基本要求如下。

（1）根据需要选择分类对象本质的属性或特征，作为分类对象的各个"面"。

（2）不同"面"内的类目不应相互交叉，也不能重复出现。

（3）每个"面"有严格的固定位置。

（4）"面"的选择以及位置的确定，根据实际需要而定。

例如，药品的分类可以采用面分类法，见表2-2，选择药品的"处方药/非处方药"和"药品品种"作为两个"面"，每个"面"又可分成若干个类目，使用时，将有关类目组配起来。如处方药中的中药、天然药物，非处方药中的化学药品等。

表2-2　药品分类

| 处方药/非处方药 | 药品品种 |
| --- | --- |
| 处方药 | 中药、天然药物 |
| 非处方药 | 化学药品 |
|  | 生物制品 |
| …… | …… |

面分类法的优点是结构弹性好，能较好地适应计算机处理，易于添加和修改类目；缺点是各面的组

配结构复杂，不便手工处理，不能充分利用容量。一般面分类法多作为线分类法的补充。

**3. 混合分类法**　是将线分类法和面分类法组合使用，以其中一种分类法为主，另一种为补充的分类方法。

## 二、医药商品分类

医药商品分类是指根据一定的目的，为满足某种需要，选择适当的商品属性或特征作为分类标志，将医药商品集合体科学地、系统地逐次划分为不同层次类别的过程。

我国医药商品门类齐全、品种繁多，其技术、生产、销售、消费特点各不相同。对医药商品进行分类时，既要考虑分类医药商品的属性、特征，也要考虑医药商品在管理上的需要和要求，有时还要兼顾医药商品在传统和习惯上的管理方法等。

对医药商品实行正确的分类，可以帮助医药企业针对自己所生产和经营的产品类别，正确掌握其生产经营上的特征、特点，有利于提高医药企业经营管理、改善服务水平。医药商品根据不同的分类标准，可以有许多不同的分法，其主要原因是随着医药科学技术的发展，各类药品之间从理论、配伍、组方、加工技术等相互渗透现象越来越普遍。这些分类方法各有侧重，其目的都是为了深入研究医药商品的质量和性质，从而有利于医药商品使用价值的实现。

### （一）按医药商品的来源和性状分类

药品按来源和性状一般可分为中药材、中药饮片、中成药；化学原料药及其制剂；抗生素类；生化药品；血清疫苗、血液制品；放射性药品等。通常有下述两种分类方法。

**1. 按药品生产方式的不同分类**

（1）中药　指以自然界中动物、植物和矿物等三大类天然资源加工而成的药物。它是我国的国粹，有数千年的研究使用历史。通常把从自然界中采集、未经加工的原药称为中药材；中药材经过加工处理成的片、段、丝、块等称为中药饮片；中药经过加工制成一定的剂型后便称之为中成药。

在中药中按不同的分类的方法又可细分为许多种，如按来源可分为植物药、动物药和矿物药；按药用部位可分为根、根茎类、皮类、叶类、花类、种子果实类、全草类等；按药物毒性可分为普通中药、毒性中药（如雄黄）；按药物功能可分为解表药、清热药、祛湿药、祛风湿药、温里药、理气药、止血药、活血祛瘀药、化痰止咳平喘药、安神药、平肝息风药、芳香开窍药、补益药、收涩药、泻下药、催吐药、消食药、驱虫药、外用药。

（2）化学药　指以化学理论为指导，依据化学规律研究和生产的化学合成药。其特点是对疾病治疗疗效快，效果显著。但由于人体是一个复杂系统，对人体本身结构的分子水平研究及各部分整体研究不够，常常具有程度不同的副作用。

（3）生物制品　指利用生物体、生物组织或其成分，综合应用生物学、生物化学、微生物学、免疫学、物理化学和药学的原理与方法进行加工、制造而成的一大类预防、诊断、治疗制品。

**2. 按照药品来源的不同分类**　随着科学技术的不断进步与发展，药品的来源除了取自于天然产物外，还广泛地应用人工合成方法制造。按照药品来源的不同，一般可分成以下四类。

（1）动物药　利用动物的全部或部分脏器以及其排泄物作为药用，如鹿茸、麝香、牛黄等。此外，还有提出纯品应用的，如各种内分泌制剂（胰岛素、甲状腺等制剂）、血浆制品等。以及用微生物、细胞等生物材料制备而成，如疫苗、毒素和类毒素等。

（2）植物药　利用植物的各部分，皮、花、根、茎、叶、液汁及果实等都可采作药用，如人参用其根茎，阿片是罂粟果的液汁。中药中以植物药为最多。同时由于现代化学工业的发展，目前还广泛地提取出多种植物药的有效成分，如生物碱（如中药麻黄所含的有效成分麻黄碱，阿片中的吗啡，茶叶中的咖啡因等）、苷（如治疗心脏病的洋地黄毒苷）、皂苷、挥发油、黄酮类化合物等，作为药用。

（3）矿物药 一般是指直接利用矿物或经过加工而成的一种药物，如硫黄、氧化汞以及一些无机盐类、酸类、碱类等。

（4）化学合成药品 一般是指利用化学方法合成的药品，如磺胺类药、对乙酰氨基酚、阿司匹林等。近年来，随着制药工业的发展，合成药物的种类越来越多，临床应用也日益广泛。

（二）按药品剂型分类

原料药是不能直接供患者使用的，必须制成适合于患者应用的给药形式。将药物加工制成适合于患者使用的形式，并使其有效地化学成分不易发生变化，这种制品称为药物剂型，简称剂型。按剂型分类的方法能在一定程度上反映出药品的形态、用途、制备方法和保管储存方法。目前常用的剂型有注射剂、片剂、胶囊剂、丸剂、颗粒剂、溶液剂、气雾剂、栓剂、软膏剂和滴眼剂、滴鼻剂和滴耳剂等。

**1. 注射剂** 注射剂亦称为针剂，是指供注入人体内应用的一种制剂。注射剂疗效迅速、剂量准确，药物不受胃肠消化液和食物的影响，适用于一些不宜口服的药品，是使用最广泛的剂型之一。它可通过皮内、皮下、肌内静脉、动脉等多种途径注入体内，按形态可分为液体注射剂（水针）、固体注射剂（粉针）和输液剂。

**2. 片剂** 片剂是药物与赋形剂混合压制成片状的固体剂型，是最常用的口服剂型，具有服用方便、成本低、储存和运输方便等优点（如维生素 C 片、阿司匹林片等）。但口服剂型的药效大多受消化液和食物的影响。片剂主要有口服片、口腔用片、植入片、皮下注射用片、阴道片、缓释片和控释片等。

**3. 胶囊剂** 胶囊剂系指药物或加有辅料装于空胶囊或密封于软质囊材中制成的固体制剂。此剂型外观整洁、美观，易于吞服。胶囊剂可分为硬胶囊、软胶囊（胶丸）、肠溶胶囊、缓释和控释胶囊等。

**4. 丸剂** 丸剂是由一种或一种以上的药物与赋形剂混合制成的圆球形或椭圆形的固体制剂。常用的有大蜜丸、小蜜丸、水蜜丸和水丸等，是传统的中药剂型，如六味地黄丸、六神丸等。丸剂具有服用和携带方便、作用缓和持久等特点。

**5. 颗粒剂** 可分散或溶解在水中或其他适宜的液体中服用。颗粒剂既具有固体制剂性质稳定，便于贮存、运输、携带的特点，又保持了液体制剂奏效快的特点。同时，制粒过程中还可加入适宜的矫味剂，尤其适用于小儿。目前常见的颗粒剂可分为可溶性颗粒、泡腾颗粒、肠溶性颗粒、缓释颗粒和控释颗粒等。

**6. 溶液剂** 有内服和外用溶液剂之分。常用的内服溶液剂有口服液、合剂、糖浆剂等。此类剂型的共同特点是服用方便、吸收迅速和疗效稳定。

**7. 气雾剂** 气雾剂是将药物与液化气体或压缩空气一起装于带有阀门的封闭耐压的筒内，使用时借助于容器内的压力，将药物成雾状喷出，直至呼吸道或被皮肤吸收而发挥作用。

**8. 栓剂** 栓剂是指药物和基质均匀混合制成的专供人体不同腔道使用的固体制剂。如用于肛门的痔疮栓或阴道用药的栓剂，也有通过直肠黏膜吸收而起全身作用的栓剂。

**9. 软膏剂** 软膏剂是将药物和凡士林等混合制成一种半固体剂型，涂于皮肤或黏膜上，起保护、润滑及局部治疗作用。

**10. 滴眼剂** 滴眼剂系指药物制成的专供滴眼用的灭菌液体制剂。滴眼剂开启包装后应立即使用，不可久贮，以防污染。

**11. 滴鼻剂和滴耳剂** 滴鼻剂是指专供滴入鼻腔的液体制剂，主要用作局部消毒、消炎和收缩血管等用途。滴耳剂是指滴入耳道内的外用液体制剂，起到润滑、清洁、消炎、收敛等效用。

**12. 靶向制剂** 亦称靶向给药系统（targeting drug delivery system，TDDS），是通过载体使药物选择性的浓集于病变部位的给药系统，病变部位常被形象的称为靶部位，它可以是靶组织、靶器官，也可以是靶细胞或细胞内的某靶点。靶向制剂不仅要求药物到达病变部位，而且要求具有一定浓度的药物在这些靶部位滞留一定的时间，以便发挥药效，成功的靶向制剂应具备定位、浓集、控释及无毒可生物降解等四个要素。

### （三）按医药商业习惯分类

采用这类分类的目的在于使药品系统化，便于医药批发零售企业的经营业务，便于仓库的保管与养护，故习惯上将不同种类的各种制剂综合归纳为针片水粉四大类，其优点是从外观上容易区分，在包装、储存、保管、运输等方面均具有共同特点。虽然有些制剂外观上不完全符合某一类型，如将栓剂、油膏类归于水剂显然不恰当，但是依照医药商业保管习惯仍然将其列入水剂类。

1. **针剂类**　针剂类包括注射液、注射用粉针、输液剂。
2. **片剂类**　片剂类包括片剂、丸剂及胶囊剂。
3. **水剂类**　水剂类包括液体制剂、半固体制、栓剂、气雾剂。
4. **粉剂类**　粉剂类包括原料药、冲剂、散剂等。

### （四）按我国传统习惯分类

1. **西药**　日常生活中，人们习惯于把国外研制生产的药品称为西药，如今西药通常指以西医理论体系为基础的药品，主要包括化学药物和生物技术药物。
2. **中药**　人们习惯于把我国传统使用的药物称为中药。

随着医药科学技术的发展，传统的西药中药的分类方法越来越不能反映实际情况，如不少中药的化学本质被阐明，它们或是当作提取西药的原料，或是直接被当成西药使用，这就使原有的中药、西药泾渭分明的局面已被动摇。此外，随着我国中药现代化工作的开展，中西结合的药物也不断涌现，用现代科学方法处理，用现代医学观点表述其特性的中成药不断出现。这些药物虽然以中药为主要成分，但因不再用传统的医学观点表述其特性，同时其生理、药理作用的化学本质、体内代谢过程还不完全清楚，所以既不是原来意义上的中药，也不是一般概念上的西药。因此，西药、中药的概念逐渐转化为现代药与传统药的概念。

### （五）现代药与传统药

《药品管理法》规定："国家发展现代药和传统药，充分发挥其在预防、医疗和保健中的作用"。

1. **现代药**　现代药一般是指19世纪以来发展起来的化学药品、抗生素、生化药品、放射性药品、血清疫苗、血液制品等。其特点是用现代医学的理论和方法筛选确定其药效，并按照现代医学理论用以防治疾病。通常是用合成、分离提取、化学修饰、生物技术等方法制取，结构基本清楚，有控制质量的标准和方法。
2. **传统药**　传统药是各国历史上流传下来的药物，能用传统医学观点表述其特性，能被传统医学使用的药物。世界上许多国家都有自己的传统药。我国的传统药包括中药材、中药饮片、传统中成药和民族药（如蒙药、藏药、维药、傣药等）。

### （六）按我国药品管理制度分类

1. **处方药和非处方药**　这是从药品的安全性，以及药品流通管理的角度对药品进行的分类。为了保证公众用药安全、有效，同时方便群众自主购药、自我药疗，按照药品安全性、给药途径等不同将药品分为处方药和非处方药，并在注册、零售、使用等方面采用不同的管理模式。药品分类管理是国际上普遍认可与采用的管理模式。世界上第一个创建药品分类管理制度的国家是美国，这是由于当时（20世纪30年代至40年代）发生了几起严重的"药害"事件，使其必须加强对药品安全性和有效性的管理，通过立法，严格划分处方药与非处方药，至50年代建立起分类管理制度。50年代以后主要发达国家都相继建立了这一制度。目前，多数发展中国家与地区，包括我国，东南亚国家都建立了这一制度。

处方药和非处方药不是药品本质的属性，而是管理上的界定。

（1）处方药  必须凭执业医师或执业助理医师处方才可调配、购买和使用的药品。处方药英语称 prescription drug, ethical drug。

被列为处方药的药品一般是：特殊管理的药品；由于药品的毒性或其他潜在影响使用不安全的药品；因使用方法的规定（如注射剂），用药时有附加要求，患者自行使用不方便，需在医务人员指导下使用的药品；或是新化合物、新药等。

（2）非处方药  非处方药是不需要凭执业医师或执业助理医师处方即可自行判断、购买和使用的药品。非处方药英语称 nonprescription drug，在国外又称之为"可在柜台上买到的药物"（over the counter，OTC），OTC 已成为全球通用的俗称。

被列为非处方药的药品具备以下特点：非处方药使用时不需要医务专业人员的指导和监督；消费者按药品标签或说明书的指导来使用，说明书文字应通俗易懂；非处方药的适应证是指那些能自我做出诊断的疾病，药品起效快速，疗效确切，能较快减轻患者不舒服的感觉；非处方药能减轻小疾病的初始症状和防止其恶化，也能减轻已确定的慢性疾病的症状或延缓病情的发展。非处方药有高度的安全性，不会引起药物依赖性，毒反应发生率低，不在体内蓄积，不致诱导耐药性或抗药性。非处方药的药效、剂量都具有稳定性。

国家根据非处方药品的安全性，将其划分为甲类非处方药和乙类非处方药。甲类非处方药须在药店由执业药师或药师指导下购买和使用；而对于非处方药中安全性更高的一些药品则划为乙类非处方药，乙类非处方药除可在药店出售外，还可在所在地区的市级批准的超市、宾馆、百货商店等处销售。

**2. 国家基本药物和《基本医疗保险药品目录》药品**  这是从国家对药品实行宏观管理与调控，实现药物的社会功能的角度对药品进行的分类。

（1）国家基本药物  1977 年，世界卫生组织（World Health Organization，WHO）首次提出了基本药物的理念，把基本药物定义为最重要的、基本的、不可缺少的、满足人民所必需的药品。公平可及、安全有效、合理使用是基本药物的三个基本目标。我国从 1979 年开始引入"基本药物"的概念。

国家基本药物系指从我国目前临床应用的各类药物中经过科学评价而遴选出的，在各类药品中具有代表性的药品。其特点是疗效好、不良反应小、质量稳定、价格合理、使用方便等。国家基本药物的遴选原则是"临床必需、安全有效、质量稳定、价格合理、使用方便、中西药并重"。确定国家基本药物，目的在于加强药品生产、使用环节的管理，既保证广大人民群众安全、有效、合理地用药，又完善公费医疗制度，减少药品生产浪费，使国家有限的卫生资源得到有效的利用，达到最佳的社会效益和经济效益。

（2）《基本医疗保险药品目录》药品  《国家基本医疗保险、工伤保险和生育保险药品目录》（简称《基本医疗保险药品目录》）药品指为保障城镇职工医疗保险用药需要，合理控制药品费用，而规定的基本医疗保险药品。纳入《基本医疗保险药品目录》的药品，是临床必需的、安全有效、价格合理、使用方便、市场能够保证供应的药品。并且具备下列条件之一：现行版《中华人民共和国药典》收载的药品；符合国家药品监督管理部门颁发标准的药品；国家药品监督管理部门批准正式进口的药品。《基本医疗保险药品目录》药品包括西药、中成药、中药饮片。这些药品在国家基本药物基础上遴选而定，并分为"甲类目录"和"乙类目录"。"甲类目录"药品是临床必需、使用广泛、疗效好、同类药品中价格最低的药品。由国家统一制定，各地不得调整。"乙类目录"药品可供临床选择使用，药价比"甲类目录"药品略高。"乙类目录"药品由国家制定，各省、自治区、直辖市可适当调整（不超过其总数的 15%）。

**3. 普通药品和特殊管理的药品**　药品按特殊性一般可分为普通药品和特殊管理的药品。

（1）普通药品　普通药品是指毒性较小、不良反应较少、安全范围较大的药品，如葡萄糖、阿司匹林等。需要指出的是任何药品凡无必要或过多使用，都是不安全的。

（2）特殊管理的药品　根据《药品管理法》（2019年修订）的规定，特殊管理的药品包括疫苗、血液制品、麻醉药品、精神药品、医疗用毒性药品、放射性药品、药品类易制毒化学品等。

**4. 新药、仿制药、医疗机构制剂**　这是从药品注册管理的角度对药品进行的分类。

（1）新药　是指未曾在中国境内外上市销售的药品；对已上市药品改变剂型、改变给药途径、增加新适应证的药品注册按照新药申请的程序申报。

（2）仿制药　是指国家药品监督管理部门已批准上市的已有国家标准的药品。

（3）医疗机构制剂　是指医疗机构根据本单位临床需要经批准而配制、自用的固定处方制剂。不得将其在市场上销售，未经允许不得在医疗机构之间调剂使用，不允许做相应的广告。

### （七）按药物作用部位和作用机制分类

此种分类的优点是使不同疾病的药物名目清晰，方便药品的经营和指导使用。缺点在于不同剂型混杂，不便储藏管理。一般医药院校的药理学教科书均是按此种分类法。具体可分为作用于中枢神经系统、周围神经系统、心血管系统、呼吸系统、消化系统、泌尿系统、生殖系统、血液系统、内分泌系统、免疫系统的药物和抗微生物、抗寄生虫药以及诊断用药等。

**知识拓展**

**基本药物概念的演变**

1977年WHO提出基本药物的概念为：基本药物是能满足大部分人口卫生保健需要的药物。WHO最初将基本药物概念推荐给一些比较落后、药品生产能力低的国家，使它们能够按照国家卫生需要，以有限的资源购买并合理使用，质量和疗效都有保障的基本药物。

1985年，WHO在内罗毕会议上扩展了基本药物的概念，基本药物不仅是能够满足大多数人口卫生保健需要的药物，国家应保证生产和供应，还应高度重视合理用药，即基本药物还必须与合理用药相结合。并推荐把基本药物的遴选同处方集和标准治疗指南的制定相结合。

2002年，WHO为了更精确地表述基本药物，将基本药物从essential drugs改成essential medicines，并进一步定义为：基本药物是满足人民群众重点卫生保健需要的药物。基本药物的选择要考虑到公共卫生实用性、效率和安全方面的依据以及相对的成本效益。在运转良好的卫生系统中，应当能随时获取足够数量、适当剂型、质量有保证并具有充分信息的基本药物，其价格能够被个人和社会接受。

# 第二节　医药商品的编码

## 一、医药商品编码的概念和意义

医药商品编码是在医药商品分类的基础之上，赋予某种医药商品（或某类医药商品）以某种代表符号或代码的过程。对某一类商品赋予统一的符号系列称为商品编码化或商品代码化。

医药商品分类和医药商品编码是密切相关的，医药商品分类是建立医药商品分类体系和编制医药商品目录的基础，是医药商品编码的前提；而医药商品编码是医药商品分类科学体系和医药商品目录的一个重要组成部分。

对医药商品进行编码可以使医药商品分类体系中名目繁多的商品便于计算机系统的识别和记忆，根据医药商品不同属性所对应的代码，通过计算机系统的存储、处理、统计，为医药商品的经营管理提供科学准确的药品信息，提高工作效率和可靠性，也为计算机自动处理医药商品信息和开展医药商品的电子商务活动打下基础。科学的商品编码可以使医药商品在产、供、用、管等各环节实现信息共享，促进药品信息资源的交流，提高药品的监督管理、统计分析、科学研发水平，保障人类健康事业的发展。

## 二、医药商品编码的原则

医药商品的分类和编码是分别进行的，商品分类在先，编码在后。医药商品科学分类为编码的合理性创造了前提条件，但是编码内容不当会直接影响医药商品分类体系的实用价值。好的医药商品分类体系如果没有一套使用方便的代码，就会给组织商品信息和运用商品信息，以及商品流通合理化和经济管理现代化带来困难和麻烦。并且，医药商品是一种特殊的商品，具有比一般商品更多的属性和特征，对医药商品进行编码，要比其他商品的编码更复杂、更严谨。因此，医药商品编码必须遵循以下原则。

1. 唯一性　唯一性原则是商品编码的基本原则，也是最重要的一项原则，它是指医药商品项目与其标识代码一一对应，即一个医药商品项目只有一个代码，一个代码只标识同一医药商品项目。基本特征相同的商品视为同一商品项目，基本特征不同的商品视为不同的商品项目。通常医药商品的基本特征包括医药商品名称、商标、种类、剂型、规格、数量、包装类型、生产标准等。

2. 层次性　编制的医药商品代码要层次清楚，能清晰反映医药商品分类体系和分类目录内部固有的逻辑关系。

3. 可扩性　是指在医药商品代码结构体系中应留有足够的备用码，当需要增加新类目或删减旧类目时，不需要破坏该商品编码结构而重新编码，从而使分类和编码可以进行必要的修订和补充。

4. 简明性　编制的医药商品代码应尽可能简明，即尽可能使代码的长度最短，便于识记和校验。这样既便于手工处理，也能降低差错率，还能节省计算机的处理时间和储存空间。

5. 稳定性　稳定性原则是指商品标识代码一旦编制完成，只要医药商品的基本特征没有发生变化，就应保持不变。代码的频繁变动会造成人力、物力、财力的浪费。因此，在编码时，代码应考虑变化的最小可能性，保证编码体系的稳定性。同一医药商品项目，无论是长期连续生产还是间断式生产，都必须采用相同的标识代码。即使该医药商品项目停止生产，其标识代码在一定时期之内也不能用于其他商品项目上。

6. 统一性和协调性　商品编码要同国家商品分类编码标准相一致，与国际通用商品分类编码制度相协调，以利于在国际商品流通中实现信息交流和信息共享。

7. 自检能力　商品编码必须具有检测差错的自身核对性能，以适应计算机的处理。

在编制医药商品分类体系和商品分类目录时，要根据使用的要求综合考虑以上原则，达到最优化的效果。

## 三、医药商品编码的种类

医药商品编码按照其所使用的符号类型可分为全数字型代码、全字母型代码、数字/字母混合型代码、条形码四大类。

### （一）全数字型代码

全数字型代码是用一个或若干个阿拉伯数字表示分类对象（医药商品）的代码，其特点是结构简单，使用方便，易于推广，便于计算机进行处理。在各国际组织和世界各国的商品（产品）代码标准中普遍采用。使用数字代码进行商品分类编码，常用以下四种编码方法。

**1. 顺序编码法**　是按商品类目在分类体系中先后出现的次序，依次赋予顺序代码。为了满足信息处理的要求，多采用代码数位相同的等长码。顺序编码法使用简便，通常用于容量不大的编码对象集合体。编码时应留有储备码，以便商品目录增加后使用。

**2. 层次编码法**　是按商品类目在分类体系中的层级顺序，依次赋予对应的数字代码。层次编码法适用于线分类体系，反映分类层级间的逻辑关系。层次编码法的优点是代码较简单，逻辑性较强，信息容量大，能明确地反映出分类编码对象的属性或特征及其相互关系，便于机器汇总数据；层次编码法的缺点是弹性较差，为延长使用寿命往往要用延长代码长度的办法，预先留出相当数量的备用号，从而出现号码的冗余。所以，这种编码方法最适用于编码对象相对稳定的商品集合体。例如，药品剂型的编码采用的是层次编码法，见表 2 – 3。

表 2 – 3　剂型代码

| 代码 | 名称 | 代码 | 名称 |
|------|------|------|------|
| 01 | 丸剂 | 02 | 散剂 |
| 0101 | 蜜丸 | 03 | 颗粒剂 |
| 0102 | 水蜜丸 | 0301 | 混悬颗粒 |
| 0103 | 水丸 | 0302 | 泡腾颗粒 |
| …… | …… | …… | …… |

**3. 平行编码法**　是指将每一个分类面确定一定数量的码位，代码标志各数列之间是并列平行关系。平行编码法多适用于面分类体系，其优点是编码结构有较好的弹性，可以比较简单地增加分类面的数目，必要时还可更换个别的类面；缺点是代码过长，冗余度大，不便于计算机控制和管理。

**4. 混合编码法**　是由层次编码法与平行编码法混合而成的。在商品分类的实践中，编码法与分类法一样，通常不单独使用。当把分类对象的各种属性或特性分列出来后，其中某些属性或特性用层次编码法表示，其余的属性或特性用平行编码法表示，通过混合编码能够取得更理想的效果。

### （二）全字母型代码

全字母型代码是用一个或若干个字母表示分类对象的代码。按字母顺序对商品进行分类编码时，一般用大写字母表示商品大类，小写字母表示其他类目。全字母型代码的特点是便于记忆，符合人们的使用习惯，但不利于计算机的识别与处理。因此，字母编码常用于分类对象较少的情况，在商品分类编码中较少使用。

### （三）数字/字母混合型代码

数字/字母混合型代码是由数字和字母混合组成的代码，它兼有数字型代码和字母型代码的优点，结构严谨，具有良好的直观性和表达性，符合人们使用上的习惯。但是由于代码组成形式复杂，给计算机输入带来不便，录入效率低，错码率高，目前其使用广度不高。

### （四）条形码

条形码是将表示一定信息的字符代码转换成用一组黑白（或彩色）相间的平行线条、按一定的规则排列组合而成的特殊图形符号。为了便于人们识别条形码符号所代表的字符，通常条形码符号下部对应印刷图形所代表的数字。

条形码的应用非常广泛，下面单列出来详细说明。

## 四、商品条形码

商品条形码简称条形码或条码，它是商品的一种代表符号。确切地说，商品条形码是将表示一定信息的字符代码转换成用一组黑白（或深浅）相间的平行线条，按一定规则排列组合而成的特殊图形符号。条码的暗条，简称条，是条码中反射率较低的部分，一般指颜色较深通常为黑色的线条；条码的亮条，又称空，是条码中反射率较高部分，一般指条码中的空白处。条码可以由光电扫描阅读设备自动识读，并将条码所代表的相应信息传输给计算机。

## （一）商品条形码的发展概况

条形码的研究始于 20 世纪中期。20 世纪 50 年代，美国在铁路车辆上首次采用条形码标识，随后在60 年代，该技术开始在食品零售业中推广。1973 年，美国统一代码委员会（UCC）从多种条形码方案中选择了 IBM 公司提出的条形码系统，并将其定为北美地区的通用产品代码，简称 UPC（universal product code，UPC），广泛用于食品杂货和超市商品的编码。1977 年，欧洲共同体在 UPC 码的基础上制定了欧洲物品编码（european article number bar code，EAN），并签署了"欧洲物品编码"协议备忘录，成立了欧洲物品编码协会（EAN）。该组织发展成为国际性机构，并于 1992 年更名为"国际物品编码协会"（IAN），尽管由于历史原因和习惯，至今仍称为 EAN。

随着全球贸易的发展，EAN 与 UCC 两大组织最终实现了联合。2002 年 11 月，UCC 正式加入 EAN，并于 2005 年更名为 GSI，宣布自 2005 年 1 月 1 日起，EAN 码也可在北美地区正常使用。这一变化标志着国际物品编码协会真正成为全球化的编码组织。

中国的条形码技术研究始于 20 世纪 70 年代末。从 80 年代中期开始，条形码技术逐步应用于图书、邮电、物资管理及外贸等领域。1988 年 12 月 28 日，经国务院批准，国家技术监督局成立了"中国物品编码中心"，负责研究和推广条码技术，并协调管理我国的条码工作。1991 年 4 月 19 日，中国物品编码中心正式加入国际物品编码协会，并同意采用 EAN 条码系统，为我国大规模推广应用条码技术创造了条件。

## （二）应用商品条形码的意义

条形码是商品的"身份证"，是商品流通于国际市场的"共同语言"。商品条形码是计算机输入数据的一种特殊代码，包含有商品的生产国别、制造厂商、产地、名称、特性、价格、数量、生产日期等一系列商品信息。只要借助于光电扫描阅读设备，即可迅速地将条码所代表的信息，准确无误地输入电子计算机，并由计算机自动进行存储、分类排序、统计、打印或显示出来。这不仅实现了售货、仓储、订货的自动化管理，而且通过产、供、销信息系统把销售信息及时提供给生产厂家，实现了产、供、销之间的现代化管理。

条形码是进入 POS（point of sales）超市的入场券。当带有条码符号的商品通过结算台扫描时，条码所表示的信息被录入到计算机，计算机从数据库文件中查寻到该商品的名称、价格等，并经过数据处理，打印出收据。POS 系统的建立，可以采集到大量的商品信息，使批发商、零售商及时了解经营情况，减少库存，降低成本，使制造商获得准确的商品及市场销售信息，不断调整生产结构，提高竞争力，同时也为顾客提供了更加快捷、方便的服务。

条码技术还广泛地应用于交通管理、金融与商业文件管理、病历管理、血库血液管理以及各种分类技术方面，条码技术作为数据标识和数据自动输入的一种手段已渗透到计算机管理的各个领域，为各行各业的自动化管理创造了有利条件。

## （三）商品条形码的种类

条码的主要应用形式有消费单元的条码标识、物流单元的条码标识、系列运输包装箱标识、图书期刊的条码标识等。其中应用最广的是消费单元的条码标识，即通过超级市场、百货商店等零售渠道直接售给最终用户的商品单元。其中又以通用产品条形码（UPC）、国际物品条形码（EAN）最为常见。

**1. EAN 条码** 是国际物品编码协会制定的一种商品用条形码，是国际通用的符号体系，是一种长度固定、无含意的条形码，所表达的信息全部为数字，主要应用于商品标识。EAN 条码符号有标准版（EAN - 13）和缩短版（EAN - 8）两种，如图 2 - 1 所示。我国的通用商品条形码一般就是 EAN 码。

图 2 - 1 标准版 EAN - 13 与缩短版 EAN - 8

EAN - 13 条码也称为 EAN 标准版条码，既可用于销售包装，又可用于储运包装。这种条码由 13 位数字的字符代码构成。EAN - 13 条码由前缀码、厂商识别码、商品项目代码和校验码组成，有 3 种代码结构（表 2 - 4）。前 3 位数字为国别代码（也称前缀码），用于标识商品来源的国家或地区，由国际物品编码协会分配管理（代码见表 2 - 5），目前我国商品条形码的前缀码为 690 ~ 699；国别代码后面的 4 ~ 6 位数字是各国地区的 EAN 编码组织分配给其成员的标志代码，称为制造厂商代码，用于标识生产企业；厂商代码后面的 3 ~ 5 位数字为商品项目代码，用于标识商品的特征及属性或表示具体的商品项目，由制造厂商依据 EAN 的规则自行编制；最后一位数字为校验码，用于校验输入代码的正确性。

EAN - 13 码的校验码计算方法如下：

步骤一：将 EAN - 13 码的 13 位数从右至左顺序编号，校验字符为第 1 号；

步骤二：从第 2 号位置开始，将所有偶数号位置上的数字代码求和；

步骤三：将步骤二的结果乘以 3；

步骤四：从第 3 号位置开始，将所有奇数号位置上的数字代码求和；

步骤五：将步骤三与步骤四的结果相加；

步骤六：用 10 减去步骤五所得数值的个位数，所得余数为校验码。

表 2 - 4 EAN - 13 条码 3 种代码结构

| 结构类型 | 厂商识别代码（前缀码 + 企业代码） | 商品项目代码 | 校验码 |
|---|---|---|---|
| 结构一 | $X_{13}X_{12}X_{11}X_{10}X_9X_8X_7$ | $X_6X_5X_4X_3X_2$ | $X_1$ |
| 结构二 | $X_{13}X_{12}X_{11}X_{10}X_9X_8X_7X_6$ | $X_5X_4X_3X_2$ | $X_1$ |
| 结构三 | $X_{13}X_{12}X_{11}X_{10}X_9X_8X_7X_6X_5$ | $X_4X_3X_2$ | $X_1$ |

表 2 - 5 前缀码及编码组织所在国家（或地区）/应用领域

| 前缀码及编码 | 国家（地区）或应用领域 | 前缀码及编码 | 国家（地区）或应用领域 |
|---|---|---|---|
| 000 ~ 019、030 ~ 039、060 ~ 139 | 美国 | 020 ~ 029、040 ~ 049、200 ~ 299 | 店内码 |
| 050 ~ 059 | 优惠券 | 300 ~ 379 | 法国 |
| 380 | 保加利亚 | 383 | 斯洛文尼亚 |
| 400 ~ 440 | 德国 | 450 ~ 459；490 ~ 499 | 日本 |
| 460 ~ 469 | 俄罗斯 | 470 | 吉尔吉斯斯坦 |
| 471 | 中国台湾地区 | 474 | 爱沙尼亚 |
| 479 | 斯里兰卡 | 480 | 菲律宾 |
| 481 | 白俄罗斯 | 482 | 乌克兰 |
| 489 | 中国香港特别行政区 | 500 ~ 509 | 英国 |
| 520 | 希腊 | 528 | 黎巴嫩 |

| 前缀码及编码 | 国家（地区）或应用领域 | 前缀码及编码 | 国家（地区）或应用领域 |
| --- | --- | --- | --- |
| 539 | 爱尔兰 | 540～549 | 比利时和卢森堡 |
| 560 | 葡萄牙 | 569 | 冰岛 |
| 570～579 | 丹麦 | 590 | 波兰 |
| 594 | 罗马尼亚 | 599 | 匈牙利 |
| 600、601 | 南非 | 603 | 加纳 |
| 609 | 毛里求斯 | 611 | 摩洛哥 |
| 622 | 埃及 | 626 | 伊朗 |
| 628 | 沙特阿拉伯 | 640～649 | 芬兰 |
| 690～699 | 中国内地 | 700～709 | 挪威 |
| 729 | 以色列 | 730～739 | 瑞典 |
| 750 | 墨西哥 | 754～755 | 加拿大 |
| 760～769 | 瑞士 | 779 | 阿根廷 |
| 789～790 | 巴西 | 800～839 | 意大利 |
| 840～849 | 西班牙 | 850 | 古巴 |
| 860 | 南斯拉夫 | 865 | 蒙古 |
| 867 | 朝鲜 | 869 | 土耳其 |
| 870～879 | 荷兰 | 880 | 韩国 |
| 884 | 柬埔寨 | 885 | 泰国 |
| 888 | 新加坡 | 890 | 印度 |
| 893 | 越南 | 899 | 印度尼西亚 |
| 900～919 | 奥地利 | 930～939 | 澳大利亚 |
| 940～949 | 新西兰 | 955 | 马来西亚 |
| 958 | 中国澳门特别行政区 | 977 | 连续出版物 |
| 978、979 | 图书 | 980 | 应收票据 |
| 981、982 | 普通流通券 | 990～999 | 优惠券 |

　　EAN－8 条码的字符为 8 位。前 3 位为前缀码，最后 1 位为校验码，其余为商品项目代码。EAN－8 条码没有厂商识别代码，只有商品项目代码，由国家物品编码管理机构分配，在使用上有严格控制。根据国际物品编码协会规定，只有当 EAN－13 条码所占面积超过总印刷面积的 25％ 时，使用 EAN－8 条码才是合理的。一些国际物品编码协会的成员对使用 EAN－8 条码的条件还作了进一步的具体规定。由于缩短码不能直接表示生产厂家，因此商品条码系统成员只有在不得已时才能使用缩短码。缩短版 EAN－8 条码只有一种代码结构，见表 2－6。

表 2－6　EAN－8 条码代码结构

| 前缀码 | 商品项目代码 | 校验码 |
| --- | --- | --- |
| $X_8 X_7 X_6$ | $X_5 X_4 X_3 X_2$ | $X_1$ |

　　一个完整 EAN 条码的条空图形结构，其组成次序依次为：左侧空白区、起始符、左侧数据符、中间分割符、右侧数据符、校验符、终止符、右侧空白区。在条空图中，起始符、中间分割符、终止符线略长于其他条空图形。此条空图形结构部分是用于光电扫描仪识别的部分。EAN－13 和 EAN－8 的条码结构分别如图 2－2、图 2－3 所示。条码符号中的条或空的基本单位是模块，模块是一种代表规定长度的物理量，是确定条与空宽度的计量单位，因此 EAN 条码符号是按照特定的编码规则所组成的倍数模

块宽度不同的条与空的组合。

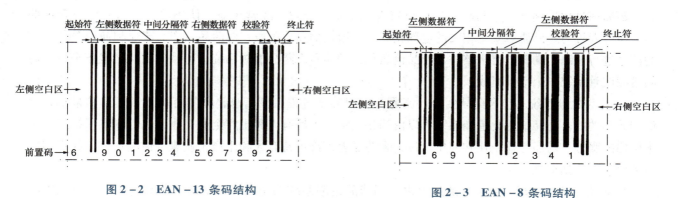

图 2-2　EAN-13 条码结构　　　　　　图 2-3　EAN-8 条码结构

**2. UPC 条形码**　1970 年，美国超级市场委员会制定了通用商品代码 UPC 码，它是世界上最早出现并投入应用的商品条形码，在北美地区得以广泛应用。美国统一编码委员会（UCC）于 1973 年建立了 UPC 条形码系统，并全面实现了该码制的标准化。UPC 条形码成功地应用于商业流通领域中，对条形码的应用和普及起到了极大的推动作用。UPC 码在技术上与 EAN 码完全一致，它的编码方法也是模块组合法，也是定长、纯数字型条形码。UPC 码有 5 种版本，常用的商品条形码版本为 UPC-A 码和 UPC-E 码（图 2-4）。UPC-A 码是标准的 UPC 通用商品条形码版本，UPC-E 码是 UPC-A 码的缩短版，是 UPC-A 码系统字符为 0 时，通过一定规则消"0"压缩而得到的。UPC 商品条形码广泛应用于美国和加拿大商品流通领域。在我国市场中的美国商品上可见到。

图 2-4　UPC-A 码与 UPC-E 码

**3. 店内码**　在自动扫描商店中，为便于 POS 系统对商品的自动扫描结算，商店对没有商品条码或商品条码不能被识读的商品，自行编码和印制条码，并只限在自己店内部使用。通常将这类条码称为商店条码，又叫店内码。店内码可分为两类，一类是用于变量消费单元的店内码，如鲜肉、水果、蔬菜、熟食品等商品是按基本计量单位计价，以随机数量销售的，其编码的任务不应由厂家承担，只能由零售商完成。零售商进货后，要根据顾客需要来包装商品，用专用设备对商品称重并自动编码和制成店内码，然后将其粘贴或悬挂到商品外包装上。另一类是用于定量消费单元的店内码。这类商品是按商品件数计价销售的，应由生产厂家编印条码，但因厂家生产的商品未申请使用条码或其印刷的条码不能被识读，为便于扫描结算，商店必须制作使用店内码。

## 五、药品追溯码

《药品管理法》（2019 年修订）第十二条明确规定：国家建立健全药品追溯制度。国务院药品监督管理部门应当制定统一的药品追溯标准和规范，推进药品追溯信息互通互享，实现药品可追溯。

《国家药监局关于药品信息化追溯体系建设的指导意见》（国药监药管〔2018〕35 号）中明确规定：以保障公众用药安全为目标，以落实企业主体责任为基础，以实现"一物一码，物码同追"为方向，加快推进药品信息化追溯体系建设，强化追溯信息互通共享，实现全品种、全过程追溯，促进药品质量安全综合治理，提升药品质量安全保障水平。

### （一）药品信息化追溯体系

药品信息化追溯体系是药品上市许可持有人、生产企业、经营企业、使用单位、药品监督管理部门、消费者等与药品质量安全相关的追溯相关方，通过信息化手段，对药品生产、流通和使用等各环节的信息进行追踪、溯源的有机整体。药品信息化追溯体系由药品追溯系统、药品追溯协同服务平台、药品追溯监管系统三个部分组成。

**1. 药品追溯系统**　包含药品生产、流通及使用等全过程追溯信息，并具有对追溯信息的采集、存储和共享功能。药品信息化追溯系统可以由药品上市许可持有人和生产企业自建，也可以采用第三方技术机构的服务。药品经营企业和使用单位配合药品上市许可持有人和生产企业建设追溯系统，并将相应追溯信息上传到追溯系统。

**2. 药品追溯协同服务平台**　通过提供不同药品追溯系统的访问地址解析、药品追溯码编码规则的备案和管理，以及药品、企业基础数据分发等服务，辅助实现药品追溯相关信息系统互联互通。

**3. 药品追溯监管系统**　根据国家级和省级药品监管部门的各自监管需求采集其行政区域内药品追溯相关数据，充分发挥追溯数据在日常监管、风险防控、产品召回、应急处置等监管工作中的作用。

### （二）药品追溯码

药品追溯码（drug traceability code）是用于唯一标识药品各级销售包装单元的代码，由一系列数字、字母和（或）符号组成。药品追溯码载体可以是一维条码、二维条码或 RFID 标签等，并需同时满足可被设备和人眼识读。

药品追溯码具有实用性、唯一性、可扩展性及通用性。编码对象为药品各级销售包装单元。药品追溯码关联了药品上市许可持有人名称、药品生产企业名称、药品通用名、药品批准文号、药品本位码、剂型、制剂规格、包装规格、生产日期、药品生产批号、有效期和单品序列号等信息。药品追溯码代码长度为 20 个字符，前 7 位为药品标识码（或者符合 ISO 相关国际标准的编码规则，如 ISO/IEC 15459 系列标准）。

药品追溯码的构成应满足以下要求：①可由数字、字母和（或）符号组成，包括 GB/T 1988—1998 表 2 中的所有字符；②包含药品标识码，并确保药品标识码在各级别的药品销售包装上保持唯一。药品标识码（drug identification code）是指用于标识特定于某种与药品上市许可持有人、生产企业、药品通用名、剂型、制剂规格和包装规格对应的药品的唯一性代码；③包含生产标识码，生产标识码（production identification code）是指用于识别药品在生产过程中相关数据的代码。生产标识码应包含单品序列号，并可根据实际需求，包含药品生产批号、生产日期、有效期或失效期等；④包含校验位，以验证药品追溯码的正确性。

药品上市许可持有人和生产企业对药品的各级销售包装单元赋码，并对各级销售包装单元的药品追溯码进行关联。在赋码前，药品上市许可持有人和生产企业向协同平台进行备案，服从协同平台统筹，保证药品追溯码的唯一性。药品批发企业在采购药品时，向上游企业索取相关追溯信息，在药品验收时进行核对，并将核对信息反馈上游企业；在销售药品时，向下游企业或使用单位提供相关追溯信息。药品零售企业和药品使用单位在采购药品时，向上游企业索取相关追溯信息，在药品验收时进行核对，并将核对信息反馈上游企业；在销售药品时，保存销售记录明细，并及时更新售出药品的状态标识。

**思考题**

答案解析

1. 简述商品分类的概念。
2. 简述进行商品分类时需要遵循的基本原则。

3. 简述现代药与传统药的区别。

4. 简述医药商品编码的定义。

5. 简述医药商品编码的主要原则。

6. 简述条形码的主要功能。

7. 简述药品追溯码的主要功能。

8. 简述药品追溯码是如何帮助实现药品信息共享的。

（易红焱）

书网融合……

本章小结　　　　习题

# 第三章　医药商品质量与质量管理

PPT

📖 学习目标

1. 通过本章学习，掌握医药商品质量的特性、质量管理的方法和手段、医药商品标准及其监督检验方法；熟悉医药商品强制规范化管理的所有环节；了解国外药典的概况等。

2. 具有了解药品各环节质量管理的基本技能，以及综合运用质量管理的理论知识分析和解决实际问题的能力。

3. 树立科学的思维方法，培养严谨求实的科学态度，认识到质量管理是医药商品生产、经营企业的生命线。

## 第一节　医药商品质量管理

医药商品质量关系着社会公众的身体健康和生命安全，其与一般商品不同，具有更强的专业性，因此其质量特性和质量管理要求也存在其特殊性。

### 一、质量的概念与特征

质量是质量管理中最基本的概念，是指"一组固有特性满足要求的程度"。此定义可以从以下方面来理解。

**1. 质量的载体**　这里的质量并不仅限于产品和服务，而是泛指一切可以单独描述和研究的事物，既可以是产品的质量，也可以是某项活动的工作质量或某个过程的工作质量，还可以是指企业的信誉、体系的有效性。

**2. 特性**　是指"可区分的特征"它们可以是固有的或赋予的，也可以是定性的或定量的，有物质特性（如机械的、电的、化学的或生物学的特性）、功能特性（如飞机的最高速度）、感官特性（如嗅觉、触觉、味觉、视觉、听觉等感觉探测的特性）、人体工程学特性（如生理的特性或有关人身安全的特性）以及其他的类别特性。"固有特性"是指某事或某物本来就有的特性，而不是人们所赋予的特性。

**3. 要求**　是指"明示的、通常隐含的或必须履行的需求或期望"。要求可由不同的相关方提出。明示的要求是指通过标准、规范、图样、合同等文件明确规定的要求；通常隐含的需求或期望是指组织、顾客或其他相关方不言自明的、无须规定的惯例或习惯做法；必须履行的要求是指法律、法规或强制性标准要求必须履行的有关健康、安全、环境、社会保障等方面的要求。

此外，质量要求具有动态性，顾客和其他相关方对产品、体系或过程的质量要求随着时间、地点、环境的变化而变化。所以，应定期评定质量要求，按照变化的需要和期望，相应地改进产品、体系或过程的质量，以满足已变化的质量要求。

## 二、医药商品的质量

### （一）医药商品的质量定义

医药商品的质量是指医药商品具有的能满足规定要求和需要的特征总和。是对形成医药商品使用价值的各种客观属性和消费者使用医药商品的主观满意程度的综合评价。医药商品的质量是一个动态的概念，即质量不是固定不变的。不同的药品或同一药品用途不同，其质量要求也就不同。

### （二）医药商品的质量特性

医药商品的质量特性是指能满足规定要求和需要的特征总和。具体而言就是医药商品与满足预防、治疗和诊断人的疾病，有目的地调节人生理功能的要求有关的固有特性。具体表现为以下4个方面。

**1. 有效性**　是指在规定的适应证、用法和用量的条件下，能满足预防、治疗、诊断人的疾病，有目的地调节人的生理功能的要求。有效性是药品的固有特性，是评价药品质量的最重要的指标之一。若对防治疾病无效，则不能成为药品。我国对药品的有效性按在人体达到规定的效应程度分为"痊愈""显效""有效"。国外采用"完全缓解""部分缓解""稳定"来区别。

**2. 安全性**　是指药品按照规定的适应证、用法和用量使用药品后，对人体产生不良反应的程度。大多数药品均有不同程度的毒副作用。如某些抗生素类药物在杀菌、抑菌的同时将产生耳、肾、肝等部位的毒性；不少镇痛剂及精神性药物在多次使用时将产生依赖性。药品只有在有效作用大于毒副作用，或可解除、缓解毒副作用的情况下才能使用。假如某种物质对防治、诊断疾病有效，但是对人体有致畸、致癌、致突变的严重损害，甚至致人死亡，那么该物质不能成为药品。药品的安全性是评价药品质量的最重要指标之一。

**3. 稳定性**　是指药品在规定的条件下保持其有效性和安全性的能力。规定的条件包括药品的有效期以及药品生产、储存、运输和使用的条件。假如某些物质虽然具有防治、诊断疾病的有效性和安全性，但是极易变质、不稳定，因此该物质不能作为药品进入医药市场。稳定性是药品质量的重要特性。

**4. 均一性**　是指药品每一制剂单位产品（制剂的单位产品，如一片药、一支注射剂、一包冲剂、一瓶糖浆等），其组成和结构相同，都符合有效性和安全性的规定要求。由于人们用药剂量与药品的单位产品有密切关系，特别是有效成分在单位产品中含量很小的药品，若含量不均一，则可能造成用量过小而无效，或用量过大而中毒甚至死亡。只有药品具有均一性，才能保证给药剂量的准确性，进而保证药品使用中的有效性和安全性。所以，均一性也是药品质量的重要特性。

## 三、质量管理的发展

### （一）质量管理及其发展沿革

质量管理（quality management）作为管理的一个维度，具有管理的普遍性，是对确定和达到质量所必需的全部职能和活动的管理，包括质量方针、质量目标的制定，及所有产品、过程或服务方面的质量保证、质量控制和质量改进活动过程。质量管理的内涵是随着生产和科学技术进步逐渐形成、发展和完善的，其历程大致可以分为三个阶段。

**1. 质量检验阶段**　20世纪初至30年代末期是质量管理发展的初期阶段。该阶段企业的规模不断扩大，机器逐渐代替了手工操作。为保证产品质量，质量检验任务开始从操作者转移到工长手中，称为"工长的质量管理"。后期企业开始设置专门的质量检验部门，配备专职检验人员，使用专门的检验工具，称为"检验员的质量管理"。当时的质量检验管理只能做到事后把关，无法在生产过程中起到预防、控制的作用。

**2. 统计质量管理阶段** 20 世纪 40 年代至 50 年代是统计质量管理阶段，其运用数理统计和抽样检验方法，通过对生产数据进行统计分析发现问题，以防止次品和废品的产生。该阶段属于预防性管理，能够在设计和生产过程中发现并解决问题，但是仍然以满足产品标准为目的，而非用户需求；偏重工序管理，而非生产全过程管理。

**3. 全面质量管理阶段** 20 世纪 60 年代开始进入全面质量管理阶段。全面质量管理是为了能够在最经济的水平上，同时考虑充分满足客户要求的条件下进行生产和提供服务，把企业各部门在研制质量、维持质量和提高质量的活动中构成为一体的一种有效体系。其具有以下特点。

（1）全面的质量管理 就是对商品质量和工作质量同时进行管理，而且把工作质量作为管理的主要内容和工作重点，用工作质量保证产品质量。达到商品使用价值与价值的统一，质量、品种与经济效益的统一，用最经济的方法生产出用户满意的产品。

（2）全过程的质量管理 从商品市场调研、设计、制造到使用的全过程中，各个环节都可能出现商品质量管理问题。只有组织好各个环节的管理活动，既有明确分工又有密切合作，才能保证和提高商品质量。

（3）全员参与的质量管理 产品质量是企业各级部门、各级人员工作质量的综合反映，依靠全体员工的共同努力。只有做到全体员工重视产品质量和自身工作质量，发挥每个人的积极主动性，商品质量才能得到保证。

（4）多种方法的质量管理 影响产品质量和服务质量的因素复杂多样，要对其进行系统控制，就必须根据不同情况、区别不同的影响因素，广泛、灵活地运用多种多样的现代化管理办法来解决质量问题。

**（二）质量管理体系**

ISO 将管理体系界定为"建立方针和目标，并实现这些目标的相互关联或相互作用的一组要素"，而质量管理体系则是指在质量方面指挥和控制组织的管理体系。

由此可见，质量管理体系具备如下特征：具有指挥、控制组织的管理特征；在建立和实现质量管理方针和目标方面，具有明确的目标特征；与组织的其他管理体系一样，其组成要素具有相互关联和相互作用的特征。

**（三）全过程质量管理**

医药商品质量管理是指在国家现有法律、法规的指导下，对医药商品质量形成的全过程的指挥和控制组织的协调活动，即从事医药商品研制、生产、经营、使用的企业和单位对确定或达到质量所必需的全部职能和活动的管理，包括对医药商品质量和工作质量的管理，医药商品质量形成的每一个环节（新药研制、生产、经营、使用）都相当于一个质量环，只有环与环之间紧密相连，才能形成完整的质量链条。

# 第二节 医药商品标准与质量监督检验

## 一、标准与医药商品标准

医药商品的质量直接关系到消费者用药的安全与有效，医药商品的质量管理又涉及从研究到生产、流通和使用的多个环节，必须设定明确的、全面的、统一的方法和指标予以衡量。随着科学技术的发展，医药商品的质量已经逐步量化，能科学地进行度量，即通过一系列数据的指标直接或间接地反映出来。如药品性状、含量测定、pH、安全试验、杂质检查、重量检查等。把这些反映医药商品质量的技术参数、指标明确规定下来，形成技术文件，就形成了医药商品的质量标准。

### （一）标准概述

**1. 标准的概念**　标准是对重复性事物和概念所做的统一规定。它以科学、技术和实践经验的综合成果为基础，经有关各方协商一致，由权威机构批准，以特定形式发布，作为共同遵守的准则和依据。标准化是在经济、技术、科学及管理等社会实践中，对重复性事物和概念通过制定、实施标准，达到统一，以获得最佳秩序和社会效益的过程。

**2. 标准的分类**　按照标准化的对象，通常把标准分为技术标准、管理标准和工作标准。

（1）技术标准　是指对标准化领域中需要协调统一的技术事项所制定的标准。技术标准包括基础技术标准、产品标准、工艺标准、检测试验方法标准以及安全卫生、环保标准等。

（2）管理标准　是指对标准化领域中需要协调统一的管理事项所制定的标准。管理标准包括管理基础标准、技术管理标准、经济管理标准、行政管理标准、生产经营管理标准等。

（3）工作标准　是指对工作的责任、权利、范围、质量要求、程序、效果、检查方法、考核办法所制定的标准。工作标准一般包括部门工作标准和岗位（个人）工作标准。

**3. 商品标准**　商品标准是技术标准的一种，是指对商品质量和有关质量的各方面（如品种、规格、等级、成分、结构、用途、检验方法、包装、运输、储存条件等）所作的技术规定，是在一定时期和一定范围内具有约束力的商品生产技术依据，是评定商品质量的论据和准则。商品标准对商品的生产、检验、验收、监督、使用、维护和贸易有着重要的指导意义。

判断医药商品质量合格或不合格的法定依据就是药品标准，它也是医药商品质量保证和质量控制活动的重要依据。药品标准也是国家依法实施药品审批和医药商品质量监督、检查、检验的技术依据。以药典为代表的药品标准体系，是国家医药商品监督管理技术性法规体系的重要组成部分。

### （二）医药商品标准的概念

医药商品中的主体——药品是一种特殊的商品，它关系到人民群众用药的安全和有效。药品质量没有等级之分，要么质量合格，要么质量不合格。要判定一种药品质量是否合格，就需要专业人员按照一系列严密的技术规定进行专业的检验才能得出结论。检验人员参照的技术规定被称为"药品标准"。药品标准是指国家对药品的质量规格和其检验方法所作的技术规定，是药品生产、供应、使用、质量检验和监督管理部门共同遵循的法定依据。凡正式批准生产的药品、辅料和基质以及商品经营中的中药材，都要制定标准。

药品标准体现了国家经济科技社会发展的综合水平，药品标准水平的高低是一个国家药品质量控制水平和国家药品管理水平高低的具体体现。同时，药品标准也是参与国际药品技术经济贸易的重要技术保障。因而，加强药品标准管理与建设，在保障人民用药安全有效、促进经济发展、提升国际竞争力等方面都具有重要意义。

### （三）医药商品标准的分类

依据《药品管理法》规定，我国的药品标准分为国家药品标准、中药饮片炮制规范和医疗机构制剂标准。

**1. 国家药品标准**　为了确保药品的质量，国家对药品有强制执行的质量标准，即国家药品标准。国家药品标准是国家为保证药品质量所制定的关于药品的质量指标、检验方法以及生产工艺的技术要求，是药品生产、经营、使用、检验和监督管理部门共同遵循的法定依据。

国家药品标准分为《中华人民共和国药典》、部颁或局颁药品标准和药品注册标准。

（1）《中华人民共和国药典》　简称《中国药典》，由国家药典委员会组织编制，国家药品监督管理局、国家卫生健康委员会颁布。《中国药典》是国家药品标准的核心，是国家为保证药品质量、保护人民用药安全有效而制定的法典。

药典标准直接反映了一个国家的药品先进水平和药品质量安全状况。而药典标准的提升和完善，是一个持续的过程。《中国药典》于 1953 年编纂出版第一版以后，相继于 1963 年、1977 年分别编纂出版。从 1985 年起每 5 年修订颁布新版药典，2025 年版《中国药典》是新中国成立以来第 12 版药典。

（2）部颁或局颁标准　这类药品标准是指未列入《中国药典》而由国务院卫生行政部门或药品监督管理部门颁布的药品标准，以及与药品质量指标、生产工艺和检验方法相关的技术指导原则和规范。

（3）药品注册标准　是指国家药品监督管理部门批准给申请人特定药品的标准，生产该药品的生产企业必须执行该注册标准。根据《标准化法》规定和国际惯例，国家标准是市场准入的最低标准，原则上行业标准高于国家标准，企业标准应高于行业标准。所以，药品注册标准不得低于《中国药典》的规定。

**2. 中药饮片炮制规范**　《药品管理法》规定，中药饮片必须按照国家药品标准炮制；国家药品标准没有规定的，必须按照省级药品监督管理部门制定的炮制规范炮制，省级药品监督管理部门制定的炮制规范应当报国家药品监督管理部门备案。

2022 年 12 月，国家药监局发布《国家中药饮片炮制规范》，该规范属于中药饮片的国家药品标准，规范中药饮片标准管理的同时，为监管工作提供技术支撑，与《中国药典》相互补充。截至 2024 年 8 月，《国家中药饮片炮制规范》共收载 61 个品种规格。

**3. 医疗机构制剂标准**　获得医疗机构制剂许可证的医疗机构，若要进行制剂配制，须经所在地省级药品监督管理部门批准，取得制剂批准文号后，方可配制。医疗机构配制制剂，应当严格执行经批准的质量标准，并不得擅自变更工艺、处方、配制地点和委托配制单位，需要变更的，申请人应当提出补充申请，报送相关资料，经批准后方可执行。

**4. 药品标准的主要内容**

（1）中药

1）中药材　药品名称，包括中文名（通用名）、汉语拼音、拉丁名；药材来源；性状；鉴别；炮制；检查；含量测定；性味与归经；功能与主治；用法与用量；贮藏。

2）中药饮片　药品名称；来源；炮制；性状；贮藏。

3）中成药　药品名称，包括中文名（通用名）、汉语拼音、英文名；处方；制法；性状；检查；含量测定；功能与主治；用法与用量；规格；贮藏。

（2）化学药品标准

1）化学原料药　药品名称，包括中文名（通用名）、汉语拼音、英文名（INN）；化学名称；结构式、分子式、分子量；性状；鉴别；检查；含量测定；类别；规格；制剂。

2）化学药品制剂　药品名称，包括中文名（通用名）、汉语拼音、英文名（INN）；化学名称；性状；鉴别；检查；含量测定；类别；规格；贮藏。

3）生物制品　品名（中文通用名）；定义；组成及用途；基本要求；制造；检定（原液、半成品、成品）；保存运输及有效期；使用说明（仅预防类含此项）。

## 二、医药商品的质量监督检验

医药商品质量监督是贯彻执行医药商品标准的手段，是保证和提高医药商品质量并取得经济效益的措施，也是标准化工作的重要组成部分。药品对人们生命安危、康复保健的重要作用，决定了必须由国家制定药品标准，由代表国家的专门机构采用现代科学技术，采用法律和行政的方法，对药品质量进行监督管理，才有可能保证人们用药安全有效。医药商品的质量监督检验是医药商品质量监督管理工作的基础。

**（一）商品检验的概念及分类**

**1. 商品检验的概念** 商品检验是指商品的供货方、购货方或第三方在一定条件下，借助某种手段和方法，按照合同标准或国际、国家有关法律、法规、惯例，对商品的质量、规格、重量以及包装等方面进行检查，并作出合格与否或通过检验与否的判定。商品质量检验是商品检验的中心内容，因此，狭义的商品检验是指商品质量的检验。

**2. 商品检验的分类** 根据商品检验的目的分类，可以分为第一方、第二方和第三方检验。

（1）第一方检验 也称生产检验，是商品生产者为了维护企业的信誉、保证商品质量对半成品和成品进行的检验活动。

（2）第二方检验 也称验收检验，是指商品的买方为了维护自身及顾客的利益，保证所购商品的质量满足合同的规定或标准要求所进行的检验活动。目的是及时发现问题，反馈质量信息，促使卖方纠正或改进商品质量。在实践中，商业或外贸企业还常派"驻厂员"对商品质量形成的全过程进行监控，对发现的问题，及时要求产方解决。

（3）第三方检验 是指处于买卖利益之外的第三方，以公正权威的非当事人身份根据有关法律、法规、合同或标准所进行的商品检验活动，公证鉴定、仲裁检验、国家质量监督检验等。目的是维护各方面合法权益和国家权益，协调矛盾，促使商品交换活动的正常进行。

根据检验商品的数量，可以分为全数检验和抽样检验。

（1）全数检验 是对被检批的商品逐个地进行检验，也称百分之百检验。全数检验的检验结果比较准确可靠，检验数据全面，但是检验费用大、时间长。因此这种方法只适用于商品批量小、商品特性少、非破坏性的商品检验。实际工作中的全数检验只用于贵重、质量不够稳定商品的质量检验。

（2）抽样检验 是商品检验中的常见方式，它是按照事先已确定的抽样方案，从被检商品中随机抽取一定数量的样品，组成样本进行检验，以判断一批商品或一个过程是否可以被接收。抽样检验费用少、节省时间，但是获得的检验信息较少，适用于破坏性、大批量、质量特性多且质量较稳定等商品的检验。

**（二）医药商品质量监督检验**

医药商品质量监督检验是由国家设置的专门法定机构，配备检验的仪器和专业技术人员，依据国家的法律规定，对药品研制、生产、经营、使用及进出口药品、医疗单位自制的制剂质量进行检验，是药品质量监督管理的重要依据。药品质量监督必须采用检验手段，如果检验技术不可靠、数据不真实，将会造成监督工作的失误和不公正。

**1. 质量监督检验的性质** 药品监督检验与药品生产企业的产品检验和药品经营企业的验收检验性质不同，它不涉及买卖双方的经济利益，不以营利为目的，具有第三方检验的公正性；药品监督检验是代表国家对研制、生产、经营、使用的药品质量进行的检验，具有比生产检验或验收检验更高的权威性；药品监督检验是根据国家的法律规定进行的检验，在法律上具有更强的仲裁性。

**2. 质量监督检验机构** 根据《药品管理法》的规定，药品检验所是执行国家对药品监督检验的法定性专业机构。国家依法设置的药品检验所分为四级：中国食品药品检定研究院；省、自治区、直辖市药品检验所；市（地）、自治州、盟药品检验所；县、市、旗药品检验所。中国食品药品检定研究院是全国药品检验的最高技术仲裁机构，是全国药品检验所业务技术指导中心。

**3. 质量监督检验的类型** 医药商品质量监督检验根据其目的和处理方法不同可以分为下述类型。

（1）抽查性检验  由药品监督管理部门授权的药品检验机构，根据药品监督管理部门抽检计划，对药品生产、经营、使用单位抽出样品实施检验。通过对药品的抽查检验来了解药品质量动态，进而掌握药品生产、经营、使用的状况，实施有效监督，这对杜绝假劣药品生产和在市场的流通，确保人民用药安全有效具有重大意义。抽查检验属于药品监督管理部门的日常监督，抽查检验结果由政府药品监督管理部门发布药品质量检验公告，并依法处理不合格药品的生产、经营、使用者。

（2）注册检验  药品注册检验包括样品检验和药品标准复核两个环节。新药和仿制生产审批、药品进口审批时均需进行注册检验。承担注册检验的药品检验机构应当在规定的时限内完成检验，出具药品注册检验报告，上报药品监督管理部门。进口药品的注册检验由中国食品药品检定研究院组织实施。

（3）指定检验  是指国家法律或药品监督管理部门规定某些药品在销售前或进口时，必须经过指定药品检验机构检验，检验合格的，才准予销售的强制性药品检验。《药品管理法》明确了三种情形，分别是：①国家药品监督管理部门规定的生物制品；②首次在中国销售的药品；③国务院规定的其他药品。进口药品由口岸药品检验所进行检验，生物制品"批签发"也属于指定检验的范畴。

（4）复验  药品抽查当事人对药品检验机构的药品检验结果有异议，按照规定向药品检验机构提出的复核检验。复验申请应向原药品检验机构或其上一级药品检验机构提出，也可以直接向中国食品药品检定研究院提出，申请复验的当事人，应向复验机构预先支付相关检验费用。

## 三、国外药品标准与监督检验

除《中国药典》外，世界上影响较大的药典有《美国药典》《英国药典》《日本药局方》和《欧洲药典》。

**1.《美国药典》**  《美国药典/国家处方集》（*U. S. Pharmacopoeia /National Formulary*，USP/NF）由美国药典委员会（The United States Pharmacopoeia Convention）编辑出版。USP 于 1820 年出第一版，1950 年以后每 5 年出一次修订版。NF 于 1883 年第一版，1980 年 15 版起并入 USP，但仍分两部分，前面为 USP，后面为 NF。USP 收载原料药品及其制剂，而 NF 收载各类辅料和一些非处方药。根据美国药典委员会 1975 年第 3 号决议，凡已被批准投放市场的药物均应载入药典。美国药典的最新版本是 USP 47/NF 42。

《美国药典》是美国政府对药品质量标准和检定方法作出的技术规定，也是药品生产、使用、管理、检验的法律依据。《美国药典》正文药品名录分别按法定药名字母顺序排列，各药品条目大都列有药名、结构式、分子式、CAS 登记号、成分和含量说明、包装和贮藏规格、鉴定方法、干燥失重、炽灼残渣、检测方法等常规项目，正文之后还有对各种药品进行测试的方法和要求的通用章节及对各种药物的一般要求的通则。可根据书后所附的 USP 和 NF 的联合索引进行查阅。

**2.《英国药典》**  《英国药典》（*British Pharmacopoeia*，BP）是由英国药典委员会（British Pharmacopoeia Commission，BPC）编制的正式出版物，是英国制药标准的重要来源。也是药品控制、药品注册和生产许可证管理的重要依据，《英国药典》不仅为公众提供了药用和成药配方标准以及配药标准，也展示了许多明确分类并可参照的《欧洲药典》专著。《英国药典》于 1864 年出版第一版，出版周期不定，最新版本是 BP 2025。《英国药典》在世界各国药典中享有一定信誉，在国际贸易中，一些贸易机构和贸易商常以《英国药典》标准签订合同，作为药品质量检验的依据。

**3.《日本药局方》**  《日本药局方》（*The Japanese Pharmacopoeia*，JP）由日本药局方编辑委员会编纂，由厚生省颁布执行。分两部出版，第一部收载原料药及其基础制剂，第二部主要收载生药、家庭药制剂和制剂原料。自 1886 年初版迄今已颁至第 19 版（JP 19）。

**4.《欧洲药典》**  《欧洲药典》（*European Pharmacopoeia*，EP）由欧洲药典委员会制定，1977 年出

版第 1 版《欧洲药典》，从 1980 年到 1996 年期间，每年将增修订的项目与新增品种出一本活页本，汇集为第 2 版《欧洲药典》各分册，未经修订的仍按照第 1 版执行。1997 年出版第 3 版《欧洲药典》合订本，并在随后的每一年出版一部增补本，由于欧洲一体化及国际药品标准协调工作不断发展，增修订的内容显著增多。《欧洲药典》最新版本为第 11 版。《欧洲药典》的基本组成有凡例、通用分析方法（包括一般鉴别实验，一般检查方法，常用物理、化学测定法，常用含量测定法，生物检查和生物分析，生药学方法），容器和材料、试剂、正文和索引等。《欧洲药典》正文品种的内容包括：品名、分子结构式、CA 登录号、化学名称及含量限度、性状、鉴别、检查、含量测定、贮藏、可能的杂质结构等。《欧洲药典》是欧洲药品质量控制的标准。已有多项法律文件使《欧洲药典》成为法定标准，维持了《欧洲药典》对在欧洲上市药品的强制执行性，所有药品、药用物质生产企业在欧洲销售或使用其产品时，都必须遵循《欧洲药典》标准。

# 第三节　医药商品质量强制规范化管理

医药商品是保护人民身体健康的特殊商品，其质量的差异直接关系到人的生命安危，其质量管理较一般商品标准更高、要求更严格。为保障人体用药安全，维护人民身体健康和用药的合法权益，医药商品质量监督管理部门针对医药商品质量形成的各个环节颁发了一系列强制性的质量管理规范，如《药物非临床研究质量管理规范》《药物临床试验质量管理规范》《药品生产质量管理规范》《药品经营质量管理规范》《中药材生产质量管理规范》等，来规范医药商品研制、生产、经营和使用的行为。这一系列质量管理规范的制定，充分反映了当前国际上医药商品质量管理的发展趋势，对医药商品的质量管理已不仅仅针对生产过程，而是涵盖了医药商品上市前的质量管理和上市后的质量监督和再评价，以及医药商品经营、使用的全过程。

## 一、研制注册环节规范化管理

### （一）药物非临床研究质量管理

《药物非临床研究质量管理规范》（good laboratory practice for non-clinical laboratory studies，GLP）。适用于为申请药品注册而进行的非临床研究。

**1. 概述**　药物在进入临床研究阶段前，需要通过动物毒性试验获取尽可能多的安全性信息，以便在临床试验过程中最大限度避免和及时识别处理毒副作用，从而确保受试者用药安全。

我国首部 GLP 试行版本于 1999 年由国家药品监督管理局发布，经历了 2 次修订（2003 年和 2016 年），现行《药物非临床研究质量管理规范》是 2017 年 7 月 27 日由国家食品药品监督管理总局签发，并于 2017 年 9 月 1 日正式开始施行。GLP 作为我国唯一保留认证管理模式的管理规范，2023 年国家药品监督管理局修订发布《药物非临床研究质量管理规范认证管理办法》，并于同年 7 月 1 日起施行。

**2. 内容简介**　《药物非临床研究质量管理规范》是关于药物非临床研究机构的质量保证体系建立和运作的规范体系。该规范体系包括实验人员在研究过程中自觉进行的质量控制，以及独立的质量保证部门对整个研究过程进行的监督和稽查。药品监督管理部门对研究机构和研究过程进行的监督检查构成外部保障机制。制定和实施 GLP 的主要目的是严格控制可能影响药物非临床研究实验结果科学性和准确性的各种因素，确保实验结果的真实性、完整性和可靠性，保障公众用药安全。GLP 适用于为申请药品注册而进行的非临床研究。

### （二）药物临床试验质量管理

《药物临床试验质量管理规范》（good clinical practice，GCP）。适用于为申请药品注册而进行的药物临床试验，药物临床试验的相关活动也应遵守。

**1. 概述** 我国首部 GCP 试行版本（当时的名称为"药品临床试验管理规范"，2003 年调整为"药物临床试验质量管理规范"）于 1998 年由卫生部发布，经历了 4 次修订（1999 年、2003 年、2016 年和 2020 年）。现行《药物临床试验质量管理规范》是 2020 年 4 月 23 日由国家药监局和国家卫生健康委正式发布，并于 2020 年 7 月 1 日正式开始施行。

**2. 内容简介** 为了保证药物临床试验过程规范，结果科学可靠，保护受试者的权益并保障其安全，GCP 涵盖了临床试验全过程的标准规定，包括方案设计、组织实施、监查、稽查、记录、分析总结和报告，凡进行各期临床试验、人体生物利用度或生物等效性试验，均须按 GCP 执行，所有以人为对象的研究必须符合《世界医学大会赫尔辛基宣言》，即公正、尊重人格、力求使受试者最大程度受益和尽可能避免伤害，制定 GCP 的目的在于保证临床试验过程的规范，结果科学可靠，保护受试者的权益并保障其安全。

### （三）药物警戒质量管理

《药品警戒质量管理规范》（good pharmacovigilance practice，GVP）是开展药品全生命周期药物警戒活动过程中必须遵守的规范。适用于药品上市许可持有人和获准开展药物临床试验的药品注册申请人开展的药物警戒活动，并建立并持续完善药物警戒体系。

**1. 概述** 药物警戒是药品全生命周期质量管理的重要内容，是确保社会公众用药安全的重要手段。GVP 与 GMP、GSP 等管理规范定位一致，该规范主要侧重于对上市许可持有人（包括临床试验申办者）提供技术标准和技术指导。与药物警戒相关的其他主体，如药品监管部门、医疗机构和药品经营企业等，考虑到其在药物警戒活动中的内容不同，因此其相关要求参照《药品不良反应报告和监测管理办法》。

2021 年 5 月 7 日我国首部《药物警戒质量管理规范》发布，并于 2021 年 12 月 1 日正式施行。该规范明确持有人在药物警戒工作中的要求，并对其药物警戒活动进行规范。

**2. 内容简介** 《药物警戒质量管理规范》共 9 章 134 条，其内容涵盖质量管理、机构人员与资源、监测与报告、风险识别与评估、风险控制、临床试验期间药物警戒等，不同的责任主体分别用"持有人"和"申办者"进行了区分。

## 二、生产流通环节规范化管理

### （一）中药材生产质量管理

《中药材生产质量管理规范》（good agriculture practice for chinese crude drugs，GAP）。适用于中药材生产企业规范生产中药材的全过程管理，是中药材规范化生产和管理的基本要求。

**1. 概述** 《中药材生产质量管理规范》是优质中药材生产和质量管理的基本要求。2002 年 6 月 1 日，国家药品监督管理局颁布实施了《中药材生产质量管理规范（试行）》。为试行 GAP 及认证工作，2003 年 11 月 1 日颁布实施了《中药材生产质量管理规范认证管理办法（试行）》及《中药材 GAP 认证检查评定标准（试行）》，国家食品药品监督管理局受理中药材 GAP 的认证申请，并组织认证试点。

2016 年 2 月 3 日，国务院从政策的顶层设计考虑，整合和精简各行业的强制性标准及简政放权的需要，印发了《关于取消 13 项国务院部门行政许可事项的决定》，正式取消 GAP 认证。取消认证后，对中药材 GAP 实施备案管理。

2022 年 3 月，国家药监局、农业农村部、国家林草局和国家中医药局联合发布《中药材生产质量管理规范》，提出鼓励中药饮片生产企业、中成药上市许可持有人等中药生产企业在中药材产地自建、共建符合 GAP 的中药生产企业及生产基地，将药品质量管理体系延伸到中药材产地。

**2. 内容简介**　现行的中药材 GAP 共 14 章 144 条，其基本内容涵盖了中药材生产的全过程，是中药材生产和质量管理的基本准则，适用于中药材生产企业生产中药材（含植物药、动物药）的全过程。

### （二）药品生产质量管理

《药品生产质量管理规范》（good manufacturing practice for drugs，GMP）是国际通行的药品生产质量管理基本准则，适用于药品制剂生产的全过程和原料药生产中影响成品质量的关键工序。

**1. 概述**　作为质量管理体系的重要组成部分，GMP 是药品生产管理和质量控制的基本要求，其目的在于最大限度地降低药品生产过程中污染、交叉污染以及混淆、差错等风险，确保持续稳定地生产出符合预定用途和注册要求的药品。

我国于 20 世纪 80 年代初引进此概念，1988 年首部 GMP 出台，截至 2011 年先后三次修订（1992 年、1998 年、2010 年）。现行《药品生产质量管理规范（2010 年修订）》于 2011 年 2 月 12 日发布，3 月 1 日起正式实施。

我国 GMP 的发展可以分为三个阶段：第一阶段即引入初期，GMP 只是我国政府推荐的指导性规范；第二阶段自《药品管理法》（2001 年修订）开始，GMP 正式具有法律强制力，要求药品生产企业必须按照 GMP 组织生产，同时药品监督管理部门还将针对药品生产企业是否符合 GMP 的要求进行认证检查；第三阶段为《药品管理法》（2019 年修订）确认取消 GMP 认证检查，并将其与药品生产许可合并检查，且相关部门可随时对 GMP 的执行情况进行抽查。

**2. 内容简介**　《药品生产质量管理规范》是药品生产质量管理的基本准则，它从原料、人员、设备设施、生产过程、包装储存、质量控制等方面形成一套可操作的作业规范。GMP 主要内容可以概况为三个方面，即机构与人员、软件和硬件。在机构与人员方面，要求企业建立质量管理机构，同时配备一定数量的专业技术人员，并对人员进行专业知识和 GMP 知识的系统培训；硬件方面则主要是对厂房设施设备的要求，包括厂房设施符合 GMP 洁净级别的要求，药品生产过程必须在符合相应洁净级别的区域完成，设备也应易于清洁，且不得与药品发生任何反应；软件方面则要求药品生产企业制定完善的技术标准、管理标准、工作标准和记录凭证类文件，同时保证这些文件在药品生产过程中得以良好执行。

### （三）药品经营质量管理

《药品经营质量管理规范》（good supply practice，GSP）。适用于药品经营企业，药品生产企业销售药品、药品流通过程中其他涉及储存与运输药品的，也应当符合药品 GSP 相关要求。

**1. 概述**　GSP 是药品经营管理和质量控制的基本准则。药品经营过程质量管理目的是控制和保证药品的安全性、有效性、稳定性，防止药品在流通过程中发现差错、污染、混淆、变质、失效，避免假、劣药进入流通领域。1992 年 GSP 引入我国（首部《医药商品质量管理规范》出台）。2000 年开始，我国基本形成了包括 GSP（2000 年第一次修订）、GSP 实施细则、GSP 认证管理办法（试行）和 GSP 检查员管理办法等比较完整的 GSP 制度。后续 GSP 又经历了 2 次修订（2012 年和 2015 年）和一次修正（2016 年）。《药品管理法》（2019 年修订）确认取消 GSP 认证和发证，并将其与药品经营许可一并检查，但相关部门可随时对企业 GSP 执行情况进行抽查。

**2. 内容简介**　GSP 规定药品的购进、储运和销售等环节必须实行质量管理，建立包括组织结构、职责制度、过程管理和设施设备等方面的质量体系，并使之有效运行。

对于药品批发企业和零售企业，GSP 对其分别进行了阐述，其中批发企业的质量管理主要包括药品批发企业的质量管理体系、组织机构与质量管理职责、人员与培训、质量管理体系文件、设施与设备、校准与验证、计算机系统、采购、收货与验收、储存与养护、销售、出库、运输与配送、售后管理。零售企业的质量管理则包括药品零售企业的质量管理与职责、人员管理、文件、设施与设备、采购与验收、陈列与储存、销售管理、售后管理。

与 GSP 正文具有同等效力的，还有 6 个 GSP 附录，分别是《冷藏、冷冻药品的储存与运输管理》《药品经营企业计算机系统》《温湿度自动监测》《药品收货与验收》《验证管理》和《药品零售配送质量管理》。

 **知识拓展** ----------------------------------------------------------

记载药品标准的法典——《中国药典》

《中国药典》的主要包括凡例、品种正文、通用技术要求和指导原则四部分。

凡例是为正确使用《中国药典》进行药品质量检定的基本原则，是对《中国药典》正文、通用技术要求及药品质量检验和检定有关的共性问题的统一规定，以避免在全书中重复说明。"凡例"中的有关规定具有法定的约束力。

品种正文是药典的主要内容，为所收载药品或制剂的质量标准。每一正文品种项下根据品种和剂型的不同，按顺序可分别列有：品名（包括中文名、汉语拼音名与英文名）；有机药物的结构式；分子式与分子量；来源或有机药物的化学名称；含量或效价规定；处方；制法；性状；鉴别；检查；含量或效价测定；类别；规格；贮藏；制剂等。

通用技术要求包括《中国药典》收载的通则与总论等。

指导原则系指为规范药典执行，指导药品标准制定和修订，提高药品质量控制水平的制定的推荐性技术要求。

----------------------------------------------------------------------------

答案解析

**思考题**

1. 对医药商品实行全过程质量管理的具体表现有哪些？
2. 简述医药商品工作质量强制规范化管理的现状。
3. 简述药物警戒质量管理与药品不良反应监测的关系。
4. 简述医药商品标准的类别和层次。
5. 简述 GSP 的适用范围。

（丁丽曼）

----------------------------------------------------------------------------

书网融合……

本章小结　　　　习题

# 第四章 医药商品包装

PPT

📖 **学习目标**

　　1. 通过本章学习，重点掌握医药商品包装的功能，医药商品包装不同类别的分类方法，医药商品包装的意义，商标的作用和我国医药商品商标的现状；熟悉我国近年来出台的医药包装的监管要求；了解我国医药商品商标的现状和我国医药包装行业的发展趋势。

　　2. 具有识别常见的医药商品包装标识的能力。

　　3. 培养从国家政策和行业发展等宏观视角理解医药商品的思维方式。

　　包装是医药商品的重要组成部分，是实现医药商品的价值与使用价值，并能增加其价值的一种手段。随着个性化消费时代的到来，市场竞争的激烈以及销售方式的变化，医药商品包装的功能已不仅局限于保护、容纳和宣传产品，更重要的是通过包装来提升医药商品的附加价值，提高医药商品的竞争力。

## 第一节　医药商品包装的功能及分类

### 一、医药商品包装的意义、基本要求与功能

#### （一）医药商品包装的意义

　　医药商品包装是指流通过程中保护医药商品、方便储运、促进销售，按一定技术方法而采用的容器、材料及辅助物等的总称；也指为了达到上述目的而采用容器、材料和辅助物的过程中施加一定技术方法的操作活动。

　　医药商品的包装是医药商品生产的重要环节，是其进入流通领域的必要条件，是实现医药商品使用价值和价值的一种必要手段。在运输、储存和购销的流通环节中，医药商品包装的主要意义如下。

　　**1. 保护医药商品质量的安全和数量的完整**　医药商品在流通过程中要经过运输、装卸、储存、批发、零售等环节，在这些环节中难免会跌落、碰撞、摩擦，还会受到空气、光线、水分及微生物等的作用。医药商品的包装可以使其与上述外界条件有效地隔离或分开，从而减少外界条件对可能其产生的损害或影响。

　　**2. 便于医药商品的计数、计量及使用**　在上述医药商品流通必须经过的环节中，买卖双方要对其进行计数、计量，合理的包装可以使医药商品顺利地通过这些环节，利于经营者的管理，也方便消费者的使用。

　　**3. 促进医药商品的销售**　优良的包装是无声的广告，可以帮助企业建立良好的销售形象，起到促进销售的作用。当前的全球化市场中，国内外医药商品的竞争日益激烈，国产医药商品的包装质量也显得格外重要，是直接关系到国产医药商品在国际市场上有无竞争力的大问题。

　　**4. 增加医药商品的附加价值及有利于发挥其使用价值**　包装的精心构思与设计、装潢美术与精巧制作是一种复杂劳动，体现了很高的附加价值，从而提高医药商品的市场价值。优良的包装也有利于发

挥医药商品的使用价值，如医药商品的包装甚至会对患者产生心理影响，提高依从性、便捷使用而增强疗效。

药品包装质量从一个侧面反映了一个国家的生产制造、科学技术和文化艺术的发展水平，反映出国民的生活质量与消费水平。随着国民物质生活和文化水平的提高，世界各国对产品包装的质量、类型、规格、式样及开启方法等，都提出了更高的要求，药品的包装日益趋向式样美观、便于陈列、展销、携带及使用，趋向于兼具宣传效果和市场吸引力。

### （二）医药商品包装的基本要求

**1. 医药商品包装应适应不同流通条件的需要**　药品在流通领域中可受到运输装卸条件、储存时间、气候变化等情况的影响，所以药品的包装应与这些条件相适应。我国地域辽阔，运输路程与时间可能很长；在同一时间内各地温差与湿度相差很大；要求包装能够适应这些变化。如怕冻药品发往寒冷地区时，要加防寒包装；药品包装措施应按相对湿度最大的地区考虑等。同理，在对出口药品进行包装时，应充分考虑出口国的具体情况，将因包装而影响药品质量的可能性降低到最低限度。

**2. 医药商品包装应和内容物相适应**　医药商品是一种特殊的商品，其在流通过程中易受到光照、潮湿、微生物污染等周围环境的影响而发生分解变质，必须选用适宜的包装材料和容器。包装应结合所盛装药品的理化性质和剂型的特点，分别采取不同的措施。如遇光易变质，露置空气中易氧化的药品，应采用遮光容器；瓶装的液体药品应采取防震、防压措施等。

直接接触药品的包装材料和容器应和内容物相适应。为保证药品的质量特征和成分的稳定性，直接接触药品的包装材料和容器应当符合以下要求。

一是具有安全、无毒、无污染等特性，且具有良好的物理、化学和微生物方面的稳定性，在保质期内不会分解老化，不吸附药品，不与药品之间发生物质迁移或化学反应，不改变药物性能。

二是具有耐热性、耐寒性、阻隔性等特性，可与流通环境相适应，以满足流通中温度、湿度变化的要求。

三是具有一定的机械强度，防止储存、装卸、运输、堆码等过程中可能造成的商品损伤和质量破坏。

**3. 医药商品包装要符合标准化要求**　包装标准化就是使商品包装达到定型化、规格化和系列化。对于同类或同种商品的包装，包装标准化的要求可以概括为"七个统一"：统一包装材料、统一造型结构、统一规格尺寸、统一包装容量（重量）、统一包装标记、统一封装方法和统一捆扎方法。符合标准化要求的包装有利于保证药品质量；便于药品运输、装卸与储存；便于识别与计量；有利于现代化港口的机械化；有利于包装、运输、储存费用的减少。

此外，药品包装还有一些具体要求，如药品包装（包括运输包装）必须加封口、封签、封条或使用防盗盖、瓶盖套等；标签必须贴牢、贴正，不得与药物一起放入瓶内；凡封签、标签、包装容器等有破损的，不得出厂和销售。特殊管理药品及外用药品的标签上必须印有规定的标志。在国内销售的药品的包装、标签、说明书必须使用中文，不能使用繁体字、异体字，如加注汉语拼音或外文，必须以中文为主体；在国内销售的进口药品，必须附有中文药品说明书。药品说明书和标签中标注的药品名称必须符合国家药品监督管理局公布的药品通用名称和商品名称的命名原则，并与药品批准证明文件的相应内容一致。药品商品名称不得与通用名称同行书写，其字体和颜色不得比通用名称更突出和显著，其字体以单字面积计不得大于通用名称所用字体的1/2。

### （三）医药商品包装的功能

医药商品从生产、流通到消费领域都离不开包装。良好的包装能增加产品的功能、扩大产品的效用，成为产品不可缺少的一部分。医药商品的包装是沟通企业与消费者之间的直接桥梁，包装有着非常重要的作用，归纳起来主要有以下功能。

**1. 容纳功能及其延伸**　容纳功能是指一定容积的包装所具有的容入和纳置商品的功能。有些商品本身没有单位形体，如液体、气体和粉状药品，需要利用包装的功能变成单位商品，如每桶、每箱、每盒等，以便于商品的运输、储存和销售。

此外，包装的容纳功能还可延伸为成组、配套、适量等功能。成组功能是将两个以上相同产品集合于一个包装内，以便于消费者购买、携带，并可促进销售；配套功能是将几种有关联的产品放置于同一包装内；适量功能是将适量物品置于小包装供一次使用。如适量功能包括份额分配，方便销售，利于消费。消费者总是按自己的常规需要量来购买商品，一次购买量过多，不仅加重经济负担，而且时间过长也会造成商品变质损坏。生产厂家应根据消费者一次购买或使用的常量，将商品份额分配成小包装（或中包装），以方便商店营业员的销售服务和消费者的购买使用。

**2. 保护功能及其延伸**　保护功能是指包装对商品施加保护的功能，它应防止商品在生产、运输、储存、销售、消费过程中因空间和时间变化的作用而损坏变质。在商品生产、销售和消费中，商品主要靠销售包装来保护；在物流（运输、储存）中，商品主要靠组合成的运输包装件来保护商品。商品包装的保护功能应包括：防潮、防水、防挥发、防霉、防锈、防氧化、防高温、防低温、防光、保鲜、防污染、防震、防压、防冲击、防泄露等内容。

商品包装的保护功能可延伸为防盗、保险等功能。如为防止在销售中打开包装盗走或更换里面的物品，通常采用防盗盖或防盗密封包装；为防止儿童误食，有些药品包装采用保险盖等。

**3. 传达功能及其延伸**　传达功能是指包装所具有的传达商品信息的功能，如商品品名、牌号、特色、性能、成分、容量、使用方法、生产厂家等。在商品经济迅猛发展的今天，人们的消费能力不断提高，对商品质量、外观等的要求越来越高，商品包装需要传达的信息也越来越多。如运输包装的传达功能，是传达物流管理中所需要的信息，以实现物流的有效管理。

销售包装的传达功能可延伸为广告宣传、装饰（美化）等功能。广告宣传功能是包装信息传达的强化而达到的广告宣传作用的功能，通常叫作"包装广告"。包装是"无声的推销员"。好的包装本身就是很好的广告。精美的包装，可起美化宣传商品的作用，提高市场竞争力。由广告宣传功能进一步发展而来的 POP（point of purchase）包装，即销售点导购广告，用销售包装配合商品实体进行宣传，能起到直接、生动的效果。装饰（美化）功能是指销售包装在传达信息的同时，能给人以一定的艺术享受，对商品、环境起到装饰作用。

**4. 方便功能及其延伸**　便利是商品包装的又一重要功能。商品包装必须要方便装填、方便运输、方便装卸、方便堆码、方便陈列、方便销售、方便携带、方便开启、方便使用和方便处置。如包装主要通过文字说明和标示来指导消费者正确使用商品以充分发挥商品的功效，真正满足消费需求。合理的商品包装，其绘图、商标和文字说明等既展示了商品的内在品质、方便消费者识别，又介绍了商品成分、性质、用途和使用方法，便于消费者购买、携带。

商品包装的方便功能可延伸为复用功能和改用功能。前者指商品包装用完以后，销售包装仍可重复使用；后者是指包装商品用完以后，销售包装可作其他用途。

**5. 社会适应功能及其延伸**　包装的社会适应功能是指它在满足全社会整体需要上所具有的种种功能，包括卫生安全功能、节省资源功能、环境保护功能等。卫生安全功能主要指包装食品、药品时，应能保证商品卫生安全，符合卫生法规。节省资源功能是指包装本身的原料、生产和包装的应用应有利于全社会资源的合理利用。环境保护功能是指包装应有利于环境保护，包括节省用料、清洁生产、可回收利用，其最后废弃物最少，并且在最后处理时不应造成公害等，包装要遵守目标市场的环境保护法规。

## 二、医药商品包装的类别

### （一）按包装在流通领域的作用分类

以包装在医药商品流通中的作用作为分类标志，可分为储运包装和销售包装。

**1. 储运包装** 储运包装是用于安全运输储存、保护商品的较大单元的包装形式，又称为外包装或大包装。例如，纸箱、木箱、桶、集合包装、托盘包装等。储运包装一般体积较大，外形尺寸标准化程度高，坚固耐用，广泛采用集合包装，表面印有明显的识别标志，主要功能是保护商品，方便运输、装卸和储存。常见的储运包装形式有以下几种：压缩包装、拆装包装、套装包装、集合包装等。

医药商品在储运过程中，由于商品本身的某些自然属性和外界环境条件对商品质量的影响，要求在商品的储运包装上采取相应的防护措施，以保证医药商品在储运过程中的安全。医药商品包装的防护措施包括的范围很广，其中以防震动、防受潮、防霉变、防光照、防污染等比较重要。

**2. 销售包装** 销售包装是指一个商品为一个销售单元的包装形式，或若干个单体商品组成一个小的整体包装，亦称为个包装或小包装。销售包装的特点一般是包装件小，对包装的技术要求美观、安全、卫生、新颖、易于携带，印刷装潢要求较高。销售包装一般随商品销售给顾客，起着直接保护商品、宣传和促进商品销售的作用。同时，也起着保护优质名牌商品以防假冒的作用。

常见的销售包装形式有：方便陈列和便于识别的堆叠式、可挂式、展开式、透明和"开窗"式、惯用式及方便消费者携带和使用的便携式、易开式、喷雾式、复用式、配套式、适量式和礼品式等。其中的陈列包装又叫 POP（point of purchase）包装，是一种广告式商品销售包装，多陈列于医药商品销售点，利用商品包装盒盖或盒身部分进行特定结构形式的视觉传达设计，是有效的现场广告手段。从整体上看，医药销售包装向着艺术性和实用性的高度统一方向发展。

### （二）按包装的技术与目的分类

科学技术的发展使新材料、新技术不断涌现，医药商品包装技术也得到了空前发展。从运输和销售两方面分，运输包装技术有防震包装、防锈包装、防虫包装、防潮包装等；销售包装技术有真空包装、充气包装、脱氧包装、无菌包装、收缩包装等。

**1. 运输包装技术**

（1）**防震包装** 又称缓冲包装，指为了减缓内装物受到冲击和震动，保护其免受损坏所采取的一定防护措施的包装。产品从生产出来到开始使用要经过一系列的运输、保管、堆码和装卸过程，有可能发生机械性损坏。为防止产品遭受损坏，就要设法减小外力的影响。防震包装技术一般在内装物和外包装之间用缓冲材料填满固定，对产品进行保护。缓冲材料有丝状、颗粒状，也可是泡沫塑料，对一些不规则的、要求较高的产品，还可通过现场发泡技术实现防震包装。

（2）**防锈包装**

1）防锈油防锈 大气锈蚀是空气中的氧、水蒸气及其他有害气体等作用于金属表面引起电化学作用的结果。如果将金属表面保护起来，就可以达到防止金属大气锈蚀的目的。防锈油包装技术就是根据这一原理将金属涂封防止锈蚀的。

2）气相防锈 气相防锈包装技术就是用气相缓蚀剂，在密封包装容器中对金属制品进行防锈处理的技术。

（3）**防虫包装** 常用的是驱虫剂，即在包装中放入有一定毒性和气味的药物，利用药物在包装中挥发气体杀灭和驱除各种害虫。常用驱虫剂有萘、对位二氯化苯、樟脑精等。也可采用真空包装、充气包装、脱氧包装等技术，使害虫无生存环境，从而防止虫害。

（4）**防潮包装** 选用气密性材料，以隔绝水蒸气对内装商品的影响，使商品在规定期限内处于低于临界相对湿度的环境中，以确保商品在保质期内质量的包装方法。常采用的防潮包装材料有耐油纸、铝箔纸、玻璃纸、塑料纸、塑料薄膜以及金属、玻璃容器等。

（5）集合包装　又称集装化包装或组合式包装，是指为了便于装卸、储存、运输和销售，将若干包装件或产品包装在一起，形成一个合适的搬运单元或销售单元。它具有安全、快捷、经济、高效的特点。常见的集合包装有集装箱、集装袋和托盘包装等。集装箱是集合包装最主要的形式，指具有固定规格和足够强度，能装入若干件货物、专用于周转的大型容器。集装箱有利于保证集装商品的运输安全，能节省集装商品的包装费用，简化理货手续，减少营运费用，降低运输成本；能有效组织公路、铁路、水路的联运，实现快速装卸，缩短商品流通时间；实现装卸运输的机械化、自动化控制。

**2. 销售包装技术**

（1）真空包装　是将产品装入气密性包装容器，抽去容器内部的空气，使密封后的容器达到预定真空的包装方法。真空包装广泛应用于食品、药品、中药材、化工原料、金属制品、电子元件、纺织品、医疗用具等。

（2）充气包装　是采用 $CO_2$ 或 $N_2$ 等不活泼气体置换包装容器中空气的一种包装技术方法。该法根据好氧性微生物需氧代谢的特性，在密封包装容器中降低 $O_2$ 的浓度，抑制微生物的生理活动和酶的活性，达到防霉、防腐的目的。

（3）脱氧包装　是继真空和充气包装之后出现的一种新型除氧包装方法，在密封包装容器中，使用能与 $O_2$ 起化学反应的脱氧剂与之作用，从而除氧以达到保护内装物的目的。

（4）无菌包装　是将产品、包装容器、材料或包装辅助物灭菌后，在无菌的环境中进行充填和封合的一种包装方法。通常采用瞬间超高温灭菌技术，在一条严格密闭状态下的生产线上将被包装物品的杀菌、包装一次完成。

（5）收缩包装　用收缩薄膜包裹物品，然后对薄膜进行适当加热处理，使薄膜收缩而紧贴于物品的包装技术方法。收缩薄膜是一种经过特殊拉伸和冷却处理的聚乙烯薄膜，由于薄膜在定向拉伸时产生残余收缩应力，这种应力受到一定热量后便会消除，从而使其横向和纵向均发生急剧收缩，同时使薄膜的厚度增加，收缩力在冷却阶段达到最大值，并能长期保持。

### （三）其他常用的包装分类方法

其他常用的包装分类方法如下：如以包装材料作为分类标志，一般可分为纸板、木材、金属、塑料、玻璃和陶瓷、纤维织品、复合材料等包装；按形态不同，可分为个包装、内包装与外包装三大类；按运输方式分类，可分为铁路运输包装、公路运输包装、船舶运输包装与航空运输包装等四大类；按销售地区可分为内销包装与外销包装等两大类；按材料的物理性质柔软性分类，可分为软包装与硬包装；按容器结构形态分类，可分为箱、桶、筐、篓、缸、袋、瓶、笼、盒等包装。

 **知识拓展**

#### 医药商品常用的包装材料

医药商品包装材料是指用来包装医药品或医疗器械的包装材料。它是可服用的、接触医药品的，或用作功能性（如防潮、阻隔、运输、装潢、印刷）外包装的包装材料和包装辅助材料的总称。既包括塑料、纸、玻璃、金属、陶瓷、食用淀粉、明胶、蜡、竹木与野生藤类、天然纤维与化学纤维、复合材料等，又包括缓冲材料、涂料、胶黏剂、装潢与印刷材料和其他辅助材料等。

**1. 玻璃**　按照 ISO 的分类方法，药用玻璃可分为钠钙玻璃和硼硅玻璃，硼硅玻璃根据 $B_2O_3$ 含量可以分为高硼硅玻璃（≥12%）、中硼硅玻璃（8%～12%）、低硼硅玻璃（5%～8%）三类。中硼硅玻璃简称中性玻璃或5.0医用玻璃或甲级料，在国际上也被称为Ⅰ型玻璃；其膨胀系数更低、化学稳定性好，是存储药剂更为安全的材料，但生产难度较大，技术控制要求更高，是国际主流的药玻材料。

**2. 塑料**　近年来，我国药用塑料包装材料及制品市场快速增长，新材料、新工艺、新技术、新产品不断涌现。塑料包装正在大输液药品上取得突破性进展，我国鼓励生产和使用先进的非PVC输液软袋包装产品；在口服液上，软质塑料瓶已经部分获得应用，并逐渐扩大其应用范围；硬质塑料瓶替代玻璃用于包装糖浆等较大容积的液体药品。最常用的药用塑料是聚丙烯（PP）、聚氯乙烯（PVC）、聚苯乙烯（PS）、聚对苯二甲酸乙二醇酯（PET）及聚乙烯（PE）。塑料医药包装的主要形式有塑料瓶、铝塑泡罩包装、条包装、袋包装，这些已占到片剂总包装量的95%以上。

**3. 纸制品**　不管是发达国家还是发展中国家，纸类都是最重要的包装材料之一。纸和纸板的消费水平是衡量国家现代化水平和文明程度的重要标志。纸和纸板在全球各类包装材料与容器上所占比例产值和产量都约在1/3以上，高于金属和玻璃。世界纸和纸板包材产值约占全部包装材料与容器总产值和总产量的35%。在我国，纸包装约占包装材料总量的40%左右。从发展趋势来看，纸包装的用量不断增加。

**4. 复合材料**　复合材料是包装材料中的新秀，是用塑料、纸、铝箔等进行多层复合而制成的包装材料。常用的有纸-塑复合材料、铝箔-聚乙烯复合材料、铝箔-聚氯乙烯等。这些复合材料具有良好的机械强度、耐生物腐蚀性能、保持真空性能及耐高压性能等。高阻隔膜/袋和铝塑/镀层复合膜凭借其出色的阻隔性、密封性、透明性、耐用性和机械性能，已成为食品、医药、化工等领域的首选材料。高分子材料预灌封注射器凭借其在给药准确性、药液利用率、安全性和便捷性方面的优势，正逐步取代传统的玻璃预灌封注射器。

**5. 可服用的医药包装材料**　这类包装材料主要是胶囊、微胶囊和辅料，通常使用食用淀粉、明胶、乙基纤维素、聚乙烯醇等。

从世界上医药工业比较发达的国家所用的包装材料来看，包装材料在向以纸代木、以塑代纸或向纸、塑料、铝箔等组成各种复合材料的方向发展。特种包装材料，如聚四氟乙烯塑料、有机硅树脂、聚酯复合板或发泡聚氨酯等都处于上升趋势。

# 第二节　医药商品包装的政策法规与监管要点

我国对医药包装材料及产品实行注册审批管理制度，药品生产企业使用的直接接触药品的包装材料和容器，必须符合药用要求和保障人体健康、安全的标准，并经国务院药品监督管理部门批准注册。国家药品监督管理局制定注册药品包装材料（以下简称药包材）产品目录，并会同省、市级药监部门，按照统一管理、分级负责的原则对药包材的注册申请实施审批管理，同时对已获审批的药包材企业实行政府部门行政监管和行业协会自律管理相结合的管理模式。

## 一、主管部门与监管体制

### （一）主管部门

我国医药商品包装的行政主管部门主要是国家药品监督管理局（以下简称国家药监局）和工业和信息化部等。国家药监局负责组织拟订药品包装材料和容器产品目录、药用要求、标准和研究指导原则；承担药品、直接接触药品的包装材料和容器、药用辅料的注册工作，对药品包装的审批、备案、监督检查等进行统一管理。工业和信息化部负责制定并组织实施医药工业的行业规划、计划和产业政策，拟订行业技术规范和标准并组织实施，指导行业质量管理工作；并承担医药及药包材的行业管理工作。

中国医药包装协会是医药包装行业的自律性组织，主要职责为宣传和贯彻国家有关的方针、政策和法规，做好行业质量监督和规范工作，开展国内外技术交流、法规研讨、建立行规行约等工作，维护行业利益，促进行业健康发展。

随着我国医药产业的快速发展，近年来国家不断加强医药商品包装的监管，各大制药企业、药包材生产企业、质检机构等都高度重视药包材质量，不断加强药包材的规范化管理。

### （二）监管体制

我国药包材监督管理的规范化过程大致包括以下三个阶段：企业生产许可制度（2007年前）、产品注册审批制度（2007—2019年）、关联审评审批制度（2019年以来）。

**1. 我国药包材监督管理的规范化过程**

（1）企业生产许可制度阶段　只有获得生产许可的企业才能从事药包材的生产活动。这一制度确保了药包材生产企业具备基本的生产能力和质量保障条件，为药品的包装安全提供了初步的保障。例如，对生产车间的环境要求、设备的先进性和维护情况等进行检查，保证生产过程的规范性。

（2）产品注册审批制度阶段　主要对药包材产品进行注册审批。药包材生产企业需要将其产品提交给相关监管部门进行注册审批。监管部门会对产品的安全性、适用性、稳定性等方面进行全面评估；包括对产品材质、物理化学性质、与药品的相容性等进行严格检测；只有通过注册审批的产品才能在市场上销售和使用。例如，对于直接接触药品的包装材料，检测其是否会渗出有害物质影响药品质量。

（3）关联审评审批制度阶段　国家对药包材与药品进行关联审评审批；强调药包材与药品的关联性，将药包材的审评审批与药品的审评审批紧密结合起来。药品生产企业在申报药品注册时，需同时对所使用的药包材进行评估和申报。监管部门综合考虑药包材对药品质量、安全性和有效性的影响。这有助于确保药包材与药品的适配性，提高整体药品质量保障水平。例如，在审评一种新的注射剂药品时，同时对其使用的玻璃瓶包装进行严格审查，确保包装不会与药品发生不良反应，影响药品的稳定性和疗效。

这一系列的制度变革，彰显了我国对药包材质量安全的日益重视，加强了药品与其包装材料之间的紧密联系，也进一步提升了药品整体的质量与安全水平。

**2. 关联审评审批制度**　近年来，我国药包材的监管完成了由单独注册审批制度向关联审评审批制度的转变。2015年以前，药包材上市前需取得产品注册证。2017年至2019年，"两办"发布意见，探索将原料药、药用辅料、直接接触药品的包装材料（以下简称原辅包）与制剂关联审评审批。2019年至今，《药品管理法》和《药品注册管理办法》颁布实施，在法律范畴确立了原辅包的关联审评审批制度。

（1）关联审评审批制度的责任划分清晰明确　在关联审评审批制度下，药品制剂的注册申请需要与其已登记的原辅包进行关联；一旦药品制剂获得批准，即意味着其关联的原辅包也已经通过了技术审评。药品上市许可持有人对药品质量承担主体责任，对选用的原辅包质量及合法性负责。这意味着药品上市许可持有人必须从药品设计、原辅包供应商审核和质量控制、生产、销售、不良反应监测和报告等各个环节做好质量风险管理，确保患者用药安全有效。例如，制剂企业要加强对原辅包供应商的审计和管理，原辅包企业如果进行技术变更，一定要及时告知关联的制剂企业，并与制剂企业协力完成产品变更的系统性研究和适用性研究。同时，境外原辅包供应商可由常驻中国代表机构或委托中国代理机构进行登记，双方共同对登记资料的真实性和完整性负责。

（2）关联审评审批制度的本质是以制剂为核心　药品上市许可持有人承担制剂质量的主体责任，在保障药品制剂质量的同时，也需对所选用的原辅包的质量负责。在关联审评审批制度下，药品制剂注册申请与已登记原辅包进行关联，药品制剂获得批准时，即表明其关联的原辅包通过了技术审评，登记平台标识为"A";未通过技术审评或尚未与制剂注册进行关联的标识为"I"。仿制或进口境内已上市药品制剂所用的原料药,原料药登记人登记后,可进行单独审评审批,通过审评审批的登记状态标识为"A",未通过审评审批的标识为"I"。

**3. 关联审评审批制度的意义和影响**　关联审评审批制度的实施可以有效地提高审评审批工作的质量和效率,促进科学技术进步和经济发展,也进一步强化了药品全生命周期的监管;对于保障药品质量、推动行业创新、规范市场秩序具有重要意义,将持续为我国医药产业的健康发展提供有力支持。这一制度的实施有助于简化药品审评程序,从整体上提升我国药品质量。它以制剂为核心,强化了药品上市许可持有人的主体责任,促使企业更加重视药品全生命周期的管理。通过关联审评审批,能够更好地保障原辅包的质量、安全及功能满足药品制剂的需要,为公众用药安全提供更有力的保障。同时,这一制度也推动了行业的创新发展,促使企业不断提升技术水平,优化生产工艺,提高药品质量。在市场竞争方面,关联审评审批制度提高了原料药行业的准入门槛,促使企业更加注重质量控制,有利于规范市场秩序,推动行业的健康发展。

在早期单独审评审批阶段,注册管理更加强调前置审批管理,下游制剂企业在选择药包材供应商时才开始关注药包材是否有注册证,原辅包行业发展滞后于制剂行业。而随着关联审评审批制度的推进,压实了制剂企业的责任意识,制剂企业和原辅包企业的关系更加紧密,合作共赢成为主流,促使行业更加重视原辅包和制剂质量之间的联系,减少了审评审批事项,加速药包材行业的优胜劣汰。

## 二、相关政策与监管要点

近年来,国内医药行业的迅猛发展和技术创新推动了医药包装行业的转变,国家相关管理部门对医药包装行业的重视度也日益增加,不断完善行业标准,强化监管政策,使得医药包装材料的质量和安全标准得到了细化和提升,为消费者提供了更加可靠、安全的包装保障。

### (一)相关政策性文件

自 2015 年起,我国医药监管领域开展了一系列重要变革。先后颁布的《关于药包材药用辅料与药品关联审评审批有关事项的公告》《关于改革药品医疗器械审评审批制度的意见》,以及《关于进一步完善药品关联审评审批和监管工作有关事宜的公告》等文件,标志着我国从传统的药包材单独注册审批模式,转变成为制剂与药包材联系紧密的关联审评审批模式(表 4-1、表 4-2)。

表 4-1　我国近年发布的医药包装行业相关政策

| 时间 | 发布部门 | 法规文件名称 | 相关内容 |
|---|---|---|---|
| 2000 年 | 国家药监局 | 《药品包装用材料、容器管理办法(暂行)》 | 加强药品包装用材料、容器(以下简称"药包材")的监督管理,保证药品质量,保障药品使用安全、有效、方便。药包材产品分为 I、II、III 三类。已于 2004 年 7 月 20 日废止 |
| 2000 年 | 国家药监局 | 《药品包装、标签和说明书管理规定(暂行)》 | 对药品包装上的标签、说明书内容及格式等作出具体要求,规定文字表达应与说明书保持一致,且必须使用规范化汉字等。已于 2006 年 6 月 1 日废止 |
| 2004 年 | 国家药监局 | 《直接接触药品的包装材料和容器管理办法》 | 对药包材的产品注册、生产、质量等方面进行详细规范。已于 2021 年 6 月 1 日废止 |
| 2006 年 | 国家药监局 | 《药品说明书和标签管理规定》 | 药品包装必须按照规定印有或者贴有标签,药品生产企业生产供上市销售的最小包装必须附有说明书 |
| 2014 年 | 国家食药监管总局 | 《医疗器械说明书和标签管理规定》 | 医疗器械标签是指在医疗器械或者其包装上附有的用于识别产品特征和标明安全警示等信息的文字说明及图形、符号。医疗器械说明书和标签的内容应当科学、真实、完整、准确,并与产品特性相一致 |

续表

| 时间 | 发布部门 | 法规文件名称 | 相关内容 |
|---|---|---|---|
| 2016 年 | 国家食药监管总局 | 《关于药包材药用辅料与药品关联审评审批有关事项的公告》 | 为贯彻落实《国务院关于改革药品医疗器械审评审批制度的意见》（国发〔2015〕44 号），简化药品审批程序，将直接接触药品的包装材料和容器、药用辅料由单独审批改为在审批药品注册申请时一并审评审批 |
| 2016 年 | 国家食药监管总局、工信部等六部门联合 | 《医药工业发展规划指南》 | 在医药包装领域，将加强药用辅料和直接接触药品的包装材料和容器的标准体系建设，增加国家标准收载品种，鼓励企业提高规范生产能力，提升质量控制水平。加快包装系统产品升级，开发应用安全性高、质量性能好的新型材料。开发新型包装系统及给药装置 |
| 2017 年 | 国家食药监管总局 | 《关于调整原料药、药用辅料和药包材审评审批事项的公告》 | 取消药用辅料与直接接触药品的包装材料和容器（以下简称药包材）审批，原料药、药用辅料和药包材在审批药品制剂注册申请时一并审评审批 |
| 2018 年 | 国务院办公厅 | 《关于改革完善仿制药供应保障及使用政策的意见》 | 组织开展药用包装材料质量标准制修订工作。推动技术升级，突破提纯等关键技术，淘汰落后技术和产能，改变部分药用包装材料依赖进口的局面，满足制剂质量要求，加强对药用包装材料的质量监管，定期公布对生产厂家的检查和抽检信息 |
| 2019 年 | 中国医药包装协会 | 《药包材生产质量管理指南》 | 建立药包材生产质量管理体系，保证药包材的产品及其预定适用性 |
| 2019 年 | 国家药监局 | 《关于进一步完善药品关联审评审批和监管工作有关事宜的公告》 | 原辅包的使用必须符合药用要求。原辅包与药品制剂关联审评审批由原辅包登记人在登记平台上登记，药品制剂注册申请人提交注册申请时与平台登记资料进行关联；药品制剂注册申请人或药品上市许可持有人对药品质量承担主体责任 |
| 2019 年 | 全国人大 | 《药品管理法》（第二次修订） | 对药品包装有总体原则性规定，明确直接接触药品的包装材料和容器必须符合药用要求，符合保障人体健康、安全的标准 |
| 2019 年 | 国家发改委 | 《产业结构调整指导目录》 | 新型药用包装材料与技术的开发和生产（中性硼硅药用玻璃，化学稳定性好、可降解，具有避光、高阻隔性的功能性材料，气雾剂、粉雾剂、自我给药、预灌封、自动混药等新型包装给药系统及给药装置）属于鼓励类产业 |
| 2020 年 | 国家市场监管总局 | 《药品生产监督管理办法》 | 从事药品生产活动，应当对使用的原料药、辅料、直接接触药品的包装材料和容器等相关物料供应商或者生产企业进行审核，保证购进、使用符合法规要求。药品包装操作应当采取降低混淆和差错风险的措施，药品包装应当确保有效期内的药品储存运输过程中不受污染 |
| 2020 年 | 国家市场监管总局 | 《药品注册管理办法》 | 原料药、药用辅料及药包材与药品制剂不单独进行审评审批，将按照《药品注册管理办法》进行关联审评审批，并详细描述了关联审评审批制度的内涵和具体要求 |
| 2021 年 | 九部门联合 | 《"十四五"医药工业发展规划》 | 健全药用辅料、包装材料的标准体系和质量规范，促进产品有效满足仿制药一致性评价、制剂国际化等要求 |
| 2022 年 | 国家药监局 | 《药包材生产质量管理规范》（征求意见稿） | 包装材料应符合国家相关规定，有利于保持药材质量稳定、不污染药材。应根据药材特点选择合适的包装材料，关注易挥发、污染、受潮、变质等特殊药材的包装。同一包装内药材的基原、产地、采收期等应一致 |
| 2023 年 | 国家药监局 | 《关于重新规范药品外包装统一批号有效期的提案》的答复 | 答复指出，国家药监局将按照职责加强对药包材的质量监管，在保障药品安全、有效、质量可控的基础上，督促企业加强管理，引导行业加强自律，将药品有效期等关键信息印制清晰易辨，保障公众用药安全 |
| 2024 年 | 国家药典委 | 《吹灌封（BFS）技术的无菌药品包装系统质量控制指导原则》 | 指导原则列出 BFS 技术应首先满足药品包装用塑料组件及容器通则的生产和使用要求，进而根据用途不同，确定质量控制项目，应满足对应品类通则的要求，保证药品质量可控、满足临床需求和使用安全 |

续表

| 时间 | 发布部门 | 法规文件名称 | 相关内容 |
|---|---|---|---|
| 2023 年 | 国家药监局 | 《关于加强药品上市许可持有人委托生产监督管理工作的公告》 | 持有人应当对物料供应商进行评估批准，定期对主要物料供应商的质量管理体系进行现场审核。持有人应当对原料、辅料、直接接触药品的包装材料和容器的进厂检验严格管理，定期对受托生产企业的入厂检验结果抽查审核，确保相关物料符合药用要求和法定标准 |
| 2023 年 | 国家发改委 | 《产业结构调整指导目录（2024 年本）》 | 将新型药用包装材料与技术、新型包装系统及给药装置的开发和生产列入鼓励类项目，推动市场优质资源向新产品、新技术集中 |
| 2024 年 | 中国食品药品检定研究院 | 《关于废止＜药包材生产申请技术审评资料申报要求＞等六个申报要求的通知》 | 《药包材生产申请技术审评资料申报要求》《药包材再注册申请技术审评资料申报要求》《药包材补充申请技术审评资料申报要求》《药用玻璃包装材料和容器技术审评资料申报要求》《口服固体药用塑料包装材料和容器技术审评资料申报要求》和《药包材生产现场考核技术要求》予以废止 |
| 2024 年 | 国家药典委 | 《药包材生物学评价与试验选择指导原则》和《无菌药品包装系统密封性指导原则》 | 两则药包材标准草案包括正文部分、起草说明、生物学评价终点、生物学试验出现异常结果的原因分析、药包材生物学试验提取条件选择，以及 12 个配套试验方法和起草说明等 |
| 2024 年 | 国家药监局 | 《2024 年医疗器械行业标准制修订计划项目》 | 规定了一次性使用注射器、注射针等装置的强制性执行标准 |
| 2024 年 | 国家药监局 | 《关于发布＜药用辅料生产质量管理规范＞＜药包材生产质量管理规范＞的公告（征求意见稿）》 | 共 13 章 76 条，明确了药包材生产企业质量管理、机构与人员、厂房与设施、设备、物料与产品、确认与验证、文件管理、生产管理、质量控制与质量保证、产品发运与召回、合同管理等要求 |

表 4-2　实行关联审评的剂型与包装系统分类表

| 制剂类别 | 剂型 | 包装系统 | 包装组件 |
|---|---|---|---|
| 经口鼻吸入制剂 | 气雾剂、喷雾剂、粉雾剂 | 吸入制剂密闭系统 | 罐（筒）、阀门 |
| 注射制剂 | 小容量注射剂 | 预灌封注射剂密闭系统 | 针筒（塑料、玻璃）、注射钢针（或者鲁尔锥头）、活塞 |
| | | 笔式注射器密闭系统 | 卡式玻璃瓶＋玻璃珠、活塞、垫片＋铝盖 |
| | | 抗生素玻璃瓶密闭系统 | 玻璃瓶、胶塞、铝盖（或者铝塑组合盖） |
| | | 玻璃安瓿、塑料安瓿 | |
| | 大容量注射剂 | 玻璃瓶密闭系统 | 玻璃瓶、胶塞、铝盖（铝塑组合盖） |
| | | 软袋密闭系统 | 多层共挤输液膜、塑料组合盖、胶塞、接口 |
| | | 塑料瓶密闭系统 | 塑料瓶、塑料组合盖 |
| | 冲洗液、腹膜透析液、肠内营养液等 | 软袋密闭系统 | 输液膜、塑料组合盖或者其他输注配件 |
| 眼用制剂 | 眼用液体制剂 | 塑料瓶密闭系统 | |
| | 其他眼用制剂，如眼膏剂等 | 眼膏剂管系统 | 软膏管、盖、垫片 |
| 透皮制剂 | 贴剂 | 透皮制剂包装系统 | 基材、格拉辛纸＋复合膜 |
| 口服制剂 | 口服固体制剂 | 塑料瓶系统、玻璃瓶系统 | |
| | | 复合膜袋 | 复合膜 |
| | | 中药球壳 | |
| | | 泡罩包装系统 | 泡罩材料、易穿刺膜 |
| | 口服液体制剂 | 塑料瓶系统、玻璃瓶系统 | 瓶身、瓶盖、垫片 |

续表

| 制剂类别 | 剂型 | 包装系统 | 包装组件 |
|---|---|---|---|
| 外用制剂 | 气雾剂、喷雾剂、粉雾剂 | 外用制剂密闭系统 | 罐（筒）、阀门 |
| | 软膏剂、糊剂、乳膏剂、凝胶剂、洗剂、乳剂、溶液剂、搽剂、涂剂、涂膜剂、酊剂 | 外用制剂包装系统 | |
| | 药用干燥剂 | | |
| 其他 | | | |

### （二）医药包装的监管要点与鼓励方向

**1. 医药包装的监管要点** 药品包装在保障药品质量、方便药品运输和指导患者用药等方面起着重要作用。《药品管理法》第四十六条规定，直接接触药品的包装材料和容器，应当符合药用要求，符合保障人体健康、安全的标准。为进一步规范和完善我国药包材的质量标准，统一各项检验方法及技术要求，加强对药包材的监管，由中国食品药品检定研究院组织编写，并由国家药典委员会审定，对国家药包材标准进行整理汇编，出版了《国家药包材标准》，并于 2015 年 12 月 1 日起实施。2025 年版《中国药典》四部通则 4000 药包材检测方法，进一步规范了药包材的质量标准与检验方法。

（1）在资质与审批管理方面 药包材生产企业应具备相应的生产条件和资质，符合相关的质量管理规范和标准。如按照《药包材生产现场考核通则》，企业需完善质量管理体系建设和质量责任体系落实，保证质量管理体系正常运行。药品包装材料和容器（药包材）与药品制剂或原料药进行关联审评审批。药包材生产企业需在药品上市申请或补充申请前进行登记，提交相关资料，审评通过后才能用于药品包装。例如，用于吸入制剂、注射剂、眼用制剂等高风险药包材的审评更为严格。

（2）在质量标准与检测方面 药包材必须符合国家制定的相关标准，如国家药包材标准（YBB 标准）等。这些标准对药包材的物理性能、化学性能、生物性能等方面都有明确的要求，以确保药包材的质量和安全性。药包材生产企业要依据产品质量标准，建立产品质量化验室，配备完善的检验设施设备，保证产品标准全项检验和原辅料验收检验工作的有效实施。监管部门也会加强对企业出厂检验的监督管理。各级药品监督管理部门会对药包材进行定期抽检，以监督药包材的质量。根据抽检结果，建立药包材质量公告制度，定期公布抽检结果。

（3）在包装设计与标签管理方面 药品包装的设计应满足药品的储存、运输和使用要求，保证药品的质量和稳定性。例如，对于需要避光、防潮、防氧化的药品，应采用相应的包装材料和包装形式。标签内容规范，标签信息应准确无误，不得超出国家药品监督管理局批准的药品说明书所限定的内容。文字及图案不得加入任何未经审批同意的内容，且必须按照国家药品监督管理局规定的要求印制。药品的商品名须经国家药品监督管理局批准后方可在包装、标签上使用，商品名不得与通用名连写，应分行。标签上必须标明药品的通用名称、成分、规格、上市许可持有人及其地址、生产企业及其地址、批准文号、产品批号、生产日期、有效期、功能主治、用法、用量、禁忌、不良反应和注意事项等信息，且文字应当清晰，生产日期、有效期等事项应当显著标注，容易辨识。

（4）在特殊药品包装管理方面 对于麻醉药品、第一类精神药品、第二类精神药品等特殊管理的药品，其包装应符合特殊的要求，在大包装、中包装、最小销售单元和标签上必须印有符合规定的标志。在流通环节，要严格跟踪核实药品流向，防止特殊药品流弊、套购等风险。加大对医疗用毒性药品经营企业、医疗美容机构的监督检查力度，对医疗美容机构未按药品包装标示的温度要求储存注射用 A 型肉毒毒素、违法销售等违法违规行为依法查处。疫苗的包装应符合《疫苗生产流通管理规定》《疫苗储存和运输管理规范》等法律法规的要求，确保疫苗的质量和安全性。在疫苗的供应渠道、冷链保障、储运管理、信息追溯等各环节都有严格的监管。

（5）在变更管理方面　药包材生产企业在药包材发生变更时，如改变处方、工艺、质量标准等影响产品质量的变更，应主动开展研究，在登记平台更新相关信息，并在年度报告中汇总。同时，应及时将变更及研究信息通知相关药品上市许可持有人。药品生产企业在药品包装标签发生变更时，需按照相关规定进行审批或备案，确保变更后的包装标签符合法规要求。

（6）在追溯管理方面　药品包装行业应建立药品包装追溯体系，实现药品包装材料和容器的来源可查、去向可追、责任可究。药品上市许可持有人、药包材生产企业等相关主体应按照规定上传追溯信息，确保追溯数据的真实、准确、完整。监管部门利用药品追溯数据，加强对药品包装行业的日常监管、产品召回、应急处置等工作，提高监管效率和水平。

**2. 鼓励新型包装材料的发展**　随着药品质量监管政策的收紧和公众对药品安全意识的提升，医药包装材料正面临更高的性能要求，政策层面亦将新型包装材料列为鼓励发展的重点。

（1）在提升药品安全性方面　新型包装材料可以增强阻隔性能和提高耐腐蚀性。新型材料具备更优异的阻隔性，如高阻隔塑料、复合材料等，能有效阻挡氧气、水分、光线等外界因素对药品的侵蚀。例如，某些特殊的塑料材料可以极大程度地减少氧气透过率，防止药品氧化变质，确保药品在有效期内的质量稳定，为药品提供了更可靠的保护。一些创新材料具有出色的耐腐蚀性，能够抵御药品本身以及环境中可能存在的腐蚀性物质，避免包装材料被腐蚀后影响药品质量。比如，在包装某些强腐蚀性的药品时，新型耐腐蚀材料可以确保包装的完整性和稳定性。

（2）在满足多样化药品需求方面　新型包装材料可以适应不同剂型和满足特殊药品包装要求。对于液体药品、固体药品、生物制品、疫苗等各种剂型的药品，材料创新提供了更合适的包装解决方案。例如，针对液体药品，新型的密封材料和包装结构设计可以确保在储存和运输过程中不漏液；对于生物制品和疫苗等特殊药品，具有高阻隔性和特定环境适应性的材料能够满足其严格的包装要求，保障药品的活性和稳定性。像一些需要避光保存的药品，创新的避光材料能够有效阻挡光线，防止药品因光照而发生降解或变质；对于需要在低温或超低温环境下储存的药品，如某些生物制品，新型的保温材料或具有良好低温性能的包装材料则可以维持药品所需的低温条件。

（3）在助力药品包装功能拓展方面　部分创新材料可实现智能功能，如温敏材料、湿度敏感材料等。温敏材料可通过颜色变化等方式显示药品所处环境的温度是否超出适宜范围；湿度敏感材料能提示环境湿度状况，便于及时发现药品包装可能受到的湿度影响，为药品的储存和运输提供更精准的监控和预警。一些新型材料采用便于药品使用的创新设计，在包装设计上更加人性化，如易于开启的包装结构，方便患者尤其是老年人、儿童等特殊群体使用药品；还有一些材料可以实现定量给药的功能，确保患者每次使用药品的剂量准确，提高用药的安全性和依从性。

（4）在推动行业可持续发展方面　①促进环保材料的应用：可降解材料、可再生材料等环保型创新材料的出现，减少了对传统不可降解材料的依赖，降低了药品包装对环境的污染。如生物可降解塑料，在自然环境中能够逐渐分解，减少了废弃包装对土壤、水体等的长期危害，符合当前社会对环境保护的要求。②降低资源消耗：新型材料的研发和应用，在一定程度上可以提高材料的利用率，减少材料的浪费。如通过优化材料的配方和生产工艺，使包装材料在保证性能的前提下，更薄、更轻，从而降低了原材料的使用量，节约了资源。

（5）在影响药品包装行业市场竞争格局方面　①提升企业竞争力：积极采用创新材料的企业，能够凭借更优质、更具特色的包装产品在市场竞争中脱颖而出。这些企业可以为制药企业提供更符合药品特性和市场需求的包装解决方案，从而获得更多的市场份额和客户认可，增强自身的盈利能力和市场地位。②促进产业升级：材料创新推动了整个药品包装行业的技术进步和产业升级。为了适应市场对创新材料的需求，包装企业需要加大研发投入，改进生产工艺和设备，提高生产效率和质量控制水平。这将促使行业内的企业不断提升自身实力，推动行业向高端化、智能化、绿色化方向发展，淘汰那些技术落后、创新能力不足的企业，从而优化行业的竞争格局。

# 第三节 医药商品包装标识

## 一、商品包装上的常见标识

商品包装标志是一种包装辅助物，是为了便于储运、装卸、销售及使用，在商品包装容器上用醒目的文字和图形所做的特定记号和说明。如在运输包装上印制的记号和说明是运输包装标志，常见的运输包装标志有：运输包装收发货标志、包装储运指示标志（操作标志）及危险品标志等。在销售包装上印制的图形和说明是销售包装标签。标签的主要内容包括：制造单位、产品名称、牌号、商标、成分、品质特点、使用方法、包装数量、贮藏和使用注意事项、警告标志、其他广告性的图案和文字等。

**1. 运输包装收发货标志** 外包装件上的商品分类图示标志、其他标志和文字说明、排列格式的总称为收发货标志，又叫识别标志。运输包装收发货标志包括：分类标志（俗称"唛头"）、供货号、货号、品名、规格、数量、重量（毛量、净重）、生产日期、生产工厂、体积、有效期限、收货地点和单位、发货单位、运输号码、发运件数等。其中分类标志必须有，其他各项合理选用。

**2. 包装储运指示标志** 指示标志又名操作标志，是指正确对待货物的图案标志，它是根据盛装商品的特性，对商品的装卸、运输和保管中所提出的要求和注意事项，以保证商品安全。它由图形和文字组成，如图 4-1 所示。

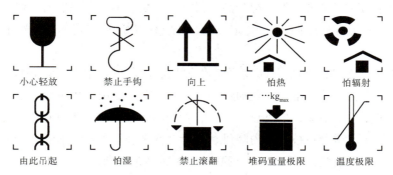

图 4-1 常见的包装储运指示标志

**3. 危险品标志** 危险品标志（图 4-2）是对爆炸品、易燃气体、不燃气体、有毒气体、易燃液体、易燃固体、自燃物品、遇湿危险、氧化剂、有机过氧化物、有毒品、剧毒品、有害品、感染性物品、放射性物品（分一、二、三级）、腐蚀性物品等，在外包装上用文字和图形所作的明显标记。

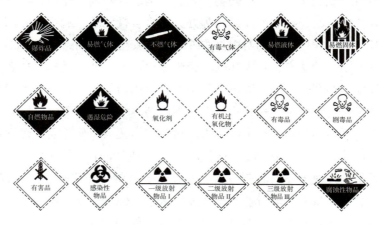

图 4-2 常见的危险品标志

标志的黏附，一般采用粘贴、钉附和喷涂等方法，包装储运图示标志亦可采用印刷或拴挂的方法黏附标志。印刷时，外框线及标志名称都要印上；喷涂时，外框线及标志名称可省略。

**4. 专利标识**　包装上也可以标明专利标识，根据《中华人民共和国专利法》的规定，发明、实用新型和外观设计等创新成果可以申请专利保护。专利权人有权在其专利产品或者该产品的包装上标明专利标识。如果产品的包装本身具有创新性，且符合专利法的规定，可以申请专利，可以在产品包装上标注已获得的专利信息。

**5. 药品专有标识**　根据《药品管理法》第四十九条：药品包装应当按规定印有或者贴有标签并附有说明书。标签或者说明书应当注明药品的通用名称、成份、规格、上市许可持有人及其地址、生产企业及其地址、批准文号、产品批号、生产日期、有效期、适应症或者功能主治、用法、用量、禁忌、不良反应和注意事项。标签、说明书中的文字应当清晰、生产日期、有效期等事项应当显著标注，容易辨识。麻醉药品、精神药品、医疗用毒性药品、放射性药品、外用药品和非处方药的标签、说明书，应当印有规定的标识（图4-3）。

麻醉药品指连续使用后易产生生理依赖性、能成瘾癖的药品。本类药品不得零售。常见的有吗啡（鸦片的主要有效成分之一）、哌替啶（杜冷丁）、海洛因（俗称：白粉）、罂粟壳、可待因等。

精神药品指直接作用于中枢神经系统，使之兴奋或抑制，连续使用能产生依赖性的药品。包括兴奋剂、致幻剂、镇静催眠剂等。依据人体对精神药品产生的依赖性和危害人体健康的程度，分为第一类精神药品和第二类精神药品。其中第一类精神药品不得零售，划入麻醉药品管理范畴，如氯胺酮（俗称K粉）。第二类精神药品常见的有地西泮（安定）、艾司唑仑（舒乐安定）、阿普唑仑、唑吡坦（思诺思）等。

医疗用毒性药品（简称"毒性药品"）系指毒性剧烈、治疗量与中毒剂量相近，使用不当会致人中毒或死亡的药品。毒性中药品种：砒石（红砒、白砒）、砒霜、水银、生马钱子、生川乌、生草乌、生白附子、生附子、生半夏、生南星、生巴豆、斑蝥、青娘虫、红娘虫、生甘遂、生狼毒、生藤黄、生千金子、生天仙子、闹羊花、雪上一枝蒿、白降丹、蟾酥、洋金花、红粉、轻粉、雄黄。常见的毒性西药品种：去乙酰毛花苷C（西地兰）、升汞、水杨酸毒扁豆碱、A型肉毒毒素及其制剂等。

放射性药品是用于临床诊断或者治疗的放射性核素或其标记药物。包括用于临床诊断或者治疗的放射性核素制剂，其释放出的射线具有穿透性，通过人体时可与组织发生电离作用，对人体具有一定的伤害性。如尿素碳$[^{14}C]$胶囊（与尿素$[^{14}C]$呼气试验盒中的试剂用于诊断幽门螺杆菌感染）。

外用药品指不可口服、注射、吸入等，仅用于体表或某些特定黏膜部位，具有杀虫止痒、消肿散结、化腐排脓、生肌收口、收敛止血的一些药物。如滴眼剂、软膏剂、栓剂、贴膏剂等。

非处方药指不需要凭执业医师或执业助理医师处方即可自行判断、购买和使用。根据药品的安全性细分为甲类、乙类；其中乙类非处方药相对甲类非处方药的安全性较高，甲类非处方药为红底白色，即红色椭圆形底白色"OTC"字的图案；乙类非处方药为绿色白字，即绿色椭圆形底白色"OTC"字的图案。非处方药的购买和使用便利性在很大程度满足患者日常用药的需求，但在不能明确自身疾病的情况下，切勿盲目用药，必要时应在医师和药师指导下合理用药。

仿制药一致性评价过评药品指对已经批准上市的仿制药，按与原研药品质量和疗效一致的原则，分期分批进行质量一致性评价，仿制药在质量与药效上达到与原研药一致的水平。开展仿制药一致性评价，可以使仿制药在质量和疗效上与原研药一致，在临床上可替代原研药，这不仅可以节约医疗费用，同时也可提升我国的仿制药质量和制药行业的整体发展水平，保证公众用药安全有效。

保健食品标志，为一个类似帽子的天蓝色图案，下有"保健食品"字样，俗称"蓝帽子"。保健品和药品大不同，保健品也有专用标识。保健食品不是药物，不能代替药物治疗疾病。

国家免疫规划专用标识。国家免疫规划是指按照国家或者省、自治区、直辖市确定的疫苗品种、免疫程序或者接种方案，在人群中有计划地进行预防接种，以预防和控制特定传染病的发生和流行。

图 4-3　常见的药品专有标识

**6. 商标**　商品的销售包装上都有区别不同企业同类商品的一种专用标志，这就是商标。商标是商品生产者或经营者为把自己生产或经营的商品与其他企业的同类商品显著地区别开来，而使用在一定商品、商品包装和其他宣传品上的专用标记。它是商品销售包装上的重要标志，代表商品来源、质量特色和企业信誉，是无形的财产。它一般由文字、图形或者二者组合而成。商标经过工商行政主管部门登记注册并予以公布，禁止他人仿效使用，享有专用权，并受到法律保护。商标也是商品包装装潢的重要组成部分，是名牌商品质量信誉的识别标记。

在日常生活中，商标一般具有以下特征。

（1）从属商品经济的属性　商标是商品经济发展的产物，是随着商品生产、交换的出现而出现的商业性标记。商标的使用者是商品生产者或经营者，而不是消费者。标志物是商品，而不是物品。标志的目的是出售商品。

（2）显著性　商标必须具有能够与其他商品相区别的显著特征，使不同厂家的商品能够区别、比较和鉴定。商标是商品生产者或经营者的独特标记，是企业名声、商品信誉和评价的象征。

（3）专用性　商标不能与他人注册的商标混同。经过注册的商标使用在一定"范围"和"质量"的商品上，第三者不得冒用和侵权。"专用""排他"是注册商标最本质的含义。

（4）竞争性　商标在消费者心目中形成的形象，反映了商品生产者或经营者的信誉，标志着商品质量。在市场销售竞争中，商标可以起到广告和推销员的作用，使消费者根据商标选购。

## 二、商标的分类

商标有很多种类，可以按其结构、用途、使用者、管理及注册与否等进行分类。

**1. 按照商标的结构分类**　可以分为文字商标、图形商标、组合商标和立体商标。

（1）文字商标　是以文字组成的商标。商标使用者可以根据自己的意愿选择文字作为商标，可以使用汉字、汉语拼音，也可以使用外国文字。文字商标的文字使用必须具有显著的特征，不允许以商品通用名称的文字作为商标。

（2）图形商标　是以图形构成的商标。各种各样的图形、图案，如以花木虫鱼、亭台楼阁等图形作为商标。特点是生动形象，便于记忆，可以给人留下深刻的印象。凡图形设计零乱、内容复杂，不具有显著特征的，不能作为商标。

（3）组合商标　指用文字、字母、记号和图形任意组合的商标，常用的是文字、图形组合。组合商标要求文字、图形、记号组合协调、图文一致。

（4）立体商标　是指用商品外形或商品包装作为商标，如美国的"可口可乐"商标，以饮料瓶的形状作为商标注册。

**2. 按照商标用途分类**　可以分为商业商标、商品商标、保证商标、服务商标。

（1）商业商标　是指以生产或经营企业的名称、标记作为商标，即用商号或厂标作为商标。如"同仁堂"中药。

（2）商品商标　又名"个别商标"，是指为了将一定规格、品种的商品与其他规格、品种的商品区别开来，在个别商品上使用的商标。

（3）保证商标　又称"证明商标"，是指某一权威机构认证质量而使用的商标。

（4）服务商标　是指金融、运输、广播、建筑、旅馆等服务行业为把自己的"服务"同别的服务业务相区别而使用的商标。国际上许多国家已经采用，我国目前还无统一规定。

**3. 按照商标使用者分类**　可以分为制造商标、销售商标。

（1）制造商标　是指表示商品制造者的商标，又称"生产商标"。这种商标往往与厂标一致，使用这种商标是为了区别制造者和销售商。

（2）销售商标　又称"商业商标"。是指经营者销售商品而使用的商标，是宣传商业经营的标记。这种商标常在生产者实力较弱，销售者享有盛誉的时候使用。

**4. 按照商标管理分类**　可以分为防御商标、备用商标、驰名商标等。

（1）防御商标　又名"联合商标"，是指为了防止他人侵权而申请使用的一些相近似的商标。此种商标不一定全部使用，其目的是防止别人冒牌影射，保护自己的名牌商品。我国现行的《商标法》对此种商标尚无明确规定，按照国际惯例，此种商标一般难以注册；但一经注册，则不因其闲置不用而被国家商标主管机关撤销。由于防御商标相互近似的整体作用，因此防御商标不得跨类分割使用或转让。

（2）备用商标　是指已经注册，但实际上并未使用，只是为了适应某些变化而储备的商标。

（3）驰名商标　又名"周知商标"，是指在中国为相关公众广为知晓并享有较高声誉的商标。相关公众包括与使用商标所标示的某类商品或者服务有关的消费者，生产前述商品或者提供服务的其他经营者以及经销渠道中所涉及的销售者和相关人员等。驰名商标不能由注册人自封，而要经过有关机关组织调查，按一定法律程序认定。驰名商标的认定目前分为行政认定和司法认定两种：行政认定是由国家工商行政管理总局认定；司法认定由省会中级以上人民法院来认定。

认定驰名商标主要有以下一些条件：相关公众对该商标的知晓程度；该商标使用的持续时间；该商标作为驰名商标受保护的记录；该商标驰名的其他证据材料等。

**5. 按照商标注册与否分类**　可以分为注册商标和非注册商标。

（1）注册商标　是指商标注册申请人向国家商标主管机关提出商标注册申请并获得核准的文字、图形或其组合标志。注册商标在其有效期限内，注册人享有该注册商标的专用权，严禁任何组织或个人仿冒、抄袭，未经注册人许可，他人不得使用该注册商标，其专用权受到国家的法律保护。注册商标所有人可将自己注册的商标有偿转让或许可他人使用。使用注册商标应在商品或其包装、说明书以及其他附着物上标明"注册商标"字样或标明注册标记注或®。

注册商标的有效期是指商标注册具有法律效力的时间界限，也称注册商标专用权的期限。《商标法》规定注册商标的有效期为10年。注册商标有效期满，需要继续使用的，商标注册人可提出续展申请，每次续展注册的有效期为10年。

（2）非注册商标　是指未经注册而在使用的商标。非注册商标不享有法律赋予的商标专有权，当非注册商标与注册商标相同或相近似，并用于相同或相似的产品上时，非注册商标应立即停止使用。

对于国家规定必须使用注册商标的商品，如人用药品和烟草制品等，必须申请商标注册，未经商标注册的，不得在市场销售。在我国，必须使用注册商标的人用药品包括：中成药（含药酒）、化学原料药及其制剂、抗生素、生化药品、放射性药品、血清疫苗、血液制品和诊断药品等。对进口药品不要求必须使用我国的注册商标，但进口药品分装销售时，必须在其说明书或包装上注明原商标或使用分装企业的注册商标。

### 三、商标的作用

商标是商品的记号，在商品交易过程中起到便利购销的作用。商标可以代表消费者心目中的商品质量，是商品交换中生产者信誉的一种特定象征。在市场经济的发展中，商标具有以下作用。

**1. 区别商品的不同生产者和经营者** 这是商标的本质作用。商标是生产者和经营者所生产或经营的商品的标志，通过它可以了解商品的来源和出处，这对创立企业信誉、追究商品的生产者和经营者的产品责任、维护消费者的利益具有重要意义。

**2. 提供平等的市场竞争机会** 商标经过国家商标管理机构注册后，获得专有权，假冒、仿造都是侵权行为，这样有利于保护市场营销中的商品竞争。商品质量是商标信誉的基础，生产经营者为了在市场竞争中打开销路，必然不断提高产品质量，扩大花色品种，改善售后服务，这种正当的竞争手段可以通过商标得到保护。

**3. 促进商品的生产者或经营者保证商品质量** 商品质量是商标信誉的基础，信誉卓著的商标又为消费者购买商品提供了安全感。作为消费者，通常愿意购买名牌产品，因为名牌是优质的象征。名牌产品正是通过商品的优质而赢得消费者信任的。一个名牌产品，一旦在消费者心目中确定了形象，其生产者或经营者就要千方百计保证产品质量，维护产品信誉。因此，商标在保证和提高商品质量方面具有重要作用。

**4. 便于广告宣传** 商标是联结消费者与经营生产者的纽带，可以引导消费者选购商品。优质的产品，商标信誉好，产品在市场中的竞争力强，以商标作广告可以使用户对商品更加产生好感，促进产品销售，使商品销路旺畅。商品信誉好的商标，常常是通过消费者主动介绍而广为人知的。商标本身也就起到了广告作用。

**5. 促进商品经济发展** 商标是厂家信誉的一种标志，往往成为消费者选择商品的重要依据。商标有助于保证商品质量，也便于市场管理。商标的确定可以使质量监督部门、物价管理部门和消费者对商品质量、价格进行监督和管理，有利于建立正常的商品经济秩序。

商标信誉的好坏决定了商品的竞争力。优胜劣汰的市场竞争规则保证了名优产品的市场占有率。国家通过"驰名商标"的评定，使市场更加健康繁荣发展。厂家通过商标进行广告宣传，促进消费者对商品的认识，商标的实施使国家、集体、个人三者利益得到合理的维护，有利于市场经济蓬勃发展。

### 四、医药商品的商标

对于医药商品来说，商标是区别不同生产企业产品质量的标记，是医药商品是否合法经营的依据，是其质量的法律保证。药品作为特殊商品，消费者无法靠自己的能力辨别质量优劣，只能通过对产品的信任度决定使用哪一种产品。同一类产品最有效的区别方式就在于不同生产企业的商标，名牌产品因其质量好、疗效确切，受到消费者的喜爱，因此，药品注册商标对于企业创名牌、争效益、保证药品质量、提高竞争力，都有着重要的意义。

我国药品商标制度实施十多年来，形成许多在海内外享有一定声誉的名优商标，成为我国医药企业宝贵的无形资产。但我国药品商标的保护现状也存在一些突出的问题，如药品商品名与通用名的关系处理不当，导致商标的争议，企业利益不易得到保护。另外，一些医药企业缺乏名牌意识，不重视产品质量的改善和商标的注册与宣传，导致商标被他人恶意抢注，引起不必要的法律纠纷和经济损失；许多药品商标的显著性、识别性、独特性不强，不便于识别和推广，特别是我国传统的中药商品的保护力度亟待加强。

**1. 药品商标注册量不足**　相比国外药企，我国医药企业普遍缺乏名牌意识，药品商标的注册量少。如日本武田药品株式会社在国内外拥有注册商标7000多个，每年还有近300个商标申请注册，瑞士化学药品公司注册商标3万多个。

**2. 药品名与商标名关系处理不当**　一个药品应有通用名称（药品名）、化学名称、商品名称（商标名）。过去我国的西药多为仿制药品，因而企业对新化合物及药品商品名重视不够。但随着市场经济与商标意识的增强，如果药品名与商标名的关系处理不当，将导致药品商标纠纷案增多。按照商标法的规定，商标不得使用本商品的通用名称，不得直接表示商品质量、主要原料、用途、重量、数量及其他特点。

**3. 商标意识淡漠，名牌丧失**　商标的显著特点是注册专用权，我国不少药品企业商标意识淡漠，导致商标权自然散失。突出表现为商标过期不续展，缺乏在国外注册的意识而被抢注。由于多数国家的商标注册采用申请在先的原则，因而"商标抢注"就成为合法的行为。我国有部分名牌药品商标在国外已被他人抢注。因此，应提高名牌商标的保护意识。

**4. 中药商标的区别作用不强**　我国民众对中药产品的识别主要是通过不同中药产品的名称识别的。中药产品的命名有着严格的规范，产品标准中的名称即通用名称在全国统一使用，无专有性。从药品名称难以区别产品的来源，难以区别产品质量的优劣。因此，区别产品来源的方式是通过认识商标和生产地标志。根据商标法规定，商品的通用名称不能作为商标注册，六神丸、安宫牛黄丸等名称属于通用名称，无法申请商标注册。有些厂家将商标放在产品包装极不显著的地方，难以引起注意，商标的显著性和识别性作用在中药产品上未能充分发挥。

**5. 药品商标的独特性不强**　许多医药生产企业只注册一个或很少几个商标，往往是一个商标多个品种使用，而不是一个药品一个商标，有的企业甚至上百个产品使用一个商标，这就削弱了商标与产品作用之间的关系，使商标在区别药品的治疗作用上无法发挥作用。药品商标应具有特指性，通过宣传使消费者了解到商标与某治疗作用相关，便于识别和推广，如果专治某种疾病的药品没有一个独特的商标，那么商标的作用就很难体现。

**6. 道地中药材的商标注册不多**　我国中药材极为丰富，有的中药材仅在中国存在。韩国将"高丽参"作为国家的一个特殊产品，列为国家专卖品。而我国的中药材优于韩国，特产的著名药材如"天麻""冬虫夏草""长白山人参"等也应有相应的注册商标，有些药材也可成为国家专卖品，以确保产品质量，提高产品信誉。

**知识拓展**
----------------------------------------------------------------

说明书与标签是药品的重要包装内容之一，是介绍药品特性、指导合理用药和普及医药知识的媒介，也是药品情报的重要来源之一。世界各国对其要求都很严格，如美国、日本的药政法规明确规定了药品说明书是医疗上的重要文件，是医生和药师开方、配方的依据，具有科学及法律上的意义。

药品说明书与标签的内容很多，包括法定通用名称、规格、装量、生产企业、批准文号、产品主要成分、适应证、用法与用量、注意事项、有效期及储藏要求等项内容。为规范管理，《药品说明书和标签管理规定》于2006年3月10日经国家食品药品监督管理局局务会议审议通过，自2006年6月1日起施行。

《医疗器械说明书和标签管理规定》已于 2014 年 6 月 27 日经国家食品药品监督管理局局务会议审议通过，自 2014 年 10 月 1 日起施行。

# 第四节　国内外医药包装现状与发展趋势

我国医药包装产业的生产总值已占全国包装业生产总值的 10% 以上，高于整个制药工业占全国工业总产值的比例。随着创新药品、新药剂型的不断出现，我国医药包装产业的市场巨大、前景广阔。我国法规与标准逐步完善，包装新材料、新技术、新工艺不断升级，药品包装将呈现出更加环保、方便、安全的趋势。企业应根据药品特性选择适宜的包装材料，发展绿色包装、防伪包装、新型包装和智能包装。

## 一、国内外药品包装现状

### （一）国内药品包装现状

**1. 法规与标准逐步完善**　近年来，我国对药品包装的监管力度不断加强，陆续出台了一系列药品包装法规和标准。例如，《药品管理法》《药品包装用材料、容器管理办法》等法规对药品包装的生产、使用和监管进行了明确的规定；《药品包装、标签和说明书管理规定》对药品包装的标签标识、说明书内容等方面进行了详细的规范。这些法规和标准的出台，为我国药品包装行业的健康发展提供了有力的保障。

**2. 包装材料不断升级**　我国药品包装企业在传统包装材料的基础上不断改进和创新。例如，提高玻璃包装材料的强度和耐腐蚀性，减少药品与玻璃的相互作用；改进塑料包装材料的阻隔性能和稳定性，提高药品的保质期。许多常见的片剂和胶囊药品采用铝塑泡罩包装，这种包装形式将药品密封在泡罩中，一方面能有效防潮、防氧化，保证药品的稳定性；另一方面便于携带和取用，患者可以轻松地从泡罩中取出药品，且每个泡罩独立包装，避免了药品之间的相互污染。

在药用玻璃包装的改进方面，一些高端生物制剂和注射剂采用特殊的中性硼硅玻璃包装，这种玻璃具有良好的化学稳定性和耐腐蚀性，不会与药品发生反应，同时具有较高的强度和透明度，方便观察药品的状态。而且为了提高安全性，一些药用玻璃包装还采用了防碎设计，如在玻璃表面增加涂层或采用特殊的加工工艺，减少玻璃破碎的风险。国内一些企业也开始研发和应用新型包装材料，如聚乳酸（PLA）可降解材料、药用复合膜材料等。这些新型材料具有良好的生物相容性、可降解性和安全性，符合环保要求和药品包装的发展趋势。

**3. 包装设计水平提高**　随着市场竞争的加剧，国内药品企业越来越重视品牌形象的塑造。药品包装设计作为品牌形象的重要组成部分，也得到了更多的关注。企业通过精心设计药品包装的外观、色彩、图案等元素，提高药品的辨识度和品牌价值。国内药品包装设计也开始注重患者的需求，在方便患者使用方面进行了一些尝试。例如，设计易于开启的瓶盖、提供分剂量的包装形式等。同时，一些企业还在药品包装上增加了盲文标识、语音提示等功能，方便视力障碍和听力障碍患者使用药品。

**4. 包装技术不断进步**　国内药品包装企业逐步引进和应用自动化包装技术，如高速灌装生产线、自动贴标机、自动包装机等，提高了生产效率和包装质量。一些企业开始探索信息化包装技术的应用，如在药品包装上添加二维码、RFID 标签等，实现药品的追溯和管理。通过这些技术，患者可以查询药品的生产信息、流通信息和使用说明等，提高了药品的安全性和可追溯性。

### （二）国外药品包装现状

**1. 法规与标准严格**　在国外，尤其是欧美等国家和地区，药品包装的法规与标准非常严格。例如，美国食品药品管理局（FDA）对药品包装材料的安全性、有效性和稳定性进行了严格的监管，要求药品包装必须能够保护药品不受外界环境的影响，同时确保患者用药的安全。欧盟也制定了一系列严格的药品包装法规，对包装材料的选择、包装设计、标签标识等方面进行了详细的规定。

**2. 注重包装材料的创新**　国外药品包装企业积极研发和应用新型包装材料，如高阻隔性材料、可降解材料、纳米材料等。高阻隔性材料可以有效地防止药品受到氧气、水分和光线的影响，延长药品的保质期；可降解材料则符合环保要求，减少对环境的污染；纳米材料具有独特的物理和化学性质，可以提高药品包装的性能。智能包装材料是指能够对环境因素（如温度、湿度、压力等）做出响应，并提供有关药品质量信息的包装材料。例如，温度指示标签可以在药品储存温度超出规定范围时变色，提醒患者药品可能已失效；湿度敏感标签可以检测药品包装内的湿度变化，防止药品受潮。

**3. 包装设计人性化**　国外药品包装设计注重患者的使用体验，力求方便患者用药。针对特定患者群体，如儿童、老年人、慢性病患者等，提供个性化的包装解决方案。例如，采用易于开启的包装形式，如拉环式、按压式等；设计便于携带的包装尺寸和形状，如口袋装、卡片式等；提供清晰的用药说明和标签标识，帮助患者正确使用药品。

（1）儿童安全包装　为了防止儿童误服药品，国外药品包装普遍采用儿童安全包装。这种包装通常需要一定的技巧才能打开，如按压旋转式、锁扣式等，可以有效地保护儿童的安全。儿童退烧药采用了特殊的儿童安全包装，需要同时按下两个按钮并旋转盖子才能开启，有效防止儿童误服药品，保障儿童的安全。同时，包装上还印有明显的儿童安全标识和警示语，提醒家长注意药品的存放和使用安全。

（2）方便老人使用的包装　对于一些老年患者或手部力量较弱的人群，药品包装的易开启性至关重要。一款针对老年人的慢性病药物采用了大字体标签和易于开启的包装设计。标签上的药品名称、用法用量等信息采用了大字体印刷，方便老年人阅读。包装采用了拉环式开启方式，老年人无需费力就能打开包装。此外，包装内还附有详细的用药说明和注意事项，以帮助老年人正确使用药品，提高患者的用药便利性。为了方便视力障碍患者正确使用药品，一些药品包装上增加了盲文标识。例如，胰岛素产品在包装上印有清晰的盲文，标注了药品名称、剂量等重要信息，使视力障碍患者能够独立使用药品，提高了药品的可及性。

（3）定制包装　随着消费者需求的多样化和个性化，定制化的药品包装逐渐兴起。制药企业可以根据不同的药品特性、目标人群、市场定位等因素，设计具有独特风格和功能的包装，以提高药品的辨识度和吸引力。

**4. 包装技术先进**　无菌包装技术是保证药品质量的重要手段之一。国外药品包装企业广泛采用先进的无菌包装技术，如吹灌封一体化技术、预灌封注射器技术等，确保药品在包装过程中不受微生物的污染。为了防止假冒伪劣药品的流通，国外药品包装企业采用了多种防伪包装技术，如激光全息防伪技术、电子标签防伪技术、指纹识别防伪技术等。这些技术可以有效地提高药品的防伪性能，保障患者的用药安全。

## 二、医药包装的发展趋势

### （一）绿色包装

**1. 绿色包装的兴起**　绿色包装是随着人们对世界环境危机、资源危机的认识不断深化，为保卫自己赖以生存的地球生态环境掀起绿色革命而兴起和发展的。面对包装可能给人类社会带来的一些负面效应，如环境污染、温室效应、资源耗竭等，人们逐渐认识到发展绿色包装的紧迫性。

20 世纪 90 年代，在世界绿色浪潮的影响和冲击下，绿色包装作为有效解决包装与环境的新理念涌现出来。1991 年，德国首先发布了《包装—包装废弃物处理法令》，用立法的形式要求所有的包装材料必须能再利用与回收。1993 年，我国提出要大力发展绿色包装；1995 年 10 月，我国颁布了《中华人民共和国固体废物污染环境防治法》，明确规定"产品应当采用易回收利用、易处置或者在环境中易消纳的包装物"。1995 年底，《全国包装行业"九五"发展规划及 2010 年远景目标》出台，规划中强调，在包装工业快速发展的同时必须加强环境保护，同时提出从包装原辅材料生产到包装制品、机械设备、包装废弃物的管理和处置等方面，逐步实施"绿色包装工程"的计划，并会同有关部门制定配套政策、法规、扶植绿色包装的发展。

**2. 绿色包装的内涵**  绿色包装又称环保包装或生态包装，指包装材料可重复使用或可再生、循环利用，包装物使用后的废弃物不会对人体或环境造成污染的包装。绿色包装应具备以下涵义。

（1）实行包装减量化（reduce）  绿色包装在满足保护、方便、销售等功能的条件下，应是用量最少的适度包装。欧美等将包装减量化列为发展无害包装的首选措施。

（2）包装应易于重复利用（reuse）或回收再生（recycle）  通过多次重复使用或通过回收废弃物，生产再生制品、焚烧利用热能、堆肥化改善土壤等措施，达到再利用的目的。既不污染环境，又可充分利用资源。

（3）包装废弃物可降解腐化（degradable）  为不形成永久垃圾，不可回收利用的包装废弃物要能分解腐化，进而达到改善土壤的目的。当前世界各工业国家均重视发展利用生物或光降解的降解包装材料。

（4）3R1D 原则  "reduce" "reuse" "recycle" 和 "degradable" 即为当今世界公认的发展绿色包装的 "3R1D" 原则。

（5）包装材料对人体和生物应无毒无害  包装材料中不应含有毒性的元素、卤素、重金属或含有量应控制在有关标准以下。

（6）在包装产品的整个生命周期中，均不应对环境产生污染造成公害  即包装产品从原材料采集、材料加工、制造产品、产品使用、废弃物回收再生，直至最终处理的生命全过程均不应对人体及环境造成公害。

因此，对绿色包装可做出如下定义：能够循环复用、再生利用或降解腐化，且在产品的整个生命周期中对人体及环境不造成公害的适度包装。

**3. 绿色包装材料在医药商品中的应用**  绿色包装材料是指包装材料从原材料的开发、生产加工、使用以及回收复用和废弃的整个过程都要符合环境保护要求，对生态环境无害无污染，并有利于资源的再生和回收。绿色包装材料是绿色医药商品包装得以实现的关键。目前的绿色包装材料包括以下几类。

（1）可回收处理再造包装材料  主要包括纸张、纸板材料、纸浆模塑材料、金属材料、玻璃材料，通常的线型高分子材料（塑料、纤维），也包括可降解的高分子材料。在医药商品包装中，则包括外、中包装用纸盒、液体药品用玻璃材料以及粉末状、片剂药品包装用的塑料包装材料。通过不断开发新的产品，改善原有包装材料并在绿色标准上达到要求，这一类绿色包装材料在医药商品包装中占主导地位。

（2）可自然风化回归自然的材料  主要包括纸制品材料（纸张、纸板、纸浆模塑材料）、可降解的各种材料（光降解、生物降解、热氧降解、光氧降解、水降解、光生物降解）及生物合成材料，如草杆、贝壳、天然纤维填充材料，可食性材料等。

（3）可焚烧回收而不污染大气的包装材料  包括不能回收处理再造的线型高分子材料、网状高分子材料，部分复合型材料，如塑 – 金属、塑 – 塑、塑 – 纸等。如在医药商品的泡罩包装中广泛使用的铝塑包装材料就属于这类材料。

随着医药商品本身和环保的要求，绿色包装材料的需求会越来越广泛，所以不断开发和改进包装材料是确保绿色医药商品包装的根本途径。

### （二）防伪包装

防伪包装是借助于包装，防止商品在流通与转移过程中被人为有意识的因素所窃换和假冒的技术与方法。防伪包装主要针对销售包装，主要是指那些需要进入商场流通，并在货架或柜台上由消费者及用户进行挑选的产品包装。对于那些大批量的工业品包装及运输包装，防伪包装的意义相对较小。防伪包装是一个系统工程，应满足最基本的两面性原则，即消费者的易识别性和技术本身的不易仿制性原则。

**1. 防伪包装的作用**

（1）保护作用　科学的防伪包装能保护名牌产品生产厂家的利益和声誉。假冒产品严重扰乱市场，使名牌企业的经济效益与社会效益受到严重影响。此外，防伪包装还能保护商品消费者的利益和身心健康。对于假冒药品，消费者用后不但不能治疗疾病，反而会产生很多严重后果，有的甚至还危及生命健康。只有采用了可靠的防伪包装，才能让消费者真正购买到所需要的真品。

（2）遏制作用　指对制作假冒伪劣商品的行为能予以遏制。制假造假者通常都是从仿制包装开始的，防伪包装就是防止和遏制那些不法分子仿制真品包装，靠防伪系统严密地防护，将包装与其内商品有机结合，同时将防伪包装中加密的信息与消费者和社会机构联系起来，从而使制假造假者的行为得以遏制。

（3）促进作用　通过科学的防伪技术使仿冒制假行为得以杜绝，迫使那些想制假的人把精力和时间全部用于提高产品质量，通过采用新技术新工艺、降低成本、改善服务态度，提高产品的竞争力，创名牌而非盗名牌、仿名牌。科学和社会的发展也将促进新技术、新工艺在包装的应用和实施。

（4）科学验证作用　指一些经济纠纷中涉及产品真伪时，由于采用的防伪包装及其技术已在生产厂家备底存档，纠纷中涉及产品真实与否，可通过防伪包装样品与生产厂家进行落实对证，从而为科学的验证提供依据。

（5）增加信任度　防伪包装使得用户选用放心，也使多层次的经销商在经销过程中放心，给所包装的产品增加信任度和安全感。

**2. 药品的防伪包装**　世界卫生组织的数据表明，在全球销售的药品中，有10%是假药，每年假药的销售额达到320亿美元。此外，由于进一步开放药品市场，加之网上购药已成为时尚，致使假药问题严重困扰欧洲医药市场。治假防伪成为保护消费者健康安全的重中之重，药品包装防伪已经成为与药品紧密相连、不可或缺的重要组成部分。医药包装防伪和医药商品的发展一样，也受到假冒产品的冲击。药品是一种人命关天的商品，因而其防伪包装就显得更加重要。

美国FDA在全球假冒最严重的"万艾可"（Viagra）以及最为人们所滥用的止痛药奥施康定（Oxy-Conth）上采用无线射频标签进行防伪。欧洲的药品包装制造供应商大量设计生产新一代的防伪包装。如德国某公司生产的一种不到巴掌大的药盒上就有近10种防伪标识。它使用了微缩文字、上光制版，同时采用了钞票凹印技术等可用肉眼识别的防伪标识和使用特殊镜片方能看见的防伪标识。此外，药品包装上还印有只有极少数人知道的防伪标识，企业也在不断开发和更新防伪标识。

近几年，药品包装防伪技术已从采用单一防伪手段发展到采用综合防伪手段。就防伪技术而言，防伪包装可归纳为油墨与印刷防伪、结构防伪、激光全息防伪、条码与电码防伪、综合防伪等。

（1）油墨防伪　就是将具有特殊性能的油墨印刷到包装上，从而达到防伪效果的技术。

（2）印刷防伪　就是在包装印刷及造型、选材、工艺等方面增大难度，使印制包装复杂化，并达到一般印刷难以完成的效果，从而起到防伪作用。

（3）结构防伪　主要是通过包装开启部位与开启方式结构而进行防伪。

（4）激光全息防伪　利用激光全息防伪技术制作防伪标识（激光全息图像）贴于商品包装上，或对包装材料进行处理，使之具有防伪和装潢方面的功能。

（5）条码防伪　在设计与制作防伪包装时，根据条形码的有关标准、印刷位置、印刷油墨以及隐形等来达到防伪目的。

（6）电码防伪　是将包装信息网络化的一种防伪包装技术。当消费者对商品的真实性有怀疑时，只要揭开防伪密码进行咨询就能得到准确答案。电码防伪具有不可伪造性。

（7）综合防伪　综合防伪包装技术突破了纯科技防伪思想的局限，以具有极强防伪功能的包装材料为载体，有机地运用了各种防伪科学技术和管理技术。为了防止假冒伪劣药品的流通，药品包装的防伪技术不断升级。除了传统的防伪标识，如激光标签、水印等，还出现了一些更先进的防伪技术，如隐形编码、指纹识别、区块链技术等，提高了药品包装的防伪能力。

随着科学技术的发展，在今后的药品包装生产中，防伪技术也将会以"易识别、价位适中、难仿造"为特点，在以下方面得到更快发展：激光全息防伪将以更高技术含量继续在防伪领域发挥重要作用；综合防伪技术的使用将成为防伪产品的必由之路；数字水印及更多更好的高安全防伪技术将走向药品包装并得到发展和全面推广；信息防伪技术最终将实现消费者与制造商之间的产品信息反馈零距离；生物特征信息（如指纹身份、DNA等）防伪技术将得到更广泛应用；电子技术、自动识别技术（如机器视觉技术）等将和防伪技术更紧密结合并付诸应用；RFID和传感器技术用于制药包装加密，不仅可以真正地完全控制伪品，还可以提供治疗的语音指导。同时传感器可以监测医药品的温度和存储期。

### （三）新型包装

#### 1. 新型材料

（1）高阻隔性材料　为了更好地保护药品的质量和稳定性，具有高阻隔性能的材料越来越受青睐。例如，一些新型的塑料材料和复合材料，能够有效阻挡氧气、水分、光线等对药品的侵蚀，延长药品的保质期。某医药公司的一款处方药采用了特殊的高阻隔性塑料包装，这种包装材料能够有效阻挡氧气、水分和光线的侵入，确保药品的稳定性和有效性。例如，对于一些容易氧化的药物，高阻隔性包装可以大大延长药品的保质期，从传统包装的18个月延长到24个月甚至更长。同时，这种包装材料还具有良好的耐化学腐蚀性，能够防止药品与包装材料发生化学反应，保证药品的纯度和安全性。再如，一款生物制品采用了高阻隔性玻璃包装。这种玻璃材料经过特殊处理，具有极低的氧气透过率和水分透过率，能够为生物制品提供一个稳定的储存环境。对于需要严格控制环境条件的生物制品来说，这种高阻隔性玻璃包装确保了药品的活性和疗效，减少了因包装问题导致的药品质量下降风险。

（2）可降解材料　在环保意识日益增强的背景下，可降解材料在药品包装中的应用逐渐增加。比如生物降解塑料，其在自然环境中能够逐渐分解，减少对环境的污染，符合可持续发展的要求。某生物制药公司在其一款新型生物制品的包装中采用了可降解的纸质包装材料。这种包装在使用后可以在自然环境中快速降解，减少对环境的污染。纸质包装还具有良好的印刷性能，可以清晰地展示药品的信息和使用说明，方便患者使用。此外，该公司还在包装设计上采用了简洁大方的风格，减少了不必要的装饰和材料浪费，符合可持续发展的理念。某企业在其一款儿童疫苗的包装中采用了可降解的生物塑料。这种生物塑料是由可再生资源制成，在使用后可以在特定的环境条件下进行生物降解。对于儿童疫苗来说，这种环保包装不仅体现了企业的社会责任，还为家长们提供了一种更加安心的选择。同时，可降解材料的应用也有助于减少医疗废弃物对环境的影响，符合可持续发展的理念。

#### 2. 精密给药装置
精密给药装置作为我国重要的药用包装材料，因其方便、精准给药等优势受到市场青睐。发改委《产业结构调整指导目录（2024年本）》将新型药用包装材料与技术、新型包装系统及给药装置的开发和生产列入鼓励类项目，推动市场优质资源向新产品、新技术集中。

精密给药装置属于药用包装材料行业中的细分领域，即根据病症类型、症状表现的差异，将药物按照不同剂型、通过不同递送方式、在不同用药部位进行给药的一类装置。相较于常规药包材，精密给药装置不仅需要满足相容性和密封性方面的要求，还需实现精准给药功能，其产品设计和工艺技术要求较高。

（1）工作原理　精密给药装置通常采用先进的技术和控制系统，以确保药物的精确输送。常见的工作原理包括以下三种。

1）微泵技术　通过微型泵精确控制药物的流量和流速。微泵可以根据预设的参数，如剂量、时间间隔等，将药物以稳定的速度输送到患者体内。例如，胰岛素泵就是一种采用微泵技术的精密给药装置，它可以根据患者的血糖水平自动调整胰岛素的输注量。

2）压力驱动　利用压力差来推动药物流动。这种方式可以通过调节压力大小来控制药物的输送速度。例如，某些喷雾剂就是利用压力驱动将药物以雾状形式喷出，实现局部给药。

3）电子控制　借助电子控制系统实现精确的药物输送。电子控制可以实现复杂的给药方案，如定时定量给药、脉冲给药等。例如，一些植入式药物输送装置通过电子控制，可以在特定的时间点释放药物，提高治疗效果。

（2）主要类型　目前，我国的精密给药装置主要分为注射泵、输液泵、透皮给药装置以及吸入给药装置等。

注射泵能够精确控制药物的注射速度和剂量，适用于需要严格控制药物输入的情况，如重症监护、化疗等。它通常具有小巧便携、操作简单、精度高等优点。注射泵的应用场景主要是在医院的手术室、重症监护室、儿科等科室广泛应用。例如，对于新生儿或早产儿，需要精确控制药物剂量，注射泵可以确保药物的安全有效输送。

输液泵可以准确控制输液的速度和总量，防止输液过快或过慢引起的不良反应。它具有多种报警功能，如堵塞报警、气泡报警、输液完成报警等，提高了输液的安全性。其应用场景常用于医院的病房、急诊室等场所。对于需要长时间输液的患者，输液泵可以保证药物的持续稳定输入。

透皮给药装置通过皮肤将药物输送到体内，避免了口服给药的首过效应和胃肠道刺激。它可以实现持续、缓慢的药物释放，提高药物的生物利用度；其适用于一些慢性疾病的治疗，如高血压、糖尿病等应用场景。患者可以将透皮给药装置贴在皮肤上，方便自行给药。

吸入给药装置将药物以气雾或粉末的形式送入呼吸道，直接作用于肺部，起效快，副作用小。它可以根据患者的呼吸节奏调整药物的输送量，提高治疗效果。常用于治疗哮喘、慢性阻塞性肺疾病等呼吸道疾病应用场景。不同类型的吸入给药装置适用于不同年龄段的患者，如儿童和成人可能需要不同的吸入装置。

（四）智能包装

智能包装是指利用新型材料、传感器、电子技术等手段，使包装具有感知、监控、记录、通信等功能的包装系统。智能包装可以对药品的运输和存储环境进行实时监测，确保药品的质量和安全性，可以实现药品的追溯和防伪，防止假药的流通。根据其功能特点，常见的智能包装有活性包装、传感包装、可追溯包装和交互包装等。

**1. 活性包装**　通过在包装材料中添加活性物质，如吸氧剂、干燥剂、抗菌剂等，延长产品的保质期。如一款外用药品采用了具有抗菌功能的智能包装材料。这种材料能够抑制细菌和真菌的生长，保持药品的清洁和卫生，减少因污染而导致的感染风险，提高了药品的安全性和有效性。同时，智能材料的应用也延长了药品的保质期，减少了浪费。

**2. 传感包装** 利用传感器对包装内部的环境参数（如温度、湿度、氧气含量、压力等）进行实时监测，为产品的质量控制提供依据。

在温湿度监控方面，对于一些需要在特定温度下储存的药品，如生物制品和疫苗，温度敏感标签发挥了重要作用；一些疫苗需要在 2～8℃ 的环境下保存，一旦温度过高或过低，可能会影响其有效性。当药品所处的环境温度超出规定范围时，标签会变色或显示警告信息，提醒使用者药品可能已失效，有效地保证药品在储存和运输过程中的质量和安全性。

在光照监测方面，某些药品对光照敏感，可以在包装上配备光照传感器，监测药品是否受到过多的光照。如果光照强度超过安全范围，包装可以采取遮光措施或发出警示，防止药品因光照而降解或失去活性，保障药品的安全性。

在冲击与震动监测方面，可以通过传感器监测包装的完整性，如是否有破损、泄漏等情况。当包装上配备压力或加速度传感器，如果运输中的药品受到的冲击和震动超过一定阈值，可及时通知物流人员检查药品是否受损，避免因运输不当导致药品失效。

在医院药房中，传感包装可以与医院的库存管理相结合，实现药品的自动化库存管理。通过传感器和无线通信技术，实时监测药品的库存数量、有效期等信息，当库存不足或药品即将过期时，系统会自动发出提醒，方便药房工作人员及时补货和处理过期药品。

在药品研发和临床试验过程中，传感包装可以收集药品的使用情况和患者的反馈信息。通过传感器记录药品的开启时间、使用次数等数据，以及患者的用药感受和不良反应等信息，为药品研发和临床试验提供有价值的数据支持。在生物样本的采集和存储过程中，传感包装可以确保样本的质量和安全性。例如，通过温湿度传感器监测样本的存储环境，以及使用加密技术和追溯系统确保样本的来源和去向可追溯。

**3. 可追溯包装** 通过在包装上添加二维码、RFID 标签、NFC 标签等标识，实现产品的追溯和防伪。这些标识能够存储药品的详细信息，如生产日期、批次、有效期、用法用量、注意事项等，并且可以通过智能设备进行读取和追踪，实时监控药品的位置和状态，确保药品的来源、质量和安全性，方便药品的全面质量管理和全生命周期可追溯。

在药品分发环节，可追溯包装可以帮助护士准确地识别药品和患者信息。例如，通过扫描药品包装上的二维码或 RFID 标签，确认药品的种类和剂量是否正确，同时与患者的身份信息进行匹配，确保药品分发的准确性和安全性。

**4. 交互包装** 利用电子显示屏、语音交互等技术，与消费者进行互动，提供产品信息、促销活动等内容。对于儿童用药，包装上可以设置语音提醒功能，告知家长药品的使用方法和注意事项。如为慢性病患者设计的智能药盒，药盒上带有显示屏和提醒功能，可以设置服药时间和剂量。当到达服药时间时，药盒会发出声音、灯光或震动提醒患者服药。同时，药盒还可以记录患者的服药情况，并通过蓝牙或无线网络将数据传输到手机 APP 或医生的管理系统中，方便医生对患者的用药情况进行监测和管理，提高患者的依从性，减少漏服和误服药物的情况。医生和药师可以及时了解患者的情况，对药品的安全性进行评估，并根据反馈调整治疗方案。这种实时监控和反馈机制有助于及时发现药品的潜在安全问题，提高药品使用的安全性。

如智能胰岛素笔是一种将智能包装与注射给药装置相结合的新型给药装置。它可以实时监测胰岛素的注射剂量和时间，并将数据传输给外部设备进行分析和处理。同时，智能胰岛素笔还可以对胰岛素的存储环境进行实时监测，确保胰岛素的质量和安全性。智能透皮贴剂是一种将智能包装与透皮给药装置相结合的新型给药装置。它可以实时监测药物的释放速度和剂量，并将数据传输给外部设备进行分析和处理。同时，智能透皮贴剂还可以对皮肤的温度、湿度等参数进行实时监测，为药物的释放提供更加准确的控制。

　　我国目前药品包装的现状与发达国家相比仍有差距，仍须加快提高我国的包装技术与管理水平，以改进和提高药品包装的质量，实现药品包装的科学化、标准化和现代化，促进医药卫生事业和医药经济的发展。随着人们消费水平的提高和相关行业新法规标准的出台，我国医药产品包装业将发生根本性转变。我国正不断引进和更新医药包装机械及材料，医药包装工业将呈现出崭新的局面，药品种类的多元化也使医药包装的形式更加多样化。在市场竞争越来越激烈的今天，包装也成为产品竞争的一种有效方式。企业应对包装的外观、设计和质量给予足够重视；尤其对 OTC 药品，包装将是市场竞争的一个重要手段。

答案解析

## 思考题

1. 简述医药商品包装的意义。
2. 简述医药商品包装的基本要求。
3. 简述医药商品包装的功能。
4. 简述医药包装的监管要点。
5. 简述医药商标的作用。
6. 简述医药包装的发展趋势。

（曹　燕）

书网融合……

本章小结

习题

# 第五章　医药商品的运输与储存养护

PPT

### 学习目标

1. 通过本章学习，掌握医药商品储存和运输的概念、作用和原则，医药商品养护的概念；熟悉医药商品储存管理的内容，影响医药商品稳定性的因素以及常用药品剂型的养护方法，合理组织医药商品运输的方式方法；了解运输的功能和原理。

2. 具有从事医药商品运输与储存养护等药学工作的基本技能。

3. 树立医药商品运输与储存养护的风险意识和底线思维。

医药商品的生产和消费在空间上往往是不一致的，需要通过运力实现医药商品在空间上的实际转移过程，这就是医药商品运输。合理的医药商品运输，能够实现医药商品的价值和使用价值，促进医药产业再生产的顺利进行。与此同时，医药商品由生产到消费之间往往存在一定的时间间隔。虽然各种医药商品的生产同消费的时间间隔长短不同，但都会有一个或长或短的时间停留在流通领域，必然使一部分医药商品停留在仓库中。这决定了医药商品储存的必要性。由于医药商品的特殊性，在储存过程中受内在因素和外在因素的影响，会发生质量变化。因此，医药商品的储存和养护是医药质量管理工作的重要环节，是维护医药商品使用价值的一项重要工作，掌握医药商品在储存期间的变化规律，积极创造适宜的储存条件，采取有效措施，维护医药商品质量，降低耗损，最大限度实现医药商品的使用价值。

## 第一节　医药商品的运输

医药商品运输是通过运力实现医药商品在空间位置上的实际转移过程。商品是为交换而生产的劳动产品，实现劳动产品向商品转换的条件之一是必须从生产者手中转移到消费者手中，即空间位置上的转移过程。医药商品只有通过运输，完成空间位置转移之后，才能满足生产和消费的需求，才能实现价值和使用价值。医药商品运输的合理与否，在很大程度上影响着医药商品使用价值和价值的实现。因此，医药商品的运输也是商品学研究的一个重要部分。

### 一、医药商品运输的功能和意义

#### （一）医药商品运输的功能

医药商品运输的功能，是发挥医药商品运输的空间效用而增加医药商品的价值。医药商品运输具有两大功能：转移功能和储存功能。

**1. 转移功能**　无论商品处于哪种形式，是材料、零部件、装配件、在制品、半成品或是制成品，也不管是在制造过程中，将被转移到下一阶段，还是处于接近最终的顾客，运输都是必不可少的。商品运输的主要功能就是在商品价值的逐步形成过程中，通过改变商品的地点与位置来创造出价值，这称为商品运输的空间效用。商品运输还能使商品能够在适当的时间内到达消费者手中，这是商品运输的时间效应。运输的主要功能就是以最少的时间将商品从原产地转移到目的地，完成商品的运输任务。

**2. 储存功能**　运输同样具有临时的储存功能。如果转移中的商品需要储存，且在短时间内又将重新转移，可将运输工具作为暂时的储存场所。通常以下几种情况需要将运输工具作为临时储存场所：①商品处于转移中，运输的目的地发生改变时，商品需要临时储存；②起始地或目的地仓库储存能力有限的情况下，将商品装上运输工具，采用迂回线路运往目的地。综合考虑总成本，包括运输途中的装卸成本、储存能力的限制、装卸的损耗或时间延长等，那么，选择运输工具作短时储存往往是合理的，有时甚至是必要的。

### （二）医药商品运输的意义

生产的目的是为了消费，医药商品只有被患者消费以后才有使用价值。医药商品从生产领域向消费领域转移的过程中都需要通过运输来实现。

合理组织医药商品运输，可以使医药企业生产出来的医药商品快速销售出去，实现商品的价值，从而使企业及时收到回款，加速和扩大医药企业的发展。合理组织医药商品运输，可以加速医药商品的流通，缩短医药商品待运和在途的时间，保证医药市场供应；合理组织医药商品运输，可以改善医药企业的生产经营状况，减少待运和在途商品的资金占压，加速资金周转，保护医药商品的使用价值，减少商品的在途损耗，提高运输的经济效益；合理组织医药商品运输，可以提高运输工具的装载量，加速运输工具的周转，有效地利用各种运输工具，缩短商品的运输里程，节约运力和劳动力，减少运输中的资源浪费。

#### 🔗 知识拓展

#### 药品现代物流

药品现代物流是指应用计算机信息管理系统和采用自动化仓储设备、技术，通过降低药品物流运营成本，提高服务能力和水平，实现药品物流管理和作业的规模化、集约化、规范化、信息化、智能化。

发展药品现代物流是深化药品流通体制改革，促进药品经营企业规模化、规范化发展和提升药品流通秩序的重要措施。国家药品监督管理部门早在2005年就发布关于加强药品监督管理促进药品现代物流发展的意见。近年来，现代物流行业发展迅猛，在药品领域，参与药品运输仓储的公司通过自建子公司、租赁仓储运输设施、委托第三方物流等各种模式，为供应链提供信息系统与平台、冷藏运输、冷库仓储运营、末端配送等服务。2021年10月，商务部《关于"十四五"时期促进药品流通行业高质量发展的指导意见》发布，也为药品现代物流发展指明了方向。

2024年4月18日，国家药品监督管理局发布《关于进一步做好药品经营监督管理有关工作的公告》（2024年第48号），要求新开办药品批发企业，具有符合现代物流要求的自营仓库，并由本企业人员自行运营管理。这一规定，可以最大化利用现有的药品现代物流仓储、运输资源，优化资源配置，引导药品批发企业发展药品领域的现代化专业物流设施建设，提升物流管理能力。各省在实施中也分别发布相应要求，进一步促进药品经营企业向规模化、现代化、多元化转型，构建高效专业的药品现代物流体系。

## 二、医药商品运输的基本原则

医药商品运输要求企业采用经济、合理的运输方案，利用相关的运输设备和工具，按照客户要求在规定的时间把商品安全、无差错地送达指定地点。因此医药商品运输应遵循"及时、准确、安全、经济"的基本原则，做到加速医药商品流通，降低医药商品流通费用，提高货运质量，多快好省地完成医药商品的运输任务。

### （一）及时原则

即按照医药市场需求和医药商品流通规律，以最少的时间和最短的里程，把医药商品送达指定地点，及时满足市场和消费者的需要。主要是通过最合理的运输方式和运输线路，尽量缩短医药商品待运时间和在途时间，减少周转环节，加快运输各环节的速度等措施来实现。

### （二）准确原则

即防止发生差错事故，保证在整个运输过程中，把医药商品准确无误，保质保量运达目的地。医药商品从生产领域到达消费者手中，中间要经过若干环节，稍有疏忽，就容易发生差错。发运医药商品不仅要件数准确，规格也不能出错。因此，准确无误地发运和接运医药商品，降低差错事故率，是提高医药商品运输质量的重要内容。

### （三）安全原则

即在运输过程中要确保医药商品的使用价值的安全。如果医药商品因运输或装卸不当而失去使用价值，那就成为无用之物。医药商品在运输中，要注意在运输、装卸过程中的震动和冲击等外力的作用，防止医药商品的破损。同时要防止医药商品由物理、化学或生物学变化等自然原因所引起的减量和变质。安全原则主要是通过选择合适的商品运输包装，合理的运输路线、工具和方式以及提倡文明运输等措施来实现。

### （四）经济原则

即以最经济的方法调运医药商品，降低运输成本，降低运输成本的主要方法是节约运输费用。节约运输费用的主要途径则是开展合理运输，即选择最经济、合理的运输路线和运输方法，尽可能地减少运输环节、缩短运输里程，力求花最少的费用，把医药商品运到消费地。此外，还应提高运输设备和运输工具的利用率，加强对运输设备和运输工具的保养，提高劳动生产率，从而取得更大的经济效益。

## 三、医药商品运输的内容

### （一）合理使用运输工具

运输工具，是实现医药商品在不同地区之间转移的物质条件。运输药品应当根据医药商品的包装、质量特性并针对车况、道路、天气等因素，选用适宜的运输工具采取相应措施防止出现破损、污染等问题。合理地使用运输工具，也是合理组织医药商品运输的重要途径之一。

**1. 公路运输工具** 公路运输（一般指汽车运输）是陆上两种基本运输工具之一，在医药商品运输过程中起着重要作用。公路运输主要承担近距离、小批量的货运和水运、铁路运输难以到达地区的长途、大批量货运，以铁路、水运优势难以发挥的短途运输。公路运输的优点是机动灵活、简捷方便、应急性强；缺点是运输能力较小，变动成本相对较高。公路运输一般适合医药商品的短途运输。

**2. 铁路运输工具** 铁路运输主要承担长距离、大数量的货运。在没有水运条件的地区，几乎所有大批量货物都是依靠铁路，在干线运输中起主力运输作用。铁路运输的优点是运输量大、运费较低、速度较快、安全，不受气候和季节的影响，运输的准确性和连续性强；缺点是铁路运输的固定成本很高，但变动成本相对较低，使得近距离的运费较高。因此，铁路运输最适宜大宗医药商品的远程运输。

**3. 水路运输工具** 水路运输包括沿海运输、近海运输、远洋运输和内河运输。水路运输主要承担大数量、长距离的运输，在干线运输中起主力作用。在内河及沿海，水运也常作为小型运输工具使用，担任补充及衔接大批量干线运输的任务。水运的主要优点是成本低，能进行低成本、大批量、远距离的运输；缺点是运输速度慢，受港口、水位、季节、气候影响较大，因而一年中中断运输的时间较长。水路运输适宜于大宗医药商品的远程运输，但运输速度慢，医药商品在途时间较长。

**4. 航空运输工具**　航空运输是使用飞机和其他航空器进行的运输。由于航空运输速度快，航线不受地形条件限制，在开辟新市场、适应市场需要和变化等方面较其他运输方式为优越，所以发展迅速，运量逐步增大。航空运输的优点是运送速度快、安全准确；缺点是运量小、运价较高，不适合运送一般的医药商品，只适合运送贵重和急救医药商品。

### （二）正确选择运输方式

医药商品运输方式是指医药商品运输过程中所采取的具体组织形式和业务活动方式。为了确保医药商品运输达到"及时、准确、安全、经济"的原则，可以根据不同医药商品的性质、数量和需求程度来选择合理的运输方式。选择正确的运输方式，可以减少中间运转环节，防止医药商品的破损和混淆，是合理组织医药商品运输的重要途径。

**1. 联合运输**　简称"联运"。它是通过运输部门之间的合作，连接各种不同的运输工具，在中转环节由有关的运输部门按照联运计划，负责转换运输工具，最终到达终点站，把医药商品交付给收货单位。联合运输的方式有：水陆联运、水水联运、陆陆联运（铁公联运）、铁公水联运、水陆水联运、陆水陆联运以及国际联运等。联合运输的优点是可以加快医药商品周转速度，简化托运手续，节约运输费用，综合运用各种运输方式，也有利于调动和发挥运输行业的积极性，明确运输途中的责任。

**2. "四就直拨"运输**　即就厂直拨、就车站（码头）直拨、就仓库直拨、就船过载直拨商品的简称。就厂直拨是批发企业在验收后将医药商品由生产厂家直接发送到要货单位。就站直拨是将到达车站或码头的医药商品，经过验收后，不运入批发仓库，直接分拨给要货单位。就仓库直拨是将由工厂送入一、二级批发企业仓库的医药商品，由批发企业调拨给要货单位。就船过载直拨是将到达消费地或集散地的医药商品，在卸船的同时，验收后分送给要货单位，中间不再经过其他环节。

"四就直拨"运输可以减少中间环节，能降低药品损耗和运输费用。但是"四就直拨"需要一定的条件，即：在医药商品品种上适于规格比较简单、挑选性不强的大宗医药商品；在时间上要求能快卸、快装、快运；在业务衔接上必须加强与其他部门的密切合作；操作时需要一定的场地、设备和人力等。

**3. 直达直线运输**　直达运输是指把医药商品从产地直接运达到要货单位的运输，中间不需要经过各级批发企业的仓库的运输。直线运输是指根据医药商品合理流向，选择最短运距的运输路线，使医药商品运输尽量直线化。由于减少运输环节和选择合理的运输路线往往结合进行，因此将这两种发运形式统称为直线直达运输。直达、直线运输是合理组织医药商品运输的重要措施之一。它可以缩短药品流通时间，提高运输效率，节约运力和劳力，降低药品的运输损耗，提高经济效益。直达直线运输的合理性是有一定条件的，不能认为直达一定优于中转，直线一定好于迂回。在特定的情况下，需要从物流系统整体优化和客户实际需求出发，来判断其合理性。

"四就直拨"和直达直线运输是两种不同的合理运输形式，它们既有联系又有区别。直达直线运输一般适用于运输里程较远、批量较大的医药商品，而"四就直拨"运输适用于运输里程较近、批量较小的医药商品，一般在大中城市批发站所在地办理直拨运输业务，在运输过程中将"四就直拨"运输与直达直线运输结合起来就会收到更好的经济效果。

**4. "五定"运输**　即定商品、定运输路线、定起止点、定运输工具、定运输费用的简称。实行"五定"运输，可以把医药商品的生产、供销、运输固定地联结起来，提高运输的综合效益，使医药商品流通更加合理。

**5. 中转运输**　是指医药商品销售部门把商品送到某一适销地点，再进行转运、换装或分运的工作，如火车整车到达后再用火车零担转运到目的地。中转运输是商品运输的有机组成部分，是联结发货和收货的重要环节。

**6. 集装箱运输**　集装箱是指具有一定强度、刚度和规格专供周转使用的大型装货容器。集装箱运输则是指以集装箱这种大型容器为载体，将货物集合组装成集装单元，以便在现代流通领域内运用大型装卸机械和大型载运车辆进行装卸、搬运作业和完成运输任务，从而更好地实现货物"门到门"运输的一种新型、高效率和高效益的运输方式。

**7. 整车运输**　根据商品的重量、体积、状态或性质，须单独用一节货车装运，或在数量上可装足一节货车的商品运输形式。

**8. 零担运输**　零担运输是指托运一批次商品数量较少时，装不足或者占用一节货车车皮（或一辆运输汽车）进行运输在经济上不合算，而由运输部门安排和其他托运货物拼装后进行运输。运输部门按托运货物的吨公里数和运价率计费。

### （三）合理选择运输方法

合理的医药商品运输方法的选择包括合理的商品运输流向、运输线路、运输方式等。采取何种运输方法应该根据医药商品运输的要求，按照组织医药商品运输的原则，结合运送的医药商品的性质特点，选择合适的运输线路和运输方式，以便控制成本，减少医药商品损耗，保证医药市场供应。合理运输方法的选择可以通过图上作业法、表上作业法和树型决策法来进行。

**1. 图上作业法**　利用商品的生产地和销售地的地理分布和交通路线示意图，采用图解的形式，规划商品的运输方案，以求的商品运输吨公里最小的方法。图上作业法适用于同一种运输工具进行运输的状况。图上作业法的核心就是规划出商品的最优流向图，也就是商品的最优运输方案。一般地说，最优流向图是指既没有对流又没有迂回的流向图。

**2. 表上作业法**　利用各种表格通过对调运方案的一系列检验调整，分析比较，直至求得最优运算方案。

**3. 树型决策法**　利用图解的形式，把可供选择的运输方案及其结果一步步地顺序展开，其形状类似树形，计算并比较各种方案的效益，从而优选的方法。

### （四）符合管理制度要求

企业应当按照质量管理制度的要求，严格执行运输操作规程，并采取有效措施保证运输过程中的医药商品质量与安全。

**1. 专业的运输设备与条件**　为了保证药品在运输途中不受损害，GSP 要求运输企业配备符合标准的运输车辆和设备。这些车辆必须具备良好的密封性、稳定性和温控功能，能够适应不同类型药品的运输需求。同时，对于需要特殊温度条件保存的药品，如冷藏药品、冷冻药品，必须配备专门的冷藏车或保温箱，并确保其性能可靠，温度监测准确无误。

**2. 高素质的运输人员**　药品运输人员不再只是司机，他们更是药品质量的守护者。GSP 规定，运输人员必须接受专业的培训，了解药品的特性、运输要求和应急处理方法。他们要能够熟练操作运输设备，严格遵守运输规程，确保药品在运输过程中的安全。

**3. 严格的温度控制与监测**　要根据药品的温度控制要求，在运输过程中采取必要的保温或者冷藏、冷冻措施，运输过程中，药品不得直接接触冰袋、冰排等蓄冷剂防止对药品质量造成影响。在冷藏、冷冻药品运输途中，运输冷藏、冷冻药品的冷藏车及车载冷藏箱、保温箱应当符合药品运输过程中对温度控制的要求。冷藏车具有自动调控温度、显示温度、存储和读取温度监测数据的功能；冷藏箱及保温箱具有外部显示和采集箱体内温度数据的功能。要实时监测并记录冷藏车、冷藏箱或者保温箱内的温度数据。对运输途中可能发生的设备故障、异常天气影响、交通拥堵等突发事件，要事先制定冷藏、冷冻药品运输应急预案，以便采取相应的应对措施。

**4. 详尽的运输记录与追溯**　每一次药品运输都必须有详细的记录，包括运输起点和终点、运输时间、药品名称、规格、批号、数量、运输条件、运输人员等信息。这些记录不仅是法规的要求，更是实现药品全程追溯的重要依据。通过记录，可以在任何时候追溯到药品的运输轨迹，及时发现和解决可能出现的问题。

**5. 应急处理与风险防范**　运输途中可能会遇到各种突发情况，如交通事故、恶劣天气、设备故障等。GSP 要求运输企业制定完善的应急预案，提前做好风险防范措施。在遇到紧急情况时，能够迅速响应，最大限度地减少对药品质量的影响。

**6. 特殊药品运输和委托运输**　已装车的药品应当及时发运并尽快送达。在运输过程中要采取安全管理措施，防止在运输过程中发生药品盗抢、遗失、调换等事故。特殊管理的药品的运输应当符合国家有关规定。

药品上市许可持有人或药品经营企业委托运输药品的，应当对受托方质量、安保等重要情况进行综合评估，与其签订委托协议，约定明确药品质量责任、具体流程等内容，对受托方开展有效监督，定期检查受托方的实际工作。规范开展药品运输活动，履行委托协议约定的义务，并承担相应的法律责任。

### 🔗 知识拓展

#### 医药冷链运输

医药冷链运输，是指为满足人们疾病预防、诊断、治疗等目的而进行的冷藏医药商品运输的系统工程，保障医药商品在出厂、储藏、运输、配送、销售直至消费者的整个链条的各个环节中，始终处在特定的温度范围内，为医药商品保驾护航，保证其品质、安全。保证医药冷链物流"不断链"，需要保障医药品流通的信息共享与全程温控，实现全程可视化、可追溯。

我国医药冷链行业快速发展。商务部市场运行和消费促进司发布的《2023 药品流通行业运行统计分析报告》显示：2023 年，全国医药物流直报企业 429 家，配送货值 21272 亿元，共拥有 1309 个物流中心，仓库面积约 1509 万平方米，其中常温库占 25.7%、阴凉库占 71.4%、冷库占 2.9%；拥有专业运输车辆 17596 辆，其中冷藏车占 19.1%，特殊药品专用车占 1.3%。88.8% 的企业具有仓库管理系统，83.0% 的企业具有电子标签拣选系统，69.5% 的企业具有射频识别设备。

然而，医药冷链物流市场仍存在部分省（市）缺乏政策落实细则，各省政策执行标准不一的现象，导致医药冷链物流企业多仓联动、异地设仓难，增加了医药冷链物流行业的物流成本，医药冷链同时面临机遇与挑战。

## 第二节　医药商品的储存

商品储存是保证商品流通正常进行的一个重要条件。医药商品的储存是指医药商品在离开生产过程之后，进入消费领域之前，在流通领域内所形成的一种暂时的停滞状态。在医药商品由分散的生产领域汇集到流通领域，经妥善保管后投入市场销售的活动中，改变医药商品空间状态的任务是由医药商品运输来完成，而改变医药商品在时间状态的重任则是由医药商品储存来完成。

### 一、医药商品储存的作用和原则

#### （一）医药商品储存的作用

**1. 调节医药商品生产和消费之间的时间差异**　由于生产的周期性、季节性和消费的习惯性，许多医药商品的生产和消费往往不同步，在时间上存在着一定的间隔。有的医药商品是常年生产，季节性消费；有的医药商品是季节性生产，常年消费。如在季节变换的时节，是感冒的高峰期，所以需要把感冒药事先生产，储存起来。有的医药商品为季节性生产，但是常年消费，如某些中草药。因此，没有储存的调节，就难以实现供求的平衡。即便是常年生产常年消费的商品，其生产和消费也不是完全同步的，也需要通过储存来实现供求的平衡。

**2. 调节医药商品在生产和消费之间的空间距离上的差异**　在医药商品实现现代化的大生产条件下，医药商品的生产和消费在空间上存在着一定的距离。这些空间距离上的差异，需要依靠商品运输来解决，在运输的过程中，或因小批采购、成批运转，或因等待运输工具而不能及时转运，必然需要对医药商品进行储存。

**3. 发挥蓄水池的作用**　在生产领域，医药商品生产企业为了适应市场的变化必须储存一定数量的商品；在流通领域，医药商品在销售前需要进行各种准备活动，需要在流通领域停留一段时间，医药流通企业为了适应市场需求的变化，保证商品供应的不间断，必须要有一定数量的周转库存。因此，医药商品的储存起到了蓄水池的作用，一方面支持生产，另一方面满足消费。同时，医药商品的储存也能够应付不可预见的自然灾害、疾病、战争等突发事件。

### （二）医药商品储存的原则

医药商品储存是为了保证医药商品顺畅流通而出现的一种停滞，具有其必然性。但是医药商品储存不是随心所欲，毫无限度的，它必须遵循以下原则。

**1. 确保生产稳定的原则**　医药商品储存是支持生产，使生产与流通连接起来的一个重要手段。医药商品企业要根据具体生产情况来确定相应的储存量和储存期，以确保商品生产均衡稳定的进行，避免生产的盲目性和随意性。如原料药的储存量应该能满足药品生产的正常需要。

**2. 保证市场供应的原则**　为了保证医药商品流通正常、持续地进行，医药企业必须要根据一定的比例关系，按照销售量的大小保持一定数量的药品储存，这样才能确保市场供应的持续性，为患者服务。通常医药商品的储存量应当与患者总体需要量相一致，与医药商品的销售量保持一定的比例关系。如某些药品的生产周期是一年两季，那么这些药品的储量最低应维持到下一次新药生产之前，还要加上必要的安全储备和灾害性储备。另外还要综合考虑医药商品生产的周期和流通的时间长短来确定相应的储备量，这样才能保证市场的均衡。

**3. 确保库存结构合理的原则**　由于医药商品储存在数量和结构上都要适应市场的需要，因此，库存医药商品在品种、规格、质量、价格等方面应保持合理的比例关系，以适应市场的变化情况，并防止储存的医药商品出现有的积压有的脱销的情况。

**4. 确保医药商品质量的原则**　医药商品储存的目的是为了更好地销售和患者使用，因此储存的医药商品必须保持其原有的使用价值，否则便失去了储存的意义。在医药商品储存过程中，要严格监控医药商品的质量，加强对医药商品的维护和保养，建立和保持适宜的环境条件，合理确定医药商品的储存期和储备量，确保医药商品的质量不发生改变。

**5. 经济核算原则**　库存的医药商品的数量和储存期直接决定了医药企业的储存成本，进而影响医药企业的经济效益。因此，医药商品储存量的多少、储存时间的长短、库存商品的结构确定等都要遵循经济核算的原则。医药企业在商品储存过程中应根据实际情况推算出维持正常周转的最佳库存量和库存结构，选择最低的库存成本和较少的资金占用，掌握合理的进货批量和库存储备量，以获得最大经济效益。同时，医药商品作为特殊商品，还要讲究社会效益，满足患者的需要。

## 二、医药商品储存的场所

医药商品仓库是保管、储存医药商品的建筑物和场所的总称，是保证医药商品质量必备和最基础的设施。医药商品从生产领域开始，经过流通领域，最后到达消费领域的过程中，总有一定时间的停留和存放，即处于储存状态。而商品的储存必须依赖一定的场所，占据一定的空间位置，并在其中存留一定的时间。在这一特定的时间和空间下，医药商品的质量是否发生或不发生变化，在很大程度上取决于医药商品储存的场所及仓库是否符合要求。医药商品种类繁多，性能各异，储存要求较高。因此，在仓库设置时必须研究医药商品的特殊性，加强基础设施建设，以适应药品储存的需要。

（一）医药商品仓库的类型

**1. 按仓库在医药商品流通中的使用职能划分**

（1）采购仓库　通常指设在医药商品生产区的各种采购供应企业的仓库，主要职能为分批接收从生产企业收购的医药商品，经过集中和积聚再整批或分批发运各地。此类仓库一般设置在医药商品生产集中的大中城市、沿海进口口岸或医药商品运转的集散地，规模较大。

（2）批发仓库　通常指设在医药商品供应区的各种批发企业的仓库，主要职能为将从外地和当地收购的医药商品，按照供应合同或调拨供应凭证，分批发货，并根据要货单位的要求办理编配、分装、改装、整理等业务。批发仓库的业务特点是批次多、数量少、进出忙，地点一般设置在医药商品的消费地区，规模较小。

（3）零售仓库　通常指为保证医药商品日常销售而进行短期储存的仓库，主要职能为将零售企业购进的医药商品进行短期储存，并要担负验收、拆包、挑选、分类、加工等业务。零售仓库一般设置于零售企业内或药店附近，归零售企业直接管理。

（4）加工仓库　通常指将医药商品储存与加工业务结合在一起的仓库，主要职能是对某些医药商品进行必要的挑选、整理、分装、改装和简单的流通加工，以方便储存和适应销售需要。加工仓库可设置在医药商品生产区或供应区。

（5）储备仓库　通常指为储存国家的某些重要储备医药商品和季节性储备医药商品而设立的专门仓库。此类仓库接受和发运医药商品的批次量较少，主要对医药商品进行较长时期的保管和养护业务。

（6）中转仓库　通常指为适应医药商品在运输途中进行分运或转换运输工具而建立，作为医药商品短暂停留的仓库。设置地点一般在铁路、公路、航运等交叉汇集点，要求有齐全的装卸设备。

**2. 按医药商品仓库的建筑高度及设施划分**

（1）平面仓库　是指仓库建筑物是平房，结构简单，建筑费用低廉，有效高度一般为 5~6 米的仓库。平面仓库一般适用于性能稳定的药品储存。由于其结构简单，较难使用一些科学养护技术及现代化机械设备，所以对库存医药商品的质量养护会带来一些不利影响，并且平面仓库占地面积大，从长远来看，这种仓库应用会减少。

（2）多层常规仓库　是指两层以上的建筑物，是钢筋混凝土建造的仓库。承受压力大，占地面积小，可以提高仓库的容量，为医药商品储存提供较为优越的条件，有利于仓库实现机械化、自动化管理及科学养护的开展。多层仓库中可以设置多层货架，建立编号，以便于药品定位，堆垛稳固。

（3）高层立体仓库　是一种自动化、机械化的仓库形式，高度为 10 米以上，在立体仓库中，由于货架一般比较的高，所以货物的存取需要采用与之配套的机械化、自动化设备。此类仓库可以实现计算机网络管理，做到无人操纵、按计划入库和出库的全自动化控制。优点为提高了土地利用率、单位面积储存量，有利于仓库作业机械化、自动化，实现仓库规范化管理，是未来医药商品仓库发展的主要趋势之一。

**3. 按医药商品理化性质对储存的温湿度要求划分**

（1）常温库　有些药品 0℃ 以下容易结冻造成分子结构破坏失去药效，有些药品在 30℃ 以上时容易发生融化而造成药品变质，因此温度控制在 10~30℃ 的仓库称为常温库。

（2）阴凉库　有些药品需要储存在阴凉干燥处，要求温度控制在不超过20℃。温度控制在0~20℃范围内的仓库称为阴凉库。

（3）冷库　有些药品的温度要求不宜超过10℃，也不宜低于2℃。温度控制在2~10℃的仓库称为冷库。

**4. 按医药商品仓库的建筑面积规模划分**　大型医药商品仓库内建筑面积应不低于1500m²；中型医药商品仓库内建筑面积应不低于1000m²；小型医药商品仓库内建筑面积应不低于500m²。

### （二）对医药商品仓库的要求

**1. 仓库的设置**　从事药品批发活动的，应当有与其经营品种和规模相适应的自营仓库、营业场所和设施设备，仓库具备实现药品入库、传送、分拣、上架、出库等操作的现代物流设施设备；从事药品零售连锁经营活动的，应当具备能够保证药品质量、与其经营品种和规模相适应的仓库、配送场所和设施设备。

**2. 仓库的选址、设计、布局、建造、改造和维护**　应当符合药品储存的要求，防止药品的污染、交叉污染、混淆和差错。药品储存作业区、辅助作业区应当与办公区和生活区分开一定距离或者有隔离措施。

**3. 仓库的规模及条件**　仓库应当满足药品的合理、安全储存，并达到以下要求，便于开展储存作业：库房内外环境整洁，无污染源，库区地面硬化或者绿化；库房内墙、顶光洁，地面平整，门窗结构严密；库房有可靠的安全防护措施，能够对无关人员进入实行可控管理，防止药品被盗、替换或者混入假药；有防止室外装卸、搬运、接收、发运等作业受异常天气影响的措施。

**4. 仓库的设施设备**　仓库应当配备以下设施设备：①药品与地面之间有效隔离的设备；②避光、通风、防潮、防虫、防鼠等设备；③有效监测和调控温湿度的设备；④符合储存作业要求的照明设备；⑤验收专用场所；⑥不合格药品专用存放场所。

**5. 经营冷藏、冷冻药品的仓库设施设备**　应当配备以下设施设备：与其经营规模和品种相适应的冷库，经营疫苗的应当配备两个以上独立冷库；用于冷库温度自动监测、显示、记录、调控、报警的设备；冷库制冷设备的备用发电机组或者双回路供电系统；对有特殊低温要求的药品，应当配备符合其储存要求的设施设备；冷藏车及车载冷藏箱或者保温箱等设备。

**6. 经营中药材、中药饮片的规定**　经营中药材、中药饮片的，应当有专用的库房和养护工作场所，直接收购地产中药材的应当设置中药样品室（柜）。

## 三、医药商品储存管理

医药商品储存管理包括医药商品的入库管理、在库管理和出库管理等，是对医药商品进行堆存保管、保养、维护等的一系列活动。

### （一）入库管理

企业应当按照规定的程序和要求对到货药品逐批进行收货、验收，防止不合格药品入库。

**1. 按规定收货**　药品到货时，收货人员应当核实运输方式是否符合要求，并对照随货同行单（票）和采购记录核对药品，做到票、账、货相符。随货同行单（票）应当包括供货单位、生产厂商、药品的通用名称、剂型、规格、批号、数量、收货单位、收货地址、发货日期等内容，并加盖供货单位药品出库专用章原印章。冷藏、冷冻药品到货时，应当对其运输方式及运输过程的温度记录、运输时间等质量控制状况进行重点检查并记录。不符合温度要求的应当拒收。收货人员对符合收货要求的药品，应当按品种特性要求放于相应待验区域，或者设置状态标志，通知验收。冷藏、冷冻药品应当在冷库内待验。

**2. 按规定验收**　验收药品应当按照药品批号查验同批号的检验报告书。供货单位为批发企业的，检验报告书应当加盖其质量管理专用章原印章。检验报告书的传递和保存可以采用电子数据形式，但应当保证其合法性和有效性。企业应当按照验收规定，对每次到货药品进行逐批抽样验收，抽取的样品应当具有代表性：同一批号的药品应当至少检查一个最小包装，但生产企业有特殊质量控制要求或者打开最小包装可能影响药品质量的，可不打开最小包装；破损、污染、渗液、封条损坏等包装异常以及零货、拼箱的，应当开箱检查至最小包装；外包装及封签完整的原料药、实施批签发管理的生物制品，可不开箱检查。验收人员应当对抽样药品的外观、包装、标签、说明书以及相关的证明文件等逐一进行检查、核对；验收结束后，应当将抽取的完好样品放回原包装箱，加封并标示。特殊管理的药品应当按照相关规定在专库或者专区内验收。

**3. 做好验收记录**　验收药品应当做好验收记录，包括药品的通用名称、剂型、规格、批准文号、批号、生产日期、有效期、生产厂商、供货单位、到货数量、到货日期、验收合格数量、验收结果等内容。验收人员应当在验收记录上签署姓名和验收日期。中药材验收记录应当包括品名、产地、供货单位、到货数量、验收合格数量等内容。中药饮片验收记录应当包括品名、规格、批号、产地、生产日期、生产厂商、供货单位、到货数量、验收合格数量等内容，实施批准文号管理的中药饮片还应当记录批准文号。验收不合格的还应当注明不合格事项及处置措施。

**4. 登记入库**　药品入库要做入库登记，建立库存记录，验收合格的药品应当及时入库登记；验收不合格的，不得入库，并由质量管理部门处理。

**（二）在库管理**

**1. 分类储存管理**　仓库管理人员要熟悉药品质量特性，根据有关规定，对药品进行分类分区科学存放，做到药品与非药品分开存放，外用药与其他药品药分开存放，中药材和中药饮片分库存放、危险品等与其他药品分开存放，处方药与非处方药分开存放，容易串味和名称容易混的药品分开存放，以免混淆、错发或互相影响。特殊管理的药品应当按照国家有关规定储存，拆除外包装的零货药品应当集中存放，退货药品要单独堆放。药品储存作业区内不得存放与储存管理无关的物品。

**2. 湿温度管理**　在医药商品储存过程中，绝大多数的药品质量变化是由仓库的湿温度变化引起的。因此在医药商品仓库的管理中，温度和湿度的管理是十分重要的内容，随时对仓库的温度和湿度进行调节和控制是保持库存医药商品质量完好的重要措施。

**（1）温度管理**　温度是表示物体冷热程度的物理量。空气温度是指大气的冷热程度，简称气温。仓库空间的温度称为仓库温度。空气温度决定着仓库温度，仓库温度随着空气温度的变化而变化。温度过高或过低都可能使药品质量发生变化，要按药品包装标示的温度要求储存药品，包装上没有标示具体温度的，按照《中国药典》规定的贮藏要求进行储存。

**（2）湿度管理**　湿度是指空气中含有水蒸气的量。空气中水蒸气含量越多湿度越大；反之湿度就小。空气中相对湿度与药品质量有密切关系：相对湿度大时，易使药品受潮而发生潮解、发霉或分解变质；相对湿度过小时，又会使药品发生风化或干裂等情况。一般药品仓库的相对湿度应该在 35% ~ 75%。因此，在药品储存中应不断监测仓库内外空气的相对湿度，以便采取相应的调节措施。

**3. 色标管理**　医药商品仓库在储存药品时，为了有效控制药品储存质量，应对药品按其质量状态分区管理，为杜绝库存药品的存放差错，必须对在库药品实行"五区三色"色标管理。"五区"即为待发药品库（区）、合格药品库（区）、待发药品库（区）、退货药品库（区）、不合格药品库（区）。按照药品质量状态的色标区分为"三色"：合格药品为绿色。不合格药品为红色，待确定药品为黄色。三色标牌以底色为准，文字可以白色或黑色表示，防止出现色标混乱，如图 5 - 1 所示。

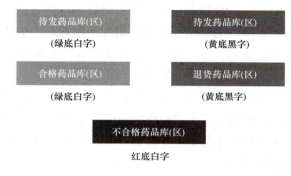

<table>
<tr><td>待发药品库(区)<br>(绿底白字)</td><td>待发药品库(区)<br>(黄底黑字)</td></tr>
<tr><td>合格药品库(区)<br>(绿底白字)</td><td>退货药品库(区)<br>(黄底黑字)</td></tr>
<tr><td colspan="2">不合格药品库(区)<br>红底白字</td></tr>
</table>

图 5-1　"五区三色"色标管理图示

**4. 医药商品堆垛管理**　医药商品堆垛是指根据药品的特性、形状、规格、重量及包装等情况，同时综合考虑地面的负荷、储存条件，将医药商品分别堆成各种货垛。医药商品堆垛应该遵循安全、方便、经济的原则。

（1）安全　即堆垛时应操作正确，货垛稳固。避免超负荷，防止倒垛，确保人员、药品的安全。堆垛时，要严格按照外包装标示要求规范操作，堆码高度符合包装图示要求，避免损坏药品包装；药品按批号堆码，不同批号的药品不得混垛，垛间距不小于5cm，与库房内墙、顶、温度调控设备及管道等设施间距不小于30cm，与地面间距不小于10cm。

（2）方便　即便于堆垛、存取、盘点及先进先出。要保持走道、支道畅通，不能有阻塞情况。

（3）经济　即在保证药品安全、方便的前提下，要尽可能提高仓储利用率，降低单位药品的储存费用。科学合理的码垛对提高医药商品的储存保管质量，提高仓容利用率，提高收发作业及养护工作的效率，有着不可低估的作用。

**5. 在库检查**　医药商品的在库检查是指对库存药品的查看和检验。应根据药品受外界环境影响质量可能发生变化的现象，经常和定期地对在库药品进行检查。通过检查，及时了解药品的质量变化情况，以便采取相应的保护措施，并鉴定所采取养护措施的成效，掌握药品质量变化的规律，防患于未然。

医药商品在库检查的时间和方法，应根据药品的性质及其变化规律，结合季节气候、储存环境和储存时间长短掌握。大致可采取以下两种方法：①定期检查，每年在规定的时间里对库存药品逐塔堆逐垛进行全面检查，对有效期药品、重点养护的品种、麻醉药品、精神药品、医疗用毒性药品、放射性药品等特殊管理的药品，要重点进行检查。②随机检查，一般在汛期、雨季、严寒、高温或发现有质量突变苗头时，临时组织力量进行全部或局部的突击检查。在库检查内容包括对库房内的温湿度、卫生等储存环境和条件进行常规检查；对药品是否按库、区、排、号分类存放，药品有无倒置、侧放现象，货垛堆码、垛底衬垫、通道、墙距、货距等存放方式进行检查，对药品外观性状等是否发生变化及变化程度、包装有无损坏等药品质量进行检查。在检查中要特别注意对新品种，质量不稳定品种和规定有效期的药品的查看和检验。

### （三）出库管理

**1. 出库复核**　药品出库时应当对照销售记录进行复核。发现以下情况不得出库，并报告质量管理部门处理：药品包装出现破损、污染、封口不牢、衬垫不实、封条损坏等问题；包装内有异常响动或者液体渗漏；标签脱落、字迹模糊不清或者标识内容与实物不符；药品已超过有效期；其他异常情况的药品。药品出库复核应当建立记录，包括购货单位、药品的通用名称、剂型、规格、数量、批号、有效期、生产厂商、出库日期、质量状况和复核人员等内容。特殊管理的药品出库应当按照有关规定进行复核。

**2. 拼箱发货规定**　药品拼箱发货的代用包装箱应当有醒目的拼箱标志。

**3. 随货同行单**　药品出库时，应当附加盖企业药品出库专用章原印章的随货同行单（票）。直调药品出库时，由供货单位开具两份随货同行单（票），分别发往直调企业和购货单位。随货同行单（票）应当标明直调企业名称。

**4. 冷藏、冷冻药品的出库**　冷藏、冷冻药品的装箱、装车等项作业，应当由专人负责并符合以下要求：车载冷藏箱或者保温箱在使用前应当达到相应的温度要求；应当在冷藏环境下完成冷藏、冷冻药品的装箱、封箱工作；装车前应当检查冷藏车辆的启动、运行状态，达到规定温度后方可装车；启运时应当做好运输记录，内容包括运输工具和启运时间等。

# 第三节　医药商品的养护

医药商品在存储过程中，由于其自身的性质，在一定外界因素的作用下会发生各种物理、化学、生物方面的变化，导致商品质量的下降。要避免这种情况发生，就必须在医药商品储存期间进行必要的养护。

## 一、医药商品养护的概念

所谓医药商品的养护就是运用现代科学技术与方法，根据医药商品的储存特性要求，对储存的医药商品进行保养和维护的技术管理工作，是研究储存中的医药商品的质量变化和科学养护方法的一门科学。对医药商品进行养护是医药商品质量管理在流通领域中不可缺少的环节，对确保医药商品安全、防止医药商品变质、避免各类损失、保证医药商品使用价值具有重要意义。

## 二、影响医药商品稳定性的因素

医药商品稳定性是指在规定的条件下保持其有效性和安全性的能力。规定的条件一般包括医药商品的有效期以及生产、储存、运输和使用的要求。医药商品在储存过程中，虽然表面上处于相对静止状态，但其内部总是不停地运动和变化。而这种变化有的是容易察觉的，有的则很难及时发现。医药商品发生变化是由于内在因素和外在因素造成的。内在因素主要是药品本身的化学成分、结构以及由它所反映的物理性质和化学性质。因此内在因素又表现为药品化学性质的内因和表现为药品物理性质的内因。外在因素表现为空气、温度、湿度、光线、时间、微生物和昆虫、包装容器等。科学地养护药品，就必须熟悉药品属性及其发生质量变化的原因，采取相应的防治和养护措施。

### （一）内在因素

**1. 药品的物理性质**

（1）挥发性　指液态或固态物质能变成气态扩散到空气中的性质。具有挥发性的药品如果包装不严或储存时的温度过高，可造成挥发减量，如乙醇、薄荷等在常温下既有强烈的挥发性，还可引起燃烧和爆炸。

（2）吸湿性　指药品在外界空气中不同程度地吸附水蒸气的性质。药品吸湿后，可以引起结块、潮解、稀释、发霉、水解、氧化等变化，致使某些药品在调配时产生困难或难以掌握准确的剂量，甚至使某些药品的药效降低或产生刺激性、毒性。

（3）吸附性　指药品能够吸收空气中的有害气体或特殊臭气的性质。如淀粉、药用炭、滑石粉等因表面积大而具有显著的吸附作用，从而使本身具有被吸附气体的气味，亦称"串味"。

（4）冻结性　以水或乙醇作溶剂的一些液体药品遇冷可凝结成固体，这种固体会导致药品的体积膨胀而引起容器破裂。

（5）风化性　有些含结晶水的药品在干燥空气中易失去全部或部分结晶水，变成白色不透明的晶体或粉末，称为"风化"。风化后的药品的药效虽然未变，但影响使用剂量的准确性，尤其是有毒和剧毒药品，可能会造成医疗事故。

（6）色、臭、味　药品色、臭、味是药品重要的外观性状，也是药品的物理性质之一。药品色、臭、味一方面可以显示出该药品的外观特征，另一方面又是药品稳定性的一项重要标志。当色、臭、味发生变化时，经常意味着药品性质发生了变化，所以它们是保管人员实施感官检查的重要依据。

**2. 药品的化学性质**　药品稳定性取决于药品的理化性质。化学结构不同，药品的理化性质也不一样，其稳定性也有很大差别。因此，研究药品稳定性，了解药品结构与药品性质的关系，掌握其中的规律性，能更好地养护药品。

（1）易水解的药物　当药物的化学结构中含有酯、酚胺、酰脲等时，易发生水解反应。如青霉素的分子中含有 $\beta$-内酰胺环，在酸性、中性或碱性溶液中易发生分解反应和分子重排反应，其分解产物与分子重排物均无抗菌作用。故青霉素只能制成粉末，严封于容器中储藏。

（2）易被氧化的药品　当药品的化学结构中含有酚羟基、硫基、芳香胺、不饱和碳键、醇、醚、醛、吡唑酮、吩噻嗪等基团时，易发生氧化反应。如氯丙嗪属于吩噻嗪类化合物，在日光、空气、湿气的作用下易变质失效，故应遮光、密封保存。

### （二）外在因素

使药品发生变质的外在环境因素很多，如空气、光线、温度、湿度、包装、微生物和昆虫等；这些因素均对药品的质量产生影响。通常是几种因素同时或交叉进行的，它们互相促进、互相作用，而加速药品失效变质。因此药品的保管养护，应根据其性质和影响它的各种因素综合考虑。

**1. 空气**　空气是各种气体物质的混合物，其中对药品质量影响比较大的为空气中的氧气、二氧化碳、水蒸气和灰尘。

（1）氧气　氧气约占空气中 $1/5$ 的体积，由于其性质活泼，易使某些药物发生氧化作用而变质，如酚类药物、芳胺类药物、含不饱和碳链的药物。药品被氧化以后可以发生变色、异臭、分解、变质、失效，甚至产生毒性。此外，氧气还有助燃性，有利于易燃药品的燃烧。

（2）二氧化碳　空气中的二氧化碳可使某些药品吸收，发生碳酸化而使药品变质。如磺胺类药物的钠盐、巴比妥类药物钠盐、苯妥英钠等和二氧化碳作用后，分别生成游离的磺胺类药物、巴比妥类药物、苯妥英而难溶于水。

（3）水蒸气、灰尘等　有些药品，尤其是粉末性药品，易吸收水蒸气、灰尘及弥漫在空气中的其他有害气体而影响本身质量。药用炭长期露置于空气中能吸附空气，使其本身吸附力降低而影响药效。

**2. 温度**　温度过高或过低都能使药品变质。因此，药品在储存时要根据其不同性质选择适宜的温度。

（1）温度过高　高温可促使药品发生化学和物理的变化，进而影响药品的质量。主要影响有：温度增高可促进氧化、水解、分解等化学反应或促进昆虫和微生物的生长繁殖而加速药品变质，如抗生素受热后会加速分解失效，脏器制剂遇潮热易霉败虫蛀；温度过高可使具有挥发性、沸点低的药品加速挥发而造成损失，如挥发油、薄荷脑、乙醚等挥发后可因含量变化而影响药效；温度过高易使糖衣片熔化粘连、软膏熔化分层、胶囊剂加速胶囊老化碎裂、栓剂黏软变形等失去原有剂型的作用。这些变化都使药品变质或影响药效。

（2）温度过低　一般药物均宜储存于阴凉处，但温度过低也会使一些药品产生沉淀、冻结、凝固等变质失效。低温也会使容器破裂，微生物侵入药品而造成损失。如生物制品因冻结而失去活性，胰岛素注射液久冻之后可发生变性；注射液及水溶液制剂冻结后体积膨胀使玻璃容器破裂。

**3. 湿度**　湿度对药品的质量影响很大。水分是化学反应的媒介，湿度增大能促进药品分解变质甚至产生毒性，所以湿度对药品质量的影响很大。湿度太大能使药品吸收空气中的水蒸气而引湿，其结果使药品潮解、液化、稀释、变质或霉败。易引湿的药品如胃蛋白酶、甘油等。湿度太小，则容易使某些药品风化。

**4. 光线**　光线是由不同波长的电磁波所组成，光线中的紫外线能直接引起或促进药品的氧化、变色、分解等化学反应。有些药品经光照射以后，可发生颜色改变。如磺胺类药物遇光渐变黄色，肾上腺素受光影响可逐渐变为红色至棕色，使其药效降低或失效。有些药品受光线作用后，可发生分解。如过氧化氢溶液见光分解成水和氧；氯化亚汞遇光能逐渐分解生成汞，变深灰色，对人体有剧毒；维生素 A、维生素 D 在光、氧等的影响下，易于氧化失效。

**5. 时间**　有些药品因其性质或效价不稳定，尽管储存条件合适，时间过久也会逐渐变质、失效。如抗生素、生物制品等，较长时间储存往往使有效成分含量下降或毒性增加。有些性质不稳定的药物，如乳剂、水剂、栓剂等储存时间过长也会影响质量。因此药典对某些药品特别是抗生素制剂，根据其性质不稳定的程度，均规定了不同的有效期。有效期是指药品在规定的储存条件下，能够保持质量合格的期限，要求使用单位在规定期限内使用。

**6. 昆虫和微生物**　药品如果封口不严，放置在空气中就会遭受微生物和昆虫等的侵入，导致药品腐败发酵二变质。

**7. 包装容器**　不完善的包装可使稳定性好的制剂失效，包装材料恰当与否、质量好坏对药品受外界环境的影响及药物自身的稳定都有直接关系。药物制剂最常用的容器材料是玻璃、金属、塑料、橡胶等。

（1）玻璃性质较稳定，不与药物及空气中氧、二氧化碳等作用，但会放出碱性物质和不溶性脱片于溶液中。

（2）塑料容器质轻、价格低廉，但有两向穿透性，有些药物能与塑料中的附加剂发生理化作用，或药液黏附在容器中。不同的塑料其穿透性、附加剂成分不同，选用时应经过必要的试验，确认该塑料对药物制剂无影响才能使用。

（3）金属容器牢固、密封性能好，药物不易受污染。但易被氧化剂、酸性物质所腐蚀，选用时注意表面要涂环氧树脂层，以耐腐蚀。

（4）橡胶被用来作塞子、垫圈、滴头等，使用时应注意橡皮塞与瓶中溶液接触可能吸收主药和防腐剂，需用该防腐剂浸泡后使用。橡皮塞用环氧树脂涂覆，可有效地阻止橡胶塞中成分溶入溶液中而产生白点，干扰药物分析。还应注意橡胶塞是否有与主药、抗氧剂相互作用的现象，以保证药品的质量。

## 三、医药商品的养护管理

医药商品的养护主要是针对药品在仓库储存过程中进行的保养与维护工作，应贯彻"以防为主"的原则。

**1. 养护的主要内容**　药品养护人员应当根据库房条件、外部环境、药品质量特性等对药品进行养护，主要内容包括：指导和督促储存人员对药品进行合理储存与作业；检查并改善储存条件、防护措施、卫生环境；对库房温湿度进行有效监测、调控；按照养护计划对库存药品的外观、包装等质量状况进行检查（表5-1），并建立养护记录；对储存条件有特殊要求的或者有效期较短的品种应当进行重点养护；发现有问题的药品应当及时在计算机系统中锁定和记录，并通知质量管理部门处理；对中药材和中药饮片应当按其特性采取有效方法进行养护并记录，所采取的养护方法不得对药品造成污染；定期汇总、分析养护信息。

表 5 – 1　常用药品剂型养护的外观质量检查项目

| 剂型 | 类型 | 外观质量检查项目 |
|---|---|---|
| 片剂 | 压制片（素片）（含脏器、蛋白质制剂） | 性状（色泽）、明显暗斑（中草药除外）、麻面、黑点、色点、碎片、松片、霉变、飞边、结晶析出、吸潮溶化、虫蛀、异臭、其他 |
| | 包衣片（糖衣片、薄膜衣片、肠溶衣片） | 性状（色泽）、花片、黑点、斑点、粘连、裂片、爆裂、掉皮、脱壳、霉变、瘪片（异形片、凹凸不平）、片芯变色变软、其他 |
| 胶囊剂 | 硬胶囊剂 | 性状（色泽）、褪色、变色、破裂、漏粉、霉变、异臭、查内容物无结块、其他 |
| | 软胶囊剂 | 性状、胶丸大小均匀、光亮、粘连（振摇即散不算）、破裂、漏油、异臭、畸形丸、霉变、其他 |
| 滴丸剂 | | 性状、胶丸大小均匀、光亮、粘连、粘瓶（振摇即散不算）、破裂、漏油、异臭、畸形丸、霉变、其他 |
| 注射剂 | 注射用粉针 | 性状（色泽）、澄清度、粘瓶、吸潮、结块、溶化、色点、色块、黑点、白块、纤维、玻璃屑、封口漏气、铝盖松动、其他 |
| | 冻干型粉针 | 性状（色泽）、粘瓶、溶化、萎缩、铝盖松动、其他 |
| | 水针剂 | 性状（色泽）、长霉、白点、白块、纤维、玻璃屑、色点、结晶析出、瓶盖松动、裂纹、其他 |
| 滴眼剂 | 溶液型滴眼剂 | 性状（色泽）、浑浊、沉淀、结晶析出、长霉、裂瓶、漏药、白点、白块、纤维、色点、色块、其他 |
| | 混悬型滴眼剂 | 性状（色泽）、长霉、色点、色块、结块、漏药、胶塞、瓶盖松动、颗粒细度、滴管长度、其他 |
| 散剂 | 散剂 | 性状（色泽、混合均匀）、溶解、结块、溶化、异物、破漏、霉变、虫蛀、其他 |
| | 含结晶水药物的散剂 | 性状（色泽、混合均匀）、风化、潮解、异物、异臭、破漏、霉变、其他 |
| 颗粒剂（冲剂） | | 性状（色泽）、结块、潮解、颗粒均匀、异物、异臭、霉变、软化、破漏、虫蛀、其他 |
| 酊水剂 | 酊剂 | 性状（色泽）、澄清度、结晶析出、异物、浑浊、沉淀、渗漏、其他 |
| | 口服溶液剂 | 性状（色泽）、澄清度、结晶析出、沉淀、异物、异臭、酸败、渗漏、霉变、其他 |
| | 口服混悬剂 | 性状（色泽）、酸败、结块、异物、异臭、颗粒细微下沉缓慢、渗漏、霉变、其他 |
| | 口服乳剂 | 性状（色泽）、异物、异臭、分层、渗漏、霉变、其他 |
| 糖浆剂 | | 性状、澄清度、浑浊、沉淀、结晶析出、异物、异臭、酸败、产氧、渗漏、霉变、其他 |
| 流浸膏剂 | | 性状（色泽）、澄清度、结晶析出、异物、浑浊、沉淀、渗漏、其他 |
| 软膏剂 | 油脂性基质 | 性状、异物、异臭、酸败、霉变、漏药、其他 |
| | 乳剂型基质 | 性状、异物、异臭、酸败、分层、霉变、漏药、其他 |
| 眼膏剂 | | 除与软膏剂检查一致外，涂于皮肤上无刺激性，无金属异物 |
| 气雾剂 | | 性状、异物、漏气、破漏、喷嘴（掀压费力、喷不出或连续喷） |
| 栓剂 | | 性状、霉变、酸败、干裂、软化、变形、走油出汗、其他 |
| 膜剂 | | 完整光洁、色泽均匀、厚度一致、受潮、霉变、气泡、压痕均匀易撕开、其他 |
| 丸剂 | 蜜丸、水蜜丸浓缩丸 | 性状、圆整均匀、大小蜜丸应细腻滋润、软硬适中、异物、皱皮、其他 |
| | 水丸、糊丸 | 性状、大小均匀、光圆平整、粗糙纹、异物、其他 |
| 橡胶膏剂 | | 性状、药物涂布均匀、透油（透背）、老化、失粘、其他 |

**2. 监控药品有效期**　相关企业应当采用计算机系统对库存药品的有效期进行自动跟踪和控制，采取近效期预警及超过有效期自动锁定等措施，防止过期药品销售。

**3. 异常情况的处理**　药品因破损而导致液体、气体、粉末泄漏时，应当迅速采取安全处理措施，防止对储存环境和其他药品造成污染。对质量可疑的药品应当立即采取停售措施，并在计算机系统中锁定，同时报告质量管理部门确认。对存在质量问题的药品应当采取以下措施：存放于标志明显的专用场所，并有效隔离，不得销售；怀疑为假药的，及时报告药品监督管理部门；属于特殊管理的药品，按照国家有关规定处理；不合格药品的处理过程应当有完整的手续和记录；对不合格药品应当查明并分析原因，及时采取预防措施。

**4. 定期盘点**　企业应当对库存药品定期盘点，做到账、货相符。

**5. 重点养护品种**　重点养护品种范围一般包括主营品种、首营品种、质量性状不稳定的品种、有特殊要求的品种、储存时间较长的品种、近期内发生过质量问题的品种及药监部门重点监控的品种。

### 四、常用药品剂型的养护

#### （一）片剂的养护

片剂是指药物或提取物经加工压制成片状的内服或外用制剂。

**1. 防潮**　片剂除含有主药外，尚加有一定的辅料如淀粉等赋以成形。在湿度较大时，淀粉等辅料易吸收水分，可使片剂发生松散、破碎、发霉、变质等现象，因此湿度对片剂的影响最为严重。一般压制片吸潮后即可发生松片、破碎、发霉、变质等现象，因此均需密封在干燥处保存。

**2. 避光**　凡主药对光敏感的片剂，如维生素 C 片、磺胺类片剂、硫酸亚铁片、对氨基水杨酸钠片等，必须盛于遮光容器内（如棕色瓶）在干燥阴凉处保存。

**3. 防热**　含挥发性药物的片剂，受热后能使药物挥发，有效成分含量降低而影响药物的疗效，故应置阴凉处保存。

**4. 隔离存放**　外用片、内服片以及环境卫生消毒用片剂等必须分开贮存，以免混淆错发。有特殊异味的片剂，也应与其他片剂分开存放，以免串味。

#### （二）胶囊剂的养护

胶囊剂系指药物或加有辅料装于空胶囊或密封于软质囊材中制成的固体制剂。

**1. 防潮、防热**　胶囊剂制造的主要原料是明胶，吸潮、受热后易变软、发黏、膨胀，易发生漏粉和霉变等现象。具有颜色的胶囊在吸潮受热后还会出现颜色不匀、褪色、变色等情况，因此一般胶囊剂都应密封，置干燥、凉处保存，注意防潮防热。但也不宜过分干燥，以免胶囊过于干燥而发生脆裂。

**2. 避光**　凡主药对光敏感的胶囊剂，如维生素 AD 胶丸，易被氧化，遇光颜色渐变深，故应避光保存。

#### （三）注射剂的养护

注射剂亦称为针剂，是指供注入人体内应用的一种制剂。注射剂在储存期的保管养护，应根据药品的理化性质，并结合其溶液和包装容器的特点，综合加以考虑。

**1. 避光**　注射剂受氧气、光线、温度、微量重金属等作用而引起变色，其中遇光变色、变质的情况最为多见。一般注射剂应避光储存。油溶液型注射剂、油混悬型注射剂、乳浊型注射剂，由于溶媒是植物油，内含不饱和脂肪酸，遇光、空气或储存温度过高均能使其氧化酸败，颜色逐渐变深，因此，油溶液注射剂一般应避光、置凉处保存。

**2. 防热**　抗生素类注射剂，一般性质都不稳定，遇热后促进分解，效价降低，故一般应置凉处避光保存。脏器制剂或酶类注射剂，如垂体后叶注射液、催产素注射液、注射用辅酶 A 等在温度较高时易引起蛋白质的变性，光线亦可使其失去活性，因此一般均须在凉暗处遮光保存。生物制品，如精制破伤风抗毒素、白蛋白、丙种球蛋白等，从化学成分上看具有蛋白质的性质，一般都怕热、怕光，有些还怕冻，因冻结造成蛋白变性，融化后可能出现摇不散的絮状沉淀，致使不可供药用。因此最适宜的保存条件是 2～10℃的暗处。

**3. 防冻** 水溶液注射剂（包括水混悬型注射剂、乳浊型注射剂），因以水为溶媒，故在低温下易冻结，冻结后体积膨胀，往往使容器破裂；少数注射剂受冻后即使容器没有破裂，也会发生质量变异，致使不可供药用。因此水溶液注射剂在冬季应注意防冻，库房温度一般应保持在零度以上。

**4. 防潮** 注射用粉针目前有两种包装，一种为小瓶装，一种为安瓿装。小瓶装封口为橡皮塞外轧铝盖再烫蜡，看起来很严密，但并不能完全保证不漏气、不受潮，尤其在南方潮热地区更易发生吸潮粘瓶、结块变色等变质现象。因此胶塞铝盖小瓶装的注射用粉针在保管过程中应注意防潮，并且不得倒置，以防止药物或橡皮塞长时间接触而影响药品质量。安瓿装的注射用粉针是熔封的，不易受潮，故一般比小瓶装的稳定，主要根据药物本身性质进行保管，但应检查安瓿有无裂纹冷爆现象。

**5. 不可横卧倒置** 大输液、代血浆等大体积的水溶液注射剂，冬季除应注意防冻外，在储存过程中切不可横卧倒置。因横卧或倒置时，会使药液长时间与橡胶塞接触，橡胶塞的一些杂质会进入药液，形成小白点，储存时间越长，澄明度变化越大。此外，在储存或搬运过程中，不可扭动、挤压或碰撞瓶塞，以免漏气，造成污染。

### （四）散剂的养护

散剂系指一种或数种药物均匀混合制成的粉末制剂。

**1. 防潮** 散剂的分散度较大，其吸湿性也比较显著，吸湿后可引起药物结块、变质或微生物污染等，因此对于散剂的保管养护，要特别注意防潮。一般散剂均应在干燥处密闭保存。

**2. 避光** 含有遇光易氧化变色变质的药物的散剂，要避光保存，特别要防止日光的直接照晒。

**3. 防热** 含挥发性药物的散剂，受热后更易挥发散失，造成药效降低，应密封在干燥阴凉处保存。

**4. 隔离存放** 有特殊臭味散剂，应与其他药物隔离存放，以防串味。口服散剂与局部用散剂要分区、分库或远离存放，特殊管理药品的散剂要专柜、专库存放。

### （五）水剂的养护

水剂系指用水作溶媒，或药物混悬于水中而制成的各种制剂。水剂类应根据各种剂型的特点采取适宜的保管方法。

**1. 溶液剂的保管养护** 很多药物的溶液剂稳定性不够高，易氧化、分解、变色、沉淀，有些又容易发霉败坏。如含有挥发性成分的溶液剂，受热后药物挥散、含量下降，故储存时须注意防热；易滋生微生物的药物应严密封口，置于干燥阴凉处；具有特殊臭味的溶液剂，不能与包装严密性差或吸附性强的药品如活性炭、乳糖等存放在一起，以防串味；对人体有腐蚀性毒害作用的环境消毒溶液应与内服药隔离存放。

**2. 芳香水剂的保管养护** 多数芳香水剂均不稳定，易于霉败或产生异臭，其中的挥发性物质也多易分解变质。因此，芳香水剂一般都应密封，在凉处避光保存，冬季防冻，并掌握"先产先出"，储存期不宜过长。

**3. 合剂的保管养护** 由于合剂主要亦是以水为溶媒，故与水剂的一般保管方法相同，也应密闭，在凉处避光保存，冬季防冻。合剂一般不宜久存，要注意掌握"先产先出"。

**4. 乳剂的保管养护** 这类剂型不稳定。其不稳定现象主要包括分层（乳析）、破裂、油类酸败等。乳剂还易被霉菌、酵母菌及细菌等微生物污染，而出现生霉、发酵、酸败或乳剂破坏等现象。因此，乳剂应密闭避光，于凉处保存，冬季防冻。

**5. 滴眼剂、滴鼻剂的保管养护** 一般为药物的水溶液或水混悬液，性质多不稳定，易受空气、二氧化碳、光线、温度等的影响而分解变质。因此，滴眼剂应密闭或密封，在凉处避光保存，不宜久储，冬季注意防冻。注意有效期，掌握"先产先出，近期先出"的原则。

### （六）糖浆剂的养护

糖浆剂系指含药物或芳香物质的高浓度蔗糖水溶液。

**1. 防霉**　糖浆剂如储存不当，易产生霉败、沉淀和变色等质量变异。在储存保管期间，如糖浆剂包装不严、受热或被污染，则易出现生霉、发酵，甚至变酸、发臭的现象。因此，糖浆剂的保管养护关键在于防止糖浆霉败，其主要措施应以防热、防污染为主。

**2. 防冻**　糖浆剂一般含糖浓度较高，故不像水剂类易于冻结，但冬季在特冷的地区，有些含糖量较低的糖浆亦会发生凝结。因此，药用糖浆含糖量在60%以上的，一般可不防冻，个别特冷地区可根据情况决定；含糖量为60%以下的制剂，则应根据处方及各地气温情况考虑是否需要防冻。

### （七）含乙醇制剂的养护

含乙醇制剂系指乙醇作溶媒制成的各种制剂。乙醇具有良好的防腐作用，但是具有较强的挥发性和燃烧性。因此，对于此类制剂应主要根据乙醇易挥发、易燃烧的特性加强保管。

**1. 防热**　含乙醇制剂的药品瓶口应密闭，在阴凉处保存。夏季注意防热，不宜堆码过高，应适当留出顶距。储存过程中应经常检查有无挥发减量，若有挥发应及时整理加固包装。

**2. 防火**　由于含乙醇制剂易燃烧，故贮藏地点应杜绝火源、火种，并防止与易燃物品共存一处，以防引起火灾。

**3. 避光**　许多含乙醇制剂的有效成分遇光易变质，受日光照射后能发生沉淀、变色、效价或含量降低等变化。所以含乙醇制剂一般都应密封在避光容器内，在阴凉处保存。

### （八）软膏剂的养护

软膏剂在储存期间的稳定性，与其基质、药物的性质、储存的条件（温度、光线、湿度）、容器和包装的形式等有关。

**1. 密闭遮光**　一般软膏剂应密闭、避光，置干燥阴凉处保存，温度控制在25℃以下。乳剂基质和水溶性基质制成的软膏，冬季还应防冻。夏季应避热保存，以免水分与基质分离，失去其均匀性。

**2. 隔离存放**　具有特殊臭味的软膏剂应置凉处，并与一般药物隔离存放，以防串味。

**3. 避免久储**　含有某些不稳定的药物的软膏剂，容易变质，除应根据它们的性质加强保管外，还应掌握"先产先出"，避免久储。

**4. 防重压**　锡管装软膏剂在贮运中要防止重压，堆码不宜过高，以防锡管受压发生变形或破裂；塑料管装软膏剂在南方潮热地区多不稳定，保管中应注意避光，避免重压与久储；玻璃瓶装软膏剂在贮运中应防止重摔，并不得倒置侧放，以免破碎、流油；扁形金属或塑料盒软膏剂贮运中应防止重压，亦不得倒置侧放，以免包装变形或流油。

### （九）栓剂的养护

栓剂又称坐药或塞剂，是由药物和基质均匀混合制成的一种具有一定形状和剂量的固体剂型，专供塞入肛门、阴道等腔道使用。

**1. 防热**　栓剂一般应存放于干燥凉处或30℃以下贮存，防止重压，并且储存时间不宜过长，以免腐败、酸败。

**2. 防潮**　栓剂由于基质之特性，甘油明胶基质栓引湿性强，吸潮后变不透明并有"出汗"现象，气候干燥时又易干化，故应装在玻璃瓶中密塞，于凉处保存。

**3. 避光**　对受热易熔化，遇光易变色的栓剂，应密闭、避光在凉处保存。

**知识拓展**

麻醉药品和精神药品的运输与储存养护

**1. 麻醉药品和精神药品的运输规定**

（1）托运或自行运输麻醉药品和第一类精神药品的单位，应当向所在地省、自治区、直辖市药品监督管理部门申领《麻醉药品、第一类精神药品运输证明》（简称运输证明）。运输证明应妥善保管，不得涂改、转让、转借。发生遗失的，遗失单位应立即书面告知运输证明持有单位；持有单位应及时向发证机关报告；发证机关应予注销并在政府网站上公告，并通报同级公安机关。

（2）承运麻醉药品和第一类精神药品时，承运单位要查验、收取运输证明副本。运输证明副本随货同行以备查验。在运输途中承运单位必须妥善保管运输证明副本，不得遗失。货物到达后，承运单位应将运输证明副本递交收货单位。收货单位应在收到货物后1个月内将运输证明副本交还发货单位。运输第二类精神药品无需办理运输证明。

（3）定点生产企业、全国性批发企业和区域性批发企业之间发运麻醉药品和第一类精神药品时，跨省运输的，发货单位应事先向所在地及收货单位所在地省、自治区、直辖市药品监督管理部门报送发运货物信息，内容包括发货人、收货人、货物品名、数量。发货单位所在地药品监督管理部门也应按规定向收货单位所在地的同级药品监督管理部门通报。属于在本省、自治区、直辖市内运输的，发货单位应事先向所在地省、自治区、直辖市药品监督管理部门及收货单位所在地设区的市级药品监督管理部门报送发运货物信息。发货单位所在地药品监督管理部门也应按规定向收货单位所在地设区的市级药品监督管理部门通报。

（4）因科研或生产特殊需要，单位需派专人携带少量麻醉药品、第一类精神药品的，应当随货携带运输证明（或批准购买的证明文件）、单位介绍信和本人身份证明以备查验。

（5）托运麻醉药品和精神药品的单位应确定托运经办人，选择相对固定的承运单位。托运经办人在运单货物名称栏内填写"麻醉药品""第一类精神药品"或"第二类精神药品"字样，运单上应当加盖托运单位公章或运输专用章。收货人只能为单位，不得为个人。

（6）铁路、民航、道路、水路承运单位承运麻醉药品和精神药品时，应当及时办理运输手续，尽量缩短货物在途时间，并采取相应的安全措施，防止麻醉药品、精神药品在装卸和运输过程中被盗、被抢或丢失。承运单位应积极配合托运单位查询货物在途情况。麻醉药品和精神药品在运输途中出现包装破损时，承运单位要采取相应的保护措施。发生被盗、被抢、丢失的，承运单位应立即报告当地公安机关，并通知收货单位，收货单位应立即报告当地药品监督管理部门。

**2. 麻醉药品和精神药品的储存养护规定**

（1）麻醉药品药用原植物种植企业、定点生产企业、全国性批发企业和区域性批发企业以及国家设立的麻醉药品储存单位，应当设置储存麻醉药品和第一类精神药品的专库。该专库应当符合下列要求：①安装专用防盗门，实行双人双锁管理；②具有相应的防火设施；③具有监控设施和报警装置，报警装置应当与公安机关报警系统联网。麻醉药品定点生产企业应当将麻醉药品原料药和制剂分别存放。

（2）麻醉药品和第一类精神药品的使用单位应当设立专库或者专柜储存麻醉药品和第一类精神药品。专库应当设有防盗设施并安装报警装置；专柜应当使用保险柜。专库和专柜应当实行双人双锁管理。

（3）麻醉药品药用原植物种植企业、定点生产企业、全国性批发企业和区域性批发企业、国家设立的麻醉药品储存单位以及麻醉药品和第一类精神药品的使用单位，应当配备专人负责管理工作，并建立储存麻醉药品和第一类精神药品的专用账册。药品入库双人验收。出库双人复核，做到账物相符。专用账册的保存期限应当自药品有效期期满之日起不少于5年。

（4）第二类精神药品经营企业应当在药品库房中设立独立的专库或者专柜储存第二类精神药品，并建立专用账册，实行专人管理。专用账册的保存期限应当自药品有效期期满之日起不少于5年。

答案解析

## 思考题

1. 简述医药商品运输的基本原则。
2. 简述医药商品运输的内容。
3. 简述医药商品储存的作用。
4. 简述医药商品仓库的类型。
5. 简述医药商品养护的概念。

（朱　虹）

**书网融合……**

本章小结

习题

# 第六章　药品安全与合理用药

PPT

📖 **学习目标**

　　1. 通过本章学习，掌握药品安全、药物相互作用、合理用药、药源性疾病的概念，合理用药的基本要素，药品风险管理、联合用药的概念，药物相互作用和药源性疾病的分类；熟悉不合理用药的危害和表现形式，合理用药的生物医学标准，WHO 促进合理用药的十二项建议，诱发药源性疾病的原因；了解联合用药的意义与危害，药源性疾病的发展历史及预防与治疗。

　　2. 具有药品安全的意识和临床合理用药的能力，避免因不合理用药所导致的各种用药风险。

　　3. 养成临床合理联合用药的习惯，避免不利的药物相互作用和药源性疾病思维方式。

　　随着现代医疗技术水平逐年提高和新药不断问世，临床用药品种日益增多，药品安全和合理用药问题越来越引起人们的广泛关注。

# 第一节　药品安全与风险管理

## 一、药品安全

　　近些年来，毒胶囊等药害事件的频繁发生使得药品安全成为国家和社会关注的焦点，公众有时会把药品安全绝对化，认为药品安全就是没有副作用，无毒无害，只有治疗作用。而对药品监管部门来说，药品安全是相对的，药品监管就是使药品风险与效益达到平衡，对于风险大于效益的情况，监管机构予以干预使其重新回到平衡状态。事实上没有绝对安全的药品，所有的药品既有益处同时也有潜在危害，要确保药品的安全就是在正确的时间向正确的患者处方正确剂量的质量合格、安全有效药品，以减少其所带来的风险。

　　美国 FDA 认为，所谓的"药品安全"是指药品针对的目标人群，在其适应证范围内具有合适的风险-效益平衡（benefit-risk balance），又称为风险-效益比（benefit-risk profile）最优。药品审批、评价、监管的目的之一就是要为患者筛选出风险-效益比好的（favorable）或正向的（positive）药品。不难理解，药品的效益越高，风险越低，风险-效益比越好。因此，提高药品效益或降低药品风险，是改善药品风险-效益平衡的必由之路。

　　药品安全包含在整个药品生命周期之中，从药品的研发、生产、流通到后续的临床使用以及药品储备，为确保药品的安全管理必须对药品的全过程进行有效的控制。药品安全的内涵主要包括以下四个方面，药品的供应得到保障、药品的质量得到保证、药品的不良反应在可接受的范围内，以及避免临床用药差错或不合理用药。

　　药品作为一种特殊的商品，药品安全与否与人体的外源性特征和患者的个体差异有很大关系。因此，药品安全是一个相对概念。对拟用的人群而言，该药的效益大于风险，就可以说该药品是安全的，而并非保障一定不发生损害，即药品安全并不是指药品零风险。

## 二、药品风险

### （一）药品风险的定义

根据世界卫生组织对风险定义，即"产生危害的可能性或事件发生的可能性"，具体到药品风险，这里的"事件"通常是指与药品有关的不良的或负面的事件，如药品质量问题、不良反应、药物毒性、相互作用、用药错误、药物成瘾等。概括起来，药品风险是指在药品使用过程中，导致用药个人或群体面临伤害或损失等不确定事件的可能性。

### （二）药品风险的来源

药品风险具有多源性。首先，药品本身具有作用的两重性特点，即治疗疾病和导致疾病的两重性；另外，药品从上市前研发、审批、生产到上市流通、临床使用，受到多种复杂因素的影响，从而构成了引发药品风险的诸多因素，具体包括天然风险和人为风险两方面。

药品天然风险的主要来源有药品的不良反应，其属于药品的固有属性，分为新的和已知的不良反应两类。在临床试验过程中发现的药品不良反应一般会写入药品说明书中，但临床试验本身具有较大的局限性，因其受试者及其数量与上市后相比有很大的局限性，很多不良反应需要在上市后大规模使用中才能发现，药品新的不良反应多是药品上市时科学技术水平尚无法发现和确认的风险。药品天然风险有些是可以避免的，有些是无法避免的。2004年，美国某公司全球召回重磅药品，该药在上市前临床试验病例数超过5000例，上市后大规模临床应用过程中最终确认其有引发心血管疾病的风险。

药品人为风险的主要来源有：①药品缺陷，包括标识缺陷和质量缺陷。药品标识是指药品的标签和说明书，其内容是指导合理用药的重要依据，包含详细的药品安全性、有效性、稳定性的重要信息，除了品名、规格、生产企业、药品批准文号、产品批号、有效期、主要成分、适应证或功能主治、用法、用量等基本信息外，对使用具有重要指导作用的禁忌、不良反应和注意事项，警示性信息如果存在缺陷，则会对用药安全带来风险。药品质量缺陷是指由于药品质量存在不合理的风险所带来的安全隐患。在我国药品质量缺陷仍然是当前的主要风险来源，特别是来自于供应链前端的掺假行为是药品质量缺陷的主要风险来源。另外，药品标识缺陷在我国的问题也比较突出，药品说明书和标签中隐瞒药品风险的问题时有发生。②用药差错，主要原因包括处方错误、调配错误以及药品管理错误等。其中处方错误包括未能正确选择药物，即未能按照说明书上相应标准正确选择特定人群、适应证、患者使用的用法用量等。调配错误包括错误的调配药品的品种、规格、给药途径以及剂量等。药品管理错误包括药品的摆放储存不当导致药品过期、失效甚至发生理化性质的改变等。③患者特殊体质和依从性等因素，如过敏体质、患者依从性差、未按医嘱用药等。

## 三、药品风险管理

药品风险管理就是在药品的整个生命周期中，全面、主动地运用科学的方法来识别、评估、沟通和最大限度地降低药品风险，以便在患者中建立并维持较好的风险-效益平衡。

根据国际人用药品注册技术协调会（ICH）Q9质量风险管理指南，完整的上市后风险管理过程包括应用风险管理工具进行风险评估、风险控制、风险评审、风险沟通等内容（图6-1）。风险评估是在一个风险管理过程中用于支持所做的风险决策的组织信息的系统过程，其包含对危险因素辨识，对暴露在这些危险因素相关风险的分析、评价。风险控制是指做出的降低和（或）接受风险的决定，包括风险减低和风险接受，目的是降低风险到一个可接受的水平。风险评审是考虑（如果可能）运用关于风险新的知识和经验来评审或监测风险管理过程的输出/结果。风险沟通是在决策者和其他风险涉众之间分享有关风险以及风险管理的信息。

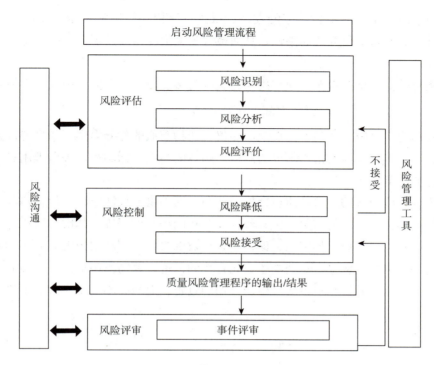

图 6 - 1 药品风险管理过程

药物警戒是风险管理理论的具体应用实践，在药品风险管理中，利用药物警戒主动监测与被动监测等工具，精准快速地识别捕捉风险，进而利用药物警戒技术和方法学等对风险进行风险-效益综合评价，并采取适宜的策略与方法，将药品安全性风险降至最低，从而为药品监管部门开展修订药品说明书、产品召回、加大科普宣传等适宜的监管措施提供依据。当前，药品监管部门通过建立药物警戒制度，对药品不良反应及其他与用药有关的有害反应及风险进行监测、识别、评估和控制。

# 第二节　药物警戒

药物警戒制度是一项在药品监管领域国际通行的制度，是药品全生命周期监管的基本制度，其在药品不良反应监测制度的基础上，不断丰富内涵并扩大监测范围，从而发展成为药品监管领域的一项重要制度。

## 一、药物警戒的相关概念

### （一）基本概念

药品不良事件（adverse event，ADE）指患者或临床研究受试者在接受药品后发生的任何不良医学事件，可以是与药品使用存在时间关联的任何不利或者非预期的体征（如异常的实验室检查结果）、症状或者疾病，不一定与该药品存在因果关系。

严重不良事件（serious adverse event，SAE）指患者或临床研究受试者接受药品后出现死亡、危及生命、永久或者严重的残疾或者功能丧失，受试者需要住院治疗或者延长住院时间，以及先天性异常或者出生缺陷等不良医学事件。

药品不良反应（adverse drug reaction，ADR）是指合格药品在正常用法用量下，出现的和用药目的无关的有害反应。

药品不良反应监测是指药品不良反应的发现、报告、评价和控制的过程。该过程发生于药品上市后，其目的是弥补药品上市前研究的局限性，从而最大程度上降低药品不良反应的重复发生，提高合理用药水平。

药物警戒是指对药品不良反应及其他与用药有关的有害反应进行监测、识别、评估和控制的活动。

### （二）药物警戒与药品不良反应监测的联系与区别

根据药物警戒的定义可知，药品不良反应监测仅是药物警戒的部分内容。药物警戒是在药品不良反应监测的基础上，不断丰富内涵而衍生形成的制度。两者的终极目标均是促进合理用药，保护公众用药安全。但是药物警戒不等同于药品不良反应监测。

首先，药品不良反应监测的对象是质量合格的药品，而药物警戒涉及除质量合格药品之外的其他药品，如低于法定标准的药品，药物与化合物、药物及食物的相互作用等。其次，药物警戒工作包括药品不良反应监测工作以及其他工作，如用药失误；缺乏疗效的报告；药品用于无充分科学依据并未经核准的适应证；急性与慢性中毒病例报告；药物相关死亡率的评价；药物滥用与误用。最后，药物警戒是贯穿于药品上市前与上市后，并直至撤市的全生命周期的过程，而药品不良反应监测主要发生于药品上市后阶段。

## 二、药物警戒制度的发展历程

### （一）药品不良反应监测制度起源与发展

我国古人云："是药三分毒"，这是对药物治疗效果与不良反应的辨证讨论。1881 年，德国科学家 Louis Lewin 在其著作《药物的副作用》（*Die Nebenwirkungen der Arzneimittel*）中讨论了药物的药理学作用与各种不良反应之间的界线，这是西方医学界第一部关于药品不良反应的书籍，使人们认识到药物是效用与风险并存的。1961 年爆发的沙利度胺灾难，即"反应停"事件引起了社会广泛关注，也为药品监管部门敲响一次警钟。这一事件促使美国于 1962 年出台了《科夫沃－哈里斯药品修正案》（*Kefauver－Harris Drug Amendments*），以确保药品疗效以及药品安全。该法案首次要求药品生产企业在新药上市批准之前必须向美国食品药品管理局（Food and Drug Administration，FDA）提供药品的有效性与安全性双重证明。为避免沙利度胺类似事件再次发生，1968 年，WHO 发起国际药物监测合作计划，成立 WHO 协作组，收集和交流药物不良反应报告，并且研发了计算机报告管理系统。自此，各国对于药品不良反应监测给予重视，并加强药品不良反应的收集，药品安全监管步入药品不良反应监测时期。该时期主要侧重于药品上市后不良反应信息的收集，缺乏对药品全生命周期风险的关注。

### （二）国际药物警戒制度的起源与发展

1974 年，法国药物流行病学家 Begaud 首次提出"药物警戒"概念，强调药品安全性监测不仅是不良反应信息的收集，更应注重药品不良反应的发现、评价、理解与控制，这在药物警戒领域是一项重大理论创新，引起了众多专家学者对药物警戒的思考。1992 年，欧盟成立国际药物警戒协会，并将药物警戒定义为：药品在正常用法用量情况下出现非需要的效应时，对监测到的有关信息进行收集与科学评价的体系，也包括药物误用与滥用。2002 年，WHO 明确提出，药物警戒是发现、评估、理解和预防药物不良反应或任何其他与药物相关问题的科学活动。随后，ICH 颁布了一系列药物警戒相关指南，指导各成员国顺利开展药物警戒工作，自此药品安全监管步入药物警戒时期。

### （三）我国药物警戒制度的起源与发展

1988 年，我国开始实行试点药品不良反应报告工作，并于 1989 年设立药品不良反应监察中心。在此后的 30 余年里，组织机构体系不断升级，相关的法律法规体系不断完善，技术手段不断创新，监管实践活动不断多样化。2001 年，我国正式实行药品不良反应报告制度。2004 年，国家食品药品监督管理局创办《中国药物警戒》杂志。2005 年，国家食品药品监督管理局开始定期发布药物警戒快讯，转载国外药监机构的药品安全风险信息。2007 年，首届中国药物警戒研讨会召开，这对药物警戒制度在我国的发展起到推动作用。

2019 年，《药品管理法》全面贯彻落实党中央有关药品安全"四个最严"要求，提出上市许可持有人、药物警戒等重大制度创新。自此，药物警戒制度在我国正式确立实施。

## 三、药物警戒制度的主要内容

### （一）药物警戒体系

药品上市许可持有人（以下简称持有人）和药物临床试验申办者（以下简称申办者）应当建立药物警戒体系，通过体系的有效运行和维护，监测、识别、评估和控制药品不良反应及其他与用药有关的有害反应。药物警戒体系包括与药物警戒活动相关的机构、人员、制度、资源等要素，并应与持有人的类型、规模、持有品种的数量及安全性特征等相适应。

持有人是药物警戒的责任主体，根据工作需要委托开展药物警戒相关工作的，相应法律责任由持有人承担。持有人委托开展药物警戒相关工作的，双方应当签订委托协议，保证药物警戒活动全过程信息真实、准确、完整和可追溯，且符合相关法律法规要求。

持有人应当建立药品安全委员会，设置专门的药物警戒部门，明确药物警戒部门与其他相关部门的职责，建立良好的沟通和协调机制，保障药物警戒活动的顺利开展。药品安全委员会负责重大风险研判、重大或紧急药品事件处置、风险控制决策以及其他与药物警戒有关的重大事项。

药物警戒部门应当履行以下主要职责：①疑似药品不良反应信息的收集、处置与报告；②识别和评估药品风险，提出风险管理建议，组织或参与开展风险控制、风险沟通等活动；③组织撰写药物警戒体系主文件、定期安全性更新报告、药物警戒计划等；④组织或参与开展药品上市后安全性研究；⑤组织或协助开展药物警戒相关的交流、教育和培训；⑥其他与药物警戒相关的工作。

持有人和申办者应当与医疗机构、药品生产企业、药品经营企业、药物临床试验机构等协同开展药物警戒活动。鼓励持有人和申办者与科研院所、行业协会等相关方合作，推动药物警戒活动深入开展。

### （二）药品安全信息监测与报告

持有人应当主动开展药品上市后监测，建立并不断完善信息收集途径，主动、全面、有效地收集药品使用过程中的疑似药品不良反应信息，包括来源于自发报告、上市后相关研究及其他有组织的数据收集项目、学术文献和相关网站等涉及的信息。

持有人在首次获知疑似药品不良反应信息时，应当尽可能全面收集患者、报告者、怀疑药品以及不良反应发生情况等。收集过程与内容应当有记录，原始记录应当真实、准确、客观。持有人应当对药品不良反应监测机构反馈的疑似不良反应报告进行分析评价，并按要求上报。

持有人应当对药品不良反应的严重性进行评价。符合以下情形之一的应当评价为严重药品不良反应：①导致死亡；②危及生命（指发生药品不良反应的当时，患者存在死亡风险，并不是指药品不良反应进一步恶化才可能出现死亡）；③导致住院或住院时间延长；④导致永久或显著的残疾或功能丧失；⑤导致先天性异常或出生缺陷；⑥导致其他重要医学事件，若不进行治疗可能出现上述所列情况的。

持有人向国家药品不良反应监测系统提交的个例药品不良反应报告，应当至少包含可识别的患者、可识别的报告者、怀疑药品和药品不良反应的相关信息。个例药品不良反应报告的填写应当真实、准确、完整、规范，符合相关填写要求。

### （三）风险识别与评估

持有人应当对各种途径收集的疑似药品不良反应信息开展信号检测，及时发现新的药品安全风险。持有人应当根据自身情况及产品特点选择适当、科学、有效的信号检测方法。信号检测方法可以是个例药品不良反应报告审阅、病例系列评价、病例报告汇总分析等人工检测方法，也可以是数据挖掘等计算机辅助检测方法。

持有人应当及时对新的药品安全风险开展评估，分析影响因素，描述风险特征，判定风险类型，评估是否需要采取风险控制措施等。评估应当综合考虑药品的风险-效益平衡。对药品风险特征的描述可包括风险发生机制、频率、严重程度、可预防性、可控性、对患者或公众健康的影响范围，以及风险证据的强度和局限性等。风险类型分为已识别风险和潜在风险。对于可能会影响产品的风险-效益平衡，或对公众健康产生不利影响的风险，应当作为重要风险予以优先评估。

持有人应当根据风险评估结果，对已识别风险、潜在风险等采取适当的风险管理措施。风险评估应当有记录或报告，其内容一般包括风险概述、原因、过程、结果、风险管理建议等。

在药品风险识别和评估的任何阶段，持有人认为风险可能严重危害患者生命安全或公众健康的，应当立即采取暂停生产、销售及召回产品等风险控制措施，并向所在地省级药品监督管理部门报告。

### （四）风险控制

对于已识别的安全风险，持有人应当综合考虑药品风险特征、药品的可替代性、社会经济因素等，采取适宜的风险控制措施。

常规风险控制措施包括修订药品说明书、标签、包装，改变药品包装规格，改变药品管理状态等。特殊风险控制措施包括开展医务人员和患者的沟通和教育、药品使用环节的限制、患者登记等。需要紧急控制的，可采取暂停药品生产、销售及召回产品等措施。当评估认为药品风险大于效益的，持有人应当主动申请注销药品注册证书。

持有人应当向医务人员、患者、公众传递药品安全性信息，沟通药品风险。持有人应当根据不同的沟通目的，采用不同的风险沟通方式和渠道，制订有针对性的沟通内容，确保沟通及时、准确、有效。沟通方式包括发送致医务人员的函、患者安全用药提示以及发布公告、召开发布会等。

持有人应当根据风险评估结果，对发现存在重要风险的已上市药品，制订并实施药物警戒计划，并根据风险认知的变化及时更新。药物警戒计划包括药品安全性概述、药物警戒活动，并对拟采取的风险控制措施、实施时间周期等进行描述。药物警戒计划应当报持有人药品安全委员会审核。

## 第三节　药物的相互作用

近年来，随着新药的不断增多，药物治疗日趋复杂，临床医师和药师常采取联合应用两种或两种以上的药物来增强疗效，减少耐药性和不良反应，但往往忽视了药物相互作用所引起的有害反应。联合用药不当将直接影响患者的康复与生命安全，需引起全社会的广泛重视。

### 一、联合用药

联合用药（drug combination）是指同时或间隔一定时间内使用两种或两种以上的药物。

#### （一）联合用药的意义

**1. 增强药物的疗效**　合理的联合用药可使药物发挥更大的疗效，比单用药物更具有优越性。例如，增敏剂甲氧苄啶与磺胺类药联用时，由于病菌的代谢受到双重阻断，使抗菌作用增强数倍至数十倍，因此磺胺类药常制成复方制剂，如复方新诺明和增效联磺。阿莫西林与$\beta$-内酰胺酶抑制剂克拉维酸钾联合使用，可使疗效增加几倍至几十倍，常作为一线口服抗感染药使用。

**2. 降低药物的毒副作用，减少不良反应** 例如，链霉素对第8对脑神经有不可逆的损害，而配伍使用甘草酸，可降低乃至消除这一不良反应，使80%因链霉素耳毒性不能使用该药的患者，继续使用而不影响链霉素的抗菌活性。

**3. 延缓机体耐受性或病原体耐药性的产生，提高药物的疗效** 如结核杆菌对药物产生耐药性，是结核病化疗失败的重要原因之一。单独使用异烟肼或利福平、链霉素等，两个月后约有50%患者产生耐药性。为了防止或延缓耐药性的产生，可以在治疗一开始就联合使用两种或两种以上的药物，如异烟肼加链霉素或利福平、乙胺丁醇等，可降低病原菌的耐药性，提高药物的疗效。

**4. 提高药物生物利用度，促进吸收** 如口服钙剂，往往吸收度偏低，若与维生素$D_3$合用，则可大大促进钙的吸收。

**5. 中西药联用，发挥协同作用** 一些肿瘤患者常因放疗或者化疗而使机体免疫功能下降，从而使药物治疗失败。为此，临床应用清热解毒的中药，如蒲公英、大青叶、金银花等，与放疗、化疗药物联用不仅能提高机体免疫力，又可增强机体防御系统抑制癌细胞的能力。

此外，合理的联合用药还可节约医药资源，减少费用支出，最大限度地维护患者的身心健康和经济利益。

### （二）联合用药的危害

**1. 降低药物的疗效** 如四环素类抗生素与制酸剂（氢氧化铝、氧化镁、碳酸钙等）以及用于治疗贫血的硫酸亚铁等联用，会形成不溶性络合物而影响其吸收，从而使四环素类抗生素的疗效降低。

**2. 增强药物的毒副作用，加大不良反应** 如氨基糖苷类抗生素属耳毒性药物，能引起耳鸣、听力减退、耳聋等毒副作用。这类药物不但相互之间不宜联合使用，也不宜与万古霉素、红霉素、阿司匹林或强利尿剂等联用，否则毒性相加更易引起永久性耳聋。

**3. 药物相互拮抗** 如多潘立酮片（吗丁啉）可加快胃肠蠕动，促进胃肠排空；而阿托品则可松弛胃肠道平滑肌，解除胃肠道痉挛，使胃肠排空减慢。故两药合用可产生拮抗作用。

不合理的联合用药弊端还有很多，在此不再一一列举。无论是医生还是患者，在实际用药过程中，联合用药必须慎重，数量应尽量控制，宜少不宜多，能够用一种药物治愈的就不要联用两种及以上药物。除非单一用药无效或不能完全控制发作时才可以考虑联合用药。要尽量少用所谓的"撒网疗法"，即多种药物合用以防漏诊或误诊，这样不仅浪费，而且有可能发生拮抗作用，从而降低疗效或产生严重不良反应。

## 二、药物相互作用概述

药物相互作用（drug interactions）是指联合用药时，一种药物的作用受其他药物的影响而发生改变，其结果是使药物作用增强、作用减弱或出现新的作用。

从临床角度考虑，作用增强可表现为疗效提高，也可表现为毒性加大；作用减弱可表现为疗效降低，也可表现为毒性减轻。因此在联合用药时，应达到疗效提高或（和）毒性减轻的有益药物相互作用，力求避免药物的毒性加大或（和）疗效降低的有害药物相互作用。

广义的药物相互作用，不仅包括药物和药物之间的相互作用，还包括药物和食物之间、药物和饮料（如酒、茶等）之间的相互作用，甚至还包括药物和烟以及毒品之间的相互作用等。本节着重于探讨药物与药物之间的相互作用，而食物与药物之间以及某些饮料与药物之间的相互作用不再论述。

药物相互作用主要发生在体内，少数情况下也可发生在体外，从而影响药物进入体内。因此，药物相互作用主要有三种作用方式：体外药物相互作用、药动学方面药物相互作用、药效学方面药物相互作用。

### （一）体外药物相互作用

体外药物相互作用，是指在患者用药之前（即药物尚未进入机体以前），药物相互间发生化学或物理性相互作用，使药效发生变化。也称作化学配伍禁忌性或物理配伍禁忌性药物相互作用。本类药物相互作用表现如下。

**1. 在静脉输液或注射器内发生的相互作用** 在临床上向输液中加入一种或几种药物是常有的现象，当这些药物加入输液中时，药物之间可能发生相互作用，其作用结果可造成一种或几种药物沉淀。如酸性药物盐酸氯丙嗪注射液同碱性药物异戊巴比妥钠注射液混合后，能发生两药或两药之一的沉淀。这类相互作用多能肉眼观察到，但有些药物混合后外观没有任何变化，可实际已经发生分解破坏、效价降低等潜在变化，会产生更严重的危害，不仅影响药效而且可能发生医疗事故，尤其应引起注意。

**2. 药物与药物或药物与辅料、溶剂等之间的相互作用** 此类相互作用主要有潮解，液化与固化，分层、浑浊与沉淀，变色，产生气体及潜在变化等，既影响药品质量，又影响药物的疗效和安全性，应尽量避免发生。

### （二）药动学方面药物相互作用

药动学方面药物相互作用是指联合用药后，一种药物使另一种药物发生药动学的改变，从而使后一种药物的血药浓度发生改变，导致药效增强或减弱。

药动学的过程包括药物的吸收、分布、代谢和排泄四个环节，在这四个环节中均有可能发生药物相互作用，进而影响药物在其作用靶位的浓度，使药物的作用强度发生改变（加强或减弱）。

**1. 药物吸收中的相互作用** 一种药物改变另一种药物吸收速率和程度的机制因药而异，不仅与药物自身的吸收形式、吸收速率、结构、脂溶性等有关，而且还与给药部位的血流量、胃肠道的 pH 值和功能、菌群及食物等有关。

（1）药物合用后形成络合物或复合物，使吸收发生变化 含二价或三价金属离子（如 $Ca^{2+}$、$Mg^{2+}$、$Fe^{3+}$ 等）的药物可与某些药物形成难溶的化合物，如铁剂可显著降低四环素、青霉胺及喹诺酮类药物的吸收。而有些药物合用后能形成更易吸收的复合物或络合物，如咖啡因与麦角胺的复合物、双香豆素与氢氧化镁形成的易溶性络合物，均可使吸收量增加。

（2）当药物与有吸附性的物质合用时，可使吸收量减少 某些药物如考来烯胺（阴离子交换树脂）可以吸附酸性药物分子（如阿司匹林、保泰松、地高辛、华法林、甲状腺素等）形成难溶的复合体，使后者吸收减少。活性炭能吸附很多类药物，如抗生素、维生素和生物碱等，导致这些药物的吸收量减少。

（3）胃肠道 pH 值影响药物的解离度 一般情况下，药物的非解离成分脂溶性高易透过生物膜吸收。酸性药物在碱性环境，碱性药物在酸性环境时，药物解离程度高，脂溶性较低，扩散通过细胞膜能力较差，药物吸收因而减少。反之，则吸收增加。因此，制酸药如奥美拉唑、雷尼替丁等可能会影响某些药物的吸收。

（4）胃排空的速度影响药物的吸收 胃排空速度可以影响药物到达小肠的时间，因而可以影响药物在小肠的吸收。例如，甲氧氯普胺（胃复安）等药物通过加速胃排空，可增加对乙酰氨基酚在小肠的吸收。抗胆碱药丙胺太林（普鲁本辛）则可延缓胃排空，减少对乙酰氨基酚在小肠的吸收。

（5）抗生素与能被肠道菌群代谢的药物合用时，可使肠道菌群对该药物的代谢作用降低，而增加药物的吸收。例如，能被肠道菌群大量代谢灭活的地高辛与红霉素、四环素及其他广谱抗生素合用时，可使肠道菌群对地高辛的代谢作用降低，导致地高辛的血药浓度增加一倍以上，易引起中毒。

（6）食物可影响药物的吸收　某些碳水化合物饮食中含有较多的果胶，因吸附、络合或增加胃内容物的黏度而延缓药物的吸收。浓茶或咖啡亦可影响很多药物的吸收。

（7）其他影响药物吸收的因素　如阿托品及三环类抗抑郁药可使唾液分泌减少而引起口干，就会减慢硝酸甘油从舌下吸收。局麻药中加入缩血管药，可以减少局麻药吸收，延长麻醉效果。某些药物，如新霉素、对氨基水杨酸、环磷酰胺等可以损害肠黏膜的吸收功能，从而影响其他药物的吸收。

**2. 药物分布中的相互作用**　一种药物可以改变另一种药物的分布，主要是相互竞争血浆蛋白结合部位，从而改变游离型药物的比例，或改变药物在某些组织的分布量，并影响药物的消除。具体表现如下。

（1）两种或多种药物相互竞争血浆蛋白结合部位，改变游离型药物比例　当药物合用时，它们可以在蛋白结合部位发生竞争性相互置换，结果与蛋白结合部位亲和力较高的药物将另一种与蛋白结合力较低的药物置换出来，使之游离型增多，药理活性增强，毒性亦增大。如保泰松、阿司匹林、苯妥英钠可使双香豆素从蛋白结合部位置换出来，而引起出血；亦可将与蛋白结合的磺酰脲类降血糖药置换出来引起低血糖；华法林可被水杨酸盐置换出来而产生出血。

（2）改变药物在某些组织的分布量，从而影响药物的浓度　一些作用于心血管系统的药物可改变组织的血流量，如去甲肾上腺素可减少肝脏血流量，减少利多卡因在其主要代谢部位肝脏中的分布量，从而减少该药代谢，结果使血中利多卡因浓度增高，药效增强，毒性亦增大。反之，异丙肾上腺素可增加肝脏的血流量，因而增加利多卡因在肝中的分布及代谢，使其血中浓度降低，药效减弱，毒性亦降低。

**3. 药物代谢中的相互作用**　大部分药物主要是在肝脏被肝微粒体酶（又称药酶）催化而代谢。因此，药酶的活性高低直接影响许多药物的代谢。在联合用药时，某种药物能抑制或促进药酶的活性而使另一种药物的代谢发生改变，使该药的药效增强或减弱。主要有两种作用方式。

（1）酶诱导作用　某些药物能增加药酶的活性，称为酶诱导作用。例如，一些药物（如苯巴比妥、水合氯醛、格鲁米特、甲丙氯酯、苯妥英钠、扑米酮、卡马西平、保泰松、尼可刹米、灰黄霉素、利福平、螺内酯等）可以增加肝脏药酶活性，从而加速其他药物的代谢。酶诱导的结果使受影响的药物作用减弱或缩短。

（2）酶抑制作用　某些药物可以抑制药酶的活性，或与另一种药物竞争某一药酶，而使另一种药物的代谢减少，称为酶抑制作用。如氯霉素与双香豆素合用，可明显加强双香豆素的抗凝血作用。这是由于氯霉素抑制药酶活性，使双香豆素的半衰期延长 2~4 倍，血药浓度因而增高，药效和毒性也因而增大。西咪替丁也可抑制药酶活性，从而提高华法林的浓度并增强其抗凝血作用。

**4. 药物排泄中的相互作用**　除吸入麻醉剂以外，大多数药物都是由肾脏排出体外。肾脏排泄过程中药物相互作用对于那些在体内代谢很少，以原型排出的药物影响较大。主要表现在以下两个方面。

（1）影响肾小管分泌　目前认为，参与肾小管分泌药物的载体至少有两类，即酸性药物载体和碱性药物载体。当两种酸性药物或碱性药物合用时，可相互竞争载体而出现竞争性抑制现象，从而使其中一种药物肾小管分泌减少，影响从肾脏排泄，有可能增加疗效，亦可能增加毒性。例如，丙磺舒与青霉素均为酸性药，青霉素主要以原型经肾脏排泄，其中有90%通过肾小球滤过到肾小管腔，若同时应用丙磺舒，后者竞争性占据酸性药物载体，阻碍青霉素经肾小管的分泌，进而延缓青霉素的排泄而使其发挥较为持久的疗效。

（2）影响肾小管重吸收　肾小管的重吸收主要是被动吸收，因此药物的解离度对其有重要影响。大多数药物为有机弱电解质，在肾小管滤液中解离型与非解离型同时存在。非解离型的脂溶性较大，因而容易被肾小管重吸收；解离型脂溶性小，不易被肾小管重吸收。这两型的比例取决于药物的酸碱性以及肾小管滤液的 pH 值。当滤液为酸性时，酸性药物大部分不解离而呈脂溶性状态，易被肾小管重吸收；碱性药物则相反。例如，碳酸氢钠通过碱化尿液可促进水杨酸类的排泄，对水杨酸类中毒时有实际应用价值。

### （三）药效学方面药物相互作用

药效学方面药物相互作用是指联合用药后，一种药物使另一种药物的体内药量和血药浓度无明显变化，而通过影响与受体或递质的作用导致药效增强或减弱。药效学方面药物相互作用按药理效应的变化分为以下三种。

**1. 相加作用** 相加作用是指两种药物联合应用时所产生的效应等于或接近两药之和。治疗作用和不良反应均可相加。例如，不同作用机制的抗高血压药合用时，其降压作用相加。目前血管紧张素 Ⅱ 受体拮抗药（沙坦类药）与氢氯噻嗪等制成复方制剂已成为治疗高血压的有效途径和发展趋势，其中主要就是利用二药药效学方面的相加作用。

**2. 协同作用** 协同作用又称增效作用，是指两种药物联合应用所显示的效应明显超过两药之和。例如，中枢神经系统抑制剂乙醇、抗组胺药、苯二氮䓬类、吩噻嗪类、甲基多巴、可乐定等可增加其他中枢镇静药物的作用，有的可致呼吸抑制，甚至死亡。

**3. 拮抗作用** 拮抗作用是指两种药物联合应用所产生的效应小于其中一种药物。如果合并应用两种作用相反的药物，可使最终的药理活性减弱甚至消失。例如，具有兴奋作用的茶碱可减弱苯二氮䓬类药物的镇静作用。速效抑菌药如四环素、氯霉素、红霉素等与青霉素合用时，会降低青霉素的杀菌作用。

# 第四节 药品的合理使用

当今社会，医药科技日新月异，各类新药层出不穷，联合用药趋势明显，临床不合理用药和患者不合理的自我药疗现象越来越普遍，导致药物不良事件频频发生，给患者的身心健康带来极大的危害。根据世界卫生组织的报道，全世界 50% 以上的药品是以不恰当的方式处方、调配和出售的，与此同时有 50% 患者未能正确使用。近年来，随着经济的发展，合理用药已经成为全社会共同关注的重要课题，逐渐引起了世界各国政府和社会各界的广泛关注。

我国城乡居民用药行为不规范现象普遍存在。2012 年全国居民健康素养监测数据显示，包括合理用药在内的基本医疗素养仅为 9.56%，能够正确阅读药品说明书的居民比例约为 15%。在全国合理用药网络知识竞赛中，只有 6.3% 的网友能够全部答对从试题库随机抽取的 10 道合理用药常识题。

中国科协发布的一项调查显示，86.7% 的被调查者曾有自我药疗经历。在服药过程中，69.7% 的被调查者曾随意增减疗程或自行更换药物。在孩子生病后，近 30% 的家长自作主张给孩子服用减量的成人药品或抗生素，有时还是多品种联合用药。

提高公众的合理用药水平是个综合的系统工程，需要政府、医院、医生、公众以及社会各界的共同努力，公众也是推进合理用药的关键。

## 一、合理用药的概念

早在 20 世纪 70 年代 WHO 即提出了合理用药（rational use of drugs）的概念：用适宜的药物，在适宜的时间，以公众能支付的价格保证药品供应，正确的调配处方，在正确的剂量、用药间隔、用药日数下使用药物，确保药物质量安全有效。

1985 年，WHO 在内罗毕召开的合理用药专家会议上，把合理用药定义为：合理用药要求患者接受的药物适合他们的临床需要；药物的剂量符合他们的个体需要，疗程足够；药价对患者及社区最为低廉。

20 世纪 90 年代以后，国际药学界学者达成共识，给合理用药赋予了更科学、更完整的定义：以当代药物和疾病的系统知识和理论为基础，安全、有效、经济、适当地使用药物。此概念揭示了合理用药的四个基本要素，即安全性、有效性、经济性和适当性。

## 二、合理用药的基本要素

**1. 安全性**　安全性是合理用药的首要前提。在选择药物治疗时，疗效已不再是单一的最大缘由，人们在努力寻找效果与风险之间的最大平衡点。也就是在力求获得最大治疗效果的同时承担最小的治疗风险。这种治疗原则不是笼统的，而是根据每个不同的个体和不同情况决定的，对于危及患者生命的严重疾病，使用疗效高、不良反应大的药物是必要的，同时可采取适当的措施减轻用药过程中的毒副作用。而计划生育药物旨在调节正常生育功能，则药物必须安全可靠，不应有明显不良反应。

**2. 有效性**　有效性是合理用药的首要目标。药物的有效性是指药物的治疗效果必须明确，如退热药能降低患者的体温，平喘药必须能迅速缓解患者的呼吸困难。药物治疗有效性多种多样，如临床治疗的治愈率、显效率、好转率、无效率以及预防用药的疾病发生率、降低死亡率等。药物治疗有效与否受多种因素影响，包括患者所患疾病严重程度、心理状态、药物相互作用、并发症和食物影响等。

**3. 经济性**　经济性是合理用药的基本要素。经济性并不意味着用药越便宜越少越好，而是用最小的成本追求最大的治疗效果，即以尽可能低的医药费用支出，获取尽可能高的治疗效果。这里强调的是效果与费用比，而不仅仅指用药费用的高低。

**4. 适当性**　适当性是合理用药的基本保障。用药的适当性表现在用药的各个环节，包括结合患者的实际情况，个体化地确定所用药物，药物剂量适当、给药途径适宜、调配无误、疗程适宜、合并用药合理。目的是充分发挥药物的作用，尽量减少药物的毒副作用，迅速有效的控制疾病的发展，使人体恢复健康。

## 三、不合理用药的危害和表现形式

不合理用药的危害很多，主要表现在：①致使药物的疗效下降，导致发病率和死亡率上升；②造成医疗资源的浪费，导致药物短缺并增加费用，加重了患者的经济负担；③非期望效应的风险增加，如药源性疾病、药品不良反应和耐药的出现，损害了公众的身心健康；④助长患者不良用药心理，导致患者盲目用药，易出现严重不良反应和二重感染；⑤同时也会影响医疗机构和医生的医疗质量，降低临床药物治疗水平，给医院声誉造成不良影响。

不合理用药表现形式很多，归纳表现在以下方面：①适应证不当，没有对症下药；②联合用药不当，发生有害的药物相互作用，如药理拮抗、配伍不当等；③给药方案不合理，如过多地使用注射剂，甚至是在口服剂型更适合的情况使用；④给药剂量不合理，擅自增加或缩减药物使用量；⑤给药途径不合理，如将口服抗感染药物外用于皮肤和黏膜；⑥疗程不合理，没有按照规定的疗程服用药物，擅自停药或增加服药时间；⑦患者使用的药物过多（大处方）；⑧重复给药；⑨滥用抗菌药物，如当病毒感染时使用抗生素治疗；⑩不恰当的自我药疗，主要表现在处方药上等。

## 四、合理用药的生物医学标准

WHO 与美国卫生管理科学中心（MSH）针对合理用药的具体内涵进行了明确规定，于 1997 年共同制订了合理用药的 7 项生物医学标准：即药物正确无误；用药指征适宜；疗效、安全性、使用途径、价格对患者适宜；用药对象适宜，无禁忌证，不良反应小；药品调配及提供给患者的药品信息无误；剂量、用法、疗程妥当；患者依从性良好。

## 五、WHO 促进临床合理用药的十二项建议

WHO 针对目前各国用药过程中存在的问题，于 2002 年 12 月发布了 12 条关于进一步促进发展中国家合理用药的核心政策和干预措施。

1. 建立一个授权的多学科国家机构，负责协调管理国家药物政策。
2. 制订和使用以依据为基础的临床培训和监督指南。
3. 在选择治疗的基础上制订国家基本药物目录。
4. 在大型医院中建立药物和治疗委员会。
5. 在医学生课程中实施以问题为基础的药物疗法培训，作为大学培训的一部分。
6. 开展持续的在岗医学教育，作为颁发许可证的一项要求。
7. 加强监督、审计和反馈。
8. 提供独立的药物信息。
9. 开展药物公众宣传教育。
10. 消除不合理开方的错误的经济激励。
11. 进行适当的强制性管制。
12. 政府有足够开支支出以确保公平地获得药物和卫生人员。

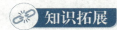 **知识拓展**

### 合理用药健康教育核心信息

2013 年 10 月，国家卫生计生委等部门联合制订合理用药健康教育核心信息，具体如下。

一、合理用药是指安全、有效、经济地使用药物。优先使用基本药物是合理用药的重要措施。不合理用药会影响健康，甚至危及生命。

二、用药要遵循能不用就不用，能少用就不多用；能口服不肌注，能肌注不输液的原则。

三、购买药品要到合法的医疗机构和药店，注意区分处方药和非处方药，处方药必须凭执业医师处方购买。

四、阅读药品说明书是正确用药的前提，特别要注意药物的禁忌、慎用、注意事项、不良反应和药物间的相互作用等事项。如有疑问应及时咨询药师或医生。

五、处方药要严格遵医嘱，切勿擅自使用。特别是抗菌药物和激素类药物，不能自行调整用量或停用。

六、任何药物都有不良反应，非处方药长期、大量使用也会导致不良后果。用药过程中如有不适应及时咨询医生或药师。

七、妊娠期及哺乳期妇女用药要注意禁忌；儿童、老人和有肝脏、肾脏等方面疾病的患者，用药应当谨慎，用药后要注意观察；从事驾驶、高空作业等特殊职业者要注意药物对工作的影响。

八、药品存放要科学、妥善，防止因存放不当导致药物变质或失效；谨防儿童及精神异常者接触，一旦误服、误用，及时携带药品及包装就医。

九、接种疫苗是预防一些传染病最有效、最经济的措施，国家免费提供一类疫苗。

十、保健食品不能替代药品。

# 第五节　药源性疾病

随着药物品种、数量日益增多和临床不合理用药的普遍存在，药源性疾病的发生率也呈上升趋势。WHO 在过去的统计表明，药源性疾病是列在心脏病、癌症、肺病及中风之后的第五大疾病，药物性死亡已成为全球居第五位的死亡原因。哈佛一位学者研究表明，美国每年因为治疗错误而死亡的人数，达到 15.7 万，全球则约有 1/3 的患者不是死于疾病本身，而是死于用药不当，比因车祸、纵火、他杀加起来的死亡总数还多。据国家药品不良反应监测部门统计，我国每年因药品不良反应住院的患者达 250 万，住院患者中每年又有近 20 万人死于药源性疾病。药源性疾病致死的人数竟是一些主要传染病死亡人数的 10 倍，而且还有逐年增长的趋势。药源性疾病已对人类健康构成威胁，成为一个全球性的严重的社会问题。因此，积极防治药源性疾病，促进合理用药具有重大意义。

## 一、药源性疾病的基本概念

药源性疾病（drug – induced diseases，DID）又称药物诱发疾病，是指药物在用于预防、诊断、治疗疾病过程中，因药物本身的作用，药物相互的作用以及药物使用引起机体组织或器官发生功能性或器质性损害而出现的各种临床异常症状，一般不包括药物过量导致的急性中毒。药源性疾病是不合理用药的结果，与药品不良反应密切相关。

## 二、药源性疾病的发展历史

人类对药源性疾病的认识经历了一个漫长的过程。在古代人们主要应用天然药物治病强身，其毒副作用相对较少，故药源性疾病的发生相对少。20 世纪以来，化学药品的问世，特别是磺胺和青霉素的研制成功，化学合成药的大量上市，不合理用药现象越来越严重，导致药源性疾病的发病率逐年上升。例如，在中华人民共和国成立初期，固定性药疹极为罕见，随着磺胺类药物的大量应用，至 70 年代此型药疹已成常见多发病；过敏性休克在 50 年代也不多见，自青霉素等抗生素普遍应用后已属临床常见危象之一；链霉素与庆大霉素引起的中毒性耳聋则更为严重。

从古代人们用天然药物到现代用高科技合成药物的漫长过程中，人们在用药物防治疾病的同时，由于经验和防范不足，世界上连续发生了许多重大的药源性疾病。

（1）早在 1870—1890 年人们就成立委员会调查三氯甲烷麻醉造成猝死的原因，经了解才弄清楚是三氯甲烷增强心肌儿茶酚胺敏感性，造成心律不齐而死。

（2）1922—1934 年欧洲及美国大量应用氨基比林作为退热药，引起粒细胞减少症，仅美国一年就死亡 1981 人，欧洲死亡 200 余人。

（3）1935—1937 年美国、巴西等国家用二硝酚作为减肥药，结果约 1000 人患白内障。

（4）20 世纪 50 年代，欧洲报告了约 2000 名肾脏患者由于服用非那西丁，其中有几百人死于肾衰，我国的某些地区也较严重。

（5）20 世纪 50 年代末至 60 年代初，很多国家先后应用"反应停"治疗孕妇妊娠反应，结果在 1957—1961 年"反应停"上市的四年多时间里，全世界诞生约 1.2 万海豹肢畸形儿，这就是震惊世界的"反应停"事件。

（6）20 世纪 70 年代，普拉洛尔（心得宁）上市 4 年左右，发现它能引起严重的"眼－黏膜－皮肤"综合征，有的患者失明，有的腹膜纤维化导致肠梗阻而死亡。

（7）1966—1972 年美国发现 300 例少女患阴道癌，经调查证实为母亲孕期曾用己烯雌酚防治先兆流产所致。

（8）1997年9月芬氟拉明及右旋体被撤市。1996年美国FDA才批准其作为减肥药大量使用。1997年美国FDA发布公共卫生咨询报告，33人因服用此药而发生心脏瓣膜变形损害。

（9）20世纪90年代，美国FDA组织专家对苯丙醇胺（PPA）与出血性脑卒中的相关性进行了流行病学研究。结果发现：出血性脑卒中的发病与发病前3天服用PPA有密切关系，其中与服用含PPA减肥药的相关程度极高。因此，美国FDA于2000年11月决定撤销一切含PPA的制剂。我国药品监督管理部门于2000年11月连续发布两份关于暂停使用和销售含PPA制剂的通知，以保障公众用药安全。

（10）2001年8月降胆固醇药拜斯亭（他汀类）被撤市。经查证曾用拜斯亭患者出现严重横纹肌溶解症，导致30余人死亡。

（11）2003年6月我国药品监督管理部门下令，禁止生产、销售含马兜铃酸的关木通等药物制剂。因其引起肾功能衰竭、尿毒症，不少患者接受了肾移植。

（12）2004年9月30日，全球召回治疗关节炎药物罗非昔布（万洛）。因该公司在一项为期3年的"万络预防腺性息肉瘤研究"中发现，服用该药物的患者易引发心脏病和脑卒中。

### 三、药源性疾病的分类

药源性疾病按病因学可以分为A型和B型两种基本类型。

**1. A型药源性疾病**　是药物固有作用的增强和持续发展的结果，是由药物本身或其代谢产物的固有药理作用所引起的。其特点是与用药剂量有关，一般容易预测，发生率较高但死亡率较低。如抗凝血药引起的出血。

**2. B型药源性疾病**　一般与药物固有作用无关，主要与人体的特异质有关。其特点是与用药剂量无关，常难以预测，虽发生率低但死亡率较高，它主要表现为变异反应或遗传变异。如致敏患者应用青霉素出现过敏性休克，葡萄糖-6-磷酸脱氢酶（G-6-PD）缺乏者服用磺胺可引起溶血性贫血。

### 四、诱发药源性疾病的原因

**1. 诱发A型药源性疾病的原因**　滥用和误用药物是引起A型药源性疾病的主要原因，如能合理用药则大多数此型药源性疾病是可以避免的。

**2. 诱发B型药源性疾病的原因**　本类型药源性疾病主要与人体的特异质有关，即与机体的易感因素有关。

（1）遗传因素　某些药物引起的溶血性贫血易在G-6-PD缺陷者中出现。这种与遗传相关的缺陷在非洲和地中海沿岸的一些民族以及菲律宾人中较常见，在我国则很少见。能引起G-6-PD缺陷者发生溶血的药物有抗疟药伯氨喹、奎宁、氯喹，抗菌药硝基呋喃类、氯霉素、磺胺类、对氨基水杨酸，解热镇痛药阿司匹林以及甲基多巴、肼屈嗪、维生素K、丙磺舒、奎尼丁、亚甲蓝等。

（2）性别因素　药源性疾病在女性中的发生率要比男性高，如女性由保泰松和氯霉素引起的粒细胞缺乏发生率为男性的3倍，对氯霉素引起的再生障碍性贫血为男性的2倍，药源性红斑狼疮亦较男性多见。

（3）年龄因素　如老年人应用硝西泮治疗量即易致脑功能紊乱；用利尿剂易致失钾；用降压药和吩噻嗪类易致直立性低血压；用抗胆碱药和抗震性麻痹药易致尿潴留。婴儿用氯霉素易发生灰色综合征；磺胺、新霉素和维生素K可引起或加重黄疸；此外，其他易发因素尚有肝、肾疾病和变态反应性疾病等。

### 五、药源性疾病的预防与治疗

不合理用药是引起药源性疾病的主要原因。因此预防药源性疾病的发生应强化广大医务人员合理用药意识并提高自身业务素质。临床医生在选用药物时既要认识药物的治疗作用又要明确药物的致病作用，充分认识药物可能给患者带来的危害，防止药源性疾病的发生：①要掌握药物的适应证、禁忌证，选药时要有明确的指征；②联合用药时可由于药物的相互作用使药物的毒副作用增强，因而联合用药应严格掌握适应证；③给药方案的制订在考虑患者情况的同时，要充分考虑药物的药效学和药动学规律；④在用药过程中严密观察药物的疗效和反应，发现异常应尽快查明原因，及时调整剂量或更换治疗药物，以减少药源性疾病发生。

答案解析

## 思考题

1. 简述药品风险管理的流程。
2. 简述药物警戒与药品不良反应监测的联系和区别。
3. 简述药物相互作用的三种方式。
4. 简述合理用药的四个基本要素。
5. 简述药源性疾病的预防和治疗。

（田丽娟）

**书网融合……**

本章小结

习题

# 第七章 药物政策与医药商品市场

PPT

### 📖 学习目标

1. 通过本章学习，掌握我国药物政策的组织机构及政策要素，我国基本药物制度的组织机构和政策要素，世界卫生组织国家药物政策的组织机构和政策要素；熟悉我国及世界卫生组织药物政策的历史演变；了解我国医药市场的发展现状及未来趋势。

2. 具有运用药物政策的逻辑分析医药商品市场准入障碍，从历史视角对现行药物政策追根溯源，从国家药物政策视角分析医药市场发展趋势的能力。

药品既有预防、诊断和治疗疾病的属性，又是具有较高经济价值的商品，是医疗卫生体系的重要投入资源之一。这决定了药品既能决定患者健康，又能为医药产业创造利润。但是，药品费用越来越高，已经成为世界各国面临的难题。世界各国已经或正在制定相关药物政策来影响医药商品市场，平衡公众健康与医药产业的利益。因此，国家药物政策与公共卫生政策、医疗服务政策、医疗保障政策均为国家卫生政策的有机组成部分，共同为人民群体健康提供服务，并对医药商品市场产生越来越大的影响。本章将梳理药物政策的体系和政策要素、医药商品市场的市场结构和发展现状，为理解我国药物政策体系提供历史逻辑、政策逻辑和实践逻辑。

## 第一节 药物政策

药物政策通常表现为国家药物政策（national drug policy，NDP），是政府制定的药物政策目标、原则、战略和技术方法等药物管理的法律、行政法规、部门规章、制度、指南等一系列文件，其目的是构建一个整合的政策框架，协调公共部门、私人部门、专业团体、消费者、学术机构等多主体的行动，使各种政策衔接，实现短期和长期目标、各方利益的平衡，从而达到药物可及、高质量、合理用药的政策目标。基于上述概念，国内外逐渐演化出国家药物政策体系，以下将总结国内外药物政策体系的演变过程、组织机构、总体框架及实施效果。

### 一、国际药物政策

#### （一）世界卫生组织药物政策的历史演变

1948 年 6 月 24 日，世界卫生组织在日内瓦召开的第一届世界卫生大会上正式成立，总部设在瑞士日内瓦。当时，随着第二次世界大战抗生素需求的惯性，跨国制药企业开始发展。20 世纪 70 年代，抗生素、糖尿病等各种领域的有效药品已经开发了出来，发达国家的就医问题已经初步解决。但是，以发展中国家、欠发达国家为首的全球大多数国家仍有大量人口无法获得可负担的、有质量保证的药物，对于初级卫生保健医疗服务仍然缺少可及性。1975 年，第 31 届世界卫生大会提出了 WHA28.66 决议，要求世界卫生组织帮助世界各国建立药物政策体系，从而正式提出了"药物政策"的概念。由于药物政策的基础是基本药物制度，1977 年世界卫生组织制定了全世界第一个基本药物示范目录，自此每两年更新一版基本药物目录。

世界卫生组织在上述工作基础上为了进一步解决药物可及性低、质量低劣、不合理使用和药物浪费问题，开发了国家药物政策指南及相关政策工具。1988 年，世界卫生组织出版《制定国家药物政策指导原则（第一版）》。1995 年，世界卫生组织国家药物政策专家委员会评估了当时的药品状况，并更新了国家药物政策制定和实施的工作步骤。以此为基础，2001 年世界卫生组织出版《如何制定和实施国家药物政策（第二版）》。自此，世界卫生组织的药物政策体系形成，并且具有了完善的组织机构、政策框架，达到了比较好的实施效果。

### （二）世界卫生组织药物政策的组织机构及政策框架

世界卫生组织为了推动国家药物政策在全球的采纳，成立了专门的组织机构，并与其他组织协同推进国家药物政策在各国的建立，在此基础上逐渐形成了国家药物政策的框架。

**1. 组织机构**　世界卫生组织涉及国家药物政策的机构主要有世界卫生组织基本药物和药物政策部、国家药物政策专家委员会、世界卫生组织地区办事处，参与的国际组织主要有联合国人口基金、联合国儿童基金、联合国 HIV/AIDS 联合项目、药物合理使用国际网络、卫生管理科学组织（Management Sciences for Health，MSH）、各国国家卫生健康管理部门基本药物和药物政策司等。这些组织形成的共识一般在世界卫生大会上发布（表 7-1）。

表 7-1　世界卫生组织国家药物政策制定与实施组织机构及职责

| 组织机构 | 国家药物政策工作职责 |
| --- | --- |
| 基本药物和药物政策部 | 负责制定和实施全球药物政策，确保药品可及性和合理用药 |
| 世界卫生组织地区办事处 | 负责支持各国制定和实施国家药物政策 |
| 国家药物政策专家委员会 | ①制定全球国家药物政策和实施指南<br>②负责研究和分析全球和各国药物政策现状，提出各国制定和改进国家药物政策的建议<br>③为各国在药品遴选、采购、使用、评价等方面提供技术支持<br>④制定国际药品标准和良好规范，帮助各国建立和实施有效的药品监督管理体系<br>⑤通过与其他国家、国际组织合作，提高全球药品供应质量和效率<br>⑥对国家药物政策实施效果进行监测和评估，确保政策有效和可持续 |

**2. 药物政策目标**　国家药物政策目标是确保基本药物可及、高质量和合理使用。基本药物可及性主要指基本药物可以为大众公平地获得，并且价格是可以负担得起的。高质量则指药物安全、有效、质量可控。合理使用指医务人员和患者促进治疗安全、成本效益使用。上述目标确定的主要影响因素是经济发展水平、药品资源投入、社会文化发展水平、历史因素、政治价值以及政策选择等。因此，国家药物政策更具体的目标需要根据国家状况、国家卫生政策以及政府政策优先级来确定。表 7-2 展示了低收入、中等收入以及高收入国家确定政策目标的基本逻辑。

表 7-2　不同类型国家药物政策目标

| 国家类型 | 面临问题 | 政策目标 |
| --- | --- | --- |
| 低收入水平国家 | 达到主要的公共卫生目标 | 质量有保证的基本药物可及性 |
| 中等收入水平国家 | 穷人的公共卫生需求以及较为富裕人群的预防、诊断和治疗需求 | 更广泛药品的可及性、集中筹资机制、医药产业发展 |
| 高收入水平国家 | 具有创新性的昂贵治疗手段不可及，卫生总费用的过快增长 | 所有重要治疗手段的可及，支持创新药发展 |

**3. 药物政策要素**　国家药物政策包括九大政策关键要素：基本药物遴选、药品可负担性、可持续的药品筹资机制、药品供应保障体系建立、药品监管和质量保障、促进合理用药、研究、人力资源开发与培训、药物政策监测和评估。表 7-3 展示了国家药物政策与政策目标之间的直接影响、间接影响关系。

表7-3　国家药物政策要素与政策目标之间的关系

| 政策要素 | 目标1：基本药物可及 | 目标2：高质量 | 目标3：合理使用 |
|---|---|---|---|
| 基本药物遴选 | 直接影响 | 间接影响 | 直接影响 |
| 药品可负担性 | 直接影响 | | |
| 可持续的药品筹资机制 | 直接影响 | | |
| 药品供应保障体系建立 | 直接影响 | | 间接影响 |
| 药品监管和质量保障 | | 直接影响 | 直接影响 |
| 促进合理用药 | | | 直接影响 |
| 研究 | 直接影响 | 直接影响 | 直接影响 |
| 人力资源开发与培训 | 直接影响 | 直接影响 | 直接影响 |
| 药物政策监测和评估 | 直接影响 | 直接影响 | 直接影响 |

## 二、我国药物政策的组织机构与政策框架

### （一）组织机构

我国药物政策的组织机构包括很多行政管理部门（表7-4），这些部门协调、监督管理药物研发、药品生产、药品流通、药品零售和使用等公共部门、私人部门的利益，影响医药产业发展，也影响患者安全、有效、合理用药。

表7-4　我国药物政策的组织机构

| 主管部门 | 工作职责 |
|---|---|
| 卫生健康主管部门 | 制定基本药物制度、国家药物政策、基本药物目录、药品使用监测、临床综合评价和短缺药品预警 |
| 中医药管理部门 | 民族医药发掘、整理、总结和提高工作；中药资源普查；承担保护濒临消亡中药生产加工技术的责任 |
| 药品监督管理部门 | 负责药品、医疗器械和化妆品研制环节的许可、检查和处罚 |
| 医疗保障主管部门 | ①医疗保险、生育保险、医疗救助、长期护理保险；②城乡统一的医保目录和支付标准；③制定药品价格；④推动建立市场主导的社会医药服务价格形成机制；⑤药品招标采购政策 |
| 市场监督管理部门 | ①药品广告审查和监督处罚；②营业执照核发；③反垄断执法、价格监督检查和反不正当竞争 |
| 工业和信息化部门 | 医药工业（行业管理，生物医药产业规划、政策和标准），药品储备，中药材生产扶持项目管理 |
| 商务管理部门 | 药品流通行业（行业管理，发展规划和政策） |
| 国家知识产权局 | ①药品专利保护；②药品专利纠纷早期解决机制行政裁决委员会 |
| 海关 | 负责药品进出口口岸的设置；药品进口与出口的监管、统计与分析 |
| 公安部门 | 负责组织指导药品、医疗器械和化妆品犯罪案件侦查工作 |
| 互联网信息管理部门 | 配合相关部门进一步加强互联网药品广告管理，大力整治网上虚假违法违规信息，依法查处发布虚假违法广告信息等的违法违规网站，营造风清气正的网络空间 |

### （二）政策框架

我国虽然没有直接颁布药物政策方面的法律，但是通过《药品管理法》将药品监督管理体制法律化，通过《基本医疗卫生与健康促进法》将国家基本药物制度、基本医疗保险制度、药品集中采购制度法律化。并且，已经通过健康融入所有政策以及医疗、医保和医药协同政策建立了相对完整的药物政策框架（表7-5）。

表 7-5　我国现阶段国家药物政策的政策框架

| 政策要素 | 主要政策手段 |
|---|---|
| 基本药物遴选 | ①制定基本药物目录管理办法；②制定基本药物临床应用指南和处方集 |
| 药品可负担性 | ①药品零加成；②仿制药替代；③两票制；④基本药物全部纳入医保目录；⑤分级诊疗不同级别医疗机构不同报销比例；⑥癌症、罕见病的药品和原料等实施零关税；⑦国产抗艾滋病病毒用药免征增值税；⑧创新药后续免费使用免征增值税 |
| 可持续的药品筹资机制 | ①谈判药品纳入医保目录，医保目录动态调整；②起付线、封顶线、先行自付比例设计；③门诊共济政策；④门诊慢特疾病（药品）目录；⑤门诊单独支付药品（病种）目录；⑥两病用药保障目录；⑦DRG/DIP |
| 药品供应保障体系建立 | ①短缺药品保障机制；②特殊药品生产供应保障；③国家药品储备；④国谈药品双通道；⑤医疗机构临时进口少量临床急需药品；⑥个人自用少量药品携带进出境；⑦国家、省级或联盟药品集中带量采购；⑧鼓励仿制药、儿童用药、罕见病目录制定；⑨医药企业防范商业贿赂风险合规指引；⑩减少药品浪费 |
| 药品监管和质量保障 | ①仿制药一致性评价；②药品生产和经营环节专项整治和规范经营；③药物非临床研究质量管理规范；④药物临床试验质量管理规范；⑤药品生产质量管理规范；⑥药品经营质量管理规范；⑦药物警戒和药品不良反应监测 |
| 促进合理用药 | ①国家、省、地市、县四级药事管理与药物治疗学委员会；②医疗机构药事管理规定；③处方管理办法；④抗菌药物、辅助用药、重点监测用药使用监测；⑤特殊管理药品使用管理规定；⑥国家卫生健康委员会合理用药规定；⑦合理用药绩效考核 |
| 研究 | ①国家卫健委药物政策与基本药物制度司对药物政策运行的研究；②国家发改委、国家医保局、工信部、商务部等部委对药物政策运行的研究；③重大新药创制国家科技重大专项；④国家自然科学基金委员会对创新药基础研究支持；⑤药品上市许可持有人制度；⑥药品注册分类改革；⑦鼓励创新和仿制药发展；⑧临床试验改革；⑨药品加快上市（突破性治疗、附条件批准、优先审评审批、特殊审批）；⑩药品审评与ICH等国际标准接轨 |
| 人力资源开发与培训 | ①临床药师规范化培训；②药学服务转型；③执业药师能力提升工程；④职业化、专业化药品检查员；⑤药品监督管理技术支撑能力建设；⑥基层药品监管能力标准化建设 |
| 药物政策监测和评估 | 全过程、全链条、全生命周期监测和评估 |

## 三、我国药物政策要素的发展及政策现状

### （一）国家基本药物制度的发展和政策现状

**1. 发展过程**　根据《基本医疗卫生与健康促进法》，基本药物是指满足疾病防治基本用药需求，适应现阶段基本国情和保障能力，剂型适宜，价格合理，能够保障供应，可公平获得的药品。

探索阶段开始于 1979 年。当年，我国加入了世界卫生组织基本药物行动计划，原卫生部和原国家医药管理总局成立"国家基本药物遴选小组"，确定基本药物的遴选原则是"临床必需、疗效确切、毒副反应清楚、适合国情"。1981 年，我国第一版《国家基本药物目录（西药部分)》遴选完毕，1982 年正式颁布，收载 278 种西药。1992 年，我国成立负责管理基本药物遴选工作的"基本药物领导小组"，进一步明确基本药物的遴选原则和政策方向。1997 年，中共中央、国务院发布了《关于卫生改革与发展的决定》，指出"国家建立并完善基本药物制度""对纳入国家基本药物目录和质优价廉的药品，制定鼓励生产流通的政策"。1998 年，国务院机构改革将国家基本药物目录制定的职责给予了国家药品监督管理局。从而，1998 年、2000 年、2002 年和 2004 年，国家药品监督管理局颁布了四版《国家基本药物目录》。

建立阶段开始于 2006 年。当年，我国开始探索建立国家基本药物制度。2008 年，原卫生部建立"药物政策与基本药物制度司"，下设综合处、药物政策处、基本药物目录管理处、药品供应保障协调处。2009 年 3 月，中共中央、国务院发布《关于深化医药卫生体制改革的意见》，提出建立基本药物制度。8 月，卫生部等部委制定了《关于建立国家基本药物制度的实施意见》《国家基本药物目录管理办

法（暂行）》，颁布了《国家基本药物目录（基层医疗卫生机构配备使用部分）》（2009 版），明确了零差率销售、基本药物优先和合理使用等政策。2010 年，国务院发布《建立和规范政府办基层医疗卫生机构基本药物采购机制的指导意见》，实行以省（区、市）为单位集中采购、统一配送。由于 2009 版国家基本药物目录药品品种较少，各省增补了一些药品供基层医疗卫生机构使用，同时为了向县级以上医疗机构扩展基本药物制度，2013 年，国务院发布了《关于巩固完善基本药物制度和基层运行新机制的意见》，颁布了《国家基本药物目录》（2012 年版）。2014 年，第 67 届世界卫生大会审议通过了中国提出的"获得基本药物决议"，决议倡导在基本药物制度基础上，制定全面的国家药物政策。

完善阶段开始于 2015 年，这一年分级诊疗制度启动，国家卫生计划生育委员会发布《国家基本药物目录管理办法》。2018 年，国务院发布了《关于完善国家基本药物制度的意见》，第一次提出"促进上下级医疗机构用药衔接，助力分级诊疗制度建设，推动医药产业转型升级和供给侧结构性改革"的要求。同年，《国家基本药物目录》（2018 年版）颁布。国家卫生健康委员会药物政策与基本药物制度司的"基本药物目录管理处"更名为"药品目录管理处"。2019 年，《基本医疗卫生与健康促进法》颁布，将国家基本药物制度法律化；国务院发布《关于进一步做好短缺药品保供稳价工作的意见》，提出"逐步实现政府办基层医疗卫生机构、二级公立医院、三级公立医院基本药物配备品种数量占比原则上分别不低于 90%、80%、60%"，推动各级医疗机构形成以基本药物为主导的"1 + X"（"1"为国家基本药物目录、"X"为非基本药物，由各地根据实际确定）用药模式。

提升阶段开始于 2021 年，国家基本药物目录遴选开始向中国特色的药品临床综合评价阶段过渡。7 月，国家卫生健康委员会药物政策与基本药物制度司发布了《药品临床综合评价管理指南（2021 年版试行）》。11 月，《国家基本药物目录管理办法（修订草案）》开始向社会征求意见，拟增加儿童用药目录。2022 年 6 月，国家卫生健康委员会卫生发展研究中心发布了《心血管病药品临床综合评价技术指南（2022 年版 试行）》《抗肿瘤药品临床综合评价技术指南（2022 年版 试行）》《儿童药品临床综合评价技术指南（2022 年版 试行）》。同年，国家卫生健康委员会发布《关于印发国家三级公立医院绩效考核操作手册（2022 版）》和《国家二级公立医院绩效考核操作手册（2022 版）》涉及基本药物使用的指标。2024 年 11 月，国家卫生健康委员会药物政策与基本药物制度司发布了《关于改革完善基层药品联动管理机制 扩大基层药品种类的意见》。12 月，国家卫生健康委员会卫生发展研究中心发布了《药品临床综合评价质量控制指南（2024 年版 试行）》。

可见，我国基本药物制度经历了从基层到公立医院，从用药数量很少到逐渐放松用药数量的过程，同时这一过程也逐渐产生了中国特色的药品临床综合评价体系。基本药物零差率、省级集中采购、基本药物优先使用等政策也成为分级诊疗、公立医院改革的基础。

**2. 政策现状**　在上述发展过程中，我国基本药物制度已经形成了一定的组织机构、基本药物目录遴选办法以及相关的制度设计。

（1）**组织机构**　我国基本药物制度涉及国家卫生健康部门、国家发展改革委、工业和信息化部、监察部、财政部、人力资源社会保障部、商务部、药品监督管理局、中医药局等部委。基本药物目录遴选涉及的机构及职责如表 7 - 6 所示。

表 7 - 6　我国基本药物目录遴选机构

| 主要机构 | 具体职责 |
| --- | --- |
| 国家卫健委药物政策与基本药物制度司 | 完善国家基本药物制度，组织拟订国家药物政策和基本药物目录。开展药品使用监测、临床综合评价和短缺药品预警。提出药品价格政策和国家基本药物目录内药品生产鼓励扶持政策的建议 |
| 国家卫生健康委员会药具管理中心 | 药物评价处，负责基本药物专家抽取通知，基本药物目录评审会议保障，临床综合评价工作质量控制及结果评审专家会组织工作 |

续表

| 主要机构 | 具体职责 |
|---|---|
| 国家卫生健康委员会卫生发展研究中心 | 药物和卫生技术综合评价中心，临床综合评价技术指南编制、修订 |
| 国家中医药管理局科技司 | 科技司（中药创新与发展司），参与基本药物制度建设、基本药物目录调整、中医药专家推荐 |
| 国家药品监督管理局药品评价中心 | 参与拟订、调整国家基本药物目录 |
| 国家卫健委儿童用药专家委员会 | 基本药物目录儿童用药目录的遴选提名工作 |
| 国家儿童医学中心 | 儿童药品临床综合评价 |
| 国家癌症中心 | 抗肿瘤药品临床综合评价 |
| 国家心血管病中心 | 心血管病药品临床综合评价 |

（2）基本药物制度设计　我国基本药物制度主要包括目录、价格、采购、配备、报销、全额保障、补助、合理用药、绩效考核和政策衔接（表7-7）。

表7-7　我国基本药物制度设计

| 政策要素 | 制度设计 |
|---|---|
| 目录政策 | 全国统一目录，各地不增补药品，少数民族地区可增补少量民族药 |
| 价格政策 | 零差价 |
| 采购政策 | 以省（区、市）为单位集中采购、统一配送 |
| 配备政策 | 政府办基层医疗卫生机构、二级公立医院、三级公立医院基本药物配备品种数量占比原则上分别不低于90%、80%、60% |
| 报销政策 | ①基本药物按照规定优先纳入基本医疗保险药品目录；②对于基本药物目录内的治疗性药品，医保部门在调整医保目录时，按程序将符合条件的优先纳入目录范围或调整甲乙分类 |
| 全额保障 | 部分地区通过财政全额拨款、医保全额报销或"医保报销＋财政兜底"等多种方式，对高血压、糖尿病等慢性病患者在基层实行部分基本药物全额保障 |
| 补助政策 | 中央和地方财政对基层医疗卫生机构提供资金支持，基本药物补助分配向村医倾斜 |
| 合理用药 | 国家基本药物临床应用指南和处方集 |
| 绩效考核 | 门诊患者基本药物处方占比、住院患者基本药物使用率、基本药物采购品种数占比 |
| 政策衔接 | ①允许有条件的地方探索将基本公共卫生服务经费、基本药物制度补助等相关经费打包给紧密型县域医共体统筹使用；②分级诊疗、医联体或医共体上下用药衔接；③基层药品联动，扩大基层用药数量 |

（3）基本药物目录遴选办法　我国基本药物目录已经形成了一套基于证据的遴选方法（表7-8），为临床应用、减轻患者负担奠定了基础。

表7-8　我国基本药物目录遴选办法

| 遴选项目 | 具体办法 |
|---|---|
| 遴选范围 | 全局调整：纳入国家基本药物目录中的药品，应当是经国家药品监管部门批准，并取得药品注册证书或批准文号的药品，以及按国家标准炮制的中药饮片 |
| 遴选原则 | 防治必需、安全有效、价格合理、使用方便、中西药并重、基本保障、临床首选 |
| 调整周期 | 国家基本药物目录坚持定期评估、动态管理，调整周期原则上不超过3年。必要时，经国家基本药物工作委员会审核同意，可适时组织调整 |
| 调整因素 | ①我国基本医疗卫生服务需求和基本医疗保障水平变化；②我国疾病谱变化；③药品不良反应监测评价；④药品使用监测和临床综合评价；⑤已上市药品循证医学、药物经济学评价；⑥国家基本药物工作委员会规定的其他情况 |
| 排除情形 | ①含有国家濒危野生动植物药材的；②主要用于滋补保健作用，易滥用的；③因严重不良反应，国家药品监管部门明确规定暂停生产、销售或使用的；④违背国家法律、法规，或不符合伦理要求的；⑤国家基本药物工作委员会规定的其他情况 |

| 遴选项目 | 具体办法 |
|---|---|
| 调出情形 | ①发生严重不良反应，或临床诊疗指南、疾病防控规范发生变化，经评估不宜再作为国家基本药物使用的；②根据药品临床综合评价或药物经济学评价，可被风险–效益比或成本–效益比更优的品种所替代的；③国家基本药物工作委员会认为应当调出的其他情形 |
| 决策方法 | ①基于证据的专家投票海选；②企业暂时不能主动申报证据；③课题研究基础上，集体决策（不包括企业） |
| 遴选专家 | 包括目录咨询专家、目录评审专家。目录评审专家由医学（含公共卫生）、药学（含中药学）、循证医学、药物经济学、药品监管、药品生产供应管理、医疗保险管理、卫生管理和价格管理等方面专家组成，负责国家基本药物的咨询和评审工作 |
| 遴选维度 | 讨论协商：安全、有效、经济、创新、适宜、可及 |
| 遴选程序 | ①从国家基本药物专家库中，分别随机抽取专家成立目录咨询专家组和目录评审专家组；②咨询专家组根据疾病防治和临床需求（中国药学会数据库），经循证医学（临床指南涉及品种）、药品临床使用监测（卫健委收集的医院 HIS 系统数据）、药物经济学等对药品进行技术评价，提出遴选意见，形成备选目录；③评审专家组对备选目录进行技术论证和综合评议，形成目录初稿；④目录初稿送国家基本药物工作委员会各成员单位征求意见，修改完善形成目录送审稿；⑤送审稿经国家基本药物工作委员会审核后，按程序报批，由国家卫生健康委对外发布并组织实施 |

## （二）药品安全政策的发展和政策现状

**1. 发展过程** 药品安全性在研制阶段主要由 GLP 和 GCP 控制，但是药品安全性贯穿全生命周期。在全生命周期控制药品安全性的主要措施包括国家药品安全规划、药品不良反应报告和监测制度等。

（1）国家药品安全规划 我国国家药品安全规划最早开始于 2012 年，标志是当年国务院发布的《国家药品安全"十二五"规划》，该规划明确了 2011 年至 2015 年我国药品安全工作的总体目标、任务和障碍措施，目标是全面提高药品标准、完善药品监督管理体系、规范药品全流程管理，最终降低药品安全风险。2017 年，国务院发布《"十三五"国家药品安全规划》，进一步指出了 2016 年至 2020 年提升药品质量、完善审评审批体系、加强检查能力等目标。2021 年，国务院发布《"十四五"国家药品安全及促进高质量发展规划》，提出 2021 年至 2025 年加快创新药上市、推进疫苗监督管理国际化、促进中药传承创新等任务，目标是到了 2025 年药品监督管理能力整体水平接近国际先进水平。

（2）药品不良反应报告和监测制度 我国药品不良反应报告和监测制度经历了法律升级、责任主体明确化、信息化手段的革新、主动全生命期的防控等政策变化。1984 年颁布的《药品管理法》首次将药品不良反应监测列为药品监督管理的内容，标志着药品不良反应报告和监测法制化的开始。1999 年，国家药品监督管理局与卫生部联合发布《药品不良反应监测管理办法（试行）》，初步建立了药品不良反应报告流程。2001 年修订的《药品管理法》明确"国家实行药品不良反应报告制度"。2004 年，以部门规章颁布了《药品不良反应报告和监测管理办法》，首次提出"群体不良事件"的应急处理要求。同年，我国加入世界卫生组织国际药物监测计划，开始与国际药品不良反应数据库共享数据。2011 年，《药品不良反应报告和监测管理办法》修订，增加"药品重点监测"章节，要求药品生产企业对高风险品种开展主动监测。2012 年，国家药品不良反应监测系统上线，开始实行电子报告与数据分析。2018 年，《关于药品上市许可持有人直接报告不良反应事宜的公告》发布，明确药品上市许可持有人为药品不良反应报告第一责任人。2021 年，《药物警戒质量管理规范》颁布，标志着我国从药品不良反应监测向药物警戒转变，涵盖药品全生命周期风险管理。

**2. 政策现状** 我国药品安全政策的核心是国家药品安全规划，达成该规划的手段主要有药品说明书和标签管理规定、药品追溯制度、药品上市后再评价、药品品种档案管理、药品安全信息公开等（表 7–9）。

表 7 – 9　我国药品安全政策现状

表 7 – 9　我国药品安全政策现状

| 关键政策 | 管理事项 |
| --- | --- |
| 国家药品安全规划 | 国家药品安全政策的全过程规划 |
| 药物非临床质量管理规范（GLP） | 药品研制环节的安全性 |
| 药物临床质量管理规范（GCP） | 药品研制环节的安全性、有效性 |
| 药品说明书和标签管理 | 药品不良反应的修订 |
| 药物警戒 | 药物上市前的研制、上市后的药品不良反应报告和监测 |
| 药品追溯 | 药品全生命周期追溯，实现"一物一码，物码同追" |
| 药品上市后风险管理 | 药品上市后风险管理计划、附条件批准的药品上市后研究、生产过程分类变更、药品不良反应报告与监测、药品召回、上市后评价 |
| 药品品种档案管理 | 药品注册申报、临床试验、审评审批、生产工艺、质量标准、上市后变更、不良反应监测等全流程信息 |
| 药品质量公告 | 国家药品监督管理局、省级药品监督管理局根据抽查检验结果公布药品质量公告 |
| 药品安全信息公开 | 国家药品安全总体情况、药品安全风险警示信息、重大药品安全事件及其调查处理信息和国务院确定需要统一公布的其他信息由国务院药品监督管理部门统一公布。药品安全风险警示信息和重大药品安全事件及其调查处理信息的影响限于特定区域的，也可以由有关省级药品监督管理部门公布 |

### （三）创新药和仿制药政策的发展和政策现状

**1. 发展过程**　我国长期以来是仿制药大国，但是现在已经开始向创新药强国过渡，创新药和仿制药政策涉及药品注册、仿制药替代等多种政策。

（1）创新药和仿制药的定义演变　我国的创新药、仿制药的相关政策是随着"新药"概念的演变而逐渐界定出来的。1985 年 7 月 1 日实施的《新药审批办法》第 2 条将"新药"定义为"我国未生产过的药品。已生产的药品，凡增加新的适应证、改变给药途径和改变剂型的亦属新药范围"。在此基础上，1999 年 4 月 25 日实施的《新药审批办法》第 2 条进一步将"新药"定义为"我国未生产过的药品。已生产的药品改变剂型、改变给药途径、增加新的适应症或制成新的复方制剂，亦按新药管理"，增加了"新的复方制剂"。2002 年 9 月 15 日实施的《药品管理法实施条例》第 83 条将"新药"定义为"未曾在中国境内上市销售的药品"，将"生产"改为"销售"。同年 10 月 30 日发布的我国首部《药品注册管理办法（试行）》第 8 条明确"新药申请，是指未曾在中国境内上市销售的药品的注册申请。已上市药品改变剂型、改变给药途径的，按照新药管理""已有国家标准药品的申请，是指生产国家药品监督管理局已经颁布正式标准的药品的注册申请""进口药品申请，是指在境外生产的药品在中国上市销售的注册申请"。以此为基础，2005 年 2 月 28 日修订的《药品注册管理办法》在"按照新药管理"中增加了"增加新适应症的"；2007 年 7 月 10 日修订的《药品注册管理办法》提出了"仿制药申请，是指生产国家食品药品监督管理局已批准上市的已有国家标准的药品的注册申请；但是生物制品按照新药申请的程序申报。进口药品申请，是指境外生产的药品在中国境内上市销售的注册申请"。

在上述"新药""仿制药"定义指导下我国药品注册较好满足了公众用药需求，但是高质量发展也提上了日程。2015 年 8 月 18 日国务院发布的《关于改革药品医疗器械审评审批制度的意见》将药品分为新药和仿制药；新药从"未曾在中国境内上市销售的药品"修改为"未在中国境内外上市销售的药品"，再根据物质基础的原创性和新颖性，将新药分为创新药和改良型新药；仿制药则从"仿已有国家标准的药品"修改为"仿与原研药品质量和疗效一致的药品"。2016 年 3 月 9 日发布的《关于发布化学药品注册分类改革工作方案的公告》将化学药品注册分为 1 类（境内外均未上市的创新药）、2 类（境内外均未上市的改良型新药）、3 类和 4 类（应与原研药品的质量和疗效一致的仿制药）、5 类（境外上市的药品申请在境内上市）。2020 年 1 月 22 日发布的《药品注册管理办法》按中药、化学药和生物药进行分类注册管理：①中药注册按照中药创新药、中药改良型新药、古代经典名方中药复方制剂、同名同方药等进行分类。②化学药注册按照化学药创新药、化学药改良型新药、仿制药等进行分类。③生物制品注册按照生物制品创新药、生物制品改良型新药、已上市生物制品（含生物类似药）等进行分类。在上述分类基础上，同年6月29日发布的《化学药品注册分类及申报资料要求》《生物制品注册分类及申报资料要求》进一步明确了化学药品、生物制品注册分类及申报资料要求；9月28日发布的《中药注册分类及申报资料要求》则明确了中药注册分类及申报资料要求。

（2）药品审评审批制度国际化的演变过程　我国药品审评审批制度经历了地方标准审批、国家标准审批、国际标准审批三个阶段。1978年《药政管理条例（试行）》颁布，将生产已有国家药品标准（简称"国标"）的药品审批权赋予地方卫生行政部门，地方药品标准（简称"地标"）被纳入药品标准中，形成了国标和地标共存的局面。1984年，《药品管理法》颁布时沿用了这一药品审批要求。地方标准审批一直持续到1998年国家药品监督管理局成立。2001年，《药品管理法》修订颁布时，取消了地标，统一升级为国际。2015年，国务院发布了《关于改革药品医疗器械审评审批制度的意见》，提出提高审批标准、加快创新药审评审批以及提高审评审批透明度等一系列措施。2017年，国家食品药品监督管理总局正式加入国际人用药品注册技术协调会（The International Council for Harmonization of Technical Requirements for Pharmaceuticals for Human Use，ICH），成为其全球第八个监督管理机构成员，这标志着我国药品监督管理体系开始与国际标准全面接轨。2021年，国务院发布的《"十四五"国家药品安全及促进高质量发展规划》展望2035年，要求"药品审评审批效率进一步提升，药品监管技术支撑能力达到国际先进水平"。2024年，国务院发布的《关于全面深化药品医疗器械监管改革促进医药产业高质量发展的意见》明确提出了更多国际化要求。

（3）药品上市许可持有人制度　药品上市许可持有人（marketing authorization holder，MAH）是取得药品注册证书的企业或者药品研制机构。2015年之前，我国药品上市许可仅授予药品生产企业，这造成研发与生产脱节，不利于提高研发机构或科研人员的积极性，抑制药物创新活力；也造成药品生产企业重复申请药品批准文号，药品审评审批、产能等各种资源浪费的现象。2015年，国务院发布的《关于改革药品医疗器械审评审批制度的意见》首次提出开展药品上市许可持有人制度来解决上述问题。2015年11月4日，第十二届全国人民代表大会常务委员会第十七次会议审议通过《关于授权国务院在部分地方开展药品上市许可持有人制度试点和有关问题的决定》，授权北京、天津、河北、上海、江苏、浙江、福建、山东、广东、四川十个省、直辖市开展药品上市许可持有人制度试点，允许药品研发机构和科研人员取得药品批准文号，对药品质量承担相应责任，试点周期为三年。但是，科研人员因为无法承担赔偿责任，很少申请成为药品上市许可持有人，并且药品集中采购工作不允许自然人投标。因此，《药品管理法》（2019年修订）将药品上市许可持有人定义为"取得药品注册证书的企业或者药品研制机构等"，全国范围推行。

（4）全链条支持创新药政策　我国创新药研发支持开始于2008年的国产重大新药创制科技重大专项，至2020年结束，共支持3000多个课题，中央财政投入233亿元，推动了我国由仿制为主逐渐转变为以创制为主的过程。2020年10月，第十三届全国人民代表大会常务委员会第二十二次会议修订了《专利法》，对在中国获得上市许可的新药相关发明专利在中国新药审评审批中占有的时间给予专利权期限补偿，进一步推动创新药的研发。

2022年10月，习近平总书记在二十大报告中指出生物医药取得的重大成果是我国进入创新型国家行列的标志之一。2023年8月，国务院审议通过了《医药工业高质量发展行动计划（2023—2025年)》，提出对生物医药产业进行全链条支持。2024年7月，《中共中央关于进一步全面深化改革、推进中国式现代化的决定》在"健全推动经济高质量发展体制机制"中以新质生产力体制机制提出了完善生物医药等战略性产业发展政策和治理体系，引导新兴产业健康有序发展；同时，还提出了"促进医疗、医保、医药协同发展和治理"。随后，国务院通过了《全链条支持创新药发展实施方案》。12月，国务院发布了《关于全面深化药品医疗器械监管改革促进医药产业高质量发展的意见》，进一步明确了支持创新药发展的主要措施。

2025 年 6 月，中共中央办公厅、国务院办公厅发布《关于进一步保障和改善民生 着力解决群众急难愁盼的意见》，明确"完善基本医疗保险药品目录调整机制，制定出台商业健康保险创新药品目录，更好满足人民群众多层次用药保障需求"。同年 7 月，国家医疗保障局和国家卫生健康委员会联合发布《支持创新药高质量发展的若干措施》，对于创新药基本医疗保险药品目录的准入、商业健康保健创新药目录准入、药品上市许可准入并行，并定期进行动态调整。

（5）仿制药替代政策　我国仿制药替代政策从"被动应对高价原研药"起步，通过一致性评价、带量采购和基本医疗保险支付改革，逐步构建了"质量提升 - 价格竞争 - 全面替代"的闭环体系。国务院发布的《关于完善国家基本药物制度的意见》指出了 2018 年之前基本药物制度存在的问题："仿制品种与原研品种质量疗效存在差距"。

2012 年，《国家药品安全"十二五"规划》提出"分期分批与被仿制药进行质量一致性评价"。2015 年，国务院发布的《关于改革药品医疗器械审评审批制度的意见》再次强调"对已批准上市的仿制药进行质量和疗效一致性评价"。2018 年，国务院发布《关于改革完善仿制药供应保障及使用政策的意见》，提出，加快制定医保药品支付标准，与原研药质量和疗效一致的仿制药、原研药按相同标准支付。2019 年，国务院发布《关于印发国家组织药品集中采购和使用试点方案的通知》，选择 11 个城市，从通过一致性评价的仿制药对应的通用名药品中遴选试点品种进行带量采购。随后，又进行了"4 + 7"采购模式扩围、第三批至第十批的国家药品集中采购，进一步促进了仿制药替代原研药。2019 年到 2023 年，国家卫生健康委员会药物政策与基本药物制度司陆续发布了三批《鼓励仿制药品目录》，鼓励仿制药研发的积极性。2021 年，国家药品监督管理局、国家知识产权局发布了《药品专利纠纷早期解决机制实施办法（试行）》，对首个挑战专利成功并首个获批上市的化学仿制药，给予 12 个月的市场独占期。

**2. 政策现状**　我国创新药、仿制药政策经历了仿制向创制、高质量仿制的转变过程，从而形成了一系列政策，提高创新药、高质量仿制药的可及性。

（1）新药和仿制药的界定及注册类别　新药包括创新药、改良型新药。在国际上，创新药类似于全球首创药物（first in class，FIC）的概念，也就是使用全球全新的、独特的作用机制来治疗某种疾病的药物；改良型新药类似于 me too、me better 或 me best 药品，后者即同类最优或在同类药物中疗效或安全性最优的药物（best in class，BIC）。而仿制药是指与被仿制药具有相同的活性成分、剂型、给药途径和治疗作用的药品，这类药品应与原研药品（境内外首个获准上市，且具有完整和充分的安全性、有效性数据作为上市依据的药品）的质量和疗效一致。

（2）药品批准文号或备案号　我国现行的药品注册证中的药品批准文号以及省级药品监督管理局颁发的中药配方颗粒的备案号如表 7 - 10 所示。

表 7 - 10　我国现行的药品批准文号或备案号

| 批准文号或备案号 | 具体药品批准文号 |
| --- | --- |
| 境内生产药品批准文号 | 国药准字 H(Z、S) + 四位年号 + 四位顺序号 |
| 中国香港、中国澳门和中国台湾生产药品批准文号 | 国药准字 H(Z、S)C + 四位年号 + 四位顺序号 |
| 境外生产药品批准文号 | 国药准字 H(Z、S)J + 四位年号 + 四位顺序号 |
| 古代经典名方中药复方制剂 | 国药准字 C + 四位年号 + 四位顺序号 |
| 中药配方颗粒在其生产企业所在地取得的备案号 | 上市备字 + 2 位省级区位代码 + 2 位年号 + 6 位顺序号 + 3 位变更顺序号（首次备案 3 位变更顺序号为 000） |
| 跨省销售使用取得的备案号 | 跨省备字 + 2 位省级区位代码 + 2 位年号 + 6 位顺序号 + 3 位变更顺序号（首次备案 3 位变更顺序号为 000） |

注：H 代表化学药；Z 代表中药（中药材、中药饮片、中成药）；S 代表生物制品；C 为"中国"与"经典"两个英文单词的首字母。

（3）创新药和仿制药的主要政策　药品注册包括：①新药临床研究（investigational new drug，IND）审批；②新药申请（new drug application，NDA）审批，即新药经过临床试验后，申报注册上市的阶段。③仿制药申请（abbreviated new drug application，ANDA）。我国的创新药和仿制药政策围绕这些程序从生命周期进行了政策设计（表7-11）。

表7-11　我国现行的创新药和仿制药的主要政策

| 药品类别 | 管理环节 | 主要政策 |
|---|---|---|
| 创新药 | 全局 | ①药品上市许可持有人；②全链条支持创新药 |
| | 研发 | 国产重大新药创制科技重大专项 |
| | 专利 | 专利权期限补偿（补偿期限不超过五年，新药批准上市后总有效专利权期限不超过十四年） |
| | 注册 | ①药品注册分类；②加快上市制度；③加入ICH，药品审评审批标准国际化；④加快临床试验（一次性批准，临床试验机构改为备案制）；⑤药品批准文号 |
| | 生产 | ①药品生产许可证（A代表自行生产的药品上市许可持有人、B代表委托生产的药品上市许可持有人、C代表接受委托的药品生产企业、D代表原料药生产企业）；②委托生产；③异地或跨境阶段性生产 |
| | 报销 | 国家基本医疗保险药品谈判、商业健康保险创新药品目录协商结算价 |
| | 使用 | ①双通道；②除外支付或单独支付 |
| 仿制药 | 研发 | 鼓励仿制药品目录 |
| | 专利 | 药品专利纠纷早期解决机制实施办法（首仿药12个月市场独占期） |
| | 注册 | ①仿制药质量和疗效一致性评价；②附条件批准；③豁免临床试验 |
| | 生产 | 加快推进加入国际药品检查合作计划 |
| | 采购和使用 | 国家集中带量采购 |

### （四）药品价格与采购政策的发展和政策现状

**1. 发展过程**　我国的药品价格与采购政策的发展经历了政府定价、国家谈判、集中采购三个阶段。

（1）药品价格政策　我国药品价格政策经历了计划经济、市场化、政府和市场协同调控三个阶段。1949年至1984年我国药品价格由政府统一制定，企业无自主定价权，药品价格长期处于低位，但供应短缺问题突出。1984年颁布的《药品管理法》开始推动药品价格的市场化，首次在法律层面明确药品价格管理的价格双轨制，也就是部分药品实行政府定价，部分药品允许企业自主定价。这种管理方法导致市场上出现了部分药品价格虚高、患者负担比较重。为了解决这一问题，1996年颁布的《药品价格管理暂行办法》明确药品价格由政府定价、政府指导价和市场调节价三种形式，重点管理基本药物、国家基本医疗保险药品价格。2000年之后，部分地市开始采用药品集中招标采购通过市场竞争降低价格，但是出现了"低价中标、高价销售"的问题。2009年开始还针对基本药物进行了以省为单位集中采购，并进行零差率销售。2010年开始，国家发展和改革委员会采取直接药品价格的降价令，但是控制效果有限，反而出现了部分药品因为价格过低退出市场，甚至出现了有的企业采用改剂型、改规格等方法重新上市制定相对较高价格的市场策略。

2015年，《推进药品价格改革的意见》颁布，取消大部分药品政府定价，建立以市场为主导的价格形成机制，仅对麻醉药品、第一类精神药品实行政府定价。2016年之后还进行了基本医疗保险谈判、国家药品带量采购等政策，分别针对近五年上市的独家或专利药品、通过仿制药一致性评价的药品进行市场议价。2018年，国家医疗保障局成立，国家发展和改革委员会的药品价格管理职能移交国家医疗保障局。2024年国务院发布的《关于全面深化药品医疗器械监管改革促进医药产业高质量发展的意见》明确药品首发价格的相关制度，也就是"研究试行以药学和临床价值为基础的新上市药品企业自评，优化新上市药品挂网服务"。

（2）基本医疗保险谈判制定医保支付标准政策　2016 年，国家卫生健康委员会药物政策与基本药物制度司开启第一次国家药品价格谈判。2017 年，中共中央、国务院发布《关于深化审评审批制度改革鼓励药品医疗器械创新的意见》，提出探索建立医疗保险药品支付标准谈判机制及时按规定将新药纳入基本医疗保险支付范围。2018 年，国家医疗保障局成立，进行了 17 种抗癌药专项谈判。2019 年，国家医疗保险谈判首次发布了完整的调整方案。2020 年，《基本医疗保险用药管理暂行办法》发布，确定企业申报资料进行谈判。2021 年，国家医疗保险谈判确定综合评审、药物经济学测算、基金测算和谈判的基本程序，并且首次制定药物经济学测算指南，建立背对背测算机制，新增企业申报资料公示环节，使基本医疗保险谈判过程透明化。2022 年，国家医疗保险药品谈判首次提出非独家药品竞价以及简易续约的降价规则。

2023 年开始，国家医疗保障局加大了对创新药的准入力度。当年，国家医疗保险药品谈判开始进行临床价值创新分级（突破、改进、相当、不及）。2024 年，基本医疗保险谈判强调"支持真创新、真支持创新、支持差异化创新"。2025 年，《支持创新药高质量发展的若干措施》明确商业健康保险创新药品目录"重点纳入创新程度高、临床价值大、患者获益显著且超出基本医保保障范围的创新药"。

（3）集中采购政策　我国药品集中采购从地方试点到全国常态化，逐步形成了"带量采购、量价挂钩、医保协同"的中国特色模式。我国早在 2009 年之前就存在医疗机构、地市为单位的药品集中采购，但是"量价不挂钩，低价中标高价销售"问题存在。2009 年，国家基本药物制度改革后，实行了以省为单位的集中采购，量价开始挂钩，但是药品质量存在问题。2019 年 1 月，国务院发布《国家组织药品集中采购和使用试点方案》在北京、天津、上海、重庆 4 个直辖市和沈阳、大连、厦门、广州、深圳、成都、西安 7 个副省级城市开展国家组织药品集中采购试点，首次明确"带量采购、量价挂钩"原则。10 月，国家医疗保障局等九部门制定了《关于国家组织药品集中采购和使用试点扩大区域范围的实施意见》。2021 年，国务院发布了《关于推动带量采购工作常态化制度化开展的意见》，该项制度开始推广至全国。2020 年冠脉支架成为首个国家集中采购品种；2021 年进行了胰岛素专项集中采购；2022 年，中成药首次开展国家联盟集中采购；2023 年，中药饮片集中采购进行了地方试点；2025 年之后还将进行生物类似药的集中采购。可见，我国药品集中采购范围已经从化学药扩展到中成药、中药饮片、生物类似药、高值医用耗材（如冠脉支架、人工关节）。

**2. 政策现状**　我国药品价格管理已经形成了首发价格、国家医疗保险谈判、商业健康保险创新药品目录、集中带量采购、价格联动、零售发现价格等一系列政策（表 7 - 12），这些政策是从政府定价走向医疗保险战略购买的过程中发现的。

表 7 - 12　我国现行的药品价格管理政策

| 管理形式 | 政策内涵 |
| --- | --- |
| 药品首发价格 | 以药学和临床价值为基础的新上市药品企业自评定价，政府挂网 |
| 国家医疗保险谈判 | 针对近五年上市的独家药品（基本药物、儿童用药、罕见病用药可以突破五年限制），允许企业提交申报资料，以综合评审、药物经济学测算、基金测算形成的临床价值和经济学证据为基础的基本医疗保险与企业之间的谈判 |
| 商业健康保险创新药品目录 | 创新程度很高、临床价值巨大、患者获益显著，但暂时无法纳入基本医保目录的药品 |
| 集中带量采购 | 通过一致性评价的仿制药对应的通用名药品"带量采购、量价挂钩、医保协同" |
| 价格联动 | 全国统一药品大市场价格联动的主要方法有：①三同药品（通用名、剂型、规格相同药品）价格联动；②四同药品（通用名、剂型、规格、厂家均相同药品）价格联动；③非中标药品（原研药）价格联动 |
| 零售药店发现价格 | 零售药店、网络药店等不同渠道价格均可以发现价格，治理不公平高价、歧视性高价 |

（五）药品供应保障政策的发展和政策现状

**1. 发展过程** 我国经历了从药品短缺到药品供过于求的市场波动、药品价格管制与放松政策的波动，这可以体现在《药品管理法》等法律的修订过程、短缺药品政策的变化过程中。

（1）药品供应保障相关法律框架的建立过程 我国药品供应保障的法律主要有《药品管理法》《疫苗管理法》《基层卫生与健康促进法》等。

这些法律的修订是随着医药行业的市场环境而变化的。1984 年《药品管理法》颁布前，我国处于百业行药状态，面临的假劣药问题，因此这一版《药品管理法》重点聚焦在药品质量监督管理、生产许可和经营规范方面，尚未涉及药品供应保障方面的政策设计。到了 2001 年，我国正在加入 WTO、公共卫生需求也在发生变化，当年修订《药品管理法》时，提出了药品储备制度以应对灾情、疫情等突发事件，同时提出了对麻醉药品、精神药品、放射性药品、医疗用毒性药品进行特殊药品管理，以平衡临床用药需求与滥用风险，但是未直接使用"药品供应保障"的表述。到了 2019 年，我国面临短缺药品、救命药供应不足及安全性问题等社会需求，修订《药品管理法》时设置了"第九章 药品储备和供应"明确了药品储备制度、基本药物制度、短缺药品管理制度，另外还有优先审评审批鼓励临床急需药品和儿童用药的研发上市、允许未经批准小批量进口急需药品等方面的政策设计。同年颁布的《疫苗管理法》《基本医疗卫生与健康促进法》也有疫苗供应保障的相关规定。尤其是《基本医疗卫生与健康促进法》设置了"第五章 药品供应保障"，除了《药品管理法》的规定外，还专门强调了药品审评审批制度、全过程追溯制度、药品价格监测体系、中药的保护与发展。

（2）短缺药品政策 我国短缺药品主要是因为低价格、利润小而产生的，尤其是在医药产业市场化后，这种趋势更明显。

2013 年，颁布的《深化医药卫生体制改革工作安排》首次提出了"完善短缺药品储备机制"，但主要聚焦于应急保障，未形成系统性方案。2014 年，国家卫生健康委员会药物政策与基本药物制度司发布的《关于保障儿童用药的若干意见》首次将儿童用药纳入短缺药品治理范围。2017 年国务院发布的《关于改革完善短缺药品供应保障机制的实施意见》，首次明确短缺药品的界定标准（分临床必需性和替代性），并提出"监测预警、清单管理、分级储备、价格监管"四位一体的治理框架。2019 年，新修订的《药品管理法》以及新颁布的《基本医疗卫生与健康促进法》均给予短缺药品管理制度以法律地位。同年，发布的《关于进一步做好短缺药品保供稳价工作的意见》允许短缺药品企业自主报价、直接挂网，并建立"药联体"联合生产模式，推动平均配送到位率从 60% 提升至 90%。2023 年，国家医疗保障局发布《短缺药品价格的风险管理操作指引》，将短缺药定价从"自主"调整为"有限自主"，要求企业披露成本、产能等信息，防止借短缺名义涨价。

（3）罕见病用药政策 2000 年以前，全世界罕见病用药政策都比较少，这些药用药人群很少，可及性是很大问题。2001 年欧盟颁布的《孤儿药管理条例》以及 2002 年美国颁布的《孤儿药法案》推动了全球罕见病用药的发展。2009 年，卫生部发布《关于建立我国罕见病防治体系的建议》，首次提出"罕见病"概念。2012 年，国务院《国家药品安全"十二五"规划》提出"鼓励罕见病用药研发"，但未明确激励措施。2016 年，国家卫生和计划生育委员会成立罕见病诊疗与保障专家委员会。2017 年，《关于鼓励药品创新实行优先审评审批的意见》明确罕见病用药优先审评，审批时间缩短至 120 天（常规审评约 200 天）。同年，国家基本医疗保险药品目录首次纳入血友病用药。2018 年，财政部对罕见病药物研发费用加计扣除比例提高至 75%。同年，《第一批罕见病目录》发布，自此每年发布一版，到 2024 年已经发布了五版罕见病目录。2020 年，《药品注册管理办法》增设"附条件批准"通道，允许基于替代终点提前批准罕见病药物。2021 年，《罕见疾病药物临床研发技术指导原则》明确临床试验设计灵活性。2022 年，中国加入国际罕见病研究联盟，推动 22 种罕见病诊疗指南与国际接轨。2024 年，全国人民代表大会启动《罕见病防治法》立法调研，拟建立从筛查到用药的全链条保障体系。

**2. 政策现状**　我国药品供应保障政策包括药品储备、短缺药品、罕见病用药、儿童用药、临床急需用药和重大疾病用药等方面（表 7 – 13）。

表 7 – 13　我国现行的药品供应保障政策

| 管理形式 | 政策内涵 |
| --- | --- |
| 药品储备 | ①中央和地方两级药品储备；②发生重大灾情、疫情或者其他突发事件时，依照《中华人民共和国突发事件应对法》的规定，可以紧急调用药品 |
| 短缺药品 | ①药品供求监测体系，及时收集和汇总分析短缺药品供求信息，对短缺药品实行预警，采取应对措施；②短缺药品清单管理制度，药品上市许可持有人停止生产短缺药品的，应当按照规定向国务院药品监督管理部门或者省、自治区、直辖市人民政府药品监督管理部门报告；③鼓励短缺药品的研制和生产，对临床急需的短缺药品、防治重大传染病和罕见病等疾病的新药予以优先审评审批；④对短缺药品，国务院可以限制或者禁止出口。必要时，国务院有关部门可以采取组织生产、价格干预和扩大进口等措施，保障药品供应；⑤"监测预警、清单管理、分级储备、价格监管"四位一体的治理框架；⑥短缺药品企业有限自主报价、直接挂网，并建立"药联体"联合生产模式 |
| 罕见病用药 | ①国家支持以临床价值为导向、对人的疾病具有明确或者特殊疗效的药物创新，鼓励具有新的治疗机理、治疗严重危及生命的疾病或者罕见病、对人体具有多靶向系统性调节干预功能等的新药研制，推动药品技术进步；②国家鼓励短缺药品的研制和生产，对临床急需的短缺药品、防治重大传染病和罕见病等疾病的新药予以优先审评审批；③罕见病药物研发费用加计扣除比例提高至75%；④罕见病目录；⑤基本医疗保险药品目录准入中罕见病用药无近五年上市的要求，罕见病是价格测算中的调增因素；⑥医疗保险药品丙类目录；⑦全国罕见病诊疗协作网 |
| 儿童用药 | ①国家采取有效措施，鼓励儿童用药品的研制和创新，支持开发符合儿童生理特征的儿童用药品新品种、剂型和规格，对儿童用药予以优先审评审批；②对儿童用药研发费用加计扣除比例提高至100%；③允许在成人数据充分时部分豁免儿童临床试验（《真实世界证据支持儿童药物研发与审评的技术指导原则（试行）》2020 年）；④鼓励研发申报儿童药品清单（自2016 年至2024 年共五批）；⑤基本药物儿童用药目录；⑥对儿童短缺药生产企业给予一次性奖励；⑦基本医疗保险药品目录准入中儿童用药无近五年上市的要求，儿童用药是价格测算中的调增因素 |

# 第二节　医药商品市场

我国药物政策是医药商品市场的政策环境，影响了其市场规模、创新药发展以及我国医药产业的国际地位，还影响了鼓励仿制药品、儿童用药、罕见病用药的可及性。

## 一、我国医药商品市场现状

### （一）我国医药商品市场的国际地位

**1. 我国在全球医药商品市场中的地位**　2021 年，全球十大药品市场的前三名是美国、中国、日本，其中美国药品市场销售额占40.80%（约5800 亿美元），中国占11.90%（约1700 亿美元）、日本占6%（852 亿美元），随后是德国、法国、英国、意大利、巴西、西班牙、加拿大。

**2. 我国在全球创新药市场中的地位**　2021 年，全球创新药市场份额情况为美国最高（55%），中国仅占3%，但是发展势头较好。近十年来，中国批准上市的新药数量占到全球16%，中国临床试验项目数量已经占到全球三分之一，仅次于美国。2023 年，中国恒瑞、复星、石药集团进入全球研发线25 强。2022 年，研发的化合物美国有10736 个（全球占比53.4%），中国有4189 个（全球占比20.8%）；销售额超过10 亿元的国产创新药已达25 个，其中，化学创新药10 个（共245 亿以上）、生物创新药15 个。截至2024 年8 月，中国新药上市的数量达到910 个，接近美国的一半，在国际上位列第二。

**（二）我国医药商品市场的结构情况**

**1. 我国医疗机构和零售药店药品市场结构**    2023 年我国公立医院、零售药店和基层医疗机构（不包括民营医院、私人诊所和村卫生室）药品销售额达到 18865 亿元。自从 2015 年公立医院改革、国家集中带量采购、双通道等政策推行以来，公立医院的药品市场一直处于下降状态，而药品零售药店的市场份额一直处于上升状态（图 7 - 1）。

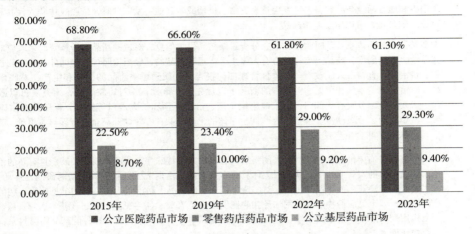

图 7 - 1    我国医疗机构和零售药店药品市场结构

**2. 我国零售药店线上和线下的市场结构**    2023 年，我国实体药店和网上药店药品和非药品销售额为 9233 亿元，其中我国网上药店药品和非药品销售额为 3004 亿元、实体药店药品销售额为 4870 亿。另外，由图 7 - 2 可知，我国网上药店市场份额自从 2015 年就开始缓慢增长，2019 年市场份额增长到了 15.70%，已经达到了 32.50%。

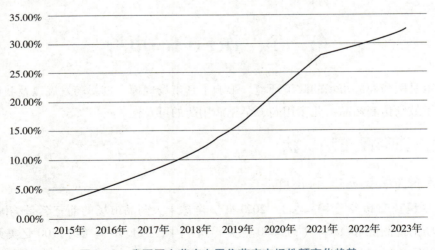

图 7 - 2    我国网上药店占零售药店市场份额变化趋势

**3. 我国医药商品市场的药品类型结构**    2023 年，我国公立医院药品市场份额化学药为 65.80%，中成药为 19.5%，生物药为 14.70%（图 7 - 3）。与之相比，2023 年我国城市实体零售药店（含地级及以上城市）药品份额为化学药为 48.50%，中成药为 9.50%，生物药为 41.90%。可见，自 2016 年国家基本医疗保险药品谈判以来，生物药市场份额增长比较快，而实体零售药店的生物药份额更大，这可能和双通道药品政策有关。

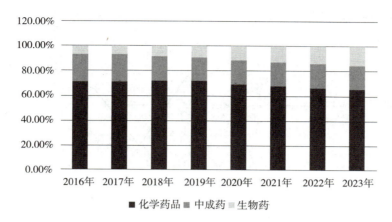

图 7 - 3 我国公立医疗机构化学药、中成药和生物药的市场结构（2016—2023 年）

## 二、我国医药商品市场准入

### （一）创新药市场准入

**1. 我国创新药市场结构** 全球发达国家创新药是医药产业的主力，一般创新药市场份额能达到 75%，仿制药为 25%。但是，随着美国和欧洲、日本推行仿制药替代政策，美国创新药市场份额约 50%。根据米内网数据，2019 年我国公立医疗机构药品销售额为 13000 亿元，其中创新药为 1000 亿元，创新药市场份额为 7.69%。2022 年，100 张以上病床医院药品销售额为 8223 亿元，创新药有 2056 亿元（国产创新药约 473 亿，占 23%），贡献了 25%（2017 年 20%）。

**2. 批准创新药上市情况** "十四五"以来，我国共批准 113 个国产创新药，是"十三五"获批新药数量的 2.8 倍，市场规模达 1000 亿元。2024 年，国家药品监督管理局共批准了 48 款 1 类创新药上市，其中进口创新药 8 款，国产创新药 40 款（图 7 - 4）。从药物类型来看，涉及化学药品 23 款、生物制品 22 款和中药及天然产物 3 款。从治疗领域来看，涉及抗肿瘤药品 25 款、消化道和代谢用药 6 款、神经系统用药 4 款、抗感染用药 3 款。

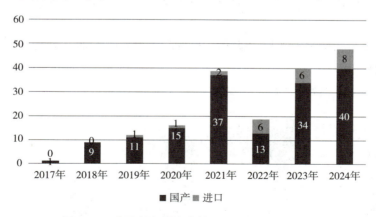

图 7 - 4 我国创新药上市情况（2017—2024 年）

**3. 基本医疗保险药品目录创新药准入情况** 2018 年至 2024 年以来，国家医疗保障局坚持"真支持创新、支持真创新、支持差异化创新"，基本医疗保险药品目录已累计新增了 835 种新药好药（创新药、改良型新药、首仿药）。2024 年，基本医疗保险药品目录新增国家医疗保险谈判药品 89 种，其中 38 种是"全球新"，即 1 类化药（化学药品）、1 类治疗用生物制品、1 类和 3 类中成药（图 7 - 5）。另外，从支付角度，2022 年中国创新药占医保基金比例仅为 1.96%，2023 年创新药占医保基金支出的比例约为 3.2%（美国医保市场创新药占 10%）。

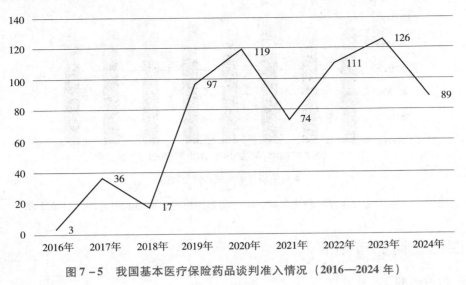

图 7-5　我国基本医疗保险药品谈判准入情况（2016—2024 年）

### （二）政策鼓励药品市场准入

**1. 仿制药市场准入**　2019 年 9 月开始到 2023 年 12 月我国陆续发布了三批《鼓励仿制药品目录》。前两批目录内 33 个品种已获批上市，覆盖抗感染用药、抗肿瘤药及免疫调节剂、神经系统用药等 15 个方面治疗用药，其中包含 7 个罕见病用药。前两批目录已上市的 33 个品种中，3 家及以上企业生产的品种 15 个，2 家企业生产的品种 6 个，1 家企业生产的品种 12 个；目录发布前已有上市药品，发布后有新增生产企业的品种 9 个。前两批目录中，已有 14 个药品通过纳入优先审评审批程序予以上市许可。前两批目录中已有 12 个品种通过谈判进入国家医保目录。包括罕见病用药、治疗地中海贫血和乳腺癌等重大疾病的多种药品。

2022 年，我国仿制药市场规模有 8727 亿元。公立医疗机构化学仿制药、创新药和改良型新药占化学药总销售额的比重分别为 66%、30% 和 3.6%。生物类似物、创新型生物制品占生物药总销售额的比重分别为 40%、55%。

**2. 儿童用药市场准入**　我国从 2016 年开始，已经陆续发布了五批《鼓励研发申报儿童药品清单》，共涉及 145 款药品（图 7-6）。

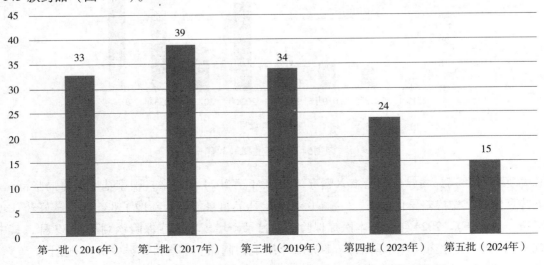

图 7-6　我国鼓励研发申报儿童药品清单情况（2016—2024 年）

国家药品监督局在国家卫生健康委员会《鼓励研发申报儿童药品清单》基础上，从 2019 年至 2023 年共批准儿童专用药 250 款，其中 80 款是优先审批评审批（图 7-7）。2019 年，我国儿童用药销售额为 872 亿元。2023 年，已经达到 1000 亿元以上。

可见，儿童用药因为临床试验伦理审查比较严格，研发难度比较大，国家药物政策支持，享受财政税收减免，因此，儿童用药市场规模比较大。

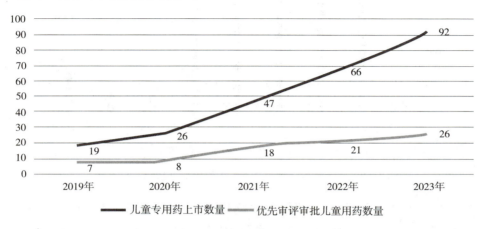

图 7-7　我国儿童专用药上市情况（2019—2023 年）

**3. 罕见病用药市场准入**　2018 年到 2024 年已经发布了五版罕见病目录。在此基础上，2019 年至 2024 年国家药品监督管理局共批准罕见病用药 149 款（图 7-8）。其中 2024 年全年批准罕见病用药 39 个品种，覆盖了 34 种罕见病，国内企业约占 50%。2024 年，基本医疗保险药品目录调整中，13 个罕见病药品谈判或竞价新增进入目录。2024 年，罕见病用药的市场规模估计有 400 亿元，2030 年有可能达到 1000 亿元。

可见，罕见病用药由于受到很多药物政策的支持，甚至罕见病用药研发费用可以抵扣税收，还有罕见病用药也能开发普通适应证，因此美国药品市场罕见病用药可以达到 20% 市场份额。我国罕见病用药的市场潜力也是比较大的，并且国家基本医疗保险药品谈判、丙类目录、地方医疗保障部门的惠民保特殊药品目录均将支持罕见病用药，这也意味着我国未来罕见病用药市场潜力比较大。

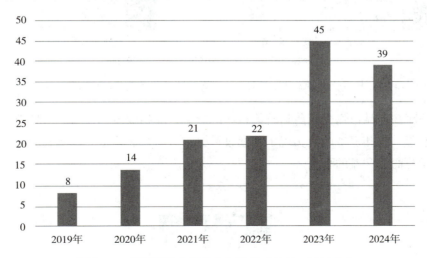

图 7-8　我国罕见病用药上市情况（2019—2024 年）

**（三）基本药物市场准入**

**1. 基本药物的准入数量**　我国基本药物目录在 2009 年国家基本药物制度改革之前的数量有时都要

超过当时的基本医疗保险药品目录数量。而在 2009 年之后，数量下降很快，又逐渐上升（图 7 – 9）。

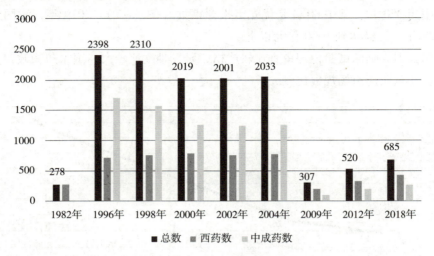

图 7 – 9　我国基本药物目录准入数量情况（1982—2018 年）

**2. 基本药物的市场规模**　我国基本药物市场平均每年销售额有 2000 多亿元，占公立医疗机构药品市场的 20% 上（图 7 – 10）。由于"986 配备要求"，基本药物在门诊和住院的使用情况也不一样。但是，"986 配备要求"为企业提供了快速进入各级公立医疗卫生机构的市场路径，因此很多制药企业都会关注《国家基本药物目录》的遴选政策。

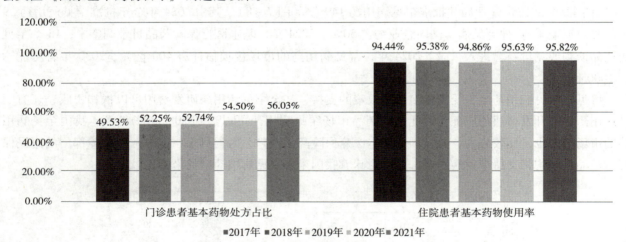

图 7 – 10　我国基本药物目录公立医疗机构使用情况（2017—2021 年）

总之，国内外医药商品市场受到药物政策很深的影响，药物政策也为药品市场准入提供了商业化的路径，通过这个过程，公共卫生政策实现了其健康目标，医药行业获得了经济利润和再发展的动力，从而取得了公共利益与商业利益的平衡。

思考题

答案解析

1. 简述世界卫生组织药物政策的政策目标。
2. 简述世界卫生组织药物政策的政策要素。
3. 选择我国药物政策的八个主要组织机构，简述其职责。

4. 简述我国现行药品监督管理体制及主要职责分工。

5. 比较我国现行创新药、原研药、仿制药定义的不同之处。

6. 比较我国基本药物制度、国家基本医疗保险药品谈判、国家集中带量采购的不同之处。

（左根永）

**书网融合······**

本章小结

习题

# 第八章　抗感染类药

PPT

📖 学习目标

1. 通过本章学习，掌握抗感染药物的基本概念和分类，抗生素的分类和作用原理，$\beta$-内酰胺类抗生素、大环内酯类抗生素、喹诺酮类药物、抗病毒药的分类和各类典型药物的作用与适应证、不良反应和用药指导；熟悉氨基糖苷类抗生素、抗结核病药的分类和典型药物的作用与适应证、不良反应和用药指导；了解抗感染药及下属各类药物的发展历史及现状，抗生素的计量单位及表示方法，磺胺类药物、抗真菌药物、抗艾滋病药物的分类，本章中各类药物的制剂和商品信息。

2. 具有根据感染的病原微生物或寄生虫类别选择对症的治疗药物并合理使用的能力，以及根据各类抗感染药物的研发、生产、市场情况合理预测未来发展趋势的能力。

3. 养成一定要根据所感染的病原菌类别选择治疗药物，合理使用抗感染药物以防止细菌耐药的思维方式。

感染是一类严重的多发病症，尤其是近年来病毒的感染十分猖獗，如埃博拉病毒（Ebola virus）、甲型 H1N1 流感病毒、冠状病毒科变异病毒（SARS）等，给人类健康和社会发展带来了深重的灾难。类似感染疾病都是由各种病毒、耐药菌或变异菌等引起的，治疗上十分棘手，使许多原来行之有效的治疗方案无效或基本无效。因此，研究开发安全有效的抗感染类药品，对维护患者生命健康和生活质量具有极其重要的意义。

# 第一节　概　述

## 一、感染和感染性疾病

感染（infection）是指在一定条件下，病原微生物（如细菌、真菌、病毒、衣原体、支原体、螺旋体和立克次体等）和寄生虫（原虫、蠕虫等）侵入宿主体内寄生、繁殖，并与机体免疫系统相互作用、相互斗争的过程。

感染病（infectious diseases）泛指各种生物性病原体寄生于人体所引起的局部或全身性疾病，包括传染性感染病和非传染性感染病。传染性感染病即传染病，是指病原微生物和寄生虫感染人体所导致的、具有一定传染性的、在一定条件下可造成流行的疾病。

## 二、抗感染药

抗感染药是用于治疗病原微生物和寄生虫侵犯人体后所致的局部或全身性感染病的药品。根据来源、性质和应用的不同，抗感染药可分为抗病原微生物药和抗寄生虫病药。

**1. 抗病原微生物药**　是一类能够杀灭或抑制各种病原微生物，用于防治细菌、真菌、病毒、衣原体、支原体、螺旋体和立克次体等引起的各种感染病的药品。可分为抗菌药和抗病毒药，其中抗菌药包括抗生素、合成抗菌药、抗分枝杆菌药（如抗结核病药和抗麻风病药）和抗真菌药等。

**2. 抗寄生虫病药**　是一类通过影响寄生虫的新陈代谢或降低虫体的抵抗力，从而杀灭寄生虫或抑制其生长繁殖的药品。包括抗疟疾药、抗黑热病药、抗阿米巴药、抗滴虫药、抗绦虫药、抗血吸虫药、抗肠虫药等。

## 三、抗感染药的发展历史及现状

在 20 世纪初期，各种细菌、真菌和病毒肆无忌惮地危害人类的健康，直到 1935 年德国推出的百浪多息和随后其有效成分磺胺的全面上市。磺胺能够抑制并杀死病菌，对链球菌感染、淋病和脑膜炎有极强的疗效，一经上市，在医生和患者中大受欢迎，在欧洲和美洲被广泛应用。但是磺胺药会导致 5% 的使用者死亡，而且一些微生物很容易对磺胺类药品产生抗药性。但是磺胺的出现已经充分证明，人们可以用系统的化学知识直接对抗多种感染性疾病。

由于磺胺类药物的强副作用和容易产生耐药性，人们开始期待更有效的抗菌药出现。1941 年，人类最伟大的发明之一——盘尼西林（青霉素）上市了！其实，早在 1928 年英国青年微生物学者弗莱明在试验中已经发现了青霉素，并注意到了霉菌的杀菌作用，但是由于他不能提取足够的有效成分并保证其质量稳定，因此未抓住这个机会。在接下来的十几年里，其他人在青霉素研究上的努力也都以失败告终。直到 1942 年，科学家霍华德·弗罗瑞和恩斯特·钱恩终于制取了足够稳定、纯净有效的青霉素并上市，成为当时抗细菌感染的主药，开拓了现代抗微生物化学治疗的新纪元。

20 世纪 50 年代，链霉素、氯霉素、多黏霉素、金霉素、土霉素、红霉素、卡那霉素、利福霉素等抗感染新药不断开发，使有效地治疗各种细菌感染成为可能，为人类的生命健康和生存繁衍做出了杰出的贡献。60 年代，英国学者从青霉素发酵液中分离提纯青霉素母核 6-氨基青霉烷酸（6-APA）成功后，半合成青霉素研究迅速发展，头孢菌素研究开始起步。70 年代，头孢菌素研究迅速发展，半合成青霉素研究推出酰脲类青霉素。80 年代，第三代头孢菌素类、单环类、$\beta$-内酰胺酶抑制剂、喹诺酮类抗菌药崛起。90 年代至今，针对细菌耐药性陆续开发出一些新品种，第三、四代头孢菌素、碳青霉烯类、单环 $\beta$-内酰胺类、$\beta$-内酰胺酶抑制剂、大环内酯类和喹诺酮类抗生素进展迅速，新药相继上市，为临床征服各类感染性疾病提供了强有力的武器。

根据全球抗感染药物市场现状分析，全球抗感染药物销售额约占药品总销售额 15% 左右，占全球药品销售额第二位。其中，抗生素的市场份额最大；抗病毒药第二位；抗真菌药第三位；之后则为疫苗和抗原生动物药等。

抗感染药物的全球市场呈以下 5 个特征：①抗病毒药物销路大增；②抗耐药菌株抗生素市场有发展前景（特别是 $\beta$-内酰胺酶抑制剂）；③抗真菌药物市场稳步发展；④喹诺酮类和大环内酯类抗生素的销售额在上升，四环素和氨基糖苷类抗生素逐渐下降；⑤一些新产品或新产品配方不断进入市场，已对多重耐药性病原体感染治疗有效，值得重视。

 **知识拓展**

### 2024 年全球猴痘疫情感染及应对

2024 年 8 月 13 日，非洲疾控中心主任让·卡塞亚宣布猴痘疫情为非洲公共卫生紧急事件。8 月 14 日，世界卫生组织总干事谭德塞宣布，猴痘疫情构成"国际关注的突发公共卫生事件"。截至 8 月 14 日，世卫组织数据显示，2024 年以来报告猴痘病例数超过 1.56 万例，已超过 2023 年病例总数，其中死亡病例达 537 例。这是世卫组织两年多来第二次宣布猴痘疫情构成"国际关注的突发公共卫生事件"。

猴痘是一种病毒性人畜共患病，猴痘病毒可通过密切接触由动物传染给人，虽不易发生人际传播，但与感染者密切接触也可能感染。人感染猴痘的初期症状包括发烧、头痛、肌肉酸痛、背痛、淋巴结肿大等，之后可发展为面部和身体大范围皮疹。多数感染者会在几周内康复，但也有感染者病情严重甚至死亡。

猴痘病毒主要经黏膜和破损皮肤侵入人体，主要通过接触感染的动物或人的皮肤及黏膜病变渗出物、呼吸道分泌物、血液及其他体液传播；也可通过被感染动物咬伤抓伤、接触被感染的动物或人污染的物品和表面、长时间近距离吸入感染者的飞沫或飞沫核、母婴传播等传播。

接种天花疫苗对猴痘病毒存在一定程度的交叉保护力。未接种过天花疫苗的人群对猴痘病毒普遍易感。感染猴痘的患者建议服用利巴韦林胶囊、对乙酰氨基酚片、泛昔洛韦片等抗病毒药和退热药。

# 第二节　抗生素

## 一、抗生素概述

抗生素（antibiotic）是某些微生物在生命活动中产生的一种次级代谢产物，或用化学方法合成的相同结构或结构修饰物。这类有机物质能在低浓度下抑制或杀灭各种病原性微生物或肿瘤细胞。自青霉素应用于临床，已发现了数千种抗生素，常用于临床的有 200 多种。本节主要论述抗病原微生物抗生素，具有抗肿瘤和其他作用的抗生素则在其他章节叙述。

### （一）抗生素的分类

#### 1. 按照功效作用来分类

（1）Ⅰ类——繁殖期杀菌剂　包括青霉素类、头孢菌素类等。其作用机制是能阻碍敏感菌细胞壁的主要成分黏肽的合成，造成细胞壁缺损，失去渗透屏障作用而死亡。因为处于繁殖期的细菌细胞壁的黏肽合成十分旺盛，因而Ⅰ类抗生素可显示出强大的杀菌效力。

（2）Ⅱ类——静止期杀菌剂　主要是氨基糖苷类抗生素，如链霉素、庆大霉素等。此类抗生素主要影响细菌蛋白质的合成，对静止期细菌有较强的杀灭作用。多黏菌素类对静止期细菌亦有杀灭作用。

（3）Ⅲ类——速效抑菌剂　包括氯霉素、红霉素、林可霉素及四环素类等。此类抗生素能快速抑制细菌蛋白质的合成，从而抑制细菌的生长繁殖。

#### 2. 按照化学结构来分类　抗生素传统的分类方法主要是按照化学结构来分类，具体如下。

（1）$\beta$-内酰胺类　此类药物的分子结构中都含有 $\beta$-内酰胺环，此环如果被打开则这类药物的抗菌活性消失。包括青霉素类、头孢菌素类、碳青霉烯类、青霉烯类、单环 $\beta$-内酰胺类和 $\beta$-内酰酶抑制剂等。

（2）氨基糖苷类　如链霉素、庆大霉素、阿米卡星（丁胺卡那霉素）、奈替米星、依替米星、异帕米星等。

（3）四环素类　如四环素、土霉素、金霉素、多西环素（脱氧土霉素）等。

（4）酰胺醇（氯霉素）类　如氯霉素、甲砜霉素等。

（5）大环内酯类　如红霉素、罗红霉素、阿奇霉素等。

（6）其他类抗生素　如林可霉素、万古霉素、去甲万古霉素、多黏菌素、磷霉素等。

（7）抗真菌抗生素　如两性霉素 B、制霉菌素、灰黄霉素等。

（8）抗肿瘤抗生素　如丝裂霉素、放线菌素 D、博莱霉素、阿霉素等。

（9）具有免疫抑制作用的抗生素　如环孢霉素。

### （二）抗生素的作用原理

（1）抑制细菌细胞壁的合成，使细菌因缺乏完整的细胞壁，难以抵挡水分的侵入，发生膨胀、破裂而死亡。如 $\beta$-内酰胺类抗生素、去甲万古霉素、磷霉素等。

（2）影响细胞膜功能，增加细胞膜的通透性，使细菌的细胞膜发生损伤，细菌因内部物质（如蛋白质、核苷酸、氨基酸、糖和盐等）流失而死亡。如多黏菌素、两性霉素 B、制霉菌素等。

（3）抑制细菌的蛋白质合成，使细菌的繁殖终止而发挥抗菌作用。如四环素类、大环内酯类、氨基糖苷类和氯霉素类抗生素，通过抑制细菌蛋白质合成过程的不同环节而发挥作用。

（4）通过改变细菌内部的代谢，影响它的脱氧核糖核酸的合成，使细菌（还有肿瘤细胞）不能重新复制新的细胞物质而死亡，如丝裂霉素、灰黄霉素等。

### （三）抗生素的计量单位及表示方法

**1. 抗生素的效价和理论效价**　抗生素类药物的计量常用效价来表示。经生物检定，具有一定生物效能的最小效价单元即为"单位（U）"。由联合国世界卫生组织专家委员会通过国际协商而确定的标准单位，称为"国际单位（IU）"。通常各种抗生素的效价，是根据国家抗生素标准品测定出来的，是衡量药品有效成分的一种尺度。

抗生素的理论效价是指各种不同的抗生素每 1mg（称重）纯品中含有的效价单位数。如硫酸链霉素的理论效价为 798U/mg，意指每 1mg 硫酸链霉素纯品种含有链霉素碱为 798U。在实际应用中，各种抗生素不可能是纯品，都含一定限量的水分或杂质，因此各种抗生素的实际效价均低于其理论效价。

**2. 抗生素有效成分的表示方法**

（1）用重量单位表示　以抗生素中所含特定的抗菌活性部分（纯游离碱或游离酸）的重量 1μg 作为 1 单位，即 1mg = 1000 单位。如链霉素、土霉素、红霉素等均以纯游离碱 1μg 作为一个单位。用这种方法表示，对不同有机酸根的同一抗生素，只要单位一样或有效部分重量一样，则这一抗生素的各种盐类虽然称重不同，但实际有效含量相同。

（2）用类似重量单位表示　以特定的纯抗生素制品盐的重量 1μg 作为 1 单位，即 1mg = 1000 单位，其中包括了无抗菌活性的酸根在内。如金霉素和四环素均以其盐酸盐纯品 1μg 为 1 单位。这种类似重量单位，在国际上已经习惯沿用。

（3）以重量折算单位表示　以特定的纯抗生素制品的某一重量为一单位而加以折算。如青霉素国际标准品（1952 年）青霉素 G 钠称重 0.5998μg 为 1 单位，即 1 毫克 = 1670 单位，那么 80 万单位的青霉素 G 钠称重应为 0.48g。虽然青霉素 G 钠制品现已完全可用化学或物理方法检验其含量，但仍广泛使用效价单位的表示方法。

（4）以特定单位来表示　以一特定量的抗生素标准品（或对照品）作为一定单位。如第一批杆菌肽国际标准品（1953 年）杆菌肽 A 为 1mg = 55 单位。制霉菌素（1963 年）为 1mg = 3000 单位等。这类抗生素的效价单位的精确定义很难确定，折算效价也难以计算，只能以国际标准品的效价单位作为比较的基准。

## 二、$\beta$-内酰胺类抗生素

$\beta$-内酰胺类抗生素是指分子中含有一个 $\beta$-内酰胺环的抗生素，是一类品种众多、临床应用广泛、疗效突出、安全性好的药物，也是临床医生关注及新抗菌药物开发的重要领域。目前用于临床的 $\beta$-内酰胺类抗生素约 100 余种，为人类战胜各种细菌感染性疾病作出了巨大的贡献。

### （一）β-内酰胺类抗生素发展历史

20世纪40年代，第一个β-内酰胺类抗生素——青霉素上市，成为当时抗细菌感染的主药。50年代末至60年代，英国学者从青霉素发酵液中分离提纯青霉素母核6-氨基青霉烷酸（6-APA）成功，半合成青霉素研究迅速发展，头孢菌素研究开始起步；70年代，头孢菌素研究迅速发展，半合成青霉素研究推出酰脲类青霉素，还发现了超广谱的碳青霉烯类、青霉烯类和单环β-内酰胺类抗生素，氨曲南、舒巴坦、亚胺培南相继上市；80年代，第三代头孢菌素类、单环类、青霉烯及碳青霉烯类、β-内酰胺酶抑制剂进展迅速；90年代至今，针对细菌耐药性开发出一些新品种，如第四代头孢吡肟、头孢吡罗、头孢唑兰和第五代头孢洛林、头孢吡普；同时开发出很多新型β-内酰胺类抗生素，如比阿培南、厄他培南、多利培南等。

### （二）β-内酰胺类抗生素的分类

**1. 青霉素类** 如天然青霉素（如青霉素G、青霉素V等）和半合成青霉素（如甲氧西林、苯唑西林、氨苄西林、阿莫西林等）。

**2. 头孢菌素类** 包括第一至四代头孢菌素，如头孢拉定、头孢克洛、头孢曲松、头孢匹肟等。

**3. 新型β-内酰胺类（非典型β-内酰胺类）** 此类抗生素有内酰胺环但无青霉素和头孢菌素结构。包括青霉烯类（如法罗培南）、碳青霉烯类（如亚胺培南、美洛培南等），单环β-内酰胺类（如氨曲南、卡芦莫南），氧头孢烯类（如拉氧头孢、氟氧头孢），β-内酰胺酶抑制剂（如克拉维酸、舒巴坦等）及β-内酰胺增强剂等。

### （三）青霉素类抗生素

青霉素类是最早应用于临床的抗生素，最初是由青霉菌（霉菌）培养液中提取得到的一种天然抗生素。因其结构中含有β-内酰胺环，在此基础上进行结构改造和修饰，得到一系列半合成青霉素。

青霉素类抗生素自问世以来，因其抗菌疗效较高，对人体副作用小、价格低廉而广泛应用于临床，成为治疗各类细菌感染的至关重要的手段。近年来，因为细菌耐药性和过敏反应等问题，此类抗生素的应用受到一定影响。但除过敏反应以外，其他不良反应比较少，加上价格低廉，因此在基层医院和广大农村，青霉素仍然是医生和患者抗感染的首选药，具有广阔的应用前景。

**1. 青霉素类抗生素的分类** 根据抗菌谱和抗菌作用的特点，青霉素类抗生素可以分为以下五类。

（1）对β-内酰胺酶敏感的青霉素 此类青霉素对革兰阳性菌、革兰阴性球菌、百日咳杆菌、嗜血杆菌属、各种致病螺旋体、多数放线菌均有强大抗菌活性，耐酸，但对于β-内酰胺酶敏感，主要有青霉素、普鲁卡因青霉素、苄星青霉素、青霉素V等。

（2）对β-内酰胺酶耐受的青霉素 包括甲氧西林、萘夫西林、苯唑西林、氯唑西林、双氯西林、氟氯西林。此类青霉素耐青霉素酶，对葡萄球菌不产酶和产酶菌株均有良好抗菌作用，对其他细菌的活性则较青霉素差些。

（3）广谱青霉素 包括氨苄西林、阿莫西林以及氨苄西林的酯化物匹氨西林、巴氨西林等。氨苄西林的抗菌作用与青霉素相仿，对链球菌属的活性略逊于青霉素，对肠球菌属的活性较强。阿莫西林为氨苄西林的同类品，其抗菌谱和抗菌作用与氨苄西林基本相同，但杀菌作用更强。

（4）抗假单胞菌青霉素类 包括羧基青霉素如羧苄西林、替卡西林，脲基青霉素如哌拉西林，苯咪唑类青霉素如阿洛西林和美洛西林等。此类青霉素的抗菌谱和氨苄西林相仿，但对肠杆菌科细菌的作用更强更广泛，对铜绿假单胞菌亦有良好作用。脲基青霉素的抗菌作用较羧基青霉素为强。

（5）主要作用于革兰阴性菌的青霉素类 如美西林及其口服前体药匹美西林、替莫西林等。此类青霉素对肠杆菌科细菌有良好抗菌作用，对革兰阳性菌、铜绿假单胞菌和拟杆菌属则无抗菌活性。

青霉素类抗生素被《国家基本药物目录（2018年版）》和《国家基本医疗保险、工伤保险和生育保险药品目录（2024年）》收录的情况详见表8-1所示。

**表8-1 青霉素类抗生素被国家基本药物目录和国家医保目录收录情况**

| 药品类别 | 药品名称 | 药品剂型 | 《国家基本药物目录（2018年版）》 | 《国家基本医疗保险、工伤保险和生育保险药品目录（2024年）》 |
|---|---|---|---|---|
| 广谱青霉素 | 阿莫西林 | 口服常释剂型 | 收录 | 甲类目录 |
| | | 口服液体剂 | 收录 | 甲类目录 |
| | | 颗粒剂 | 收录 | 甲类目录 |
| | 氨苄西林 | 注射剂 | 收录 | 甲类目录 |
| | 哌拉西林 | 注射剂 | 收录 | 甲类目录 |
| | 阿洛西林 | 注射剂 | — | 乙类目录 |
| | 美洛西林 | 注射剂 | — | 乙类目录 |
| 对β-内酰胺酶敏感的青霉素 | 苄星青霉素 | 注射剂 | 收录 | 甲类目录 |
| | 青霉素 | 注射剂 | 收录 | 甲类目录 |
| | 青霉素V | 口服常释剂型 | — | 甲类目录 |
| | | 颗粒剂 | — | 甲类目录 |
| | 普鲁卡因青霉素 | 注射剂 | — | 乙类目录 |
| 对β-内酰胺酶耐受的青霉素 | 苯唑西林 | 口服常释剂型 | 收录 | 甲类目录 |
| | | 注射剂 | 收录 | 甲类目录 |
| | 氯唑西林 | 注射剂 | — | 甲类目录 |

**2. 青霉素类抗生素的作用机制** 青霉素类抗生素与细菌体内的青霉素结合蛋白（PBP）有高度亲和力，两者结合后可干扰细菌细胞壁黏肽的合成，使之不能交联而造成细菌细胞壁的缺损，致使细菌细胞破裂而死亡。这一过程发生在细菌细胞的繁殖期，因此本类药物又称作繁殖期杀菌药。

细菌有细胞壁，而哺乳动物的细胞无细胞壁，所以青霉素类药物对人体细胞的毒性很低，有效抗菌浓度的青霉素对人体细胞几无影响。

**3. 典型青霉素类药**

### 青霉素

Benzylpenicillin，Penicillin G

【其他名称】青霉素G、青霉素钠、青霉素钾、苄青霉素、苄西林、盘尼西林等。

【适应证】①本品对溶血性链球菌等链球菌属、肺炎链球菌和不产青霉素酶的葡萄球菌具有良好抗菌作用。对肠球菌有中等度抗菌作用。②适用于敏感细菌所致的各种感染，如脓肿、菌血症、肺炎和心内膜炎等。也可用于治疗流行性脑脊髓膜炎、放线菌病、淋病等。风湿性心脏病或先天性心脏病患者进行口腔、牙科、胃肠道或泌尿生殖道手术和操作前，可用青霉素预防感染性心内膜炎发生。

【制剂】本品临床主要为注射剂，可由肌内注射或静脉滴注给药。一般感染肌内注射，重症感染选择静脉滴注。常用制剂为注射用青霉素钠和注射用青霉素钾。在注射前必须先做青霉素皮肤试验，阳性反应者禁用。

【不良反应】①本品主要不良反应为过敏反应，一旦发生，必须就地抢救，予以保持气道畅通、吸氧及使用肾上腺素、糖皮质激素等治疗措施。②毒性反应较少见。③可出现耐青霉素金黄色葡萄球菌、革兰阴性杆菌或念珠菌等二重感染。④肾功能不全患者应用大剂量青霉素钾可导致高钾血症。

【用药指导】①应用本品前需详细询问药物过敏史并进行青霉素皮肤试验，呈阳性反应者禁用。

②对本品过敏者可能对其他青霉素类药物、青霉胺过敏，有哮喘、湿疹、荨麻疹等过敏性疾病患者应慎用本品。③本品水溶液在室温不稳定，因此应用本品须新鲜配制。④大剂量使用本品时应定期检测电解质。

【商品信息】本品由英国人弗莱明于 1928 年发现，是第一个应用于临床的天然青霉素，在第二次世界大战中作为治疗用药使成千上万受死亡威胁的生命得以幸存，为人类的生命健康和生存繁衍做出了突出的贡献。

本品自问世以来，因其疗效好、毒副作用小、价格低廉而深受人们欢迎，是很多感染性疾病的首选药品。近年来，由于细菌耐药性以及新药的大量问世，其市场份额逐年降低，用药数量呈缓慢下降的趋势。

目前青霉素注射剂被《国家基本药物目录（2018 年版）》和《国家基本医疗保险、工伤保险和生育保险药品目录（2024 年）》收录，属于医保甲类药品。

【贮藏】本品应严封于干燥、阴凉处保存。若发生吸潮粘瓶、结块或分解变色，均不可使用。

### 阿莫西林
### Amoxicillin

【其他名称】羟氨卞青霉素、阿莫仙、安福喜、奥纳欣、益萨林、阿莫灵、弗莱莫星、再林等。

【适应证】本品适用于敏感菌（不产 $\beta$-内酰胺酶菌株）所致的下列感染：中耳炎、鼻窦炎、咽炎、扁桃体炎等上呼吸道感染；泌尿生殖道感染；皮肤软组织感染；急性支气管炎、肺炎等下呼吸道感染；急性单纯性淋病等。

【制剂】本品为广谱、耐酸、不耐酶的半合成青霉素，临床应用剂型较多，包括片剂（普通片、分散片、咀嚼片、肠溶片、口腔崩解片）、胶囊剂、干混悬剂、颗粒剂、糖浆剂、滴剂、注射剂等十多种，还有新型口服长效制剂。

【不良反应】①本品主要不良反应是过敏反应，青霉素过敏及青霉素皮肤试验阳性患者禁用。②可空腹或与食物、牛奶同服，偶尔会出现恶心、呕吐、腹泻等胃肠道反应及其他不良反应。③长期大量服用易出现由念珠菌或耐药菌引起的二重感染。

【用药指导】①本品偶可引起过敏性休克，用药前必须详细询问药物过敏史并作青霉素皮肤试验。②传染性单核细胞增多症患者应用本品易发生皮疹，应避免使用。③疗程较长患者应检查肝、肾功能和血常规。④有哮喘等过敏性疾病史者；老年人和肾功能严重损害时须调整剂量。

【商品信息】阿莫西林自问世以来，因其抗菌谱广、疗效确切、耐酸、口服吸收好、毒副作用小而迅速发展成为最常用的口服抗生素之一。

20 世纪 60 年代阿莫西林在国际上已成为重点品种，70 年代进入发展的全盛时期。我国自 1976 年开始生产阿莫西林原料，现已成为原料药生产大国，国际竞争力日益增强。我国自 1982 年首次批准生产阿莫西林单方制剂，目前存在过度重复生产的情况，各类制剂批准文号的数量接近 600 个。

目前阿莫西林（含口服常释剂型、口服液体剂、颗粒剂）被《国家基本药物目录（2018 年版）》和《国家基本医疗保险、工伤保险和生育保险药品目录（2024 年）》收录，属于医保甲类药品。

【贮藏】本品原料及制剂应遮光、密封，在干燥处保存。

### （四）头孢菌素类抗生素

头孢菌素类抗生素是一类含有 7 - 氨基头孢烷酸（7 - ACA）结构的广谱半合成抗生素，过去常叫先锋霉素。其作用机制类似青霉素，但比青霉素的 $\beta$-内酰胺环张力小，故较青霉素稳定，并且具有抗菌谱广、杀菌力强和抗青霉素酶、毒性低、过敏反应少等优点，在抗感染治疗中占有十分重要的地位。

人类对头孢菌素的认识始于 1955 年，当时科学家对头孢菌素 C 进行分离并确定其化学结构。1961 年提纯头孢菌素的母核 7-ACA，为头孢菌素的开发奠定了扎实的基础，1962 年第 1 个头孢菌素类药物头孢噻吩上市。20 世纪 70 年代，第一、二代头孢菌素开始在临床上应用；80 年代第三代头孢菌素相继生产；90 年代以后上市了多种新型口服头孢菌素和第四代头孢菌素；21 世纪 10 年代以来，全球致力于研发第五代头孢菌素，头孢洛林、头孢托罗和头孢吡普等相继上市。迄今为止，头孢菌素类已发展为一类庞大的抗菌药物群。在我国抗感染药品中，头孢菌素类抗生素所占的比例在 50% 以上，其在抗感染药中具有绝对的中流砥柱地位。

**1. 头孢菌素的分类**　根据抗菌谱、抗菌活性、对 $\beta$-内酰胺酶的稳定性及肾毒性可将头孢菌素类分为四代。

（1）第一代头孢菌素　抗菌谱广，对革兰阳性菌作用比第二、三代强，对革兰阴性菌作用弱，对 $\beta$-内酰胺酶不稳定，对铜绿假单胞菌无效，对肾脏有一定的毒性，与氨基糖苷类或强利尿剂合用时尤易发生，半衰期短，脑脊液浓度低。如头孢氨苄、头孢唑啉、头孢拉定。

（2）第二代头孢菌素　抗菌谱较第一代有所扩大，对 $\beta$-内酰胺酶较第一代稳定，但对革兰阳性菌的抗菌效能弱于第一代，对革兰阴性菌作用较第一代强，对铜绿假单胞菌无效，对肾毒性较第一代小，脑脊液浓度仍较低。如头孢克洛、头孢呋辛、头孢孟多。

（3）第三代头孢菌素　对革兰阳性菌的抗菌效能普遍低于第一代、第二代，对革兰阴性菌作用较第二代更强，抗菌谱扩大，对酶的稳定性增强，对铜绿假单胞菌有效，对肾脏几乎无毒性，可渗入脑脊液中，适用于敏感菌所致的脑膜炎。如头孢哌酮、头孢曲松、头孢唑肟。

（4）第四代头孢菌素　与 $\beta$-内酰胺酶的亲和力降低，稳定性提高，对细菌细胞膜的穿透力更强，对甲氧西林敏感的葡萄球菌（MRSA、MRSE）和某些产 I 型 $\beta$-内酰胺酶的细菌（如阴沟肠杆菌）作用增强，对革兰阳性菌作用比第三代头孢菌素强，对革兰阴性菌作用与第三代头孢菌素相似或略强，适用于多重耐药革兰阴性杆菌严重感染，对厌氧菌也有很好的抗菌作用。如头孢地嗪、头孢噻唑肟、头孢吡肟等。

（5）第五代头孢菌素　21 世纪 10 年代开发。临床针对大部分的革兰阳性菌、革兰阴性菌和厌氧菌、金黄色葡萄球菌还有肺炎链球菌等都有突出的抗菌抑菌作用，其中包括耐甲氧西林金黄色葡萄球菌（MRSA）。主要用于治疗社区获得性肺炎，及复杂性皮肤和皮肤组织感染（包括不威胁肢体的糖尿病足感染）。

头孢菌素类抗生素被《国家基本药物目录（2018 年版）》和《国家基本医疗保险、工伤保险和生育保险药品目录（2024 年）》收录的情况详见表 8-2。

表 8-2　头孢菌素类抗生素被国家基本药物目录和国家医保目录收录情况

| 药品类别 | 药品名称 | 药品剂型 | 《国家基本药物目录（2018 年版）》 | 《国家基本医疗保险、工伤保险和生育保险药品目录（2024 年）》 |
|---|---|---|---|---|
| 第一代头孢菌素 | 头孢唑林 | 注射用无菌粉末 | 收录 | 甲类目录 |
| | 头孢拉定 | 片剂、胶囊 | 收录 | 甲类目录 |
| | | 口服液体剂、颗粒剂、注射剂 | — | 乙类目录 |
| | 头孢氨苄 | 片剂、胶囊、颗粒剂 | 收录 | 甲类目录 |
| | 头孢硫脒 | 注射剂 | — | 乙类目录 |
| | 头孢羟氨苄 | 口服常释剂型 | — | 乙类目录 |
| | | 颗粒剂 | — | 乙类目录 |

续表

| 药品类别 | 药品名称 | 药品剂型 | 《国家基本药物目录<br>(2018年版)》 | 《国家基本医疗保险、工伤保险和<br>生育保险药品目录（2024年）》 |
|---|---|---|---|---|
| 第二代<br>头孢菌素 | 头孢呋辛 | （头孢呋辛酯）片剂、胶囊、<br>分散片 | 收录 | 甲类目录 |
| | | （头孢呋辛酯）口服液体剂、<br>颗粒剂 | — | 乙类目录 |
| | | （钠盐）注射用无菌粉末 | 收录 | 甲类目录 |
| | | 注射用头孢呋辛钠/氯化钠注<br>射液 | — | 乙类目录 |
| | 头孢丙烯 | 口服常释剂型、液体剂、颗<br>粒剂 | — | 乙类目录 |
| | 头孢克洛 | 口服常释剂型、液体剂、颗<br>粒剂、缓释控释剂型 | | 乙类目录 |
| | 头孢替安 | 注射剂 | — | 乙类目录 |
| | 头孢美唑 | 注射剂 | | 乙类目录 |
| | 头孢西丁 | 注射剂 | | 乙类目录 |
| | 注射用头孢西丁钠/<br>葡萄糖注射液 | — | | 乙类目录 |
| | 头孢米诺 | 注射剂 | | 乙类目录 |
| | 注射用头孢美唑钠/<br>氯化钠注射液 | — | | 乙类目录 |
| 第三代<br>头孢菌素 | 头孢曲松 | 注射用无菌粉末 | 收录 | 甲类目录 |
| | 头孢他啶 | 注射用无菌粉末 | 收录 | 乙类目录 |
| | 头孢噻肟 | 注射剂 | — | 甲类目录 |
| | 注射用头孢噻肟钠他<br>唑巴坦钠 | — | | 乙类目录 |
| | 拉氧头孢 | 注射剂 | — | 乙类目录 |
| | 头孢地尼 | 口服常释剂型 | — | 乙类目录 |
| | 头孢克肟 | 口服常释剂型、口服液体剂、<br>颗粒剂 | — | 乙类目录 |
| | 头孢哌酮舒巴坦 | 注射剂 | | 乙类目录 |
| | 头孢唑肟 | 注射剂 | | 乙类目录 |
| 第四代<br>头孢菌素 | 头孢吡肟 | 注射剂 | — | 乙类目录 |
| | 头孢匹罗 | 注射剂 | — | 乙类目录 |

**2. 头孢菌素类抗生素的作用机制** 头孢菌素类抗生素作用机制与青霉素相似，就是与青霉素结合蛋白结合，干扰细菌细胞壁合成，加速细胞壁破坏而起杀菌作用，属于繁殖期杀菌药。

**3. 典型头孢菌素类药**

### 头孢克洛
### Cefaclor

【其他名称】头孢氯氨苄、希刻劳、欧佳、喜福来、新达罗、苏刻乐、可福乐、希优洛、施华洛、克赛福等。

【适应证】本品适用于敏感菌所致的呼吸道感染如肺炎、支气管炎、咽喉炎、扁桃体炎等；中耳炎；鼻窦炎；尿路感染如淋病、肾盂肾炎、膀胱炎；皮肤与皮肤组织感染等；胆道感染等。

【**制剂**】本品临床应用剂型较多，包括片剂（普通片、分散片、缓释片、咀嚼片）、颗粒剂、胶囊、糖浆剂、混悬剂和干混悬剂等。

【**不良反应**】①本品不良反应主要有胃肠道反应、过敏反应和霍乱样综合征。②长期使用会使不敏感菌株大量繁殖，易发生二重感染，必须采取适当措施。

【**用药指导**】①本品与青霉素类或头霉素有交叉过敏反应，因此对青霉素类、青霉素衍生物、青霉胺及头霉素过敏者慎用。②肾功能减退及肝功能损害者慎用，有胃肠道疾病史者，特别是溃疡性结肠炎、局限性肠炎或抗生素相关性结肠炎者慎用。③妊娠期及哺乳期妇女慎用。④本品宜空腹口服，因食物可延迟其吸收。牛奶不影响本品吸收。

【**商品信息**】本品是美国礼来公司研制的第二代口服头孢菌素，商品名称"希刻劳"。从 1987—1997 年，头孢克洛连续 10 年进入世界十大畅销药物排名，成为第一畅销抗生素。1994 年 2 月，头孢克洛在我国首次开发成功，商品名为"新达罗"。

目前头孢克洛（含口服常释剂型、口服液体剂、颗粒剂、缓释控释剂型）被《国家基本医疗保险、工伤保险和生育保险药品目录（2024 年）》收录，属于医保乙类药品。

【**贮藏**】本品原料药及制剂应遮光、密封，在凉暗处保存。

## 头孢曲松
### Ceftiaxone

【**其他名称**】头孢曲松钠、头孢三嗪、菌必治、罗氏芬、丽珠芬、安迪芬、赛福松、泛生舒复、菌得治等。

【**适应证**】①本品适用于敏感致病菌所致的下呼吸道感染、尿路感染、胆道感染，以及腹腔感染、盆腔感染、皮肤软组织感染、骨和关节感染、败血症、脑膜炎等及手术期感染预防。②单剂可治疗单纯性淋病。

【**制剂**】本品临床主要为注射剂，常用其钠盐，可肌内注射或静脉给药。

【**不良反应**】本品不良反应主要表现为过敏反应，特别是过敏性休克，可能对患者的生命健康造成严重威胁。

【**用药指导**】①有胃肠道疾病史者，特别是溃疡性结肠炎、局限性肠炎或抗生素相关性结肠炎者应慎用。②有慢性肝病患者应用本品时不需调整剂量；患者有严重肝肾损害或肝硬化者应调整剂量。

【**商品信息**】本品最初由瑞士罗氏制药开发上市，商品名称"罗氏芬"（头孢曲松钠）。虽然早在 1991 年我国部分药企已率先获得该制剂的批准文号。然而，直到 1996 年其专利期满后，头孢曲松钠才开始在我国快速发展起来。

目前头孢曲松注射剂被《国家基本药物目录（2018 年版）》和《国家基本医疗保险、工伤保险和生育保险药品目录（2024 年）》收录，属于医保甲类药品。

【**贮藏**】本品原料遮光、严封；制剂遮光、密闭，均应在 25℃以下的阴凉干燥处保存。同时应现用现配，新配液室温可保存 6 小时。

### （五）碳青霉烯类抗生素

碳青霉烯类抗生素问世于 20 世纪 80 年代。第 1 个碳青霉烯类抗生素甲砜霉素由于稳定性差，对其结构进行修饰，使亚胺甲基化而得到稳定的衍生物——亚胺培南，但单独应用在体内易受肾脱氢肽酶（DHP-1）的降解，尚需与 DHP-1 抑制剂西司他丁联合应用。1993 年，第 2 个碳青霉烯类抗生素帕尼培南在日本上世，其对革兰阳性、阴性的需氧菌与厌氧菌均有活性，对 $\beta$-内酰胺酶稳定。1 年后美罗培南又投入市场，其 1 位上带有甲基，对 DHP-1 稳定。此后，美国开发的厄他培南对阴性菌的活性强，是头孢菌素类的 8~16 倍，也优于亚胺培南。近年新上市的还有比阿培南、法罗培南、帕尼培南、厄他培南、多尼培南等。

碳青霉烯类抗生素是迄今抗菌药物中抗菌谱最广、抗菌作用最强的，对 $\beta$-内酰胺酶高度稳定的一类抗生素，杀菌活性超过头孢菌素，尤其对抗铜绿假单胞菌和耐甲氧西林金黄色葡萄球菌的活性最为显著；其次，碳青霉烯抗生素对细菌的靶体蛋白、青霉素结合蛋白有良好的选择性毒性。有鉴于此，碳青霉烯类抗生素已首选用于治疗多重耐药菌感染和重症感染，构筑了抗细菌感染的最后一道防线。

2014 年 4 月 30 日，WHO 发布报告称，抗生素耐药性细菌正蔓延至全球各地。报告显示，对强力抗菌药碳青霉烯耐药的克雷伯肺炎杆菌也呈全球性蔓延，在部分国家，碳青霉烯对半数以上感染患者无效。如果继续滥用抗生素，人类将最终面临无药可救的悲惨境地。

此类药品中的亚胺培南西司他丁、法罗培南、厄他培南、比阿培南、美罗培南被《国家基本医疗保险、工伤保险和生育保险药品目录（2024 年）》收录，属于医保乙类药品。

### 美罗培南
### Meropenem

【其他名称】 美洛培南、美平、倍能、海正美特等。

【适应证】 本品适用于敏感菌引起呼吸系统感染；泌尿、生殖系统感染；骨、关节及皮肤、软组织感染；眼及耳鼻喉感染及其他严重感染等。

【制剂】 本品主要为注射剂，每瓶 0.25g、0.5g 和 1.0g。

【不良反应】 本品毒性低、耐受性好。不良反应主要为变态反应（皮疹）及胃肠道反应（腹泻、恶心、呕吐、便秘）。

【用药指导】 ①对本品过敏者禁用；对 $\beta$-内酰胺类药品过敏者、严重肝肾功能不全者、支气管哮喘、皮疹、荨麻疹等过敏体质患者、癫痫、潜在神经疾病患者及老人慎用。②由于本品有广谱抗菌活性，因此在尚未确定致病菌前，本品可单独使用。但容易引起细菌耐药性和二重感染，故不宜用于治疗轻症感染，更不可作为预防用药。③本品应以适宜溶液稀释后在 15~30 分钟内静脉滴注或用无菌注射用水稀释后在 3~5 分钟内静脉注射。

【商品信息】 美罗培南是日本住友株式会社开发的品种，1995 年 1 月以商品名"Merrem"（美平）上市，与阿斯利康制药公司共同开发市场。由于美罗培南对肾脱氢肽酶稳定，不需合用酶抑制剂，抗菌谱广、抗菌作用强，并有一定的抗生素后效应、不良反应较小而深受欢迎。美罗培南在国内开发较早，1998 年已有药企获得原料药及注射剂生产批文，商品名为"海正美特"。

目前美罗培南注射剂被《国家基本医疗保险、工伤保险和生育保险药品目录（2024 年）》收录，属于医保乙类药品。

【贮藏】 本品性质稳定，需密封于凉暗干燥处保存。稀释后溶液在室温下应在 6 小时内用完，在 5℃ 下保存不宜超过 24 小时。

### （六）$\beta$-内酰胺酶抑制剂

$\beta$-内酰胺酶是一种可使具有 $\beta$-内酰胺环结构的抗生素开环而失去抗菌活性的酶，是细菌对抗生素耐药的一个重要因素。$\beta$-内酰胺酶抑制剂是一类特殊的非典型的 $\beta$-内酰胺类药物，其本身并没有或仅有较弱的抗菌活性，但能与 $\beta$-内酰胺酶紧密结合，使 $\beta$-内酰胺类抗生素的 $\beta$-内酰胺环免受水解，从而使细菌提高或恢复对 $\beta$-内酰胺类抗生素的敏感性，保持抗菌活性。常用的 $\beta$-内酰胺酶抑制剂如下。

**1. 克拉维酸** 是最早出现的氧青霉烷类广谱 $\beta$-内酰胺酶抑制剂，与 $\beta$-内酰胺类抗生素一样，可渗入细胞中，与多种 $\beta$-内酰胺酶牢固结合为不可逆的共价键结合物，使二者均失活。克拉维酸是细菌产

生的天然 $\beta$-内酰胺类抗生素，结构中含有 $\beta$-内酰胺环。本品抗菌作用很弱，但具有强效广谱抑酶作用，与 $\beta$-内酰胺类抗生素制成联合制剂，可在不同程度上保护与其联合的 $\beta$-内酰胺类抗生素不被 $\beta$-内酰胺酶灭活，从而提高该抗生素抗产酶耐药菌的作用，提高临床疗效。

临床常用制剂有阿莫西林克拉维酸钾、替卡西林克拉维酸钾，这两种药品最初都是由史克必成公司研制成功。在国内，自 1991 年我国药企引进阿莫西林克拉维酸钾的分装至今，现已有百余家企业生产这两种复合制剂。

**2. 舒巴坦**　为半合成的青霉烷砜类 $\beta$-内酰胺酶抑制剂，与克拉维酸的抑酶谱相似，较克拉维酸的抑酶作用弱，抗菌活性略强于克拉维酸。舒巴坦是不可逆的、竞争性的 $\beta$-内酰胺酶抑制剂，通过竞争 $\beta$-内酰胺酶的活性部位而发挥抑制作用。

临床常用制剂有哌拉西林舒巴坦、头孢哌酮舒巴坦、氨苄西林舒巴坦、阿莫西林舒巴坦等。舒巴坦与氨苄西林的复合剂由美国辉瑞公司于 1987 年率先开发，最早在日本以商品名"优力新"上市。

**3. 他唑巴坦**　为舒巴坦的衍生物，对 $\beta$-内酰胺酶、硫化氢抑制酶抑制性比舒巴坦和克拉维酸都强。它只有弱的抗菌活性，抑酶谱广，抑酶作用相当或优于克拉维酸，强于舒巴坦（对某些酶的作用强达 10 倍），抗超广谱 $\beta$-内酰胺酶的作用比舒巴坦、克拉维酸都强。临床常用制剂有哌拉西林他唑巴坦。

他唑巴坦与哌拉西林的复合制剂最早由美国立达药厂开发成功，商品名"特治星"。目前，国内已有各类制剂批准文号的数量接近 100 个。

目前 $\beta$-内酰胺酶抑制剂被《国家基本药物目录（2018 年版）》和《国家基本医疗保险、工伤保险和生育保险药品目录（2024 年）》收录的情况详见表 8-3。

表 8-3　$\beta$-内酰胺酶抑制剂被国家基本药物目录和国家医保目录收录情况

| 药品类别 | 药品名称 | 药品剂型 | 《国家基本药物目录（2018 年版）》 | 《国家基本医疗保险、工伤保险和生育保险药品目录》（2024 年）》 |
|---|---|---|---|---|
| $\beta$-内酰胺酶抑制剂 | 舒巴坦 | 注射剂 | — | 乙类目录 |
| 含 $\beta$-内酰胺酶抑制剂的复方制剂 | 阿莫西林克拉维酸 | 片剂 | 收录 | 甲类目录 |
| | | 颗粒剂 | 收录 | 甲类目录 |
| | | 干混悬剂 | 收录 | 甲类目录 |
| | | 注射剂 | 收录 | 乙类目录 |
| | 哌拉西林钠他唑巴坦 | 注射剂 | 收录 | 乙类目录 |
| | 氨苄西林舒巴坦 | 注射剂 | — | 乙类目录 |
| | 哌拉西林舒巴坦 | 注射剂 | — | 乙类目录 |
| | 替卡西林克拉维酸 | 注射剂 | — | 乙类目录 |

## 三、氨基糖苷类抗生素

氨基糖苷类抗生素是从链霉菌属或小单孢菌培养液获得或半合成制取。化学结构是由一个或多个氨基糖与氨基环醇以苷链相连结组成。主要包括链霉素、新霉素、庆大霉素、卡那霉素、妥布霉素以及阿米卡星、奈替米星等。

自从 1940 年发现第一个用于临床的氨基糖苷类抗生素链霉素以来，在 20 世纪 40 年代至 50 年代又成功开发了一系列具有里程碑意义的氨基糖苷类抗生素，如卡那霉素、庆大霉素和妥布霉素。20 世纪 70 年代，通过各种结构修饰，设计并合成了大量的氨基糖苷类衍生物。目前已报道的天然和半合成氨基糖苷类抗生素的总数已超过 3000 种，其中微生物产生的天然氨基糖苷类抗生素有近 200 种。

氨基糖苷类抗生素具有抗菌谱广、杀菌完全、与β-内酰胺等抗生素有很好的协同作用、对许多致病菌有抗生素后效应等特点。虽然由于耐药菌的出现，耳、肾毒性以及β-内酰胺类抗生素的广泛使用而限制了氨基糖苷类抗生素的大量使用，但本品仍然是治疗危及生命的革兰阴性菌严重感染的一类重要药物，在治疗结核病方面也是不可缺少的。

### （一）氨基糖苷类抗生素的分类

#### 1. 按照抗生素来源分类

（1）由链霉菌产生的抗生素　包括链霉素类，如链霉素与双氢链霉素（已停用）；新霉素类，如新霉素、巴龙霉素、利维霉素（里杜霉素）；卡那霉素类，如卡那霉素、卡那霉素 B 以及半合成品地贝卡星（双去氧卡那霉素）和阿米卡星（丁胺卡那霉素）；核糖霉素（威他霉素）等。

（2）由小单孢菌产生的抗生素　包括庆大霉素、西索米星（西索霉素）及半合成品奈替米星（乙基西索米星）、小诺米星（沙加霉素）等。

#### 2. 按照抗菌特点、结构特点及发现与合成先后次序分类

（1）第一代　以卡那霉素为代表，包括链霉素、阿泊拉霉素、新霉素、巴龙霉素、核糖霉素、利维霉素等，以结构中含有完全羟基化的氨基糖与氨基环己醇相结合、不抗铜绿假单胞菌为共同特点。

（2）第二代　以庆大霉素为代表，包括小诺米星、阿司米星（强壮霉素）、司他霉素、妥布霉素等。结构中含有脱氧氨基糖及对铜绿假单胞菌有抑杀能力为第二代品种的共同特征。此类药物抗菌谱更广，对第一代品种无效的假单胞菌和部分耐药菌也有较强的抑杀作用。

（3）第三代　以奈替米星为代表，包括阿米卡星、阿贝卡星、奈替米星、依替米星、异帕米星等。

氨基糖苷类抗生素被《国家基本药物目录（2018 年版）》和《国家基本医疗保险、工伤保险和生育保险药品目录（2024 年）》收录的情况详如表 8-4 所示。

表 8-4　氨基糖苷类抗生素被国家基本药物目录和国家医保目录收录情况

| 药品类别 | 药品名称 | 药品剂型 | 《国家基本药物目录（2018 年版）》 | 《国家基本医疗保险、工伤保险和生育保险药品目录（2024 年）》 |
|---|---|---|---|---|
| 第一代 | 链霉素 | 注射剂 | — | 甲类目录 |
| 第二代 | 庆大霉素 | 注射剂 | 收录 | 甲类目录 |
| | | 口服常释剂型 | — | 乙类目录 |
| | 妥布霉素 | 注射剂 | — | 乙类目录 |
| 第三代 | 阿米卡星 | 注射剂 | 收录 | 甲类目录 |
| | 奈替米星 | 注射剂 | — | 乙类目录 |
| | 依替米星 | 注射剂 | — | 乙类目录 |
| | 异帕米星 | 注射剂 | — | 乙类目录 |

### （二）氨基糖苷类抗生素作用机制

氨基糖苷类抗生素主要作用于细菌蛋白质的合成过程，合成异常蛋白，阻碍已合成蛋白的释放，使细菌细胞膜通透性增加导致一些生理物质的外漏引起细菌死亡。本类药物对静止期细菌的杀灭作用较强，为静止期杀菌剂，且具有较长的抗菌后效作用。

### （三）典型氨基糖苷类药

#### 庆大霉素
#### Gentamicin

【其他名称】正泰霉素、欣他、瑞贝克、感得、小儿利宝等。

【适应证】本品适用于治疗敏感菌所致的严重感染，如败血症、下呼吸道感染、肠道感染、盆腔感染、腹腔感染、皮肤软组织感染、复杂性尿路感染等。

【制剂】通常应用其硫酸盐，剂型有片剂（普通片、泡腾片、缓释片、肠溶片）、注射剂、滴眼剂、颗粒剂和口服液等。

【不良反应】本品主要不良反应为头昏、眩晕、耳鸣，疗程过长或用量过大时，可引起耳、肾毒性。

【用药指导】①由于近年来对本品耐药的菌株迅速增多，现常联合其他抗菌药进行治疗。②口服仅用于肠道感染或肠道手术前预防用药，不宜做静脉注射或大剂量快速静脉滴注，以防发生呼吸抑制。③长期或大剂量服用本品宜定期进行尿常规、肾功能、听力检查或听电图测定。④长期服用本品还可能导致肠道菌群紊乱。

【商品信息】本品由美国先灵葆雅公司于 1963 年首先开发成功，1964 年应用于临床，1982 年 1 月 1 日，硫酸庆大霉素批准在美国上市。我国在 1969 年研制成功硫酸庆大霉素并开始生产。本品自问世以来一直是临床上重要的抗感染药物，尤其是治疗革兰阴性菌感染和结核病不可缺少的药物。直至今天，在严重革兰阴性菌感染的治疗中，除儿科患者外，其仍是部分城市和农村基层广泛使用的一线药物，目前各类制剂批准文号已有 700 余个。

目前庆大霉素注射剂被《国家基本药物目录（2018 年版）》和《国家基本医疗保险、工伤保险和生育保险药品目录（2024 年）》收录，属于医保甲类药品；庆大霉素口服常释剂型属于医保乙类药品。

【贮藏】本品原料药密封于干燥处保存；口服制剂密封于阴凉干燥处保存；注射液、滴眼液密闭于凉暗处保存。

## 四、四环素类抗生素

1948 年，高效广谱、具有口服活性的第一个四环素类抗生素金霉素从链霉菌中提取得到。在随后短短几年内，土霉素和四环素也从链霉菌发酵液中被分离得到。1957 年，去甲环素也被发现，通过对这些抗生素进行降解研究，发现它们具有极为相似的化学结构，由四个环线形相连构成主体骨架，"四环素"因此而得名。20 世纪 70 年代，对四环素类天然产物进行了各种化学修饰，制备出第二代四环素，如多西环素、美他环素、米诺环素。90 年代初，开发了高效甘氨酰四环素类衍生物的第三代四环素，具有更广的抗菌谱和更高的抗菌活性，如甘氨米诺环素、甘氨去甲氧环素、替吉环素、替加环素等。

四环素类曾广泛应用于临床，由于常见病原菌对本类药物耐药性普遍升高、不良反应多见以及其他类广谱抗生素的出现，本类药物临床应用已受到很大限制。目前临床应用较多的为半合成四环素类米诺环素和多西环素等。

### （一）四环素类抗生素的分类

四环素类抗生素根据其药效学特点可分为三类。

**1. 短效类**　如金霉素、土霉素和四环素。

**2. 中效类**　如地美环素和美他环素。

**3. 长效类**　如多西环素、米诺环素和替加环素。

四环素类抗生素被《国家基本药物目录（2018 年版）》和《国家基本医疗保险、工伤保险和生育保险药品目录（2024 年）》收录的情况详如表 8 - 5 所示。

表 8 – 5 四环素类抗生素被国家基本药物目录和国家医保目录收录情况

| 药品类别 | 药品名称 | 药品剂型 | 《国家基本药物目录<br>（2018 年版）》 | 《国家基本医疗保险、工伤保险和生育保险<br>药品目录（2024 年）》 |
|---|---|---|---|---|
| 长效四环素类<br>抗生素 | 多西环素 | 片剂 | 收录 | 甲类目录 |
| | | 注射剂 | — | 乙类目录 |
| | 米诺环素 | 片剂 | 收录 | 乙类目录 |
| | | 胶囊 | 收录 | 乙类目录 |
| | 替加环素 | 注射剂 | — | 乙类目录 |

## （二）四环素类抗生素的作用机制

本类抗生素抗菌谱广，对许多革兰阳性和阴性球菌、革兰阴性杆菌和厌氧菌均具有良好抗菌作用。作用机制为干扰细菌蛋白质的合成，还可抑制细菌 DNA、RNA 和细胞壁的合成，改变细菌细胞膜的通透性，属快速抑菌剂，在高浓度时也具杀菌作用。

## （三）典型四环素类药

### 四环素
### Tetracycline

【其他名称】盐酸四环素、四环素碱等。

【适应证】①本品对革兰阳性菌的作用优于革兰阴性菌，对淋病奈瑟菌具一定抗菌活性。②多年来由于四环素类的广泛应用，临床常见病原菌包括葡萄球菌等革兰阳性菌及肠杆菌属等革兰阴性杆菌对四环素多数耐药，且同类品种之间存在交叉耐药。③首选用于治疗衣原体感染、立克次体病、支原体肺炎、回归热等非细菌性感染，也用于布鲁菌病、霍乱、兔热病、鼠咬热、炭疽、破伤风、鼠疫、放线菌病、气性坏疽和敏感细菌引起的呼吸系统、胆管、尿路感染及皮肤软组织感染等的治疗。

【制剂】本品多应用其盐酸盐。常用剂型有片剂、胶囊、注射剂、眼膏和软膏等。

【不良反应】①本品主要不良反应为胃肠道反应、肝毒性和肾毒性，长期用药期间应定期随访检查血常规以及肝、肾功能。原有肝病者、已有肾功能损害者不宜应用此类药物。②长期应用可致二重感染，导致维生素 B 缺乏、真菌繁殖，出现口干、咽炎、口角炎、舌炎、舌苔色暗或变色等。

【用药指导】①应用本品时应饮用足量（约240ml）水，避免食道溃疡和减少胃肠道刺激症状。②本品宜空腹口服，即餐前 1 小时或餐后 2 小时服用，以避免食物对吸收的影响。③在牙齿发育期间（怀孕中后期、婴儿和 8 岁以下儿童）应用本品时，四环素可在任何骨组织中形成稳定的钙化合物，导致恒齿黄染、牙釉质发育不良和骨生长抑制，故 8 岁以下小儿不宜用本品。

【商品信息】四环素为广谱抗生素，自 20 世纪 50 年代开始应用，至今已有 50 余年历史。20 世纪 70 年代至 80 年代，四环素产销处于鼎盛时期，全国有 100 多家企业生产四环素。此后，其市场持续滑坡，多年低迷。到 20 世纪 90 年代中期，全国大部分四环素生产企业被迫停产，仅剩数家企业在坚持。

近年来，人们发现四环素有不少新用途，临床应用在扩大，我国四环素生产和出口形势出现转机，目前各类制剂批准文号的数量接近 600 个。

【贮藏】本品片剂和胶囊需遮光，密封，在干燥处保存。软膏和眼膏需密闭，在干燥阴凉处保存。

## 五、酰胺醇类（氯霉素类）抗生素

酰胺醇类（氯霉素类）抗生素包括氯霉素、甲砜霉素和氟甲砜霉素。氯霉素系 1947 年从委内瑞拉链霉菌培养液中提取获得，次年确定其结构并用化学方法合成，是第一个可用人工合成的抗生素。甲砜霉素是氯霉素类的第二代广谱抗菌药，在 20 世纪 80 年代被欧洲作为新的化学治疗剂得到广泛应用，20 世纪 90 年代开始在我国用于兽医临床，其抗菌作用、抗菌机制及抗菌活性与氯霉素基本相似，体内抗菌作用比氯霉素强，比氯霉素具有更高的水溶性和稳定性。另外，某些对氯霉素耐药的菌株对甲砜霉素敏感。氟苯尼考是氯霉素类的第三代广谱抗菌药，由美国先灵葆雅公司研制，抗菌谱与抗菌活性略优于氯霉素和甲砜霉素。

本类抗生素只有氯霉素注射剂及滴眼剂被《国家基本医疗保险、工伤保险和生育保险药品目录（2024 年）》收录，属于医保甲类药品。

### （一）酰胺醇类（氯霉素类）抗生素作用机制

酰胺醇类（氯霉素类）抗生素为脂溶性，通过弥散进入细菌细胞内，并可逆性地结合在细菌核糖体的 50S 亚基上，使肽链增长受阻，因此抑制了肽链的形成，从而阻止蛋白质的合成，属于广谱抑菌剂。

### （二）典型酰胺醇类（氯霉素类）药

## 氯霉素

### Chloramphenicol

【其他名称】氯胺苯醇、氯丝霉素、左霉素、左旋霉素、清润等。

【适应证】本品适用于：①伤寒和其他沙门菌属感染。②耐氨苄西林的 B 型流感嗜血杆菌脑膜炎或对青霉素过敏患者的肺炎链球菌、脑膜炎奈瑟菌脑膜炎、敏感的革兰阴性杆菌脑膜炎，本品可作为选用药物之一。③脑脓肿，尤其耳源性脑脓肿，常为需氧菌和厌氧菌混合感染，可与青霉素联合治疗。④中轻度厌氧菌感染，可与氨基糖苷类抗生素联合应用治疗腹腔感染和盆腔感染，以控制同时存在的需氧和厌氧菌感染。⑤在无其他低毒性抗菌药可替代时，治疗敏感细菌所致的各种严重感染，如由流感嗜血杆菌、沙门菌属及其他革兰阴性杆菌所致败血症及肺部感染等，常与氨基糖苷类合用。

氯霉素局部用于治疗由大肠埃希菌、流感杆菌、金黄色葡萄球菌、溶血性链球菌等敏感菌所致眼、耳部浅表感染，如外耳炎、急慢性中耳炎、沙眼、结膜炎、角膜炎、眼睑缘炎等。

【制剂】常用剂型有片剂、胶囊、注射剂、滴眼液、滴耳液、眼膏、耳丸、擦剂等。

【不良反应】①本品最严重的不良反应就是对造血系统的毒性反应（如再生障碍性贫血）。②局部使用如疗程长，反复应用，亦可有一定吸收，偶可发生造血系统不良反应。③其他还有如肝细胞毒性作用、严重的胃肠道反应、二重感染、外周神经炎、灰婴综合征等。

【用药指导】①本品禁止与其他骨髓抑制药物合用。②肝功能减退患者避免应用本药。③由于本品的血液系统毒性，用药期间应定期复查周围血常规，同时避免长疗程用药。④妊娠期妇女避免应用；哺乳期妇女避免应用或用药期间暂停哺乳；老年患者慎用；早产儿、新生儿应用本药后可发生"灰婴综合征"，应避免使用，必须用药时需进行血药浓度监测；精神病患者用本品可加重失眠、幻视、幻觉、狂躁、抑郁等精神症状，应禁用。

【商品信息】氯霉素是一种常用的具有旋光活性的广谱抗生素，至今已有 60 多年的使用历史。因致死性再生障碍性贫血和灰婴综合征等严重毒副作用而极大地限制了其临床使用。20 世纪 80 年代以后，由于耐药性及其他抗生素新品种的出现，氯霉素仅限用于治疗那些危及生命而又无其他药物可用的疾病。治疗畜禽肠道感染有特效，但对人体危害很严重。因此国家农业部把其列为第一个被禁止用于可食性动物的抗生素。氯霉素在我国已经是个相对成熟的品种，但存在过度重复生产的情况，目前各类制剂批准文号的数量有 700 余个。

氯霉素注射剂及滴眼剂被《国家基本医疗保险、工伤保险和生育保险药品目录（2024 年）》收录，属于医保甲类药品。

【贮藏】 本品原料药、片剂和胶囊需密封保存。注射剂需遮光，密闭保存。滴眼剂需遮光，密闭，在凉处保存。滴耳剂需密闭保存。

## 六、大环内酯类抗生素

大环内酯类抗生素是一类具有 2 个脱氧糖分子和一个大脂肪族内酯环化学结构的较为庞大的抗生素类群。自 1952 年第 1 个大环内酯抗生素——红霉素上市以来，迄今已逾越百种。但在临床上应用的仅有 20 多种。

大环内酯类抗生素除对革兰阳性菌有较强的抗菌活性外，特别对耐青霉素的金黄色葡萄球菌、部分革兰阴性菌、部分厌氧菌、支原体、衣原体、军团菌、胎儿弯曲杆菌、螺旋体和立克次体均有抗菌活性，毒副作用和不良反应比氨基糖苷类、四环素类和多肽类等抗生素低，又无青霉素类抗生素的严重过敏反应，因此极受临床的重视。我国现已成为全球重要的大环内酯类抗生素原料药生产国与出口国。

### （一）大环内酯类抗生素的分类

#### 1. 根据上市的时间分类

（1）第一代大环内酯类抗生素　20 世纪 50 年代初，第一个大环内酯类抗生素红霉素应用于临床。70 年代后期至 80 年代，对以红霉素为中心的大环内酯类抗生素进行结构改造，得到了一系列抗生素，如麦迪霉素、螺旋霉素、交沙霉素和吉他霉素等。

（2）第二代大环内酯类抗生素　20 世纪 90 年代后，陆续上市了第二代红霉素，与第一代相比，增强了对流感嗜血杆菌、黏膜炎莫拉菌等革兰阴性菌的作用，其中以阿奇霉素最强，克拉霉素其次，还有罗红霉素、地红霉素和氟红霉素等。

（3）第三代大环内酯类抗生素　近 10 年来对红霉素及其衍生物结构改造的研究，获得了第三代对耐药菌有效的大环内酯类抗生素，如酮内酯类的泰利霉素和噻霉素以及酰内酯类、氮内酯类等新品种，抗菌作用增强，已成为当前抗生素新药研发的重点。

#### 2. 根据所含碳内酯环化学结构分类

（1）14 元环大环内酯类　如红霉素、克拉霉素、罗红霉素、地红霉素等。

（2）15 元环大环内酯类　如阿奇霉素。

（3）16 元环大环内酯类　如麦迪霉素、螺旋霉素、乙酰螺旋霉素、交沙霉素、吉他霉素、醋酸麦迪霉素（美欧卡霉素）、罗他霉素等。

（4）其他元环大环内酯类　如酒霉素、苦霉素等。

大环内酯类类抗生素被《国家基本药物目录（2018 年版）》和《国家基本医疗保险、工伤保险和生育保险药品目录（2024 年）》收录的情况详见表 8-6。

表 8-6　大环内酯类类抗生素被国家基本药物目录和国家医保目录收录情况

| 药品类别 | 药品名称 | 药品剂型 | 《国家基本药物目录（2018 年版）》 | 《国家基本医疗保险、工伤保险和生育保险药品目录（2024 年）》 |
|---|---|---|---|---|
| 第一代 | 红霉素 | 注射用无菌粉末 | 收录 | 甲类目录 |
| | | 肠溶（片剂、胶囊）、（琥珀酸乙酯）片剂、胶囊 | 收录 | 甲类目录 |

续表

| 药品类别 | 药品名称 | 药品剂型 | 《国家基本药物目录（2018 年版）》 | 《国家基本医疗保险、工伤保险和生育保险药品目录（2024 年）》 |
|---|---|---|---|---|
| 第二代 | 阿奇霉素 | 片剂、胶囊、肠溶（片剂、胶囊） | 收录 | 甲类目录 |
| | | 颗粒剂 | 收录 | 甲类目录 |
| | | 口服液体制剂 | — | 乙类目录 |
| | | 注射剂 | — | 乙类目录 |
| | 克拉霉素 | 片剂、胶囊 | 收录 | 乙类目录 |
| | | 颗粒剂 | 收录 | 乙类目录 |
| | 琥乙红霉素 | 口服常释剂型 | 收录 | 乙类目录 |
| | | 颗粒剂 | — | 乙类目录 |
| | 环酯红霉素 | 口服液体剂 | — | 乙类目录 |
| | 罗红霉素 | 口服常释剂型 | — | 乙类目录 |
| | | 颗粒剂 | — | 乙类目录 |

### （二）大环内酯类抗生素作用机制

大环内酯类抗生素作用于细菌核糖体 50S 亚基，抑制肽酰基转移酶，阻止转肽作用和 mRNA 位移，抑制细菌蛋白质的合成。本类药物对细菌的生长有影响，属于静止期抑菌剂。

### （三）典型大环内酯类药

#### 红霉素

#### Erythromycin

【其他名称】红丝霉素、艾狄密新、福爱力、新红康等。

【适应证】本品适用于：①溶血性链球菌、肺炎链球菌等所致的急性扁桃体炎、急性咽炎、鼻窦炎；溶血性链球菌所致的猩红热、蜂窝织炎；白喉及白喉带菌者；气性坏疽、炭疽、破伤风；放线菌病；梅毒；李斯特菌病等。②军团菌病。③肺炎支原体肺炎。④肺炎衣原体肺炎。⑤其他衣原体属、支原体属所致泌尿生殖系感染。⑥沙眼衣原体结膜炎。⑦淋球菌感染等。

【制剂】本品常用剂型有片剂（普通片、肠溶衣片）、肠溶胶囊、栓剂、软膏、滴眼剂等。

【不良反应】①本品主要不良反应为胃肠道反应，如腹泻、恶心、呕吐等，其发生率与剂量大小有关。②大剂量（≥4g/d）应用时，尤其肝、肾疾病患者或老年患者，可能引起听力减退，停药后大多可恢复。③偶可致过敏、心律失常、口腔或阴道念珠菌感染等。

【用药指导】①红霉素片口服后在胃内溶解吸收，但易被胃酸破坏，并且其对胃肠道刺激性较大。制成肠溶片（胶囊）能减轻胃肠道刺激，效果较好。②为获得较高血药浓度，红霉素片需空腹（餐前 1 小时或餐后 3~4 小时）与水同服。③溶血性链球菌感染用本品治疗时，至少需持续 10 日，以防止急性风湿热的发生，且应定期随访肝功能。④本品可通过胎盘屏障而进入胎儿循环，故妊娠期妇女应慎用。本品有相当量进入母乳中，故哺乳期妇女应慎用或暂停哺乳。

【商品信息】红霉素是第一个应用于临床的大环内酯类抗生素，美国礼来公司和 Abott 公司最先生产红霉素并将产品推向市场。红霉素上市后，由于疗效确切，抗菌谱较广，加之适合于对青霉素过敏的患者，因而市场销售额稳步提高。虽然自 20 世纪 80 年代中期起，新的头孢菌素类、氨苄西林类、喹诺酮类药物大量涌现，抢占抗生素市场，但红霉素凭借其疗效可靠、价格低廉、副作用较小等优点，仍占据一定的市场份额。我国于 1958 年研制成功红霉素，1960 年生产上市。

目前红霉素（含口服常释剂型和注射剂）被《国家基本药物目录（2018 年版）》和《国家基本医疗保险、工伤保险和生育保险药品目录（2024 年）》收录，属于医保甲类药品。

【贮藏】本品应密封，在阴凉干燥处保存。

### 阿奇霉素
### Azithromycin

【其他名称】阿奇红霉素、希舒美、维宏、抒罗康、其仙、明齐欣、舒美特、泰力特等。

【适应证】本品适用于敏感菌引起的：①急性咽炎、急性扁桃体炎。②鼻窦炎、中耳炎、急性支气管炎、慢性支气管炎急性发作。③肺炎。④尿道炎和宫颈炎。⑤皮肤软组织感染。

【制剂】本品制剂品种多样，包括片剂（普通片、分散片）、胶囊、注射剂、混悬剂、干混悬剂、颗粒剂、糖浆等。

【不良反应】本品常见不良反应有胃肠道反应，如腹泻、腹痛、稀便、恶心、呕吐等。局部反应如注射部位疼痛、局部炎症等。皮肤反应如皮疹、瘙痒。其他如畏食、阴道炎、口腔炎、头晕或呼吸困难等。

【用药指导】①由于肝胆系统是阿奇霉素排泄的主要途径，肝功能不全者慎用，严重肝病患者不应使用。用药期间定期随访肝功能。②用药期间如果发生过敏反应，应立即停药，并采取适当措施。③本品注射剂每次滴注时间不得少于 60 分钟，滴注液浓度不得高于 2.0mg/ml。④进食可影响本品的吸收，故需在饭前 1 小时或饭后 2 小时口服。⑤本品不宜与含铝或镁的抗酸药同时服用，后者可降低本品的血药峰浓度；必须合用时，本品应在服用上述药物前 1 小时或后 2 小时给予。

【商品信息】阿奇霉素最先由克罗地亚 Pliva 公司研制合成，1988 年由 Sour Pliva 公司率先在南斯拉夫上市。为了取得更大的经济效益，原研发公司将全球的生产和市场开发权进行了转让，由美国辉瑞公司、意大利 Sigma – Tau 公司受让。1990 年 9 月该产品在英国上市，1991 年底获美国 FDA 批准在美国上市，商品名为 "Zithromax"（希舒美）。阿奇霉素是我国避开行政保护开发的一个产品，1995 年 8 月 21 日国内药企批准生产阿奇霉素。目前制剂存在过度重复生产的情况，批文数量超过 600 个。

目前阿奇霉素（口服常释剂型和颗粒剂）被《国家基本药物目录（2018 年版）》和《国家基本医疗保险、工伤保险和生育保险药品目录（2024 年）》收录，属于医保甲类药品；阿奇霉素（口服液体剂和注射剂）属于医保乙类药品。

【贮藏】本品注射剂应遮光，密闭，在干燥处保存。口服制剂应密封，在阴凉干燥处保存。

## 七、其他类抗生素

作用于细菌的抗生素除以上各类外，常用的还有以下品种：主要作用于革兰阳性菌的抗生素有万古霉素和去甲万古霉素、克林霉素；主要作用于革兰阴性菌的抗生素有磷霉素。

万古霉素和去甲万古霉素主要阻碍细菌细胞壁的合成，也可改变细菌细胞膜通透性，并选择性地抑制 RNA 合成，属于繁殖期杀菌剂。二者对各种革兰阳性菌均具有强大的杀菌作用，特别是对耐甲氧西林金黄色葡萄球菌（MRSA）和耐甲氧西林表皮葡萄球菌（MRSE）、肠球菌属及耐青霉素肺炎链球菌所致感染。也可用于对青霉素类过敏患者的严重革兰阳性菌感染。但因其毒性较大，一般感染不宜选用。目前万古霉素注射剂和去甲万古霉素注射剂被《国家基本医疗保险、工伤保险和生育保险药品目录（2024 年）》收录，属于医保乙类药品。

克林霉素作用机制与红霉素相同，属于静止期抑菌剂。因此不宜与红霉素合用，容易产生拮抗。主要用于革兰阳性球菌感染和厌氧菌感染。引起在骨组织中浓度高，因此可用于金黄色葡萄球菌骨髓炎、化脓性关节炎。也适用于对 $\beta$-内酰胺类药物过敏者的各种链球菌所致的咽峡炎、中耳炎、肺炎等。目前克林霉素盐酸盐（含片剂、胶囊、注射液、注射用无菌粉末）和克林霉素棕榈酸酯（分散片）被《国家基本药物目录（2018 年版）》和《国家基本医疗保险、工伤保险和生育保险药品目录（2024 年）》收录，属于医保甲类药品；克林霉素磷酸酯（注射剂和口服常释剂型）和克林霉素棕榈酸酯（除分散片外的口服常释剂型）属于医保甲类药品；克林霉素棕榈酸酯（含颗粒剂和口服液体剂）属于医保乙类药品。

磷霉素主要抑制细菌细胞壁黏肽合成的第一步，而阻碍细菌细胞壁的形成，属于繁殖期杀菌剂。具有广谱抗菌作用，属于中等强度杀菌剂。用于治疗由敏感菌引起的尿路感染、肠道感染和皮肤软组织感染等。目前磷霉素（钠盐）注射用无菌粉末和磷霉素氨丁三醇散剂被《国家基本药物目录（2018 年版）》收录。磷霉素注射剂被《国家基本医疗保险、工伤保险和生育保险药品目录（2024 年）》收录，属于医保甲类药品；磷霉素口服常释剂型属于医保乙类药品；磷霉素氨丁三醇（口服散剂和颗粒剂）属于医保乙类药品。

# 第三节　人工合成抗菌药

人工合成抗菌药主要是用化学合成方法制成的抗菌药物。包括磺胺类、喹诺酮类、呋喃类、硝基咪唑类等。

磺胺药从 20 世纪 30 年代开始应用至今虽已有 80 多年，但因品种的不断更新以及增效剂——甲氧苄啶的出现，使其在抗感染药物中仍占一定地位。呋喃类于 40 年代即作为化学药物应用于临床；而喹诺酮类药物是 60 年代开始上市应用，80 年代后迅速发展的一类合成抗菌药。在结构不断更新的基础上，其品种迅速增加，应用前景十分广阔。特别是左氧氟沙星和加替沙星自上市以来，以其高效、广谱、安全等特点，得到广泛应用，已成为临床上最常用抗菌药物之一。

## 一、磺胺类及甲氧苄啶类药

磺胺类药是 20 世纪 30 年代发现的能有效防治全身性细菌性感染的第一类抗感染药物，至今已有 90 多年的历史，现已发展成为一个十分庞大的"家族"，其中合成磺胺类药物已达数千种，临床常用的也有 20 余种。

磺胺类药物具有抗菌谱广、口服方便、吸收较迅速、性质稳定，有的（如磺胺嘧啶）能通过血脑屏障渗入脑脊液等优点，在人类抗菌史上曾发挥过重要作用。但近 20 多年来，新的抗生素和抗菌药物不断涌现，使得磺胺类药物的地位及市场占有率有所下降，在临床上现已被抗生素及喹诺酮类药取代。

但由于磺胺药有对某些感染性疾病（如流脑、鼠疫）具有疗效良好，使用方便、性质稳定、价格低廉等优点，故在抗感染的药物中仍占一定地位。磺胺类药与磺胺增效剂甲氧苄啶合用，使疗效明显增强，抗菌范围增大，进一步提高了其在抗感染药中的地位。

### （一）磺胺类药物发展历史与现状

1932 年，德国化学家约瑟夫·克拉拉和弗里茨·米奇首次合成了含有磺胺基团的百浪多息。同年，德国的吉尔哈·杜马克等人进行了动物实验，结果发现其具有抗细菌感染的作用，成为医学上应用磺胺类药物的开创者，并因此获得了诺贝尔医学奖。此后，各种磺胺类药物在全世界范围内不断被合成并大量应用。磺胺类药有强烈的抑菌作用，对控制感染性疾病提供了强有力的手段，在疾病和死亡面前拯救了无数人的生命。

我国从 20 世纪 40 年代开始生产磺胺类药物。当时，上海信谊制药厂生产的磺胺噻唑（消治龙）曾行销全国，知名度甚高。20 世纪 50 年代，我国磺胺类药物生产迎来了一个高速发展的时期。当时，我国有几十家企业涉足磺胺类药物的生产，品种多达 30 余种，产量高达上千吨。

目前，发达国家已不再生产磺胺类药物，其生产已转移到了发展中国家。我国现已成为全世界磺胺类药物的主要生产国和出口国，所占市场份额越来越大，磺胺类原料药也成为我国原料药出口最多的品种之一。

### （二）磺胺类药物的作用机制

磺胺类药物的作用原理是通过阻止细菌的叶酸代谢而抑制细菌生长繁殖，属于广谱慢效抑菌剂。

### （三）磺胺类药物分类

根据临床用途及口服后的吸收情况，磺胺类药物可分为三类。

**1. 局部应用的磺胺药** 主要用作皮肤黏膜感染的外用药物，如磺胺醋酰钠、磺胺嘧啶银、磺胺嘧啶锌。

**2. 肠内不易吸收的磺胺药** 本类药物口服后吸收很少，因此仅作为肠道感染的治疗用药，如磺胺脒、琥磺噻唑、酚磺醋胺等。

**3. 口服易吸收药物** 本类药物口服后均可吸收，临床用于治疗全身各系统感染。按其在体内有效浓度、持续时间的长短又分为短效磺胺、中效磺胺和长效磺胺。目前临床应用的主要是中效磺胺，常用磺胺甲噁唑（SMZ）和磺胺嘧啶（SD）两种。短效磺胺因其不良反应较多见，且需要频繁给药，使用不便，现已少用。长效磺胺（磺胺多辛、磺胺林）与甲氧苄啶合用可治疗间日疟和恶性疟。

磺胺类药物被《国家基本药物目录（2018 年版）》和《国家基本医疗保险、工伤保险和生育保险药品目录（2024 年）》收录的情况详见表 8－7。

表 8－7　磺胺类药物被国家基本药物目录和国家医保目录收录情况

| 药品类别 | 药品名称 | 药品剂型 | 《国家基本药物目录（2018 年版）》 | 《国家基本医疗保险、工伤保险和生育保险药品目录（2024 年）》 |
| --- | --- | --- | --- | --- |
| 中效磺胺 | 磺胺嘧啶 | 口服常释剂型 | 收录 | 甲类目录 |
| | | 注射剂 | 收录 | 甲类目录 |
| | | 口服液体剂 | — | 乙类目录 |
| 长效磺胺 | 磺胺多辛 | 口服常释剂型 | — | 乙类目录 |
| 磺胺类复方制剂 | 复方磺胺甲噁唑 | 片剂 | 收录 | 甲类目录 |
| | | 注射剂 | — | 乙类目录 |
| | 小儿复方磺胺甲噁唑 | 口服常释剂型 | — | 甲类目录 |
| | | 颗粒剂 | — | 乙类目录 |
| | | 口服散剂 | — | 乙类目录 |
| | 联磺甲氧苄啶 | 口服常释剂型 | — | 乙类目录 |
| 甲氧苄啶及其衍生物 | 甲氧苄啶 | 口服常释剂型 | — | 乙类目录 |

### （四）典型磺胺类药

#### 复方磺胺甲噁唑
#### Sulfamethoxazole－Trimethoprim

即复方新诺明，由磺胺甲噁唑和甲氧苄啶以 5：1 的比例组方而成，包括片剂、胶囊剂、混悬剂、颗粒剂、散剂、注射剂等多种剂型。

复方磺胺甲噁唑疗效确切，抗菌谱较广，副作用较小，口服方便，价格低廉。预计其今后在我国广大农村及经济欠发达地区仍有较大需求和一定发展空间。

本品片剂被《国家基本药物目录（2018 年版）》和《国家基本医疗保险、工伤保险和生育保险药品目录（2024 年）》收录，属于医保甲类药品；注射剂是医保乙类药品。

## 联磺甲氧苄啶
### Sulfamethoxazole – Trimethoprim – Sulfadiazine

即增效联磺，由磺胺甲噁唑、磺胺嘧啶、甲氧苄啶以 5：5：2 的比例组方而成，包括片剂、胶囊剂等剂型。联磺甲氧苄啶最早于 1983 年由国内制药厂投入生产。

本品口服常释剂型被《国家基本医疗保险、工伤保险和生育保险药品目录（2024 年）》收录，属于医保乙类药品。

**知识拓展**

#### 国家药监局注销颠茄磺苄啶片药品注册证书

2025 年 1 月 3 日，国家药品监督管理局网站发布《国家药监局关于注销颠茄磺苄啶片药品注册证书的公告（2025 年第 2 号）》。其中提到，根据《中华人民共和国药品管理法》第八十三条等有关规定，国家药品监督管理局组织对颠茄磺苄啶片开展了上市后评价。经评价，国家药品监督管理局决定自即日起停止颠茄磺苄啶片在我国的生产、销售、使用，注销药品注册证书。已上市销售的产品，由药品上市许可持有人负责召回，召回产品由所在地省级药品监督管理部门监督销毁或者依法采取其他无害化处理等措施。

颠茄磺苄啶片别名"泻立停"，该药品作为复方制剂，主要成分包括颠茄流浸膏、磺胺甲噁唑和甲氧苄啶，曾用于治疗由痢疾杆菌引发的急慢性菌痢及其他敏感菌引起的肠炎。据统计，本次公告注销的颠茄磺苄啶片共计来自于 65 家国内药企共计 80 个品种。

## 二、喹诺酮类药

喹诺酮类药物是指人工合成的含有 4-喹酮母核的一类抗菌药物。第一个喹诺酮类药物于 1962 年研制成功，以萘啶酸为代表，1964 年应用于临床泌尿系统感染，但因抗菌谱窄易产生耐药性已被淘汰。1978 年化学家们在喹诺酮的骨架 6 位上添加氟原子，7 位上引入哌嗪环或其他衍生物，统称为氟喹诺酮类药。

喹诺酮类药物以其抗菌活性强、抗菌谱广、口服吸收好、组织分布广、生物利用度高、半衰期长、使用方便、与其他抗菌药物之间交叉耐药现象较少等特点，在临床被广泛用于治疗各种感染性疾病。主要品种有：左氧氟沙星、加替沙星、洛美沙星、氟罗沙星、培氟沙星、环丙沙星、依诺沙星、莫西沙星、司帕沙星、帕珠沙星、氧氟沙星、托氟沙星、芦氟沙星、诺氟沙星等。

### （一）喹诺酮类药物的分类

**1. 化学结构分类方法**　从化学结构看，喹诺酮类药物大体分为萘啶酸类（萘啶酸）、吡啶并嘧啶酸类（吡哌酸）、喹啉酸类（环丙沙星）和噌啉酸类（西诺沙星）四大类。如按喹诺酮骨架中稠合环数目的不同又可分为二元环类、三元环类、多元环类。早期开发的多属萘啶酸、吡啶并嘧啶酸和噌啉酸类，而近年开发的多属于喹啉酸类。

**2. 传统分类方法**　喹诺酮类药物按其研究的先后及抗菌性能的不同可分为一、二、三、四代。第一代喹诺酮类只对大肠埃希菌、痢疾杆菌、克雷伯杆菌及少部分变形杆菌有抗菌作用，品种有萘啶酸和吡咯酸，因疗效不佳现已少用。第二代喹诺酮类在抗菌方面有所扩大，品种有吡哌酸、新恶酸等。第三代喹诺酮类抗菌谱进一步扩大，对革兰阳性菌亦有抗菌作用，对革兰阴性菌的抗菌作用进一步增强。由于其结构上在萘啶环的6位处引入了氟原子，在7位上都连有哌嗪环，因而统称氟喹诺酮类。第四代喹诺酮类抗菌药不仅保持了第三代喹诺酮抗菌的优点，还进一步扩大到衣原体、支原体等病原体。临床上主要用于对葡萄球菌属、链球菌属等属所致的烫伤感染、手术感染、慢性呼吸系统疾病的二次感染。

喹诺酮类药物被《国家基本药物目录（2018年版）》和《国家基本医疗保险、工伤保险和生育保险药品目录（2024年)》收录的情况详见表8-8。

表8-8 喹诺酮类药物被国家基本药物目录和国家医保目录收录情况

| 药品类别 | 药品名称 | 药品剂型 | 《国家基本药物目录（2018年版）》 | 《国家基本医疗保险、工伤保险和生育保险药品目录（2024年)》 |
|---|---|---|---|---|
| 氟喹诺酮类 | 诺氟沙星 | 片剂 | 收录 | 甲类目录 |
| | | 胶囊 | 收录 | 甲类目录 |
| | 环丙沙星 | 片剂、胶囊（盐酸盐） | 收录 | 甲类目录 |
| | | 注射液（乳酸盐） | 收录 | 甲类目录 |
| | | 氯化钠注射液（乳酸盐） | 收录 | 乙类目录 |
| | | 葡萄糖注射剂 | — | 乙类目录 |
| | 左氧氟沙星 | 片剂、胶囊 | 收录 | 甲类目录 |
| | | 注射液 | 收录 | 甲类目录 |
| | | 氯化钠注射液 | 收录 | 乙类目录 |
| | | 葡萄糖注射剂 | — | 乙类目录 |
| | 莫西沙星 | 片剂 | 收录 | 乙类目录 |
| | | 注射剂 | — | 乙类目录 |
| | | 氯化钠注射液 | 收录 | 乙类目录 |
| | 吉米沙星 | 口服常释剂型 | — | 乙类目录 |
| 其他喹诺酮类 | 吡哌酸 | 口服常释剂型 | — | 甲类目录 |
| | 西他沙星 | 片剂 | — | 乙类目录 |
| | 苹果酸奈诺沙星 | 胶囊 | — | 乙类目录 |

### （二）喹诺酮类药物的作用机制

喹诺酮类药物主要作用于细菌的脱氧核糖核酸（DNA）旋转酶，使DNA不能形成具有生物效能的双股超螺旋，造成染色体不可逆的损害，使细菌细胞不再分裂，属于广谱杀菌剂。

### （三）典型喹诺酮类药

## 左氧氟沙星

### Levofloxacin

【其他名称】左福沙星、可乐必妥、来立信、利复星、特夫比克、乐林必妥、彼妥。

【适应证】本品适用于敏感菌引起的：①泌尿生殖系统感染。②呼吸道感染。③胃肠道感染。④伤寒。⑤骨和关节感染。⑥皮肤软组织感染。⑦败血症等全身感染。

【制剂】临床多用其盐酸盐或乳酸盐。常用剂型有注射剂、片剂（普通片、分散片）、滴眼剂、胶囊剂、凝胶剂（眼用）和溶液剂（口服）等。

【不良反应】本品主要不良反应有胃肠道反应、中枢神经系统反应、过敏反应和关节疼痛等。

【用药指导】①本品静脉滴注时间为每100ml不得少于60分钟。不宜与其他药物包括多价金属离子如镁、钙等溶液同瓶混合滴注。②大剂量应用或尿 pH 值在 7 以上时可发生结晶尿。为避免结晶尿的发生，宜多饮水，保持 24 小时排尿量在 1200ml 以上。③应避免过度暴露于阳光，如发生光敏反应或其他过敏症状需停药。④原有中枢神经系统疾患者，如癫痫及癫痫病史者均应避免应用。⑤偶有用药后发生跟腱炎或跟腱断裂的报告，如有上述症状发生，须立即停药，直至症状消失。⑥本品与非甾体类抗炎药芬布芬合用时，偶有抽搐发生，因此不宜与芬布芬合用。与口服降血糖药合用时可能引起低血糖，因此用药过程中应注意监测血糖浓度，一旦发生低血糖应立即停用本品，并给予适当处理。

【商品信息】本品是日本第一制药株式会社于 20 世纪 90 年代初开发的品种，其抗菌活性比氧氟沙星强 2 倍，临床剂量仅为氧氟沙星的一半。1995 年进入我国市场，1997 年实现国产化。2002 年跃居国内抗感染药物第 1 位。目前左氧氟沙星是全球及我国销量最大的喹诺酮类药物之一，均衡的抗菌谱及可靠的安全性促成了其临床广泛的应用。

本品片剂、胶囊、注射液和氯化钠注射液被《国家基本药物目录（2018 年版）》收录；口服常释剂型和注射剂被《国家基本医疗保险、工伤保险和生育保险药品目录（2024 年）》收录，属于医保甲类药品；氯化钠注射剂和葡萄糖注射剂属于医保乙类药品。

【贮藏】本品注射剂、滴眼剂需遮光，密闭，在阴凉处保存，口服制剂需遮光，密封保存。

### 三、呋喃类药

本类药物目前在临床上应用的有呋喃妥因、呋喃唑酮和呋喃西林。抗菌谱广，对许多革兰阳性菌和革兰阴性菌均有抗菌作用，但对铜绿假单胞菌无效。口服后血药浓度低，组织渗透性差，不宜用于全身感染。

呋喃妥因主要用于治疗单纯性膀胱炎，亦可用于反复发作性尿路感染患者预防急性发作。呋喃唑酮可用于细菌性痢疾和旅游者腹泻。呋喃西林仅局部外用于伤口、创面、皮肤等感染。对本类药物过敏者、新生儿及肝肾功能不全者禁用。呋喃妥因肠溶片被《国家基本药物目录（2018 年版）》和《国家基本医疗保险、工伤保险和生育保险药品目录（2024 年）》收录，属于医保甲类药品；呋喃唑酮口服常释剂型属于医保甲类药品。

### 四、硝基咪唑类药品

本类药物目前在临床上应用的主要有甲硝唑、替硝唑、奥硝唑、左奥硝唑、吗啉硝唑等。甲硝唑对脆弱拟杆菌等厌氧菌具有强大抗菌作用，对阴道滴虫、阿米巴原虫、贾第鞭毛虫有良好抗菌作用。在临床上常与抗需氧菌药物联合应用于需氧菌与厌氧菌混合感染，如腹腔、盆腔、皮肤软组织感染、血流感染、中枢神经系统感染等的治疗。替硝唑的临床适应证同甲硝唑，其不良反应较甲硝唑少见。

本类药物主要不良反应为胃肠道反应，大剂量应用时有头痛、眩晕症状，偶有肢体麻木，多发性神经炎等。妊娠期妇女不宜应用，有中枢神经系统病变者禁用。肝病患者或肾功能减退者需调整剂量。

甲硝唑（片剂、胶囊和注射剂）、替硝唑（片剂、胶囊）被《国家基本药物目录（2018 年版）》和《国家基本医疗保险、工伤保险和生育保险药品目录（2024 年）》收录，属于医保甲类药品。甲硝唑（氯化钠注射剂、葡萄糖注射剂）、替硝唑（注射剂、氯化钠注射剂、葡萄糖注射剂）、奥硝唑（口服常释剂型、注射剂、氯化钠注射剂、葡萄糖注射剂）、左奥硝唑氯化钠注射剂、吗啉硝唑氯化钠注射液都属于医保乙类药品。

## 第四节  抗结核病和抗麻风病类药

### 一、抗结核病药

#### （一）结核病与抗结核病药

结核病是由结核分枝杆菌引起的慢性传染病，其中最为常见的是肺结核病，其他还有骨结核、肾结核、肠结核、结核性脑膜炎和结核性肠膜炎等。此病具有疗程长、不易治愈、细菌易产生耐药性等特点。

历史上，结核病曾同天花、鼠疫、霍乱等烈性传染病一样，在全世界广泛流行，令医学界束手无策。1882 年 3 月 24 日，德国科学家罗伯特·科赫宣布发现结核杆菌，给在世界范围内控制结核病带来希望。为了纪念这一伟大发现，世界卫生组织决定将每年的 3 月 24 日定为"世界防治结核病日"，以提醒公众加深对结核病的认识，使之能够得到及时诊断和有效治疗。

随着人类在预防、诊断和治疗结核病方面取得的一系列重大突破，结核病曾得到有效控制，一些地区近于绝迹。但 20 世纪 90 年代以来，一度销声匿迹的结核病又卷土重来，并以极为迅猛的势头肆虐全球。2023 年 11 月 7 日，世界卫生组织发布《2023 年全球结核病报告》。2022 年全球有 1060 万新发结核病患者，发病率为 133/10 万。2022 年全球新发结核病患者数高于 2021 年的 1030 万和 2020 年的 1000 万例，结核病发病率在 2020—2022 年间增加了 3.9%。而在 2010—2020 年间，发病率年递降率约为 2%。

世界卫生组织根据我国结核病信息监测系统新患者登记数以及死因监测系统的结核病死亡数据等，与中国疾控中心结核病预防控制中心的专家组共同测算分析而得：我国 2022 年估算的结核病新发患者数为 74.8 万（2021 年 78.0 万），估算结核病发病率为 52/10 万（2021 年 55/10 万）。在 30 个结核病高负担国家中我国估算结核病发病数排第 3 位，占全球发病数的 7.1%，低于印度尼西亚（10%）和印度（27%）。我国的结核病死亡数估算为 3 万，结核病死亡率为 2.0/10 万。估算耐多药/利福平耐药结核病（MDR/RR－TB）患者为 3 万。因此，研究、开发有效地抗结核病药已成为临床迫切需要，也是全球医药工作者共同的奋斗目标。

自 1944 年发现链霉素，20 世纪 50 年代至 60 年代引入异烟肼与利福平以来，相继有多种抗结核药问世。目前异烟肼和利福平仍是主要抗结核病药，链霉素、吡嗪酰胺和乙胺丁醇亦是世界卫生组织确定的其他三种基本抗结核病药。

#### （二）抗结核病药的分类

（1）根据抗菌作用强弱，可分为：①具有杀菌作用的药物，如异烟肼、利福平、链霉素、卡那霉素、卷曲霉素、乙硫异烟胺、吡嗪酰胺等。②具有一定杀菌作用的药物，如氧氟沙星、左氧氟沙星等喹诺酮类抗菌药。③具有抑菌作用的药物，如乙胺丁醇、环丝氨酸、对氨基水杨酸等。

（2）按临床应用可分为一线与二线抗结核药。①一线药品有异烟肼、利福平、链霉素、吡嗪酰胺、乙胺丁醇；②二线药品有乙硫异烟胺、丙硫异烟胺、卡那霉素、阿米卡星、环丝氨酸、卷曲霉素、紫霉素、结核放线菌素、氨硫脲、对氨基水杨酸、氧氟沙星、左氧氟沙星、环丙沙星、司帕沙星等。

一线药品具有疗效高、不良反应少、服用方便、价格低廉等优点，为初始结核病治疗的首选药，可成功治疗绝大多数结核病。二线药品仅作为细菌对一线药物产生耐药性或患者不能耐受一线药品时的替代药品。

抗结核病药物被《国家基本药物目录（2018 年版)》和《国家基本医疗保险、工伤保险和生育保险药品目录（2024 年)》收录的情况详见表 8－9。

表 8－9　抗结核病药物被国家基本药物目录和国家医保目录收录情况

| 药品类别 | 药品名称 | 药品剂型 | 《国家基本药物目录（2018 年版)》 | 《国家基本医疗保险、工伤保险和生育保险药品目录（2024 年)》 |
|---|---|---|---|---|
| 抗结核病药 | 异烟肼 | 片剂 | 收录 | 甲类目录 |
| | | 注射剂 | 收录 | 甲类目录 |
| | 帕司烟肼（对氨基水杨酸异烟肼） | 口服常释剂型 | — | 乙类目录 |
| | 利福平 | 片剂、胶囊 | 收录 | 甲类目录 |
| | | 注射剂 | — | 甲类目录 |
| | 吡嗪酰胺 | 片剂、胶囊 | 收录 | 甲类目录 |
| | 乙胺丁醇 | 片剂、胶囊 | 收录 | 甲类目录 |
| | 链霉素 | 注射用无菌粉末 | 收录 | — |
| | 对氨基水杨酸钠 | 肠溶片 | 收录 | 甲类目录 |
| | | 注射用无菌粉末 | 收录 | 甲类目录 |
| | 利福喷丁 | 口服常释剂型 | — | 甲类目录 |
| | 环丝氨酸 | 口服常释剂型 | — | 乙类目录 |
| | 卷曲霉素 | 注射剂 | — | 乙类目录 |
| | 利福布汀 | 口服常释剂型 | — | 乙类目录 |
| | 利福霉素 | 注射剂 | — | 乙类目录 |
| | 丙硫异烟胺 | 口服常释剂型 | — | 乙类目录 |
| | 富马酸贝达喹啉 | 片剂 | — | 乙类目录 |
| | 德拉马尼 | 片剂 | — | 乙类目录 |
| 抗结核病复方制剂 | 乙胺吡嗪利福异烟 乙胺吡嗪利福异烟Ⅱ | 口服常释剂型 | — | 乙类目录 |
| | 乙胺利福异烟 | 口服常释剂型 | — | 乙类目录 |
| | 异福（利福平异烟肼） | 口服常释剂型 | — | 乙类目录 |
| | 异福酰胺 | 口服常释剂型 | — | 乙类目录 |
| 耐多药肺结核用药 | 按规定列入《耐多药肺结核防治管理工作方案》中的耐多药肺结核治疗药品 | | 收录 | |

### （三）抗结合药物治疗用药原则

采用抗结核药物治疗的目标是：①在最短时间内使痰菌转阴，减少结核病的传播；②防止耐药菌株的产生；③达到完全治愈，避免复发。

结核病的药物治疗原则是：①联合治疗，防止和减少细菌耐药性的产生；②疗程足够，即在医护人员监督下服药，以保证患者完成全疗程，达到彻底治疗，避免因不规则治疗致病程迁延，细菌产生耐药性；③短程疗法，目前对肺结核治疗广泛采用包括异烟肼、利福平、吡嗪酰胺在内的 6 个月短程疗法，或包括异烟肼、利福平在内的 9 个月短程疗法，通常在初始两个月加入乙胺丁醇（幼儿用链霉素）。

### （四）典型抗结核病药

# 异烟肼

## Isoniazid

**【其他名称】** 雷米封、异烟酰肼、INH、Isolyn、Tubazid、IsonicotinicAcid Hydrazide、INAH。

**【适应证】** ①本品是一种具有杀菌作用的合成抗菌药，只对分枝杆菌，主要是生长繁殖期的细菌有效。②单用适用于各型结核病的预防；与其他抗结核药联合，适用于各型结核病的治疗，包括结核性脑膜炎以及其他分枝杆菌感染。

**【制剂】** 常用剂型为片剂和注射剂。

**【不良反应】** 本品主要不良反应有步态不稳或麻木针刺感、烧灼感或手指疼痛等周围神经炎症状；深色尿、眼或皮肤黄染等肝毒性症状，35 岁以上患者肝毒性发生率增高；食欲不佳、异常乏力或软弱、恶心或呕吐等胃肠道反应。

**【用药指导】** ①用本品治疗时必须持续 6 个月至 2 年，甚至需数年或不定期用药。用药期间应定期随访肝功能，肝病患者慎用。②服用异烟肼时每日饮酒易引起肝脏毒性反应，并加速异烟肼的代谢，因此患者服药期间应避免酒精饮料。③与多种抗结核药联用时，可加重肝毒性和其他抗结核病药的不良反应，治疗过程中应密切观察。④与口服抗凝血药如阿芬太尼、双硫磷、恩氟烷等合用时可增加后者的不良反应，请避免合用。含铝制酸药可延缓并减少异烟肼口服后的吸收，使血药浓度减低，故应避免两者同时服用，或在口服制酸剂前至少 1 小时服用异烟肼。⑤异烟肼为维生素 $B_6$ 的拮抗剂，可增加维生素 $B_6$ 经肾排出量，因而可能导致周围神经炎，服用异烟肼时需补充维生素 $B_6$。

**【商品信息】** 异烟肼是 20 世纪 50 年代初瑞士罗氏公司开发的产品，是具有特异性抗结核分枝杆菌药物。本品疗效显著、价格低廉，一直受到医生和患者的青睐，多年的临床表明在各型肺结核的进展期、溶解播散期、吸收好转期中发挥了重要作用。目前存在过度重复生产的情况，各类制剂批准文号的数量超过 500 个。

本品片剂和注射剂被《国家基本药物目录（2018 年版）》收录；口服常释剂型和注射剂被《国家基本医疗保险、工伤保险和生育保险药品目录（2024 年）》收录，属于医保甲类药品；帕司烟肼（对氨基水杨酸异烟肼）属于医保乙类药品。

**【贮藏】** 本品遇光、受潮、受热可变黄色，因此原料药和制剂均需遮光，密封，在干燥处保存。

## 二、抗麻风病药

麻风病是由麻风分枝杆菌引起的慢性传染病，在人类历史上至少已流行三千多年之久，且无一国、一地可免于该病的侵袭。近年来，全球新发麻风病病例数呈缓慢下降的趋势，但我国每年新发麻风病病例总数仍位于世界前列。

2024 年 1 月 28 日，国家疾控局等 12 部门联合制定了《全面消除麻风危害可持续发展规划（2024—2030 年）》。其中介绍，2011 年至 2022 年，全国共发现和治疗麻风病例 8500 余例，2022 年麻风现症病例数较 2010 年减少约 70%；麻风患病率大于 1/1 万的县（市、区）始终为 0，麻风患病率大于 1/10 万的县（市、区）较 2010 年减少约 80%，呈显著下降趋势。

2022 年底，全国仍有 46 个县（市、区）麻风患病率大于 1/10 万；2022 年，新发现麻风病例 302例，但是地域分布较广且不均衡，其中 194 个县（市、区）报告本地新发麻风病例，部分地区存在疫情波动或反弹的风险。

防治麻风病最常用的药物为砜类药，如氨苯砜、醋氨苯砜，疗效较好；其他尚有氯法齐明等，也有一定疗效。氨苯砜（dapsone）为目前治疗麻风病的主要药品。作用机制与磺胺药类似，通过抑制麻风分枝杆菌的生长繁殖发挥作用。与其他药物联合治疗，可延缓耐药性产生，减少复发。不良反应主要有轻度胃肠道反应，头晕、乏力、失眠或嗜睡等。部分患者可发生发热、皮损加重、急性神经炎、睾丸炎、黄疸伴肝坏死等麻风反应，可给予沙利度胺、皮质激素等处理。有磺胺过敏史、严重肝肾功能不全、贫血、精神病患者禁用本品。

氨苯砜片剂被《国家基本药物目录（2018 年版）》收录；口服常释剂型被《国家基本医疗保险、工伤保险和生育保险药品目录（2024 年）》收录，属于医保甲类药品；氯法齐明口服常释剂型属于医保乙类药品。

# 第五节　抗真菌药

真菌感染分为浅部真菌感染和深部真菌感染。浅部真菌主要为皮肤丝状菌，侵犯皮肤、毛发、指甲等角化组织引起癣症，又称癣菌。深部真菌病侵犯皮肤深层和内脏，如肺、脑、消化道等器官，危害性较大。

抗真菌药物是指具有抑制真菌生长和繁殖或杀灭真菌的药物。其发展大致可以分为以下阶段。20 世纪 30 年代末，从微生物发酵代谢产物中分离得到灰黄霉素并被用于临床；1944 年报道了氮唑类化合物的抗真菌作用；1960 年两性霉素被用于临床；1981 年酮康唑口服制剂在美国上市，第 1 个烯丙胺类药物萘替芬进入临床试验；1990—1992 年氟康唑和依曲康唑开始在美国使用；1993—1995 年报道了第 2 代三唑类抗真菌药物；1995—1996 年上市了第 2 个烯丙胺类药物特比萘芬，以及两性霉素 B 脂质体制剂；21 世纪初，棘白菌素 B 衍生物和伏立康唑获准上市，此后还有泊沙康唑、艾沙康唑相继上市。这些药物为有效控制致病真菌感染提供了强有力的武器。

## 一、抗真菌药物的分类

**1. 多烯大环内酯类抗真菌抗生素**　包括三烯类：变曲霉素；四烯类：制霉菌素、那他霉素、金褐霉素；五烯类：制霉色菌素、喷他霉素、戊霉素；六烯类：恩多霉素；七烯类：两性霉素 B、两性霉素 B 脂质体、曲古霉素、克念菌素、杀念珠菌素、美帕曲星、帕曲星等。

**2. 氮唑类抗真菌药**　包括咪唑类：克霉唑、咪康唑、益康唑、酮康唑、塞他康唑、奈替康唑、拉诺康唑、氟咪唑；三唑类：氟康唑、伊曲康唑、特康唑、伏立康唑、泊沙康唑、拉夫康唑、艾沙康唑等。

**3. 烯丙胺类抗真菌药**　如萘替芬、特比萘芬、丁替芬、布特萘芬等。

**4. 其他类抗真菌药**　包括 1,3-$\beta$ 葡聚糖合成酶抑制剂的棘白菌素类（卡泊芬净、阿尼芬净、米卡芬净等）；麦角甾醇生物合成抑制剂的吗琳类；干扰核酸合成的氟胞嘧啶类；抑制线粒体 AT 合成酶的柠檬醛类等。

**5. 植物药**　如大蒜、肉桂、丁香、茴香、珊瑚姜、姜黄和小檗碱等。

**6. 消毒防腐药**　如水杨酸、苯甲酸、十一烯酸等。

抗真菌药物被《国家基本药物目录（2018 年版）》和《国家基本医疗保险、工伤保险和生育保险药品目录（2024 年）》收录的情况详见表 8-10。

表 8 - 10　抗真菌药物被国家基本药物目录和国家医保目录收录情况

| 药品类别 | 药品名称 | 药品剂型 | 《国家基本药物目录（2018 年版）》 | 《国家基本医疗保险、工伤保险和生育保险药品目录（2024 年）》 |
|---|---|---|---|---|
| 三唑类抗真菌药 | 氟康唑 | 口服常释剂型 | 收录 | 甲类目录 |
| | | 注射剂 | — | 乙类目录 |
| | | 氯化钠注射液 | 收录 | 乙类目录 |
| | | 颗粒剂 | — | 乙类目录 |
| | | 葡萄糖注射剂 | — | 乙类目录 |
| | 伊曲康唑 | 口服常释剂型 | 收录 | 乙类目录 |
| | | 颗粒剂 | 收录 | 乙类目录 |
| | | 口服溶液剂 | 收录 | 乙类目录 |
| | | 注射液 | 收录 | 乙类目录 |
| | 伏立康唑 | 口服常释剂型 | — | 乙类目录 |
| | | 口服液体剂 | — | 乙类目录 |
| | | 注射剂 | — | 乙类目录 |
| | 泊沙康唑 | 口服混悬液 | — | 乙类目录 |
| | | 肠溶片 | — | 乙类目录 |
| | | 注射液 | — | 乙类目录 |
| | 注射用硫酸艾沙康唑 | | | 乙类目录 |
| 抗真菌抗生素 | 两性霉素 B | 注射用无菌粉末 | 收录 | 甲类目录 |
| | | 脂质体注射剂 | — | 乙类目录 |
| 其他抗真菌药 | 卡泊芬净 | 注射剂 | 收录 | 乙类目录 |
| | 米卡芬净 | 注射剂 | — | 乙类目录 |
| | 制霉菌素 | 口服常释剂型 | | 甲类目录 |
| | 氟胞嘧啶 | 口服常释剂型 | — | 乙类目录 |
| | | 注射剂 | — | 乙类目录 |

## 二、典型抗真菌药

### 氟康唑

### Fluconazol

【其他名称】大扶康、麦道扶康、麦尼芬、三维康、扶达、依利康、扶维、博泰等。

【适应证】本品属氮唑类抗真菌药，抗真菌谱较广。适用于：①念珠菌病：用于治疗口咽部和食道念珠菌感染；播散性念珠菌病，包括腹膜炎、肺炎、尿路感染等；念珠菌外阴阴道炎等。②隐球菌病：用于治疗脑膜以外的新型隐球菌病；治疗隐球菌脑膜炎时，本品可作为两性霉素 B 联合氟胞嘧啶初治后的维持治疗药物。③球孢子菌病。④用于接受化疗、放疗和免疫抑制治疗患者的预防治疗等。

【制剂】本品常用剂型有片剂、胶囊、注射剂和滴眼剂。

【不良反应】本品主要不良反应有恶心、腹痛、腹泻及胀气等胃肠道反应，其次为疱疹，也可出现过敏反应及肝损害。

【用药指导】①本品目前在免疫缺陷者中的长期预防用药，已导致念珠菌属等对本品耐药性的增加，故需掌握指征，避免无指征预防用药。②治疗过程中偶可出现肝毒性症状，因此用本品治疗开始前和治疗中均应定期检查肝功能。③肾功能损害者，需调整用药剂量。妊娠期妇女及16岁以下儿童慎用。④本品与异烟肼或利福平合用时，可降低药效。与甲苯磺丁脲、氯磺丁脲和格列吡嗪等磺酰脲类降血糖药合用时，可使此类药物的血药浓度升高而可能导致低血糖，因此需监测血糖，并减少磺酰脲类降血糖药的剂量。与华法林等双香豆素类抗凝药合用时，可增强双香豆素类抗凝药的抗凝作用，致凝血酶原时间延长，故应监测凝血酶原时间并谨慎使用。

【商品信息】本品最早是美国辉瑞制药公司研制的产品，商品名"大扶康"。1990年在美国上市，现已在全球30多个国家上市。近年来，氟康唑也是我国抗真菌市场上的畅销品种。

氟康唑（片剂、胶囊、分散片、氯化钠注射剂）被《国家基本药物目录（2018年版）》收录；氟康唑（口服常释剂型）被《国家基本医疗保险、工伤保险和生育保险药品目录（2024年）》收录，属于医保甲类药品；氟康唑（颗粒剂、注射剂、葡萄糖注射剂和氯化钠注射剂）属于医保乙类药品。

【贮藏】本品注射剂需遮光，密闭保存。口服制剂需密封，在阴凉干燥处保存。

# 第六节　抗病毒药

病毒是细胞内寄生的微生物，利用宿主细胞代谢系统进行增殖复制，按病毒基因提供的遗传信息合成病毒的核酸和蛋白质，再进行装配后从细胞内释放出来。多数抗病毒药可同时作用于宿主细胞，因而对宿主产生毒性作用。

当前病毒性传染病居传染病之首，世界卫生组织指出全球的病毒性传染病比细菌等其他传染病总数约多3倍，占70%以上。其发病率高、传播快、缺乏特异治疗药物、并不断出现新的疾病，对人类健康形成莫大的威胁。如20世纪超级瘟疫的艾滋病、埃博拉病毒、甲型H1N1病毒、严重急性呼吸道综合征（SARS）、各种病毒性肝炎、病毒性脑炎、婴幼儿病毒性肺炎、病毒性心肌炎等。但是，抗病毒药物发展远滞后于抗细菌药物的发展。就目前而言，多数病毒无特殊治疗药物，又无有效的疫苗，病毒依然对人类危害极大。

抗病毒药是一类用于预防和治疗病毒感染的药物。20世纪60年代，碘苷作为第一个抗病毒药物才开始应用于治疗疱疹病毒角膜炎；70年代，阿昔洛韦问世，由此开始了抗疱疹病毒药物研制；80年代艾滋病的出现，对抗病毒药物的研制产生了重大的影响；90年代初，抗HIV药拉米夫定上市；21世纪以来，抗流感病毒药物奥司他韦、抗肝炎病毒药物索磷布韦和索磷布韦维帕他韦等药物相继问世，目前研究人员已经开发出百余种抗病毒药物。随着病毒耐药株的不断涌现和新型病毒感染性疾病的暴发，新型抗病毒药物的持续研究对于全球公共卫生安全具有重大的科学意义。

## 一、抗病毒药的分类

### 1. 按化学结构分类

（1）环胺类　如金刚烷胺、金刚乙胺等。

（2）焦磷酸类 如膦甲酸等。

（3）蛋白酶抑制药 如沙喹那韦、利托那韦、吲哚那韦、奈非那韦等。

（4）核苷和核苷酸类药物 如阿昔洛韦、拉米夫定、利巴韦林、齐多夫定等。

（5）其他类 如地拉韦定、甘草酸、干扰素、奈韦拉平以及反义寡核苷酸类等。

**2. 按作用分类**

（1）抗人类免疫缺陷病毒（HIV）药物 如吲哚那韦、奈非那韦、地拉韦定、奈非拉平等。

（2）抗巨细胞病毒（CMV）药物 如膦甲酸钠、更昔洛韦、西多福韦等。

（3）抗肝炎病毒药物 如干扰素、单磷酸阿糖腺苷、拉米夫定、甘草酸、恩替卡韦等。

（4）抗疱疹病毒药物 如阿昔洛韦、伐昔洛韦、泛昔洛韦、阿糖腺苷等。

（5）抗流感及呼吸道病毒药物 如奥司他韦、金刚烷胺、金刚乙胺、利巴韦林、反义寡核苷酸类等。

抗病毒药物被《国家基本药物目录（2018 年版）》和《国家基本医疗保险、工伤保险和生育保险药品目录（2024 年)》收录的情况详见表 8 – 11。

表 8 – 11　抗病毒药物被国家基本药物目录和国家医保目录收录情况

| 药品类别 | 药品名称 | 药品剂型 | 《国家基本药物目录（2018 年版)》 | 《国家基本医疗保险、工伤保险和生育保险药品目录（2024 年)》 |
|---|---|---|---|---|
| 抗疱疹病毒药物 | 阿昔洛韦 | 片剂、胶囊 | 收录 | 甲类目录 |
| | | 注射剂 | — | 乙类目录 |
| | | 颗粒剂 | — | 乙类目录 |
| | 伐昔洛韦 | 口服常释剂型 | — | 乙类目录 |
| | 泛昔洛韦 | 口服常释剂型 | — | 乙类目录 |
| 抗巨细胞病毒（CMV）药物 | 更昔洛韦 | 口服常释剂型 | — | 乙类目录 |
| | | 注射用无菌粉末 | 收录 | 乙类目录 |
| | 膦甲酸钠 | 注射剂 | — | 乙类目录 |
| | | 氯化钠注射剂 | — | 乙类目录 |
| | | 葡萄糖注射剂 | — | 乙类目录 |
| | 来特莫韦片 | — | — | 乙类目录 |
| 抗肝炎病毒药物 | 恩替卡韦 | 片剂、分散片、胶囊 | 收录 | 乙类目录 |
| | | 口服溶液 | — | 乙类目录 |
| | 索磷布韦维帕他韦 | 片剂 | 收录 | 乙类目录（协议期内谈判药品） |
| | 替诺福韦二吡呋酯 | 片剂、胶囊 | 收录 | 乙类目录 |
| | 丙酚替诺福韦 | 口服常释剂型 | — | 乙类目录 |
| | 阿德福韦酯 | 口服常释剂型 | — | 乙类目录 |
| | 替比夫定 | 口服常释剂型 | — | 乙类目录 |
| | 恩曲他滨替诺福韦 | 口服常释剂型 | — | 乙类目录 |
| | 拉米夫定 | 口服常释剂型 | — | 乙类目录 |
| | 重组细胞因子基因衍生蛋白注射液 | — | — | 乙类目录 |

续表

| 药品类别 | 药品名称 | 药品剂型 | 《国家基本药物目录（2018 年版）》 | 《国家基本医疗保险、工伤保险和生育保险药品目录（2024 年）》 |
|---|---|---|---|---|
| 抗流感及呼吸道病毒药物 | 奥司他韦 | 胶囊 | 收录 | 乙类目录 |
| | | 颗粒剂 | 收录 | 乙类目录 |
| | 磷酸奥司他韦 | 干混悬剂 | — | 乙类目录 |
| | 帕拉米韦 | 氯化钠注射剂 | — | 乙类目录 |
| | 法维拉韦（又称法匹拉韦） | 片剂 | — | 乙类目录 |
| | 玛巴洛沙韦 | 片剂 | — | 乙类目录 |
| | 利巴韦林 | 片剂、胶囊 | 收录 | 甲类目录 |
| | | 注射剂 | — | 乙类目录 |
| | 金刚乙胺 | 口服常释剂型 | — | 乙类目录 |
| | | 颗粒剂 | — | 乙类目录 |
| | | 口服液体剂 | — | 乙类目录 |
| | 阿比多尔 | 口服常释剂型 | — | 乙类目录 |
| 干扰素 | 重组人干扰素 | α1b 注射剂 | 收录 | 乙类目录 |
| | | α2a 注射剂 | 收录 | 乙类目录 |
| | | α2b 注射剂 | 收录 | 乙类目录 |
| | | α2b 注射剂（假单细胞） | 收录 | 乙类目录 |
| | | 人干扰素 α2a〔重组人干扰素 α–2a（酵母）〕 | — | 乙类目录 |
| | | 人干扰素 α2b〔重组人干扰素 α–2b（酵母）〕 | — | 乙类目录 |
| 艾滋病用药（包括抗艾滋病用药及艾滋病机会性感染用药） | 抗艾滋病用药 | — | 收录 | 甲类目录 |
| | 恩曲他滨 | 口服常释剂型 | — | 乙类目录 |
| | 齐多夫定 | 口服液体剂 | — | 乙类目录 |
| | | 注射剂 | — | 乙类目录 |
| | 利匹韦林 | 口服常释剂型 | — | 乙类目录 |
| | 齐多拉米双夫定 | 口服常释剂型 | — | 乙类目录 |
| | 洛匹那韦利托那韦 | 口服常释剂型 | — | 乙类目录 |
| | 奈韦拉平齐多拉米双夫定片 | — | — | 乙类目录 |
| | 注射用艾博韦泰 | — | — | 乙类目录 |

## 二、抗流感及呼吸道病毒药

流感是由流感病毒引起的一种严重危害人类健康的急性病毒性呼吸道传染病，通过空气传播。注射流感疫苗是预防流感最有效的措施，但由于流感病毒抗原变异极其频繁，会变异出许多亚型，因此通常现有的流感疫苗也无法对流感进行有效预防。

目前，临床用作抗流感和呼吸道病毒的药物如下。

（1）金刚烷胺和金刚乙胺　两药只对 A 型流感病毒有抑制作用，疗效相似，可作为流感流行期间高危人群的预防用药，轻症流感早期用药可降低热度，缩短病程。

（2）利巴韦林（即病毒唑）　为广谱抗病毒药，适用于呼吸道融合病毒性支气管炎，带状疱疹及小儿腺病毒肺炎等，也是治疗流行性出血热的首选药物。

（3）扎那米韦　是第一个抗流感病毒的神经氨酸酶（唾液酸酶）抑制剂，可选择性抑制流感病毒表面的神经氨酸酶，抑制流感病毒 A 和 B 的复制。该药口服生物利用度极低，只能局部给药。剂型有喷雾剂、雾化剂、干粉气溶剂等。适用于流感出现 2 日内的成年人和 12 岁以上的青少年，使用越早越好。

（4）磷酸奥司他韦　用于成人和 1 岁及 1 岁以上儿童的甲型和乙型流感治疗，还用于成人和 13 岁及 13 岁以上青少年的甲型和乙型流感的预防。此药被认为是防治流感病毒乃至禽流感病毒的最有效药物，也是世卫组织推荐的抗甲型 H1N1 流感的一种比较有效的药物。

（5）免疫球蛋白　其被动免疫能减少肺和鼻的病毒滴度，且在肺中效果最好。

## 利巴韦林
### Ribavirin

【其他名称】三氮唑核苷、病毒唑、三唑核苷、同欣、欧畅、华乐沙、新博林、利力宁、奥佳、齐力青、威乐星等。

【适应证】①本品为广谱抗病毒药。具有抑制呼吸道合胞病毒、流感病毒、甲肝病毒、腺病毒等多种病毒生长的作用。②适用于呼吸道合胞病毒引起的病毒性肺炎与支气管炎，皮肤疱疹病毒感染。

【制剂】本品临床应用剂型多种多样，有片剂（普通片、含片、分散片）、胶囊、颗粒剂、注射剂、滴眼剂、滴鼻剂、喷剂、气雾剂、口服液等。

【不良反应】本品主要不良反应有贫血、乏力等，停药后即消失。大剂量应用可致心脏损害。

【用药指导】①应用本品应尽早，呼吸道合胞病毒性肺炎病初 3 日内给药一般有效。②本品有较强的致畸作用，故妊娠期妇女禁用。少量药物由乳汁排泄，因此哺乳期妇女在用药期间需暂停哺乳。③有呼吸道疾病患者（慢性阻塞性肺疾病或哮喘者）慎用。有严重贫血、肝功能异常者慎用。④与齐多夫定同用时有拮抗作用，因本品可抑制齐多夫定转变成活性型的磷酸齐多夫定。

【商品信息】本品是一种能抑制核酸合成的广谱抗病毒药，自 20 世纪 70 年代我国仿制该药成功以来，已有多种剂型供临床使用。近年来，随着更多作用明确、不良反应少的新药的出现，利巴韦林市场份额逐渐被拉米夫定和更昔洛韦等品种取代，在临床应用上呈下降趋势。

利巴韦林（片剂、胶囊）被《国家基本药物目录（2018 年版）》和《国家基本医疗保险、工伤保险和生育保险药品目录（2024 年）》收录，属于医保甲类药品；注射剂属于医保乙类药品。

【贮藏】本品需遮光、密闭、在阴凉处保存。

## 三、抗肝炎病毒药

病毒性肝炎是由肝炎病毒引起，以损害肝脏为主的感染性疾病。迄今为止已经得到分型的肝炎病毒有六种，即甲型肝炎病毒、乙型肝炎病毒、丙型肝炎病毒、丁型肝炎病毒、戊型肝炎病毒和庚型肝炎病毒。甲型肝炎和戊型肝炎起病急，有自愈性，不会转化为慢性，不需特殊治疗。乙型肝炎、丙型肝炎和丁型肝炎绝大多数为慢性，病程迁延，最终可发展为慢性肝炎、肝硬化和肝细胞肝癌，应予积极治疗。

多年来，抗肝炎病毒药物临床常以干扰素和利巴韦林合用治疗慢性病毒性肝炎和丙型肝炎。常用药物有干扰素、单磷酸阿糖腺苷、拉米夫定、甘草酸、恩替卡韦、阿德福韦酯、替比夫定等，以及以索磷布韦为基础的直接抗病毒药物来迪派韦/索磷布韦、索磷布韦/维帕他韦和索磷维伏等。

## 拉米夫定
### Lamivudine

【其他名称】益平维、贺普丁、3TC 等。

【适应证】①本品是核苷类抗病毒药。②对乙型肝炎病毒（HBV）有较强的抑制作用，长期应用可显著改善肝脏坏死炎症性改变，并减轻或阻止肝脏纤维化的进展。③适用于乙型肝炎病毒复制的慢性乙型肝炎。

【制剂】本品主要剂型为片剂。

【不良反应】本品不良反应较轻，主要有上腹不适、头晕、乏力、口干等。少数患者可有血小板减少，磷酸肌酸激酶增高，一般不需要停药。

【用药指导】①疗程中病毒变异发生率高，导致疗效减退，停药后可出现病情复燃。②疗程中应监测肝功能及乳酸中毒。③妊娠期妇女禁用，服用本品不能阻断肝炎病毒母婴传播。④服用本品不能防止乙肝病毒通过性接触或血缘传播。⑤一些肾排泄药物，如甲氧苄啶可明显阻碍本品的肾排泄，肾功能不全者应慎用。⑥艾滋病患者合并乙肝感染时，应用本品的剂量需加大，并需与其他抗艾滋病药物联合应用，否则易导致 HIV 对本品耐药。

【商品信息】本品最早由英国葛兰素史克公司研发并生产，商品名"贺普丁"，是治疗艾滋病的核苷类 HIV 逆转录酶抑制剂。1995 年被美国 FDA 批准治疗 HIV/AIDS 患者，也是世界卫生组织推荐使用在艾滋病抗病毒治疗中的一个关键药物。1997 年，在美国、加拿大等 10 多个国家和地区相继批准用于治疗慢性乙型肝炎。本品于 1998 年底被我国药品监督管理局批准治疗慢性乙型肝炎。1999 年正式进入我国，凭借其口服、方便、短期抗病毒疗效好的优势，在短短几年内便成为销量最好的乙肝处方药。

拉米夫定口服常释剂型被《国家基本医疗保险、工伤保险和生育保险药品目录（2024 年）》收录，属于医保乙类药品。

【贮藏】本品需遮光，密封，在阴凉干燥处保存。

## 四、抗人类免疫缺陷病毒药

艾滋病（AIDS）是一种由于人体感染了人类免疫缺陷病毒（即 HIV），机体抵抗感染和疾病的免疫功能受到损坏而发生一系列相应症状与体征的传染性疾病，又称获得性免疫缺陷综合征。

自 1981 年发现首例艾滋病以来，艾滋病在全球快速蔓延传播，已成为跨国家和地区的国际问题，关系到全球经济的健康发展和国际安全的稳定。据联合国艾滋病规划署报告，2023 年全球感染艾滋病毒的人数为 130 万；新感染病例并未减少，东欧、中亚、中东、北非和拉丁美洲等地的艾滋病毒新感染病例数量呈上升趋势。自 2010 年以来，与艾滋病相关的死亡人数下降了大约一半，从 130 万下降到 2023 年的约 63 万。

艾滋病是一种世界性的致死性传染疾病，目前尚未出现可以治愈的特效药，也没有可以预防的疫苗。1987 年 3 月，美国 FDA 首先批准齐多夫定（AZT）用于治疗艾滋病，这是抗艾滋病的第一个药物，之后有多个抗艾滋病药物相继问世。

近年来，抗 HIV 药物是新药研发的热点及发展趋势，在联合抗逆转录病毒治疗（Combined Antiretroviral Therapy，cART）和预防 HIV 感染的应用中都发挥着重要作用。目前已经在国内外上市的长效药物有卡替拉韦（cabotegravir，CAB）＋利匹韦林（rilpivirine，RPV）注射剂、注射用艾博韦泰（albuvirtide，ABT）、lenacapavir（LEN）注射剂、伊巴珠单抗（ibalizumab，IBA）注射剂。

### （一）抗艾滋病药物的分类及应用

艾滋病目前尚无治愈方法，其主要治疗方案为联合抗逆转录病毒治疗（combined antiretroviral therapy，cART）。HIV 感染者需终身接受治疗，进而达到持续抑制病毒和改善免疫功能的作用。抗艾滋病药物的分类如下。

**1. 核苷类逆转录酶抑制剂**　该类药物对 HIV 病毒复制具有很强的抑制作用，主要品种有齐多夫定、拉米夫定、司他夫定、恩曲他滨、扎西他滨、恩替卡韦等。

齐多夫定最先于 1964 年合成。经过不断的筛选，由英国威尔康（现葛兰素史克）公司开发后上市。1987 年 3 月美国 FDA 首次批准用于 HIV/AIDS 的预防和治疗。本品为胶囊剂，口服给药，到 20 世纪末已在近百个国家临床使用。

**2. 非核苷类逆转录酶抑制剂**　在目前常用的鸡尾酒疗法组合药物中，非核苷类逆转录酶抑制剂发挥着重要作用，这一类药物中主要是：利匹韦林、奈韦拉平、依法韦仑、阿巴卡韦、地拉韦啶、依曲韦林等。

利匹韦林也是第二代非核苷类逆转录酶抑制剂（NNRTI），美国 FDA 于 2011 年 5 月批准利匹韦林与其他抗逆转录病毒药物联用治疗 1 型 HIV 感染，主要适用于之前未曾受过药物治疗的成人 HIV 感染者。利匹韦林口服常释剂型被《国家基本医疗保险、工伤保险和生育保险药品目录（2024 年）》收录，属于医保乙类药品。

依法韦仑于 1998 年 9 月获 FDA 批准上市，是高活性抗逆转录病毒疗法组分之一；奈韦拉平于 1996 年 12 月获 FDA 批准上市；此外，该类别中还有 1997 年上市的地拉韦啶，1998 年上市的阿巴卡韦等。

依曲韦林属于第二代非核苷类逆转录酶抑制剂（NNRTI），2008 年 1 月，经 FDA 优先审批程序批准上市；依曲韦林是首个对耐 NNRTI 艾滋病毒株患者显现抗逆病毒活性的药物。

**3. 蛋白酶抑制剂**　蛋白酶抑制剂是抗 HIV 药物复合疗法重要组成部分，是 20 世纪 90 年代中后期的新产品。该药物合成工艺难度大，也是导致目前抗 HIV 治疗费用居高不下的原因。蛋白酶抑制剂主要有：奈非那韦、沙奎那韦、茚地那韦、安泼拉韦、利托那韦、洛匹那韦、替拉那韦、地瑞那韦及复合制剂。

本类药品中销售较好的是茚地那韦，1996 年 3 月获 FDA 批准上市。另一品种是马来酸奈非那韦，1997 年 3 月获 FDA 批准。此外，还有利托那韦和新一代蛋白酶抑制剂洛匹那韦/利托那韦复方制剂；1995 年上市的沙奎那韦和 1999 年上市的安泼拉韦等。

达芦那韦（darunavir）属于非肽类 HIV 蛋白酶抑制剂，2006 年 6 月，FDA 批准其上市，同年在加拿大上市，2007 年 3，在欧盟的 27 个成员国上市。

**4. 融合抑制剂**　这类药物阻断 HIV 与 $CD_4^+$ T 细胞膜融合，从而阻止 HIV RNA 进入 $CD_4^+$ T 细胞内。代表品种是恩夫韦地，或称 T－20。

**5. 整合酶抑制剂**　这类药物是在 $CD_4^+$ T 细胞内阻断整合酶使 HIV 前病毒整合复合物进入细胞核内后，不能在整合的作用下整合到宿主染色体中。拉替拉韦（raltegravir）是第一个 HIV 整合酶链转移抑制剂，2007 年 10 月获 FDA 加速批准上市，商品名为"Lsentress"。另一个是"Vitekta"（埃替拉韦 elvitegravir，85mg 和 100mg），2013 年获欧盟委员会（EC）批准，用于无任何已知埃替拉韦抗性相关突变的 HIV－1 成人感染者的治疗。

### （二）我国抗艾滋病药物的发展

截至 2022 年底，我国报告存活艾滋病感染者 122.3 万，其中，2022 年报告新增发患者数 52058 人。2022 年我国抗 HIV 药物市场规模约为 25 亿元左右，预计 2024 年我国抗 HIV 药物市场规模将达 60 亿元。

21 世纪以来，我国国产抗艾滋病药物进展迅速。2002 年 8 月，由东北制药集团研制开发的齐多夫定（商品名"克度"）是我国批准生产的第一例抗艾滋病病毒药品，它结束了我国抗艾滋病病毒药品完全依赖进口的历史。在这之前，东北制药就开始生产供出口的齐多夫定原料药。

截至目前，有四款国产抗艾创新药获批上市。2018 年 7 月获批上市的前沿生物艾博韦泰是我国首个原创的抗艾滋病 1 类新药，也是全球第一个长效融合抑制剂。2021 年 6 月，艾迪药业的艾诺韦林获批上市，成为第二款国产自主研发的抗艾滋病 1 类新药。1 个月后，真实生物阿兹夫定片的抗艾滋病适应证也获附条件批准上市。2022 年 12 月，艾诺米替片获批，成为我国第四款国产抗艾创新药。

为减轻感染者及其家属负担，国家自 2004 年开始正式施行艾滋病"四免一关怀"政策，为艾滋病感染者提供部分免费药物，并编录《国家免费艾滋病抗病毒药物治疗手册》，供患者及其家属参考。2017 年至 2022 年，我国艾滋病药物政府采购金额从 10.94 亿元增长到 17.40 亿元，年复合增速为 9.73%。

## 五、抗疱疹病毒药

抗疱疹病毒药物主要包括"洛韦"类药物（如伐昔洛韦、阿昔洛韦、泛昔洛韦、更昔洛韦和缬更昔洛韦等）及膦甲酸钠和阿糖腺苷。这一类药物除了对疱疹病毒有效外，对巨细胞病毒、乙肝病毒、乳头瘤病毒等都有作用，因此除了治疗口腔、生殖器疱疹及带状疱疹外，还用于治疗巨细胞病毒感染、乙肝、尖锐湿疣等病毒性疾病。

### 更昔洛韦
#### Ganciclovir

更昔洛韦是一种抑制病毒合成与复制的药物，其口服吸收能力较差，是以注射剂为主的药品。常用于治疗严重免疫功能下降并发的巨细胞病毒感染，在其治疗中具有预防肺炎并发症的特点，从而弥补了阿昔洛韦治疗巨细胞病毒感染的不足之处。

更昔洛韦（GCV）是美国辛迪斯公司于 1988 年获准上市的开环核苷类药，1994 年罗氏公司兼并辛迪斯后，更昔洛韦已是罗氏公司旗下的抗病毒类品种，商品名"赛美维"。更昔洛韦是国家推荐研究开发的产品。1994 年，湖北医药工业研究所获准生产更昔洛韦原料药，1995 年该品的粉针剂、滴眼剂和眼膏剂也陆续获得批准。经过十多年的发展，目前更昔洛韦在国内抗疱疹病毒药市场中销量位列前茅。

更昔洛韦注射剂被《国家基本药物目录（2018 年版）》和《国家基本医疗保险、工伤保险和生育保险药品目录（2024 年）》收录，属于医保乙类药品；口服常释剂型属于医保乙类药品。

### 阿昔洛韦
#### Aciclovir

阿昔洛韦（AVC）是第一个特异性抗疱疹病毒的开环核苷类药物。该药在人体组织中具有高度的选择性，能阻断病毒在细胞中的复制合成，并且不影响正常组织细胞及代谢功能，其治疗作用比抗病毒传统药物碘苷强 10 多倍，而毒副作用较小，是用于抗带状疱疹病毒、单纯性疱疹病毒感染的一线治疗药物。阿昔洛韦于 1989 年由国内药企仿制成功并上市销售。

阿昔洛韦（口服常释剂型）被《国家基本药物目录（2018 年版）》和《国家基本医疗保险、工伤保险和生育保险药品目录（2024 年）》收录，属于医保甲类药品；阿昔洛韦（颗粒剂和注射剂）属于医保乙类药品。

### 泛昔洛韦
#### Famciclovir

泛昔洛韦（FCV）是第二代开环核苷酸类抗疱疹病毒药物，是当前抗病毒口服药物中的重要品种。

1985 年合成研制成功后，由英国史克·必成公司率先开发，商品名"泛维尔"。1993 年首先在英国上市，1994 年获美国 FDA 批准，用于治疗急性带状疱疹病毒。1997 年在美国获准用于其附加适应证：治疗艾滋病患者复发性单纯疱疹病毒感染（生殖器疱疹和口唇疱疹），这是第一个在美国获准用于此症的口服药。经临床研究已证实是减少疱疹后神经痛的有效抗病毒药物。1999 年，我国多家企业将泛昔洛韦开发上市。

阿昔洛韦（口服常释剂型）被《国家基本医疗保险、工伤保险和生育保险药品目录（2024 年）》收录，属于医保乙类药品。

# 第七节　抗寄生虫病药

抗寄生虫病药是一类通过影响寄生虫的新陈代谢或降低虫体的抵抗力，从而杀灭寄生虫或抑制其生长繁殖的药品。临床分为抗疟药、抗阿米巴病药及抗滴虫病药、抗利什曼原虫病药、抗血吸虫病药、驱肠虫药等。

远在 2000 多年前，我国的第一部本草著作《神农本草经》共列了 30 多种驱虫药物。随着医学科学的发展，抗寄生虫病药物也不断更新换代，逐渐转向以化学合成药物为研究方向。近十年来，取得可喜的成效，一些高效、低毒的抗寄生虫药物在临床得到应用，如作为广谱杀吸虫、绦虫药物的吡喹酮（praziquantel）。作为高效、安全的抗肠道蠕虫的药物苯并咪唑类药物，如阿苯达唑（albendazole）、甲苯达唑（menbendazole）。国内研制的青蒿素（artemisinin）是我国在世界首先研制成功的一种抗疟新药，它是从我国民间治疗疟疾草药黄花蒿中分离出来的有效单体，是由我国唯一按照西药标准研发的中药，具有自主知识产权，具有快速、高效、无抗药性、低毒副作用的特征，被 WHO 评价为治疗恶性疟疾唯一真正有效的药物。我国正着手推进青蒿素产业化，扶持其形成完整的产业链。

## 一、抗疟药

疟疾是由疟原虫经按蚊叮咬传播的一种寄生虫传染病。感染人体的疟原虫主要有三种：恶性疟原虫、间日疟原虫和三日疟原虫，分别引起恶性疟、间日疟和三日疟，后两种合称良性疟。

时至今日，疟疾仍是世界上虫媒传染病中发病率和死亡率最高的疾病之一。世界卫生组织于 2023 年 11 月 30 日发布《世界疟疾报告 2023》。其中显示：2000 年至 2022 年，全球疟疾发病率下降 28%，死亡率下降 50%，避免 21 亿例疟疾病例和 1170 万死亡病例。大部分被避免的疟疾病例（82%）和死亡病例（94%）发生在世卫组织非洲区域。

不过，自 2017 年以来，全球疟疾防控步伐趋于停滞。2022 年，疟疾发病率和死亡率均略有上升。相比 2021 年，2022 年全球新增 500 万疟疾病例，总计约 2.49 亿例；全球疟疾死亡病例为 60.8 万例，较 2021 年（61 万例）基本持平，比 2019 年增加 3.2 万例。2022 年全球 94% 的疟疾病例（2.33 亿例）、95% 的疟疾致死病例（58 万例）发生在世卫组织非洲区域。

抗疟药是用于预防和治疗疟疾的一类药物，包括氯喹、羟氯喹、伯氨喹、乙胺嘧啶、青蒿素类药物（如青蒿素、双氢青蒿素、蒿甲醚、青蒿琥酯）等。

### 青蒿素
#### Artemisinin

【其他名称】黄蒿素、黄花蒿素、黄花素。

【适应证】①主要用于间日疟、恶性疟的症状控制，以及耐氯喹虫株的治疗，也可用以治疗凶险型恶性疟，如脑型、黄疸型等。②亦可用以治疗系统性红斑狼疮与盘状红斑狼疮。

【制剂】本品主要剂型为片剂、注射剂、栓剂。

【不良反应】青蒿素毒性低，使用安全，一般无明显不良反应；少数病例可有轻度恶心、呕吐、腹泻、一过性丙氨酸氨基转移酶升高及轻度皮疹；注射部位较浅时，易引起局部疼痛和硬块。

【用药指导】①本品有一定的胚胎毒性，妊娠早期妇女慎用。②必须与伯氨喹合用根治间日疟。③与甲氧苄啶合用有增效作用，并可减少近期复燃或复发。

【商品信息】青蒿素是我国具有自主知识产权，被全球广泛认可，获得高端市场认证的唯一药物。1971年10月取得中药青蒿素筛选的成功，1972年从中药青蒿中分离得到抗疟有效单体，命名为青蒿素。同类产品青蒿琥酯和蒿甲醚，均是青蒿素的衍生物，为人类抗疟事业做出了不可磨灭的贡献。

1986年中国首部《药品管理法》实施以后，中医科学院中药研究所申报中国第一个新药——青蒿素（1986年），中国科学院上海药物所、昆明制药厂申报蒿甲醚（1987年），桂林制药厂申报青蒿琥酯（1987年）。1986年后，屠呦呦科研组放弃了青蒿素还原后又乙酰化衍生物的研究，深入研究双氢青蒿素，历经7年，1992年将双氢青蒿素研发为一类新药上市生产。2011年9月，中国药学家屠呦呦因创制新型抗疟药——青蒿素和双氢青蒿素的贡献，获得被誉为诺贝尔奖"风向标"的拉斯克奖；2015年10月5日，获得2015年诺贝尔生理学或医学奖。这是中国科学家因为在中国本土进行的科学研究而首次获诺贝尔科学奖，是中国医学界迄今为止获得的最高奖项，也是中医药成果获得的最高奖项。

20世纪90年代末，世界卫生组织（WHO）正式批准以中国昆明制药厂生产的"蒿甲醚"和桂林南药开发的"青蒿琥酯"等青蒿素下游产品为抗疟药新制剂。

青蒿素类药物被《国家基本药物目录（2018年版）》和《国家基本医疗保险、工伤保险和生育保险药品目录（2024年）》收录，属于医保甲类药品。

【贮藏】阴凉处保存。

## 二、抗阿米巴病与抗滴虫病药

阿米巴病是由溶组织内阿米巴原虫引起的传染性寄生虫病。滴虫病主要指阴道滴虫病，但阴道毛滴虫也可寄生于男性尿道内。上述两种疾病的首选治疗药物是甲硝唑。

### 甲硝唑
#### Metronidazole

【其他名称】灭滴灵、甲硝哒唑、孚舒达、舒瑞特。

【适应证】①临床用于肠道和肠外阿米巴病；②还可用于阴道滴虫病，目前广泛用于厌氧菌感染的治疗（如厌氧菌引起的消化道、腹腔及盆腔感染、皮肤软组织、骨和关节等部位感染）；③还广泛应用于预防和治疗口腔厌氧菌感染。

【制剂】主要剂型为注射剂、片剂、栓剂、泡腾片、口腔粘贴等。

【不良反应】本品可有恶心、呕吐、食欲不振食欲不振等不良反应，少数可有腹泻、膀胱炎、排尿困难、肢体麻木及感觉异常等，偶见头痛、失眠、皮疹、白细胞减少等，停药后可迅速恢复。

【用药指导】①哺乳期妇女及妊娠3个月以内的妇女、中枢神经疾病和血液病患者禁用。②出现运动失调及其他中枢神经症状时应停药。③用甲硝唑制成的药品既有处方药，也有非处方药，用法较多，既有口服，也有静脉注射，还有局部治疗使用的，必须严格按照医嘱或说明书使用。

【商品信息】甲硝唑属于过度重复生产的品种，各类制剂的批准文号将近1300个。

目前甲硝唑（片剂、胶囊、氯化钠注射剂）被《国家基本药物目录（2018年版）》收录，属于医保甲类药品；甲硝唑（氯化钠注射剂和葡萄糖注射剂）被《国家基本医疗保险、工伤保险和生育保险药品目录（2024 年)》收录，属于医保乙类药品。

【贮藏】遮光，在阴凉干燥处密闭保存。

## 三、抗血吸虫病药

血吸虫病由血吸虫寄生于人体而引起。血吸虫有日本血吸虫、曼氏血吸虫、埃及血吸虫三种。在我国流行的血吸虫病由日本血吸虫所致，流行于长江以南流域，虽基本得到控制，但仍有流行和蔓延，积极开展防治工作仍很有必要。

用于抗血吸虫病的药物有吡喹酮、硝硫氰胺（7505）、硝硫氰酯、酒石酸锑钾、没食子酸锑钠（锑273）、六氯对二甲苯（血防846）、呋喃丙胺、美曲膦酯等。长期以来，酒石酸锑钾是主要特效药，但毒性太大，现已不用。没食子酸锑钠为我国创制的锑剂，毒性及副作用基本上与酒石酸锑钾同。目前使用最广泛的是吡喹酮。

### 吡喹酮
### Praziquantel

【其他名称】环吡异喹酮、EMBAY–8440。

【适应证】本品为广谱抗寄生虫药。对日本血吸虫、绦虫、华支睾吸虫、肺吸虫等均有良好杀灭作用，是目前日本血吸虫病治疗首选药品。

【制剂】本品主要剂型是片剂。

【不良反应】本品不良反应轻，可见头晕、头痛、疲乏、肌肉震颤、恶心、呕吐、腹痛、多汗、失眠；少数患者出现低热、皮疹、瘙痒等过敏反应；偶见氨基转移酶升高。

【用药指导】①严重心、肝、肾病者慎用等。②哺乳期妇女于服药期间，直至停药后72 小时内不宜喂乳。

【商品信息】我国于1981 年在湖北、上海研制投产，现有各类制剂批准文号20 个。

吡喹酮片剂被《国家基本药物目录（2018 年版)》和《国家基本医疗保险、工伤保险和生育保险药品目录（2024 年)》收录，属于医保甲类药品。

【贮藏】遮光，密闭保存。

## 四、驱肠虫药

寄生在人体肠道内的蠕虫包括线虫、绦虫和吸虫，线虫主要有蛔虫、钩虫、鞭虫、蛲虫和粪类圆线虫，绦虫主要有猪头绦虫和牛肉绦虫，吸虫有姜片虫。凡能驱除或杀死寄生于肠道内蠕虫的药物为驱肠虫药。包括驱蛔虫药、驱蛲虫药、驱钩虫药、驱鞭虫药和驱绦虫药等，其中有一些药物如噻嘧啶、噻苯达唑、阿苯达唑、甲苯达唑、左旋咪唑等对多种肠虫感染均有效，故称广谱驱肠虫药。

### 阿苯达唑
### Albendazole

【其他名称】丙硫咪唑、抗蠕敏、扑尔虫、肠虫清、安乐士。

【适应证】①本品为高效广谱驱肠虫药。用于驱除蛔虫、蛲虫、鞭虫、钩虫、牛肉绦虫、粪类圆线虫、旋毛虫等。②也可用于家畜的驱虫。也用于治疗肺吸虫病、囊虫病、包虫病、华支睾吸虫病等。

【制剂】本品主要剂型是片剂、胶囊剂、颗粒剂、干糖浆剂等。

【不良反应】本品不良反应较少，偶有轻度恶心、口干、头昏、头痛、血清氨基转移酶升高等反应，服药后1~2 天可自行缓解消失。

【用药指导】①2 岁以下小儿及妊娠期妇女禁用；有严重肝、肾、心脏功能不全者及活动性溃疡病患者慎用。②急性病、蛋白尿、化脓性或弥湿性皮炎、癫痫等患者以及哺乳期妇女忌用。

【商品信息】本品于最早应用于兽类，而后用于人类。我国在 1981 年开始生产。

阿苯达唑（片剂、胶囊）被《国家基本药物目录（2018 年版）》和《国家基本医疗保险、工伤保险和生育保险药品目录（2024 年)》收录，属于医保甲类药品。

【贮藏】原料药、片剂及胶囊密封保存，颗粒剂密闭，在干燥处保存。

答案解析

## 思考题

1. 简述抗生素和抗菌药的区别。
2. 简述如何合理使用抗菌药，防止细菌耐药性的产生。
3. 简述从青霉素的研发及上市历程大家获得的收获或启发。
4. 简述各类抗菌药中，临床最畅销的抗菌药类别及代表药品。

（田丽娟）

书网融合……

本章小结

习题

# 第九章　镇痛药、解热镇痛抗炎药和抗痛风药

PPT

📖 学习目标

　　1. 通过本章学习，掌握解热镇痛抗炎药的分类及基本作用；阿司匹林、对乙酰氨基酚、双氯芬酸钠、布洛芬、尼美舒利的商品信息，选择性环氧化酶抑制药的临床作用及评价；熟悉镇痛药的分类及代表药物，吗啡、哌替啶、芬太尼、羟考酮、曲马多的药品信息；了解抗痛风药的分类，秋水仙碱、别嘌醇、非布司他的药品信息。

　　2. 具有根据疼痛类型及程度正确选择并合理使用镇痛药物的能力，以及根据各类镇痛药、解热镇痛抗炎药以及抗痛风药的研发、生产、市场情况合理预测未来发展趋势的能力。

　　3. 养成合理使用各类镇痛药物以避免产生药物耐受性和依赖性的思维方式。

## 第一节　镇痛药

### 一、镇痛药概述

　　疼痛是机体受到伤害性刺激后产生的一种保护性反应，常伴有恐惧、紧张、不安等情绪活动。除了某些慢性疼痛本身是一种疾病（如三叉神经痛、带状疱疹后遗神经痛等）外，疼痛通常是许多疾病的临床症状，疼痛的部位与性质是诊断疾病的重要依据，因此在疾病未确诊之前应慎用镇痛药，以免掩盖症状，贻误诊治。但剧烈疼痛如心肌梗死、癌症晚期及外伤等，不仅使患者痛苦，还可引起机体生理功能的紊乱，甚至诱发休克、死亡。故必须合理应用镇痛药，有效缓解疼痛，提高患者生存质量。

　　镇痛药是一类主要作用于中枢神经系统，选择性减轻或消除疼痛及疼痛引起的烦躁不安等不愉快情绪，但不影响意识及其他感觉的药物，包括麻醉性镇痛药和非麻醉性镇痛药，具体分类见表9-1。

表9-1　镇痛药的分类及各类代表药物

| 药理学分类 | 化学分类 | 代表药物 |
| --- | --- | --- |
| 麻醉性镇痛药 | 阿片生物碱类 | 吗啡、可待因 |
|  | 半合成吗啡样镇痛药 | 羟考酮 |
|  | 合成阿片类镇痛药 | 哌替啶、芬太尼、美沙酮 |
| 非麻醉性镇痛药 | 化学合成类 | 喷他佐辛、曲马多、奈福泮 |
|  | 中药提取物 | 罗通定、高乌甲素 |

　　本类药物中的绝大多数被归入管制药品之列，其生产、运输、销售和使用必须严格遵守我国有关法规如《药品管理法》《麻醉药品和精神药品管理条例》等。

### 二、典型麻醉性镇痛药

　　麻醉性镇痛药又称阿片类镇痛药，通过激动中枢神经系统特定部位的阿片受体，从而产生镇痛作

用，并同时缓解疼痛引起的不愉快情绪的药物。连续使用易产生耐受性和药物依赖性，在药品管理上大多属于麻醉药品管理范围，其研制、生产、经营及使用等必须严格遵守相关的法律法规。

## 吗啡
### Morphine

【其他名称】美施康定、美菲康。

【适应证】为阿片类生物碱镇痛药，与中枢神经组织阿片受体结合而发挥作用。适用于镇痛；镇静；抑制呼吸中枢，使呼吸频率减慢；镇咳；缓解心肌梗死引起的剧痛和减轻焦虑，减轻心脏负担；静脉注射可迅速缓解气促和窒息感。

【制剂】本品主要剂型有片剂（即释片、缓释片、控释片）、注射剂。

【不良反应】可成瘾，需慎用。治疗量可引起恶心、呕吐、呼吸抑制、眩晕、便秘、排尿困难、胆绞痛等。过量可致急性中毒，出现昏迷、呼吸深度抑制、针尖样瞳孔、血压下降甚至休克。

【用药指导】①连用3~5天即产生耐药性，需要逐渐提高剂量以控制疼痛。连用1周以上可致依赖性，需慎用。②呼吸功能不全（支气管哮喘、肺源性心脏病）患者使用本品会出现严重呼吸抑制而死亡，应禁用。③本品可通过胎盘屏障到达胎儿体内，少量经乳汁排出，可抑制新生儿及婴儿呼吸，故禁用于婴儿、妊娠期妇女、哺乳期妇女。④本品对免疫系统有抑制作用。⑤本品与镇静剂、安眠药、镇静催眠药、一般麻醉剂、单胺氧化酶抑制剂、三环类抗抑郁药、抗组胺药等合用，可加剧及延长吗啡的抑制作用，不能同时使用。

【商品信息】吗啡最早由法国化学家在1806年从鸦片中分离出来，因其强大的镇痛作用而受到临床重视。近年来新释药技术推动了吗啡制剂的发展，如缓控释制剂、舌下片、直肠栓剂等，由于疗效显著、不良反应较轻，成为重度癌痛治疗的首选用药。国际上通过吗啡消耗量来评价一个国家对癌痛的重视程度和癌痛控制状况，目前，我国吗啡消耗量已较既往大幅增加，体现了癌痛管理的不断进步。

吗啡（片剂、缓释片、注射液）是《国家基本药物目录（2018年版）》收录品种；吗啡（注射剂、口服常释剂型和缓释控释剂型）为《国家基本医疗保险、工伤保险和生育保险药品目录（2024年）》中的甲类药物，吗啡（口服液体制剂及栓剂）为医保乙类药物。

【贮藏】吗啡注射液应遮光，密闭保存；吗啡控释片应遮光、密闭，在25℃以下保存。

## 哌替啶
### Pethidine

【其他名称】杜冷丁、度冷丁。

【适应证】为阿片受体激动剂，是目前常用的人工合成镇痛药。适用于各种剧痛，如外伤、术后疼痛等，对内脏绞痛应与阿托品配伍应用。与氯丙嗪、异丙嗪等合用进行人工冬眠。本品在新生儿体内的作用时程明显短于吗啡，又不延长产程，适用于分娩止痛，但须监护新生儿的呼吸。

【制剂】本品主要剂型有片剂、注射剂。

【不良反应】治疗剂量时可出现轻度的眩晕、出汗、口干、恶心、呕吐、心动过速及直立性低血压等。剂量过大可明显抑制呼吸。偶可致震颤、肌肉痉挛、反射亢进甚至惊厥。

【用药指导】①久用产生耐受性和依赖性。②人工冬眠时，氯丙嗪可显著增强哌替啶的镇静作用，抑制呼吸和降低血压作用也同时被增强，故合用时应注意剂量。③本品能加强双香豆素等抗凝药的作用，合用时酌减用量。④本品能通过胎盘屏障分泌入乳汁，因此产妇分娩镇痛时以及哺乳期间使用时剂量酌减。

【商品信息】由德国赫希斯特公司化学家奥托·艾斯勒布和奥托·肖曼于 1937 年合成，属于合成阿片类药物。该药于 1939 年在德国上市，商品名为 "Dolantin"（度冷丁、杜冷丁）。该药有成瘾性，若不合理使用，将严重危害人体健康和生命安全。1987 年 11 月 28 日，国务院发布《麻醉药品管理办法》，将该药列入其中进行严格管理。长期以来哌替啶在我国是镇痛药的主力，但随着研究的深入，发现哌替啶的镇痛效果不及吗啡且代谢产物毒性大，因此不推荐哌替啶用于癌痛患者长期镇痛治疗。

哌替啶（注射液）是《国家基本药物目录（2018 年版）》收录品种；哌替啶（注射剂）为《国家基本医疗保险、工伤保险和生育保险药品目录（2024 年）》中的甲类药物。

【贮藏】本品注射液及片剂均应密闭保存。

## 芬太尼
### Fentanyl

【其他名称】多瑞吉、福芬、锐枢安。

【适应证】芬太尼为阿片受体激动剂，镇痛作用强度为吗啡的 80 倍。与吗啡和哌替啶相比，芬太尼起效快，维持时间短，不释放组胺，对心血管功能影响小，能抑制气管插管时的应激反应。适用于外科小手术。亦可通过硬膜外或蛛网膜下腔给药治疗急性手术后痛和慢性痛。芬太尼透皮贴剂，适用于中至重度癌痛的患者。

【制剂】本品主要剂型有注射剂和透皮贴剂。

【不良反应】不良反应有眩晕、恶心、呕吐及胆道括约肌痉挛。大剂量可产生明显肌肉僵直，静脉注射过快可致呼吸抑制。

【用药指导】①与中枢抑制药及其他麻醉性镇痛药以及全麻药等有协同作用，合用时应慎重并适当调整剂量。②本品过量易引起呼吸抑制，可用纳洛酮等拮抗。③妊娠期妇女、心律失常患者慎用。④支气管哮喘、呼吸抑制、对本品特别敏感的患者以及重症肌无力患者禁用。

【商品信息】在 20 世纪 60 年代，芬太尼作为静脉麻醉剂开始进入市场。到了 20 世纪 90 年代中期，芬太尼贴剂问世，为患者提供长期的疼痛缓解，可用于治疗癌症患者的慢性疼痛。本品有成瘾性，为国家特殊管理的麻醉药品。

芬太尼（注射液）是《国家基本药物目录（2018 年版）》收录品种；芬太尼（注射剂）为《国家基本医疗保险、工伤保险和生育保险药品目录（2024 年）》中的甲类药物，芬太尼（透皮贴）为医保乙类药物。

【贮藏】本品注射液需遮光，25℃ 以下密闭保存。透皮贴剂需 15~25℃ 密封保存。

## 羟考酮
### Oxycodone

【其他名称】羟可待酮。

【适应证】羟考酮属于蒂巴因的半合成衍生物，是一种纯阿片受体激动药，其药理作用、作用机制与吗啡相似。本品为强效镇痛药，用于治疗中度至重度急性疼痛，包括手术后引起的中度至重度疼痛，以及需要使用强阿片类药物治疗的重度疼痛。

【制剂】本品主要剂型有注射剂、口服常释剂型、口服缓控释剂。

【不良反应】具有阿片受体完全激动剂典型的不良反应。会产生耐受性和依赖性。常见头晕、头痛、嗜睡、乏力、便秘、恶心、呕吐。偶见呼吸困难。

【用药指导】①与中枢神经抑制药合用时，可加强中枢抑制作用，本药起始用量应为常规用量的1/3～1/2。②盐酸羟考酮注射液不应用于可能出现麻痹性肠梗阻的患者。在使用过程中，如果发生或可疑发生麻痹性肠梗阻，应立即停药。③长期连续使用本品的患者可能产生耐受性，需要逐渐增加给药剂量而维持对疼痛的控制。④长期使用可能导致躯体依赖性的发生，若突然停药可能出现戒断症状。如果患者不再需要羟考酮治疗，应采用逐渐减量直至停药的方式以防止出现戒断症状。

【商品信息】羟考酮于1939年首次在美国上市，但并未广泛应用。1995年FDA批准了羟考酮缓释制剂的上市申请，用于治疗中重度急性和术后疼痛、神经性疼痛和癌症疼痛。目前羟考酮缓释片已经成为我国医疗机构门诊药房口服麻醉药品中使用频率较高的品种之一。

羟考酮各种剂型均为《国家基本医疗保险、工伤保险和生育保险药品目录（2024年）》中的乙类药物。

【贮藏】本品注射剂应在10～30℃保存，口服剂型贮藏温度不超过25℃。

## 三、典型非麻醉性镇痛药

非麻醉性镇痛药是一类药物依赖性较小，未被列入《麻醉药品品种目录》的药物。其镇痛作用多弱于麻醉性镇痛药，但强于解热镇痛抗炎药。主要包括喷他佐辛、曲马多、奈福泮、罗通定和高乌甲素等。

### 曲马多
#### Tramadol

【其他名称】奇曼丁、舒敏。

【适应证】本品是一种非典型阿片类药物，主要在脊髓水平抑制疼痛传导，无致平滑肌痉挛和明显呼吸抑制作用，镇痛作用可维持4～6小时。临床广泛用于手术后、创伤、各种骨关节疾病及癌症晚期等引起的中度疼痛，并成功用于慢性疼痛综合征的控制。

【制剂】本品主要剂型有注射剂、口服常释剂、口服缓控释剂和栓剂。

【不良反应】常见不良反应有眩晕、恶心、口干，剂量过大亦可抑制呼吸。静脉注射速度过快时，可出现心悸、出汗和面部潮红。

【用药指导】①长期应用也可成瘾。②抗癫痫药卡马西平可降低曲马多的血药浓度，减弱其镇痛作用。③苯二氮䓬类药可增强其镇痛作用，合用时应调整剂量。④不建议在妊娠期、哺乳期使用本品。

【商品信息】曲马多是20世纪70年代末由德国Grünenthal Gmbh制药公司开发的。随后，曲马多及其盐酸盐形式在全球范围内获得认可，并被广泛用于治疗各种疼痛症状。1980年盐酸曲马多注射液在我国获批上市。我国早在2008年已将曲马多单方制剂列为第二类精神药品，而其复方制剂长期未列管，导致曲马多滥用的问题一直较为突出。直至2023年，国家药品监督管理局、国家卫生健康委员会联合发文将曲马多复方制剂列入第二类精神药品管理，曲马多制剂的滥用情况大为改善。

曲马多各种剂型均为《国家基本医疗保险、工伤保险和生育保险药品目录（2024年）》中的乙类药物。

【贮藏】本品各剂型应遮光、密封保存。

阿片类药物是我国临床常用的镇痛药物。自20世纪以来，以阿片类药物为基础的镇痛方案已成为全球范围内主流的镇痛方式。我国阿片类镇痛药物治疗中、重度疼痛消耗虽然一直在增长，但整体消耗不足，与国际消耗水平有较大差距，存在医务人员、患者、监管体系和社会文化等多层面的原因。

阿片类镇痛药被《国家基本药物目录（2018 年版）》和《国家基本医疗保险、工伤保险和生育保险药品目录（2024 年）》收录的情况详见表 9 - 2。

表 9 - 2　阿片类镇痛药被国家基本药物目录和国家医保目录收录情况

| 药品类别 | 药品名称 | 药品剂型 | 《国家基本药物目录（2018 年版）》 | 《国家基本医疗保险、工伤保险和生育保险药品目录（2024 年）》 |
| --- | --- | --- | --- | --- |
| 天然阿片碱 | 吗啡 | 口服常释剂型 | 收录 | 甲类目录 |
| | | 缓释控释剂型 | 收录 | 甲类目录 |
| | | 注射剂 | 收录 | 甲类目录 |
| | | 口服液体剂 | — | 乙类目录 |
| | | 栓剂 | — | 乙类目录 |
| | 羟考酮 | 口服常释剂型 | — | 乙类目录 |
| | | 缓释控释剂型 | — | 乙类目录 |
| | | 注射剂 | — | 乙类目录 |
| 苯基哌啶衍生物 | 哌替啶 | 注射剂 | 收录 | 甲类目录 |
| | 芬太尼 | 注射剂 | 收录 | 甲类目录 |
| | | 贴剂 | — | 乙类目录 |
| 其他阿片类药 | 曲马多 | 口服常释剂型 | — | 乙类目录 |
| | | 缓释控释剂型 | — | 乙类目录 |
| | | 注射剂 | — | 乙类目录 |

# 第二节　解热镇痛抗炎药

解热镇痛抗炎药是一类具有解热、镇痛作用，而且大多数还有抗炎、抗风湿作用的药物。由于其抗炎作用与糖皮质激素不同，1974 年国际会议上将本类药物又称为非甾体抗炎药（NSAIDs）。

尽管本类药物种类多，但都具有相似的药理作用、作用机制和不良反应，仅作用强度各异。主要作用机制是抑制体内环氧化酶（COX）活性而减少局部组织前列腺素（PG）的生物合成，抑制其致炎作用。

基于解热、镇痛和抗炎等三大基本作用，非甾体抗炎药的目标市场包括关节炎治疗、止痛、解热等领域。

作为常见的慢性疾病，关节炎被医学界认为是"世界头号致残性疾病"。世界卫生组织相关数据显示，目前全世界关节炎患者已超过 4 亿人。我国关节炎患者超过人口总数的 10%，且发病率随年龄增加而增高。药物治疗是关节炎最主要的治疗方法，非甾体抗炎药是关节炎治疗药物中使用最广泛的药物之一。

疼痛是癌症患者常见的症状之一，50% 中期癌症患者、70% ~ 100% 晚期癌症患者伴有疼痛。非甾体抗炎药是 WHO 推荐"癌症三阶段治疗方案"轻度疼痛的主要治疗药物和麻醉性镇痛药物的替代药物。临床上，广泛使用阿司匹林等非甾体抗炎药治疗各种急、慢性癌症轻度疼痛。

此外，OTC 市场的发展也是推动非甾体抗炎药市场增长的有利因素之一。

## 一、解热镇痛抗炎药的作用与分类

本类药物的基本药理作用包括四个方面。

### （一）解热作用

可降低发热者体温，对正常的体温没有明显影响。通过抑制中枢 PG 合成，增加散热（皮肤血管扩张，出汗增加），从而达到解热目的。由于发热是机体的一种防御反应，而且热型也是诊断疾病的重要依据，故对一般发热患者可不必急于使用解热药。但体温过高和持久发热使机体消耗增加，可引起多种并发症，小儿高热易发生惊厥，严重者可危及生命，此时需用解热药。应注意的是，NSAIDs 只是对症治疗，临床仍应着重病因治疗。

### （二）镇痛作用

具有中等程度的镇痛作用。NSAIDs 抑制疼痛及炎症局部 PG 合成，发挥外周镇痛作用，此外可进入脂质双层，阻断信号传导而抑制疼痛。与中枢性镇痛药不同，本类药物仅对慢性钝痛特别是炎性疼痛效果较好，临床常用于头痛、牙痛、神经痛、肌肉关节痛及月经痛等，对创伤性剧痛及内脏平滑肌绞痛无效。镇痛剂量下不抑制呼吸，无镇静催眠作用，不产生欣快感和药物依赖性。

### （三）抗炎、抗风湿作用

本类药物除对乙酰氨基酚外，均有显著的抑制炎性渗出，减轻炎症的红、肿、热、痛的作用。通过抑制 PG 合成，减弱 PG 对致炎物质的增敏作用从而抑制炎症反应。其抗风湿作用主要是由于抗炎，同时也与解热镇痛作用有关。临床主要用于控制急性风湿热、风湿性及类风湿关节炎的对症治疗，但不能根治。

### （四）抗血小板聚集作用

通过抑制环氧化酶而对血小板聚集有强大的、不可逆的抑制作用。

由于本类药物的作用机制基本相同，故相似的不良反应有：刺激胃黏膜，诱发胃溃疡，甚至胃出血和穿孔；使凝血功能受影响，引起出血倾向；对肝、肾有不同程度的毒性；不同品种的 NSAIDs 可能有交叉过敏反应。

本类药物的分类见表 9 – 3。

表 9 – 3　NSAIDs 的分类及各类代表药物

| 药理学分类 | 化学分类 | 代表药物 |
|---|---|---|
| 非选择性环氧化酶抑制药 | 水杨酸类 | 阿司匹林、水杨酸钠、二氟尼柳、双水杨酯 |
| | 苯胺类 | 对乙酰氨基酚 |
| | 乙酸类 | 双氯芬酸、吲哚美辛、舒林酸、托美丁、萘丁美酮 |
| | 芳基丙酸类 | 布洛芬、芬布芬、萘普生、奥沙普秦、噁丙嗪 |
| | 烯醇酸类 | 吡罗昔康、美洛昔康、劳诺昔康 |
| | 吡唑酮类 | 安乃近、氨基比林、保泰松、非普拉宗 |
| 选择性环氧化酶抑制药 | 昔布类 | 塞来昔布、罗非昔布、帕瑞昔布 |
| | 其他 | 尼美舒利 |

## 二、典型水杨酸类药

水杨酸类解热镇痛抗炎药是应用最早的 NSAIDs，临床使用最为广泛和持久的是阿司匹林。

阿司匹林

Aspirin

【其他名称】乙酰水杨酸。

【适应证】本品适用于：①解热镇痛；②抗炎抗风湿；③抗血栓，临床可用于预防暂时性脑缺血发作（TIA）、心肌梗死、心房颤动、人工心脏瓣膜或其他手术后的血栓形成，也可用于治疗不稳定型心绞痛。

【制剂】本品主要剂型有片剂（肠溶片、缓释片、分散片、泡腾片等）、肠溶胶囊剂、栓剂。

【不良反应】①胃肠道反应：常见上腹部不适、恶心、呕吐、消化不良、腹泻、厌食，原有胃溃疡病者症状加重，甚至引起胃肠道出血。②凝血障碍：一般治疗量即可延长出血时间，大剂量则可造成出血。③过敏反应：偶有皮疹、血管神经性水肿或黏膜充血。④水杨酸反应：剂量过大时可出现头痛、眩晕、恶心、呕吐、耳鸣、视力及听力减退，严重者可出现过度呼吸、酸碱平衡失调，甚至精神错乱。

【用药指导】①本品应与食物同服或餐后服用以减轻对胃肠道的刺激，饮酒前后不可服用。②年老体弱或体温在40℃以上者，解热应小剂量应用。③手术前1周应停用，避免造成出血不止。④严重的肝、肾或心功能衰竭者禁用，胃溃疡、哮喘患者应避免使用，妊娠期妇女不宜服用，在分娩前2～3周应禁用。⑤本品与双香豆素合用时增强其抗凝作用，易致出血；与肾上腺皮质激素合用，易诱发溃疡及出血；与磺酰脲类口服降糖药合用引起低血糖反应。与呋塞米、青霉素、甲氨蝶呤等弱碱性药物合用，因竞争肾小管主动分泌的载体，易造成蓄积中毒。

【商品信息】阿司匹林最早的使用可以追溯到2300多年前，希腊医学家希波克拉底用水杨柳树的叶和皮为人们镇痛和退热。1899年德国拜耳公司创立了阿司匹林的现代生产工艺，开始大量生产该药。至今，阿司匹林已成为人类医药史上三大经典药物之一，是全球应用最广泛的解热镇痛和抗炎药，也作为比较和评价其他药物的标准制剂。

随着医学科学的发展，阿司匹林更多的临床新用途被逐步发现，如防治糖尿病及其并发症、防治老年痴呆，儿科用于川崎病的治疗等，尤其是有防止血栓形成和降低脑卒中概率的作用而被临床常规使用。这种新的应用领域为阿司匹林市场带来了新的增长点。阿司匹林的市场是一个成熟且竞争激烈的市场，其应用领域的不断扩展以及全球对于心血管疾病预防措施的日益重视，为阿司匹林市场的发展提供了新的机遇。

阿司匹林（片剂、肠溶片）是《国家基本药物目录（2018年版）》收录品种；阿司匹林（口服常释剂型）为《国家基本医疗保险、工伤保险和生育保险药品目录（2024年）》中的甲类药物，阿司匹林（缓释控释剂型、肠溶缓释片）为医保乙类药物。

【贮藏】密封，在25℃以下保存。

## 三、典型苯胺类药

苯胺类衍生物的代表药物为对乙酰氨基酚（paracetamol），该药是非那西汀（phenacetin）的体内代谢产物，是目前全球应用量最大的解热镇痛药之一。

### 对乙酰氨基酚
#### Paracetamol

【其他名称】扑热息痛、泰诺林、百服咛。

【适应证】本品临床主要用于退热和镇痛，对阿司匹林过敏、消化性溃疡病、阿司匹林诱发哮喘的患者可选用本品代替阿司匹林。

【制剂】本品主要剂型有片剂（泡腾片、咀嚼片等）、颗粒剂、口服溶液剂、干混悬剂、混悬液、注射剂、栓剂、凝胶剂。

【不良反应】短期使用很少产生不良反应。偶见皮疹、粒细胞缺乏症、贫血、药物热、黏膜损害等过敏反应。长期大剂量用药，尤其是肾功能低下者，可出现肾绞痛或肾功能衰竭。严重的药物过量会导致永久性肝衰竭。

【用药指导】对乙酰氨基酚是 WHO 推荐的 2 月龄以上小儿的首选解热药，但仍为对症治疗药，用于解热连续使用不超过 3 天，用于止痛不超过 5 天。妊娠期妇女及老年患者应慎用。肝氧化酶过剩者，如酗酒或服用巴比妥类药物及营养不良者可能对本品毒性更敏感。与抗病毒药齐多夫定合用时，可增加其毒性，应避免同时应用。

【商品信息】本品最早于 1955 年由强生公司生产在美国境内上市销售，商品名"泰诺"；1963 年首次被列入《英国药典》。我国于 1960 年开始生产，剂型以口服为主，均为 OTC 品种。我国已成为全世界对乙酰氨基酚的主要生产国和出口国。

对乙酰氨基酚是《国家基本药物目录（2018 年版）》收录品种；对乙酰氨基酚（口服常释剂型、颗粒剂）为《国家基本医疗保险、工伤保险和生育保险药品目录（2024 年）》的甲类药物，对乙酰氨基酚（缓释控释剂型、口服液体剂型、栓剂）为医保乙类药物。

【贮藏】本品片剂密封保存；口服溶液在遮光，密封，阴凉处保存；栓剂在密封，阴凉处保存。

## 四、典型乙酸类药

### 双氯芬酸钠
### Diclofenac Sodium

【其他名称】双氯灭痛、扶他林、英太青。

【适应证】本品为强效抗炎镇痛药，解热、镇痛、抗炎效应强于吲哚美辛、萘普生等。临床适用于各种中度疼痛、类风湿关节炎、粘连性脊椎炎、非炎性关节痛等引起的疼痛，手术和创伤后疼痛及各种疼痛所致发热。

【制剂】本品主要剂型有片剂（肠溶片、缓释片）、栓剂、乳胶剂、注射剂。

【不良反应】不良反应轻，与阿司匹林相似，此外偶见肝功能异常，白细胞减少，神经系统反应（发生率 < 1%），如头痛、眩晕、嗜睡、兴奋等。

【用药指导】①消化性溃疡，肝、肾功能不全，已知对阿司匹林过敏或有哮喘病史者禁用。婴儿、妊娠期妇女、癫痫者不宜用。②本品口服吸收快而完全，与食物同服降低吸收率，故应饭前服用。乳胶剂只适用于无破损的皮肤表面，忌用于皮肤损伤或开放性创口处。③用药期间不宜驾驶车辆、管理机器及高空作业。

【商品信息】本品于 1974 年在日本上市。其后的 30 余年里，双氯芬酸钠一直以其卓越的抗炎止痛效果和良好的安全性、耐受性而被广泛应用于临床。本品和其他非甾体抗炎药相比具有较强的镇痛抗炎作用和较高的安全性，目前已成为全球应用最广的非甾体抗炎药之一。因其半衰期短，需要反复服药，且对胃有一定的刺激作用，临床常用其肠溶片或缓释制剂。

双氯芬酸钠是《国家基本药物目录（2018 年版）》收录品种；双氯芬酸钠（口服常释剂型、缓释控释剂型）为《国家基本医疗保险、工伤保险和生育保险药品目录（2024 年）》中的甲类药物，双氯芬酸钠（滴眼剂、双释放肠溶胶囊、肠溶缓释胶囊、栓剂）为医保乙类药物。

【贮藏】本品片剂应遮光，密封保存，胶囊剂须密封，25℃以下干燥处保存，凝胶剂应遮光，密封，在阴凉处保存。

## 五、典型芳基丙酸类药

芳基丙酸类衍生物为目前临床应用较广的 NSAIDs。常用药物包括布洛芬、芬布芬、萘普生、非诺洛芬、氟比洛芬、洛索洛芬等。

## 布洛芬
### Ibuprofen

【其他名称】 芬必得、美林。

【适应证】 本类药物为非选择性 COX 抑制药，有明显的抗炎、解热、镇痛作用。用于缓解轻至中度疼痛，如关节痛、神经痛、头痛、牙痛、痛经，也用于感冒引起的发热。

【制剂】 本品主要剂型有片剂、胶囊剂、颗粒剂、口服溶液剂、栓剂、混悬剂、乳膏剂。

【不良反应】 胃肠道反应是最常见的不良反应，主要有恶心、上腹部不适，长期使用可引起胃出血，以及头痛、耳鸣、眩晕等中枢神经系统症状。

【用药指导】 ①本品与其他解热镇痛抗炎药物同用时可增加胃肠道不良反应，并可能导致溃疡。②与阿司匹林或其他水杨酸类药物合用时，药效不增强，而胃肠道不良反应及出血倾向发生率增高。③根据控制症状的需要，在最短治疗时间内使用最低有效剂量，可以使不良反应降到最低。

【商品信息】 1969 年，本品首次作为处方药在英国上市，被用作镇痛和退热。1974 年，布洛芬被美国 FDA 批准用于治疗风湿性关节炎和其他疼痛症状。20 世纪 80 年代，布洛芬在全球范围内成为最常用的非处方镇痛药之一。布洛芬在全球解热镇痛药市场中占据显著地位，独占近 60% 的市场份额，是全球最畅销的非处方药物之一。预计在未来几年内，随着全球老龄化人口增加以及慢性疼痛患者数量增加，布洛芬市场规模将继续保持稳定的增长。我国市场，布洛芬药品的销售额也呈现出稳定的增长趋势。

布洛芬是《国家基本药物目录（2018 年版）》收录品种；布洛芬（口服常释剂型、栓剂）为《国家基本医疗保险、工伤保险和生育保险药品目录（2024 年）》中的甲类药物，布洛芬（口服液体剂、缓释控释剂型、颗粒剂、乳膏剂、注射剂）为医保乙类药物。

【贮藏】 本品片剂应遮光，密封保存，胶囊剂须密封，25℃ 以下干燥处保存，凝胶剂应遮光，密封，在阴凉处保存。

## 六、典型烯醇酸类药

### 美洛昔康
#### Meloxicam

【其他名称】 莫比克、统克、迈力可。

【适应证】 美洛昔康的特点是选择性地抑制环氧化酶-2，而对环氧化酶-1 的抑制作用较轻，即减少了炎症部位前列腺素的合成，但生理性前列腺素的合成和功能不受影响。本品可用于轻、中度慢性钝痛，对炎症疼痛具有强而持久的镇痛作用，但对内脏疼痛无镇痛作用。可以使发热者体温下降，但对正常体温无影响。尤其适用于类风湿关节炎和骨关节炎。

【制剂】 本品主要剂型有片剂、胶囊剂、注射剂、凝胶剂等。

【不良反应】 不良反应包括胃肠道反应；贫血、白细胞减少或血小板减少、瘙痒、皮疹；口炎；轻微头晕、头痛；水肿、血压升高等。常见肝酶升高（10%），偶见肾损害（0.4%）。停药后大多消失。

【用药指导】 ①合用口服抗凝剂、溶栓剂，有增加出血的可能。②与保钾利尿药合用，降低利尿作用，可能导致高钾血症或中毒性肾损害。③与环孢素合用，环孢素中毒的危险性增加。④与左氧氟沙星、氧氟沙星合用，癫痫发作的危险性增加。

【商品信息】 本品由德国勃林格殷格翰公司创制，结构与吡罗昔康、替诺昔康相似，具有独特的药效学和药动学特点。由于美洛昔康在水中的溶解度小、吸收差、生物利用度低，不能制成达到治疗浓度的溶液剂型，制约了它的广泛应用。近年来，国内外广泛采用固体分散技术、环糊精包合技术等，增强其生物利用度。这为进一步开发新型的美洛昔康药物制剂及其临床安全、合理用药提供了依据与参考。

美洛昔康（口服常释剂型）为《国家基本医疗保险、工伤保险和生育保险药品目录（2024 年）》中的乙类药物。

【贮藏】遮光，密封保存。

## 七、典型吡唑酮类药

吡唑酮类药物具有较明显的解热、镇痛和一定的抗炎作用，曾是临床上用于高热、镇痛的较常用药物。本类药物有的可引起白细胞减少及粒细胞缺乏症等严重不良反应（如氨基比林）而被淘汰。目前临床仍在使用的本类药物主要有安乃近。

### 安乃近
#### Metamizole Sodium Tablets

【适应证】安乃近解热镇痛作用迅速而强大，因其易溶于水，可制成注射液，对顽固性发热有效。

【制剂】本品主要剂型有片剂、注射剂。

【不良反应】本品不良反应为胃肠道反应；可能引起粒细胞缺乏症，需慎用。

【用药指导】与钙通道阻滞药合用时，胃肠道出血的危险性增加。安乃近与酮咯酸合用时，胃肠道不良反应增加，可能出现消化道溃疡、胃肠道出血和（或）穿孔。

【商品信息】本品问世近百年历史，其疗效确切，使用方便，价格低廉。本品口服吸收完全，作用较强，起效快速，可注射给药，但由于不良反应较大，世界上一些发达国家已经对安乃近作了停止或限制使用的规定。在广大发展中国家及经济欠发达国家中安乃近仍在大量使用。

安乃近口服常释剂型为《国家基本医疗保险、工伤保险和生育保险药品目录（2024 年）》中的乙类药物。

【贮藏】遮光，密封保存。

## 八、典型选择性环氧化酶抑制药

研究发现环氧化酶存在 COX-1 和 COX-2 两种形式，COX-1 为结构酶，是维持人体生理平衡的要素酶；COX-2 为诱导酶，主要存在于炎症部位，参与炎症性前列腺素的合成。环氧化酶抑制剂在抑制炎症性前列腺素合成从而发挥解热抗炎作用的同时，也会产生胃肠刺激和肾损伤等不良反应。如果按照对 COX-2 抑制程度的不同，可以将 NSAIDs 分为非选择性 COX-2 抑制药（如前述的阿司匹林、吲哚美辛、双氯芬酸等）和选择性 COX-2 抑制药（塞来昔布、罗非昔布等）两大类。后者对 COX-2 具有高度选择性，作用较阿司匹林强而持久，用于治疗骨关节炎、急性疼痛、腰痛及原发性痛经；同时对 COX-1 几乎不抑制，因此胃肠道不良反应的发生率显著降低。

选择性环氧化酶抑制药以 1999 年辉瑞公司的塞来昔布上市为开端，在 4 年时间内市场从零增长至 2003 年的 60 亿美元销售额。其中"西乐葆"（塞来昔布胶囊）的市场份额最大，其次是默沙东公司的罗非昔布和辉瑞公司的伐地昔布。随着全球对本类药物的广泛应用，许多临床统计数据不断发出警示：选择性环氧化酶抑制药会导致严重心血管事件的发生率增高，包括心肌梗死和缺血性脑血管意外。2004 年 10 月默沙东公司主动将罗非昔布全部撤出世界医药市场。美国 FDA 对这类新型 NSAIDs 的心血管系统风险重新做了评估，认为昔布类药物均有增加心血管疾病的可能性，因此要求辉瑞公司从市场上撤回伐地昔布，另在塞来昔布的说明书中加入黑框警告，以突出这些药品有增加心血管不良事件和胃肠道出血事件的风险。

目前，选择性环氧化酶抑制药的效果与实际安全性仍有待医药界进一步确立。临床应综合考虑药物给患者带来的利益和风险，权衡利弊后用药，减少不良反应的发生。

## 尼美舒利
### Nimesulide

【其他名称】普威、欣克洛、瑞芝利。

【适应证】本品临床适用于骨关节炎、关节外风湿病，手术和急性创伤的疼痛和炎症，急性上呼吸道炎症引起的疼痛和发热、痛经。此外，本品还具有抗过敏和抗组胺作用，适用于对阿司匹林等过敏的哮喘患者。

【制剂】本品主要为口服剂型，包括片剂（分散片、口腔崩解片、缓释片）、胶囊剂、颗粒剂、干混悬剂、凝胶剂等。

【不良反应】本品的胃肠道不良反应少而轻微，发生率显著低于其他 NSAIDs。但曾有本品导致严重肝脏损害的报道。

【用药指导】本品在肝内代谢，肾脏排泄，严重肝肾功能不全者慎用，且不宜用于妊娠期及哺乳期妇女。临床作为二线用药，仅在至少一种其他 NSAIDs 治疗失败的情况下使用。2010 年的儿童用药安全国际论坛上，专家提醒儿童发热用药的选择上需慎用尼美舒利，该药对中枢神经和肝脏造成损伤的案例时常出现。2011 年国家食品药品监督管理局发布通知，修改尼美舒利说明书，并禁止尼美舒利口服制剂用于 12 岁以下儿童。

【商品信息】本品是瑞士 Helsinn 公司的专利产品，1985 年在意大利首次上市，目前已在 50 多个国家使用，市场规模超过 10 亿美元。2005—2013 年尼美舒利在国内市场的 NSAIDs 品种销售额中持续进入前十位，2013 年销售额 1475 万元。

尼美舒利（口服常释剂型）为《国家基本医疗保险、工伤保险和生育保险药品目录（2024 年）》中的甲类药物。

【贮藏】遮光，密封，干燥处保存。

解热镇痛抗炎药被《国家基本药物目录（2018 年版）》和《国家基本医疗保险、工伤保险和生育保险药品目录（2024 年）》收录的情况详见表 9 - 4。

表 9 - 4　解热镇痛抗炎药被国家基本药物目录和国家医保目录收录情况

| 药品类别 | 药品名称 | 药品剂型 | 《国家基本药物目录（2018 年版）》 | 《国家基本医疗保险、工伤保险和生育保险药品目录（2024 年）》 |
|---|---|---|---|---|
| 水杨酸类 | 阿司匹林 | 口服常释剂型 | 收录 | 甲类目录 |
| | | 缓释控释剂型 | — | 乙类目录 |
| | | 肠溶缓释片 | — | 乙类目录 |
| | 美沙拉嗪 | 口服常释剂型 | 收录 | 乙类目录 |
| | | 缓释控释剂型 | 收录 | 乙类目录 |
| | | 缓控释颗粒剂 | 收录 | 乙类目录 |
| | | 栓剂 | 收录 | 乙类目录 |
| | | 灌肠剂 | 收录 | 乙类目录 |
| 苯胺类 | 对乙酰氨基酚 | 口服常释剂型 | 收录 | 甲类目录 |
| | | 缓释控释剂型 | — | 乙类目录 |
| | | 颗粒剂 | 收录 | 甲类目录 |
| | | 口服液体剂 | 收录 | 乙类目录 |
| | | 栓剂 | — | 乙类目录 |

续表

| 药品<br>类别 | 药品<br>名称 | 药品<br>剂型 | 《国家基本药物目录<br>（2018 年版）》 | 《国家基本医疗保险、工伤保险和生育保<br>险药品目录（2024 年）》 |
|---|---|---|---|---|
| 乙酸类 | 双氯芬酸钠 | 口服常释剂型 | 收录 | 甲类目录 |
| | | 缓释控释剂型 | 收录 | 甲类目录 |
| | | 滴眼剂 | — | 乙类目录 |
| | | 双释放肠溶胶囊 | — | 乙类目录 |
| | | 肠溶缓释胶囊 | — | 乙类目录 |
| | | 栓剂 | — | 乙类目录 |
| | 吲哚美辛 | 栓剂 | 收录 | 甲类目录 |
| | | 口服常释剂型 | — | 乙类目录 |
| | | 缓释控释剂型 | — | 乙类目录 |
| | | 滴眼剂 | — | 乙类目录 |
| 芳基丙酸类 | 布洛芬 | 口服常释剂型 | 收录 | 甲类目录 |
| | | 缓释控释剂型 | 收录 | 乙类目录 |
| | | 口服液体剂 | 收录 | 乙类目录 |
| | | 颗粒剂 | 收录 | 乙类目录 |
| | | 栓剂 | — | 甲类目录 |
| | | 乳膏剂 | — | 乙类目录 |
| | | 注射剂 | — | 乙类目录 |
| 烯醇酸类 | 美洛昔康 | 口服常释剂型 | — | 乙类目录 |
| 吡唑酮类 | 安乃近 | 口服常释剂型 | — | 乙类目录 |
| 选择性环氧化酶<br>抑制药 | 尼美舒利 | 口服常释剂型 | — | 甲类目录 |

### 知识拓展

#### 癌症三阶梯止痛治疗原则

1986 年 WHO 发布《癌症三阶梯止痛治疗原则》，建议在全球范围内推行癌症三阶梯止痛治疗方案。其原则为：①按药效的强弱依阶梯方式顺序使用，由弱到强，逐渐加量；②使用口服药；③有规律地按时服药；④用药剂量个体化，以达到有效镇痛为目的而不受所谓的"极量"限制；⑤及时治疗不良反应。

（1）第一阶梯 对轻度疼痛用非阿片类镇痛药。如非甾体抗炎药具有止痛、治疗肿瘤性发热以及抑制肿瘤毛细血管增生的作用。代表药物是阿司匹林，也可选用胃肠道反应较轻的布洛芬和对乙酰氨基酚等。

（2）第二阶梯 对中度疼痛可用弱阿片类药。当非阿片类镇痛药不能控制疼痛时，应加用弱阿片类药，以提高镇痛效果，代表药物是可待因、曲马多等。

（3）第三阶梯 对重度疼痛可用强阿片类药。用于剧痛患者，代表药物是吗啡。多采用口服缓释或控释剂型。

（4）辅助用药 在癌痛治疗中，常采取联合用药的方法，即加用一些辅助药以减少主药的用量和副作用。这些辅助药有：①弱安定药，如地西泮等；②强安定药，如氯丙嗪和氟哌利多等；③抗抑郁药，如氟西汀等。

通过规范治疗，90%以上的癌症患者疼痛可以缓解，从而改善生存质量，增强抗击癌症的信心，延长患者生命。

# 第三节 抗痛风药

痛风是一种由体内嘌呤代谢紊乱所引起的慢性疾病，具有间歇性发作的特点。主要特征是体内尿酸产生过多和（或）尿酸排泄减少，引起血中尿酸浓度持续增高，临床上称为高尿酸血症。由于尿酸盐在关节、软骨、肾脏及结缔组织中析出结晶，引起关节局部炎性发作和尿酸性尿路结石，严重者会造成关节畸形及功能障碍，甚至引发肾功能衰竭及尿毒症。

近年来，随着人们饮食结构及生活方式的变化，痛风和高尿酸血症与其他代谢性疾病如高血压病、高脂血症、肥胖、糖尿病等，已成为现代社会的常见病和多发病，在欧美国家发病率平均为 0.3%，在亚洲为 0.2%。国外研究发现，高尿酸血症能增加心脑血管疾病，如冠心病、脑梗死和脑出血的发病率和死亡率，缩短患者的寿命。因此，其药物治疗和新药研发已越来越引起重视。急性痛风主要在于迅速缓解关节炎，纠正高尿酸血症；慢性痛风的治疗关键是降低血中尿酸浓度。

## 一、抗痛风药分类

能够改善血中尿酸浓度，使其维持正常水平，用于治疗痛风的药物称为抗痛风药。临床治疗痛风的药物按药理作用分为以下几类：①抑制尿酸合成药，如别嘌醇、非布司他（主要针对肾功能不全或对别嘌醇过敏的患者）；②促进尿酸排泄药，如丙磺舒、苯磺吡酮、苯溴马隆等；③抑制白细胞游走进入关节的药物，如秋水仙碱；④一般的解热镇痛抗炎药，如阿司匹林、对乙酰氨基酚等。

## 二、典型抗痛风药

### 秋水仙碱
### Colchicine

【其他名称】秋水仙素。

【适应证】本品是痛风治疗尤其是重症急性发作的首选药物，用药后可在 12 小时内缓解关节红、肿、热、痛等症状，对一般性疼痛及其他类型关节炎无效。

【制剂】本品主要剂型有片剂和注射剂。

【不良反应】本品胃肠道反应如恶心、呕吐、腹痛、腹泻多见，并有骨髓抑制及肾损害。有致畸作用，妊娠前后应避免使用。

【用药指导】①本品是一种有剧毒的生物碱，局部刺激作用强，注射时不得漏出血管外。用药期间应定期检查血常规及肝、肾功能。②骨髓造血功能不全、肝肾功能不全、妊娠期及哺乳期妇女禁用。③可增强中枢神经系统抑制药的作用，降低抗凝剂及抗高血压药的作用，配伍时需应酌情调节用量。④本品也属于抗癌药，可通过抑制细胞的有丝分裂，治疗白血病、乳腺癌等。

【商品信息】秋水仙碱 1957 年在德国首次上市，国内 1988 年注册。因其毒性较大，且治疗剂量与中毒剂量接近，临床应用受到限制。如美国 FDA 于 1939 年批准一种由秋水仙碱及促进尿液中尿酸排泄的介质组成的复合制剂用于痛风，但直至 2009 年才首次批准单成分秋水仙碱口服制剂用于急性痛风发作。

秋水仙碱（口服常释剂型）为《国家基本医疗保险、工伤保险和生育保险药品目录（2024 年）》中的甲类药物。

【贮藏】遮光，密封保存。

## 别嘌醇
### Allopunnol

【其他名称】别嘌呤醇、痛风宁。

【适应证】本品及其代谢产物通过抑制黄嘌呤氧化酶的活性，使尿酸生成减少，血及尿中的尿酸浓度降低，从而防止尿酸析出结晶沉积在骨、关节及肾脏组织内，也有助于痛风结节及尿酸结晶的重新溶解。主要用于慢性痛风，为临床唯一的抑制尿酸生成药物。因本品无消炎作用，控制急性痛风发作时，须同时应用秋水仙碱或其他消炎药。

【制剂】本品主要剂型有片剂、胶囊剂。

【不良反应】个别患者可出现皮疹、胃肠道反应或白细胞减少等不良反应，停药后一般可恢复正常。

【用药指导】本品不良反应较少，可以长期服用，服药期间应多饮水，并使尿呈中性或碱性以利于尿酸排出。同时宜食低嘌呤饮食，并应饭后服药以减少对胃的刺激。

【商品信息】别嘌醇是目前上市时间最长、价格低廉的用于痛风治疗的药物。

别嘌醇是《国家基本药物目录（2018 年版）》收录品种；别嘌醇（口服常释剂型）为《国家基本医疗保险、工伤保险和生育保险药品目录（2024 年）》中的甲类药物，别嘌醇（缓释控释剂型）为医保乙类药物。

【贮藏】遮光，密封保存。

## 非布司他
### Febuxostat

【其他名称】非布索坦、菲布力、优力通。

【适应证】本品为黄嘌呤氧化酶抑制剂，适用于具有痛风症状的高尿酸血症的长期治疗，不推荐用于治疗无症状性高尿酸血症。轻、中度肝功能或肾功能损伤患者服用本品时不必调整剂量。与别嘌醇不同，本品给药时无需考虑食物或抗酸剂的影响。

【制剂】本品主要剂型为片剂。

【不良反应】本品的不良反应主要是皮疹，同时发现极少数患者有心血管方面的问题，如冠心病或者高血压，因此出于心血管安全性考虑，美国 FDA 要求在该药的标签上就此予以警告。

【商品信息】本品由日本帝人制药公司研发，2009 年被 FDA 批准用于治疗痛风患者的高尿酸血症。国内的生产厂家有江苏万邦、江苏恒瑞、杭州朱养心等。

非布司他（口服常释剂型）为《国家基本医疗保险、工伤保险和生育保险药品目录（2024 年）》中的乙类药物。

【贮藏】遮光，密封保存。

抗痛风药被《国家基本药物目录（2018 年版）》和《国家基本医疗保险、工伤保险和生育保险药品目录（2024 年）》收录的情况详见表 9-5。

表 9-5　抗痛风药被国家基本药物目录和国家医保目录收录情况

| 药品类别 | 药品名称 | 药品剂型 | 《国家基本药物目录（2018 年版）》 | 《国家基本医疗保险、工伤保险和生育保险药品目录（2024 年）》 |
|---|---|---|---|---|
| 抑制尿酸合成药 | 别嘌醇 | 口服常释剂型 | 收录 | 甲类目录 |
| | | 缓释控释剂型 | — | 乙类目录 |
| | 非布司他 | 口服常释剂型 | — | 乙类目录 |
| 促进尿酸排泄药 | 苯溴马隆 | 口服常释剂型 | 收录 | 乙类目录 |
| 抑制白细胞游走进入关节药物 | 秋水仙碱 | 口服常释剂型 | 收录 | 甲类目录 |

答案解析

## 思考题

1. 简述什么是镇痛药。
2. 简述解热镇痛抗炎药的分类，并列举一个代表药物。

（崔　强）

书网融合……

本章小结

习题

# 第十章　神经系统用药

PPT

**学习目标**

1. 通过本章学习，掌握抗帕金森病、阿尔茨海默病治疗药品的分类，咖啡因、苯妥英钠、左旋多巴、多奈哌齐、美金刚、吡拉西坦、卡马西平、司来吉兰、苯海索、加兰他敏、石杉碱甲的药品信息；熟悉中枢兴奋药品、抗癫痫药品的分类，丙戊酸钠、恩他卡朋、普拉克索的药品信息；了解奥拉西坦、尼可刹米、拉莫三嗪的药品信息。

2. 具有根据神经系统不同疾病，以及相同疾病不同症状选择对症的治疗药物并合理使用的能力，以及根据各类神经系统药物的研发、生产、市场情况合理预测未来发展趋势的能力。

3. 养成一定要根据疾病的症状选择治疗药物，合理使用神经系统药物以减轻不良反应的思维方式。

神经系统疾病是发生于中枢神经系统、周围神经系统、自主神经系统的以感觉、运动、意识、自主神经功能障碍为主要表现的疾病，又称神经病。其症状可分为缺失症状、释放症状、刺激症状及休克症状，神经系统用药可以缓解和改善上述症状。神经系统用药在全球药物市场一直扮演着非常重要的角色，约占全球药物市场份额的10%。近年来，此类药物在我国医院终端化学药各大类药品市场份额中所占比例逐年增长，目前神经系统用药在国内为排名第五的用药体系，仅次于抗肿瘤和免疫调节剂、血液和造血系统药物、消化系统及代谢药、全身用抗感染药物。

神经系统用药种类众多，中枢神经系统用药是其重要组成部分。中枢神经系统用药按用途可以分为中枢兴奋药、镇痛药、镇静催眠药、抗癫痫药、抗焦虑药、抗抑郁药、抗躁狂药、抗精神病药和抗退行性疾病药。其中，镇痛药大多能引起躯体依赖性，按麻醉药品管理。许多镇静催眠药连续使用能产生精神依赖性，按精神药品管理。一些镇静催眠药还具有抗癫痫药或抗焦虑药的作用，将与抗焦虑药、抗抑郁药、抗躁狂药、抗精神病药一起在治疗精神障碍药一章进行介绍。本章主要介绍中枢兴奋药、抗癫痫药、抗帕金森病药和阿尔茨海默病治疗药。

## 第一节　中枢兴奋药

中枢兴奋药是一类能选择性兴奋中枢神经系统，提高其功能活动的药物。根据其主要作用部位可分为三类：①主要兴奋大脑皮层的药物，如咖啡因、茶碱等；②主要兴奋延脑呼吸中枢的药物，又称呼吸兴奋药，如尼可刹米、洛贝林、多沙普仑等；③促进大脑功能恢复的药物，也称促智药，如吡拉西坦、奥拉西坦、胞磷胆碱等。这种分类是相对的，随着剂量的增加，其中枢作用部位也随之扩大，过量使用均可引起中枢各部位广泛兴奋而导致惊厥。按结构也可分为三类：①黄嘌呤生物碱类，如咖啡因、茶碱等；②酰胺类，如尼可刹米、吡拉西坦、茴拉西坦等；③其他类，如多沙普仑、甲氯芬酯、胞磷胆碱等。

## 一、典型中枢兴奋药

### 咖啡因
### Caffeine

【其他名称】咖啡碱。

【适应证】本品适用于解救因急性感染中毒及催眠药、麻醉药、镇痛药中毒引起的呼吸、循环衰竭；与溴化物合用，用于神经官能症；与阿司匹林制成复方制剂用于一般性头痛；与麦角胺合用治疗偏头痛；还可用于小儿多动症、早产儿呼吸暂停症。

【制剂】本品剂型有注射剂和口服剂，常制成复方制剂。

【不良反应】常见不良反应有头痛、恶心、呕吐和失眠。大剂量服用本品或大量饮用含本品的饮料，可引起头痛、焦躁不安、过度兴奋、肌肉震颤、耳鸣心悸、心动过速、视物不清、抽搐、惊厥。成人致死量约 10g。长期大量服用可产生耐受性，也可有成瘾性。

【用药指导】胃溃疡患者禁用。

【商品信息】咖啡因是一种天然生物碱，在许多植物中均有发现。本品制剂较多，除安钠咖注射液和枸橼酸咖啡因注射液外，还有氨基比林咖啡因片，咖溴合剂及麦角隐亭咖啡因口服液等。我国是咖啡因的生产和出口大国。由于我国咖啡因出口价格不断降低，提升了我国产品在国际市场上的竞争力。今后，国内外市场对咖啡因的需求还会不断增加，一是因为咖溴合剂等用于治疗神经衰弱和精神抑制症状的药物以及含有咖啡因的复方解热镇痛药在市场上应用广泛；二是含有咖啡因的"可乐"类饮料销量不断上升。2005 年 8 月 3 日，国务院颁布《麻醉药品和精神药品管理条例》，将该药列入其中并进行严格管理。

咖啡因是《国家基本药物目录（2018 年版）》收录品种；咖啡因（注射剂）为《国家基本医疗保险、工伤保险和生育保险药品目录（2024 年）》中的乙类药物。

【贮藏】避光，密闭保存。

### 吡拉西坦
### Piracetam

【其他名称】吡乙酰胺、脑复康等。

【适应证】本品适用于急、慢性脑血管病，脑外伤，各种中毒性脑病等多种原因所致的记忆减退及轻、中度脑功能障碍。也可用于儿童智能发育迟缓。

【制剂】本品剂型有片剂、胶囊剂、口服液和注射液。

【不良反应】消化道不良反应常见有恶心、腹部不适、食欲减退、腹胀、腹痛等，症状的轻重与服药剂量直接相关。中枢神经系统不良反应包括兴奋、易激动、头晕、头痛和失眠等，但症状轻微，且与服用剂量大小无关，停药后以上症状消失。偶见轻度肝功能损害，表现为轻度氨基转移酶升高，但与药物剂量无关。

【用药指导】①本品与华法林联合应用时，可延长凝血酶原时间，可诱导血小板聚集的抑制。②在接受抗凝治疗的患者中，同时应用本品时应特别注意凝血时间，防止出血危险，并调整抗凝治疗药物的剂量和用法。③锥体外系疾病、Huntington 舞蹈症者禁用，妊娠期妇女、新生儿禁用。

【商品信息】吡拉西坦能改善脑创伤、脑卒中、脑炎、中毒等引起的意识障碍，起苏醒作用，提高学习和记忆能力，无镇静、抗胆碱、抗组胺作用。可用于急、慢性脑血管病、脑外伤、各种中毒性脑病等多种原因所致的记忆减退及轻、中度脑功能障碍，也可用于治疗儿童智能发育迟缓。

吡拉西坦（注射剂和口服常释剂型）为《国家基本医疗保险、工伤保险和生育保险药品目录（2024 年）》中的乙类药物。

【贮藏】遮光、密闭保存。

## 二、其他中枢兴奋药

### 尼可刹米
### Nikethamide

【其他名称】可拉明。

【适应证】本品选择性兴奋延髓呼吸中枢，也可作用于颈动脉体和主动脉体化学感受器，反射性地兴奋呼吸中枢，并提高呼吸中枢对二氧化碳的敏感性。对血管运动中枢有微弱兴奋作用。用于中枢性呼吸抑制及各种原因引起的呼吸抑制。

【制剂】本品主要剂型有注射液。

【不良反应】常见不良反应有面部刺激征、烦躁不安、抽搐、恶心呕吐等。大剂量时可出现血压升高、心悸、出汗、面部潮红、呕吐、震颤、心律失常、惊厥，甚至昏迷。

【用药指导】①本品与苯巴比妥合用时可用于治疗新生儿高胆红素血症。②本品对吗啡类药物中毒所致呼吸抑制效果最好，对吸入全麻药中毒次之，对巴比妥药物中毒效果最差。对肺心病引起的呼吸衰竭有效。

【商品信息】尼可刹米为常用的呼吸兴奋剂，虽国外使用渐少甚至淘汰，国内使用仍较多。

尼可刹米是《国家基本药物目录（2018 年版）》收录品种；尼可刹米（注射剂）为《国家基本医疗保险、工伤保险和生育保险药品目录（2024 年）》中的甲类药物。

【贮藏】遮光，密闭保存。

### 胞磷胆碱
### Citicoline

【其他名称】胞嘧啶核苷二磷酸胆碱、尼可林、胞二磷胆碱、胞胆碱。

【适应证】本品为核苷衍生物，通过降低脑血管阻力，增加脑血流而促进脑物质代谢，改善脑循环。还可增强脑干网状结构上行激活系统的功能，增强锥体外系功能，改善运动麻痹，对促进大脑功能的恢复和促进苏醒有一定作用。

【制剂】本品主要剂型有注射液、片剂和胶囊。

【不良反应】本品偶见引起休克症状（不足 0.1%），给药后应注意观察，若出现血压降低、胸闷、呼吸困难等症状，应立即停止给药，并进行适当的处置。

【用药指导】①对伴有脑出血、脑水肿和颅压增高的严重急性颅脑损伤患者慎用；②本品用于抗震颤麻痹患者时，不宜与左旋多巴合用，否则可引起肌僵直恶化；与脑多肽合用，对改善脑功能有协同作用。

【商品信息】20 世纪 60 年代中期，日本武田药品工业公司首次开发成功胞磷胆碱，以商品名"Nicholin"（尼可林）上市。1988 年开始引入我国。现今，胞磷胆碱钠已被 2025 年版《中国药典》二部收载。

胞磷胆碱钠是《国家基本药物目录（2018 年版）》收录品种；胞磷胆碱（口服常释剂型、注射剂、氯化钠注射剂和葡萄糖注射剂）为《国家基本医疗保险、工伤保险和生育保险药品目录（2024 年）》中的乙类药物。

【贮藏】遮光、密闭保存。

## 奥拉西坦

### Oxiracetam

【其他名称】欧来宁、欧兰同、倍清星、健朗星。

【适应证】本品为促智药，可促进磷酰胆碱和磷酰乙醇胺合成，促进脑代谢，透过血脑屏障，对特异性中枢神经道路有刺激作用。对脑血管病、脑损伤、脑瘤（术后）、颅内感染、痴呆、脑变性疾病等均有良好疗效。适用于轻中度血管性痴呆、老年性痴呆以及脑外伤等症引起的记忆与智能障碍。

【制剂】本品主要剂型有注射液、胶囊。

【不良反应】本品不良反应少见，偶见皮肤瘙痒、恶心、精神兴奋、头晕、头痛、睡眠紊乱，但症状较轻，停药后可自行恢复。

【用药指导】①轻、中度肾功能不全者应慎用，必需使用本品时，须减量。②患者出现精神兴奋和睡眠紊乱时，应减量。

【商品信息】本品属新型吡咯烷酮类衍生物。目前已在欧洲、美国、日本和韩国上市并广泛应用于临床。国内外研究表明奥拉西坦注射液较吡拉西坦注射液具有更显著的药理活性和临床疗效。

【贮藏】遮光、密闭，在阴凉干燥处保存。

中枢兴奋药被《国家基本药物目录（2018 年版）》和《国家基本医疗保险、工伤保险和生育保险药品目录（2024 年）》收录的情况详如表 10 - 1 所示。

表 10 - 1 中枢兴奋药被国家基本药物目录和国家医保目录收录情况

| 药品类别 | 药品名称 | 药品剂型 | 《国家基本药物目录（2018 年版）》 | 《国家基本医疗保险、工伤保险和生育保险药品目录（2024 年）》 |
|---|---|---|---|---|
| 兴奋大脑皮层药 | 咖啡因 | 注射剂 | 收录 | 乙类目录 |
| 促进大脑功能恢复药 | 吡拉西坦 | 口服常释剂型 | — | 乙类目录 |
| | | 注射剂 | — | 乙类目录 |
| | 胞磷胆碱 | 注射剂 | 收录 | 乙类目录 |
| | | 口服常释剂型 | — | 乙类目录 |
| | 奥拉西坦 | 注射剂 | — | — |
| | | 口服常释剂型 | — | — |
| 兴奋延脑呼吸中枢药 | 尼可刹米 | 注射剂 | 收录 | 甲类目录 |
| | 洛贝林 | 注射剂 | 收录 | 甲类目录 |

# 第二节　抗癫痫药

癫痫是慢性反复发作性短暂脑功能失调综合征，其特征为脑神经元突发性异常高频率放电并向周围扩散。由于异常放电神经元所在的部位（病灶）和扩散范围不同，临床表现为不同的运动、感觉、意识和自主神经功能紊乱的症状。按临床表现可分为大发作、小发作、精神运动性发作及局限性发作。根据 2023 年世界卫生组织统计，全球约有 5000 万癫痫患者，我国癫痫患者的患病率为 4‰~7‰，其中约有 600 万为活动性癫痫患者，且该人群数量还在持续增加。药物治疗是目前抗癫痫的主要方法。1912 年发现了第一个用于治疗癫痫的化学药物苯巴比妥；1938 年开始应用苯妥英钠；20 世纪 70 年代原本用于治疗三叉神经痛的卡马西平被发现对癫痫有效。在近 30 年，又陆续有多个治疗癫痫的新药上市，目前应用较多的抗癫痫药物有丙戊酸钠、左乙拉西坦和奥卡西平等。

## 一、抗癫痫药的分类

抗癫痫药按化学结构分类如下。①巴比妥类：如苯巴比妥、异戊巴比妥；②乙内酰脲及其类似物：如苯妥英钠、乙琥胺、苯琥胺、扑米酮、三甲双酮；③二苯并氮䓬类：如卡马西平、奥卡西平；④γ-氨基丁酸类：如氨己烯酸、加巴喷丁；⑤脂肪酸类：如丙戊酸钠；⑥其他类：如拉莫三嗪、左乙拉西坦等。巴比妥类药物还具有镇静催眠或抗焦虑作用，将在相应章节介绍。抗癫痫药物的疗效和安全性是药物治疗过程中最受关注的因素。当单药治疗癫痫无效时，通常会采用多药联合治疗，长期治疗过程中需考虑药物之间的相互作用。

## 二、典型抗癫痫药

### 苯妥英钠
### Phenytoin Sodium

【其他名称】二苯乙内酰脲、大仑丁。

【适应证】本品适用于治疗全身强直-阵挛性发作、复杂部分性发作（精神运动性发作、颞叶癫痫）、单纯部分性发作（局限性发作）和癫痫持续状态。可治疗洋地黄中毒所致的室性及室上性心律失常，也可用于三叉神经痛和坐骨神经痛。

【制剂】本品主要剂型有片剂和注射剂。

【不良反应】常见齿龈增生，长期服用可能引起恶心、呕吐甚至胃炎，饭后服用可减轻。神经系统不良反应与剂量相关，常见眩晕、头痛，严重时可引起眼球震颤、共济失调、语言不清和意识模糊，调整剂量或停药可消失。可影响造血系统，致粒细胞和血小板减少，常见巨幼细胞贫血，可用叶酸加维生素 $B_{12}$ 防治。小儿长期服用易引起软骨病，可服用维生素 D 预防。

【用药指导】①久服不可骤停，否则可使发作加剧，或引起癫痫持续状态。②长期使用应定期检查血常规，妊娠期和哺乳期妇女慎用。③本品为肝药酶诱导剂，与皮质激素、洋地黄类等药合用时，可降低这些药物的效应。

【商品信息】本品为防治癫痫大发作的首选用药，也可用于治疗精神运动性发作、局限性发作。本品也适用于洋地黄中毒所致的室性及室上性心律失常，因疗效较好，价格便宜，目前在临床使用上占主导地位，国内有多家企业生产。

苯妥英钠是《国家基本药物目录（2018年版）》收录品种；苯妥英钠（口服常释剂型）为《国家基本医疗保险、工伤保险和生育保险药品目录（2024年）》中的甲类药物。

【贮藏】避光，密闭保存。

### 卡马西平
### Carbamazepine

【其他名称】酰胺咪嗪、卡巴咪嗪。

【适应证】本品适用于治疗癫痫复杂部分性发作、简单部分性发作和继发性全身发作、强直-阵挛性发作。此外还可用于治疗躁狂症、戒酒综合征、原发或继发性三叉神经痛、原发性舌咽神经痛、糖尿病性神经病引起的疼痛、中枢性尿崩症、神经内分泌性多尿和烦渴，预防躁郁症。

【制剂】本品主要剂型有胶囊剂和片剂。

【不良反应】常见不良反应有头晕、嗜睡、疲劳、共济失调、皮肤过敏反应、荨麻疹；偶见头痛、复视、视物模糊。

【用药指导】①本品有肝药酶诱导作用，与氯磺丙脲、氯贝丁酯、垂体后叶素、加压素、避孕药、环孢素、洋地黄类、雌激素、左甲状腺素或奎尼丁等合用时，合用的各药都需减量。②严重肝功能不全者、妊娠初期及哺乳期妇女禁用；青光眼，严重心血管疾患和老年患者慎用。③用药期间应定期检查血常规及肝功能。

【商品信息】卡马西平最初用于癫痫的治疗，后发现其对三叉神经痛具有较好的疗效。不良反应较苯妥英钠少，但临床使用率低于苯妥英钠，是单纯及复杂部分性发作的首选药。

卡马西平是《国家基本药物目录（2018 年版）》收录品种；卡马西平（口服常释剂型）为《国家基本医疗保险、工伤保险和生育保险药品目录（2024 年）》中的甲类药物，卡马西平（缓释控释剂型）为医保乙类药物。

【贮藏】避光，密封保存。

## 三、其他抗癫痫药

### 丙戊酸钠
### Sodium Valproate

【其他名称】德巴金、典泰。

【适应证】本品为脂肪酸类抗癫痫药，具有广谱抗癫痫作用，对癫痫小发作、肌阵挛性癫痫、局限性发作、大发作和混合型癫痫均有效，也有抗惊厥作用。多用于其他抗癫痫药无效的各型癫痫患者，尤以小发作为最佳。

【制剂】本品主要剂型有片剂和糖浆剂。

【不良反应】不良反应以胃肠道反应多见，较轻微；少数患者出现肝脏毒性，血清碱性磷酸酶升高、氨基转移酶升高。

【用药指导】本品可抑制苯妥英钠、苯巴比妥、扑米酮、氯硝西泮的代谢，与华法林或肝素等合用时，出血的危险性增加。

【商品信息】丙戊酸钠为广谱抗癫痫药，对大发作疗效不及苯妥英钠和苯巴比妥，但当上述药无效时，用本药仍有效。对小发作优于乙琥胺，但因肝脏毒性而不作为首选药。对复杂部分性发作疗效近似卡马西平，对非典型的小发作疗效不及氯硝西泮，是大发作合并小发作时的首选药物，对其他药物未能控制的顽固性癫痫亦有效果。

丙戊酸钠是《国家基本药物目录（2018 年版）》收录品种；丙戊酸钠（口服常释剂型）为《国家基本医疗保险、工伤保险和生育保险药品目录（2024 年）》中的甲类药物，丙戊酸钠（缓释控释剂型、口服液体剂和注射剂）为医保乙类药物。

【贮藏】密封，在干燥处保存。

### 拉莫三嗪
### Lamotrigine

【其他名称】利必通、安闲。

【适应证】本品适用于癫痫的简单部分性发作、复杂部分性发作、继发性及原发性全身强直－阵挛性发作，适用于 12 岁以上儿童及成人的单药治疗。

【制剂】本品主要剂型为片剂。

【不良反应】本品不良反应有头痛、疲倦、皮疹、恶心、头晕、嗜睡和失眠。

【用药指导】①本品与丙戊酸类合用，出现皮肤反应的风险增加。②对本药过敏者禁用。

【商品信息】1978 年英国人发现并人工合成了拉莫三嗪，1992 年美国批准此药用于治疗癫痫部分性发作，2005 年在我国上市。2008 年 11 月国家食品药品监督管理局规定拉莫三嗪片说明书增加关于自杀风险的内容。

拉莫三嗪是《国家基本药物目录（2018 年版）》收录品种；拉莫三嗪（口服常释剂型）为《国家基本医疗保险、工伤保险和生育保险药品目录（2024 年）》中的乙类药物。

【贮藏】避光，密封保存。

## 左乙拉西坦
### Levetiracetam

【其他名称】乐凡替拉西坦、利维西坦、左旋乙拉西坦。

【适应证】本品主要用于成人及 4 岁以上儿童癫痫患者部分性发作的加用治疗。

【制剂】本品主要剂型有片剂、缓释片、颗粒剂、口服液和注射剂。

【不良反应】常见的不良反应有嗜睡、乏力和头晕，常在治疗的开始阶段。

【用药指导】①根据当前的临床实践，如需停止服用本品，建议逐渐停药。②左乙拉西坦和主要代谢产物的体内清除率取决于肌酐清除率。因此，中度或者重度肾功能不全的患者应根据肌酐清除率调整每日维持剂量。

【商品信息】本品由比利时 UCB Pharma S. A. 公司开发，于 1999 年在美国首先上市，2006 年进入我国市场，最初用于成人部分性癫痫发作，现已被广泛认作全球治疗癫痫的金标准，也是唯一具有预防癫痫发病的抗癫痫药。

左乙拉西坦（口服常释剂型、缓释控释剂型、口服液体剂和注射剂）为《国家基本医疗保险、工伤保险和生育保险药品目录（2024 年）》中的乙类药物。

【贮藏】密封，在干燥处保存。

抗癫痫药被《国家基本药物目录（2018 年版）》和《国家基本医疗保险、工伤保险和生育保险药品目录（2024 年）》收录的情况详如表 10 - 2 所示。

表 10 - 2　抗癫痫药被国家基本药物目录和国家医保目录收录情况

| 药品类别 | 药品名称 | 药品剂型 | 《国家基本药物目录（2018 年版）》 | 《国家基本医疗保险、工伤保险和生育保险药品目录（2024 年）》 |
|---|---|---|---|---|
| 乙内酰脲及其类似物药 | 苯妥英钠 | 口服常释剂型 | 收录 | 甲类目录 |
| | | 注射剂 | 收录 | — |
| 二苯并氮䓬类药 | 卡马西平 | 口服常释剂型 | 收录 | 甲类目录 |
| | | 缓释控释剂型 | — | 乙类目录 |
| | 奥卡西平 | 口服常释剂型 | 收录 | 甲类目录 |
| | | 口服液体剂 | 收录 | 乙类目录 |
| 脂肪酸类药 | 丙戊酸钠 | 注射剂 | 收录 | 乙类目录 |
| | | 口服常释剂型 | 收录 | 甲类目录 |
| | | 口服液体剂 | 收录 | 乙类目录 |
| | | 缓释控释剂型 | — | 乙类目录 |
| 巴比妥类药 | 苯巴比妥 | 注射剂 | 收录 | 甲类目录 |
| | | 口服常释剂型 | 收录 | 甲类目录 |

续表

| 药品类别 | 药品名称 | 药品剂型 | 《国家基本药物目录（2018 年版）》 | 《国家基本医疗保险、工伤保险和生育保险药品目录（2024 年）》 |
|---|---|---|---|---|
| 其他类药 | 拉莫三嗪 | 口服常释剂型 | 收录 | 乙类目录 |
| | 左乙拉西坦 | 注射剂 | — | 乙类目录 |
| | | 口服常释剂型 | — | 乙类目录 |
| | | 口服液体剂 | — | 乙类目录 |
| | | 缓释控释剂 | — | 乙类目录 |

# 第三节　抗帕金森病药

帕金森病（Parkinson's disease，PD）又称震颤麻痹，是中枢神经系统锥体外系功能障碍引起的一种慢性退行性疾病。帕金森病是一种常发于中老年人的神经系统变性疾病，其主要症状表现为静止性震颤、肌肉僵直、运动迟缓以及姿势平衡障碍。随着社会老龄化趋势的加剧，我国帕金森患病率正在日益增多。流行病学调查显示，我国 65 岁以上帕金森病发病率男性为 1.7%，女性为 1.6%。全球现有 600 万帕金森病患者，我国就有 300 万，居世界首位。帕金森病已成为仅次于阿尔茨海默病的第二大神经退行性疾病，已成为位居脑卒中、老年性痴呆之后的严重威胁老年人健康的第三大杀手。

目前研究认为，帕金森病是因纹状体内缺乏多巴胺所致，主要病变在黑质-纹状体多巴胺能神经通路。在黑质-纹状体中存在两种递质，乙酰胆碱和多巴胺，正常时两种递质处于平衡状态，共同调节运动功能。当多巴胺减少或乙酰胆碱增多时，可引起震颤麻痹。

## 一、抗帕金森病药的分类

抗帕金森病药包括拟多巴胺药和中枢抗胆碱药两大类。

**1. 拟多巴胺药**　又可分为以下几类。①多巴胺类似物，如左旋多巴；②外周多巴脱羧酶抑制剂，如卡比多巴、苄丝肼；③中枢多巴胺受体激动剂，如溴隐亭、卡麦角林、培高利特、罗匹尼罗、吡贝地尔、普拉克索等；④单胺氧化酶（MAO）抑制剂，如司来吉兰、雷沙吉兰；⑤儿茶酚-$O$-甲基转移酶（COMT）抑制剂，如恩他卡朋、托卡朋。

**2. 中枢抗胆碱药**　主要有苯海索、普罗吩胺、比哌立登。在左旋多巴问世前的一个多世纪时期，抗胆碱药一直是治疗帕金森病最有效的药物。目前抗胆碱药已经降为次要位置，拟多巴胺药已成为抗帕金森病的主角。临床应用较为广泛的是左旋多巴及其复方制剂，以及非麦角类多巴胺受体激动剂普拉克索和罗匹尼罗。此外，MAO 抑制剂雷沙吉兰和 COMT 抑制剂恩他卡朋也位居抗帕金森病药的五大品种之列。

## 二、典型抗帕金森病药

左旋多巴

Levodopa

【其他名称】L-DOPA。

【适应证】本品适用于治疗震颤麻痹。对轻、中度病情者效果较好，重度或老年患者效果差。对吩噻嗪类等抗精神病药引起的帕金森综合征无效。可使肝昏迷患者清醒，症状改善。

【制剂】本品主要剂型有胶囊剂、片剂和注射剂。

【不良反应】本品不良反应较多，主要由于外周产生的多巴胺过多引起。治疗初期主要有胃肠道反应，如恶心、呕吐、食欲减退；用药 3 个月后可出现不安、失眠、幻觉等精神症状，此外尚有直立性低血压、心律失常及不自主运动等。还有"开关"现象（患者突然多动不安是为"开"，而后又出现肌强直运动不能是为"关"），见于年龄较轻患者，约在用药后 8 个月左右出现。

【用药指导】①支气管哮喘、肺气肿、消化性溃疡、高血压、精神病、糖尿病、心律失常及闭角型青光眼患者及妊娠期妇女禁用。②禁止与 A 型单胺氧化酶抑制剂、麻黄碱、利血平及拟肾上腺素药合用。维生素 $B_6$ 是多巴脱羧酶辅基，能加速左旋多巴在外周组织转化成多巴胺，增强左旋多巴外周副作用，降低疗效。

【商品信息】左旋多巴是 PD 治疗中的一个里程碑。本品自 1967 年应用于临床以来，一直是治疗 PD 最有效的药物，被称为 PD 治疗的"金标准"。本品是一种替代多巴胺的手段，但其在脑内和脑外可迅速脱羧而变成多巴胺，这导致多巴胺的浪费及不良反应频繁发生。为降低外周多巴胺不良反应，临床常合用外周多巴胺脱羧酶抑制剂。"息宁""心宁美"是本品与卡比多巴组成的复方制剂，"美多巴"是其与苄丝肼组成的复方制剂。

左旋多巴（口服常释剂型）为《国家基本医疗保险、工伤保险和生育保险药品目录（2024 年)》中的甲类药物。

【贮藏】避光，密封保存。

## 司来吉兰
### Selegiline

【其他名称】思吉宁、金思平。

【适应证】本品临床可单独服用治疗早期帕金森病，也可与左旋多巴或与左旋多巴/外周多巴脱羧酶抑制剂合用。在与左旋多巴合用时，特别适用于治疗运动波动。

【制剂】本品主要剂型有片剂和胶囊剂。

【不良反应】可出现口干，短暂血清氨基转移酶值升高及睡眠障碍。加入本品给已服用最大耐受剂量左旋多巴患者，可能出现不随意运动、恶心、激越、错乱、幻觉、头痛、直立性低血压及眩晕等。

【用药指导】①对本品过敏者、严重的精神病、严重的痴呆、迟发性异动症、有消化性溃疡以及病史者禁用。②与左旋多巴合用时，对甲状腺功能亢进、肾上腺髓质的肿瘤、青光眼患者也应禁用。

【商品信息】司来吉兰为第 1 代的 MAO-B 抑制剂，雷沙吉兰为第 2 代的 MAO-B 抑制剂。雷沙吉兰与本品相比，作用强，不良反应小，因而其临床应用更加广泛。

司来吉兰（口服常释剂型）为《国家基本医疗保险、工伤保险和生育保险药品目录（2024 年)》中的乙类药物。

【贮藏】遮光、室温、密闭保存。

## 苯海索
### Trihexyphenidyl

【其他名称】安坦。

【作用与适应证】本品适用于帕金森病、帕金森病综合征，也可用于药物引起的锥体外系疾患。

【制剂】本品主要剂型为片剂。

【不良反应】常见口干、视物模糊等，偶见心动过速、恶心、呕吐、尿潴留、便秘等。长期应用可出现嗜睡、抑郁、记忆力下降、幻觉、意识混浊。

【用药指导】 ①青光眼、前列腺肥大患者禁用。②与左旋多巴合用时两药的作用不稳定，应隔开2～3小时给药。

【商品信息】 苯海索为治疗帕金森病的常用药。本品不可突然停药，否则加重病情。本品可增加强心苷、三环类抗抑郁药、单胺氧化酶抑制药、吩噻嗪、抗胆碱能药、金刚烷胺等药的毒性。

苯海索是《国家基本药物目录（2018年版）》收录品种；苯海索（口服常释剂型）为《国家基本医疗保险、工伤保险和生育保险药品目录（2024年)》中的甲类药物。

【贮藏】 避光，密封保存。

## 三、其他抗帕金森病药

### 恩他卡朋
### Entacapone

【适应证】 本品可作为标准药物左旋多巴/苄丝肼或左旋多巴/卡比多巴的辅助用药，用于治疗以上药物不能控制的帕金森病及剂末现象（症状波动）。

【制剂】 本品主要剂型为片剂。

【不良反应】 常见的不良反应有腹泻、帕金森病症状加重、头晕、腹痛、失眠、口干、疲乏、幻觉、便秘、肌张力障碍、多汗、运动功能亢进、头痛、腿部痉挛、意识模糊、噩梦、跌倒、直立性低血压、眩晕和震颤。

【用药指导】 ①本品增加左旋多巴/苄丝肼制剂的生物利用度比其增加左旋多巴/卡比多巴的生物利用度多5%~10%。因此，服用左旋多巴/苄丝肼制剂的患者在开始合用本品时需要较大幅度地减少左旋多巴的用量。②本品可以与司来吉兰联合使用，但是后者的日剂量不能超过10mg。

【商品信息】 本品销售额近年呈增长趋势，目前居抗PD药物的第四位。

恩他卡朋（口服常释剂型）为《国家基本医疗保险、工伤保险和生育保险药品目录（2024年)》中的乙类药物。

【贮藏】 室温（10～30℃）保存。

### 普拉克索
### Pramipexole

【适应证】 本品为合成的非麦角类中枢多巴胺受体激动剂，单独或与左旋多巴联合用于治疗特发性帕金森病的体征和症状。

【制剂】 本品主要剂型为片剂和缓释片。

【不良反应】 常见的不良反应有恶心、头昏、嗜睡、失眠、幻觉、运动障碍、便秘等。治疗初期常见直立性低血压。可引起"睡眠发作"，驾车和机械操作者应特别注意。

【用药指导】 本品与左旋多巴联用时，在增加本品的剂量时应降低左旋多巴的剂量，而其他抗帕金森病治疗药物的剂量保持不变。

【商品信息】 本品由勃林格殷格翰公司开发，1997年经FDA批准用于特发性帕金森病的治疗，2006年由FDA批准用于中－重度不宁腿综合征的治疗。目前在全球70多个国家上市。近年来，本品广泛用于治疗帕金森，是市场增长速度最快的抗帕金森药物。

普拉克索是《国家基本药物目录（2018年版）》收录品种；普拉克索（口服常释剂型和缓释控释剂型）为《国家基本医疗保险、工伤保险和生育保险药品目录（2024年)》中的乙类药物。

【贮藏】 避光，密封保存。

抗帕金森病药被《国家基本药物目录（2018 年版)》和《国家基本医疗保险、工伤保险和生育保险药品目录（2024 年)》收录的情况详如表 10 - 3 所示。

表 10 - 3　抗帕金森病药被国家基本药物目录和国家医保目录收录情况

| 药品类别 | 药品名称 | 药品剂型 | 《国家基本药物目录（2018 年版)》 | 《国家基本医疗保险、工伤保险和生育保险药品目录（2024 年)》 |
|---|---|---|---|---|
| 拟多巴胺药 | 左旋多巴 | 口服常释剂型 | — | 甲类目录 |
| | 司来吉兰 | 口服常释剂型 | — | 乙类目录 |
| | 恩他卡朋 | 口服常释剂型 | — | 乙类目录 |
| | 普拉克索 | 口服常释剂型 | 收录 | 乙类目录 |
| | | 缓释控释剂型 | 收录 | 乙类目录 |
| | 金刚烷胺 | 口服常释剂型 | 收录 | 甲类目录 |
| 中枢抗胆碱药 | 苯海索 | 口服常释剂型 | 收录 | 甲类目录 |

# 第四节　阿尔茨海默病治疗药

阿尔茨海默病（Alzheimer's disease，AD）是发生于老年和老年前期，以进行性认知功能障碍和行为损害为特征的中枢神经系统变性疾病。AD 是老年人的常见病之一，主要表现为记忆力减退及识别能力障碍等，是一种渐进性的神经功能退化性失调。该病病程一般较长，为 3 ~ 20 年，给社会、家庭和患者带来沉重的负担和极大的痛苦。流行病学调查显示，我国 AD 的患病率为 6.25%。世界卫生组织 2017 年 12 月报道，全世界大约有 5000 万痴呆症患者，到 2030 年将达 8200 万，到 2050 年将达 1.52 亿。AD 已成为严重威胁老年人健康的第二大杀手，WHO 已将该病定为 21 世纪五大重点疾病之一。AD 的特征性病理改变包括以 $\beta$-淀粉样蛋白（$\beta$-amyloid protein，A$\beta$）沉积为核心的老年斑，以过度磷酸化 Tau 蛋白为主要成分的神经元纤维缠结，以胆碱能神经元变性和死亡为主的神经元丢失和特定区域的脑萎缩。

## 一、阿尔茨海默病治疗药的分类

根据作用机制可将抗 AD 药物分为乙酰胆碱酯酶抑制剂、抑制 A$\beta$ 形成和聚集的药物、神经细胞保护和促进大脑功能恢复的药物。

**1. 乙酰胆碱酯酶抑制剂**　此类药物可阻止乙酰胆碱酯酶（AChE）分解乙酰胆碱（ACh），提高脑内乙酰胆碱的含量，恢复胆碱能神经传导，提高患者学习记忆能力和认知水平。代表药物有多奈哌齐、加兰他敏、利斯的明、石杉碱甲、他克林等。其中，他克林为第 1 代的 AChE 抑制剂，其他均为第 2 代 AChE 抑制剂。

**2. 抑制 A$\beta$ 的形成和聚集的药物**　AD 患者痴呆的程度与 A$\beta$ 密切相关。抑制 A$\beta$ 的形成和聚集是治疗 AD 的重要环节。抑制 A$\beta$ 形成的药物目前用于临床的只有 $\alpha$-分泌酶抑制剂，具有此作用的药物有他汀类药物、雌二醇、睾酮、胰岛素、钙调蛋白等。抑制 A$\beta$ 聚集的药物有司来吉兰、姜黄素、维生素 E 等。这些药物都兼具其他方面的作用。

**3. 神经细胞保护剂和促进大脑功能恢复的药物**　作用于神经传递系统的细胞保护剂可以延缓脑神

经元变性过程，抑制其神经毒性，保护或修复神经元。用于临床的主要有 $N$-甲基-$D$-天冬氨酸（NMDA）受体拮抗剂，如美金刚。促进大脑功能恢复的药物主要是复智药，如吡拉西坦、奥拉西坦等，在中枢兴奋药部分已经介绍。欧洲神经病学学会联盟（EFNS）及美国心理学会（APA）指南均一致推荐乙酰胆碱酯酶抑制剂及 NMDA 受体拮抗剂为阿尔茨海默病的一线治疗药物。国内 AD 用药市场也主要依赖多奈哌齐、美金刚、利斯的明和石杉碱甲，多奈哌齐和美金刚是其中的重点品种。

## 二、典型阿尔茨海默病治疗药

### 多奈哌齐
### Donepezil

【其他名称】安理申、思博海、扶思克。

【适应证】本品适用于轻、中度阿尔茨海默病的治疗。

【制剂】本品主要剂型有片剂、胶囊、分散片、口腔崩解片。

【不良反应】常见腹泻、恶心、头痛、普通感冒、厌食、呕吐、皮疹、瘙痒、幻觉、易激惹、攻击行为、昏厥、眩晕、失眠、胃肠功能紊乱、肌肉痉挛、尿失禁、乏力、疼痛、意外伤害。

【用药指导】①本品应由对阿尔茨海默型痴呆的诊断和治疗富有经验的医生处方并指导患者的使用。②对本品及制剂中赋形剂有过敏史的患者禁用，妊娠期妇女禁用。

【商品信息】本品为治疗 AD 的第 2 代 AChE 抑制剂，与第 1 代 AChE 抑制剂相比，具有达标剂量小、不良反应小、耐受性好等优点。本品由日本卫材制药公司开发，1996 年 11 月获得 FDA 的特许批准用于临床，商品名"安理申"，是第 2 个被美国 FDA 特许治疗阿尔默海茨病的 AChE 抑制剂。1997 年初首先在美国上市，由卫材/辉瑞共同开发全球市场，1999 年 10 月安理申在我国上市。

多奈哌齐（口服常释剂型和口腔崩解片）为《国家基本医疗保险、工伤保险和生育保险药品目录（2024 年）》中的乙类药物。

【贮藏】遮光，密闭，在阴凉处保存。

### 美金刚
### Memantine

【适应证】本品用于治疗中重度至重度阿尔茨海默型痴呆，也可直接激动多巴胺受体，并促进多巴胺释放，用于治疗震颤麻痹综合征。

【制剂】本品主要剂型为片剂、口服溶液和缓释胶囊。

【不良反应】本品不良反应通常为轻度，常见的有幻觉、意识混沌、头晕、头痛和疲倦。

【用药指导】①对本品的活性成分或其赋形剂过敏者禁用。②在合并使用 NMDA 拮抗剂时，左旋多巴、多巴胺能受体激动剂和抗胆碱能药物的作用可能会增强，巴比妥类和神经阻断剂的作用有可能减弱。③美金刚与金刚烷胺在化学结构相似，且都是 NMDA 拮抗剂，因此应避免合用，以免发生药物中毒性精神病。

【商品信息】本品是目前唯一用于抗 AD 的 NMDA 受体拮抗剂，在抗 AD 药物中占有较大市场份额。本品由德国 Merz 公司研发，于 1997 年在德国上市。

美金刚（口服常释剂型、口服溶液剂）和盐酸美金刚缓释胶囊为《国家基本医疗保险、工伤保险和生育保险药品目录（2024 年）》中的乙类药物。

【贮藏】密封，室温保存。

### 三、其他阿尔茨海默病治疗药

#### 加兰他敏
#### Galanthamine

【其他名称】尼瓦林、强肌宁、雪花胺。

【适应证】本品注射剂用于重症肌无力、脊髓灰质炎后遗症以及拮抗氯化筒箭毒碱及类似药物的非去极化肌松作用。片剂适用于良性记忆障碍，提高患者指向记忆、联想学习、图像回忆、无意义图形再认及人像回忆等能力；对痴呆患者和脑器质性病变引起的记忆障碍亦有改善作用。

【制剂】本品主要剂型为片剂和注射剂。

【不良反应】个别患者用药开始时有暂时性头晕、心动过缓、口干、恶心、轻度腹痛等，继续服用后自行消失。

【用药指导】本品禁用于癫痫、运动功能亢进、支气管哮喘、心绞痛患者。青光眼患者不宜使用。

【商品信息】本品为第 2 代可逆性 AChE 抑制剂，易透过血脑屏障，产生较强的中枢作用。本品是强生公司开发的化学合成药物，2000 年 7 月被欧盟批准后在英国、爱尔兰首次上市，2001 年获美国 FDA 许可用于治疗阿尔茨海默病。1998 年上海申兴制药厂开始生产加兰他敏原料药，1999 年国家药品监督管理局批准苏州第六制药厂生产四类新药氢溴酸加兰他敏胶囊，2000 年在我国主要城市重点医院抗痴呆药品中崭露头角。

加兰他敏（口服常释剂型和注射剂）为《国家基本医疗保险、工伤保险和生育保险药品目录（2024 年）》中的乙类药物。

【贮藏】遮光、密闭保存。

#### 石杉碱甲
#### Huperzine A

【适应证】本品适用于良性记忆障碍，提高患者指向记忆、联想学习、图像回忆、无意义图形再认及人像回忆等能力；对痴呆患者和脑器质性病变引起的记忆障碍有改善作用；本品亦用于重症肌无力的治疗。

【制剂】本品主要剂型为片剂和注射液。

【不良反应】本品不良反应不明显，剂量过大时可引起头晕、恶心、胃肠道不适、乏力等反应，一般可自行消失，反应明显时减量或停药后缓解、消失。

【用药指导】①心动过缓、支气管哮喘者慎用。②本品为可逆性 ChE 抑制剂，其用量有个体差异，一般应从小剂量开始，逐渐增量。

【商品信息】石杉碱甲是我国学者于 1982 年从石杉属植物千层塔中分离得到的一种新生物碱。

石杉碱甲是《国家基本药物目录（2018 年版）》收录品种；石杉碱甲（口服常释剂型）为《国家基本医疗保险、工伤保险和生育保险药品目录（2024 年）》中的甲类药物。

【贮藏】遮光，密封保存。

抗阿尔兹海默病药被《国家基本药物目录（2018 年版）》和《国家基本医疗保险、工伤保险和生育保险药品目录（2024 年）》收录的情况详如表 10 - 4 所示。

表 10-4  抗阿尔兹海默病药被国家基本药物目录和国家医保目录收录情况

| 药品类别 | 药品名称 | 药品剂型 | 《国家基本药物目录（2018 年版）》 | 《国家基本医疗保险、工伤保险和生育保险药品目录（2024 年）》 |
|---|---|---|---|---|
| 乙酰胆碱酯酶抑制剂药 | 多奈哌齐 | 口服常释剂型 | — | 乙类目录 |
| | | 口腔崩解片 | — | 乙类目录 |
| | 加兰他敏 | 口服常释剂型 | — | 乙类目录 |
| | | 注射剂 | — | 乙类目录 |
| | 石杉碱甲 | 口服常释剂型 | 收录 | 甲类目录 |
| | 利斯的明 | 贴剂 | — | 乙类目录 |
| | 卡巴拉汀 | 口服常释剂型 | — | 乙类目录 |
| 抑制 Aβ 形成和聚集药 | 司来吉兰 | 口服常释剂型 | — | 乙类目录 |
| 神经细胞保护剂和促进大脑功能恢复药 | 美金刚 | 口服常释剂型 | — | 乙类目录 |
| | | 口服溶液剂 | — | 乙类目录 |

## 知识拓展

### 给阿尔茨海默病患者多点关爱多点耐心 让他们的晚年不孤独

每年的 9 月 21 日是世界阿尔茨海默病日。阿尔茨海默病是一组常见的慢性进行性精神衰退性疾病，临床上以记忆障碍最为常见，以患者的认知、行为、语言等脑功能活动的全面衰退为特征，患者进入中晚期容易发生多种并发症。目前每三秒钟，世界上就会有一位老人面临记忆的困扰。近日有数据显示中国 60 岁以上老年人中，阿尔茨海默病患者已经超过 1500 万，2030 年预计将达到 2220 万，未来这数字还将继续增长。该病成为继心血管病，脑血管病和癌症之后老年健康的又一大杀手之一。

每个人身边都会有阿尔茨海默病的老人，如何正确对待、避开服药误区、引导他们健康的生活是重中之重，也是中华民族传统美德的重要体现。

**1. 正确服药**  患者自己会经常忘事，所以在吃药时，一定要家人陪护下服用。并且患者服药后往往不能诉说服药后的不适，家属要细心观察患者用药后情况。

**2. 健康生活**  加强体育锻炼如散步、打太极拳。对于活动不便的老人，推荐手指操等肢体活动。要积极参加家庭活动，多与家人一起聊天、做简单的家务等。同时一些怀旧活动也有助于记忆的恢复，如翻看老照片、听老歌曲、故地重游等。

我们要像爱护自己的孩子一样爱护痴呆老人，让老人像孩子一样被关爱和呵护，才能让他们的晚年更加舒心和快乐。

## 思考题

答案解析

1. 简述中枢兴奋药根据结构的分类及代表药。
2. 简述苯妥英钠治疗癫痫的作用及适应证。

3. 简述左旋多巴为什么不能和维生素 $B_6$ 合用？

4. 简述加兰他敏治疗阿尔兹海默病的机制。

（崔 强）

书网融合……

本章小结　　　　习题

# 第十一章　治疗精神障碍药

PPT

📖 **学习目标**

1. 通过本章学习，掌握抗精神病药、抗抑郁药的分类，利培酮、奥氮平、喹硫平、阿立哌唑、氟西汀、西酞普兰、帕罗西汀、曲唑酮、碳酸锂、丙戊酸钠、阿普唑仑、奥沙西泮、丁螺环酮、佐匹克隆的药品信息；熟悉镇静催眠药、心境稳定药的分类，氯氮平、文拉法辛、安非他酮、米氮平、丙戊酸镁、地西泮、艾司唑仑、坦度螺酮、唑吡坦的药品信息；了解抗焦虑药的分类，氯丙嗪、氟哌啶醇、阿米替林、卡马西平、拉莫三嗪、苯巴比妥、咪达唑仑的药品信息。

2. 具有根据精神障碍患者病情和选择对症的治疗药物并合理使用的能力，以及根据各类治疗精神障碍药物的研发、生产、市场情况合理预测未来发展趋势的能力。

3. 养成一定要根据病情选择治疗药物，合理使用治疗精神障碍药物以防止患者对药物产生耐受性与依赖性的思维方式。

近年来，我国精神障碍患者数量逐年增多，主要为抑郁症、失眠症、焦虑症、双相情感障碍和精神分裂症。在国外，抑郁症与焦虑症用药销量合计占中枢神经用药市场份额的45%，而抗抑郁药与精神分裂症治疗剂合计占世界精神病药物80%的份额。精神药物（psychotropic drugs）是指主要作用于中枢神经系统而影响精神活动的药物，目前仍以化学合成药物为主。药物的治疗作用是对出现紊乱或障碍的大脑神经病理学过程进行修复，达到缓解精神病理性症状，改善和矫正病理性的思维、心境和行为等障碍，预防精神障碍的复发，促进恢复社会适应能力并提高患者生活质量。精神药物的化学结构复杂而繁多，目前主要以临床治疗作用（适应证）为主，化学结构或药理作用为辅的原则进行分类，大致可以分为以下几类：包括抗精神病药、抗抑郁药、心境稳定药、抗焦虑药和镇静催眠药等。

## 第一节　抗精神病药

精神病又称精神分裂症（schizophrenia），是一组病因未明的重性精神障碍，具有认知、思维、情感、行为等多方面精神活动的显著异常，并导致明显的职业和社会功能损害。2013年美国发布的DSM-5精神障碍诊断分类与标准中，首次将精神分裂症等疾病以谱系障碍进行分类，称为精神分裂症谱系及其他精神病性障碍。

抗精神病药物（antipsychotic drugs）又称为神经阻滞剂（neuroleptics），此类药物作用于中枢神经系统，主要通过调节多巴胺等神经递质传递功能，治疗精神分裂症和其他精神病性障碍与各种原因引起的精神病性症状，分为第一代（典型）与第二代（非典型）抗精神病药。抗精神病药物通过结构修饰可以制成长效药物，以减少给药次数，避免患者不服从而造成难以治疗，如氟奋乃静癸酸酯、氟哌啶醇癸酸酯等。

### 一、典型抗精神病药

第一代抗精神病药物（典型抗精神病药物）指主要作用于中枢 $D_2$ 受体的抗精神病药物，按化学结构可以分为：①吩噻嗪类，氯丙嗪、硫利达嗪、奋乃静、氟奋乃静、三氟拉嗪等；②硫杂蒽类，氯哌噻吨、三氯噻吨、氯普噻吨等；③丁酰苯类，氟哌啶醇、五氟利多等；④苯甲酰胺类，舒必利、硫必利等。此类药物自 20 世纪 50 年代以来广泛应用于临床治疗精神分裂症与各种精神病性障碍，主要治疗各种精神病性症状，对阳性症状的疗效较好。

## 氯丙嗪
### Chlorpromazine

【适应证】 本品适用于：①治疗精神病；②镇吐；③低温麻醉及人工冬眠；④与镇痛药合用治疗癌症患者的剧痛；⑤治疗心力衰竭。

【制剂】 本品主要剂型有片剂和注射剂。

【不良反应】 主要不良反应为锥体外系反应，发生率较高，与阻断多巴胺通路有关。常见不良反应还有嗜睡、乏力和植物神经功能失调所致的口干、心悸、便秘、视力模糊、排尿困难。注射给药可引起直立性低血压，静脉注射可引起血栓性静脉炎。

【用药指导】 ①本品能增强催眠、麻醉、镇静药的作用，故合用时减量。②与抗高血压药合用易致直立性低血压。③同用甲氧氯普胺可加重锥体外系反应。④长期服药可出现迟发性运动障碍，抗胆碱药可使之加重，宜减低剂量或考虑停药。⑤长期用药后突然撤药可出现类似戒断症状样反应，宜逐渐减量停药。

【商品信息】 ①本品为第一个应用于临床的抗精神病药物，有"精神科的阿司匹林"之称。但随着锥体外系反应小的抗精神病药物出现，其使用在减少。②与哌替啶、异丙嗪组成冬眠合剂，用于创伤性休克、中毒性休克、烧伤、高热及甲状腺危象的辅助治疗。③上市许可持有人有华润双鹤药业股份有限公司、牡丹江灵泰药业股份有限公司、北京益民药业有限公司等。

目前氯丙嗪（口服常释剂型、注射剂）被《国家基本药物目录（2018 年版）》收录，属于《国家基本医疗保险、工伤保险和生育保险药品目录（2024 年）》甲类药品。

【贮藏】 避光，密封保存。

## 氟哌啶醇
### Haloperidol

【适应证】 本品适用于急、慢性各型精神分裂症、躁狂症、抽动秽语综合征。控制兴奋躁动、敌对情绪和攻击行为的效果较好。也可用于脑器质性精神障碍和老年性精神障碍。

【制剂】 本品主要剂型有片剂和注射剂。

【不良反应】 锥体外系反应较重且常见，急性肌张力障碍在儿童和青少年更易发生，出现明显的扭转痉挛，吞咽困难，静坐不能及类帕金森病。长期大量使用可出现迟发性运动障碍。还可出现口干、视物模糊、乏力、便秘、出汗等。可引起血浆中泌乳素浓度增加，可能有关的症状为溢乳、男子女性化乳房、月经失调、闭经。

【用药指导】 ①基底神经节病变、帕金森病、帕金森综合征、严重中枢神经抑制状态者、骨髓抑制、青光眼、重症肌无力及对本品过敏者禁用。②与抗高血压药物合用时，可产生严重低血压；与抗胆碱药物合用时，有可能使眼压增高；与甲基多巴合用，可产生意识障碍、思维迟缓、定向障碍；与麻醉药、镇痛药、催眠药合用时应减量。

【商品信息】 氟哌啶醇由比利时杨森制药（Janssen Pharmaceutica）于 1958 年研发成功，1960 年代在欧美广泛使用。在 20 世纪 70 年代末至 80 年代初进入中国市场，早期以进口药形式存在。目前国内上市许可持有人有长白山制药股份有限公司、宁波大红鹰药业股份有限公司、湖南洞庭药业股份有限公司等。

目前氟哌啶醇（口服常释剂型、注射剂）被《国家基本药物目录（2018 年版）》收录，属于《国家基本医疗保险、工伤保险和生育保险药品目录（2024 年）》甲类药品。

【贮藏】遮光，密闭保存。

## 二、非典型抗精神病药

第二代抗精神病药物（非典型抗精神病药物）与传统抗精神病药相比，治疗阴性症状的疗效要好，急性运动障碍的不良反应较少，导致迟发性运动障碍的风险低，包括氯氮平、利培酮、奥氮平、喹硫平、齐拉西酮、阿立哌唑、帕利哌酮、舍吲哚、布南色林、哌罗匹隆等。

### 氯氮平
### Clozapine

【适应证】用于治疗难治性精神分裂症。氯氮平适用于标准抗精神病药治疗无效的难治性精神分裂症。因氯氮平具有诱发粒细胞缺乏症和癫痫发作的危险，故仅限用于用标准抗精神病药治疗一定疗程后，因疗效不明显，或因不良反应无法耐受的患者。因氯氮平具有诱发粒细胞缺乏症和癫痫发作的危险性，且在整个治疗期间都可发生，所以，对治疗无效的患者禁止延长疗程。另外，对有临床疗效的患者是否需要继续治疗应定期进行再评价。

【制剂】本品主要剂型有普通片、分散片、口腔崩解片。

【不良反应】①中枢神经系统：主要是困倦/镇静、癫痫发作、头晕/晕厥；②心血管系统：主要是心动过速、低血压、心电图（ECG）的改变；③胃肠道：主要是恶心/呕吐；血液系统：主要是白细胞减少/粒细胞减少/粒细胞缺乏；④发热。

【用药指导】口服。分散片可将药片用水分散后服用，也可含于口中吮服或者吞服。建议从 12.5mg 开始，一天 1 次或 2 次。应以每日增加 25~50mg 剂量的方法继续给药治疗，如果患者耐受性好，可在第 2 周末将剂量增加至常用治疗剂量 200~400mg/d，分三次给药。随后每周增加剂量的次数不超过 1 次或 2 次，每次增加的剂量不超过 100mg，最高量可达 600mg/d。为了将低血压、癫痫和镇静的危险性降至最低，谨慎递增剂量并分次给药是必要的。维持量为一日 100~200mg。

【商品信息】①氯氮平于 1958 年在瑞典被合成，1972 年在奥地利和瑞典上市。②氯氮平是第一个第二代抗精神病药物，是第二代抗精神病药物的开创者，在精神分裂症的药物治疗发展历史上具有里程碑式的意义。③氯氮平是第一个可有效治疗对其他药物无效的难治性精神分裂症的药物，也是第一个用来治疗社会退缩、情感淡漠等阴性症状的药物，有助于患者重新回归社会生活。④我国在 1980—2000 年近 20 年间使用此药非常普遍，近年来作为一线使用正逐渐减少。⑤上市许可持有人有江苏恩华药业股份有限公司、寿光富康制药有限公司、常州制药厂有限公司、广州白云山医药集团股份有限公司、齐鲁制药有限公司等。

目前氯氮平（片剂）被《国家基本药物目录（2018 年版）》收录；其口服常释剂型属于《国家基本医疗保险、工伤保险和生育保险药品目录（2024 年）》甲类药品，口腔崩解片属于医保乙类药品。

【贮藏】遮光、密封保存。

### 利培酮
### Risperidone

【适应证】本品是强的 $D_2$ 拮抗剂，用于治疗急性和慢性精神分裂症以及其他各种精神病性状态的明显的阳性症状和明显的阴性症状，也可减轻与精神分裂症有关的情感症状。对于急性期治疗有效的患者，在维持期治疗中，本品可继续发挥其临床疗效。

【制剂】本品主要剂型有片剂、胶囊剂、口腔崩解片、口服溶液剂等多种剂型。

【不良反应】常见不良反应有失眠、焦虑、激越、头痛、口干，可能引起锥体外系症状，还会出现体重增加、水肿和肝酶水平升高的现象。

【用药指导】精神分裂症患者，成人一日 1 次或 2 次。推荐起始剂量为一日 2 次，一次 1mg，第二天增加到一日 2 次，一次 2mg；如能耐受，第三天可增加到一日 2 次，每次 3mg。此后，可维持此剂量不变，或根据个人情况进一步调整。

【商品信息】上市许可持有人有西安杨森制药有限公司、齐鲁制药有限公司、吉林省西点药业科技发展股份有限公司、浙江华海药业股份有限公司等。

目前利培酮（片剂）被《国家基本药物目录（2018 年版）》收录；其口服常释剂型、口服液体剂和口腔崩解片属于《国家基本医疗保险、工伤保险和生育保险药品目录（2024 年)》乙类药品。

【贮藏】遮光，密闭保存。

## 奥氮平
### Olanzapine

【适应证】奥氮平用于治疗精神分裂症。对奥氮平初次治疗有效的患者，巩固治疗可以有效维持临床症状改善。奥氮平用于治疗中、重度躁狂发作。对奥氮平治疗有效的躁狂发作患者，奥氮平可以预防双相情感障碍的复发。

【制剂】本品主要剂型有片剂、口腔崩解片、口溶膜等多种剂型。

【不良反应】临床试验中报道的与使用奥氮平相关的最常见（发生于≥1% 的患者）的不良反应有嗜睡，体重增加，嗜酸粒细胞增多，催乳素、胆固醇、血糖和甘油三酯水平升高，糖尿，食欲增加，头晕，静坐不能，帕金森症，白细胞减少，中性粒细胞减少，运动障碍，直立性低血压，抗胆碱能作用，肝氨基转移酶短暂无症状性升高，皮疹，乏力，疲劳，发热，关节痛，碱性磷酸酶增高，$\gamma$-谷氨酰转肽酶增高，高尿酸，高肌酸磷酸激酶和水肿。

【用药指导】推荐起始剂量是 10mg/d，一日 1 次。可以根据个体临床情况在 5 ～ 20mg/d 的剂量范围内进行调整。建议仅在适当的临床再评估后方可在推荐起始剂量的基础上加量，且加药间隔不少于 24 小时。奥氮平给药不用考虑进食因素，食物不影响吸收。停药时应考虑逐渐减量。

【商品信息】上市许可持有人有美国礼来公司（Eli Lilly & Company）、齐鲁制药有限公司、江苏豪森药业集团有限公司、成都苑东生物制药股份有限公司等。

目前奥氮平（片剂）被《国家基本药物目录（2018 年版)》收录；其口服常释剂型、口溶膜和口腔崩解片属于《国家基本医疗保险、工伤保险和生育保险药品目录（2024 年)》乙类药品。

【贮藏】避光，15 ～ 30℃密封保存。

## 喹硫平
### Quetiapine

【适应证】本品用于治疗精神分裂症和双相情感障碍的抑郁发作。

【制剂】本品主要剂型有普通片、缓释片。

【不良反应】喹硫平最常见（10%）药物不良反应（ADRs）为嗜睡、头晕、口干、戒断（停药）症状、血清甘油三酯升高、总胆固醇［主要是低密度脂蛋白胆固醇（LDL）升高］升高、高密度脂蛋白胆固醇（HDL）降低、体重增加、血红蛋白降低和锥体外系症状。

【用药指导】治疗精神分裂症，一日 1 次，推荐夜间使用（睡前 3 ～ 4 小时服用）。推荐起始日剂量为 300mg。可根据患者个体的疗效和耐受性在日剂量 400 ～ 800mg 进行剂量滴定。增加剂量最短时间间隔 1 天，每日剂量增加幅度不得超过 300mg。维持治疗的剂量范围 400 ～ 800mg/d。

【商品信息】 上市许可持有人有阿斯利康制药有限公司、浙江海正宣泰医药有限公司、佛山德芮可制药有限公司、湖南洞庭药业股份有限公司等。

目前喹硫平（片剂）被《国家基本药物目录（2018 年版）》收录；其口服常释剂型属于《国家基本医疗保险、工伤保险和生育保险药品目录（2024 年）》甲类药品，缓释控释剂型属于医保乙类药品。

【贮藏】 遮光，密闭保存。

## 阿立哌唑
### Aripiprazole

【适应证】 13 ~ 17 岁青少年及成人的精神分裂症治疗。

【制剂】 本品主要剂型有普通片、口腔崩解片、胶囊剂、口服溶液和注射剂等。

【不良反应】 在临床试验中，成人患者的最常见不良反应（≥10%）有恶心、呕吐、便秘、头痛、头晕、静坐不能、焦虑、失眠和坐立不安。儿科患者临床试验中最常见（≥10%）的不良反应有嗜睡、头痛、呕吐、锥体外系疾病、疲乏、食欲增加、失眠、恶心、鼻咽炎和体重增加。

【用药指导】 成人精神分裂症患者，本品的推荐起始剂量和目标剂量为 10ml/d 或 15ml/d，不受进食影响，临床有效剂量范围为 10 ~ 25ml/d。用药 2 周内（药物达稳态所需时间）不应增加剂量。用药 2 周后，可根据个体的疗效和耐受性情况，逐渐增加剂量，最大可增至 25ml。加药速度不宜过快。维持期需要进行定期评估。

【商品信息】 上市许可持有人有四川大冢制药有限公司、成都康弘药业集团股份有限公司、齐鲁制药有限公司、厦门力卓药业有限公司、江苏恩华药业股份有限公司等。

目前阿立哌唑（片剂、胶囊、口腔崩解片）被《国家基本药物目录（2018 年版）》收录；其口服常释剂型、口腔崩解片属于《国家基本医疗保险、工伤保险和生育保险药品目录（2024 年）》甲类药品，口溶膜、注射剂属于医保乙类药品。

【贮藏】 遮光，密闭保存。

### 🔗 知识拓展

#### 抗精神病药物行业现状

**1. 精神分裂患者** 根据世界卫生组织的估计，精神分裂症影响到全球约 2400 万人。2022 年，中国精神分裂症患病人数达到约 824.9 万例，从 2017 年到 2022 年复合年增长率为 1.5%；预计 2025 年患病人数将达到 860.4 万例，到 2030 年患病人数将达到 918.2 万例，其复合年增长率为 1.3%。

**2. 全球抗精神病药物市场规模** 精神分裂症一旦确认就要选择治疗。一旦确定精神分裂症的诊断，尽早开始抗精神病药物治疗，根据评估，权衡疗效和安全性，选择适宜于患者个体化的抗精神病药单一用药治疗。全球精神分裂症药物市场规模有望于 2023 年的 81.8 亿增长至 2032 年的 129.7 亿美金。全球精神分裂症药物的市场规模有望于 2023 年的 81.8 亿美金增长至 2032 年的 129.7 亿美金，年复合增长率 5.4%。

**3. 中国抗精神病药物市场规模** 精神分裂症常有感知觉、思维、情感和行为等障碍，机制未明，症状表现主要分为阳性症状、阴性症状和（或）认知障碍，危害大，且一年内复发率接近 80%，需长期服药，在中国抗精神病药物销售额前五均为二代药物。中国抗精神病药物 2022 年市场规模 87.47 亿元，抗精神病药物整体市场规模较为稳定，去除疫情影响，近五年国内市场规模年均约 35 亿元。

**4. 细分市场** 2022 年中国抗精神病药物销售额前五分别为奥氮平、帕利哌酮、喹硫平、利培酮和阿立哌唑，均为第二代抗精神病药物，因为二代药物有着更好的疗效和安全性。随着精神病患病率逐年提升，2022 年中国抗精神病药奥氮平院端销售占 27%。

# 第二节　抗抑郁药

抑郁症是一种常见的精神疾病，主要表现为情绪低落、思维迟缓和运动抑制，严重者可出现自杀念头和行为，在西方被称为"蓝色隐忧"。在世界十大疾病中，抑郁症发病率高居第 5 位。全球人口中，每 20 人就有 1 人患有抑郁症。由于抑郁症发病普遍，医学界也称之为"精神系统感冒"。中国精神卫生调查显示，我国成人抑郁障碍终生患病率为 6.8%，其中抑郁症为 3.4%。

抗抑郁药（antidepressant drugs）是一类主要用于治疗各种抑郁障碍的药物，通常不会提高正常人情绪。抗抑郁药的作用机制，除褪黑素受体激动剂外，均以增强中枢单胺神经递质系统功能为主。临床上抗抑郁药也主要根据其作用机制或化学结构的不同进行分类。目前全球最畅销的抗抑郁药为氟西汀、帕罗西汀、舍曲林、氟伏沙明、文拉法辛、米氮平、度洛西汀和阿米替林等品种，总销售额超过全球抗抑郁药市场 80%。随着医生对抑郁症识别率逐渐提高以及人们就诊观念改变，未来几年，我国抗抑郁药市场将迅速扩容。

## 一、选择性 5 - 羟色胺重摄取抑制剂

选择性 5 - 羟色胺重摄取抑制剂（SSRIs）是 20 世纪 80 年代以来，陆续开发并试用于临床的一类新型抗抑郁药物。可选择性抑制突触前膜 5 - HT 转运体，阻滞 5 - HT 重摄取，提高突触间隙 5 - HT 的浓度从而起到抗抑郁的作用。几乎无镇静作用，安全性高，服用方便，临床应用较为广泛。目前常用的有 6 种：氟西汀、舍曲林、帕罗西汀、氟伏沙明、西酞普兰和艾司西酞普兰。

### 氟西汀
#### Fluoxetine

【适应证】本品可用于治疗抑郁症、强迫症、神经性贪食症和社交恐怖症。

【制剂】本品主要剂型为片剂、胶囊、分散片和口服溶液等。

【不良反应】常见不良反应为口干、恶心、失眠、乏力、焦虑、头痛，可见全身或局部过敏，长期用药可发生食欲减退或性功能障碍。

【用药指导】不宜与单胺氧化酶抑制剂并用，必要时应停用本品 5 周后，才可换用单胺氧化酶抑制剂。

【商品信息】①目前本品已成为国际上 SSRIs 的"金标准药物"，被誉为世界药物开发史上的一大里程碑，其独特的药理性质和临床疗效，倍受医生、患者的青睐。②是全球第一个上市的 SSRIs 抗抑郁药物，于 20 世纪 80 年代由美国礼来公司开发，商品名"百忧解"。本品上市后，在全球进行了广泛的市场开发，获得了令人鼓舞的经营业绩，2000 年获得中枢神经类药品的桂冠。2002 年在美国 200 种非专利畅销药品中居于首位。氟西汀给礼来公司带来了丰厚的利润，公司也一直致力于氟西汀换代产品的开发，如氟西汀分散片，长效缓释制剂周效片等。1995 年进入我国，曾经是第一畅销的抗抑郁药，但由于新 SSRIs 的出现，本品近几年市场份额呈下降趋势。③上市许可持有人有法国礼来、常州华生制药有限公司、上海中西制药有限公司、苏州中化药品工业有限公司、山西仟源医药集团股份有限公司等。

目前氟西汀（口服常释剂型）被《国家基本药物目录（2018 年版）》收录；属于《国家基本医疗保险、工伤保险和生育保险药品目录（2024 年）》甲类药品。

【贮藏】遮光，密封，阴凉干燥处保存。

## 舍曲林
### Sertraline

【适应证】舍曲林用于治疗抑郁症的相关症状，包括伴随焦虑、有或无躁狂史的抑郁症。疗效满意后，继续服用舍曲林可有效地防止抑郁症的复发和再发。舍曲林也用于治疗强迫症。疗效满意后，继续服用舍曲林可有效地防止强迫症初始症状的复发。

【制剂】本品主要剂型有片剂、胶囊、分散片等。

【不良反应】常见的不良反应有：腹泻/稀便、口干、消化不良和恶心，厌食，头晕、嗜睡和震颤，失眠，性功能障碍（主要为男性射精延迟），多汗。

【用药指导】舍曲林片一日1次口服给药，早或晚服用均可。可与食物同时服用，也可单独服用。成人初始治疗，一日服用50mg。对于一日服用50mg疗效不佳而对药物耐受性较好的患者可增加剂量，因舍曲林的消除半衰期为24小时，调整剂量的时间间隔不应短于1周。最大剂量为200mg/d。服药七日内可见疗效。完全起效则需要更长的时间，强迫症的治疗尤其如此。长期用药应根据疗效调整剂量，并维持最低有效治疗剂量。

【商品信息】舍曲林由辉瑞制药（Pfizer）研发，1990年首先在英国上市，1991年12月获得FDA批准，1992年在美国上市，1998年获批进入我国市场。国内上市许可持有人有辉瑞制药有限公司、浙江京新药业股份有限公司、浙江华海药业股份有限公司等。

目前舍曲林（口服常释剂型）属于《国家基本医疗保险、工伤保险和生育保险药品目录（2024年）》乙类药品。

【贮藏】遮光，密闭保存。

## 帕罗西汀
### Paroxetine

【适应证】本品为选择性中枢5-HT再摄取抑制剂，适用于抑郁症，亦可治疗强迫症、惊恐障碍或社交焦虑障碍。

【制剂】本品主要剂型为片剂。

【不良反应】可有胃肠道不适；亦可出现头痛、不安、无力、嗜睡、失眠、头晕等；少见不良反应有过敏性皮疹及性功能减退。停药可见撤药综合征。与色氨酸合用，可造成高血清素综合征，重者可出现肌张力增高、高热或意识障碍。

【用药指导】口服，建议每日早晨顿服（随食物或不随食物），勿咀嚼。成人抑郁症一般剂量为一日20mg。服用2~3周后根据患者的反应，某些患者需要加量，每周以10mg量递增，一日最大剂量可达50mg，应遵嘱。剂量调整间隔时间至少为一周。

【商品信息】本品由英国葛兰素史克公司研发，1992年12月获得FDA批准上市，现已在全球近百个国家上市。在21世纪初达到销售鼎盛期，创下了33.66亿美元的销售高峰。1995年11月进入我国市场，得到较好的开发，葛兰素史克（天津）有限公司的帕罗西汀片作为四类新药生产，商品名为"赛乐特"。上市许可持有人有葛兰素史克（天津）有限公司、浙江尖峰药业有限公司、浙江华海药业股份有限公司。

目前帕罗西汀（口服常释剂型）被《国家基本药物目录（2018年版）》收录；属于《国家基本医疗保险、工伤保险和生育保险药品目录（2024年）》甲类药品，肠溶缓释片属于医保乙类药品。

【贮藏】遮光，密闭保存。

## 氟伏沙明
### Fluvoxamine

【适应证】用于抑郁症及相关症状的治疗；强迫症症状治疗。

【制剂】本品主要剂型为片剂。

【不良反应】较常见的不良反应是恶心，有时伴呕吐。服药2周后通常会消失。在对照的临床观察中出现的发生率大于1%或大于安慰剂组的其他不良反应报告有：嗜睡、眩晕、头痛、失眠、紧张、激动、焦虑、震颤，便秘、厌食、消化不良、腹泻、腹部不适、口干、不适，多汗，无力、心悸、心动过速。

【用药指导】抑郁症治疗，推荐起始剂量为一日50mg或100mg（以马来酸氟伏沙明计），晚上一次服用。建议逐渐增量直至有效。常用有效剂量为一天100mg（以马来酸氟伏沙明计）且可根据个人反应调节，个别病例可增至一日300mg（以马来酸氟伏沙明计）。若一日剂量超过150mg（以马来酸氟伏沙明计），可分次服用。世界卫生组织要求，患者症状缓解后，继续服用抗抑郁制剂至少6个月。马来酸氟伏沙明用于预防抑郁症复发的推荐剂量为一日100mg（以马来酸氟伏沙明计）。

【商品信息】国内上市许可持有人有丽珠集团丽珠制药厂、桂林华信制药有限公司、湖南省湘中制药有限公司等。

目前氟伏沙明（口服常释剂型）属于《国家基本医疗保险、工伤保险和生育保险药品目录（2024年）》乙类药品。

【贮藏】遮光，密闭保存。

## 西酞普兰
### Citalopram

【适应证】本品是一种选择性的5－HT再摄取抑制剂，可用于各种类型的抑郁症；焦虑性神经症、强迫症、广场恐怖症、经前期心境障碍等神经症等。

【制剂】本品主要剂型为片剂。

【不良反应】常见的不良反应有恶心、口干、头晕、头痛、嗜睡、睡眠时间缩短、多汗、流涎减少、震颤、腹泻等。本品可能会引发癫痫或躁狂的发作，有癫痫病史或躁狂病史的患者慎用。

【用药指导】成人一日1次，初始剂量为20mg，根据临床需要可逐渐增加至一日最大剂量40mg。一般在服药后2~4周起效。老年人（65岁以上）建议剂量减半，即一日10mg。儿童和青少年，不推荐使用。

【商品信息】本品是丹麦灵北药厂研制的选择性5－HT再摄取抑制剂，被称为"最纯的SSRIs"。1998年7月在美国上市后成为抗抑郁药销售业绩增长最快的产品。西安杨森引进销售的"喜普妙"是当前最具竞争潜力的产品。其他上市许可持有人有四川科伦药业股份有限公司、江苏恩华药业股份有限公司、山东京卫制药等。

西酞普兰（口服常释剂型）属于《国家基本医疗保险、工伤保险和生育保险药品目录（2024年）》乙类药品。

【贮藏】遮光，密闭保存。

## 二、5－羟色胺与去甲肾上腺素重摄取抑制剂

5－羟色胺与去甲肾上腺素重摄取抑制剂（SNRIs）同时阻断5－HT和NE再摄取蛋白从而发挥治疗作用的一类抗抑郁药物，也称为双通道阻滞剂。SNRIs的临床优势主要基于作用于两种单胺类递质抗抑

郁作用大于作用于其中任一种单胺类递质的假说。代表药物有文拉法辛、度洛西汀、米那普仑。

## 文拉法辛
### Venlafaxine

【适应证】本品适用于各种类型抑郁症，包括伴有焦虑的抑郁症及广泛性焦虑症。

【制剂】本品主要剂型为胶囊。

【不良反应】主要不良反应有胃肠道不适；亦可出现头痛、不安、无力、嗜睡、失眠、头晕或震颤等。可引起血压升高，且与剂量呈正相关。大剂量时可诱发癫痫。

【用药指导】①与选择性 5 - 羟色胺再摄取抑制剂或与单胺氧化酶抑制剂合用时，可引起高血压、僵硬、肌阵挛、不自主运动、焦虑不安、意识障碍乃至昏迷和死亡。因此，在由一种药物转换为另一种药物治疗时，需 7 ~ 14 日的洗净期。②突然停药可见撤药综合征，如失眠、焦虑、恶心、出汗、震颤、眩晕或感觉异常等。2008 年 10 月 28 日，加拿大卫生部与文拉法辛缓释胶囊的生产商联合发布致医务人员的信，警告文拉法辛缓释胶囊过量使用导致死亡的风险。

【商品信息】①本品是一种新型抗抑郁药，是 FDA 第一个批准治疗广泛性焦虑症的抗抑郁药。②由惠氏公司开发，该药的速释剂型于 1993 年获得美国食品药品管理局批准，缓释剂型于 1997 年获得批准，并已在加拿大、丹麦、英国、意大利、澳大利亚等国上市。1999 年国产盐酸文拉法辛（博乐欣）上市，当年占抗抑郁药年度销售额的 0.86%，而 2000 年提高到 7.04%，2001 年更是飙升到 17.85%，目前其销售额居抗抑郁药的前五位。③国内上市许可持有人有成都康弘药业集团股份有限公司、成都倍特药业股份有限公司。

目前文拉法辛（含口服常释剂型、缓释控释剂型）被《国家基本药物目录（2018 年版）》收录；属于《国家基本医疗保险、工伤保险和生育保险药品目录（2024 年）》甲类药品。

【贮藏】密封，阴凉干燥处保存。

## 三、5 - 羟色胺受体拮抗/再摄取抑制剂

曲唑酮（trazodone）于 1966 年在意大利成功研发，是一种剂量依赖型多功能抗抑郁药，也是第一个第二代抗抑郁药。2002 年在 CINP 国际神经精神会议上曲唑酮被正式归类为首个 5 - 羟色胺受体拮抗/再摄取抑制（SARI）类抗抑郁药。在曲唑酮基础上开发出来的奈法唑酮（nefazodone），因其肝毒性未能在我国上市。

## 曲唑酮
### Trazodone

【适应证】用于伴有或不伴有焦虑症状的抑郁症。临床还应用于各种原因引起的失眠、广泛性焦虑障碍、性功能障碍、创伤后应激障碍、物质依赖和戒断反应及强迫障碍。

【制剂】本品主要剂型为缓释片、普通片。

【不良反应】常见不良反应为嗜睡、疲乏、头昏、头痛、失眠、紧张和震颤等；以及视物模糊、口干、便秘。少见直立性低血压（进餐时同时服药可减轻）、心动过速、恶心、呕吐和腹部不适。极少数患者出现肌肉骨骼疼痛和多梦。临床研究中曾报道一些不良反应可能与盐酸曲唑酮的使用有关：静坐不能、过敏反应、贫血、胃胀气、排尿异常、性功能障碍和月经异常等。但见之于为数甚少的患者。

【用药指导】①曲唑酮没有可用的有关儿童和青少年成长、成熟以及认知和行为发展的长期安全性数据。②抑郁症与自杀意念、自残行为和自杀风险的增加有关，药物治疗时应对患者特别是高风险患者进行密切监护，尤其在治疗早期和剂量调整后。③对于癫痫、肝或肾损害、心脏病、甲状腺功能亢进

症、排尿障碍、急性狭角青光眼等患者，建议采用谨慎剂量并进行定期监测。④如果患者出现黄疸，必须停止曲唑酮治疗。⑤治疗期间，抑郁状态可从狂郁精神病转化为躁狂状态，必须停止曲唑酮治疗。⑥合并使用其他 5 - 羟色胺能活性药物和神经阻滞剂曾出现药物相互作用，表现为 5 - 羟色胺综合征/神经阻滞剂恶性综合征。⑦接受曲唑酮治疗的患者曾报道出现低血压，包括直立性低血压和晕厥。抗高血压药物与曲唑酮伴随使用时可能需降低抗高血压药物的剂量。⑧老年患者通常对抗抑郁药物更加敏感，尤其是对直立性低血压和其他抗胆碱能作用更为敏感。⑨曲唑酮治疗后，尤其是在长期治疗后，建议逐渐减少剂量直至停药，以尽可能减少停药症状，如恶心、头痛和不适。

【商品信息】①盐酸曲唑酮原研来自于意大利 Angelini 公司，有效成分曲唑酮于 1966 年 1 月 6 日在 Angelini 研究所发现。②大多数国家中，曲唑酮并没有被认为是一款"优秀的抗抑郁药物"，而是安全性良好的"治疗失眠药物"。1997—2002 年美国抑郁失眠患者中，曲唑酮的使用占比达到 52.8%。③曲唑酮缓释剂型抗抑郁疗效与 SSRIs 相当，但不良反应更少。④国内上市许可持有人有 Az Chim Riun Angelini Francesco ACRAF SpA、沈阳福宁药业有限公司、美时化学制药股份有限公司、常州华生制药有限公司。

目前曲唑酮口服常释剂型、缓释剂型属于《国家基本医疗保险、工伤保险和生育保险药品目录（2024 年）》乙类药品。

【贮藏】密封，阴凉干燥处保存。

## 四、其他新型抗抑郁药

此类药物的作用机制比较复杂，但主要还是通过影响单胺神经递质的重摄取或代谢过程而发挥抗抑郁作用。常用药物有安非他酮、米氮平、马普替林等。

### 安非他酮
### Bupropion

【适应证】本品用于治疗抑郁症。

【制剂】本品主要剂型为片剂。

【不良反应】据国外的临床研究和国内临床研究结果表明，安非他酮缓释片的不良反应有：食欲减退或厌食、口干、面部潮红、出汗、耳鸣、震颤、腹痛、激越、焦虑、眩晕、失眠、肌痛、心悸、咽炎和尿频、恶心呕吐、便秘、视物模糊、头痛。常见导致停药的不良反应有：面部潮红、恶心、激越和偏头痛。较少发生的不良反应有：腹泻、口苦、胃部不适、胃痛、唾液增多、皮肤症状、体重增加。

【用药指导】本品应在早上给药，可与食物同服或单独服用。推荐起始剂量为 150mg 每日晨服一次。给药 4 天后，可将剂量增加至 300mg 每日晨服一次。通常，在抑郁症急性发作的症状控制后，需要再进行几个月或更长时间的抗抑郁药治疗。

【商品信息】国内上市许可持有人有万特制药（海南）有限公司、沈阳福宁药业有限公司、迪沙药业集团有限公司、宜昌人福药业有限责任公司等。

目前安非他酮（缓释控释剂型）属于《国家基本医疗保险、工伤保险和生育保险药品目录（2024 年）》乙类药品。

【贮藏】遮光，密闭保存。

### 米氮平
### Mirtazapine

【适应证】本品为四环类非典型抗抑郁药，适用于各种类型的抑郁症。

【制剂】 本品主要剂型为片剂。

【不良反应】 常见的不良反应有食欲增加，体重增加，嗜睡，镇静；还可加重酒精的抑制作用，因此患者在治疗期间应禁止饮酒。

【用药指导】 在用药 1~2 周后起效。

【商品信息】 本品由欧加农公司研发，1994 年在荷兰首次上市，1996 年 6 月通过美国 FDA 认证。国内上市许可持有人有荷兰欧加农公司（N. V. Organon）、华裕（无锡）制药有限公司、哈尔滨三联药业股份有限公司等。

目前米氮平（口服常释剂型）被《国家基本药物目录（2018 年版）》收录；属于《国家基本医疗保险、工伤保险和生育保险药品目录（2024 年）》甲类药品。

【贮藏】 遮光，密闭保存。

## 米安色林
### Mianserine

【适应证】 本品适用于药物治疗的各型抑郁症患者，能解除其抑郁症状。

【制剂】 制剂主要是片剂。

【不良反应】 偶有造血功能障碍、癫痫发作、轻度躁狂、低血压、肝功能损害、关节痛、浮肿及男性乳房女性化。在治疗的开始几天会出现嗜睡，但为了保证最有效的抗抑郁作用，不应减低盐酸米安色林的剂量。与抑郁症有关的一些症状如：视物模糊、口干、便秘等在盐酸米安色林治疗期间并不增加其发生率和严重程度。事实上，这些症状随病情好转而有所下降。

【用药指导】 成人开始时每日 1 片，根据临床效果逐步调整剂量。有效剂量为每日 1~3 片（一般为每日 2 片）。老年人开始时不超过每日 1 片，应在密切观察下逐步增加剂量。一般服用稍低于正常维持量的剂量，即可获得满意疗效。

【商品信息】 国内上市许可持有人有仁和堂药业有限公司等。

目前米安色林（口服常释剂型）属于《国家基本医疗保险、工伤保险和生育保险药品目录（2024 年）》乙类药品。

【贮藏】 遮光，密闭保存。

## 五、三环和四环类抗抑郁药

此类药物由于具有三环结构也称三环类抗抑郁药（TCAs）。主要通过选择性抑制中枢神经突触前膜对 NA 的重摄取，增强中枢神经系统 NA 的功能，而起到抗抑郁的作用。常用药物有丙咪嗪、阿米替林、多塞平、氯米帕明、地昔帕明、普罗替林等。

## 阿米替林
### Amitriptyline

【适应证】 本品适用于治疗各种抑郁症，镇静作用较强，主要用于治疗焦虑性或激动性抑郁症。

【制剂】 本品主要剂型为片剂。

【不良反应】 常见不良反应有口干、嗜睡、便秘、视物模糊、排尿困难、心悸，偶见心律失常、眩晕、运动失调、癫痫样发作、直立性低血压、肝损伤及迟发性运动障碍。

【用药指导】 ①本品与肾上腺素受体激动药合用，可引起严重高血压与高热；与中枢抑制药合用可加强其作用。②严重心脏病、近期有心肌梗死发作史、癫痫、青光眼、尿潴留、甲状腺功能亢进、肝功能损害，对三环类药物过敏者禁用。

【商品信息】本品市场销量很大。上市许可持有人有上海华氏制药有限公司天平制药厂、常州四药制药有限公司、湖南洞庭药业股份有限公司等。

目前阿米替林（口服常释剂型）被《国家基本药物目录（2018年版）》收录；属于《国家基本医疗保险、工伤保险和生育保险药品目录（2024年)》甲类药品。

【贮藏】避光，密闭保存。

### 六、单胺氧化酶抑制剂

单胺氧化酶抑制剂（MAOIs）可抑制中枢末梢单胺氧化酶（MAO），减少单胺类递质5-HT和NA等的代谢失活，而起到抗抑郁的作用。作为最早使用的抗抑郁药，MAOIs已有50余年历史，可分为肼类和非肼类。肼类有苯乙肼和异卡波肼，属于不可逆性MAOIs。非肼类对MAO的抑制作用是可逆的，代表药物有反苯环丙胺、吗氯贝胺、托洛沙酮等。

## 第三节　心境稳定药

双相情感障碍（bipolardisorder，BD）是一种既有躁狂症发作，又有抑郁症发作（典型特征）的常见精神障碍，首次发病可见于任何年龄。在ICD-10诊断体系中，双相情感障碍与抑郁障碍归属于心境障碍大类。据世界卫生组织数据，全人类双相情感障碍总体发病率已达到2.4%，且呈现持续增长态势。2022年，我国双相情感障碍患病人数达到约1224.2万例，从2017年到2022年复合年增长率为1.6%；预计2025年患病人数将达到1275.1万例，到2030年患病人数将达到1358.4万例，其复合年增长率为1.3%。

心境稳定剂（mood stabilizers），是指能有效地控制躁狂或抑郁发作而不会引起转相，以及长期使用可有效地预防躁狂或抑郁复发的一类药物，主要应用于双相情感障碍的治疗。当前，碳酸锂及抗癫痫药物（如丙戊酸盐、卡马西平）是比较公认的经典心境稳定药，是双相障碍的首选用药；其他一些抗癫痫药物（如拉莫三嗪、加巴喷丁）以及某些非典型抗精神病药物（如氯氮平、利培酮、喹硫平、阿立哌唑和齐拉西酮等）也具有一定的心境稳定作用，因此被列为非典型心境稳定药。

### 一、常用心境稳定药

经典心境稳定药包括碳酸锂及抗癫痫药物。常用抗癫痫药物有丙戊酸盐（丙戊酸钠、丙戊酸镁）、卡马西平。

#### 碳酸锂
#### Lithium Carbonate

【适应证】本品主要治疗躁狂症，对躁狂和抑郁交替发作的双相情感性精神障碍有很好的治疗和预防复发作用，对反复发作的抑郁症也有预防发作作用。也用于治疗分裂-情感性精神病。

【制剂】本品主要剂型为片剂。

【不良反应】常见有口干、烦渴、多饮、多尿、便秘、腹泻、恶心、呕吐、上腹痛。神经系统不良反应有双手细震颤、萎靡、无力、嗜睡、视物模糊、腱反射亢进。可引起白细胞升高。长期服用锂盐可能引起甲状腺功能低下（多为临床功能低下，尤以女性多见）和肾功能损害。

【用药指导】①肾功能不全者、严重心脏疾病患者禁用。②由于锂盐的治疗指数低，治疗量和中毒量较接近，应对血锂浓度进行监测，帮助调节治疗量及维持量，及时发现急性中毒。③老年体弱者酌减用量，并应密切观察不良反应。12岁以下儿童、妊娠期妇女前3个月禁用。

【商品信息】碳酸锂是属于最古老的心境稳定剂，近年碳酸锂的使用在逐年减少。上市许可持有人有北京万辉双鹤药业有限责任公司、湖南省湘中制药有限公司等。

目前碳酸锂（口服常释剂型）被《国家基本药物目录（2018年版）》收录；属于《国家基本医疗保险、工伤保险和生育保险药品目录（2024年）》甲类药品，缓释控释剂型属于医保乙类药品。

【贮藏】密封保存。

## 丙戊酸钠
### Sodium Valproate

【适应证】用于治疗与双相情感障碍相关的躁狂发作；用于治疗全面性癫痫：包括失神发作、肌阵挛发作、强直－阵挛发作、失张力发作及混合型发作，特殊类型综合征（West，Lennox－Gastaut综合征）等；用于治疗部分性癫痫：局部癫痫发作，伴有或不伴有全面性发作。

【制剂】本品主要剂型有片剂、口服溶液剂、糖浆剂和注射剂。

【不良反应】不良反应以胃肠道反应多见，较轻微；少数患者出现肝脏毒性，血清碱性磷酸酶升高、氨基转移酶升高。

【用药指导】①禁用于丙戊酸、丙戊酸盐或双丙戊酸钠过敏者。②白细胞减少患者禁用，治疗期间应定期检查白细胞计数。③本品可抑制苯妥英钠、苯巴比妥、扑米酮、氯硝西泮的代谢，与华法林或肝素等合用时，出血的危险性增加。

【商品信息】丙戊酸钠是一种极为有效的心境稳定剂。对于快速循环型、混合性躁狂或躁狂期伴有幻觉和妄想的双相障碍患者而言，丙戊酸钠往往是药物治疗的首选。上市许可持有人有赛诺菲（杭州）制药有限公司、信东生技股份有限公司、江苏恒瑞医药股份有限公司、山东方明药业集团股份有限公司。

目前丙戊酸钠（口服常释剂型、口服溶液剂、注射剂）被《国家基本药物目录（2018年版）》收录；其中口服常释剂型属于《国家基本医疗保险、工伤保险和生育保险药品目录（2024年）》甲类药品，口服液体剂型、缓释控释剂型、注射剂为医保乙类药品。

【贮藏】密封，置25℃以下干燥处保存。

## 丙戊酸镁
### Magnesium Valproate

【适应证】主要用于急性躁狂、双相情感躁狂相与分裂情感躁狂相疾病的治疗。

【制剂】本品主要剂型有片剂、缓释剂型。

【不良反应】常见不良反应有恶心、呕吐、厌食、腹泻等。少数可出现嗜睡、震颤、共济失调、脱发、异常兴奋与烦躁不安等。偶见过敏性皮疹、血小板减少症或血小板凝聚抑制引起异常出血或瘀斑、白细胞减少或中毒性肝损害。白细胞减少与严重肝脏疾病者禁用。肝、肾功能不全者应减量。治疗期间应定期检查肝功能与白细胞计数。用药期间不宜驾驶车辆、操作机械或高空作业。妊娠期妇女慎用。本品与氯硝西泮合用可引起失神性癫痫状态，不宜合用。阿司匹林能增加本品的药效和不良反应。

【用药指导】本品口服每次250mg，每天2次，并遵医嘱；根据病情、血药浓度逐渐加量，最高剂量不应高于普通片的每日最高剂量。

【商品信息】上市许可持有人有湖南省湘中制药有限公司、湖南迪诺制药股份有限公司。

目前丙戊酸镁（口服常释剂型、缓释控释剂型）属于《国家基本医疗保险、工伤保险和生育保险药品目录（2024年）》乙类药品。

【贮藏】遮光，密闭保存。

## 卡马西平

### Carbamazepine

【适应证】①癫痫：部分性发作：复杂部分性发作、简单部分性发作和继发性全身发作。全身性发作：强直、阵挛、强直-阵挛发作。②三叉神经痛和舌咽神经痛发作，亦用作三叉神经痛缓解后的长期预防性用药。也可用于脊髓痨和多发性硬化、糖尿病性周围性神经痛、患肢痛和外伤后神经痛以及疱疹后神经痛。③预防或治疗躁狂-抑郁症；对锂或抗精神病药或抗抑郁药无效或不能耐受的躁狂-抑郁症，可单用或与锂盐和其他抗抑郁药合用。④中枢性部分性尿崩症，可单用或氯磺丙脲或氯贝丁酯等合用。⑤酒精癖的戒断综合征。

【制剂】本品主要剂型有片剂、胶囊剂。

【不良反应】①神经系统常见的不良反应：头晕、共济失调、嗜睡和疲劳。②因刺激抗利尿激素分泌引起水的潴留和低钠血症（或水中毒），发生率10%～15%。③较少见的不良反应有变态反应，Stevens-Johnson综合征或中毒性表皮坏死松解症、皮疹、荨麻疹、瘙痒；儿童行为障碍，严重腹泻，红斑狼疮样综合征（荨麻疹、瘙痒、皮疹等）。④罕见的不良反应有腺体病、心律失常或房室传导阻滞（老年人尤其注意）、骨髓抑制等。

【用药指导】抗躁狂或抗精神病，开始每日0.2～0.4g，每周逐渐增加至最大量1.6g，分3～4次服用。通常12～15岁每日不超过1g，15岁以上不超过1.2g，少数人需用至1.6g。作止痛用每日不超过1.2g。

【商品信息】上市许可持有人有北京诺华制药有限公司、赛诺菲（杭州）制药有限公司、广东华南药业集团有限公司、哈药集团制药总厂、江苏恩华药业股份有限公司等。

目前卡马西平（口服常释剂型）被《国家基本药物目录（2018年版）》收录；其口服常释剂型属于《国家基本医疗保险、工伤保险和生育保险药品目录（2024年）》甲类药品，缓释控释剂型属于医保乙类药品。

【贮藏】遮光，密闭保存。

## 二、非典型心境稳定药

由于常规心境稳定药在疗效与不良反应方面存在一些局限性，一些新的抗惊厥药被批准用于双相情感障碍，包括抗癫痫药拉莫三嗪、奥卡西平、加巴喷丁、托吡酯等。第二代抗精神病药物如奥氮平、利培酮、喹硫平、阿立哌唑、齐拉西酮和氯氮平等也具有抗躁狂疗效，在双相障碍躁狂发作的急性期治疗阶段，可作为补充或辅助治疗措施与常规心境稳定药联合使用。

## 拉莫三嗪

### Lamotrigine

本品为苯基三嗪类化合物，对双相抑郁、快速循环、混合发作等有良好效应，不仅具有急性期抑郁的治疗作用，长期应用可能同样有效地改善抑郁症状，并防止转躁，可使情绪正常化，改善双相抑郁较为突出，因而特别适用于双相抑郁。制剂主要有片剂。不良反应有头痛、疲倦、皮疹、恶心、头晕、嗜睡和失眠。2008年11月国家食品药品监督管理局规定拉莫三嗪片说明书增加内容关于自杀风险的内容。上市许可持有人有江西施美药业股份有限公司，三金集团湖南三金制药有限责任公司。目前拉莫三嗪（口服常释剂型）被《国家基本药物目录（2018年版）》收录；属于《国家基本医疗保险、工伤保险和生育保险药品目录（2024年）》乙类药品。

# 第四节　抗焦虑药

焦虑（anxiety）是一种内心紧张不安、预感到似乎将要发生某种不利情况而又难于应付的不愉快情绪体验，是神经衰弱患者的常见症状之一。但焦虑并不意味着都是有临床意义的病理情绪。病理性焦虑（pathological anxiety），是指持续的无具体原因地感到紧张不安，或无现实依据的预感到灾难、威胁或大祸临头感，伴有明显的植物神经功能紊乱及运动性不安，常常伴随主观痛苦感或社会功能受损。

抗焦虑药具有减轻焦虑、紧张、恐惧，稳定情绪和改善睡眠的作用，可以松弛肌肉的紧张状况。第一代抗焦虑药物的代表是甲丙氨酯类（meprobamate，安宁、眠尔通），是 20 世纪 50 年代以前主要的抗焦虑药物。其安全性低，容易产生依赖性和严重的戒断反应，现已停止使用。目前临床使用最多的抗焦虑药物为第二代和第三代抗焦虑药，即苯二氮䓬类和阿扎哌隆类。另外其他具有抗焦虑作用的药物包括抗抑郁药物、抗精神病药物、抗癫痫药物、抗组胺药物、β 受体拮抗剂和 GABA 受体调节剂等。

## 一、苯二氮䓬类药物

苯二氮䓬类药物（BZDs）具有镇静、催眠、抗焦虑、抗惊厥及肌肉松弛等多方面药理作用，是临床常用的抗焦虑药。1970 年，BZDs 成为全球处方量最多的药物，且至今仍然是处方量最多的药物之一。此类药物因起效快、疗效肯定、短期使用耐受性好及相对安全等特点而广泛应用于临床各科。国外资料显示，尽管目前某些抗抑郁药也有良好的抗焦虑特性，但作为短期缓解焦虑、失眠等药物，BZDs 处方量并无明显减少。常用药物有地西泮、奥沙西泮、劳拉西泮、艾司唑仑、阿普唑仑等。

此类药物的严重缺点是可导致依赖性和耐受性，长期、大剂量应用以及突然撤药时都会产生不良反应。我国已经将 BZDs 列入精二类目录（三唑仑一类）进行管理。目前，临床对 BZDs 疗效和安全性问题已经积累了相当多的经验，在精神科及其他临床科室持续且广泛使用的可能原因有：能快速缓解焦虑和某些其他疾病的症状；能很好地缓解抑郁症伴发的焦虑症状；当用于焦虑障碍时，其不良反应似乎比抗抑郁药要轻；使用方便灵活，可以单次给药、间歇使用、短期使用；如处方和管理适当，对某些患者甚至可以长期使用（需要更充分的证据）。

### 地西泮
### Diazepam

【适应证】本品为苯二氮䓬类抗焦虑药，用于治疗焦虑症及各种神经官能症，失眠；可与其他抗癫痫药合用，治疗癫痫大发作或小发作及癫痫持续状态；各种原因引起的惊厥；脑血管意外或脊髓损伤性中枢性肌强直或腰肌劳损、内窥镜检查等所致肌肉痉挛。

【制剂】本品主要剂型有片剂和注射液。

【不良反应】常见不良反应有嗜睡、轻微头痛、乏力、运动失调。偶见共济失调、低血压、呼吸抑制、视物模糊、皮疹、尿潴留、忧郁、精神紊乱、白细胞减少。长期应用可致耐受性与依赖性，突然停药有戒断症状出现，宜从小剂量用起，过量出现持续的精神错乱、严重嗜睡、抖动、语言不清、蹒跚、心跳异常减慢、呼吸短促或困难、严重乏力。

【用药指导】①本品能增强其他中枢抑制药的作用，若同时应用应注意调整剂量。②西咪替丁可抑制本品的排泄，合用时，应注意调整剂量。③苯妥英钠与本品合用，可减慢苯妥英钠的代谢，而利福平又可增加本品的排泄。④青光眼、重症肌无力、新生儿、哺乳期妇女、妊娠期妇女禁用。

【商品信息】①本品现为最常用的催眠药物之一。较大剂量时可诱导入睡，大剂量时亦可引起麻醉。此外，还具有较好的抗癫痫作用，对癫痫持续状态极有效。②本品按第二类精神药品管理。③上市许可持有人有通化茂祥制药有限公司、哈药集团制药总厂等。

目前地西泮（含口服常释剂型、注射剂）被《国家基本药物目录（2018 年版）》收录；属于《国家基本医疗保险、工伤保险和生育保险药品目录（2024 年）》甲类药品。

【贮藏】密封保存。

## 阿普唑仑
### Alprazolam

【适应证】本品为苯二氮䓬类药物，主要用于焦虑、紧张、激动，也可用于催眠或焦虑的辅助用药，也可作为抗惊恐药，并能缓解急性酒精戒断症状。

【制剂】本品主要剂型为片剂。

【不良反应】常见不良反应有嗜睡、头昏、乏力等，大剂量偶见共济失调、震颤、尿潴留、黄疸。个别患者发生兴奋、多语、睡眠障碍、幻觉，停药后很快消失。有成瘾性，长期应用后，停药可能发生撤药症状，表现为激动或忧郁。少数患者有口干，精神不集中，多汗，心悸，便秘或腹泻，视物模糊，低血压症状。

【用药指导】①对苯二氮䓬药物过敏者、青光眼患者、妊娠期及哺乳期妇女禁用。②长期用药应逐渐停药，不可突停或减量过快，以免造成疾病反跳或出现戒断症状。③服用本品者不宜驾驶车辆或操作机器。④本品与中枢抑制药、酒、含酒精饮料合用时，可增强中枢抑制作用，合用时应注意调整剂量。

【商品信息】①本品为新的苯二氮䓬类药物，用量小、作用强、毒副作用小、安全范围大。②本品按第二类精神药品管理。③上市许可持有人有地奥集团成都药业股份有限公司、华北制药股份有限公司、哈药集团制药六厂等。

目前阿普唑仑（口服常释剂型）被《国家基本药物目录（2018 年版）》收录；属于《国家基本医疗保险、工伤保险和生育保险药品目录（2024 年）》甲类药品。

【贮藏】避光，密闭保存。

## 奥沙西泮
### Oxazepam

【适应证】本品为短中效苯二氮䓬类药物，主要用于短期缓解焦虑、紧张、激动，也可用于催眠、焦虑伴有精神抑郁的辅助用药，并能缓解急性酒精戒断症状。

【制剂】本品主要剂型为片剂。

【不良反应】①常见的不良反应有嗜睡、头昏、乏力等，大剂量可有共济失调、震颤。②罕见的有皮疹、白细胞减少。③个别患者发生兴奋、多语、睡眠障碍，甚至幻觉。停药后，上述症状很快消失。④奥沙西泮成瘾滥用风险小于其他苯二氮䓬类药物。⑤长期应用后，停药可能发生撤药症状，表现为激动或忧郁。

【用药指导】①本品在人体内的药代动力学受年龄及肝功能的影响较小，故对肝功能不全者相对安全，且在体内无蓄积作用，代谢不受年龄影响，适用于老年人，不容易与其他药物发生相互作用。②本药可以通过胎盘及分泌入乳汁。③幼儿中枢神经系统对本品异常敏感。④老年人中枢神经系统对本品较敏感。⑤肝肾功能损害者能延长本品清除半衰期。⑥癫痫患者突然停药可引起癫痫持续状态；⑦严重的精神抑郁可使病情加重，甚至产生自杀倾向，应采取预防措施。⑧避免长期大量使用而成瘾，如长期使用应逐渐减量，不宜骤停。⑨对本类品耐受量小的患者初用量宜小。

【商品信息】①奥沙西泮是由罗氏公司在 1965 年开发，在 1996 年国内北京益民药业有限公司的奥沙西泮片获批上市。②本品按第二类精神药品管理，属于国家医保乙类药品。③目前，在抗焦虑药产品销售额排第五位，市场占有率超过10%。

【贮藏】 遮光，密封保存。

## 艾司唑仑
### Estazolam

本品为短效苯二氮䓬类药，适用于焦虑、失眠、紧张、恐惧及癫痫大、小发作，亦可用于术前镇静。制剂有片剂和注射剂。本品不良反应较少，偶有疲乏、无力、嗜睡等反应，1~2小时后可自行消失。有依赖性，但较轻。本品与成瘾性药物合用，可加强成瘾性。与中枢抑制药合用，加强中枢抑制作用。与左旋多巴合用，可降低后者疗效。避免长期大量使用而成瘾，如长期使用应逐渐减量，不易骤停。本品按第二类精神药品管理。上市许可持有人有华润双鹤药业股份有限公司、天津太平洋制药有限公司等。

目前艾司唑仑（口服常释剂型）被《国家基本药物目录（2018年版）》收录；属于《国家基本医疗保险、工伤保险和生育保险药品目录（2024年)》甲类药品。

## 二、阿扎哌隆类药物

5-HT受体激动剂是一类新型的抗焦虑药，具有氮杂螺酮结构，代表药物有丁螺环酮和坦度螺酮。此类药物选择性高，无镇静、催眠、抗惊厥及肌肉松弛作用，长期使用无戒断反应，不会产生药物依赖性。

## 丁螺环酮
### Buspirone

【适应证】 本品属氮杂螺环癸烷二酮类抗焦虑药，因起效慢不适用于急性病例。用于各种焦虑症，亦可用于焦虑伴有轻度抑郁者。

【制剂】 本品主要剂型为片剂。

【不良反应】 不良反应有胃肠道不适、恶心、腹泻、头痛、眩晕、激动、失眠。重度肝、肾功能不全、青光眼及重症肌无力、儿童、妊娠期妇女禁用。不宜与中枢抑制剂、降压药、抗凝药及单胺氧化酶抑制剂类合用。

【用药指导】 口服。开始一次5mg，一日2~3次。第二周可加至一次10mg，一日2~3次。常用治疗剂量一日20~40mg。

【商品信息】 本品是首个获得FDA批准用于治疗广泛性焦虑的非苯二氮䓬类抗焦虑药，最大优点为不产生依赖，因而无滥用危险。上市许可持有人有北大医药股份有限公司、江苏恩华药业股份有限公司、北京华素制药股份有限公司。

目前丁螺环酮（口服常释剂型）被《国家基本药物目录（2018年版）》收录；属于《国家基本医疗保险、工伤保险和生育保险药品目录（2024年)》甲类药品。

【贮藏】 遮光，密闭保存。

## 坦度螺酮
### Tandospinrone

【适应证】 各种神经症所致的焦虑状态，如广泛性焦虑症。原发性高血压、消化性溃疡等躯体疾病伴发的焦虑状态。

【制剂】 本品主要剂型有片剂、胶囊剂。

【不良反应】 上市后的使用结果调查的 4759 例患者中，有 248 例（5.2%）出现包括实验室检查值异常在内的不良反应。主要不良反应有：困倦（54 件，1.1%）、眩晕感（24 例，0.5%）、头痛（18 例，0.4%）等。

【用药指导】 通常成人应用的剂量为每次 10mg，口服，每日 3 次。根据患者年龄、症状等适当增减剂量，但不得超过一日 60mg 或遵医嘱。

【商品信息】 上市许可持有人有住友制药（苏州）有限公司、四川科瑞德制药股份有限公司、重庆圣华曦药业股份有限公司、重庆星创医药有限公司等。

目前坦度螺酮（口服常释剂型）被《国家基本药物目录（2018 年版）》收录；属于《国家基本医疗保险、工伤保险和生育保险药品目录（2024 年）》乙类药品。

【贮藏】 遮光，密闭保存。

# 第五节　镇静催眠药

睡眠障碍严重影响着人们的工作和生活，还会危害身体健康。WHO 的资料显示，全球有近 1/4 的人受到失眠困扰。持续的睡眠障碍是抑郁患者的危险因子，也是精神分裂症和其他精神障碍早期临床症状之一。当失眠严重非药物治疗无效时，就必须借助药物以改善睡眠。

镇静催眠药是对中枢神经系统具有广泛抑制作用的一类药物，在较小剂量时起镇静作用，在较大剂量时则起催眠作用。按结构可分为第一代巴比妥类、第二代苯二氮䓬类受体激动剂（benzodiazepine receptor agonist，BZRAs），后者又可分为非选择性苯二氮䓬受体激动剂（即苯二氮䓬类药物）和选择性苯二氮䓬受体激动剂（即 Z 药）。

## 一、第一代巴比妥类

包括巴比妥类、水合氯醛、三溴合剂等。巴比妥类药物早在 1903 年发现具有镇静作用，是第一代镇静催眠药的代表。按作用时效可分为长效、中效、短效和超短效，代表药物分别为苯巴比妥、异戊巴比妥、司可巴比妥和硫喷妥钠。

### 苯巴比妥
#### Phenobarbital

【适应证】 本品为长效巴比妥类药物，主要用于治疗焦虑、失眠（用于睡眠时间短早醒患者）、癫痫及运动障碍。是治疗癫痫大发作及局限性发作的重要药物。也可用作抗高胆红素血症及麻醉前用药。

【制剂】 本品主要剂型有片剂和注射剂。

【不良反应】 用药后可出现头晕、困倦等后遗效应，久用可产生耐受性及依赖性。多次连用应警惕蓄积中毒。长期用于治疗癫痫时不可突然停药，以免引起癫痫发作，甚至出现癫痫持续状态。

【用药指导】 ①对严重肺功能不全（如肺气肿）、支气管哮喘及颅脑损伤呼吸中枢受抑制者慎用或禁用；严重肝肾功能不全者、肝硬化者禁用。②本品为肝药酶诱导剂，与皮质激素、洋地黄类、口服避孕药等合用时可使其代谢加速，疗效降低；也可使在体内活化的药物作用增加，如环磷酰胺等。

【商品信息】 ①本品按第二类精神药品管理。②本品由拜耳公司于 1912 年合成，我国于 1957 年生产。上市许可持有人有上海上药新亚药业有限公司、广东邦民制药厂有限公司、重庆药友制药有限责任公司等。

目前苯巴比妥（口服常释剂型、注射剂）被《国家基本药物目录（2018年版）》收录；属于《国家基本医疗保险、工伤保险和生育保险药品目录（2024年）》甲类药品。

【贮藏】避光，密闭保存。

## 二、第二代苯二氮䓬类受体激动剂

苯二氮䓬类受体激动剂（BZRAs），包括非选择性苯二氮䓬类受体激动剂（BZDs）和选择性苯二氮䓬类受体激动剂（sBZRAs，Z药）苯二氮䓬类药物。同时具有镇静催眠、抗惊厥和抗焦虑作用。是临床上最常用的镇静催眠药，其中地西泮（安定）曾经是临床上使用频率最高的药物。常用药物有阿普唑仑、奥沙西泮、劳拉西泮、艾司唑仑、咪达唑仑等。这类药物的特点是治疗指数高、对内脏毒性低和使用安全。到目前为止，仍是治疗失眠常用的药物。此类药物兼有抗焦虑作用，已在抗焦虑药一节加以介绍。

Z药主要包括唑吡坦、扎来普隆、佐匹克隆等。本类药物基本不改变正常的生理睡眠结构，不产生耐受性、依赖性。由于治疗指数高、安全性高，在临床上的应用愈加广泛。

### 佐匹克隆
#### Zopiclone

【适应证】本品是环吡咯酮类药物，属第三代镇静催眠药。疗效确切，不良反应较少，具有快速短效的特点，是较为理想的镇静催眠药物，用于治疗各种失眠症。

【制剂】本品主要剂型为片剂。

【不良反应】本品不良反应与剂量及患者的敏感性有关。偶见思睡、口苦、口干、肌无力、遗忘、醉态，有些人出现异常的易恐、好斗、易受刺激或精神错乱、头痛、乏力。长期服药后突然停药会出现戒断症状（因药物半衰期短故出现较快），可能有较轻的激动、焦虑、肌痛、震颤、反跳性失眠及噩梦、恶心及呕吐，罕见较重的痉挛、肌肉颤抖、神志模糊（往往继发于较轻的症状）。

【用药指导】①本品与神经肌肉阻滞药或其他中枢神经抑制药同服可增强镇静作用；与苯二氮䓬类抗焦虑药和催眠药同服，戒断综合征的出现可增加。②对本品过敏者、失代偿的呼吸功能不全患者，重症肌无力，重症睡眠呼吸暂停综合征患者禁用。

【商品信息】①本品最早由法国罗纳普朗克乐安公司于20世纪80年代中期开发，商品名"忆梦返"。目前在世界上80多个国家的地区生产销售，是临床上用于失眠症最多的药物之一。与市场份额较低的众多二代安眠药相比，其在副作用和安全性方面均优于第二代药物。②佐匹克隆的右旋异构体与消旋体相比有明显优势，具有药效强、副作用小、毒性低等特点。2004年12月，FDA批准佐匹克隆的右旋异构体艾司佐匹克隆（eszopiclone）上市，为第一个获准用于长期使用的失眠症治疗药物。③本品的生产厂家主要有天津华津制药、山东齐鲁制药、吉林金恒制药股份有限公司、广东华润顺峰药业有限公司。

目前佐匹克隆（口服常释剂型）被《国家基本药物目录（2018年版）》收录；属于《国家基本医疗保险、工伤保险和生育保险药品目录（2024年）》乙类药品。

【贮藏】遮光，密封保存。

### 唑吡坦
#### Zolpidem

本品是选择性的 $\omega_1$ 受体激动剂，作用时间短，起效快，主要用于失眠症的短期治疗。制剂主要是片剂。常见的不良反应有眩晕、嗜睡、恶心、呕吐、头痛等。唑吡坦是首先面市的新一代非苯二氮䓬类催眠药。由法国 Sythelabo 公司研制开发，1988 年在法国上市，商品名"Stilnox"（舒睡晨爽）。唑吡坦上市后得到广泛认同，已成为治疗失眠症的标准药物，有逐步取代苯二氮䓬类药物的趋势。上市许可持有人有赛诺菲安万特、湖南千金湘江药业股份有限公司、湖南亚大制药有限公司等，其中赛诺菲安万特的思诺思一直占据主导地位。目前唑吡坦（口服常释剂型）被《国家基本药物目录（2018 年版）》收录；属于《国家基本医疗保险、工伤保险和生育保险药品目录（2024 年）》乙类药品。

## 咪达唑仑
### Midazolam

本品为短效苯二氮䓬类催眠药，作用快，持续时间短，用于治疗各种失眠症、睡眠节律障碍。主要制剂有片剂和注射剂。常见不良反应有低血压、急性谵妄、定向力缺失、幻觉、焦虑、神经质等。肌内注射后可导致局部硬结、疼痛；静脉注射后有静脉触痛等。长期大剂量用药在易感患者中可致成瘾性。对苯二氮䓬类药过敏者、重症肌无力患者、精神分裂症患者、严重抑郁状态者、急性酒精中毒者禁用。本品是瑞士罗氏公司开发上市的第二代苯二氮䓬类药物。1998 年，国产咪达唑仑开发成功，江苏恩华药业股份有限公司获准生产咪达唑仑以商品名"力月西"上市。2001 年，上海罗氏制药有限公司的咪达唑仑获准上市，商品名为"多美康"。目前咪达唑仑（注射剂）被《国家基本药物目录（2018 年版）》收录，属于《国家基本医疗保险、工伤保险和生育保险药品目录（2024 年）》甲类药品，口服常释剂型属于医保乙类药品。

## 三、其他类催眠药物

主要包括食欲素拮抗剂、抗组织胺类、5－羟色胺能、褪黑素类等。

答案解析

思考题

1. 抗精神病药物按化学结构分为哪几类，各举一例典型药物。
2. 如何获得长效抗精神病药物，举例说明。
3. 抗抑郁药按作用机制可分为哪几类，各举一例代表药物。

（陈　新）

**书网融合……**

本章小结　　　习题

# 第十二章　心血管类药

PPT

📖 **学习目标**

1. 通过本章学习，掌握抗高血压和抗心绞痛药品的分类，卡托普利、氯沙坦、氨氯地平、肾上腺素、阿托伐他汀的药品信息，抗心律失常药的分类，非洛地平、硝酸甘油、地高辛的药品信息；熟悉抗心力衰竭药和抗休克药品的分类，卡维地洛、硝苯地平、胺碘酮的药品信息；了解调血脂药的分类，缬沙坦、美托洛尔的药品信息。

2. 具备识别和分类心血管疾病常用药物的能力，养成依据患者具体病情合理选择药物的思维模式。

3. 掌握心血管疾病药物治疗的基本原则和最新进展，养成关注药物相互作用及个体差异对治疗效果影响的思维模式。

在所有疾病类别中，心血管疾病是发病率较高、治疗难度较大的一类疾病。随着人口老龄化的加剧，加之不合理的饮食习惯、吸烟、饮酒和缺乏运动等不良生活方式的盛行，导致心血管病危险因素流行趋势明显，心血管病患病人数呈持续上升态势。为了有效应对这一挑战，相关部门制定了一系列关于心血管疾病的方案，旨在通过强化基层医疗、采取积极有效的预防和治疗措施、促进更加安全有效的药物上市，以实现心血管病发病率和死亡率的下降。

## 第一节　心血管类药概述

自1987年心血管类药物的年销售额首次超过抗感染药，成为全球最畅销药物类别后，多年来始终呈现出持续增长态势，在全球医药市场中处于领先地位。从我国新药研发进展来看，随着近几年心血管疾病行业多项国家政策的出台，心血管药品上市数量逐年增加。

按照WHO国际药品ATC编码分类，心血管系统药物分为9个亚类，分别是心脏病治疗用药物、抗高血压药物、利尿剂、周围血管扩张药物、血管保护剂、$\beta$受体拮抗药、钙通道阻滞剂、作用于肾素－血管紧张素－醛固酮系统药物和调血脂类药物。

根据我国临床用药习惯，参照《国家基本药物目录（2018年版）》，可分为6个类别，分别是抗高血压药、抗心绞痛药、抗心律失常药、抗心力衰竭药、抗休克药、调血脂及抗动脉粥样硬化药。

## 第二节　抗高血压药

高血压病是世界各国最常见的心血管疾病，尤其在中老年人群及肥胖患者中患病率较高。高血压可分为原发性和继发性两大类。90%以上的高血压患者发病原因不明，称为原发性高血压；少数高血压是肾或内分泌疾病的一种症状，称为继发性高血压。目前，我国采用国际上统一的标准，即在未服用抗高血压药物的情况下，成人收缩压≥140mmHg 或舒张压≥90mmHg 即可诊断为高血压。

2017 年 11 月，美国心脏协会（AHA）和美国心脏病学会（ACC）联合其他 9 个学会发布了 2017 版成人高血压防治指南，将高血压定义为血压超 130/80mmHg。这一定义体现了早期干预的重要性，在 130/80mmHg 就开始干预可以预防更多的高血压并发症。

我国现有高血压患者 2.45 亿，高血压患病率为 27.5%，知晓率为 51.6%，治疗率为 45.8%，控制率为 16.8%。

近年来，随着我国对慢性病管理的重视，健康知识科普率不断提升，医疗保障体系不断完善，我国抗高血压药物市场表现出持续增长的态势。目前，抗高血压处方药市场已形成三大梯队，第一梯队为钙通道阻滞药（CCB）、血管紧张素 II 受体拮抗药（ARB）；第二梯队为复方降压药、β 受体拮抗药；血管紧张素转换酶抑制剂（ACEI）、利尿剂等为第三梯队。

## 一、抗高血压药的分类

根据抗高血压药物其作用部位及作用机制，可分类如下（表 12 - 1）。

表 12 - 1　抗高血压药被国家基本药物目录和国家医保目录收录情况

| 药品类别 | 药品名称 | 药品剂型 | 《国家基本药物目录（2018 年版）》 | 《国家基本医疗保险、工伤保险和生育保险药品目录（2024 年）》 |
|---|---|---|---|---|
| 影响血管紧张素 II 形成和作用药 | 卡托普利 | 口服常释剂型 | 收录 | 甲类目录 |
| | 依那普利 | 口服常释剂型 | 收录 | 甲类目录 |
| | 贝那普利 | 口服常释剂型 | — | 乙类目录 |
| | 福辛普利 | 口服常释剂型 | — | 乙类目录 |
| | 赖诺普利 | 口服常释剂型 | 收录 | 乙类目录 |
| | 咪达普利 | 口服常释剂型 | — | 乙类目录 |
| | 雷米普利 | 口服常释剂型 | — | 乙类目录 |
| | 培哚普利 | 口服常释剂型 | — | 乙类目录 |
| | 氯沙坦 | 口服常释剂型 | — | 乙类目录 |
| | 缬沙坦 | 口服常释剂型 | 收录 | 甲类目录 |
| | 奥美沙坦酯 | 口服常释剂型 | — | 乙类目录 |
| | 厄贝沙坦 | 口服常释剂型 | — | 乙类目录 |
| | 替米沙坦 | 口服常释剂型 | — | 乙类目录 |
| | 阿齐沙坦片 | — | — | 乙类目录 |
| | 坎地沙坦酯 | 口服常释剂型 | — | 乙类目录 |

| 药品类别 | 药品名称 | 药品剂型 | 《国家基本药物目录（2018年版）》 | 《国家基本医疗保险、工伤保险和生育保险药品目录（2024年）》 |
|---|---|---|---|---|
| 钙离子通道阻滞药 | 硝苯地平 | 口服常释剂型 | 收录 | 甲类目录 |
| | | 缓释控释剂型 | 收录 | 甲类目录 |
| | 氨氯地平 | 口服常释剂型 | 收录 | 甲类目录 |
| | 尼群地平 | 口服常释剂型 | 收录 | 甲类目录 |
| | 尼莫地平 | 口服常释剂型 | 收录 | 甲类目录 |
| | | 注射剂 | — | 乙类目录 |
| | 贝尼地平 | 口服常释剂型 | — | 乙类目录 |
| | 拉西地平 | 口服常释剂型 | — | 乙类目录 |
| | 乐卡地平 | 口服常释剂型 | — | 乙类目录 |
| | 尼卡地平 | 口服常释剂型 | — | 乙类目录 |
| | | 缓释控释剂型 | — | 乙类目录 |
| | | 注射剂 | — | 乙类目录 |
| | 西尼地平 | 口服常释剂型 | — | 乙类目录 |
| | 尼群洛尔 | 口服常释剂型 | — | 乙类目录 |
| | 左氨氯地平 | 口服常释剂型 | — | 乙类目录 |
| | 非洛地平 | 口服常释剂型 | 收录 | 甲类目录 |
| | | 缓释控释剂型 | 收录 | 乙类目录 |
| | 氨氯地平阿托伐他汀 | 口服常释剂型 | — | 乙类目录 |
| | 地尔硫䓬 | 口服常释剂型 | — | 甲类目录 |
| | 维拉帕米 | 口服常释剂型 | 收录 | 甲类目录 |
| | | 注射剂 | 收录 | 甲类目录 |
| | | 缓释控释剂型 | — | 乙类目录 |
| | 地尔硫䓬 | 注射剂 | — | 乙类目录 |
| | | 缓释控释剂型 | — | 乙类目录 |
| 交感神经节阻断药 | 可乐定 | 口服常释剂型 | — | 乙类目录 |
| | | 贴剂 | — | 乙类目录 |
| | 甲基多巴 | 口服常释剂型 | — | 乙类目录 |
| | 利血平 | 注射剂 | — | 甲类目录 |
| | 地巴唑 | 口服常释剂型 | — | 乙类目录 |
| | 普萘洛尔 | 口服常释剂型 | 收录 | 甲类目录 |
| | | 缓释控释剂型 | — | 乙类目录 |
| | | 注射剂 | — | 乙类目录 |
| | 美托洛尔 | 口服常释剂型 | 收录 | 甲类目录 |
| | | 注射剂 | 收录 | 甲类目录 |
| | | 缓释控释剂型 | — | 乙类目录 |
| | 比索洛尔 | 口服常释剂型 | 收录 | 甲类目录 |
| | 索他洛尔 | 口服常释剂型 | 收录 | 乙类目录 |
| | | 注射剂 | — | 乙类目录 |
| | 艾司洛尔 | 注射剂 | 收录 | 乙类目录 |

续表

| 药品类别 | 药品名称 | 药品剂型 | 《国家基本药物目录（2018 年版）》 | 《国家基本医疗保险、工伤保险和生育保险药品目录（2024 年）》 |
|---|---|---|---|---|
| 交感神经节阻断药 | 阿替洛尔 | 口服常释剂型 | 收录 | 甲类目录 |
| | 盐酸艾司洛尔氯化钠注射液 | — | — | 乙类目录 |
| | 阿罗洛尔 | 口服常释剂型 | — | 乙类目录 |
| | 卡维地洛 | 口服常释剂型 | — | 乙类目录 |
| | 拉贝洛尔 | 口服常释剂型 | 收录 | 乙类目录 |
| | 比索洛尔氨氯地平片 | — | — | 乙类目录 |
| | 哌唑嗪 | 口服常释剂型 | 收录 | 甲类目录 |
| | 川芎嗪 | 注射剂 | — | 乙类目录 |
| | 银杏达莫 | 注射剂 | — | 乙类目录 |
| | 银杏叶提取物 | 口服常释剂型 | — | 乙类目录 |
| | | 口服液体剂 | — | 乙类目录 |
| | | 注射剂 | — | 乙类目录 |
| | 银杏蜜环 | 口服液体剂 | — | 乙类目录 |
| | 穿龙薯蓣皂苷（薯蓣皂苷） | 口服常释剂型 | — | 乙类目录 |
| | 复方罗布麻 | 口服常释剂型 | — | 乙类目录 |
| | 多沙唑嗪 | 口服常释剂型 | — | 乙类目录 |
| | | 缓释控释剂型 | — | 乙类目录 |
| | 萘哌地尔 | 口服常释剂型 | — | 乙类目录 |
| | 乌拉地尔 | 缓释控释剂型 | 收录 | 乙类目录 |
| | | 注射剂 | 收录 | 乙类目录 |
| | 酚妥拉明 | 注射剂 | 收录 | 甲类目录 |
| | 卡维地洛 | 口服常释剂型 | — | 乙类目录 |
| 利尿药 | 氢氯噻嗪 | 口服常释剂型 | 收录 | 甲类目录 |
| | 吲达帕胺 | 口服常释剂型 | 收录 | 甲类目录 |
| | | 缓释控释剂型 | 收录 | 甲类目录 |
| | 呋塞米 | 口服常释剂型 | 收录 | 甲类目录 |
| | | 注射剂 | 收录 | 甲类目录 |
| | 布美他尼 | 口服常释剂型 | — | 乙类目录 |
| | | 注射剂 | — | 乙类目录 |
| | 托拉塞米 | 口服常释剂型 | — | 乙类目录 |
| | | 注射剂 | — | 乙类目录 |
| | 氨苯蝶啶 | 口服常释剂型 | 收录 | 甲类目录 |
| | 螺内酯 | 口服常释剂型 | 收录 | 甲类目录 |
| | 复方利血平 | 口服常释剂型 | — | 甲类目录 |
| | 复方利血平氨苯蝶啶 | 口服常释剂型 | — | 甲类目录 |

续表

| 药品类别 | 药品名称 | 药品剂型 | 《国家基本药物目录（2018 年版）》 | 《国家基本医疗保险、工伤保险和生育保险药品目录（2024 年）》 |
|---|---|---|---|---|
| 周围血管扩张药 | 酚妥拉明 | 注射剂 | 收录 | 甲类目录 |
| | 阿魏酸钠 | 口服常释剂型 | — | 乙类目录 |
| | 二氢麦角碱 | 口服常释剂型 | — | 乙类目录 |
| | | 缓释控释剂型 | — | 乙类目录 |
| | 法舒地尔 | 注射剂 | — | 乙类目录 |
| | 酚苄明 | 口服常释剂型 | — | 乙类目录 |
| | | 注射剂 | — | 乙类目录 |
| | 己酮可可碱 | 口服常释剂型 | — | 乙类目录 |
| | | 缓释控释剂型 | — | 乙类目录 |
| | | 注射剂 | — | 乙类目录 |
| | 尼麦角林 | 口服常释剂型 | — | 乙类目录 |
| | 烟酸 | 口服常释剂型 | — | 乙类目录 |
| | | 缓释控释剂型 | — | 乙类目录 |
| | | 注射剂 | — | 乙类目录 |
| | 烟酸肌醇酯 | 口服常释剂型 | — | 乙类目录 |
| | 肌醇烟酸酯片 | — | — | 乙类目录 |
| | 胰激肽原酶 | 口服常释剂型 | — | 乙类目录 |
| | | 注射剂 | — | 乙类目录 |
| 其他抗高血压药 | 硝普钠 | 注射剂 | 收录 | 甲类目录 |
| | 安立生坦 | 口服常释剂型 | — | 乙类目录 |
| | 波生坦分散片 | — | — | 乙类目录 |
| | 利奥西呱片 | — | — | 乙类目录 |
| | 马昔腾坦片 | — | — | 乙类目录 |
| | 地奥司明（柑橘黄酮） | 口服常释剂型 | — | 乙类目录 |
| | 复方角菜酸酯 | 栓剂 | — | 乙类目录 |
| | | 乳膏剂 | — | 乙类目录 |
| | 肝素 | 乳膏剂 | — | 乙类目录 |
| | 多磺酸黏多糖 | 软膏剂 | — | 乙类目录 |
| | 七叶皂苷 | 口服常释剂型 | — | 乙类目录 |
| | | 注射剂 | — | 乙类目录 |
| | 曲克芦丁 | 口服常释剂型 | — | 乙类目录 |
| | | 注射剂 | — | 乙类目录 |

**1. 影响血管紧张素 Ⅱ 形成和作用药**

（1）血管紧张素转化酶抑制剂　如卡托普利、依那普利、雷米普利等。

（2）血管紧张素 Ⅱ 受体拮抗药　如氯沙坦、缬沙坦、坎地沙坦等。

**2. 钙离子通道阻滞药**　包括硝苯地平、氨氯地平、尼群地平、尼莫地平等。

**3. 交感神经节阻断药**

（1）中枢性抗高血压药　如可乐定、α-甲基多巴、莫索尼定。

（2）神经节阻断药　如美卡拉明、樟磺咪芬。

（3）抗去甲肾上腺素能神经末梢药 如利血平、胍乙啶。

（4）肾上腺素受体拮抗药 ①β受体拮抗药，如普萘洛尔、美托洛尔；②α受体拮抗药，如哌唑嗪、特拉唑嗪、多沙唑嗪；③α和β受体拮抗药，如拉贝洛尔、卡维地洛。

**4. 利尿药** 包括氢氯噻嗪、吲达帕胺、呋塞米、螺内酯等。

**5. 血管扩张药**

（1）直接舒张血管平滑肌药 如肼屈嗪、硝普钠。

（2）钾通道开放药 如二氮嗪、吡那地尔、米诺地尔。

## 二、血管紧张素转换酶抑制剂

血管紧张素转化酶抑制剂（ACEI）是抗高血压药中的重要品种。自1981年第一个血管紧张素转化酶抑制剂卡托普利上市以来，一直活跃在心血管舞台上，为数亿原发性、继发性高血压患者缓解了危象。ACE抑制剂细分市场在2021年占据市场主导地位，收入份额超过30.0%，此后3年间，该类药物市场份额基本保持稳定。

目前国产ACEI已超过500张生产批文。主要品种是卡托普利、依那普利、贝那普利、福辛普利、赖诺普利、雷米普利、咪达普利、培哚普利、西拉普利和喹那普利等制剂及复方制剂。

### 卡托普利
### Captopril

**【适应证】** 本品对绝大多数轻、中度高血压有效，特别对正常肾素型及高肾素型高血压疗效更佳。主要适用于治疗高血压，可单独应用或与其他降压药合用。还可用于治疗心力衰竭。

**【制剂】** 本品主要剂型有片剂（普通片、缓释片）、注射剂，还常与氢氯噻嗪等降压药制成复方片剂。

**【不良反应】** 本品最突出的不良反应是使缓激肽降解受阻而造成缓激肽含量升高并作用于呼吸道引起咳嗽。还可发生皮疹、心悸、心动过速、胸痛、味觉迟钝等。

**【用药指导】** ①胃中食物可使本品吸收减少30%~40%，故宜在餐前1小时服药。②本品宜在医师指导或监护下服用，开始用小剂量，逐渐调整剂量。给药剂量须遵循个体化原则，视病情或个体差异而定，按疗效而予以调整。③本品可使血尿素氮、肌酐浓度增高，偶有血清肝脏酶增高；可能增高血钾，与保钾利尿剂合用时尤应注意检查血钾。④与其他扩血管药同用可能致低血压，如拟合用，应从小剂量开始。

**【商品信息】** 本品是百时美施贵宝公司和日本三共研发成功的抗高血压药物，1981年获得美国FDA批准上市。本品作为一种历史悠久的普利类降血压老药，价格低廉，能为国内众多低收入患者所接受，也是临床医生的首选降压药品之一。在我国最早由江苏常州制药厂仿制成功并在20世纪90年代在国内上市。目前已有多家制药厂获生产批文。

目前卡托普利（口服常释剂型）被《国家基本药物目录（2018年版）》收录，属于《国家基本医疗保险、工伤保险和生育保险药品目录（2024年）》甲类药品。随着国家对基本药物和医保目录的不断优化，卡托普利在基层医疗中的使用量有望进一步增加。

**【贮藏】** 本品注射剂应遮光、密封，在30℃以下干燥处保存。口服制剂需遮光、密封保存。

## 三、血管紧张素Ⅱ受体拮抗药

血管紧张素Ⅱ受体拮抗药（ARB，沙坦类药）是全球市场抗高血压药的主流品种。相继有氯沙坦、缬沙坦、坎地沙坦酯、厄贝沙坦、依普罗沙坦、他索沙坦、替米沙坦、奥美沙坦酯、阿齐沙坦9个单方制剂通过美国 FDA 批准上市。还有氯沙坦＋氢氯噻嗪、缬沙坦＋氢氯噻嗪、厄贝沙坦＋氢氯噻嗪、替米沙坦＋氢氯噻嗪、依普罗沙坦＋氢氯噻嗪、奥美沙坦＋氢氯噻嗪多个复方制剂上市，被誉为是目前最理想、最有潜力的抗高血压药物。

在国外抗高血压药物市场上，沙坦类已经占据半壁江山。近两年，受国家医疗保障体系逐步完善、老龄化社会快速发展、沙坦类国产仿制药工业化生产推进以及药品价格下降等因素的共同影响，国内沙坦类药品的发展也逐渐提速。

## 氯沙坦
## Losartan

【适应证】 本品可以拮抗内源性及外源性的血管紧张素Ⅱ所产生的各种药理作用（包括促使血管收缩，醛固酮释放等作用）；还可选择性地作用于 $AT_1$ 受体，不影响其他激素受体或心血管中重要的离子通道的功能，也不抑制降解缓激肽的血管紧张素转化酶（激肽酶Ⅱ），不影响血管紧张素Ⅱ及缓激肽的代谢过程。适用于治疗原发性高血压。

【制剂】 本品主要剂型为片剂，临床常用其钾盐。也有与氢氯噻嗪制成的复方制剂。

【不良反应】 主要不良反应有头晕、恶心、干咳，偶有过敏、腹泻、高血钾等。还可出现低血压、高血钾及单或双侧肾动脉狭窄所致的肾功能降低。

【用药指导】 ①有肝肾功能损害的患者应调整剂量。妊娠期和哺乳期妇女应停用本品。②本品与保钾利尿药（如螺内酯、氨苯蝶啶、阿米洛利）、补钾剂或含钾的盐代用品合用时，可导致血钾升高。③非甾体抗炎药吲哚美辛可降低本品的抗高血压作用。

【商品信息】 本品是由默克公司开发的第一代口服非肽类血管紧张素Ⅱ受体拮抗药，于 1994 年 6 月首先在瑞典上市，现已在全球 75 个国家作为临床治疗药物广泛应用。产品专利到期时间为 2010 年 2 月。1996 年氯沙坦钾在我国获得行政保护，杭州默沙东制药公司进口分装的产品氯沙坦钾片剂，于 1998 年 7 月在我国正式上市。2000 年国家药品监督管理局批准杭州默沙东公司生产该品，现为国内抗高血压的一线用药，具有作用时间长、药效强、耐受性好、不良反应少等优点。

目前氯沙坦（口服常释剂型）属于《国家基本医疗保险、工伤保险和生育保险药品目录（2024 年）》乙类药品。

【贮藏】 本品制剂需于 30℃ 以下，在干燥处保存。

## 缬沙坦
## Valsartan

缬沙坦是一种较理想的血管紧张素Ⅱ受体拮抗药，其作用机制同氯沙坦相似，疗效略优于氯沙坦，可 24 小时持续降压。最大的优点是不良反应发生率极低，无论年龄、性别，不管老人或肝肾功能不全者均可使用，基本不被代谢，体内无蓄积，是一种简单、方便、有效、耐受性良好的降压药。适用于轻中度原发性高血压，尤其适用于继发性肾性高血压。主要剂型为片剂、胶囊和分散片；需避光、密闭保存。

缬沙坦是瑞典诺华公司开发成功的产品，1996 年 12 月获得美国 FDA 批准，首先在德国上市。1998 年由北京诺华公司进口分装并在国内上市，尔后在日本上市，其与利尿剂氢氯噻嗪的复方制剂于 1998 年首次在德国上市销售。

在国内，2000 年丽珠制药厂率先获得原料药和胶囊剂生产批件，是国内第 2 个上市的 ARB，2006—2009 年来无论是销售额还是销售数量均居首位。但随着专利期满的临近，增长速度已趋于缓慢；

缬沙坦/氨氯地平复方制剂则是一个快速增长的品种。

目前缬沙坦（口服常释剂型）被《国家基本药物目录（2018 年版)》收录，属于《国家基本医疗保险、工伤保险和生育保险药品目录（2024 年)》甲类药品。

## 四、钙离子通道阻滞药

钙离子通道阻滞药（CCB），简称钙拮抗剂，主要为二氢吡啶类化合物，代表药物为硝苯地平、维拉帕米和地尔硫䓬。近年研制出一系列二氢吡啶类衍生物，如尼群地平、尼卡地平、非洛地平和氨氯地平等。此类药物降压过程中不减少心、脑、肾等重要生命器官的血流量，对血糖、血脂等代谢无不良影响。

目前，钙拮抗剂是全球抗高血压市场中稳步增长的品种。我国钙拮抗剂市场自 20 世纪末已进入了一个快速发展时期，从产品开发、学术推广到终端市场呈现出持续增长，在抗高血压药物市场中占主导地位。2023 年钙拮抗剂在抗高血压药物中占据 26.23% 的最大市场份额，其中氨氯地平、硝苯地平、非洛地平、尼莫地平、左氨氯地平五大品种占据了较大的市场份额，显示出很高的市场集中度。

### 氨氯地平
### Amlodipine

【适应证】适用于轻中度高血压，还能用于预防或推迟心绞痛倾向者发作、延长运动时限、提高运动耐量。最适用于高血压伴冠心病患者。

【制剂】本品主要剂型为片剂、胶囊、分散片、滴丸剂等。

【不良反应】本品主要不良反应有头痛、水肿、头晕、潮红和心悸、疲倦、恶心、腹痛和嗜睡等。有严重的阻塞性冠状动脉疾病的患者，在开始应用钙拮抗剂治疗或加量时，会出现心绞痛发作频率、时程和（或）严重性上升，或发展为急性心肌梗死，需慎用。

【用药指导】①由于本品逐渐产生扩血管作用，口服一般很少出现急性低血压。但本品与其他外周扩血管药物合用时仍需谨慎，特别是对于有严重主动脉瓣狭窄的患者。同时应慎用于心衰患者。②本品与非甾体类抗炎药，尤其吲哚美辛合用可减弱本品的降压作用。与雌激素合用可引起体液潴留而增高血压。与磺吡酮合用可增加本品的蛋白结合率，产生血药浓度变化。③舌下硝酸甘油和长效硝酸酯制剂与本品合用时可加强抗心绞痛效应。④停药时应在医生指导下逐渐减量。

【商品信息】本品是第 3 代钙拮抗剂中的重要品种，由辉瑞公司开发后，1990 年在英国和爱尔兰首先上市。1992 年 7 月 31 日获 FDA 批准后在美国上市，现已在世界几十个国家、地区上市。

1993 年本品在国内上市，于 1993 年 12 月 1 日在我国获得的药品行政保护，已于 2001 年 6 月 1 日期限届满。近年来本品已在心血管类药物中脱颖而出，成为抗高血压药市场销售最畅销品种之一。

20 世纪末，国内科研院所与企业合作，分别开发了甲磺酸氨氯地平、马来酸氨氯地平、苯磺酸氨氯地平及左旋氨氯地平，产品相继上市用于临床。

目前氨氯地平（口服常释剂型）被《国家基本药物目录（2018 年版)》收录，属于《国家基本医疗保险、工伤保险和生育保险药品目录（2024 年)》甲类药品。

【贮藏】本品制剂需遮光、密封保存。

### 非洛地平
### Nitrendipine

【适应证】适用于用于轻、中度原发性高血压的治疗（可单独使用或与其他抗高血压药物合并使用）。

【制剂】本品主要剂型为片剂、缓释片和胶囊等。

【不良反应】本品主要不良反应有面色潮红、头痛、头晕、心悸和疲劳，并可引起与剂量有关的踝肿，牙龈或牙周炎患者用药后可能会引起轻微的牙龈肿大。另也可见皮疹、瘙痒。在极少数患者中可能会引起显著的低血压伴心动过速，这在易感个体可能会引起心肌缺氧，故低血压患者慎用。

【用药指导】①慎用于心力衰竭和心功能不全患者、妊娠期及哺乳期妇女、儿童。老年人（65岁以上）或肝功能不全患者宜从低剂量开始治疗，并在调整剂量过程中密切监测血压。肾功能不全患者一般不需要调整建议剂量。②应空腹口服或少量清淡饮食，并整片吞服，勿咬碎或咀嚼。保持良好的口腔卫生可减少牙龈增生的发生率和严重性。③服用本品时，同时加服影响细胞色素P450类药物可影响非洛地平的血药浓度。

【商品信息】本品是第2代钙拮抗剂，瑞典阿斯利康公司研制开发成功后，1988年率先在丹麦上市。1991年获FDA批准在美国上市，随后在全球许多国家用于临床。本品具有高度选择性，适用于各型高血压、缺血性心脏病和心力衰竭，自上市后深受医生和患者欢迎，尤其是在大城市的三甲医院和专科医院中广泛使用，市场占有率迅速提高。随着国家对基本药物和医保目录的不断优化，非洛地平在各级医疗机构中的使用量有望进一步增加。

非洛地平缓释片剂1995年引入国内获准生产，是钙拮抗剂中销售较好的品种。

目前非洛地平（口服常释剂型、缓释控释剂型）被《国家基本药物目录（2018年版）》收录，其中口服常释剂型属于《国家基本医疗保险、工伤保险和生育保险药品目录（2024年）》甲类药品，缓释控释剂型属于医保乙类药品。

【贮藏】本品制剂应遮光、密闭保存。

# 第三节　抗心绞痛药

心绞痛是冠状动脉粥样硬化性心脏病（冠心病）的常见症状，是冠状动脉供血不足，心肌急性暂时缺血、缺氧引起的临床综合征，其主要临床表现为胸骨后或左心前区的阵发性绞痛或闷痛，常放射至左上肢、颈部和下颌部，休息或含服硝酸甘油几分钟内缓解。

能够增加冠状动脉血流量及降低心肌需氧量，同时治疗动脉粥样硬化的药物称为抗心绞痛药。目前药物治疗仍是心绞痛最重要的基本治疗方法，硝酸酯类、$\beta$受体拮抗药和钙拮抗剂是可用于心绞痛治疗的三类主要药物。它们均可降低动脉硬化性心绞痛的耗氧量。除$\beta$受体拮抗药外，硝酸酯类和钙拮抗剂还可解除血管痉挛而增加供氧。

## 一、抗心绞痛药的分类

**1. 硝酸酯类和亚硝酸酯类**　硝酸酯类药物有硝酸甘油、硝酸异山梨酸酯、单硝酸异山梨酯、戊四硝酯；亚硝酸酯类药硝酸异戊酯因副作用较多，现已少用。

**2. 钙通道阻滞药**　可用于心绞痛治疗的有二氢吡啶类，如硝苯地平、非洛地平、尼卡地平、尼索地平、氨氯地平、尼群地平；非二氢吡啶类，如维拉帕米、地尔硫䓬、苄普地尔等。

**3. $\beta$受体拮抗药**　可用于心绞痛治疗的有普萘洛尔、卡维地洛、氧烯洛尔、阿普洛尔、吲哚洛尔、索他洛尔、美托洛尔、阿替洛尔、醋丁洛尔、纳多洛尔等。

抗心绞痛药的收录情况如表12-2所示。

表 12 – 2 抗心绞痛药被国家基本药物目录和国家医保目录收录情况

| 药品类别 | 药品名称 | 药品剂型 | 《国家基本药物目录（2018 年版）》 | 《国家基本医疗保险、工伤保险和生育保险药品目录（2024 年）》 |
|---|---|---|---|---|
| 硝酸酯类和亚硝酸酯类 | 硝酸甘油 | 口服常释剂型 | 收录 | 甲类目录 |
| | | 注射剂 | 收录 | 甲类目录 |
| | | 舌下片剂 | 收录 | 乙类目录 |
| | | 吸入剂 | — | 乙类目录 |
| | 硝酸异山梨酯 | 口服常释剂型 | 收录 | 甲类目录 |
| | | 注射剂 | — | 甲类目录 |
| | | 缓释控释剂型 | — | 乙类目录 |
| | 硝酸异山梨酯氯化钠 | 注射剂 | 收录 | 乙类目录 |
| | 硝酸异山梨酯葡萄糖 | 注射剂 | 收录 | 乙类目录 |
| | 单硝酸异山梨酯 | 口服常释剂型 | 收录 | 甲类目录 |
| | | 注射剂 | 收录 | 乙类目录 |
| | | 缓释控释剂型 | 收录 | 乙类目录 |
| 钙通道阻滞药 | 氨氯地平 | 口服常释剂型 | 收录 | 甲类目录 |
| | 尼莫地平 | 口服常释剂型 | 收录 | 甲类目录 |
| | | 注射剂 | — | 乙类目录 |
| | 硝苯地平 | 口服常释剂型 | 收录 | 甲类目录 |
| | | 缓释控释剂型 | 收录 | 甲类目录 |
| | 非洛地平 | 口服常释剂型 | 收录 | 甲类目录 |
| | | 缓释控释剂型 | 收录 | 乙类目录 |
| | 贝尼地平 | 口服常释剂型 | — | 乙类目录 |
| | 氨氯地平阿托伐他汀 | 口服常释剂型 | — | 乙类目录 |
| | 拉西地平 | 口服常释剂型 | — | 乙类目录 |
| | 乐卡地平 | 口服常释剂型 | — | 乙类目录 |
| | 尼卡地平 | 口服常释剂型 | — | 乙类目录 |
| | | 缓释控释剂型 | — | 乙类目录 |
| | | 注射剂 | — | 乙类目录 |
| | 尼群地平 | 口服常释剂型 | 收录 | 甲类目录 |
| | 尼群洛尔 | 口服常释剂型 | — | 乙类目录 |
| | 西尼地平 | 口服常释剂型 | — | 乙类目录 |
| | 左氨氯地平（左旋氨氯地平） | 口服常释剂型 | 收录 | 乙类目录 |
| | 维拉帕米 | 缓释控释剂型 | — | 乙类目录 |
| | | 口服常释剂型 | 收录 | 甲类目录 |
| | | 注射剂 | 收录 | 甲类目录 |
| | 地尔硫草 | 口服常释剂型 | 收录 | 甲类目录 |
| | | 注射剂 | — | 乙类目录 |
| | | 缓释控释剂型 | — | 乙类目录 |

续表

| 药品类别 | 药品名称 | 药品剂型 | 《国家基本药物目录（2018 年版）》 | 《国家基本医疗保险、工伤保险和生育保险药品目录（2024 年）》 |
|---|---|---|---|---|
| β 肾上腺素受体拮抗药 | 普萘洛尔 | 口服常释剂型 | 收录 | 甲类目录 |
| | | 缓释控释剂型 | — | 乙类目录 |
| | | 注射剂 | — | 乙类目录 |
| | 索他洛尔 | 口服常释剂型 | 收录 | 乙类目录 |
| | | 注射剂 | — | 乙类目录 |
| | 阿替洛尔 | 口服常释剂型 | 收录 | 甲类目录 |
| | 比索洛尔 | 口服常释剂型 | — | 甲类目录 |
| | 美托洛尔 | 口服常释剂型 | 收录 | 甲类目录 |
| | | 注射剂 | 收录 | 甲类目录 |
| | | 缓释控释剂型 | — | 乙类目录 |
| | 艾司洛尔 | 注射剂 | 收录 | 乙类目录 |
| | 盐酸艾司洛尔氯化钠注射液 | — | — | 乙类目录 |
| | 阿罗洛尔 | 口服常释剂型 | — | 乙类目录 |
| | 卡维地洛 | 口服常释剂型 | — | 乙类目录 |
| | 拉贝洛尔 | 口服常释剂型 | 收录 | 乙类目录 |
| | 比索洛尔氨氯地平片 | — | — | 乙类目录 |

## 二、硝酸酯类药

硝酸酯类药物在临床上可以说已风光百年，在产品结构不断完善的基础上，现已由速效类药物发展到中效类、长效类药物。随着新释药技术的推广应用，目前，缓释控释制剂、气雾剂、透皮贴剂的生产工艺已经成熟，从而推动了硝酸酯类药品市场的发展，并呈现出平稳增长的态势。据统计，临床上常用的硝酸酯类药物单硝酸异山梨酯、硝酸异山梨酯和硝酸甘油三大品种，占据了这一类药物较大的市场份额。

### 硝酸甘油
#### Nitroglycerin

【适应证】本品主要药理作用是松弛血管平滑肌。用于冠心病心绞痛的治疗及预防，也可用于降低血压或治疗充血性心力衰竭。

【制剂】本品主要剂型有片剂、注射液、气雾剂、透皮贴剂、控释口颊片等。

【不良反应】本品的主要急性不良反应有直立性低血压、心动过速、头痛等，这些都是其治疗性扩血管作用延伸而引起的，通常在用药的前几天较明显。可用于眼内压升高者，但禁用于颅内高压的患者。

【用药指导】①本品起效迅速，用于治疗及预防心绞痛，特别适用于半夜易发作和需要长时间服用的心绞痛患者。②应用本品时应使用能有效缓解急性心绞痛的最小剂量，剂量过大可引起剧烈头痛，并可导致耐受现象。③本品小剂量可能发生严重低血压，尤其在直立位时。舌下含服用药时患者应尽可能取坐位，以免因头晕而摔倒。④应慎用于血容量不足或收缩压低的患者。如果出现视物模糊或口干，应停药。⑤中度或过量饮酒时，使用本药可致低血压。

【商品信息】由于良好的治疗效果，硝酸甘油（GTN）是目前应用最为广泛，同时也是最"高龄"

的心血管药物之一。自从 19 世纪 70 年代被认识到具有缓解心绞痛的作用至今，GTN 已有 130 多年历史。由于其具有速效、短效的特征，在对不同患者的差异化治疗中，表现出良好的效果，从而成为抗冠心病、心绞痛临床用药中永不凋谢的花朵。

目前硝酸甘油（口服常释剂型、注射剂）被《国家基本药物目录（2018 年版）》收录，属于《国家基本医疗保险、工伤保险和生育保险药品目录（2024 年)》甲类药品，其舌下片剂和吸入剂属于医保乙类药品。

【贮藏】本品需遮光、密封、在阴凉处保存。

### 三、钙离子通道阻滞药

本类药品除用作抗高血压药外，还是强有力的抗心绞痛药物，其治疗冠心病心绞痛的作用是通过降低心肌耗氧量和（或）改善心肌缺血区的血流灌注而实现的。

**硝苯地平**

**Nifedipine**

【适应证】本品适用于原发性或肾性高血压，尚可用于治疗冠心病，尤其冠状动脉痉挛引起的心绞痛更佳。

【制剂】本品临床应用剂型多种多样，主要有片剂（普通片、缓释片、控释片）、胶囊、缓释胶囊、胶丸、注射剂等。

【不良反应】本品主要不良反应有外周水肿、头晕、头痛、恶心、乏力和面部潮红。还可发生一过性低血压，多不需要停药。个别患者发生心绞痛，可能与低血压反应有关。本品过敏者可出现过敏性肝炎、皮疹，甚至剥脱性皮炎等。

【用药指导】①低血压患者、心力衰竭患者、糖尿病患者慎用。②与硝酸酯类合用，可控制心绞痛发作，且有较好的耐受性。③与 $\beta$ 受体拮抗药合用，绝大多数患者对本品有较好的耐受性和疗效，但个别患者可能诱发和加重低血压、心力衰竭和心绞痛。

【商品信息】本品是德国拜耳公司开发的第一代钙拮抗剂药物，具有抗高血压、扩张冠脉血管、改善心肌缺血作用。1975 年首先在阿根廷、奥地利、德国、瑞士等国上市。1982 年辉瑞公司获得授让后在美国上市。经过多年临床已得到医学界充分的肯定，是许多国家临床首选的抗高血压用药。

我国在 20 世纪 80 年代初已具备了生产硝苯地平的能力，1981 年上海第十七制药厂率先获得原料药生产批件。

目前硝苯地平（口服常释剂型）被《国家基本药物目录（2018 年版）》收录，属于《国家基本医疗保险、工伤保险和生育保险药品目录（2024 年)》甲类药品。

【贮藏】本品制剂需遮光、密封保存。

### 四、$\beta$ 受体拮抗药

$\beta$ 受体拮抗药防治心肌缺血和心绞痛的主要机制是通过拮抗心脏的 $\beta_1$ 受体，拮抗儿茶酚胺的作用使心率减慢，心肌收缩力减弱，减缓左室内压力升高速率，降低心肌耗氧量。其次是心率减慢，延长了心脏舒张时间有利于心肌血液灌注。主要适用于高血压合并心绞痛、心肌梗死后、冠脉高危险患者，心力衰竭、伴有窦性心动过速或心房颤动等快速性室上性心律失常患者，也适用于交感神经兴奋性高的年轻患者。

在过去数十年间，$\beta$ 受体拮抗药曾长期作为一类重要降压药物而在临床上广泛应用。2006 年英国

NICE/BHS 更新的指南中，明确指出此类药物不宜用于一线降压治疗。由于目前具有种类繁多的降压药物可供选用，因此若无心肌梗死与心力衰竭等使用 β 受体拮抗药的强适应证，应优先考虑其他降压药物。特别是在无合并症的老年高血压患者中，β 受体拮抗药不宜继续作为一线降压药物。

**卡维地洛**

**Carvedilol**

【适应证】 治疗轻度或中度心功能不全，可合并应用洋地黄类药物、利尿剂和血管紧张素转换酶抑制剂（ACEI）。也可用于 ACEI 不耐受和使用或不使用洋地黄类药物、肼屈嗪或硝酸酯类药物治疗的心功能不全者。

【制剂】 本品作为抗心绞痛用药时，主要剂型为片剂。用药剂量必须个体化，需在医师的密切监测下加量。

【不良反应】 本品不良反应主要有乏力、心动过缓、直立性低血压、体位依赖性水肿、下肢水肿、眩晕、失眠、多汗等。

【用药指导】 ①本品可诱发或加重外周血管疾病患者的动脉血流不足症状，此类患者需小心使用。也可能掩盖低血糖症状，易自发性低血糖者或接受胰岛素或口服降糖药的糖尿病患者慎用。②本品不能突然停药，尤其是缺血性心脏病患者。必须 1~2 周以上逐渐停药。③站位时血压可能下降，导致眩晕，罕见昏晕，这时应立即坐下或躺下。如果患者出现眩晕或昏晕，必须避免驾驶或危险工作。④本品可能增强胰岛素或口服降糖药降低血糖的作用，因此合用时需监测血糖。

【商品信息】 本品作为第 3 代 β 受体拮抗药的代表药物，在欧洲被批准用于充血性心衰、心绞痛和高血压；在美国唯一被 FDA 批准用来提高心衰患者生存率的药物。目前国内有多家企业生产。

目前卡维地洛（口服常释剂型）属于《国家基本医疗保险、工伤保险和生育保险药品目录（2024年）》乙类药品。

【贮藏】 本品需遮光、密封保存。

# 第四节　抗心律失常药

心律失常是指心跳频率和节律的异常，是心血管系统常见的临床病症。其临床症状表现不一，轻者可无自觉症状，严重者可引起心脏泵血功能障碍，甚至危及生命。抗心律失常药是能防治心动过速、过缓或心律不齐的药物。

最早用于临床抗心律失常治疗的是钠通道阻滞药——奎尼丁，1918 年开始用于治疗心律失常，是该类药物的标准品种。使用较早的还有普鲁卡因胺、利多卡因等。由于副作用的影响，目前用量渐少。进入 20 世纪 80 年代后，普罗帕酮、氟卡尼、恩卡尼相继应用。1995 年，抗恶性室性心律失常药物吡美诺在日本上市。1999 年，日本三井株式会社开发的尼非卡兰获准上市。新型第 Ⅲ 类钾通道阻滞药伊布利特、多非利特和司美利特是近年开发的新药，是兼有一定 Ⅰ 类活性的 Ⅲ 类抗心律失常药物。总的来说，抗心律失常药物研究进展快，门类多，临床应用药物已有近百个品种，但临床具有卓越业绩的新品较少。

从我国抗心律失常药物结构看，应用成熟的药品与国外差距较小，治疗室上性、室性心动过速用药中普罗帕酮、美托洛尔、索他洛尔和胺碘酮均具有较高的普及率，控制房颤和房扑的药物维拉帕米、地尔硫䓬也占据了一定的市场份额。

## 一、抗心律失常药的分类

根据目前的分类体系（Vaughan Williams 分类法）一般将抗心律失常药分为四类。

**1. Ⅰ类——钠通道阻滞药**　根据阻滞钠通道特性和程度的不同等可分为三个亚类。

（1）ⅠA类　适度阻滞钠通道，属此类的有奎尼丁、普鲁卡因胺、丙吡胺等，属于广谱抗心律失常药，用于室上性及室性心律失常。

（2）ⅠB类　轻度阻滞钠通道，属此类的有利多卡因、苯妥英钠、美西律等，用于治疗室性心律失常。

（3）ⅠC类　重度阻滞钠通道，属此类的有普罗帕酮、氟卡尼等，用于治疗室上性和室性心律失常。

**2. Ⅱ类——$\beta$ 肾上腺素受体拮抗药**　它们因拮抗 $\beta$ 受体而有效，代表性药物为普萘洛尔、醋丁洛尔，适用于室上性及室性心律失常。

**3. Ⅲ类——延长动作电位时程药（又称钾通道阻滞药）**　以胺碘酮、索他洛尔为代表，适用于室上性和室性心律失常。

**4. Ⅳ类——钙拮抗药**　代表药物有维拉帕米和地尔硫䓬，适用于室上性和室性心律失常。

此外，还有一些药物在临床上也用作抗心律失常药，如强心苷用于治疗心房纤颤伴快速心室率患者；腺苷用于治疗阵发性室上性心动过速；镁盐和钾盐在控制心肌梗死伴心律失常或强心苷中毒所致心律失常治疗方面均有十分重要的作用。抗心律失常药的收录情况见表 12 - 3。

**表 12 - 3　抗心律失常药被国家基本药物目录和国家医保目录收录情况**

| 药品类别 | 药品名称 | 药品剂型 | 《国家基本药物目录（2018 年版）》 | 《国家基本医疗保险、工伤保险和生育保险药品目录（2024 年）》 |
|---|---|---|---|---|
| Ⅰ类钠通道阻滞药 | 奎尼丁 | 口服常释剂型 | — | 甲类目录 |
| | 利多卡因 | 注射剂 | 收录 | 甲类目录 |
| | 苯妥英钠 | 口服常释剂型 | 收录 | 甲类目录 |
| | 美西律 | 口服常释剂型 | 收录 | 甲类目录 |
| | 普罗帕酮 | 口服常释剂型 | 收录 | 甲类目录 |
| | | 注射剂 | 收录 | 甲类目录 |
| | 伊布利特 | 注射剂 | 收录 | 乙类目录 |
| Ⅱ类 $\beta$ 肾上腺素受体拮抗药 | 普萘洛尔 | 口服常释剂型 | 收录 | 甲类目录 |
| | | 缓释控释剂型 | — | 乙类目录 |
| | | 注射剂 | — | 乙类目录 |
| | 阿替洛尔 | 口服常释剂型 | 收录 | 甲类目录 |
| | 比索洛尔 | 口服常释剂型 | — | 甲类目录 |
| | 美托洛尔 | 口服常释剂型 | 收录 | 甲类目录 |
| | | 注射剂 | 收录 | 甲类目录 |
| | | 缓释控释剂型 | — | 乙类目录 |
| | 艾司洛尔 | 注射剂 | 收录 | 乙类目录 |
| | 盐酸艾司洛尔氯化钠注射液 | — | — | 乙类目录 |
| | 阿罗洛尔 | 口服常释剂型 | — | 乙类目录 |
| | 卡维地洛 | 口服常释剂型 | — | 乙类目录 |
| | 拉贝洛尔 | 口服常释剂型 | 收录 | 乙类目录 |
| | 比索洛尔氨氯地平片 | — | — | 乙类目录 |

续表

| 药品类别 | 药品名称 | 药品剂型 | 《国家基本药物目录（2018 年版）》 | 《国家基本医疗保险、工伤保险和生育保险药品目录（2024 年）》 |
|---|---|---|---|---|
| Ⅲ类钾通道阻滞药 | 胺碘酮 | 口服常释剂型 | 收录 | 甲类目录 |
| | | 注射剂 | 收录 | 甲类目录 |
| | 索他洛尔 | 口服常释剂型 | 收录 | 乙类目录 |
| | | 注射剂 | — | 乙类目录 |
| | 莫雷西嗪 | 口服常释剂型 | 收录 | 甲类目录 |
| Ⅳ类钙拮抗药 | 地尔硫䓬 | 口服常释剂型 | 收录 | 甲类目录 |
| | | 注射剂 | — | 乙类目录 |
| | | 缓释控释剂型 | — | 乙类目录 |
| | 维拉帕米 | 口服常释剂型 | 收录 | 甲类目录 |
| | | 注射剂 | 收录 | 甲类目录 |
| | | 缓释控释剂型 | — | 乙类目录 |
| 其他 | 地高辛 | 口服常释剂型 | 收录 | 甲类目录 |
| | | 口服液体剂 | 收录 | 甲类目录 |
| | | 注射剂 | 收录 | 甲类目录 |
| | 腺苷 | 注射剂 | — | 乙类目录 |

## 二、典型抗心律失常药

### 胺碘酮
### Amiodarone

【适应证】本品适用于危及生命的阵发室性心动过速及室颤的预防，也可用于其他药物无效的阵发性室上性心动过速、阵发心房扑动、心房颤动，包括合并预激综合征者及持续心房颤动、心房扑动电转复后的维持治疗等。

【制剂】临床常用其盐酸盐，主要剂型为片剂、胶囊和注射剂。

【不良反应】本品主要不良反应有心血管反应如窦性心动过缓、窦性停搏或窦房阻滞、房室传导阻滞等。还可引起甲状腺功能亢进或甲状腺功能低下。胃肠道反应有便秘、恶心呕吐、食欲减退等。肺部不良反应多发生在长期大量服药者，主要产生过敏性肺炎，肺间质或肺泡纤维性肺炎等。

【用药指导】①本品对光敏感与疗程及剂量有关，皮肤石板蓝样色素沉着，停药后经较长时间（1～2 年）才渐退。②本品宜用氯化钠注射液或注射用水稀释，每次静注完后在原位注射少量氯化钠注射液可以减轻刺激。③肝肾功能不全、妊娠期及哺乳期妇女慎用。

【商品信息】本品为广谱抗心律失常治疗药物，1962 年由 Labaz 实验室研制成功，1967 年作为抗心绞痛药物在瑞士、比利时等国上市。由于胺碘酮对抗心律失常具有较好的疗效，多家公司进行了开发。法国赛诺菲公司研发的胺碘酮于 1984 年在澳大利亚上市，1985 年 12 月通过美国 FDA 批准，已在世界 20 多个国家地区销售。

20 世纪 80 年代胺碘酮已在我国用于临床，于 1983 年由桂林药厂获准生产。现有多家制药企业生产此品种。

目前胺碘酮（口服常释剂型、注射剂）被《国家基本药物目录（2018 年版）》收录，属于《国家基本医疗保险、工伤保险和生育保险药品目录（2024 年）》甲类药品，其舌下片剂和吸入剂属于医保乙类药品。

【贮藏】本品需遮光、密封保存。

## 美托洛尔
### Metoprolol

【适应证】本品用于治疗高血压、心绞痛、心肌梗死、肥厚型心肌病、主动脉夹层、心律失常、甲状腺功能亢进、心脏神经官能症等。尚可用于心力衰竭的治疗，此时应在有经验的医师指导下使用。

【制剂】临床常用其酒石酸盐，主要剂型有片剂、胶囊、缓释片和注射剂等。口服常用于高血压和心绞痛治疗，因个体差异较大，故剂量需个体化。

【不良反应】本品主要不良反应有胃部不适、眩晕、头痛、疲倦、失眠、噩梦等。

【用药指导】①哮喘患者不宜应用大剂量，应用一般剂量时也应分为 3~4 次服用。②心动过缓、糖尿病、甲亢患者及妊娠期妇女慎用。③Ⅱ、Ⅲ度房室传导阻滞、严重心动过缓及对洋地黄无效的心衰患者忌用。④肝、肾功能不良者慎用。

【商品信息】本品于 1992 年 1 月通过 FDA 批准上市，是世界心血管药物市场上销路最好的 $\beta$ 受体拮抗药之一。在我国医院用药中具有很好的市场，常作为心肌梗死二级预防治疗用药。

目前美托洛尔（口服常释剂型、注射剂）被《国家基本药物目录（2018 年版）》收录，属于《国家基本医疗保险、工伤保险和生育保险药品目录（2024 年）》甲类药品。

【贮藏】本品需遮光，密封保存。

## 普罗帕酮
### Propafenone

【适应证】用于阵发性室性心动过速及室上性心动过速（包括伴预激综合征者）。

【制剂】临床常用其盐酸盐，主要剂型有片剂和注射剂等。口服制剂用于维持心律失常的长期控制，而注射剂则适用于紧急情况下的快速控制。

【不良反应】不良反应较少，主要为口干，舌唇麻木，可能是由于其局部麻醉作用所致。此外，早期的不良反应还有头痛、头晕、目眩，其后可出现胃肠道障碍如恶心、呕吐、便秘等。也有出现房室阻断症状。

【用药指导】①心肌严重损害者慎用。②严重的心动过缓，肝、肾功能不全，明显低血压患者慎用。③如出现窦房性或房室性传导高度阻滞时，可静注乳酸钠、阿托品、异丙肾上腺素或间羟肾上腺素等解救。④建议哺乳期妇女停用。⑤无起搏器保护的窦房结功能障碍、严重房室传导阻滞、双束支传导阻滞患者，严重充血性心力衰竭、心源性休克、严重低血压及对该药过敏者禁用。

【商品信息】本品最初由德国公司开发，并于 1978 年首次在德国上市，随后在全球多个国家和地区得到广泛应用。自 1995 年引入我国市场以来，普罗帕酮一直作为临床一线药物被广泛使用。

目前普罗帕酮（口服常释剂型、注射剂）被《国家基本药物目录（2018 年版）》收录，属于《国家基本医疗保险、工伤保险和生育保险药品目录（2024 年）》甲类药品。

【贮藏】本品需遮光，密封保存。

# 第五节 抗心力衰竭药

心力衰竭是指各种病理因素损伤心脏舒缩功能，导致心排血量不能满足对全身组织供氧的需要而产生的临床综合征。

凡能够改善心脏舒缩功能，增加心排血量，用于治疗心力衰竭的药物即抗心力衰竭药。自从 18 世纪地高辛被应用以来，人们对于心力衰竭的治疗，尽管已经进行了 200 多年的基础和临床研究，但是药物治疗的基础在本质上还是局限于利尿剂、肾素-血管紧张素-醛固酮系统抑制药、$\beta$ 肾上腺素受体拮抗药。在某些情况下还包括血管扩张剂，如硝酸盐或肼屈嗪等。最近几十年来，虽然各国在心力衰竭的治疗方面取得了一些进展，如 $\beta$ 受体拮抗药和肾素-血管紧张素系统抑制剂的应用，但是抗心力衰竭药物研发仍少有突破，临床仍然缺乏安全有效的治疗药物。

## 一、抗心力衰竭药物的分类

根据近年来的循证医学证据，美国心脏病学会和欧洲心脏病学会的 2005 年《慢性心力衰竭诊治指南》修订版对 2001 年的《慢性心力衰竭诊治指南》作了重大调整，对药物的分类进行了重新调整。2022 年，美国心脏病学会、美国心脏协会、美国心衰学会更新发布了 2022 年心力衰竭管理指南，在心衰分类、慢性心衰药物治疗以及特殊人群心衰诊疗方面均有重要更新。我国抗心力衰竭药物收录情况见表 12-4。

表 12-4    抗心力衰竭药被国家基本药物目录和国家医保目录收录情况

| 药品类型 | 药品名称 | 药品剂型 | 《国家基本药物目录（2018 年版）》 | 《国家基本医疗保险、工伤保险和生育保险药品目录（2024 年版）》 |
|---|---|---|---|---|
| 肾素-血管紧张素-醛固酮系统抑制药 | 卡托普利 | 口服常释剂型 | 收录 | 甲类目录 |
| | 依那普利 | 口服常释剂型 | 收录 | 甲类目录 |
| | 贝那普利 | 口服常释剂型 | — | 乙类目录 |
| | 福辛普利 | 口服常释剂型 | — | 乙类目录 |
| | 赖诺普利 | 口服常释剂型 | 收录 | 乙类目录 |
| | 雷米普利 | 口服常释剂型 | — | 乙类目录 |
| | 咪达普利 | 口服常释剂型 | — | 乙类目录 |
| | 培哚普利 | 口服常释剂型 | — | 乙类目录 |
| | 氨氯地平贝那普利 I | 口服常释剂型 | — | 乙类目录 |
| | 氨氯地平贝那普利 II | 口服常释剂型 | — | 乙类目录 |
| | 氨氯地平贝那普利胶囊 | — | — | 乙类目录 |
| | 贝那普利氢氯噻嗪 | 口服常释剂型 | — | 乙类目录 |
| | 复方卡托普利 | 口服常释剂型 | — | 乙类目录 |
| | 赖诺普利氢氯噻嗪 | 口服常释剂型 | — | 乙类目录 |
| | 依那普利叶酸 | 口服常释剂型 | — | 乙类目录 |
| | 培哚普利吲达帕胺 | 口服常释剂型 | — | 乙类目录 |
| | 培哚普利氨氯地平 I | 口服常释剂型 | — | 乙类目录 |
| | 培哚普利氨氯地平 II | 口服常释剂型 | — | 乙类目录 |
| | 培哚普利氨氯地平 III | 口服常释剂型 | — | 乙类目录 |
| | 缬沙坦 | 口服常释剂型 | 收录 | 甲类目录 |
| | 奥美沙坦酯 | 口服常释剂型 | — | 乙类目录 |
| | 厄贝沙坦 | 口服常释剂型 | — | 乙类目录 |
| | 氯沙坦 | 口服常释剂型 | — | 乙类目录 |
| | 替米沙坦 | 口服常释剂型 | — | 乙类目录 |
| | 坎地沙坦酯 | 口服常释剂型 | — | 乙类目录 |
| | 阿齐沙坦片 | — | — | 乙类目录 |

续表

| 药品类型 | 药品名称 | 药品剂型 | 《国家基本药物目录（2018 年版）》 | 《国家基本医疗保险、工伤保险和生育保险药品目录（2024 年）》 |
|---|---|---|---|---|
| 利尿药 | 螺内酯 | 口服常释剂型 | 收录 | 甲类目录 |
| | 氢氯噻嗪 | 口服常释剂型 | 收录 | 甲类目录 |
| | 吲达帕胺 | 口服常释剂型 | 收录 | 甲类目录 |
| | | 缓释控释剂型 | 收录 | 甲类目录 |
| | 吲达帕胺Ⅱ | 缓释控释剂型 | — | 乙类目录 |
| | 呋塞米 | 口服常释剂型 | 收录 | 甲类目录 |
| | | 注射剂 | 收录 | 甲类目录 |
| | 布美他尼 | 口服常释剂型 | — | 乙类目录 |
| | | 注射剂 | — | 乙类目录 |
| | 托拉塞米 | 口服常释剂型 | — | 乙类目录 |
| | | 注射剂 | — | 乙类目录 |
| | 氨苯蝶啶 | 口服常释剂型 | 收录 | 甲类目录 |
| | 托伐普坦片 | — | — | 乙类目录 |
| β肾上腺素受体拮抗药 | 普萘洛尔 | 口服常释剂型 | 收录 | 甲类目录 |
| | | 缓释控释剂型 | — | 乙类目录 |
| | | 注射剂 | — | 乙类目录 |
| | 索他洛尔 | 口服常释剂型 | 收录 | 乙类目录 |
| | | 注射剂 | — | 乙类目录 |
| | 阿替洛尔 | 口服常释剂型 | 收录 | 甲类目录 |
| | 比索洛尔 | 口服常释剂型 | — | 甲类目录 |
| | 美托洛尔 | 口服常释剂型 | 收录 | 甲类目录 |
| | | 注射剂 | 收录 | 甲类目录 |
| | | 缓释控释剂型 | — | 乙类目录 |
| | 艾司洛尔 | 注射剂 | 收录 | 乙类目录 |
| | 盐酸艾司洛尔氯化钠注射液 | — | — | 乙类目录 |
| | 阿罗洛尔 | 口服常释剂型 | — | 乙类目录 |
| | 卡维地洛 | 口服常释剂型 | — | 乙类目录 |
| | 拉贝洛尔 | 口服常释剂型 | 收录 | 乙类目录 |
| | 比索洛尔氨氯地平片 | — | — | 乙类目录 |
| 强心苷 | 地高辛 | 口服常释剂型 | 收录 | 甲类目录 |
| | | 口服液体剂 | 收录 | 甲类目录 |
| | | 注射剂 | 收录 | 甲类目录 |
| | 毒毛花苷 K | 注射剂 | — | 甲类目录 |
| | 去乙酰毛花苷 | 注射剂 | 收录 | 甲类目录 |
| 血管扩张药 | 硝酸甘油 | 口服常释剂型 | 收录 | 甲类目录 |
| | | 注射剂 | 收录 | 甲类目录 |
| | | 舌下片剂 | 收录 | 乙类目录 |
| | | 吸入剂 | — | 乙类目录 |

续表

| 药品<br>类型 | 药品<br>名称 | 药品<br>剂型 | 《国家基本药物目录<br>（2018 年版）》 | 《国家基本医疗保险、工伤保险和生育保险<br>药品目录（2024 年）》 |
|---|---|---|---|---|
| 血管扩张药 | 硝酸异山梨酯 | 口服常释剂型 | 收录 | 甲类目录 |
| | | 注射剂 | — | 甲类目录 |
| | | 缓释控释剂型 | — | 乙类目录 |
| | 硝酸异山梨酯氯化钠 | 注射剂 | 收录 | 乙类目录 |
| | 硝酸异山梨酯葡萄糖 | 注射剂 | 收录 | 乙类目录 |
| | 尼可地尔 | 口服常释剂型 | 收录 | 甲类目录 |
| | 多巴胺 | 注射剂 | 收录 | 甲类目录 |
| | 麻黄碱 | 注射剂 | — | 甲类目录 |
| | 单硝酸异山梨酯 | 口服常释剂型 | 收录 | 甲类目录 |
| | | 注射剂 | 收录 | 乙类目录 |
| | | 缓释控释剂型 | 收录 | 乙类目录 |
| 其他正性肌力<br>药物 | 米多君 | 口服常释剂型 | — | 乙类目录 |
| | 米力农 | 注射剂 | — | 乙类目录 |
| | 米力农氯化钠 | 注射剂 | — | 乙类目录 |
| | 米力农葡萄糖 | 注射剂 | — | 乙类目录 |
| | 左西孟旦 | 注射剂 | — | 乙类目录 |
| | 盐酸奥普力农注射液 | — | — | 乙类目录 |

**1. 肾素-血管紧张素-醛固酮系统抑制药**　包括：①血管紧张素转化酶抑制剂，如卡托普利、依那普利和培哚普利等。②血管紧张素Ⅱ受体拮抗药，如氯沙坦、缬沙坦和厄贝沙坦。③醛固酮受体拮抗药，如螺内酯和依普利酮。

**2. 利尿药**　如噻嗪类利尿药氢氯噻嗪、袢利尿药呋塞米等。

**3. β肾上腺素受体拮抗药**　如卡维地洛、拉贝洛尔和比索洛尔等。

**4. 强心苷**　如地高辛、洋地黄毒苷、去乙酰毛花苷和毒毛花苷 K 等。

**5. 血管扩张药**　如硝酸酯类和肼屈嗪等。

**6. 其他正性肌力药物**　如氨力农、米力农等。

## 二、典型抗心力衰竭药

**地高辛**

**Digoxin**

【适应证】　本品用于高血压、瓣膜性心脏病、先天性心脏病等急性和慢性心功能不全，尤其适用于伴有快速心室率的心房颤动的心功能不全。还用于控制伴有快速心室率的心房颤动、心房扑动患者的心室率及室上性心动过速等。

【制剂】　本品主要剂型为片剂、注射剂和酊剂。

【不良反应】　本品主要不良反应包括：新出现的心律失常、胃纳不佳或恶心、呕吐、下腹痛、无力、软弱等。在洋地黄的中毒表现中，心律失常最重要，最常见者为室性早搏，其次为房室传导阻滞、室性心动过速、窦性停搏、心室颤动等。儿童中心律失常比其他反应多见，但室性心律失常比成人少见。

【用药指导】　①本品中毒后应立即停药，并采取适当措施，如传导阻滞或心动过缓可用阿托品解救。②用药期间应注意监测血压及心率，心电图，电解质尤其钾、钙、镁和肾功能等。③近期用过其他洋地黄类强心药者慎用。有显著心动过缓，完全性房室传导阻滞及心绞痛频繁发作者禁用。④本品不宜与酸、碱类药物配伍，用药期间不可静注钙制剂。

【商品信息】本品是经典的治疗充血性心力衰竭的药物，临床应用已有 200 多年的历史。因用药方便、显效迅速、安全有效，已成为广泛首选的洋地黄制剂。临床研究证明，地高辛能减轻心衰症状，提高生活质量，各国心衰指南给予它 Ⅰ 级或 Ⅱa 级较高水平的推荐。

【贮藏】本品注射剂和酊剂需遮光、密闭保存，片剂需密闭保存。

# 第六节　抗休克药

休克是机体在受到各种有害因子的侵袭时，有效循环血量减少，组织器官的血液灌注不足，细胞代谢紊乱和功能受损为主要病理生理改变的综合征。临床突出表现为血压下降，心率、呼吸加快，脉搏细弱，神志淡漠，面色苍白，皮肤冰冷，出冷汗、尿量减少等。

休克有着复杂的病理生理过程，治疗上必须采取综合疗法。对于不同类型的休克，在不同的阶段应给予不同的处理。在积极治疗的同时，寻找引起休克的病因，针对病因进行治疗。

## 一、抗休克药的分类

能够恢复充足的组织灌注并保证氧代谢正常进行，用于治疗休克的药物即抗休克药。抗休克的血管活性药物的应用是休克治疗的主要措施之一。借以提高心脏排血量，改善微循环和维持动脉血压等。我国抗休克药的收录情况见表 12 - 5。抗休克的血管活性药物按对血管的作用可分为以下几种。

**1. 血管扩张药**　包括：①直接扩血管药，如硝普钠、硝酸甘油、硝酸异山梨酯等；②扩血管兼强心药，如异丙肾上腺素、多巴胺、多培沙明等；③α受体拮抗药，如酚妥拉明、酚苄明等。

**2. 收缩血管药**　如肾上腺素、去甲肾上腺素、去氧肾上腺素、间羟胺等。

**3. 强心药**　如氨力农、米力农、毒毛花苷 K、毛花苷 C、多巴酚丁胺等。

表 12 - 5　抗休克药被国家基本药物目录和国家医保目录收录情况

| 药品类型 | 药品名称 | 药品剂型 | 《国家基本药物目录（2018 年版）》 | 《国家基本医疗保险、工伤保险和生育保险药品目录（2024 年）》 |
|---|---|---|---|---|
| 血管扩张药 | 硝酸甘油 | 口服常释剂型 | 收录 | 甲类目录 |
| | | 注射剂 | 收录 | 甲类目录 |
| | | 舌下片剂 | 收录 | 乙类目录 |
| | | 吸入剂 | — | 乙类目录 |
| | 硝酸异山梨酯 | 口服常释剂型 | 收录 | 甲类目录 |
| | | 注射剂 | — | 甲类目录 |
| | | 缓释控释剂型 | — | 乙类目录 |
| | 硝酸异山梨酯氯化钠 | 注射剂 | 收录 | 乙类目录 |
| | 硝酸异山梨酯葡萄糖 | 注射剂 | 收录 | 乙类目录 |
| | 尼可地尔 | 口服常释剂型 | 收录 | 甲类目录 |
| | 多巴胺 | 注射剂 | 收录 | 甲类目录 |
| | 麻黄碱 | 注射剂 | — | 甲类目录 |
| | 单硝酸异山梨酯 | 口服常释剂型 | 收录 | 甲类目录 |
| | | 注射剂 | 收录 | 乙类目录 |
| | | 缓释控释剂型 | 收录 | 乙类目录 |
| | 葛根素 | 注射剂 | | 乙类目录 |

| 药品类型 | 药品名称 | 药品剂型 | 《国家基本药物目录（2018 年版)》 | 《国家基本医疗保险、工伤保险和生育保险药品目录（2024 年)》 |
|---|---|---|---|---|
| 收缩血管药 | 间羟胺 | 注射剂 | 收录 | 甲类目录 |
| | 去甲肾上腺素 | 注射剂 | 收录 | 甲类目录 |
| | 肾上腺素 | 注射剂 | 收录 | 甲类目录 |
| | 异丙肾上腺素 | 注射剂 | 收录 | 甲类目录 |
| | 去氧肾上腺素 | 注射剂 | — | 乙类目录 |
| 强心药 | 地高辛 | 口服常释剂型 | 收录 | 甲类目录 |
| | | 口服液体剂 | 收录 | 甲类目录 |
| | | 注射剂 | 收录 | 甲类目录 |
| | 毒毛花苷 K | 注射剂 | — | 甲类目录 |
| | 去乙酰毛花苷 | 注射剂 | 收录 | 甲类目录 |
| | 多巴酚丁胺 | 注射剂 | 收录 | 甲类目录 |
| | 米多君 | 口服常释剂型 | — | 乙类目录 |
| | 米力农 | 注射剂 | — | 乙类目录 |
| | 米力农氯化钠 | 注射剂 | — | 乙类目录 |
| | 米力农葡萄糖 | 注射剂 | — | 乙类目录 |
| | 左西孟旦 | 注射剂 | — | 乙类目录 |
| | 盐酸奥普力农注射液 | | — | 乙类目录 |

## 二、典型抗休克药

### 肾上腺素
#### Adrenaline

【适应证】本品主要用于过敏性休克的治疗，还用于因支气管痉挛所致严重呼吸困难，亦可用于延长浸润麻醉用药的作用时间，也是各种原因引起的心脏骤停进行心肺复苏的主要抢救用药。

【制剂】本品主要为注射剂，临床常用其盐酸盐。

【不良反应】本品主要不良反应有心悸、搏动性头痛。若焦虑、烦躁、头痛、眩晕、震颤、面色苍白、恐惧、多汗等症状持续存在时应引起注意。

【用药指导】①本品最常用于治疗过敏性休克，若与肾上腺皮质激素合用则疗效更为显著。②与 $\alpha$ 受体拮抗药如酚妥拉明、酚苄明等合用时，可以使加压作用减弱。③与全身麻醉药如三氯甲烷、氟烷合用，可使心肌对拟交感胺类药物更敏感，应减量使用，否则有发生室性心律失常的危险。④与洋地黄合用可导致心律失常。⑤与降糖药合用，可使降糖效应减弱。

【商品信息】19 世纪（1895 年）O'liver 和 Schafer 报道了从肾上腺髓质提取出的物质具有显著的生理功能，20 世纪初该提取物的活性要素被分离出来，并命之为肾上腺素（adrenaline），是最古老、最有效、应用最广泛的心肺复苏方法，亦是近几十年来心肺复苏的首选药物。

【贮藏】本品需遮光、密闭、在阴凉处保存。

## 第七节　调血脂及抗动脉粥样硬化药

动脉硬化是动脉管壁增厚、变硬、管腔缩小等各种退行性和增生性病变。动脉粥样硬化是动脉硬化的最常见类型，是心肌梗死和脑梗死的主要病因。动脉粥样硬化的发生与高脂血症有着直接的关系，因此可用于动脉粥样硬化治疗的药物主要是调节血脂药。

血脂异常是指血中总胆固醇（TC）、低密度脂蛋白胆固醇（LDL－C）、极低密度脂蛋白胆固醇（VLDL－C）和甘油三酯（TG）超出正常范围（增高），高密度脂蛋白胆固醇（HDL－C）降低，即所谓高脂血症。人群中血脂异常，特别是总胆固醇（TC）和低密度脂蛋白胆固醇（LDL－C）增高，促进了动脉粥样硬化的形成，增加了缺血性心血管病（冠心病和缺血性脑卒中联合终点）的危险性。因此有效地调节血脂能够改善血管内壁斑块剥落及血栓的形成与栓塞，对心血管系统疾病的预防有着积极的作用和深远的意义。

近年来，我国人群的血脂水平逐步升高，血脂异常患病率明显增加。我国成人血脂异常总体患病率高达40.4%。人群血清胆固醇水平的升高将导致2010—2030年期间我国心血管病事件约增加920万。据国家心血管病中心统计显示，我国血脂异常人数已经超过4亿人，降血脂药物的市场空间相当巨大。

降血脂用药市场规模持续增长，从全球来看，2023年降脂药市场规模为331.2亿美元，预计十年后将达到465.8亿美元。2023年，我国等级医院及零售终端降脂药销售额已突破250亿元，未来有望稳定增长。随着我国老年化进度加快，老年人比例升高，降血脂用药市场规模未来几年将维持较高增长态势。目前降血脂化学药市场中，阿托伐他汀的销售额排名第一，2016年销售额突破100亿元关口。他汀类单独或联合用药占整个降血脂市场销售额的90%以上，他汀类仍然是降血脂市场的主流用药。

## 一、调血脂药的分类

能够调节血脂，使血中总胆固醇、低密度脂蛋白胆固醇、极低密度脂蛋白胆固醇、甘油三酯和高密度脂蛋白胆固醇恢复正常范围的药物称为调血脂药，我国调血脂药收录情况见表12－6。临床上用于调节血脂的药品种类繁多，按照化学结构特点及调脂作用机制不同可分为以下几类。

**1. HMG－CoA 还原酶抑制剂** 即他汀类，比其他的药物更能降低血中 TC 和 LDL－C 水平。包括阿托伐他汀、辛伐他汀、普伐他汀、氟伐他汀、洛伐他汀、美伐他汀、瑞舒伐他汀、匹伐他汀、血脂康等。本类药物属于调血脂药品市场中用药金额最大的一类药物。

**2. 胆汁酸结合树脂** 主要降低血中 TC 和 LDL－C 水平。包括考来烯胺、考来替泊和地维烯胺。

**3. 苯氧芳酸类** 或称纤维酸类或贝特类，主要降低血中 TG 和 VLDL－C，升高 HDL－C 水平。包括氯贝丁酯、吉非贝齐、苯扎贝特、非诺贝特、环丙贝特和利贝特等。在国内外调血脂市场上，贝特类产品是仅次于他汀类的调血脂药物，在市场中占据重要地位。

**4. 烟酸类** 主要降低血中 TG 和 TC，升高 HDL－C 水平。包括烟酸（即维生素 $B_3$）、阿昔莫司、烟酸铝和烟酸肌醇酯。

**5. 抗氧化药** 如普罗布考，可降低血中 TC、LDL－C 和 HDL－C 水平，对 TG 无影响。

**6. 多烯脂肪酸类** 包括鱼油类二十五碳烯酸（EPA）、二十二碳烯酸（DHA），月见草油，亚油酸等。主要降低血中 TG 和 VLDL－C，升高 HDL－C 水平，促进胆固醇自粪便排出，抑制体内脂质和脂蛋白合成。

**7. 其他调血脂药** 如肝素、低分子量肝素和类肝素，可降低血中 TG、LDL－C 和 TC，升高 HDL－C 水平，具有中和多种血管活性物质，保护动脉内皮的功能。

他汀类药物自从广泛用于临床以来，已经成为降胆固醇高脂血症市场上的主要品种。目前，活跃在胆固醇高脂血症市场的他汀类药物主要有：阿托伐他汀钙、瑞舒伐他汀、辛伐他汀、普伐他汀、氟伐他汀、洛伐他汀、匹伐他汀，以及复方制剂辛伐他汀＋依折麦布、阿伐他汀＋氨氯地平、洛伐他汀＋烟酸等十大品种。根据最新的调查数据，在国内调血脂处方药市场中，他汀类药物占据了60%左右的份额。

表 12-6 调血脂药被国家基本药物目录和国家医保目录收录情况

| 药品类别 | 药品名称 | 药品剂型 | 《国家基本药物目录（2018 年版）》 | 《国家基本医疗保险、工伤保险和生育保险药品目录（2024 年）》 |
|---|---|---|---|---|
| HMG-CoA 还原酶抑制剂 | 阿托伐他汀 | 口服常释剂型 | 收录 | 乙类目录 |
| | 辛伐他汀 | 口服常释剂型 | 收录 | 甲类目录 |
| | 普伐他汀 | 口服常释剂型 | — | 乙类目录 |
| | 氟伐他汀 | 口服常释剂型 | — | 乙类目录 |
| | | 缓释控释剂型 | — | 乙类目录 |
| | 洛伐他汀 | 口服常释剂型 | — | 乙类目录 |
| | 瑞舒伐他汀 | 口服常释剂型 | 收录 | 乙类目录 |
| | 匹伐他汀 | 口服常释剂型 | — | 乙类目录 |
| | 血脂康 | 片剂 | — | 乙类目录 |
| | | 胶囊 | 收录 | 甲类目录 |
| 苯氧芳酸类 | 苯扎贝特 | 口服常释剂型 | — | 乙类目录 |
| | 非诺贝特 | 口服常释剂型 | 收录 | 乙类目录 |
| | 吉非罗齐 | 口服常释剂型 | — | 乙类目录 |
| | 非诺贝特酸胆碱缓释胶囊 | — | — | 乙类目录 |
| 烟酸类 | 烟酸（即维生素 $B_3$） | 口服常释剂型 | — | 乙类目录 |
| | | 缓释控释剂型 | — | 乙类目录 |
| | | 注射剂 | — | 乙类目录 |
| | 阿昔莫司 | 口服常释剂型 | — | 乙类目录 |
| | 烟酸肌醇酯 | 口服常释剂型 | — | 乙类目录 |
| 抗氧化药 | 普罗布考 | 口服常释剂型 | — | 乙类目录 |
| 其他调血脂药 | 肝素 | 注射剂 | 收录 | 甲类目录 |
| | | 封管液 | — | 乙类目录 |
| | | 乳膏剂 | — | 乙类目录 |
| | 低分子量肝素 | 注射剂 | 收录 | 乙类目录 |
| | 依折麦布 | 口服常释剂型 | — | 乙类目录 |

## 二、典型调血脂药

### 阿托伐他汀

### Atorvastatin

【适应证】 本品用于高胆固醇血症和混合型高脂血症的治疗及冠心病和脑中风的防治。

【制剂】 本品主要剂型为片剂、胶囊及分散片，临床常用其钙盐。

【不良反应】 本品主要不良反应有便秘、肠胀气、腹痛等胃肠道反应，其他还有头痛、皮疹、头晕、视物模糊和味觉障碍。偶可引起血氨基转移酶可逆性升高，因此有肝病史者服用本品还应定期监测肝功能。少见的不良反应有阳痿、失眠。罕见的不良反应有肌炎、肌痛、横纹肌溶解等，横纹肌溶解可导致肾功能衰竭。

【用药指导】 ①本品与免疫抑制剂、叶酸衍生物、烟酸、吉非罗齐、红霉素等合用可增加肌病发生的危险。②应用期间应定期检查血胆固醇和血肌酸磷酸激酶。在治疗过程中如发生血氨基转移酶增高达正常高限的3倍，或血肌酸磷酸激酶显著增高或有肌炎、胰腺炎表现时，应停用本品。③应用时如有低血压、严重急性感染、创伤、代谢紊乱等情况，须注意可能出现的继发于肌溶解后的肾功能衰竭。肾功能不全时应减少本品剂量。④本品宜与饮食共进，以利吸收。

【商品信息】1996年底，阿托伐他汀钙获美国FDA批准上市，商品名为"立普妥"。1997年初春，华纳兰伯特公司将其推上美国、德国和英国市场。一经上市即成为全球最畅销药品之一。是全球首个销售额破百亿美元的药品，在调血脂药物发展史上成绩卓著。国产制剂由北京嘉林药业股份有限公司率先开发成功，1999年9月获国家药品监督管理局颁发新药证书和生产批件。

【贮藏】本品需密封，于25℃以下干燥处保存。

答案解析

## 思考题

1. 根据我国临床用药习惯，心血管药品如何分类？
2. 简述抗高血压药物的主要分类，并举出对应的代表药品。
3. 硝酸甘油属于哪种心血管类药品，简述其适应证与用药指导。
4. 简述美托洛尔的作用与适应证、不良反应、用药指导及相关的商品信息。
5. 列举调血脂及抗动脉粥样硬化药的代表药品及其适应证、不良反应、用药指导和相关的商品信息。

（孟光兴）

书网融合……

本章小结　　　　　习题

# 第十三章　呼吸系统用药

PPT

**学习目标**

1. 通过本章学习，掌握呼吸系统用药的分类，氨溴索、喷托维林、沙丁胺醇、溴己新、可待因、异丙托溴铵、色甘酸钠、倍氯米松的药品信息；熟悉复方甘草片、右美沙芬、麻黄碱、氨茶碱的药品信息；了解苯丙哌林、酮替芬、布地奈德、孟鲁司特的药品信息。

2. 具备正确推荐、使用呼吸系统药物的能力；具有了解呼吸系统药物发展趋势及行业需求的能力。

3. 了解呼吸系统疾病对人们生活的影响，强调预防和治疗呼吸系统疾病的重要性，培养学生的健康意识和责任感。培养学生的职业道德和责任感，关注患者用药安全，树立正确的药品使用观念。

　　呼吸系统疾病是常见病、多发病，包括诸如感冒、咳嗽、支气管炎、支气管哮喘等疾病。由于日益严重的大气污染、吸烟人群的增加、人口老龄化等因素，使各种呼吸系统疾病的发病率、死亡率有增无减。呼吸系统疾病发生在人体呼吸道（包括咽喉、气管、支气管、肺部和胸腔），以咳、痰、喘为其共同的特点，而炎症则是疾病的起因，咳、痰、喘是继发的症状。这些症状影响患者的休息和健康，如果长期不愈，还可能发展成肺气肿，支气管扩张及肺源性心脏病等。因此，在病因治疗的同时，及时应用镇咳药、祛痰药和平喘药，以控制症状，防止病情发展，是十分必要的。临床上常采用这几种药品配伍使用或制成复方制剂，以获得较好的协同效果。

## 第一节　祛痰药

　　痰是呼吸道黏膜的分泌产物，可因炎症增加而分泌并刺激呼吸道黏膜引起咳嗽，黏痰如不能顺利排出将加重感染。祛痰药是一类能使呼吸道分泌增加，从而使痰液变稀，黏稠度降低，易于咳出的药物。祛痰药通过排除呼吸道内积痰，减少对呼吸道黏膜的刺激，间接起到镇咳、平喘作用，也有利于控制继发感染。

### 一、祛痰药的分类

按其作用方式可将祛痰药分为以下三类。

**1. 恶心性祛痰药和刺激性祛痰药**　常用药品有氯化铵、愈创甘油醚等，口服后可刺激胃黏膜，引起轻微的恶心，通过迷走神经反射，促进支气管腺体分泌，使痰液稀释，易于咯出。

**2. 黏液溶解剂**　可分解痰液的黏性成分如黏多糖和黏蛋白，使痰液黏滞性降低而易于咯出。常用的药物有乙酰半胱氨酸。

**3. 黏液调节剂**　作用于气管、支气管的黏液产生细胞，使其分泌物的黏滞性降低，易于咯出。常用的药物有溴己新和氨溴索。

## 二、典型祛痰药

### 溴己新
### Bromhexine

【其他名称】必嗽平、必消痰、溴苯环己铵。

【适应证】本品直接作用于支气管腺体，能使黏液分泌细胞的溶酶体释出，从而使黏液中的黏多糖解聚，降低黏液的黏稠度；还能引起呼吸道分泌黏性低的小分子黏蛋白，使痰液变稀，易于咯出。本品主要用于慢性支气管炎、哮喘等引起的黏痰不易咯出的患者。

【制剂】本品主要剂型有片剂和注射剂。

【不良反应】本品对胃黏膜的刺激性可引起胃部不适。偶有恶心、胃部不适、少数患者有氨基转移酶增高等不良反应。

【用药指导】①本品适用于有白色黏痰的患者，脓性痰患者需加抗生素控制感染。溃疡病及肝病患者慎用。②本品与四环素合用时，能增强四环素在支气管的分布浓度。③本品对胃肠道黏膜有刺激性，胃炎或胃溃疡患者慎用。

【商品信息】本品 1936 年合成并用于临床。我国 1973 年投产。

目前溴己新（片剂）被《国家基本药物目录（2018 年版）》收录；溴己新（口服常释剂型）属于《国家基本医疗保险、工伤保险和生育保险药品目录（2024 年）》甲类药品，溴己新（注射剂）、盐酸溴己新口服溶液属于乙类药品。

【贮藏】本品片剂需密封保存。注射剂应遮光，密闭，不超过 30℃ 保存。

### 氨溴索
### Ambmxol

【其他名称】沐舒坦、美舒咳、平坦。

【适应证】本品是溴己新在体内的活性代谢产物，能增加呼吸道黏膜浆液腺的分泌、减少黏液腺分泌，可减少黏液的滞留，因而显著促进排痰、改善患者呼吸状况。本品适用于急、慢性呼吸道疾病（如急、慢性支气管炎、支气管哮喘、支气管扩张、肺结核等）引起的痰液黏稠、咳痰困难。手术后肺部并发症的预防性治疗。早产儿或新生儿呼吸窘迫综合征（IRDS）的治疗。

【制剂】本品主要剂型有口服溶液剂、糖浆剂、片剂、胶囊剂、颗粒剂、注射剂。

【不良反应】本品通常能很好耐受。曾有轻度的胃肠道不良反应报道，主要为胃部灼热，消化不良和偶尔出现恶心，呕吐。过敏反应极少出现，主要为皮疹。

【用药指导】①本品为一种黏液调节剂，仅对咳痰症状有一定作用，在使用时应注意咳嗽、咳痰的原因，如使用 7 日后未见好转，应及时就医。②应避免与中枢性镇咳药（如右美沙芬等）同时使用，以免稀化的痰液堵塞气道。③本品与抗生素同时服用，可导致抗生素在肺组织浓度升高。④妊娠期及哺乳期妇女不建议使用本品；必要时，可遵医嘱慎用，妊娠期前 3 个月内妇女禁用。

【商品信息】本品是临床上广泛应用的祛痰药，20 世纪 80 年代初在德国上市，以后在日本及欧洲的许多国家上市，1994 年德国勃林格殷格翰公司的氨溴索进入我国市场，目前我国有多家制药企业生产此药。

目前氨溴索（片剂、胶囊、分散片、口服溶液剂）被《国家基本药物目录（2018 年版）》收录；氨溴索（口服常释剂型）属于《国家基本医疗保险、工伤保险和生育保险药品目录（2024 年）》甲类药品，氨溴索（口服液体剂、颗粒剂、注射剂）和吸入用盐酸氨溴索溶液属于乙类药品。

【贮藏】本品片剂应遮光，密封保存。

### 三、其他祛痰药

**1. 氯化铵（ammonium chloride）**　　本品为痰液稀释药，适用于痰黏稠不易咳出者。也用于泌尿系统感染需酸化尿液时。本品为祛痰类的非处方药品。治疗量祛痰作用较弱，主要用作祛痰合剂的组成部分。大剂量可引起恶心、呕吐、胃痛。本品1936年用于临床，疗效确切。

**2. 乙酰半胱氨酸（acetylcysteine）**　　本品为黏液溶解剂，剂型主要有泡腾片、颗粒剂、肠溶胶囊、雾化吸入液、吸入用粉雾剂、静脉注射液等，口服适用于慢性支气管炎、COPD稳定期、支气管扩张等疾病的祛痰治疗；雾化吸入可用于AECOPD、肺纤维化、肺炎等的痰液液化；静脉注射主要用于对乙酰氨基酚中毒解救（8~10小时内给药）。本品偶可引起咳嗽、支气管痉挛、头痛、耳鸣、呕吐、恶心、口腔炎、腹泻、腹痛、皮疹、荨麻疹等不良反应。1988年，日本田边制药以进口药品身份进入中国。1995年，上海第一生化药业获得原料药生产批文；1997年，上海第一生化药业喷雾剂获准生产上市。目前各类剂型批准文号数量约74个。

目前乙酰半胱氨酸（颗粒剂）被《国家基本药物目录（2018年版）》收录；乙酰半胱氨酸（口服常释剂型、颗粒剂、吸入剂、泡腾片）属于《国家基本医疗保险、工伤保险和生育保险药品目录（2024年）》乙类药品。

**3. 桉柠蒎（eucalyptol, limonene and pinene）**　　本品为黏液溶解性祛痰药，桉柠蒎肠溶胶囊或桉柠蒎肠溶软胶囊的主要成分来源于桃金娘科桉属和芸香科桔属及松科松属植物的提取物，主要成分为桉油精、柠檬烯及α-蒎烯。桉柠蒎肠溶软胶囊为黄色肠溶软胶囊，内容物为浅黄色透明油状液体。适用于急、慢性鼻窦炎。适用于急慢性支气管炎、肺炎、支气管扩张、肺脓肿、慢性阻塞性肺疾病、肺部真菌感染、肺结核和矽肺等呼吸道疾病，也可用于支气管造影术后，促进造影剂的排出。不良反应轻微，偶有胃肠道不适及过敏反应，如皮疹、面部浮肿、呼吸困难和循环障碍。在使用桉柠蒎时，需要注意的是：对本品过敏者禁用；妊娠期及哺乳期妇女慎用。桉柠蒎肠溶软胶囊（商品名"切诺"）作为北京九和药业自主开发的全国独家产品，是唯一由国内生产的黏液溶解促排剂，它的上市成功地打破了国内黏液溶解促排剂市场十几年来由国外产品垄断的格局。

目前桉柠蒎（肠溶软胶囊）被《国家基本药物目录（2018年版）》收录；桉柠蒎（口服常释剂型）属于《国家基本医疗保险、工伤保险和生育保险药品目录（2024年）》乙类药品。

**4. 羧甲司坦（carbocisteine）**　　羧甲司坦为黏液调节剂，主要在细胞水平影响支气管腺体的分泌，使低黏度的唾液黏蛋白分泌增加，而高黏度的岩藻黏蛋白产生减少，因而使痰液的黏滞性降低，易于咳出。本品用于治疗慢性支气管炎、支气管哮喘等疾病引起的痰液黏稠、咳痰困难患者。不良反应可见恶心、胃部不适、腹泻、轻度头痛以及皮疹等。1965年，由法国Sanofi公司开发并上市。1985年在我国上市。目前我国有多家制药企业生产此药。

目前羧甲司坦（片剂、口服溶液剂）被《国家基本药物目录（2018年版）》收录；羧甲司坦（口服常释剂型）属于《国家基本医疗保险、工伤保险和生育保险药品目录（2024年）》甲类药品，羧甲司坦（口服溶液剂）属于乙类药品。

## 第二节　镇咳药

咳嗽是一种保护性呼吸道反射，是呼吸道受到炎症、痰液、异物的刺激后，发出冲动经传入神经传至延髓咳嗽中枢引起的一种生理反射，通过咳嗽可以排出呼吸道的分泌物或异物，保护呼吸道的清洁和通畅。但是剧烈、频繁的咳嗽可影响休息与睡眠，甚至使病情加重或引起并发症。从目前临床镇咳药的药理作用机制来看，镇咳药主要分为中枢性和外周性两类。有些药物兼有中枢和外周两种作用。

在应用镇咳药前，应明确病因，针对病因进行治疗。对于剧烈无痰的咳嗽，如上呼吸道病毒感染所致的慢性咳嗽或者经对因治疗后咳嗽未见减轻者，为了减轻患者的痛苦，防止原发疾病的发展，避免剧烈咳嗽引起的并发症，应该采用镇咳药物进行治疗。若咳嗽伴有咳痰困难，则应使用祛痰药，慎用镇咳药，否则积痰排不出，易继发感染，并且阻塞呼吸道，引起窒息。

## 一、典型中枢性镇咳药

直接抑制延脑咳嗽中枢发挥镇咳作用的药物称为中枢性镇咳药，可分为成瘾性镇咳药和非成瘾性镇咳药两类。成瘾性镇咳药如可待因、福尔可定等，镇咳作用强、疗效可靠，但易产生成瘾性，需采取严格控制措施，防止流入非法渠道。非成瘾性镇咳药如右美沙芬、喷托维林等，这类药物几乎没有镇痛作用和成瘾性，在临床上应用广泛。

### 可待因
### Codeine

【其他名称】甲基吗啡。

【适应证】本品直接抑制延脑咳嗽中枢，镇咳作用强而迅速，其镇咳强度约为吗啡的1/4。也具镇痛作用。用于各种原因引起的剧烈干咳和刺激性咳嗽，对胸膜炎干咳伴胸痛者尤其适用。由于此药能抑制呼吸道腺体分泌和纤毛运动，故对有少量痰液的剧烈咳嗽，应与祛痰药并用。

【制剂】本品主要剂型有片剂、注射剂、糖浆剂等。

【不良反应】①较多见的不良反应有：心理变态或幻想；呼吸微弱、缓慢或不规则；心率或快或慢、异常。②少见的不良反应：惊厥、耳鸣、震颤或不能自控的肌肉运动等；荨麻疹；瘙痒、皮疹或脸肿等过敏反应；精神抑郁和肌肉强直等。③长期应用可引起依赖性。常用量引起依赖性的倾向较其他吗啡类药微弱。典型的症状为：鸡皮疙瘩、食欲减退、腹泻、牙痛、恶心呕吐、流涕、寒战、打喷嚏、打呵欠、睡眠障碍、胃痉挛、多汗、衰弱无力、心率增速、情绪激动或原因不明的发热。④呼吸抑制。

【用药指导】不宜用于多痰黏稠的患者；哮喘、不明原因的腹泻、前列腺肥大及新生儿、婴儿慎用；长期应用可引起依赖性。

【商品信息】本品是从罂粟属植物中分离出来的一种天然阿片类生物碱，之后不久证明其具有镇痛作用。目前临床使用的可待因是由阿片提取或者由吗啡经甲基化制成。本品为国家特殊管理的麻醉药品，务必严格遵守国家对麻醉药品的管理条例规定使用。

目前可待因（片剂）被《国家基本药物目录（2018年版）》收录；可待因（口服常释剂型）属于《国家基本医疗保险、工伤保险和生育保险药品目录（2024年）》甲类药品，可待因（注射剂）属于乙类药品。

【贮藏】本品片剂应遮光，密封保存；注射液应遮光，密闭保存；糖浆剂应密封，置阴凉处保存。

 **相关案例**

### 严厉查处违法销售含可待因复方口服溶液企业

含可待因复方口服溶液属于必须严格凭处方购买的药品，因其含有少量麻醉药品可待因成分，非法大量使用容易成瘾，危害健康甚至危及生命。近年来由于不断从药品经营渠道暗中流失，导致在个别地方部分青少年当中含可待因复方口服溶液滥用情况发展较快，造成社会危害。对此，我国药品监管部门几年来相继采取了提高管理级别、控制生产规模、限制购销渠道、规定往来票据、实施电子监管等措施严格加强管理，并不断加大监督检查力度。但仍有个别药品经营企业见利忘义，罔顾青少年健康安全和社会秩序，伪造或串通其他企业出具虚假的销售票据、记录和凭证以应付监管，暗中向不法分子成批销售，为其卖给滥用人群提供货源。

2014年7月以来，国家食品药品监督管理总局创新技术手段、加强数据分析，在当地食品药品监管部门配合下，对药品电子监管购销数据显示存在含可待因复方口服溶液去向不明问题的吉林亚泰万联药业有限公司、吉林省长春市长恒药业有限公司、天津市坤灿药业有限公司、福建全祥医药有限公司、江西省瑞民医药有限责任公司、青岛天亿佳国际商贸有限公司、海南省福尔医药有限公司、昆明新领地药业有限公司、云南奥邦得药业有限公司、西安晨风化工医药有限公司等10家药品批发企业进行飞行检查，发现部分企业确实存在违法销售行为，分别导致数万乃至数十万瓶此类药品的流失。

其中，湖北省食品药品监管部门根据食品药品监管总局和兄弟省局提供的线索，主动出击，查实湖北诺盛医药有限公司将复方磷酸可待因口服溶液销售给不具经营资质单位和个人案件，并已吊销其药品经营许可证；同时查实湖北宁康药业有限公司复方可待因口服液销售去向不明案件，并启动吊销其药品经营许可证的处罚程序。两家企业问题已分别移交公安机关查处。

## 喷托维林
### Pentoxyverine

【其他名称】枸橼酸维静宁、咳必清、托可拉斯。

【适应证】本品具有中枢及外周性镇咳作用，其镇咳作用强度约为可待因的1/3。除对延髓的呼吸中枢有直接的抑制作用外，还有轻度的阿托品样作用。可使痉挛的支气管平滑肌松弛，减低气道阻力。本品用于各种原因引起的干咳。

【制剂】本品主要剂型有片剂、滴丸剂等。

【不良反应】偶有便秘、轻度头痛、头晕、嗜睡、口干、恶心、腹胀、皮肤过敏等反应。

【用药指导】①本品属于非成瘾性镇咳药。镇咳效果低于可待因。长期使用不产生依赖性。②青光眼、前列腺肥大者及心功能不全伴有肺淤血的咳嗽患者慎用。③痰多者宜与祛痰药合用。④对本品过敏者禁用，过敏体质者慎用。

【商品信息】1956年，莫润（Morren）合成了喷托维林。同年，比利时联合化学公司对其进行开发。1962年，我国批准生产喷托维林。本品是我国镇咳药市场占有份额量最高的药品之一。常作为多种复方制剂的主要成分。

目前喷托维林（片剂）被《国家基本药物目录（2018年版）》收录；喷托维林（口服常释剂型）属于《国家基本医疗保险、工伤保险和生育保险药品目录（2024年）》甲类药品。

【贮藏】密封，在干燥处保存。

## 复方甘草片
### Compound Liquorice

【其他名称】复方甘草片。

【作用与适应证】本品由甘草浸膏、阿片粉、樟脑、八角茴香、苯甲酸钠等成分组成复方制剂，甘草浸膏为保护性镇咳祛痰剂；阿片粉有较强镇咳作用；樟脑及八角茴香油能刺激支气管黏膜，反射性地增加腺体分泌，稀释痰液，使痰易于咳出；苯甲酸钠为防腐剂。上述成分组成复方制剂，有镇咳祛痰的协同作用。

【制剂】本品主要剂型为片剂。

【不良反应】有轻微的恶心、呕吐反应。

【用药指导】①一般情况下复方甘草片不宜与强心苷类配伍使用。复方甘草片中甘草浸膏能促进机体钾排泄，使机体血钾浓度降低，因而可增强机体对强心苷的敏感性。②本品不宜长期服用，如服用3~7天症状未缓解，请及时咨询医师。③严格掌握剂量，禁止超剂量服用。如服用过量或发生严重不良反应时应立即就医。④运动员慎用。服药期间和停药后3~4天内，对尿液吗啡检测有阳性影响。⑤高血压患者服用本品期间应注意监测血压。⑥妊娠期及哺乳期妇女慎用。胃炎及胃溃疡患者慎用。⑦长期服用可引起依赖性。

【商品信息】复方甘草片是我国最常见的镇咳祛痰药，生产厂家众多，并在此基础上还开发了诸如合剂、浸膏等多剂型的系列产品。复方甘草片疗效确切且经济实惠，无论从大医院到小诊所，还是从城市到农村，都得到广泛应用，并受到广大消费者的认可。

目前复方甘草（片剂、口服溶液剂）被《国家基本药物目录（2018年版）》收录；复方甘草（口服常释剂型、口服液体剂）属于《国家基本医疗保险、工伤保险和生育保险药品目录（2024年）》甲类药品。

【贮藏】密封，在干燥处保存。

## 右美沙芬
### Dextromethorphan

【其他名称】美沙芬、右甲吗喃、贝泰、倍克尔。

【适应证】本品为中枢镇咳药，通过抑制延髓咳嗽中枢而起作用。用于上呼吸道感染、急性或慢性支气管炎、支气管哮喘，咽喉炎、肺结核等引起的干咳，亦可用于因吸入刺激物引起的刺激性干咳。

【制剂】本品主要剂型有片剂、颗粒剂、胶囊剂、糖浆、口服液剂、混悬剂和注射剂。

【不良反应】可见头晕、头痛、嗜睡、易激动、嗳气、食欲缺乏、便秘、恶心、皮肤过敏等，但不影响疗效。停药后上述反应可自行消失。过量可引起神志不清、支气管痉挛、呼吸抑制。

【用药指导】①本品仅有镇咳作用，使用时应注意治疗咳嗽的原因，用药7天，症状未缓解，请咨询医师或药师。②哮喘患者、痰多的患者、肝肾功能不全患者慎用。③不宜与抗抑郁药、降压药、解痉药、巴比妥类、氯霉素、洋地黄苷类药物并用。

【商品信息】本品为中枢非依赖性镇咳药代表性的药物，是目前临床上应用较广的非依赖性镇咳品种。因具有在镇咳剂量下对呼吸系统无抑制作用，治疗剂量不会产生成瘾性，无镇痛和催眠的不良反应等特点，而被世界卫生组织推荐为可替代可待因的一种镇咳药。过量服用有成瘾性，2021年12月，国家药品监督管理局发布公告，将氢溴酸右美沙芬口服单方制剂由非处方药（OTC）转换为处方药（Rx），按处方药管理。2024年5月7日，国家药品监督管理局公布将右美沙芬列入第二类精神药品目录，于2024年7月1日起执行。

目前右美沙芬（口服常释剂型、口服液体剂、颗粒剂、缓释混悬剂）属于《国家基本医疗保险、工伤保险和生育保险药品目录（2024年）》乙类药品。

【贮藏】遮光，密封保存。

## 二、典型外周性镇咳药

能够抑制咳嗽反射弧中的感受器、传入神经、效应器中某一环节而起到止咳作用的药物称为外周性镇咳药，亦称为末梢性镇咳药。

## 苯丙哌林
### Benproperine

【其他名称】咳好快、咳哌宁、二苯哌丙烷、磷酸苯丙哌林。

【适应证】本品为非麻醉性强效镇咳药，主要阻断肺及胸膜感受器的传入感觉神经冲动，兼有支气管平滑肌解痉作用。苯丙哌林对咳嗽中枢有一定抑制作用，但不抑制呼吸。用于治疗急性支气管炎及各种原因，如感染、吸烟、刺激物、过敏等引起的咳嗽。对刺激性干咳效果最好。

【制剂】本品主要剂型有片剂、胶囊剂和口服液。

【不良反应】服药后可出现一过性口咽发麻，此外，尚有乏力、头晕、上腹不适、食欲减退、皮疹等不良反应。

【用药指导】①对本品过敏者禁用，过敏体质者慎用。②服用时需整片吞服，勿嚼碎，以免引起口腔麻木。③本品仅有止咳作用，如应用 7 天症状无明显好转，请立即咨询医师或药师。④本药无祛痰作用，如咯痰症状明显，不宜使用。

【商品信息】本品目前尚未见耐受性和成瘾性相关报道。一般认为镇咳疗效优于磷酸可待因，是现在使用较为广泛的镇咳药之一。我国于 1985 年投产。

目前苯丙哌林未被《国家基本药物目录（2018 年版)》和《国家基本医疗保险、工伤保险和生育保险药品目录（2024 年)》收录。

【贮藏】遮光，密封保存。

# 第三节　平喘药

喘息是支气管哮喘和喘息性支气管炎的主要症状。其基本病理变化是炎症细胞浸润，释放炎症介质，引起气道黏膜下组织水肿，微血管通透性增加，纤毛上皮剥离，气管分泌物增多，支气管平滑肌痉挛。除抗原能致变态反应性喘息外，寒冷、烟尘等非特异性刺激也可引起喘息。抑制气道炎症及炎症介质是喘息的根本治疗方法。 🅔 微课

## 一、平喘药的分类

平喘药是指能作用于诱发哮喘的不同环节，缓解或预防哮喘发作的一类药物。常用的平喘药可分五类：

**1. β肾上腺素受体激动剂**　包括非选择性β肾上腺素受体激动剂，如麻黄碱、异丙肾上腺素和选择性$\beta_2$肾上腺素受体激动剂，如沙丁胺醇、克仑特罗等。其作用机制主要是通过激动呼吸道$\beta_2$受体，激活腺苷酸环化酶，使细胞内的环磷腺苷（cAMP）含量增加，游离钙离子减少，从而松弛支气管平滑肌，抑制过敏反应介质释放，增强纤毛运动，降低血管通透性而发挥平喘作用。

**2. M胆碱受体拮抗剂**　如异丙托溴铵等。可抑制哮喘患者常常出现的胆碱能神经功能亢进，如支气管平滑肌痉挛，腺体分泌增多以及细胞内环硫磷鸟苷（cGMP）水平升高而促进肥大细胞释放过敏介质等。可用于对拟肾上腺素药耐受的患者。

**3. 磷酸二酯酶抑制剂**　如茶碱及其衍生物。本类药物通过抑制磷酸二酯酶，使 cAMP 破坏减少，细胞内 cAMP 水平增高而起到松弛支气管平滑肌作用。

**4. 过敏介质阻释剂**　其主要作用是稳定肺组织肥大细胞膜，抑制过敏介质释放。主要药物有色甘酸钠、酮替芬等。

**5. 肾上腺皮质激素类**　此类药物主要通过其抗炎作用、免疫抑制作用、增强机体对儿茶酚胺的反应而达到平喘作用，临床常用局部作用强、吸收很少的倍氯米松气雾剂等。

**6. 白三烯受体拮抗剂**　白三烯是花生四烯酸在体内的代谢产物，在哮喘、慢性阻塞性肺疾病等气道炎症性疾病的发病机制中起着重要作用。它可以引起气道平滑肌收缩、促进黏液分泌、增加血管通透性和吸引炎症细胞聚集等。白三烯受体拮抗剂能选择性地与白三烯受体结合，阻止白三烯与其受体的相

互作用，从而减轻气道炎症和支气管痉挛，缓解哮喘等疾病的症状。不良反应少而轻微。主要药物有孟鲁司特、扎鲁司特等。

## 二、典型 $\beta$ 肾上腺素受体激动剂

### 沙丁胺醇
### Salbutamol

【其他名称】舒喘灵、喘乐宁、必可酮、爱纳灵、舒乐宁、万托林。

【适应证】本品为选择性 $\beta_2$ 受体激动药，具有较强的支气管扩张作用。本品用于预防和治疗支气管哮喘或喘息型支气管炎等伴有支气管痉挛（喘鸣）的呼吸道疾病。

【制剂】本品主要剂型有片剂、缓释片剂、缓释胶囊剂、吸入气雾剂、注射剂。

【不良反应】较常见的不良反应有震颤、心动过速、头痛。

【用药指导】①久用易产生耐药性，使药效降低。②心功能不全、高血压、糖尿病、冠脉供血不足、甲状腺功能亢进患者慎用。③本品不宜与三环类抗抑郁药、单胺氧化酶抑制剂、$\beta_2$ 受体拮抗剂合用。

【商品信息】本品应用广泛，是目前国内外临床最常用的平喘药之一，是安全有效的平喘药，可作哮喘急性发作首选药物之一。本品由英国葛兰素公司开发，1968 年首次上市，1988 年在我国注册，国内于 1975 年生产。

目前沙丁胺醇［气雾剂、雾化溶液剂（含吸入溶液剂）］被《国家基本药物目录（2018 年版）》收录；沙丁胺醇（吸入剂、口服常释剂型）属于《国家基本医疗保险、工伤保险和生育保险药品目录（2024 年）》甲类药品，沙丁胺醇（缓释控释剂型、注射剂）属于乙类药品。

【贮藏】遮光，密封保存。

### 麻黄碱
### Ephedrine

【其他名称】麻黄素、盐酸麻黄碱。

【适应证】本品能松弛支气管平滑肌，可使支气管黏膜血管收缩，减轻充血水肿，有利于改善小气道阻塞。用于预防支气管哮喘发作和缓解轻度哮喘发作，对重度哮喘发作效果不佳；也可用于防治蛛网膜下腔麻醉或硬膜外麻醉引起的低血压及慢性低血压症；还可用于各种原因引起的鼻黏膜充血、肿胀引起的鼻塞及缓解荨麻疹和血管神经性水肿等变态反应的皮肤黏膜症状。

【制剂】本品主要剂型有片剂、注射剂、糖浆剂等。

【不良反应】对前列腺肥大者可引起排尿困难。大剂量或长期使用可引起精神兴奋震颤、焦虑、失眠、心痛、心悸、心动过速等。

【用药指导】①本品每日用药次数以不超过 3 次为宜。②不宜与帕吉林等单胺氧化酶抑制剂合用，以免引起血压过高。③高血压、甲状腺功能亢进及前列腺肥大患者禁用。④三环类抗抑郁药可增强其作用，拟肾上腺素药与本品有相加作用。

【商品信息】1887 年，日本长井长义从麻黄草中分出了麻黄碱单体。1929 年，我国陈克恢研究并阐明了它的药理作用和临床药效后，麻黄碱开始在世界范围内广泛应用。世界市场对麻黄碱的需求量很大，其中美国是主要消费国，在美国市场上右旋体麻黄碱和对乙酰氨基酚或布洛芬组成的复方制剂非常多，并已被《美国药典》收载。

由于麻黄碱是合成苯丙胺类毒品也就是制作冰毒最主要的原料，我国现对麻黄碱实行特殊监督管

理。由于大部分感冒药中含有麻黄碱成分，可能被不法分子大量购买用于提炼制造毒品。各药店对含麻黄碱成分的新康泰克、白加黑、日夜百服咛等数十种常用感冒、止咳平喘药限量销售。2012 年 8 月 30 日，国家食品药品监督管理局发布通知，要求原则上不再批准含麻黄碱类复方制剂仿制药注册；限制最小包装规格的麻黄碱含量。同时，销售含麻黄碱类复方制剂的药品零售企业应当查验、登记购买者身份证，除处方药按处方剂量销售外，一次销售不得超过 2 个最小包装。药品零售企业不得开架销售含麻黄碱类复方制剂，应当设置专柜由专人管理、专册登记，登记内容包括药品名称、规格、销售数量、生产企业、生产批号、购买人姓名、身份证号码。在《药品网络销售禁止清单（第一版）》（2022 年）中，禁止通过网络零售的药品包括有含麻黄碱类复方制剂（不包括含麻黄的中成药）、含麻醉药品口服复方制剂、含曲马多口服复方制剂、右美沙芬口服单方制剂。服用麻黄碱后可以明显增加运动员的兴奋程度，对运动员本人有极大的副作用。因此，这类药品属于国际奥委会严格禁止的兴奋剂。

目前麻黄碱（滴鼻剂）被《国家基本药物目录（2018 年版）》收录；麻黄碱（注射剂、滴鼻剂）属于《国家基本医疗保险、工伤保险和生育保险药品目录（2024 年）》甲类药品。

【贮藏】遮光，密封保存。

## 三、典型 M 胆碱受体拮抗剂

### 异丙托溴铵
### Ipratropium Bromide

【其他名称】爱全乐、异丙阿托品、可必特。

【适应证】本品为抗胆碱类药，具有较强的对支气管平滑肌的松弛作用，用于慢性阻塞性肺疾病，如慢性支气管炎、肺气肿等引起的支气管痉挛、喘息的缓解和维持治疗。

【制剂】本品主要剂型为喷雾剂和吸入用溶液。

【不良反应】常见不良反应包括头痛、咽喉刺激、咳嗽、口干、胃肠动力障碍（包括便秘、腹泻和呕吐）、恶心和头晕。

【用药指导】①本品对慢性阻塞性肺疾病有平喘作用，其作用较明显，起效快，持续时间较长。②青光眼、前列腺肥大、尿潴留患者禁用。③对本药成分及阿托品类药物过敏者禁用。

【商品信息】吸入用异丙托溴铵溶液的原研厂家是勃林格殷格翰，最早于 1986 年 8 月在英国批准上市，1993 年 9 月被 FDA 批准上市，2004 年进入我国市场。吸入用复方异丙托溴铵溶液为复方制剂，其组分为异丙托溴铵和硫酸沙丁胺醇。

目前异丙托溴铵（气雾剂）被《国家基本药物目录（2018 年版）》收录；异丙托溴铵属于《国家基本医疗保险、工伤保险和生育保险药品目录（2024 年）》甲类药品，复方异丙托溴铵（吸入剂）属于乙类药品。

【贮藏】密封保存。

## 四、典型磷酸二酯酶抑制剂

### 氨茶碱
### Aminophyline

【其他名称】茶碱乙烯二胺。

【适应证】本品为茶碱和乙二胺的复盐，适用于支气管哮喘、哮喘持续状态以及慢性阻塞性肺疾病；对心脏有刺激作用，能增加充血性心力衰竭患者的心排出量；有利尿作用，可用于治疗心源性和肾性水肿，胆绞痛。

【制剂】本品主要剂型有片剂和注射剂。

【不良反应】茶碱的毒性常出现在血清浓度为 $15\sim20\mu g/ml$，特别是在治疗开始，早期多见的有恶心、呕吐、易激动、失眠等，当血清浓度超过 $20\mu g/ml$，可出现心动过速、心律失常，血清中茶碱超过 $40\mu g/ml$，可发生发热、失水、惊厥等症状，严重的甚至呼吸、心跳停止致死。

【用药指导】①本品呈强碱性，口服对胃肠刺激性大，肌注可能引起局部红肿、疼痛。剂量大时可发生惊厥。② 应定期监测血清茶碱浓度，以保证最大的疗效而不发生血药浓度过高的危险。③ 肾功能或肝功能不全的患者，年龄超过 55 岁，特别是男性和伴发慢性肺部疾病的患者，任何原因引起的心功能不全患者，持续发热患者，使用某些药物的患者及茶碱清除率减低者，血清茶碱浓度的维持时间往往显著延长。应酌情调整用药剂量或延长用药间隔时间。④ 茶碱制剂可致心律失常和（或）使原有的心律失常加重；患者心率和（或）节律的任何改变均应进行监测。⑤高血压或者非活动性消化道溃疡病史患者慎用本品。

【商品信息】氨茶碱 1907 年合成并用于临床，已有百年历史，如今随着新的长效抗哮喘药物的应用，它已不再是临床治疗哮喘的首选药物，但因其厂家较多，价格较低，效果确切，仍深受老年患者的喜爱，近年来尽管其市场份额不断缩小，但临床上仍大量使用。我国 1963 年投产，国内氨茶碱主力企业为天津力生制药股份有限公司、重庆药友制药有限责任公司、山东新华制药股份有限公司、常州四药制药有限公司。

目前氨茶碱（片剂、缓释片、注射液）被《国家基本药物目录（2018 年版）》收录，氨茶碱（口服常释剂型、缓释控释剂型、注射剂）属于《国家基本医疗保险、工伤保险和生育保险药品目录（2024 年）》甲类药品。

【贮藏】遮光，密封保存。遇热或空气易氧化，先变为淡黄色，渐变为棕色，并放出强烈氨臭，不可使用。

## 五、典型过敏介质阻释剂

### 色甘酸钠
### Sodium Cromoglicate

【其他名称】咽泰、色甘酸二钠、咳乐钠。

【适应证】本品能在抗原抗体的反应中，稳定肥大细胞膜、抑制肥大细胞裂解、脱粒，阻止过敏介质释放，预防哮喘的发作。本品有平喘作用，能抑制反射性支气管痉挛，抑制支气管的高反应性，抑制血小板活化因子（PAF）引起的支气管痉挛。主要用于预防季节性哮喘发作，但本品奏效慢，数日甚至数周后才收到防治效果，对正在发作哮喘者无效。本品用于过敏性鼻炎，能迅速控制症状。外用于湿疹及某些皮肤瘙痒也有显著疗效。对运动性哮喘的疗效较好。

【制剂】本品主要剂型有滴眼液、气雾剂。

【不良反应】作为平喘药，本药口服无效，只能喷雾吸入。不良反应少，偶有排尿困难，喷雾吸入可致刺激性咳嗽。

【用药指导】①本品对正在发作的哮喘无效。但在接触抗原前 $7\sim10$ 天给药，可预防哮喘发作，抑制抗原抗体结合后过敏性介质的释放。②极少数患者在开始用药时出现哮喘加重，此时可先吸入少许扩张支气管的气雾剂，如沙丁胺醇。③不要中途突然停药，以免引起哮喘复发。④肝、肾功能不全者慎用。

【商品信息】本品于 1974 年美国首次上市，我国 1974 年投产。

目前色甘酸钠（吸入剂、滴鼻剂、滴眼剂）属于《国家基本医疗保险、工伤保险和生育保险药品目录（2024 年）》乙类药品。

【贮藏】密闭，在阴凉处（不超过 20℃）保存。

## 酮替芬
### Ketotifen

【其他名称】噻喘酮、甲哌噻庚酮。

【适应证】本品为口服强效过敏介质阻释剂，用于预防各型支气管哮喘发作，对外源性、内源性和混合性哮喘均有较好效果，对儿童哮喘疗效最好。一般在连续用药 12 周后，可获得最大的疗效。还可用于过敏性鼻炎、荨麻疹、皮肤瘙痒等。

【制剂】本品主要剂型有片剂、胶囊剂、滴鼻剂和鼻喷雾剂等。

【不良反应】①常见有嗜睡、倦怠、口干、恶心等胃肠道反应。②偶见头痛、头晕、迟钝以及体重增加。

【用药指导】本品用药后 1~2 周起效，3~4 周效果明显。用药初期中枢活动受到抑制，驾驶员和操纵精密机器者应慎用。

【商品信息】本品为 20 世纪 70 年代末继色甘酸钠后为临床接受的第二个哮喘预防药。由瑞士道士公司首先研制成功。我国 1984 年投产。

作为平喘药，目前酮替芬（口服常释剂型、吸入剂）属于《国家基本医疗保险、工伤保险和生育保险药品目录（2024 年）》乙类药品。

【贮藏】遮光，密封保存。

## 六、典型肾上腺皮质激素

严重哮喘或哮喘持续状态用其他药物无效时，可用肾上腺皮质激素控制症状。但症状缓解后，改为维持量，直至停用。目前常采用局部作用强、吸收作用弱的肾上腺皮质激素药物。目的是避免长期全身用药所致的严重不良反应。

## 倍氯米松
### Beclometasone

【其他名称】贝可乐、必可酮、安得新。

【适应证】本品为局部应用的强效肾上腺素皮质激素，具有抗炎、抗过敏和止痒等作用，可用于依赖肾上腺皮质激素的慢性哮喘患者。亦可用于预防发作及过敏性鼻炎等。外用可治疗各种炎症皮肤病，如湿疹、过敏性皮炎、神经性皮炎、接触性皮炎、牛皮癣、瘙痒等。

【制剂】本品主要剂型有气雾剂、乳膏剂、鼻喷剂等。

【不良反应】气雾剂：对个别人有刺激感，咽喉部出现白色念珠菌感染，但吸后立即漱口可减轻刺激感，并可用局部抗真菌药控制感染。偶见声嘶或口干，少数可因变态反应引起皮疹。

鼻喷剂：少数患者可出现鼻咽部干燥或烧灼感、喷嚏、轻微鼻出血、鼻中隔穿孔、眼压升高或青光眼等不良反应。

乳膏剂：易引起红斑、灼热、丘疹、痂皮等。长期用药可出现皮肤萎缩、毛细血管扩张、多毛、毛囊炎等。

【用药指导】气雾剂只用于慢性哮喘，急性发作时应使用其他平喘药，待控制症状后再加用本品气雾吸入。用药后应在哮喘控制良好的情况下逐渐停用口服糖皮质激素，一般在本气雾剂治 4~5 天后才慢慢减量停用。

【商品信息】丙酸倍氯米松在哮喘治疗药物市场上属于地位较稳固的一类药。

目前倍氯米松（吸入剂）属于《国家基本医疗保险、工伤保险和生育保险药品目录（2024 年）》甲类药品，倍氯米松（软膏剂）、倍氯米松福莫特罗（气雾剂）属于乙类药品。

【贮藏】密闭，在阴凉处保存。

## 布地奈德
### Budesonide

【适应证】布地奈德是一种具有高效局部抗炎作用的糖皮质激素，具有抗炎、抗过敏、止痒及抗渗出的作用。不同剂型功能不同。

鼻喷雾剂适用于过敏性鼻炎及对症治疗鼻息肉等，其他吸入剂型适用于支气管哮喘等慢性阻塞性肺疾病。

【制剂】本品主要剂型有鼻喷雾剂、吸入用混悬剂、吸入用气雾剂、吸入粉雾剂。

【不良反应】糖皮质激素吸入用药的系统性副作用明显低于口服给药。

常见不良反应：呼吸系统病症，包括声音沙哑，咳嗽及咽喉刺激等；口咽部病症，如口咽念珠菌感染；胃肠道系统病症，如吞咽困难。

【用药指导】①当气道有真菌、病毒或结核菌感染时，应慎用吸入型制剂。②本品不可接触眼睛，以免出现烧灼感；若不小心接触，应立即用水冲洗。本品 6 岁以上儿童方能使用，晨起用药。③对布地奈德有过敏史者禁用。中度及重度支气管扩张症患者禁用。肺结核患者、呼吸道真菌、病毒感染者慎用。哮喘急性加重或重症患者不宜单用布地奈德控制急性症状。④吸入布地奈德之后应以净水漱洗口腔和咽部，以防真菌生长。⑤长期使用高剂量，可能发生糖皮质激素全身作用。本品可能抑制生长发育。对于长期接受皮质类固醇治疗的儿童和青少年，应权衡利弊慎用，无论所用药品为何种剂型，都建议定期监测患者生长状况。如果疑有生长迟缓，应及时咨询医生并进行相关检查。

【商品信息】吸入疗法是防治哮喘等呼吸道疾病的首选疗法，吸入的药物可直接到达呼吸道和肺部，全球首个布地奈德混悬液制剂于 2000 年在美国获批上市，2001 年 11 月吸入用布地奈德混悬液在我国获批进口。

目前布地奈德（气雾剂、吸入粉雾剂、混悬液）被《国家基本药物目录（2018 年版）》收录；布地奈德（吸入剂、肠溶胶囊）、布地奈德福莫特罗（吸入剂）属于《国家基本医疗保险、工伤保险和生育保险药品目录（2024 年）》乙类药品。

【贮藏】吸入用混悬剂需 8～30℃温度下保存。不可冷藏。鼻喷雾剂、吸入用气雾剂、吸入粉雾剂应密闭，在阴凉处（不超过 20℃）保存。

## 七、白三烯受体拮抗剂

为抗炎药，同时可以舒张支气管平滑肌，可单独应用控制哮喘。如孟鲁司特，不良反应少而轻微。

## 孟鲁司特
### Montelukast

【其他名称】顺尔宁、平奇、白三平、顺宁。

【适应证】抗炎平喘药，其作用机制主要是通过阻断白三烯与其受体的结合，从而抑制白三烯所介导的一系列炎症反应，具有缓解气道炎症、改善呼吸不畅的作用，常用于控制哮喘和过敏引起的鼻部症状。该药通过阻断体内炎症信号传递，减少呼吸道肿胀和痉挛，帮助预防哮喘发作并改善长期呼吸功能。

适用于 15 岁及 15 岁以上成人哮喘的预防和长期治疗，包括预防白天和夜间的哮喘症状，治疗对阿司匹林敏感的哮喘患者以及预防运动诱发的支气管收缩。本品适用于减轻过敏性鼻炎引起的症状（15 岁至 15 岁以上成人的季节性过敏性鼻炎和常年性过敏性鼻炎）。

【制剂】　本品主要剂型有片剂、咀嚼片、颗粒剂等。

【不良反应】　一般耐受性良好，不良反应轻微，通常不需要终止治疗。本品总的不良反应发生率与安慰剂相似。常见不良反应为肚子不适感、拉肚子、头疼脑涨。有些会出现流鼻涕、耳朵发炎、嗓子疼、咳嗽、鼻塞或感冒症状。

【用药指导】　①口服本品治疗急性哮喘发作的疗效尚未确定。因此，不应用于治疗急性哮喘发作。应告知患者准备适当的抢救用药。②虽然在医师的指导下可逐渐减少合并使用的吸入糖皮质激素剂量，但不应用本品突然替代吸入或口服糖皮质激素。③罕见的遗传性半乳糖不耐受、乳糖酶缺乏症或葡萄糖 - 半乳糖吸收不良患者不能服用此药物。

【商品信息】　孟鲁司特的原研企业是默沙东公司，1997 年，孟鲁司特钠在墨西哥上市，同年在澳大利亚注册上市。1998 年 2 月，孟鲁司特片剂在美国被 FDA 批准上市，商品名为"顺尔宁"（Singulair），同年在美国和芬兰上市。

1999 年，默沙东的孟鲁司特钠咀嚼片（5mg）和片剂（10mg）获准进入我国。国内企业开始投产孟鲁司特的时间较晚，现有多家国内生产企业生产。

目前孟鲁司特（口服常释剂型、咀嚼片、颗粒剂）和孟鲁司特钠口溶膜属于《国家基本医疗保险、工伤保险和生育保险药品目录（2024 年)》乙类药品。

【贮藏】　避光，25℃以下密封保存。

答案解析

## 思考题

1. 平喘药物中，$\beta_2$ 受体激动剂的主要作用是什么？
2. 祛痰药物主要适用于哪些症状？
3. 糖皮质激素在呼吸系统用药中的主要作用是什么？
4. 简述各类祛痰药中，临床最畅销的祛痰药类别及代表药品
5. 简述各类平喘药中，临床最畅销的平喘药类别及代表药品。

（杨东梅）

书网融合……

本章小结

微课

习题

# 第十四章　消化系统用药

PPT

**学习目标**

1. 通过本章学习，掌握雷尼替丁、奥美拉唑、甲氧氯普胺的药品信息，消化系统用药的分类，法莫替丁、枸橼酸铋钾、硫酸镁、洛哌丁胺、联苯双酯的药品信息；熟悉氢氧化铝、西咪替丁、硫糖铝、阿托品、多潘立酮、地芬诺酯、蒙脱石、葡醛内酯、熊去氧胆酸的药品信息；了解其他类消化系统用药的药品信息。

2. 具备正确推荐、使用消化系统药物的能力；具有了解消化系统药物发展趋势及行业需求的能力。

3. 了解消化系统疾病对人们生活的影响，强调预防和治疗消化系统疾病的重要性，培养学生的健康意识。培养学生的职业道德和责任感，关注患者用药安全，树立正确的药品使用观念。

消化系统疾病是一种常见的多发病，总发病率占人口总数的 10%~20%。主要疾病以急慢性胃炎、消化性溃疡、功能性消化不良等胃肠疾病为主，其中以消化性溃疡最为常见。随着人们生活节奏的加快和工作压力增大，消化系统疾病发生率呈上升趋势。

伴随着消化系统疾病的快速增长，大量的治疗药物也相继问世，我国消化系统用药的销售额位居各种药品类别的前五位，是位列于抗感染、心血管类和抗肿瘤之后的一个重要治疗类别。消化系统药物根据治疗目的可分为抗消化性溃疡药、胃肠解痉药、胃肠促动力药、助消化药、泻药与止泻药、肝胆疾病辅助治疗用药等。

## 第一节　治疗消化性溃疡药

消化性溃疡病主要是指发生在胃和十二指肠的慢性溃疡病，即胃溃疡和十二指肠溃疡，是一种常见病，发病率 10%~12%。溃疡的发生和形成与胃酸-胃蛋白酶的消化作用有关，消化性溃疡的发病机理还在深入研究之中，其中攻击因子-黏膜防御因子平衡理论已得到普遍认可；同时幽门螺杆菌是溃疡的主要病因在世界范围内也达成了共识。 微课

近年来，随着对消化性溃疡的病因和发病机制的深入研究，研发上市了不少治疗消化性溃疡的新药。20 世纪 70 年代 $H_2$ 受体拮抗药的问世，明显降低了消化性溃疡合并症的发生率，是消化性溃疡病治疗学上的一个里程碑。80 年代，比 $H_2$ 受体拮抗药的抑酸作用更强大而持久的质子泵抑制剂问世，极大提高了溃疡的愈合率；同时抗幽门螺杆菌药物的联合应用，不但提高了溃疡的治愈率，而且降低了其复发率，开创了消化性溃疡治疗的新纪元。

### 一、治疗消化性溃疡药的分类

常用的治疗消化性溃疡药可分为抗酸药、胃酸分泌抑制剂、胃黏膜保护剂、抗幽门螺杆菌药等几类。其中质子泵抑制剂类、$H_2$ 受体拮抗剂、胃黏膜保护剂占有较大市场份额，形成三足鼎立的格局。

## 二、抗酸药（中和胃酸药）

抗酸药是治疗消化性溃疡最早应用的药物，已有百年历史。多为弱碱性化合物，口服后能直接中和胃酸，减轻或消除胃酸对溃疡面的刺激和腐蚀作用，从而缓解疼痛，同时能减弱胃蛋白酶的活性，降低胃液对溃疡面的自我消化，而有利于溃疡愈合。用于消化性溃疡和胃酸分泌过多症的辅助治疗。餐后服用比空腹服用效果好，可延长药物的作用时间。常用的抗酸药按其效应分为：①吸收性抗酸药，如碳酸氢钠等。②非吸收性抗酸药，如碳酸钙、氧化镁、氢氧化铝（片剂或凝胶）、三硅酸镁等。

### 氢氧化铝
#### Aluminium Hydroxide

【其他名称】 氢氧化铝。

【适应证】 本品对胃酸的分泌无直接影响，对胃内已存在的胃酸起中和或缓冲的化学反应，有抗酸、吸附、保护溃疡面、局部止血等作用。主要用于胃酸过多、消化性溃疡、反流性食管炎及上消化道出血等。尿毒症患者服用大剂量氢氧化铝可减少磷酸盐的吸收，减轻酸血症。

【制剂】 本品主要剂型有片剂、凝胶剂和胶囊剂等。

【用药指导】 ①本品能妨碍磷的吸收，并能引起便秘，严重时甚至可引起肠梗阻，故不宜长期服用。②本品含有铝离子，不宜与四环素类合用。③对长期便秘者慎用；为防止便秘可与三硅酸镁或氧化镁交替服用。④治疗胃出血时宜用凝胶。⑤肾功能不全患者长期应用可能会有铝蓄积中毒，出现精神症状。

【商品信息】 氢氧化铝本身有片剂、凝胶剂，还可作为主要组分构成多种复方制剂，如复方氢氧化铝片、斯达舒、胃舒平、盖胃平、和露胃片、胃泰康胶囊、复方维生素 U 胶囊等。这些均为抗酸与胃黏膜保护类非处方药药品。本品应用历史悠久，早在 20 世纪 40 年代上海就有生产。

目前复方氢氧化铝（片剂）被《国家基本药物目录（2018 年版）》收录；复方氢氧化铝（口服常释剂型）属于《国家基本医疗保险、工伤保险和生育保险药品目录（2024 年）》甲类药品。

【贮藏】 片剂、胶囊剂应密封，在干燥处保存。凝胶剂需防冻。

## 三、胃酸分泌抑制剂

由胃壁细胞分泌的胃酸是诱发消化性溃疡的主要因素。壁细胞膜的 $H_2$ 组胺受体、M 胆碱受体、胃泌素受体与胃酸分泌有关，这些受体最后介导胃酸分泌的共同途径是激活 $H^+/K^+-ATP$ 酶（又称质子泵）。因此，M 受体、$H_2$ 受体和胃泌素受体的拮抗药，以及 $H^+/K^+-ATP$ 酶抑制药均可抑制胃酸分泌，用于消化性溃疡的治疗。

### （一）$H_2$ 受体拮抗剂

$H_2$ 受体拮抗剂选择性地竞争结合壁细胞膜上的 $H_2$ 受体，使壁细胞内 cAMP 产生，胃酸分泌减少，作用较 M 胆碱受体拮抗剂强而持久。雷尼替丁、法莫替丁、西咪替丁、尼扎替丁已广泛用于临床，新药罗沙替丁、拉呋替丁、乙溴替丁的开发，将进一步加大胃炎和胃肠溃疡临床药物的选择范围，尽管奥美拉唑在我国市场形势很好，但是"替丁类"药物符合我国国情，也展示出较好的市场前景。

#### 1. 典型 $H_2$ 受体拮抗剂

### 雷尼替丁
#### Ranitidine

【其他名称】 甲硝呋胍、胃安太定、呋喃硝胺、善胃得、Zantac。

【**适应证**】　本品为第二代 $H_2$ 受体拮抗药，对消化性溃疡疗效高，具有速效和长效的特点，不良反应小，安全性高。主要用于消化性溃疡、术后溃疡、反流性食管炎及胃泌素瘤等。静脉注射可用于上消化道出血。

【**制剂**】　本品主要剂型有片剂、胶囊剂、注射液等。

【**不良反应**】　常见有恶心、皮疹、便秘、乏力、头痛、头晕等不良反应。与西咪替丁相比，对肾功能、性腺功能和中枢神经的不良反应较轻。少数患者服药后引起轻度肝功能损伤，停药后症状即消失，肝功能也恢复正常。

【**用药指导**】　①妊娠期及哺乳期妇女禁用；8 岁以下儿童禁用。②肝肾功能不全者慎用。

【**商品信息**】　雷尼替丁是第二代 $H_2$ 受体拮抗剂，1981 年英国葛兰素公司率先将产品推向市场，在英国上市。1983 年 6 月 9 日获得美国 FDA 批准，并相继在许多国家用于临床，1995 年作为非处方药在英国、美国、丹麦等国上市。雷尼替丁在全球上市后，市场快速扩展，1986 年首次超过西咪替丁，荣获世界最畅销药品的桂冠。我国最早于 1986 年由上海第六制药厂开发成功，1987 年投产。

目前雷尼替丁（片剂、胶囊、注射液）被《国家基本药物目录（2018 年版）》收录；雷尼替丁（口服常释剂型、注射剂）属于《国家基本医疗保险、工伤保险和生育保险药品目录（2024 年）》甲类药品。

【**贮藏**】　本品原料药、片剂、胶囊应遮光、密封、在干燥处保存；注射剂应遮光，密闭保存。

## 法莫替丁
### Famotidine

【**其他名称**】　高舒达（Gaster）、信法丁、胃舒达。

【**适应证**】　本品为第三代 $H_2$ 受体拮抗药，用于消化性溃疡、反流性食管炎、上消化道出血（消化性溃疡、急性应激性溃疡、出血性胃炎所致）、急性胃黏膜病变、胃泌素瘤等。

【**制剂**】　本品主要剂型有片剂和胶囊。

【**不良反应**】　①循环系统：罕见脉率增加、血压上升及颜面潮红。②消化系统：偶见氨基转移酶升高等肝功能异常。罕见腹胀、食欲缺乏、便秘、腹泻、软便、口渴、恶心及呕吐等。③中枢神经系统：罕见头痛、头重及全身乏力感。④过敏反应：偶见皮疹、荨麻疹。如出现过敏现象，应停药。⑤其他：罕见月经不调、面部水肿及耳鸣等。

【**用药指导**】　①法莫替丁是一特异性更高的 $H_2$ 受体拮抗剂，与西咪替丁和雷尼替丁相比，具有效力强、长效（持续时间可延长 30%）、溃疡愈合率高、不良反应轻微等特点。②长期大剂量治疗时不会发生雄激素拮抗的副作用，如男性乳房发育、阳痿及女性溢乳等现象。③肝肾功能不全患者慎用。④哺乳期妇女使用时应停止授乳；对小儿安全性尚未确定。

【**商品信息**】　法莫替丁是第三代 $H_2$ 受体拮抗剂，由日本山之内公司研制开发，1985 年首先在日本上市。我国于 1989 年批准法莫替丁进口产品上市，1990 年我国企业研制成功。1992 年正式生产法莫替丁原料药及制剂，原料药生产企业主要有浙江康乐集团、上海第六制药厂等，近两年原料药年产量增幅不大。主要剂型有片剂、胶囊剂、颗粒剂、散剂、注射剂、缓释片，目前国内生产企业有沈阳山之内制药、上海信谊药业、哈尔滨制药三厂等。

目前法莫替丁（片剂、胶囊、注射液、注射用无菌粉末）被《国家基本药物目录（2018 年版）》收录；法莫替丁（口服常释剂型、注射剂）属于《国家基本医疗保险、工伤保险和生育保险药品目录（2024 年）》甲类药品。

【**贮藏**】　15～25℃，避光保存。

**2. 其他 H$_2$ 受体拮抗剂**

（1）西咪替丁（cimetidine）　本品为第一代 H$_2$ 受体拮抗剂，临床主要用于各种酸相关性疾病：如十二指肠溃疡、胃溃疡、胃泌素瘤、上消化道出血、反流性食管炎、高酸性胃炎等。本品为 1976 年在英国第 1 个上市的 H$_2$ 受体拮抗剂，由史克公司开发研制。20 世纪 90 年代中期，西咪替丁的全球销售额已稳定在 10 亿美元左右。因不良反应较多，特别是抗雄激素活性和中枢神经系统的作用，使其临床应用收到很大限制，目前国内生产厂家有中美天津史克、上海医药股份天平药厂、石家庄康达制药厂等。

目前西咪替丁没有被《国家基本药物目录（2018 年版）》和《国家基本医疗保险、工伤保险和生育保险药品目录（2024 年）》收录。

（2）乙溴替丁（ebrotidine）　乙溴替丁是新一代 H$_2$ 受体拮抗剂，是第一个同时具有胃黏膜保护作用、抗幽门螺杆菌（Hp）作用及抗分泌作用的 H$_2$ 受体拮抗剂。临床上用于十二指肠溃疡、幽门杆菌及非甾体抗炎药引起的胃炎和消化性溃疡以及反流性食管炎。而且对有溃疡史的嗜酒者及抽烟者更有价值。其不良反应较少，耐受性良好。乙溴替丁 1997 年已在西班牙上市。

目前乙溴替丁未被《国家基本药物目录（2018 年版）》和《国家基本医疗保险、工伤保险和生育保险药品目录（2024 年）》收录。

**（二）质子泵抑制剂**

H$^+$/K$^+$-ATP 酶抑制剂，即质子泵抑制剂（PPI）是一类新型的抑制胃酸分泌的药物。其抑酸作用与 H$_2$ 受体拮抗剂相比，具有明显的优越性，如选择性高、疗效好、不良反应少，与抗生素配伍的复方制剂可消除幽门螺旋杆菌。主要的质子泵制剂有奥美拉唑、兰索拉唑、泮托拉唑以及雷贝拉唑等。质子泵抑制剂已经成为治疗消化性溃疡的首选药，市场占有率远远超过 H$_2$ 受体拮抗剂。

**1. 典型质子泵抑制剂**

### 奥美拉唑
#### Omeprazole

【其他名称】奥克、沃必唑、亚枫咪唑、洛赛克（Losec）。

【适应证】本品为新型质子泵抑制剂，抑酸能力强大，有强而持久的抑制基础胃酸及食物、五肽胃酸泌素所致的胃酸分泌的作用。临床用于胃溃疡、十二指肠溃疡、胃泌素瘤、慢性浅表性胃炎以及幽门螺旋杆菌感染的根除治疗等，其静脉注射剂可用于上消化道出血和预防应激性溃疡。

【制剂】本品主要剂型有片剂（肠溶片）、胶囊剂、注射剂等。

【不良反应】常见不良反应包括头痛、腹痛、恶心、腹泻、胃肠胀气及便秘。

【用药指导】①本品具有治愈率高、显效快、不良反应轻微等特点。已成为消化性溃疡、反流性食管炎、幽门螺旋杆菌感染、非类固醇类抗炎药引起的溃疡等疾病治疗的首选药。②本品为肠溶胶囊，服用时注意不要嚼碎，以免药物在胃内过早释放而影响疗效。③肝肾功能不全者慎用；婴幼儿禁用。

【商品信息】奥美拉唑是首个上市的质子泵抑制剂，由瑞典阿斯特拉制药公司（阿斯利康制药前身）研发成功，于 1988 年在瑞士首先上市，商品名为"洛赛克"，在 1998—2000 年间，连续 3 年排名全球畅销药物之首。是 20 世纪消化系统用药中的又一个里程碑产品。1992 年奥美拉唑胶囊在国内上市，1997 年开始出现注射剂。在治疗消化性溃疡类药物中，奥美拉唑一直占据着相当大的市场份额，2022 年，国家药品监督管理局发布关于奥美拉唑肠溶片处方药转换为非处方药的公告。

目前奥美拉唑［肠溶（片剂、胶囊）、注射用无菌粉末］被《国家基本药物目录（2018 年版）》收录；奥美拉唑（口服常释剂型）属于《国家基本医疗保险、工伤保险和生育保险药品目录（2024 年）》甲类药品，奥美拉唑（注射剂）、奥美拉唑碳酸氢钠干混悬剂和奥美拉唑碳酸氢钠胶囊为乙类药品。

【贮藏】本品原料药应遮光，密封，在干燥、冷处保存；片剂、胶囊剂应遮光、密封，在阴凉干燥处保存。

**2. 其他质子泵抑制剂**

（1）兰索拉唑（lansoprazole）　本品是继奥美拉唑之后开发的第 2 个质子泵抑制剂，对幽门螺杆菌的抑菌活性比奥美拉唑提高了 4 倍。临床上用于十二指肠溃疡、胃溃疡、反流性食管炎，胃泌素瘤的治疗，疗效显著。常用肠溶片剂、胶囊剂、口崩片、注射剂。不良反应轻微，可见口渴、便秘、腹泻、腹胀、头痛、嗜睡、皮疹、瘙痒等。属于第二代新型质子泵抑制剂，其生物利用度、脂溶性、半衰期都优于奥美拉唑，副作用较小且作用更持久，吸收起效也更快。本品由 1992 年初由武田公司和 Houde 公司在法国正式投放市场。1995 年 5 月获 FDA 批准后在美国上市。国内兰索拉唑在 20 世纪 90 年代中期仿制成功，汕头经济特区滨制药厂 1998 年获得原料药及肠溶片生产批文，以商品名"兰悉多"上市，天津武田药品的兰索拉唑则以商品名"达克普隆"在我国上市。

目前兰索拉唑没有被《国家基本药物目录（2018 年版）》收录；兰索拉唑（口服常释剂型、注射剂）、注射用右兰索拉唑属于《国家基本医疗保险、工伤保险和生育保险药品目录（2024 年）》乙类药品。

（2）埃索美拉唑（esomeprazole）　本品为奥美拉唑的左旋光学异构体，奥美拉唑的美国专利于 2004 年 10 月到期，在我国有近 70 家企业生产仿制品。而阿斯利康公司在 2002 年推出了换代产品埃索美拉唑，2003 年初该品在我国上市，商品名为"耐信"，受专利技术保护至 2014 年。如今耐信是全球增长速度最快的质子泵子抑制剂产品。

耐信是全球第一个采用氧化合成技术生产的质子泵抑制剂，此项技术曾获诺贝尔奖。埃索美拉唑与其他质子泵抑制剂相比，抑酸起效最快、作用更强、抑酸持续时间更长，因此，对胃食管反流病疗效明显优于其他质子泵抑制剂，治疗成本却明显降低。

目前埃索美拉唑没有被《国家基本药物目录（2018 年版）》收录；埃索美拉唑（口服常释剂型、注射剂）属于《国家基本医疗保险、工伤保险和生育保险药品目录（2024 年）》乙类药品。

## 四、胃黏膜保护剂

胃黏膜保护剂是一类具有保护和增强胃肠黏膜防御功能的药物，适用于治疗所有与消化道黏膜损伤有关的疾病，包括消化性溃疡、急慢性胃炎、成人及儿童的急慢性腹泻、胃食管反流、食管炎、结肠炎、肠易激综合征等疾病的治疗。临床上常用的药物有枸橼酸铋钾、硫糖铝、替普瑞酮、米索前列醇等。

**1. 典型胃黏膜保护剂**

**枸橼酸铋钾**

**Bismuth Potassium Citrate**

【其他名称】胶体次枸橼酸铋、得乐、德诺、迪乐。

【适应证】本品主要成分是三钾二枸橼酸铋，用于治疗胃溃疡、十二指肠溃疡、复合溃疡、多发溃疡及吻合口溃疡。

【制剂】本品主要剂型有片剂、胶囊剂、颗粒剂、口服液等。

【不良反应】服药期间，口内可能带有氨味，并可使舌苔及大便呈灰黑色，停药后即自行消失。偶见恶心、便秘、皮疹、瘙痒。

【用药指导】①牛奶、水果、果汁和抗酸药可干扰本品的作用，不能同时服用。②严重肾病患者及妊娠期妇女禁用，一般肝肾功能不良者应减量。③不宜饮酒。④服用本品期间不得服用其他铋制剂，且不宜大剂量长期服用。当血铋浓度超过 0.1μg/ml 时，有可能导致铋性脑病；过量用药会导致肾功能衰竭。

【商品信息】本品作用方式独特，既不中和胃酸也不抑制胃酸分泌，而是在溃疡表面形成氧化铋胶体沉淀，成为保护性薄膜，隔绝胃酸、酶及食物对溃疡黏膜的侵蚀作用。临床上经常采用奥美拉唑加枸橼酸铋钾、克拉霉素、替硝唑组成的四联方案。

国内较早的产品为珠海丽珠制药的丽珠得乐颗粒剂，现已开发枸橼酸铋钾片、枸橼酸铋钾胶囊及丽珠维三联（枸橼酸铋钾、克拉霉素、替硝唑）等制剂。目前各类制剂批准文号数量约 84 个，国内的头部生产企业有丽珠集团关联企业（湖北科益药业股份有限公司、丽珠集团丽珠制药厂）、湖南华纳大药厂股份有限公司、广州白云山制药总厂、华北制药股份有限公司等。

目前枸橼酸铋钾（片剂、胶囊、颗粒剂）被《国家基本药物目录（2018 年版）》收录；枸橼酸铋钾（口服常释剂型、颗粒剂）属于《国家基本医疗保险、工伤保险和生育保险药品目录（2024 年）》甲类药品。

【贮藏】遮光，密封，在干燥处保存。

**2. 其他胃黏膜保护剂**

（1）硫糖铝（sucralfate）　本品为蔗糖硫酸酯的碱式铝盐。在酸性环境下形成一层保护性屏障，阻断胃酸、胃蛋白酶对溃疡的消化作用，防止胃黏膜进一步损伤。还能促进内源性前列腺素 E 的合成以及吸附表皮生长因子，使之在溃疡或炎症处浓集，有利于黏膜再生。用于消化性溃疡及胃炎治疗。常用剂型有片剂、胶囊剂、口服液体制剂、颗粒剂。本品不但疗效确切，不良反应少，较常见的不良反应是便秘。少见或偶见的有腰痛、腹泻、恶心、眩晕、嗜睡、口干、消化不良、疲劳、皮疹、瘙痒、背痛及胃痉挛，而且与同类产品相比，价格具有竞争力。多年来一直在国内外广泛使用。硫糖铝于 1975 年首先在意大利上市，我国是硫糖铝原料药的主要出口国之一，主要生产厂家为南京制药厂和东北制药总厂。

目前硫糖铝没有被《国家基本药物目录（2018 年版）》收录；硫糖铝（口服常释剂型、口服液体剂、混悬凝胶剂）属于《国家基本医疗保险、工伤保险和生育保险药品目录（2024 年）》乙类药品。

（2）米索前列醇（misoprostol）　本品为最早进入临床的合成前列腺素 E 的衍生物，具有强大的抑制胃酸分泌作用。常用剂型为片剂。本品用于治疗十二指肠溃疡和胃溃疡，包括关节炎患者由于服用非甾体抗炎药所引起的十二指肠溃疡和胃溃疡，保障其仍可继续使用非甾体抗炎药治疗。主要不良反应为稀便或腹泻，其他可有轻微短暂的恶心、头痛、眩晕和腹部不适。目前生产企业主要有华润紫竹药业有限公司、上海新华联制药有限公司、浙江仙琚制药股份有限公司。

目前米索前列醇（片剂）被《国家基本药物目录（2018 年版）》收录；米索前列醇（口服常释剂型）属于《国家基本医疗保险、工伤保险和生育保险药品目录（2024 年）》甲类药品。

# 第二节　胃肠解痉药

胃肠解痉药主要是 M 胆碱受体拮抗剂，它们能拮抗胆碱神经介质与受体的结合，解除胃肠痉挛，松弛平滑肌，缓解疼痛，抑制多种腺体（汗腺、唾液腺、胃液）分泌，达到止痛的目的。可用于胃酸过多、消化性溃疡、胃肠痉挛、胃炎等的治疗，也可用于治疗胆道痉挛、胆石症、胰腺炎等。主要品种有：阿托品、溴丙胺太林、氢溴酸山莨菪碱片、颠茄流浸膏（颠茄片）、盐酸哌仑西平片等。

## 一、典型胃肠解痉药

### 阿托品
#### Atropine

【其他名称】颠茄碱、消旋莨菪碱。

【适应证】本品为典型的 M 胆碱受体拮抗剂。主要用于各种内脏绞痛，如胃肠绞痛及膀胱刺激症状；抢救感染中毒性休克；解救有机磷酸酯类中毒；全身麻醉前给药、严重盗汗和流涎症。

【制剂】本品主要剂型有片剂、注射液等。

【不良反应】不同剂量所致的不良反应大致如下：①0.5mg，轻微心率减慢，略有口干及少汗；②1mg，口干、心率加速、瞳孔轻度扩大；③2mg，心悸、显著口干、瞳孔扩大，有时出现视物模糊；④5mg，上述症状加重，并有语言不清、烦躁不安、皮肤干燥发热、小便困难、肠蠕动减少；⑤10mg 以上，上述症状更重，脉速而弱，中枢兴奋现象严重，呼吸加快加深，出现谵妄、幻觉、惊厥等；严重中毒时可由中枢兴奋转入抑制，产生昏迷和呼吸麻痹等。最低致死剂量成人为 80～130mg，儿童为 10mg。⑥发烧、速脉、腹泻和老年人慎用。

【用药指导】①老年人容易发生抗 M 胆碱样副作用，如排尿困难、便秘、口干。②与甲氧氯普胺并用时，后者的促进肠胃运动作用可被拮抗。③青光眼及前列腺肥大患者禁用。

【商品信息】本品于 1831 年在颠茄中分离获得，我国于 1958 年由杭州民生药厂从植物中分离成功。本品的原料药按医疗用毒性药品管理。

作为胃肠解痉药，目前阿托品（片剂、注射液）被《国家基本药物目录（2018 年版）》收录；阿托品（口服常释剂型、注射剂）属于《国家基本医疗保险、工伤保险和生育保险药品目录（2024 年）》甲类药品。

【贮藏】避光，阴凉、密闭保存。

### 溴丙胺太林
#### Propantheline

【其他名称】普鲁本辛、丙胺太林。

【适应证】本品为抗胆碱药。作用与阿托品相似，也有弱的神经节阻断作用。用于治疗消化性溃疡、胃痉挛、胆绞痛和胰腺炎等引起的腹痛，也可用于多汗症、妊娠呕吐及遗尿症。

【制剂】本品主要剂型是片剂。

【不良反应】本品常见的不良反应为口干、面红、视物模糊、尿潴留、便秘、头痛、心悸等，减量或停药后可消失。

【用药指导】①本品与甲氧氯普胺、多潘立酮不能同用。②对本品过敏及青光眼患者禁用。③肝、肾功能不全者及心脏病、高血压、前列腺肥大、消化道阻塞性疾病、重症肌无力、尿潴留、呼吸道疾病患者慎用。

【商品信息】溴丙胺太林片剂、复方溴丙胺太林铝镁片可作为胃肠解痉类甲类非处方药药品。

目前溴丙胺太林未被《国家基本药物目录（2018 年版）》和《国家基本医疗保险、工伤保险和生育保险药品目录（2024 年）》收录。

【贮藏】密封保存。

## 二、其他胃肠解痉药

**1. 氢溴酸山莨菪碱（anisodamine hydrobromide）**　本品为拮抗 M 胆碱受体的抗胆碱药，主要用于治疗感染中毒性休克、眩晕症、微循环障碍及有机磷中毒以及缓解平滑肌痉挛等。主要剂型有片剂和注射液。常见的不良反应为：口干、面红、轻度扩瞳、视近物模糊等。用量较大时可出现心率加快，排尿困难等；用量过大会出现抽搐甚至昏迷等中枢神经兴奋症状。颅内压增高、脑出血急性期、青光眼患者等禁用。遮光，密闭保存。

目前山莨菪碱［片剂（含消旋）、注射液（含消旋）］被《国家基本药物目录（2018 年版）》收录；

山莨菪碱（口服常释剂型、注射剂）属于《国家基本医疗保险、工伤保险和生育保险药品目录（2024年）》甲类药品，消旋山莨菪碱（口服常释剂型、注射剂）属于乙类药品。

**2. 颠茄流浸膏（belladonna liquid extract）** 本品为棕色的液体；气微臭。抗胆碱药，解除平滑肌痉挛，抑制腺体分泌。用于消化性溃疡，胃肠道、肾、胆绞痛等。青光眼患者忌服。密封，于阴凉处保存。

目前颠茄（片剂）被《国家基本药物目录（2018年版）》收录；颠茄（口服常释剂型、口服液体剂）属于《国家基本医疗保险、工伤保险和生育保险药品目录（2024年）》甲类药品。

# 第三节　胃肠促动力药

随着生活水平的提高，人们的饮食结构发生了很大变化，进食过多、过度摄入高脂肪、高蛋白及饮酒过量等都会引起不同程度的胃肠动力障碍性疾病，常常会导致胃部不适、胃胀、食欲不振等症状。

胃肠促动力药主要通过拮抗多巴胺受体和5-羟色胺受体，刺激乙酰胆碱的释放，从而增强胃及十二指肠的推进性蠕动，协调幽门的收缩，广泛用于胃肠胀满、食管反流以及放化疗患者恶心呕吐的治疗。现在临床上应用的胃动力药主要有甲氧氯普胺、多潘立酮、西沙必利、莫沙必利、溴米因等。

## 一、典型胃肠促动力药

### 甲氧氯普胺
### Metoclopramide

【其他名称】胃复安、灭吐灵。

【适应证】本品为多巴胺受体拮抗剂，镇吐药。主要用于：①各种病因所致恶心、呕吐、嗳气、消化不良、胃部胀满、胃酸过多等症状的对症治疗；②反流性食管炎、胆汁反流性胃炎、功能性胃滞留、胃下垂等；③残胃排空延迟症、迷走神经切除后胃排空延缓；④糖尿病性胃轻瘫、尿毒症、硬皮病等结缔组织疾病所致胃排空障碍。

【制剂】本品主要剂型为片剂、注射剂。

【不良反应】①较常见的不良反应为：昏睡、烦躁不安、疲怠无力；②少见的反应有乳腺肿痛、恶心、便秘、皮疹、腹泻、睡眠障碍、眩晕、严重口渴、头痛、容易激动；③用药期间出现乳汁增多，由于催乳素的刺激所致；④大剂量长期应用可能因拮抗多巴胺受体，使胆碱能受体相对亢进而导致锥体外系反应（特别是年轻人），可出现肌震颤、发音困难、共济失调等。

【用药指导】①醛固酮与血清催乳素浓度可因甲氧氯普胺的使用而升高。②与乙醇或中枢抑制药等同时并用，镇静作用均增强。③抗胆碱药如溴丙胺太林、山莨菪碱、颠茄片等会减弱本品的作用，不宜同服。

【商品信息】本品作为临床应用历史最久的第一代胃肠促动力药，20世纪60年代问世。目前本品以低廉的价格满足了低端市场的需要，其市场销售量排同类药品第四位。

目前甲氧氯普胺（片剂、注射液）被《国家基本药物目录（2018年版）》收录；甲氧氯普胺（口服常释剂型、注射剂）属于《国家基本医疗保险、工伤保险和生育保险药品目录（2024年）》甲类药品。

【贮藏】原料药及片剂密封保存；注射液密闭保存。

### 多潘立酮
### Domperidone

【其他名称】吗丁啉、胃得灵、丽美啉、哌双咪酮。

【适应证】本品为一种特效的外周多巴胺受体拮抗剂，可直接拮抗胃肠道的多巴胺 $D_2$ 受体而引起促胃肠运动的作用。多潘立酮是一种促进胃肠动力的药物，用于消化不良、腹胀、嗳气、恶心、呕吐、腹部胀痛。

【制剂】本品主要剂型有片剂、混悬剂、口腔崩解片、胶囊剂等。

【不良反应】①偶见口干、头痛、失眠、神经过敏、头晕、嗜睡、倦怠、腹部痉挛、腹泻、反流、恶心、胃灼热感、皮疹、瘙痒、荨麻疹、口腔炎、结膜炎等。②有时导致血清泌乳素水平升高、溢乳、男子乳房女性化、女性月经不调等，但停药后即可恢复正常。

【用药指导】①抗胆碱药会减弱本品的作用，不宜同服。②建议儿童使用多潘立酮混悬剂。③栓剂最好在直肠排空时插入。

【商品信息】本品为强效的多巴胺受体拮抗剂，现已成为国内临床最主要的胃动力药。由比利时杨森（Janssen）制药公司开发。于 1978 年首次在比利时上市。我国于 1991 年投产，西安杨森公司出产的多潘立酮首次引入了胃动力的概念。目前各类制剂批准文号数量约 30 个，原研品牌"吗丁啉"曾长期占据超 90% 市场份额，集采后份额下降但仍具影响力。

目前多潘立酮（片剂）被《国家基本药物目录（2018 年版）》收录；多潘立酮（口服常释剂型）属于《国家基本医疗保险、工伤保险和生育保险药品目录（2024 年）》甲类药品，多潘立酮（口服液体剂）属于乙类药品。

【贮藏】遮光，密闭保存。

## 二、其他胃动力药

莫沙必利（mosapride）为新型的第 3 代胃动力药，主要用于功能性消化不良伴有胃灼热、嗳气、恶心、呕吐、早饱、上腹胀等消化道症状。主要不良反应为腹泻、腹痛、口干、皮疹及倦怠、头晕等，对心率、血压及心电图均无影响，故较西沙必利具有更好的安全性。主要剂型是片剂、胶囊剂、口服溶液剂。莫沙必利 1998 年 6 月在日本上市，我国 1999 年由成都大西南制药有限公司生产。目前莫沙必利（片剂）被《国家基本药物目录（2018 年版）》收录；莫沙必利（口服常释剂型）属于《国家基本医疗保险、工伤保险和生育保险药品目录（2024 年）》甲类药品。

# 第四节　助消化药

助消化药是促进胃肠道消化过程的药物，大多数助消化药本身就是消化液的主要成分。在消化液分泌功能不足时，用它们能起到替代疗法的作用。另外有些药物能促进消化液的分泌，或制止肠道过度发酵，也用作消化不良的辅助治疗。

### 胃蛋白酶
### Pepsin

【其他名称】胃液素、胃酶、蛋白酵素、百布圣。

【适应证】本品是一种消化性蛋白酶，用于胃蛋白酶缺乏或消化功能减退引起的消化不良症。

【制剂】本品主要剂型有片剂、颗粒剂等。

【不良反应】未见明显不良反应。

【用药指导】①性质不稳定，水溶液易变质，遇热则凝固变性失效。②消化力在 pH 值为 1.6 ~ 1.8 时为最强，故常与稀盐酸合用；忌与碱性药物配伍。

【商品信息】1836 年，索多·施旺（Theodor Schwann）在对消化过程进行的研究中，发现了一种能够参与消化作用的物质，并将其命名为胃蛋白酶。胃蛋白酶也是第一个从动物身上获得的酶。

目前胃蛋白酶未被《国家基本药物目录（2018 年版）》和《国家基本医疗保险、工伤保险和生育保险药品目录（2024 年）》收录。

【贮藏】密封，在阴暗（避光并不超过 20℃）干燥处保存。

## 胰酶
### Pancreatin

【其他名称】胰液素、胰酵素、胰消化素、得每通。

【适应证】本品是胰蛋白酶、胰淀粉酶、胰脂肪酶的混合物。胰蛋白酶能使蛋白质转化为蛋白胨，胰淀粉酶能使淀粉转化为糖，胰脂肪酶则能使脂肪分解为甘油及脂肪酸，从而促进消化、促进食欲。用于消化不良、胰腺疾病引起的消化障碍和各种原因引起的胰腺外分泌功能不足的替代治疗。

【制剂】本品主要剂型有肠溶片剂、肠溶胶囊剂等。

【不良反应】由于胰酶的来源，偶见对制剂中动物蛋白的变态反应。在长期或大剂量接触后，可能会有以下不利或毒性反应；吸入粉末后，偶有鼻腔刺激和变态性鼻炎的发生，接触粉末后，有哮喘、支气管过敏和肺部过敏的病例报道；对胃肠道的作用方面，偶有腹泻、便秘、胃部不适、恶心的报道；对泌尿生殖系统作用方面，长期大量服用的儿童患者中有高尿酸血症、高尿酸尿和尿石病的报道；对皮肤的作用方面，有过敏引起的皮疹发生。

【用药指导】①本品与等量碳酸氢钠同服，可增加疗效。②本品在酸性条件下易被破坏，服用时不可嚼碎。

【商品信息】1846 年，法国科学家克劳德·伯尔纳首次发现胰腺分泌物对脂肪消化的关键作用，为胰酶研究奠定基础。1876 年，德国科学家威廉·屈内从动物胰脏中首次分离出胰蛋白酶，并揭示其以无活性胰蛋白酶原形式存在，在肠道中被肠激酶或胰蛋白酶激活，形成具有活性的胰蛋白酶。20 世纪 50 年代，胰酶作为助消化药物正式应用于临床。目前我国胰酶生产企业有常州千红生化制药股份有限公司、四川德博尔制药有限公司、珠海联邦制药股份有限公司、深圳市海普瑞药业集团股份有限公司、中国医药集团有限公司、上海复星医药（集团）股份有限公司、杭州浦泰生物科技有限公司、武汉禾元生物科技股份有限公司等。我国胰酶行业已形成"德博尔、联邦、海普瑞、千红"四足鼎立的原料药格局，制剂领域呈现"进口原研 + 国产仿制药 + 创新剂型"多元竞争，而禾元生物、杭州浦泰等企业通过重组技术开辟差异化赛道。

目前胰酶没有被《国家基本药物目录（2018 年版）》收录；胰酶（口服常释剂型）属于《国家基本医疗保险、工伤保险和生育保险药品目录（2024 年）》乙类药品。

【贮藏】遮光，密封，在阴凉干燥处（不超过 20℃）保存。

# 第五节　泻药与止泻药

## 一、泻药

泻药是能增加肠内水分，促进蠕动，软化粪便或润滑肠道促进排便的药物。按其作用机制分为容积性、刺激性和润滑性泻药三类。①容积性泻药：为非吸收的盐类和食物性纤维素等物质。药物有硫酸镁、硫酸钠等。②接触性（刺激性）泻药：通过刺激肠壁使肠蠕动加强而促进排便。其药物有比沙可啶、乳果糖、酚酞、蓖麻油等。③润滑性泻药：这类药物能润滑肠壁，软化大便，使粪便易于排出。药物有甘油、山梨醇、液状石蜡等。

### 1. 典型泻药

## 硫酸镁

### Magnesium Sulfate

【其他名称】硫苦、泻盐。

【适应证】不同给药途径呈现不同的药理作用。本品口服不易被肠道吸收，停留于肠腔内，刺激肠壁增加肠蠕动而致泻。为导泻剂，主要用于清除肠道内毒物，亦用于某些驱肠虫药后的导泻，及治疗便秘。可作为抗惊厥药，用于妊娠高血压，用以降低血压，治疗先兆子痫和子痫。

【制剂】作为泻药，本品主要剂型为粉剂；作为抗惊厥药，本品主要剂型为注射剂等。

【不良反应】导泻时如服用浓度过大的溶液，可自组织中吸取大量水分而导致脱水，因此宜清晨空腹服用，并大量饮水，以加速导泻作用并缓解脱水。静脉注射硫酸镁常引起潮红、出汗、口干等症状。胃肠道有溃疡、破损之处，易造成镁离子大量的吸收而引起中毒。

【用药指导】①导泻时如服用大量浓度过高的溶液，可能自组织中吸取大量水分而导致脱水，宜同时多饮水。②药物过量，急性镁中毒时可引起呼吸抑制，可很快达到致死的呼吸麻痹，此时应即刻停药，并缓慢注射钙剂解救。③中枢抑制药（如苯巴比妥）中毒患者不宜使用本品导泻排除毒物，以防加重中枢抑制。④本品给药途径不同呈现不同的药理作用，须注意。

【商品信息】原料药和制剂批准文号数量约 99 个，其中硫酸镁注射液批准文号数量约 70 个，硫酸镁注射液作为核心医药制剂，主要用于抗惊厥、妊娠高血压治疗等场景。目前国内生产企业有杭州民生药业股份有限公司、河北天成药业股份有限公司、湖南华纳大药厂有限公司等。

目前硫酸镁（注射液）被《国家基本药物目录（2018 年版）》收录；硫酸镁（口服散剂、注射剂）属于《国家基本医疗保险、工伤保险和生育保险药品目录（2024 年）》甲类药品。

【贮藏】遮光，密闭保存。

### 2. 其他泻药

（1）甘油（glycerol）　本品能润滑并刺激肠壁，软化大便，使易于排出。用于妊娠期及月经期妇女、小儿、年老体弱者便秘的治疗。由于本品可提高血浆渗透压，可作为脱水剂，用于降低眼压和颅内压。外用有吸湿作用，并使局部组织软化，用于冬季皮肤干燥皲裂等。制剂主要是栓剂，为缓泻药类非处方药药品。产生缓和的泻下作用，并不影响营养物质的吸收。原料药应密封，在干燥处保存。栓剂应密封在 30℃ 以下保存。

作为泻药，目前开塞露（含甘油、山梨醇）（灌肠剂）被《国家基本药物目录（2018 年版）》收录；开塞露（甘油）（外用液体剂、灌肠剂）及甘油（栓剂、灌肠剂）被《国家基本医疗保险、工伤保险和生育保险药品目录（2024 年）》收录。

（2）酚酞（phenolphghalein）　本品为刺激性缓泻药，适用于习惯性顽固便秘。忌与碱性药物配伍，连用偶能引起发疹；也可出现过敏反应、肠炎、皮炎及出血倾向等。婴儿禁用，幼儿及妊娠期妇女慎用。老年人应忌用，因为它的持久作用可严重耗竭水和电解质。常用制剂为酚酞片，密封保存。

目前酚酞未被《国家基本药物目录（2018 年版）》和《国家基本医疗保险、工伤保险和生育保险药品目录（2024 年）》收录。

## 二、止泻药

腹泻是疾病的症状，治疗时应采取对因疗法，如肠道细菌感染引起的腹泻，应当首先用抗菌药物。但剧烈而持久的腹泻，可引起脱水和电解质紊乱，应在对因治疗的同时，适当给予止泻药。止泻药是指可以通过减少肠道蠕动或保护肠道免受刺激而达到止泻目的的药物。可分为：①阿片及其衍生物，如复方樟脑酊、地芬诺酯、盐酸哌丁胺等；②吸附剂，如药用炭；③收敛剂，如鞣酸蛋白；④保护剂，如碱式碳酸铋等。

**1. 典型止泻药**

### 地芬诺酯
### Diphenoxylate

【其他名称】 止泻宁、氰苯哌酯、苯乙哌啶。

【适应证】 本品是哌替啶的衍生物，适用于急、慢性功能性腹泻及慢性肠炎等。复方地芬诺酯由地芬诺酯和阿托品组成。地芬诺酯配以抗胆碱药阿托品，协同加强对肠管蠕动的抑制作用。

【制剂】 本品主要剂型为片剂。

【不良反应】 不良反应少见，服药后偶见口干、恶心、呕吐、头痛、嗜睡、抑郁、烦躁、失眠、皮疹、腹胀及肠梗阻等，减量或停药后消失。大剂量可产生欣快感，长期服用可致依赖性。

【用药指导】 ①本品具有中枢神经系统抑制作用，因其可加强中枢抑制药的作用故不宜与巴比妥类、阿片类、乙醇或其他中枢抑制药合用。②本品长期应用时可产生依赖性，但显然较阿片弱，肝病患者及正在服用成瘾性药物患者宜慎用；③只宜用常量短期治疗，以免产生依赖性；④腹泻早期和腹胀者应慎用；⑤由痢疾杆菌、沙门菌和某些大肠埃希菌引起的急性腹泻，细菌常侵入肠壁黏膜，本品降低肠运动，推迟病原体的排除，反而延长病程，故本品不能用作细菌性腹泻的基本治疗药物。⑥有致畸作用，妊娠期妇女禁用；哺乳期妇女亦应慎用。⑦新生儿和幼儿可引起呼吸抑制，故 2 岁以下小儿禁用。

【商品信息】 本品长期应用时可产生依赖性，按麻醉药品管理。目前国内生产企业有常州康普药业有限公司、长春长红制药有限公司等。

目前地芬诺酯未被《国家基本药物目录（2018 年版）》和《国家基本医疗保险、工伤保险和生育保险药品目录（2024 年）》收录。

【贮藏】 密封保存。

**2. 其他止泻药**

### 洛哌丁胺
### Loperamide

【其他名称】 易蒙停、腹泻啶、苯乙哌啶、苯丁哌胺。

【适应证】 本品的化学结构类似于哌替啶，可与肠壁的阿片受体结合，抑制乙酰胆碱和前列腺素类的释放，从而减少推动性蠕动，增加肠道转运时间，此外可增强肛门括约肌的张力，从而减少大便失禁和便急。本品用于成人及 5 岁以上儿童：各种原因引起的非感染性急、慢性腹泻的对症治疗；本品用于回肠造瘘术患者可减少排便体积及次数，增加粪便稠度；肛门直肠手术后的患者，以抑制排便失禁。

【制剂】 本品主要剂型为胶囊剂。

【不良反应】 若严格遵循推荐的剂量并注意禁忌证，长期使用无明显不良反应。有过敏反应（包括皮疹）、胃肠不适、恶心呕吐、便秘、倦怠、头晕、口干等不良反应报道，但通常不易与腹泻伴有的症状区别。

【用药指导】①本品适用于成人及 5 岁以上的儿童。②因用抗生素导致伪膜性肠炎患者不宜用。③细菌性腹泻及溃疡性结肠炎、重病肝损害者慎用。

【商品信息】本品由比利时杨森公司于 20 世纪 70 年代开发上市，商品名为"易蒙停"。

目前洛哌丁胺（胶囊）被《国家基本药物目录（2018 年版）》收录；洛哌丁胺（口服常释剂型）属于《国家基本医疗保险、工伤保险和生育保险药品目录（2024 年）》甲类药品，洛哌丁胺（颗粒剂）属于乙类药品。

【贮藏】密封。在干燥处保存。

### 蒙脱石
#### Dioctahedral Smectite

【其他名称】双八面体蒙脱石、思密达、必奇、肯特令。

【适应证】蒙脱石是一种硅铝酸盐，属于矿物质，对消化道内的病毒、病菌及其产生的毒素、气体等有极强的固定、抑制作用，使其失去致病作用；此外对消化道黏膜还具有很强的覆盖保护能力，修复、提高黏膜屏障对攻击因子的防御功能，具有平衡正常菌群和局部止痛作用。主要用于急、慢性腹泻，尤以对儿童急性腹泻疗效为佳，但在必要时应同时治疗脱水。也用于食管炎及与胃、十二指肠、结肠疾病有关的疼痛的对症治疗。

【制剂】本品主要剂型有散剂、颗粒剂、混悬剂、分散片剂。

【不良反应】便秘发生在大约 7% 的成人和大约 1% 的儿童中，是治疗期间最常报告的不良反应。如果发生便秘，应暂停使用，如有必要，以较低剂量重新开始治疗。

【用药指导】①蒙脱石散剂可作为止泻类甲类非处方药药品用于成人及儿童急、慢性腹泻。②本品可能影响其他药物的吸收，必须合用时应在服用本品之前 1 小时服用其他药物。

【商品信息】本品因快速止泻和安全无副作用的突出优势，在儿童腹泻治疗领域的应用尤为广泛。最早在国内上市的蒙脱石制剂是博福－益普生（天津）制药有限公司的思密达。目前我国蒙脱石散市场上有"思密达""先声""康恩贝"等较具影响力的品牌。

目前蒙脱石（散剂）被《国家基本药物目录（2018 年版）》收录；蒙脱石（口服散剂）属于《国家基本医疗保险、工伤保险和生育保险药品目录（2024 年）》甲类药品，蒙脱石（颗粒剂、口服液体剂）属于乙类药品。

【贮藏】密封，在干燥处保存。

# 第六节　肝胆疾病辅助用药

肝胆疾病辅助用药主要包括肝炎辅助用药、利胆药、治疗肝昏迷药等。由于肝胆系统疾病的防治比较复杂，目前尚无确定的有效药物，本类药物仅作为一些辅助治疗措施供临床应用。

## 一、治疗肝炎辅助用药

肝脏是人体新陈代谢的重要器官，多种因素可引起肝脏病变和损伤。肝病包括急慢性肝炎、肝硬化、肝性脑病等。病毒性肝炎除可以应用相关的抗病毒药物治疗以外，至今尚无理想的特效的治疗药物能减轻肝脏的损伤或促进肝细胞再生。治疗肝炎辅助用药能改善肝脏功能，促进肝细胞再生，增强肝脏的解毒能力。如联苯双酯、葡醛内酯、肌苷、齐墩果酸等。

**1. 典型肝炎辅助用药**

### 联苯双酯
### Bifendate

【适应证】 联苯双酯属于抗肝胆疾病药中的胆酸制剂，本品能减轻因四氯化碳及硫代乙酰胺引起的血清丙氨酸氨基转移酶升高，能增强肝脏解毒功能，减轻肝脏的病理损伤，具有一定的抗氧化及免疫调节作用，能促进肝细胞再生并保护肝细胞，从而改善肝功能。本品适用于慢性迁延型肝炎伴有丙氨酸氨基转移酶升高异常者，也可用于化学药物引起的丙氨酸氨基转移酶升高。

【制剂】 本品主要剂型有片剂和滴丸剂。

【不良反应】 个别病例可出现口干、轻度恶心，偶有皮疹发生，一般加用抗变态反应药物后即可消失。

【用药指导】 ①少数患者用药过程中丙氨酸氨基转移酶可回升，加大剂量可使之降低。②个别患者于服药过程中可出现黄疸及病情恶化，应停药。③肝硬化者禁用，慢性活动性肝炎者慎用。

【商品信息】 本品为我国创制的一种治疗肝炎的降酶药物。

目前联苯双酯（滴丸剂、片剂）被《国家基本药物目录（2018 年版）》收录；联苯双酯（口服常释剂型、滴丸剂）属于《国家基本医疗保险、工伤保险和生育保险药品目录（2024 年）》甲类药品。

【贮藏】 片剂需遮光，密封保存。滴丸剂应密封，在干燥处保存。

**2. 其他肝炎辅助用药**

### 葡醛内酯
### Glucurolactone

【其他名称】 肝泰乐。

【适应证】 本品进入机体后可与含有羟基或羧基的毒物结合，形成低毒或无毒结合物由尿排出，有保护肝脏及解毒作用。另外，葡萄糖醛酸可使肝糖原含量增加，脂肪储量减少。用于急慢性肝炎的辅助治疗。

【不良反应】 偶有面红，轻度胃肠不适，减量或停药后即消失。

【用药指导】 ①本品性状发生改变时，禁止使用。②请放在儿童不能拿到之处。③本品为肝病辅助治疗药，第一次使用本品前应咨询医师。治疗期间应定期到医院检查。④如服用过量或出现严重不良反应，应立即就医。

【商品信息】 国内有众多企业生产该药品，其中原料药头部生产企业有原料药头部生产企业如湖北益泰药业股份有限公司、淄博昊龙生物科技有限公司，制剂药头部生产企业有国药集团容生制药有限公司、江苏鹏鹞药业有限公司、山西振东泰盛制药有限公司、河北冀衡药业有限公司等。

目前葡醛内酯没有被《国家基本药物目录（2018 年版）》收录；葡醛内酯（口服常释剂型）属于《国家基本医疗保险、工伤保险和生育保险药品目录（2024 年）》乙类药品。

【贮藏】 遮光，密封保存。

## 二、利胆药

利胆药主要通过促进胆汁分泌和排泄，有利于胆病的治疗。临床常用利胆药按作用方式可分为以下几类：①促进胆汁分泌药，如去氢胆酸、熊去氧胆酸、羟甲烟胺、苯丙醇、茴三硫等。②促进胆汁排空药，如硫酸镁等。

## 熊去氧胆酸
## Ursodeoxycholic Acid

【其他名称】优思弗、Ursofalk。

【适应证】本品为胆石溶解药。长期服用本药可增加胆汁酸分泌，并使胆汁成分改变，降低胆汁中胆固醇及胆固醇脂，有利于胆结石中的胆固醇逐渐溶解，熊去氧胆酸片适用于胆固醇型胆结石形成及胆汁缺乏性脂肪泻，也可用于预防药物性结石形成及治疗脂肪痢（回肠切除术后）。熊去氧胆酸胶囊适用于胆囊胆固醇结石，必须是 X 线能穿透的结石，同时胆囊收缩功能须正常；胆汁淤积性肝病（如原发性胆汁性肝硬化）；胆汁反流性胃炎。

【制剂】本品主要剂型有片剂、胶囊剂等。

【不良反应】①本品片剂的毒性和副作用比鹅去氧胆酸小，一般不引起腹泻，其他偶见的不良反应有便秘、过敏、头痛、头晕、胰腺炎和心动过速等。②本品胶囊剂可引起胃肠道紊乱，用熊去氧胆酸进行治疗时稀便或腹泻的报告常见。

【用药指导】①胆道完全梗阻和严重肝功能减退者禁用。②本品不能溶解胆色素等其他类型结石。③长期使用本品可增加外周血小板的数量。④本品不宜与考来烯胺或含氢氧化铝的制酸剂同时合用，因可阻碍本品的吸收。

【商品信息】我国进口的熊去氧胆酸胶囊（优思佛胶囊）由德国福克制药有限公司生产，其在中国市场长期占据主导地位。目前原料药和制剂批准文号数量约 56 个。原料药国内头部生产企业有川明欣药业有限责任公司、海南普利制药股份有限公司，制剂药（口服固体制剂）国内头部生产企业有上海中西三维药业有限公司、四川科伦药业股份有限公司、江苏福邦药业有限公司、上海信谊医药有限公司、上海宣泰医药科技股份有限公司。创新剂型企业有成都成都赛璟生物医药科技有限公司（口服混悬液）和杭州沐源生物医药科技有限公司（胶囊）。

目前熊去氧胆酸（片剂）被《国家基本药物目录（2018 年版）》收录；熊去氧胆酸（口服常释剂型）属于《国家基本医疗保险、工伤保险和生育保险药品目录（2024 年）》甲类药品。

【贮藏】片剂应密封保存。胶囊应密封，在 30℃ 以下保存。置于儿童无法取到的地方。

## 苯丙醇
## Phenylpropanol

【其他名称】利胆醇。

【适应证】本品有促进胆汁分泌、促进消化作用，用于慢性胆囊炎的辅助治疗。

【制剂】本品主要剂型有软胶囊、胶丸剂。

【不良反应】偶有胃部不适，减量或停药后消失。

【用药指导】①本品为辅助治疗药，第一次使用本品前应咨询医师。治疗期间应定期到医院检查。②应用本品超过 3 周后，一日剂量不宜超过 2 粒。③妊娠期头 3 个月慎用。④对本品过敏者、胆道阻塞者、黄疸患者禁用。

【商品信息】我国于 1977 年由湖北宜昌制药厂率先实现工业化生产，奠定国产化基础。目前原料药和制剂批准文号数量约 10 个。

目前苯丙醇未被《国家基本药物目录（2018 年版）》和《国家基本医疗保险、工伤保险和生育保险药品目录（2024 年）》收录。

【贮藏】密封保存。

答案解析

## 思考题

1. 简述急性胃肠炎的常见病因，消化道症状及其他症状？
2. 消化性溃疡的常见症状有哪些？
3. 胃溃疡的症状，功能性消化不良的症状及慢性胆囊炎的症状分别是什么？
4. 简述治疗消化性溃疡的药品、作用机制及用药注意事项。

（杨东梅）

**书网融合……**

本章小结　　　　　　微课　　　　　　习题

# 第十五章　血液系统用药

PPT

　　血液系统疾病的危害是多方面的，涉及多个生理系统和功能。随着全球人口老龄化加剧及医疗保健水平的提升，这类疾病的发病率不断上升，与此同时，基因和细胞治疗技术的发展，使得血液系统用药领域不断拓展。静脉输液技术的不断完善和普及，使血液系统用药能够更直接、有效地进入血液循环，提高患者治疗效果。因此，研究开发安全有效的血液系统用药品种，对维护患者生命健康和生活质量具有重要意义。 📱微课

# 第一节　概　述

## 一、血液系统和血液系统疾病

　　血液（blood）是一种由血浆和血细胞组成的流体组织，在心血管系统中不断循环流动，起到运输氧气和营养物质及维持机体内环境稳态的作用。当血液中血细胞和血浆成分发生变化或大量丢失时，即可引起血液系统性疾病，如贫血、出血、休克和血栓等。

　　血液系统（blood system）由器官和血细胞构成。器官包括骨髓、胸腺、淋巴结、脾脏以及分散在全身各处的淋巴和单核吞噬细胞（也称网状上皮组织）等。这些器官在血细胞的生成、调节和破坏过程中起着关键作用；血细胞包括红细胞、白细胞和血小板。这些血细胞各自具有独特的形态和功能，共同执行着运输、免疫防御、止血、维持内环境稳定和调节等多种功能。任何血液功能的异常均可表现为血液系统疾病的发生。

　　血液系统疾病（hematologic disorders）是指一类影响血液细胞产生、发育、功能或衰竭的疾病。这类疾病涉及多个方面，包括但不限于红细胞、白细胞、血小板等血液成分的异常，以及造血器官（如骨髓、脾脏等）的功能障碍。

　　血液系统疾病可分为红细胞疾病、粒细胞疾病、单核细胞和巨噬细胞疾病、淋巴细胞和浆细胞疾病、造血干细胞疾病、脾功能亢进、出血性及血栓性疾病。血液系统疾病的发病机制复杂多样，可能与

遗传因素、感染、化学物质暴露或其他全身性疾病有关。例如，某些白血病和淋巴瘤可能与遗传因素有关；而贫血则可能由营养不良、慢性疾病或造血功能障碍等多种因素引起。

## 二、血液系统用药

血液系统用药是指能够影响血液及造血系统功能的药物，它们在治疗和预防血液系统疾病中发挥着重要作用。这些药物可以通过多种机制来调节血液成分（如红细胞、白细胞、血小板）的生成、功能或数量，以及影响血液凝固和止血过程。

根据功能和应用的不同，血液系统用药可分为抗贫血药、血小板凝聚抑制剂、促凝血药及抗凝血药。

**1. 抗贫血药**　是一类用于治疗和预防贫血的药物。抗贫血药根据其作用机制和治疗对象的不同，可以分为多种类型。常见的抗贫血药包括铁剂、叶酸及维生素 $B_{12}$、雄激素、免疫抑制剂、其他［如红细胞生成素（EPO）］等。

**2. 血小板凝聚抑制剂**　是一类用于抑制血小板活化和聚集，从而预防血栓形成的药物。包括血栓素 A2（TXA2）抑制剂、ADP 受体拮抗剂、凝血酶受体拮抗剂、糖蛋白受体抑制剂、磷酸二酯酶抑制剂等。

**3. 促凝血药**　是一类能加速血液凝固或降低毛细血管通透性，促使出血停止的药物，也称为止血药。这类药物主要用于治疗出血性疾病，其作用机制多样，根据不同的药物类型，可分为促进凝血因子合成或活性的药物、凝血因子制剂、抗纤维蛋白溶解药、影响血管通透性的药物、其他特殊药物等。

**4. 抗凝血药**　是一类用于干扰凝血因子，阻止血液凝固的药物。它们主要用于血栓栓塞性疾病的预防与治疗。临床常用的抗凝血药可以分为肝素类、维生素 K 拮抗剂、直接口服抗凝剂、凝血酶抑制剂、血小板抑制剂等。

## 三、血液系统用药的发展历史及现状

血液系统用药的发展历史可以追溯到多个重要时期和关键事件，其发展历程与医学、药学及生物技术的进步密切相关。早在 17 世纪初，英国医生哈维提出血液循环理论，为静脉输液治疗奠定了基础。在哈维之前，医学界普遍接受的是古罗马名医盖伦的学说，即血液在血管内的流动如潮水一样一阵一阵地向四周涌去，到了身体的四周后自然消失。然而，哈维通过深入的观察和实验，对这一观点提出了质疑。哈维首先研究了心脏的结构和功能，发现心脏的左右两边各分为两个腔，且上下腔之间有一个瓣膜相隔，只允许上腔的血液流到下腔，而不允许倒流。这一发现为血液循环理论提供了重要的解剖学基础。哈维进一步研究了静脉与动脉的区别，发现动脉壁较厚，具有收缩和扩张的功能；而静脉壁较薄，里面的瓣膜使得血液只能单向流向心脏。这一发现揭示了血液在血管中的单向流动特性。为了证实血液的单向流动，哈维进行了活体结扎实验。他分别扎紧人手臂上的静脉和动脉，观察心脏的变化。实验结果表明，静脉里的血液确实是心脏血液的来源，而动脉则是心脏向外供血的通道。这一实验为血液循环理论提供了有力的实验证据。基于上述发现和实验证据，哈维于 1628 年提出了血液循环理论。他认为，血液从左心室流出，经过主动脉流经全身各处，然后由腔静脉流回右心室，经肺循环再回到左心室。这一过程中，血液在心脏和血管系统中循环往复地流动，为身体各部位提供氧气和营养物质，并带走废物和二氧化碳。哈维的血液循环理论彻底颠覆了盖伦的学说，为现代生理学、病理学和医学的发展奠定了基础。这一理论的提出不仅促进了心血管疾病的研究进展，还使人们更加重视血管健康与养护。

1656 年，英国科学家首次尝试向狗的静脉内注射药物，开创了静脉输液治疗的先河。19 世纪，随着霍乱等传染病的肆虐，静脉输液疗法得到广泛应用，并逐渐成为治疗严重疾病的重要手段。

20 世纪以后，随着科学技术的进步，血液系统用药逐渐向化学合成药物和生物技术药物方向发展。

20 世纪 80 年代以前，血液系统用药主要以传统的生物提取物为主，如血浆制品、凝血因子等。90 年代以后，随着基因和细胞治疗技术的发展，血液系统用药领域不断拓展，如 CAR - T 细胞治疗等前沿技术的应用。静脉输液技术的不断完善和普及，使得血液系统用药能够更直接、有效地进入血液循环，提高了治疗效果。

根据全球血液系统用药市场现状分析，全球血液系统用药销售额年均复合增长率为 7.6%。血液疾病发病率的增加，自动化诊断技术的广泛应用，人们健康意识的提高及政府资助力度的增加均对血液系统用药的增长产生积极的推动作用。

血液系统用药的全球市场呈以下 5 个特征：①血液系统用药未来几年内将继续保持强劲增长；②血液系统用药的药品价格昂贵，限制部分患者获得治疗机会；③基因治疗潜力巨大；④免疫疗法初显成效；⑤市场由多家领先公司主导。

**知识拓展**

### 抗凝血药与溶栓药的区别

抗凝血药与溶栓药在心血管疾病的治疗中扮演着不同的角色，它们之间存在明显的区别，主要体现在以下四方面。

**1. 定义与作用机制**　抗凝血药是用于防止血液凝结的药物。其主要通过抑制肝脏合成过多的凝血因子或增强抗凝血酶的活性，从而阻止血液凝固过程，防止血栓形成或进一步增大。

溶栓药是促进纤维蛋白溶解而溶解血栓的药。其利用特定药物对血栓内部纤维蛋白网络的作用，使其发生解聚反应，从而使血栓被溶解掉。

**2. 适应证**　抗凝血药主要用于非急性期的心脑血管疾病，如房颤、深静脉血栓、肺栓塞等，以及有血栓形成倾向但尚未引起严重症状的患者。

溶栓药主要针对急性血栓栓塞事件，如急性心肌梗死、肺栓塞等，旨在迅速恢复血流。

**3. 治疗时间与效果**　抗凝血药通常需要长期使用，以维持稳定的抗凝效果。其能预防血栓形成，但对已形成的血栓作用有限。

溶栓药多为一次性或短期使用，旨在迅速溶解血栓，恢复血管通畅。其能迅速溶解血栓，恢复血流，但对已受损的血管组织修复作用有限。

**4. 不良反应与预后**　抗凝血药主要副作用是出血倾向，但一般不会引起严重的并发症。长期抗凝治疗可有效降低心血管疾病的复发风险，但也可能增加出血风险。

溶栓药可能出现胃肠道不适、恶心、呕吐等症状，并且还有可能增加出血风险。

# 第二节　抗贫血药

## 一、概述

抗贫血药（antianemia drugs）是一类用于治疗和预防贫血症状的药物。贫血是指人体外周血红细胞容量减少，低于正常范围下限的一种常见的临床症状。

抗贫血药的来源多种多样，主要包括化学合成药物、生物制剂、中药及中成药和膳食补充剂。抗贫血药通过补充体内缺乏的营养素、刺激骨髓造血功能、抑制免疫系统对红细胞的攻击或补充外源性 EPO 等多种机制来治疗贫血。

抗贫血药的生产方法因药物种类和成分的不同而有所差异。主要有化学方法合成或半合成、微生物发酵、中药提取等方式。本节主要论述抗贫血药中的铁剂、维生素 $B_{12}$ 及叶酸，具有抗贫血作用的中药及其他药品在本节不做详细介绍。

### （一）抗贫血药的分类

**1. Ⅰ类——抗缺铁性贫血药物**　包括无机铁剂、有机铁剂等。

**2. Ⅱ类——抗巨幼红细胞性贫血药物**　主要是叶酸、维生素 $B_{12}$ 及其衍生物如甲钴胺和腺苷钴胺。

**3. Ⅲ类——造血细胞生长因子**　包括促红细胞生成素（EPO）、非格司亭、沙格司亭等。这类药物能够刺激骨髓造血细胞的增殖和分化，促进血细胞的生成。

**4. Ⅳ类——其他抗贫血药物**　包括免疫抑制剂、糖皮质激素，还有一些中成药和中药也具有一定的抗贫血作用。

免疫抑制剂用于治疗再生障碍性贫血等免疫相关性贫血；糖皮质激素用于治疗自身免疫性溶血性贫血等免疫性贫血；中成药和中药需要在中医师的辨证指导下合理使用。

抗贫血药被《国家基本药物目录（2018 年版）》和《国家基本医疗保险、工伤保险和生育保险药品目录（2024 年）》收录的情况详见表 15 – 1。

表 15 – 1　抗贫血药被国家基本药物目录和国家医保目录收录情况

| 药品类别 | 药品名称 | 药品剂型 | 《国家基本药物目录（2018 年版）》 | 《国家基本医疗保险、工伤保险和生育保险药品目录（2024 年）》 |
|---|---|---|---|---|
| 抗贫血药 | 硫酸亚铁 | 口服常释剂型 | 收录 | 甲类目录 |
| | | 缓释控释剂型 | 收录 | 甲类目录 |
| | 右旋糖酐铁 | 口服溶液剂 | 收录 | 乙类目录 |
| | | 注射剂 | 收录 | 甲类目录 |
| | 琥珀酸亚铁 | 口服常释剂型 | 收录 | 甲类目录 |
| | | 缓释控释剂型 | — | 乙类目录 |
| | | 颗粒剂 | — | 乙类目录 |
| | 维生素 $B_{12}$ | 注射剂 | 收录 | 甲类目录 |
| | 叶酸 | 口服常释剂型 | 收录 | 甲类目录 |
| | | 注射剂 | — | 乙类目录 |
| | 腺苷钴胺 | 口服常释剂型 | 收录 | 甲类目录 |
| | | 注射剂 | — | 乙类目录 |
| | 甲钴胺 | 口服常释剂型 | 收录 | 乙类目录 |
| | | 注射剂 | — | 乙类目录 |
| | 重组人促红素 – β（CHO 细胞） | 注射剂 | 收录 | 乙类目录 |
| | 多糖铁复合物 | 口服常释剂型 | — | 乙类目录 |
| | 富马酸亚铁 | 口服常释剂型 | — | 乙类目录 |
| | | 颗粒剂 | — | 乙类目录 |
| | | 咀嚼片 | — | 乙类目录 |
| | 葡萄糖酸亚铁 | 口服常释剂型 | — | 乙类目录 |
| | 蔗糖铁 | 注射剂 | — | 乙类目录 |
| | 利可君 | 口服常释剂型 | — | 乙类目录 |
| | 重组人促红素 – β（CHO 细胞） | 注射剂 | — | 乙类目录 |

### （二）抗贫血药的作用机制

**1. 抗缺铁性贫血药物作用机制**　铁是红细胞中血红蛋白的重要组成元素，缺铁会导致血红蛋白合成不足，从而引发贫血。吸收到骨髓的铁会吸附在有核红细胞膜上并进入细胞内的线粒体，与原卟啉结合形成血红素，后者再与珠蛋白结合，形成血红蛋白。因此，通过补充铁剂，可以促进血红蛋白的合成，增加红细胞数量，从而纠正贫血。

**2. 抗巨幼红细胞性贫血药物作用机制**　巨幼红细胞性贫血是由于叶酸或维生素 $B_{12}$ 缺乏所致。当叶酸缺乏时，导致 DNA 合成障碍，细胞有丝分裂减少，使血细胞 RNA/DNA 比率增高，出现巨幼细胞贫血。维生素 $B_{12}$ 为细胞分裂和维持神经组织髓鞘完整所必需。当维生素 $B_{12}$ 缺乏时，叶酸代谢循环受阻，出现叶酸缺乏症，因此，治疗这类贫血的药物主要是叶酸、维生素 $B_{12}$ 及其衍生物。

## 二、抗缺铁性贫血药物

缺铁性贫血是一种常见的营养缺乏症，主要由体内铁元素不足导致。铁是红细胞成熟阶段合成血红素必不可少的物质，缺铁会导致血红蛋白合成减少，进而引发贫血。抗缺铁性贫血药物的主要作用是补充体内铁元素，促进血红蛋白的合成，从而纠正贫血状态。目前用于临床的抗缺铁性贫血药物有硫酸亚铁、葡萄糖酸亚铁、琥珀酸亚铁、富马酸亚铁、右旋糖酐铁等。

### （一）抗缺铁性贫血药物的发展历史

抗缺铁性贫血药物的发展历史可以追溯到 19 世纪，19 世纪初期至中期，抗缺铁性贫血药物的代表药物主要有硫酸亚铁、碳酸亚铁、氯化亚铁、焦磷酸铁等。这些铁剂主要以 $Fe^{2+}$ 形式存在，虽然易于吸收，但快速释放的 $Fe^{2+}$ 离子容易使患者产生恶心、呕吐、腹痛、便秘等胃肠道不适症状。同时，过量的 $Fe^{2+}$ 离子进入人体后容易形成自由基反应，损伤 DNA、蛋白质等生物分子，对人体造成不可逆损伤。尽管存在这些弊端，但无机铁剂作为最早开发的抗缺铁性贫血药物，为后续的研究奠定了基础。20 世纪 60 年代至今开发的第二代铁剂主要以小分子有机铁剂为主。主要代表药物有乳酸亚铁、葡萄糖酸亚铁、琥珀酸亚铁、富马酸亚铁等。

与无机铁剂相比，小分子有机铁剂在铁腥味、吸收率和生物利用度上均有明显优点。它们的分子更稳定，能够延缓铁离子的释放速度，从而降低毒性反应。随着科技的进步和制药工艺的提高，小分子有机铁剂在抗缺铁性贫血治疗中的应用越来越广泛。同时，研究者们也在不断探索新的铁剂形式，以进一步提高治疗效果和降低不良反应。近年来开发的新型铁剂有氨基酸铁、血红素铁、多糖铁复合物。

### （二）抗缺铁性贫血药物

1832 年，法国学者 Blaud 将硫酸亚铁与碳酸钾制成复方制剂，开创了贫血治疗的新方法。随后一系列无机铁剂相继被开发成为第一代口服铁剂。20 世纪 60 年代至今开发的第二代铁剂主要以小分子有机铁剂为主。

抗缺铁性贫血药物的问世以来，经历了多个重要的发展阶段，为缺铁性贫血患者带来了显著的治疗效果。近年来开发的新型铁剂以其独特的疗效、安全性和便利性，有望在未来市场中占据更大的份额。

### 铁剂
### Ferrous Preparations

【其他名称】葡萄糖酸亚铁、右旋糖酐铁、富马酸亚铁、磷酸铁、琥珀酸亚铁、枸橼酸铁铵、硫酸亚铁等。

【适应证】铁是红细胞中血红蛋白的组成元素之一。缺铁时，红细胞合成血红蛋白量减少，致使红细胞体积变小，携氧能力下降，形成缺铁性贫血，口服铁剂可补充铁元素。用于各种原因（如慢性失血、营养不良、妊娠、儿童发育期等）引起的缺铁性贫血。

【制剂】铁剂临床主要剂型有片剂、缓释片、注射剂、胶囊、糖浆剂、溶液剂及颗粒剂等。

【不良反应】①口服铁剂对胃肠道有刺激性，可引起恶心、呕吐、上腹部不适、腹痛、腹泻。饭后服用可以减轻症状。②可引起便秘、黑便，因铁与肠腔中硫化氢结合，减少了硫化氢对肠壁的刺激作用，减弱肠蠕动所致。③小儿误服 1g 以上的铁剂可引起急性中毒，表现为坏死性胃肠炎症状，伴有呕吐、腹痛、血性腹泻，甚至休克、呼吸困难、死亡。急救措施为以磷酸盐或碳酸盐溶液洗胃，并以特定解毒剂去铁胺注入胃内以结合残存的铁。④过敏反应，静脉注射右旋糖酐铁过敏反应的发生率相对较高，表现为气短、低血压、胸痛、血管性水肿等；肌内注射可致局部刺激疼痛。⑤口腔及牙齿色素沉着，口服液剂可引起口腔内以及牙龈、牙齿色素沉着，表现为牙齿发黑等。

【用药指导】①服用铁剂的同时忌饮茶或咖啡，因为茶叶及咖啡中含有大量鞣酸，能与亚铁离子发生化学反应生成不溶性的铁质沉淀，影响亚铁离子的吸收。②贫血补铁应坚持"小量、长期"的原则。应严格按医嘱服药，不可自作主张加大服药剂量，以免引起铁中毒；也绝不能一次大剂量服药，否则易致急性铁中毒。③口服铁剂时应将药物放在舌面上，直接用水冲饮服下，不要咀嚼药物以免染黑牙齿。④应餐后服药，以减轻药物对胃肠道的刺激而引起的恶心呕吐。⑤服用铁剂时，宜同时服用维生素 C 或果汁，因维生素 C 具有抗氧化性，避免铁剂中的二价铁被氧化，同时酸性环境中铁离子处于游离状态，有利于被身体吸收。⑥含钙类的食品（如豆腐）和高磷酸盐食品（如牛奶）等，与铁剂能络合而生成沉淀，故服用铁剂时应避免同时服用上述含钙食品。⑦口服铁剂治疗期间，因铁与大肠内硫化氢反应生成硫化铁，使大便颜色呈褐黑色，停用铁剂后即恢复正常。

【商品信息】抗缺铁性贫血市场中的主要品种以铁剂为主，包括硫酸亚铁、富马酸亚铁、葡萄糖酸亚铁、琥珀酸亚铁和右旋糖酐铁等多种类型。其中琥珀酸亚铁原料由金陵药业股份有限公司南京金陵制药厂和成都奥邦药业有限公司生产。琥珀酸亚铁颗粒剂和缓释片是江苏金陵药业南京金陵制药厂独家品种；琥珀酸亚铁片除上述企业生产外，还有湖南华纳大药厂股份有限公司和湖南九典制药股份有限公司两家企业生产。2013 年 7 月 25 日美国 FDA 批准了 Luitpold 制药公司新药羧基麦芽糖铁注射液用于治疗口服铁剂疗效不满意或不能耐受口服铁剂的成年患者的缺铁性贫血（iron deficiency anemia，IDA）；该产品是一种肠外铁剂替代产品，是第一个获得 FDA 批准用于治疗 IDA 的非右旋糖酐静脉铁剂。

目前硫酸亚铁（口服常释剂型及缓释控释剂型）、右旋糖酐铁（注射剂）、琥珀酸亚铁（口服常释剂型）被《国家基本药物目录（2018 年版）》收录，属于《国家基本医疗保险、工伤保险和生育保险药品目录（2024 年）》甲类药品；右旋糖酐铁（口服溶液剂）、琥珀酸亚铁（缓释控释剂型、颗粒剂）属于乙类药品。

【贮藏】本品应避光、密封、干燥、于适宜的温度保存。

## 三、抗巨幼红细胞性贫血药物

抗巨幼红细胞性贫血药物主要是指用于治疗因叶酸或维生素 $B_{12}$ 缺乏或吸收障碍所引起的巨幼红细胞性贫血的药物。巨幼红细胞性贫血是一种由于血细胞脱氧核糖核酸（DNA）合成障碍或细胞核发育停滞，但细胞质继续发育成熟所引起的血细胞巨幼变，进而导致的贫血。其主要病因是叶酸或维生素 $B_{12}$ 的缺乏，但也可能与遗传因素、药物因素或其他疾病状态有关。目前用于临床的抗巨幼红细胞性贫血药物有叶酸类药物、维生素 $B_{12}$ 类药物、复合维生素类药物、其他辅助药物等。

### （一）抗巨幼红细胞性贫血药物的发展历史

叶酸的发现始于对妊娠期妇女巨幼红细胞性贫血症状的研究。早在 1931 年，印度孟买产科医院的医生 Lucy Wills 博士发现，酵母或肝脏抽提物可以改善妊娠期妇女的巨幼红细胞性贫血症状。随后科学家们继续探索这种抗贫血因子的来源和性质。1935 年，有人在酵母和肝脏浓缩物中发现了抗猴子贫血的因子，并将其命名为 VM；1939 年，又有人在肝中发现了抗鸡贫血的因子，称为 VBc。这些发现进一步证实了抗贫血因子的存在，为其后续命名和深入研究奠定了基础。1941 年，美国学者 Mitchell 等人在菠菜中发现了乳酸链球菌的一个生长因子，由于它主要来源于植物叶，因此被命名为"叶酸"。这一命名标志着叶酸作为一种独立的营养素被正式确认。1945 年，Angier 等人在合成蝶酰谷氨酸时发现，上述发现的抗贫血因子均为同一种物质，并完成了叶酸结构的测定。此后，叶酸在预防和治疗巨幼红细胞性贫血中的作用也得到了广泛认可。

维生素 $B_{12}$ 的发现最早始于对恶性贫血的研究和治疗过程。早在 1849 年，托马斯·艾迪生首次描述了恶性贫血的现象，但当时对其原因和治疗方法并不清楚。1926 年，人们偶然发现食用轻度煮熟的肝脏可以纠正贫血和预防死亡，这一发现为后来的研究提供了重要线索。20 世纪 40 年代末，两个研究小组宣布从肝脏中提纯并结晶出一种新的维生素，这种维生素能够缓解恶性贫血症状。这一发现引起了科学界的广泛关注，因为这种维生素在当时的医学界是全新的，且对恶性贫血有显著的疗效。这种新发现的维生素被命名为维生素 $B_{12}$。维生素 $B_{12}$ 又叫钴胺素，是具有钴啉环结构的维生素 B 族化学物质的总称。直到 1956 年，X 射线晶体学家多萝西·霍奇金才解开了维生素 $B_{12}$ 的分子结构，为人类对维生素 $B_{12}$ 的理解打开了新的篇章。1973 年，科学家 Robert Woodward 完成了维生素 $B_{12}$ 的人工合成，这标志着人类对这种重要维生素的生产和应用达到了新的高度。维生素 $B_{12}$ 在医学上的重要性逐渐被认识，它对于血细胞形成、神经鞘和各种蛋白质的形成都是必需的。因此，维生素 $B_{12}$ 被广泛用于预防和治疗巨幼红细胞贫血症和神经系统紊乱等疾病。

### （二）典型抗巨幼红细胞性贫血药物

叶酸的临床应用最早可以追溯到科学家们对妊娠期妇女贫血症状的观察和治疗。1983 年，中美在预防出生缺陷方面的合作研究首次证实了小剂量叶酸可以有效预防出生缺陷，特别是神经管畸形。这一发现推动了叶酸在围产期保健中的广泛应用。叶酸的临床应用不仅限于预防和治疗贫血，还扩展到其他领域，如心血管疾病、神经系统疾病等的预防和治疗。

维生素 $B_{12}$ 最早应用于临床始于对恶性贫血（也称巨幼细胞性贫血）的治疗。其发现和应用历程是医学史上的一项重要成就。如今，维生素 $B_{12}$ 已成为一种广泛使用的药物和营养素，其临床应用范围也逐渐扩大，不仅限于恶性贫血的治疗，还涉及神经系统疾病、消化系统疾病等多个领域，在维护人类健康方面发挥着重要作用。

### 叶酸类
#### Folic Acid Preparations

【其他名称】叶酸、活性叶酸、亚叶酸、左亚叶酸。

【适应证】叶酸进入体内被还原为四氢叶酸，参与多种生物代谢过程。当叶酸缺乏时，将出现巨幼细胞贫血。临床主要用于巨幼细胞贫血的治疗。

【制剂】本品主要剂型有片剂和注射剂。

【不良反应】服用本品较少出现不良反应，但应注意服用过量问题，个别患者长期大量服用叶酸可出现厌食、恶心、腹胀等胃肠道症状。

【用药指导】①服用叶酸可以掩盖维生素 $B_{12}$ 缺乏的早期表现，从而导致神经系统受损害。②正常人口服叶酸一日 $350\mu g$ 即可能影响锌元素的吸收，从而导致锌缺乏，使孕期胎儿发育迟缓，导致低出生体重儿增加。③服用叶酸可以干扰抗惊厥药物的作用，诱发患者惊厥发作，不宜与抗惊厥药、避孕药及抗结核药合用。④大量服用叶酸时，可出现黄色尿。

【商品信息】叶酸是 B 族维生素之一，其天然形式存在于绿色蔬菜、肝脏、酵母、牛肉及大豆中，最初是由 Lucy Wills 博士于 1931 年从肝脏浸出液中提取，命名为威尔斯因子，后称维生素 U。1941 年

Stokstad 等人将叶酸从多种菜叶中分离成功，故改名为叶酸。1946 年 Watson 等人证明治疗恶性贫血除了需要维生素 $B_{12}$ 以外，还需要叶酸。在我国，叶酸最早于 1958 年由上海信宜药厂生产。目前国内本品的生产企业达 170 多家。

我国是全球叶酸的主要生产国，占据了全球将近 90% 的产量。原料主要由北京斯利安药业有限公司、河北冀衡药业股份有限公司、常州制药厂有限公司、常州亚邦制药有限公司和湖北葛店人福药业有限责任公司等企业生产。制剂除上述企业外，还有江苏联环药业股份有限公司、悦康药业集团股份有限公司、深圳市中联制药有限公司、上海上药信谊药厂有限公司、上海裕信生物制药有限公司等一百多家企业生产。

目前叶酸（片剂）被《国家基本药物目录（2018 年版）》收录，属于《国家基本医疗保险、工伤保险和生育保险药品目录（2024 年）》甲类药品；叶酸（注射剂）属于乙类药品。

【贮藏】 本品应密封，在干燥处保存。

# 维生素 $B_{12}$
## Vitamin $B_{12}$

【其他名称】 钴胺素、甲钴胺。

【适应证】 维生素 $B_{12}$ 既与细胞分裂有关，又为维持神经组织髓鞘完整所必需。适用于恶性贫血及巨幼细胞贫血，也用于神经炎、神经萎缩症。

【制剂】 本品主要剂型有片剂和注射剂。

【不良反应】 可致过敏反应，出现皮疹、荨麻疹、皮肤瘙痒等过敏症状，严重者甚至可能出现呼吸困难、过敏性休克等危及生命的反应。过量摄入维生素 $B_{12}$ 可能导致消化系统不适，表现为恶心、呕吐、腹泻等。长期过量摄入维生素 $B_{12}$ 可能导致神经病变，表现为感觉异常、运动障碍等神经功能异常的症状。少数情况下，维生素 $B_{12}$ 可能引起皮疹、瘙痒等皮肤不适症状。对于注射使用的维生素 $B_{12}$，部分患者可能出现注射部位疼痛。

【用药指导】 ①恶性贫血患者胃液中缺乏内因子，导致维生素 $B_{12}$ 的肠道吸收出现障碍，必须通过肌内注射给药。②维生素 $B_{12}$ 可促进核酸降解，使血尿酸水平升高，导致高尿酸血症，严重者诱发痛风发作。③治疗重度巨幼红细胞性贫血时，在起始治疗的前 48 小时，应注意监测患者血钾，可能引起患者严重低钾血症。④老人、素食且不吃蛋和奶制品的人必须补充维生素 $B_{12}$。⑤本品应避免与氯霉素合用，否则可抵消维生素 $B_{12}$ 具有的造血功能。⑥体外实验发现维生素 C 可破坏维生素 $B_{12}$，同时给药或长期大量摄入维生素 C 时可使维生素 $B_{12}$ 血药浓度降低。

【商品信息】 本品是 B 族维生素中迄今为止发现最晚的一种。研究人员最初发现服用全肝可控制恶性贫血症状，经 20 年研究，到 1948 年才从肝脏中分离出一种具有控制恶性贫血效果的红色晶体物质，定名为维生素 $B_{12}$，因含钴而呈红色，又称红色维生素，是少数有色的维生素。1963 年确定其结构式，1973 年完成人工合成。维生素 $B_{12}$ 在体内因结合的基团不同，可有多种存在形式，如氰钴胺素、羟钴胺素、甲钴胺素和 5－脱氧腺苷钴胺素，后两者是维生素 $B_{12}$ 的活性型，也是维生素 $B_{12}$ 在血液中存在的主要形式。

维生素 $B_{12}$ 销量较高的国际知名企业有赛诺菲、默克、拜耳健康保健，本土企业有葛兰素史克、汤臣倍健、国药集团、江中制药、药明康德、华信制药等。

国内生产原料药的企业主要有开封制药（集团）有限公司、玉星生物（集团）股份有限公司、河南新乡华星药厂、河北华荣制药有限公司、河北华北制药华恒药业和华北制药威可达有限公司等 6 家企业。国内生产制剂的企业有青海制药厂有限公司、甘肃兰药药业有限公司、西安汉丰药业有限责任公司、陕西健民制药有限公司等 400 多家生产维生素 $B_{12}$ 制剂的企业。

目前维生素 B$_{12}$（注射剂）被《国家基本药物目录（2018 年版）》收录，属于《国家基本医疗保险、工伤保险和生育保险药品目录（2024 年）》甲类药品。

【贮藏】本品原料药及制剂应置适宜的温度（2~8℃）、避光、防潮、密封保存。

## 四、其他抗贫血药

腺苷钴胺（cobamamide）用于巨幼细胞贫血、营养不良性贫血、妊娠期贫血、多发性神经炎、神经根炎、三叉神经痛、坐骨神经痛、神经麻痹；也可用于营养型神经疾患以及放射线和药物引起的白细胞减少症。制剂主要有片剂、胶囊剂和注射剂；需遮光，密闭保存。本品遇光易分解，溶解后要尽快使用；治疗后期可能出现缺铁性贫血，应补充铁剂。20 世纪 90 年代，腺苷钴胺已在国内上市。目前国内腺苷钴胺制剂的生产企业有 30 多家。近年哈尔滨三联药业、华北制药、重庆药友制药有限责任公司、国药集团容生制药、海南斯达制药有限公司、河北智同生物制药股份有限公司、江苏九旭药业有限公司等企业在腺苷钴胺制剂的生产和销售方面具有较强的市场竞争力和市场份额。

重组人促红素（recombinant human erythropoietin）适用于因慢性肾衰竭导致的贫血，包括血液透析、腹膜透析和非透析治疗者；治疗接受化疗的非恶性肿瘤成人患者的症状性贫血。制剂有重组人促红素注射液，宜于 2~8℃避光保存和运输。最常见的不良反应为血压升高或现有高血压加重。本品于 1988 年在瑞士首次上市，目前在我国有 2 家生产企业，分别是成都地奥九泓制药厂和哈药集团生物工程有限公司。进口制剂的生产企业有瑞士的 F. Hoffmann – La Roche AG 和德国的 Roche Diagnostics GmbH 两家。Afymax 和武田（Takeda）制药有限公司合作开发的促红细胞生成素类药物 Peginesatide（商品名"Omontys"）于 2012 年 3 月 27 日被美国 FDA 批准用于接受透析的慢性肾病（CKD）患者的抗贫血治疗。

罗沙司他（roxadustat）于 2018 年 12 月以 1 类创新药物被国家药品监督管理局通过优先审评、审批程序批准，罗沙司他胶囊（商品名"爱瑞卓"）于 2019 年在我国首发正式上市。该药为珐博进公司开发并与阿斯利康公司在中国合作。罗沙司他胶囊是全球首个开发的小分子低氧诱导因子脯氨酰羟化酶抑制剂类药物，用于治疗肾性贫血；用于治疗正在接受透析治疗的患者因慢性肾脏病引起的贫血，患者不需要再额外补铁；该药为因慢性肾脏病引起的贫血患者提供了新的治疗手段。

# 第三节　血小板凝聚抑制剂

## 一、概述

血小板凝聚抑制剂（platelet coagulation inhibitors）：血小板凝聚抑制剂是一类能够抑制血小板聚集和活化，从而防止血栓形成和减少心脑血管事件发生的药物。血小板具有黏附、聚集与分泌功能。激活的血小板参与止血、血栓形成和动脉粥样硬化的形成。日益增多的证据表明，血小板在动脉硬化的发病、血栓的形成（尤其是动脉血栓）过程中发挥重要作用。血栓是指在活体的心脏或血管腔内，血液发生凝固或血液中的某些有形成分互相集结而形成的固体质块。在可变的流体依赖型中，血栓由不溶性纤维蛋白、沉积的血小板、积聚的白细胞和陷入的红细胞组成。血栓形成有 3 个主要因素：①血管壁改变（内皮细胞损伤、抗栓功能减弱）；②血液成分改变（血小板活化、凝血因子激活、纤维蛋白形成）；③血流改变（血流缓慢、停滞、漩涡形成）。

血小板凝聚抑制剂的来源具有多样性，包括化学合成、天然产物提取、基因工程以及其他途径。血小板凝聚抑制剂主要通过抑制血小板的聚集、活化和释放反应来发挥作用。

**（一）血小板凝聚抑制剂的分类**

**1. I 类——血栓素 A2 抑制剂** 阿司匹林。

**2. II 类——P2Y12 受体拮抗剂** 包括氯吡格雷、普拉格雷、替格瑞洛等。

**3. III 类——磷酸二酯酶抑制剂** 包括双嘧达莫、西洛他唑等。

**4. IV 类——糖蛋白 II b/IIIa 抑制剂** 包括阿西单抗、替罗非班等。

血小板凝聚抑制剂被《国家基本药物目录（2018 年版）》和《国家基本医疗保险、工伤保险和生育保险药品目录（2024 年）》收录的情况详如表 15 - 2 所示。

表 15 - 2　血小板凝聚抑制剂被国家基本药物目录和国家医保目录收录情况

| 药品类别 | 药品名称 | 药品剂型 | 《国家基本药物目录（2018 年版）》 | 《国家基本医疗保险、工伤保险和生育保险药品目录（2024 年）》 |
|---|---|---|---|---|
| 血小板凝聚抑制剂 | 阿司匹林 | 肠溶缓释片 | — | 乙类目录 |
| | | 口服常释剂型（不含分散片） | 收录 | 甲类目录 |
| | | 缓释控释剂型 | — | 乙类目录 |
| | 氯吡格雷 | 口服常释剂型 | 收录 | 乙类目录 |
| | 吲哚布芬 | 口服常释剂型 | 收录 | 乙类目录 |
| | 替格瑞洛 | 口服常释剂型 | 收录 | 乙类目录 |
| | 双嘧达莫 | 口服常释剂型 | — | 甲类目录 |
| | 贝前列素 | 口服常释剂型 | — | 乙类目录 |
| | 沙格雷酯 | 口服常释剂型 | — | 乙类目录 |
| | 替罗非班 | 注射剂 | — | 乙类目录 |
| | 替罗非班氯化钠 | 注射剂 | — | 乙类目录 |
| | 西洛他唑 | 口服常释剂型 | — | 乙类目录 |
| | 依替巴肽 | 注射剂 | — | 乙类目录 |
| | 氯吡格雷阿司匹林片 | — | — | 乙类目录 |
| | 曲前列尼尔注射液 | — | — | 乙类目录 |
| | 铝镁匹林片（II） | — | — | 乙类目录 |

**（二）血小板凝聚抑制剂的作用机制**

**1. 血栓素 A2 抑制剂作用机制** 血栓素 A2 抑制剂能够抑制花生四烯酸环氧酶，阻断血栓素 A2（TXA2）的合成，从而抑制血小板的聚集和活化。

**2. P2Y12 受体拮抗剂作用机制** P2Y12 受体拮抗剂通过与血小板表面的 P2Y12 受体结合，抑制 ADP 诱导的血小板聚集和活化。

**3. 磷酸二酯酶抑制剂作用机制** 磷酸二酯酶抑制剂通过抑制磷酸二酯酶活性，增加血小板内 cAMP 水平，从而抑制血小板的聚集和释放反应。

**4. 糖蛋白 II b/IIIa 抑制剂作用机制** 糖蛋白 II b/IIIa 抑制剂通过选择性阻断血小板糖蛋白 II b/IIIa 受体，抑制血小板与纤维蛋白原的结合，从而抑制血小板的聚集和血栓形成。

## 二、血小板凝聚抑制剂

血小板凝聚抑制剂是一类用于抑制血小板活化、聚集和释放反应的药物，在预防和治疗血栓性疾病中发挥着重要作用。血小板内的花生四烯酸在环氧化酶的作用下会转化为血栓素 A2（TXA2），后者是血小板活化和血管收缩的强效激动剂。血小板凝聚抑制剂可以抑制环氧化酶的活性，从而阻断 TXA2 的合成，达到抑制血小板聚集的目的。部分血小板凝聚抑制剂可以通过抑制磷酸二酯酶的活性，使血小板内的 cAMP 浓度升高，进而抑制血小板的激活和聚集。目前用于临床的血小板凝聚抑制剂有阿司匹林、氯吡格雷、普拉格雷、替格瑞洛、双嘧达莫、西洛他唑、阿西单抗、替罗非班等。

### （一）血小板凝聚抑制剂的发展历史

血小板凝聚抑制剂的发展历史可以追溯到几个世纪前，但真正的科学研究和药物开发则是在近几十年内取得显著进展的。早在古希腊的医学典籍中，就描述了血液凝固和血栓形成的现象。然而，当时并没有科学的方法来理解和治疗这一现象。古埃及、巴比伦、希腊和罗马的医生们使用柳树皮的提取物来治病，尽管他们不了解这种提取物的抗血栓效果。这可以视为血小板凝聚抑制剂的早期经验性应用。1853 年，法国化学家从柳树皮中提取出水杨酸钠并进行乙酰化，得到了乙酰水杨酸（即阿司匹林）。最初，阿司匹林被用作退热和止痛药物。然而，在 1967 年，科学家发现阿司匹林具有抗血小板作用，它通过对血小板环氧合酶（COX）的乙酰化，不可逆地抑制血小板的黏附和聚集。随着对血小板功能和血栓形成机制的深入了解，科学家们开始研发其他类型的血小板凝聚抑制剂。例如，噻氯匹定、氯吡格雷等 ADP 受体拮抗剂，以及双嘧达莫、西洛他唑等磷酸二酯酶抑制剂相继被开发出来。进入 21 世纪后，血小板凝聚抑制剂的研发进入了一个新阶段。科学家们不断探索新的作用机制和靶点，开发出了一系列新型血小板凝聚抑制剂。例如，普拉格雷、替格瑞洛等新型 ADP 受体拮抗剂具有更快的起效时间和更强的抗血小板作用。在临床实践中，医生们发现单一血小板凝聚抑制剂在某些情况下可能无法提供足够的抗血小板效果。因此，双联抗血小板治疗（如阿司匹林联合氯吡格雷或替格瑞洛）逐渐成为一种重要的治疗策略。这种治疗策略在急性冠脉综合征、支架植入术后等高危患者中取得了显著疗效。

随着基因检测和分子诊断技术的发展，精准医疗在抗血小板治疗中也得到了应用。医生们可以根据患者的基因型选择合适的血小板凝聚抑制剂和剂量，以提高治疗效果并降低副作用。新型药物的不断涌现将为患者提供更多治疗选择，同时也将为临床医生提供更加个性化的治疗方案。此外，随着人工智能和大数据技术的应用，抗血小板治疗的决策也将更加智能化和个性化。

### （二）典型血小板凝聚抑制剂

目前，血小板凝聚抑制剂种类繁多，包括环氧合酶抑制剂（如阿司匹林、吲哚布芬）、ADP 受体拮抗剂（如氯吡格雷、替格瑞洛）和磷酸二酯酶抑制剂（如双嘧达莫、西洛他唑）等。随着科学技术的不断进步，新型血小板凝聚抑制剂的研发将继续进行。近年血小板凝聚抑制剂市场在全球范围内呈现出增长态势。同时，新型血小板凝聚抑制剂的研发和个体化治疗策略的应用也将进一步推动市场的发展。

## 阿司匹林
### Aspirin

【其他名称】乙酰水杨酸、醋柳酸、巴米尔、拜阿司匹灵、安尼妥。

【作用与适应证】阿司匹林能不可逆地抑制血小板的环氧合酶，使前列腺素 $G_2$ 和 $H_2$ 合成受阻，从而间接地抑制血小板合成血栓素 $A_2$，阻止血小板的功能而发挥抗血栓作用，用于防止血栓栓塞性疾病。

【制剂】本品主要剂型有胶囊剂、片剂、散剂等。

【不良反应】①较常见的有恶心、呕吐、上腹部不适或疼痛（由于本品对胃黏膜的直接刺激引起）等胃肠道反应（发生率 3%~9%），停药后多可消失。长期或大剂量服用可出现胃肠道出血或溃疡。②中枢神经系统方面出现可逆性耳鸣、听力下降，多在服用一定疗程后出现。③过敏反应，发生率为 0.2%，患者临床表现为哮喘、荨麻疹、血管神经性水肿或休克。④肝、肾功能损害，是可逆性的，停药后可恢复。但有引起肾乳头坏死的报道。

【用药指导】①下列情况应禁用：活动性溃疡病或其他原因引起的消化道出血；血友病或血小板减

少症；有阿司匹林或其他非甾体抗炎药过敏史者，尤其是出现哮喘、神经血管性水肿或休克者。②下列情况应慎用：有哮喘及其他过敏性反应；葡萄糖－6－磷酸脱氢酶缺陷者（阿司匹林偶见引起溶血性贫血）；痛风；肝功能减退、肝功能不全和肝硬化患者；心功能不全或高血压；肾功能不全；血小板减少者。③与口服抗凝药同用可增加出血风险。④避免与酸化药同用，酸性尿可降低水杨酸盐的排泄，使后者血药浓度升高，增加其毒性反应。

【商品信息】1898 年，德国化学家霍夫曼用水杨酸与醋酐反应，合成了乙酰水杨酸。1899 年，德国拜耳药厂正式生产该药品，阿司匹林作为商品化药物进入市场。1979 年，美国 FDA 准许其作为预防脑血栓再发药物而使用。1980 年，FDA 批准阿司匹林用于短暂性脑缺血发作或脑卒中的二级预防。1985 年，其适应证扩大到预防心肌梗死再发。其后，随着临床数据的积累，1994 年确立了应用阿司匹林等药物的抗血栓疗法作为预防和治疗动脉血栓再发的首选药地位。2009 年，我国批准拜阿司匹林 100mg 肠溶片用于心肌梗死一级预防。

目前阿司匹林（片剂及肠溶片）被《国家基本药物目录（2018 年版）》收录；阿司匹林（口服常释剂型）属于《国家基本医疗保险、工伤保险和生育保险药品目录（2024 年）》甲类药品，阿司匹林（缓释控释剂型、肠溶缓释片）属于乙类药品。

【贮藏】本品原料药及制剂应密封，于阴凉干燥处保存。

## 氯吡格雷
### Clopidogrel Bisulfate

【其他名称】硫酸氢氯吡格雷、波立维。

【适应证】氯吡格雷为前体药物，通过 CYP450 酶代谢，生成能抑制血小板聚集的活性代谢物，从而抑制血小板聚集。适用于以下患者预防动脉粥样硬化血栓形成事件：近期心肌梗死患者（从几天到小于 35 天），近期缺血性脑卒中患者（从 7 天到小于 6 个月）或确诊为外周动脉性疾病的患者；急性冠脉综合征患者；在溶栓治疗过程中，可与阿司匹林联用。

【制剂】本品主要剂型为片剂。

【不良反应】常见的不良反应有皮肤瘀青、皮疹、腹泻、腹痛、消化不良。过量使用可能会引起出血时间延长以及出血并发症。

【用药指导】①因氯吡格雷与华法林合用可能使出血加重，因此不推荐二者联用。②氯吡格雷可延长出血时间，患有出血性疾病（特别是胃肠、眼内疾病）的患者慎用。③严重的肝脏损伤患者禁用。④活动性病理性出血患者禁用，如消化性溃疡或颅内出血。⑤服用阿司匹林，非甾体解热镇痛抗炎药，肝素和血栓溶解剂期间，不建议配伍使用该药，配伍上述药品使用可增加出血风险。

【商品信息】氯吡格雷的原研厂家是法国赛诺菲，赛诺菲于 1990 年 2 月取得硫酸氢氯吡格雷的发明专利，产品于 1997 年上市。目前国内硫酸氢氯吡格雷的原料生产企业有四川青木制药有限公司、江苏联环药业股份有限公司、河南普瑞制药有限公司、浙江车头制药股份有限公司等 14 家生产企业，制剂企业达 30 多家。

目前氯吡格雷（片剂）被《国家基本药物目录（2018 年版）》收录；氯吡格雷（口服常释剂型）属于《国家基本医疗保险、工伤保险和生育保险药品目录（2024 年）》乙类药品。

【贮藏】遮光、密封，在干燥处保存。

## 双嘧达莫
### Dipyridamole

【其他名称】双嘧啶氨基醇、2,6-双（二羟乙基氨基)-4,8-二哌啶基嘧啶并[5,4-$d$] 嘧啶、双嘧啶胺醇等。

【适应证】 本品能抑制血小板的聚集和释放，与阿司匹林合用防治血栓性疾病，与华法林合用防治心脏瓣膜置换术后血栓形成。

【制剂】 本品主要剂型有片剂、胶囊剂及注射剂。

【不良反应】 常见的不良反应有头晕、头痛、呕吐、腹泻、脸红、皮疹和瘙痒，罕见心绞痛和肝功能不全。不良反应持续或不能耐受者少见，停药后可消除。

【用药指导】 ①可引起外周血管扩张，故低血压患者应慎用；②与肝素合用可引起出血倾向；③有出血倾向患者慎用；④双嘧达莫可从人乳汁中排泌，故哺乳期妇女应慎用。

【商品信息】 本品是 1960 年德国贝林公司开发的血管扩张药。双嘧达莫是临床上常用的一种冠状动脉扩张及抗血小板聚集药，主要用于血栓性疾病的预防和治疗。目前国内的双嘧达莫制剂生产企业有200 多家。

双嘧达莫（口服常释剂型）属于《国家基本医疗保险、工伤保险和生育保险药品目录（2024 年）》甲类药品。

【贮藏】 本品原料药及制剂应遮光、密闭，于阴凉处保存。

## 利伐沙班
### Rivaroxaban

【其他名称】 拜瑞妥、利贝舒、通诺安、安日欣。

【适应证】 竞争性抑制游离和结合的 Xa 因子，并通过抑制 Xa 因子中断凝血级联反应的内源性和外源性途径，抑制凝血酶的产生，进而发挥其抗栓作用。用于治疗成人静脉血栓形成；具有一种或多种危险因素的非瓣膜性房颤成年患者，以降低脑卒中和全身性栓塞的风险。

【制剂】 本品主要剂型为片剂。

【不良反应】 使用利伐沙班最常见的不良反应为出血；在非瓣膜性房颤患者中提前停药后脑卒中风险升高。

【用药指导】 ①对于不能整片吞服的患者，可在服药前将 10mg、15mg 或 20mg 利伐沙班片压碎，与苹果酱混合后立即口服。②在给予压碎的利伐沙班 15mg 或 20mg 片剂后，应当立即进食。

【商品信息】 利伐沙班是拜耳/强生在全球上市的第一个直接口服的 Xa 因子抑制剂。2017 年国家医疗保险目录颁布后，利伐沙班在原限定用于下肢关节置换手术适应证基础上，增加了"华法林治疗控制不良反应或出血高危的非瓣膜性房颤患者"。2018 年，江苏正大天晴开发的利伐沙班首家按新注册办法新 4 类申报生产。

拜耳作为利伐沙班的原研厂家，自该药物上市以来一直占据市场的主导地位。目前国内已有超过30 家的药企获得了利伐沙班片的药品批文。在这些仿制药企业中，华海药业、海辰药业等企业在利伐沙班片的销售市场上占据了一定的份额。

国内生产制剂的企业有齐鲁制药有限公司、江苏天士力帝益药业有限公司、浙江赛默制药有限公司、常州制药厂有限公司等 80 多家生产利伐沙班片的企业。

目前利伐沙班（片剂）被《国家基本药物目录（2018 年版）》收录；利伐沙班（口服常释剂型）属于《国家基本医疗保险、工伤保险和生育保险药品目录（2024 年）》乙类药品。

【贮藏】 本品原料及制剂应遮光、密封，在干燥处保存。

## 替罗非班
### Tirofiban

【其他名称】 欣维宁、艾卡特。

【适应证】选择性抑制血小板表面的糖蛋白Ⅱb/Ⅲa受体，有效减少血小板的聚集反应。用于预防不稳定性心绞痛患者的心脏缺血事件，非Q波型心肌梗死患者的心脏缺血事件及预防与经治冠脉突然闭塞有关的心脏缺血并发症，如心脏梗死、心血管死亡等。

【制剂】本品主要剂型为注射剂。

【不良反应】可能会引起一些不良反应，如出血、头痛、恶心等。因此，在用药过程中需要密切监测患者的症状变化，及时发现并处理不良反应。

【用药指导】①替罗非班常与其他抗凝血药物联合使用，如阿司匹林、华法林等。在联合用药时，需要注意药物之间的相互作用和配伍禁忌。②对于老年人、妊娠期妇女、哺乳期妇女以及严重肾功能不全等特殊人群，需要在医生指导下谨慎使用替罗非班。③替罗非班的用法用量需严格遵医嘱执行。一般来说，对于不稳定性心绞痛或非Q波型心肌梗死的患者，前30分钟内用量为 $0.4\mu g/(kg \cdot min)$，之后以 $0.1\mu g/(kg \cdot min)$ 持续滴入，持续应用时间为36小时。在用药过程中，需要密切监测患者的生理反应和药物不良反应。④对替罗非班过敏者、有活动性出血、血小板减少症及出血史者、有颅内出血史或颅内肿瘤等患者禁用。⑤与阿司匹林和肝素联用时，出血的发生率可能增加。与其他影响止血的药物（如华法林）合用时应谨慎。

【商品信息】替罗非班是由美国默克公司研发的可逆性非肽类血小板GPⅡb/Ⅲa受体拮抗剂，并在全球范围内进行了推广和应用。替罗非班在临床上主要用于治疗急性冠脉综合征，包括不稳定性心绞痛或无Q波心肌梗死患者，以及行经皮腔内冠状动脉成形术或动脉粥样斑块切除术的患者。其独特的作用机制和对血小板GPⅡb/Ⅲa受体的高度选择性和特异性，使得替罗非班在心血管领域具有重要的临床价值。在中国，替罗非班的制剂（如盐酸替罗非班注射液、盐酸替罗非班氯化钠注射液等）由多家公司进行了注册和生产，例如，贵州景峰注射剂有限公司、远大医药（中国）有限公司、辽宁亿帆药业有限公司、四川科伦药业股份有限公司等均在不同时间获得了替罗非班相关制剂的药品注册批件。目前国内已有超过30家的药企获得了盐酸替罗非班氯化钠注射液的药品批文。在这些仿制药企业中，远大医药（中国）有限公司、辽宁亿帆药业有限公司、四川科伦药业股份有限公司在盐酸替罗非班氯化钠注射液的销售市场上占据了一定的份额。

替罗非班（注射剂）、盐酸替罗非班氯化钠注射剂属于《国家基本医疗保险、工伤保险和生育保险药品目录（2024年）》乙类药品。

【贮藏】本品原料药及制剂应遮光、密封，在干燥处保存。

### 三、其他血小板凝聚抑制剂

**1. 奥扎格雷（ozagrel）**　本品为高效、选择性血栓素合成酶抑制剂，用于治疗急性血栓性脑梗死和脑梗死伴随的运动障碍。制剂主要有奥扎格雷注射液、奥扎格雷葡萄糖注射液及奥扎格雷氯化钠注射液等。主要不良反应为出血倾向，用药过程中医护人员要仔细观察患者体征，出现异常应立即停止给药。

目前奥扎格雷未被《国家基本药物目录（2018年版）》收录；奥扎格雷（注射剂）属于《国家基本医疗保险、工伤保险和生育保险药品目录（2024年）》乙类药品。

**2. 曲克芦丁（troxerutin）**　本品能抑制血小板聚集，有防止血栓形成的作用，用于缺血性脑血管病（如脑血栓形成、脑栓塞）、中心性视网膜炎、血栓性静脉炎、血管通透性增高所致水肿等。制剂有注射液、胶囊及片剂等。不良反应主要有过敏反应，潮红、头痛及胃肠道不适等。用药期间避免阳光直射、高温及过久站立。

目前曲克芦丁未被《国家基本药物目录（2018年版）》收录；曲克芦丁（口服常释剂型及注射剂）

属于《国家基本医疗保险、工伤保险和生育保险药品目录（2024 年）》乙类药品。

**3. 达比加群酯（dabigatran etexilate）**　本品为直接凝血酶抑制剂，是达比加群的前体药物，属非肽类的凝血酶抑制剂；口服经胃肠吸收后，在体内转化为具有直接抗凝血活性的达比加群；是成年非瓣膜性心房颤动患者脑卒中和全身性栓塞的预防药物。达比加群酯原研企业为勃林格殷格翰，2010 年 10 月 FDA 批准上市，2013 年 2 月进入中国市场。随着我国临床上的广泛应用，国内编写出版了《达比加群酯用于非瓣膜病心房颤动患者卒中预防的临床应用建议》。

目前达比加群酯（胶囊）被《国家基本药物目录（2018 年版）》收录；达比加群酯（口服常释剂型）属于《国家基本医疗保险、工伤保险和生育保险药品目录（2024 年）》乙类药品。

**4. 替格瑞洛（ticagrelor）**　本品为阿斯利康公司研发的一种新型的、具有选择性的小分子抗凝血药，2011 年 7 月 FDA 批准上市。替格瑞洛是直接作用、可逆结合的 P2Y12 血小板抑制剂，用于急性冠脉综合征患者，可降低血栓性心血管事件的发生率；与氯吡格雷相比，本品可以降低心血管死亡、心肌梗死或脑卒中的复合终点的发生率。2012 年 11 月，我国批准替格瑞洛注册。

目前替格瑞洛片剂被《国家基本药物目录（2018 年版）》收录；替格瑞洛（口服常释剂型）属于《国家基本医疗保险、工伤保险和生育保险药品目录（2024 年）》乙类药品。

# 第四节　促凝血药

## 一、概述

促凝血药（procoagulants drugs）：促凝血药，又称止血药，是指能加速血液凝固或降低毛细血管通透性，从而促使出血停止的药物。凝血，也被称为血液凝固，是指血液由流动的液体状态转变为不能流动的凝胶状态的过程。凝血的实质是血浆中的可溶性纤维蛋白原在凝血酶的作用下，转变为不溶性的纤维蛋白，这些纤维蛋白交织成网，将血细胞和血浆等成分网罗在内，从而形成血凝块，实现止血效果。

凝血过程需要多种要素参与，包括凝血因子、血小板、维生素 K 等。凝血因子是一类参与凝血过程的蛋白质，其中大部分由肝脏合成。血小板则是一种特殊的细胞，它们在血管内循环，当血管受损时，会迅速聚集在伤口处，形成血小板栓子，阻止血液进一步流失。此外，维生素 K 对于凝血过程中某些凝血因子的合成和激活也至关重要。凝血过程受到多种机制和因子的精细调控。凝血过程大致可以分为三个阶段：①凝血酶原激活物形成；②凝血酶形成；③纤维蛋白形成。在这一系列复杂的生物化学反应中，凝血酶起着关键作用，它能够将纤维蛋白原转化为不溶性的纤维蛋白多聚体，进而促进血栓的形成。

促凝血药物的来源多种多样，主要包括天然提取、化学合成和生物技术制备。促凝血药的作用机制复杂多样，涉及凝血因子、纤维蛋白溶解系统、毛细血管通透性、血小板功能等多个方面。

### （一）促凝血药的分类

**1. Ⅰ 类——促进凝血系统功能的药物**　维生素 $K_1$、维生素 $K_2$、巴曲酶。

**2. Ⅱ 类——凝血因子制剂**　人凝血因子Ⅷ、凝血酶、凝血酶原复合物、人纤维蛋白原等。

**3. Ⅲ 类——抗纤维蛋白溶解药**　包括氨甲苯酸、氨甲环酸、抑肽酶等。

**4. Ⅳ 类——作用于血管的止血药**　包括安络血、酚磺乙胺等。

促凝血药被《国家基本药物目录（2018 年版）》和《国家基本医疗保险、工伤保险和生育保险药品目录（2024 年）》收录的情况详如表 15 - 3 所示。

表 15-3 促凝血药被国家基本药物目录和国家医保目录收录情况

| 药品类别 | 药品名称 | 药品剂型 | 《国家基本药物目录<br>（2018 年版)》 | 《国家基本医疗保险、工伤保险和<br>生育保险药品目录（2024 年)》 |
|---|---|---|---|---|
| 促凝血药 | 凝血酶 | 外用冻干制剂 | 收录 | 甲类目录 |
| | | 散剂 | — | 甲类目录 |
| | 维生素 K$_1$ | 注射剂 | 收录 | 甲类目录 |
| | | 口服常释剂型 | — | 乙类目录 |
| | 甲萘氢醌 | 口服常释剂型 | 收录 | 甲类目录 |
| | 氨甲环酸 | 注射剂 | 收录 | 甲类目录 |
| | | 口服常释剂型 | — | 乙类目录 |
| | 鱼精蛋白 | 注射剂 | 收录 | 甲类目录 |
| | 冻干人凝血因子Ⅷ | 注射剂 | 收录 | 甲类目录 |
| | 冻干人凝血酶原复合物 | 注射剂 | 收录 | 乙类目录 |
| | 冻干人纤维蛋白原 | 注射剂 | 收录 | 乙类目录 |
| | 氨基己酸 | 注射剂 | — | 乙类目录 |
| | | 口服常释剂型 | — | 乙类目录 |
| | 氨基己酸氯化钠 | 注射剂 | — | 乙类目录 |
| | 氨甲苯酸氯化钠 | 注射剂 | — | 乙类目录 |
| | 氨甲苯酸葡萄糖 | 注射剂 | — | 乙类目录 |
| | 氨甲环酸氯化钠 | 注射剂 | — | 乙类目录 |
| | 亚硫酸氢钠甲萘醌 | 注射剂 | — | 甲类目录 |
| | | 口服常释剂型 | — | 乙类目录 |
| | 艾曲泊帕乙醇胺片 | — | — | 乙类目录 |
| | 白眉蛇毒血凝酶 | 注射剂 | — | 乙类目录 |
| | 酚磺乙胺 | 注射剂 | — | 乙类目录 |
| | 聚桂醇 | 注射剂 | — | 乙类目录 |
| | 卡络磺钠（肾上腺色腙） | 口服常释剂型 | — | 乙类目录 |
| | | 注射剂 | — | 乙类目录 |
| | 卡络磺钠（肾上腺色腙）氯化钠 | 注射剂 | — | 乙类目录 |
| | 矛头蝮蛇血凝酶 | 注射剂 | — | 乙类目录 |
| | 蛇毒血凝酶 | 注射剂 | — | 乙类目录 |
| | 维生素 K$_4$ | 口服常释剂型 | — | 乙类目录 |
| | 重组人凝血因子Ⅷ | 注射剂 | — | 乙类目录 |
| | 重组人凝血因子Ⅸ | 注射剂 | — | 乙类目录 |
| | 人凝血因子Ⅸ | — | — | 乙类目录 |

## （二）促凝血药的作用机制

**1. 促进凝血系统功能的药物作用机制** 通过参与肝脏内合成凝血酶原及凝血因子过程发挥促凝血作用或通过促进出血部位的血小板聚集，释放凝血因子，促进纤维蛋白原降解，生成纤维蛋白单体，进而形成难溶性纤维蛋白，促进出血部位的血栓形成和止血。

**2. 凝血因子制剂作用机制** 主要通过参与和调控血液凝固机制来实现。

**3. 抗纤维蛋白溶解药作用机制** 通过直接或间接抑制纤维蛋白溶酶原的激活因子，从而抑制纤维蛋白溶酶原的激活，减少纤溶酶的生成，防止纤维蛋白的分解，达到止血作用。

**4. 作用于血管的止血药的作用机制**　通过增强毛细血管对损伤的抵抗力，降低毛细血管的通透性，促进受损毛细血管端回缩而止血。

## 二、促凝血药物

促凝血药物（又称为止血药）是一类用于加速血液凝固或降低毛细血管通透性，从而促使出血停止的药物。促凝血药物通过促进凝血因子合成、直接补充凝血因子、抑制纤维蛋白溶解、作用于血管以及增强血小板功能等多种机制共同作用，达到加速血液凝固、防止或减少出血的目的。这些机制在临床上被广泛应用于各种出血性疾病的治疗和预防。目前用于临床的促凝血药物有维生素 K、凝血因子Ⅷ、凝血酶原复合物、氨基己酸、氨甲苯酸、氨甲环酸、垂体后叶素、卡巴克洛、酚磺乙胺等。

### （一）促凝血药物的发展历史

促凝血药物的发展历史可以追溯到多个重要阶段和关键发现。在医学发展的早期，人们就开始探索能够加速血液凝固或降低毛细血管通透性的物质，以促使出血停止。维生素 K 的发现主要归功于丹麦生物化学家亨里克·达姆（Henrik Dam）和美国生物化学家爱德华·阿尔伯特·多伊西（Edward Adelbert Doisy）。维生素 K 的发现于 20 世纪 20 年代末至 30 年代初，亨里克·达姆在研究母鸡合成胆固醇的机制时，意外发现了维生素 K 的存在。当时，学术界普遍认为哺乳动物体内能合成胆固醇，但鸟类和鸡可能缺乏这种功能。为了验证这一推想，达姆进行了一系列实验。达姆发现，用胆固醇含量很少但富含维生素 A、维生素 D 的饲料喂养刚孵出的雏鸡后，雏鸡在第二、三周时出现了皮下、肌肉和器官的出血症状，并且凝血时间明显延长。为了找出导致出血症状的原因，达姆给试验小鸡喂食了不同食物搭配的饲料，发现绿叶植物和猪肝、蛋黄能防治小鸡的出血症状。随后，他和同事们从这些食物中提取出了一种黄色结晶或油状物，这种物质对出血有凝结作用。达姆用德文称之为 "Koagulations - Vitamin"（意为 "对出血有凝结作用的维生素"），并在 1935 年发表的论文中首次公之于世。这一名称后来被广泛接受，并简化为 "维生素 K"。在达姆之后，多伊西等科学家进一步研究了维生素 K 的化学结构和特性。他们分离出了维生素 K 的不同形式，包括维生素 $K_1$（叶绿醌）和维生素 $K_2$，并确定了它们的化学式和结构。由于达姆和多伊西在维生素 K 领域的开创性工作，他们共同获得了 1943 年度诺贝尔生理学/医学奖。

维生素 K 是参与肝脏内合成凝血酶原及凝血因子的重要物质，其发现为治疗因凝血因子缺乏引起的出血提供了重要手段。维生素 K 类药物至今仍是促凝血药物的重要组成部分。随着生物化学和制药技术的发展，人们开始从动物血液或组织中提取凝血酶和凝血因子，并制成制剂用于临床。这些制剂包括人凝血因子Ⅷ、凝血酶原复合物、凝血酶等。20 世纪中叶，科学家从巴西的矛头蝮蛇中提取了具有促凝血、止血作用的物质——巴曲酶（后称为蛇毒血凝酶）。经过深入研制开发，蛇毒血凝酶逐渐成为临床上广泛使用的促凝血药物。随着医学技术的不断进步，新型促凝血药物如直接凝血酶抑制剂、血小板聚集抑制剂等逐渐问世。这些药物通过不同的机制达到止血、预防血栓形成的目的，为临床治疗提供了更多选择。

近年来，基因治疗技术和智能化制造技术也开始在促凝血药物的研发和生产中发挥作用。这些技术的应用有望进一步提高促凝血药物的质量和安全性，满足患者对安全和有效的需求。未来，促凝血药物行业将加大新产品研发力度，开发出更加安全、有效的促凝血药物。同时，通过适应证拓展、剂型和给药途径创新等方式，提高促凝血药物的市场份额和竞争力。

促凝血药物的发展历史是一个不断探索、创新和完善的过程。从早期的天然物质提取到现代的生物化学制药技术应用，再到未来的基因治疗和智能化制造技术应用，促凝血药物的发展将不断推动医学进步和患者健康水平的提升。

### （二）典型促凝血药物

目前，促凝血药物种类繁多，包括促进凝血系统功能的药物（如维生素 K 类、蛇毒血凝酶）、凝血因子制剂（如凝血酶、人纤维蛋白原）、抗纤维蛋白溶解药（氨甲苯酸、氨甲环酸、抑肽酶）和作用于血管的止血药（如安络血、酚磺乙胺）等。

我国促凝血药市场规模逐年扩大，成为全球最大的促凝血药市场之一。随着国内医疗需求的增加和医疗保险政策的支持，我国促凝血药市场将继续保持增长态势。

## 维生素 K
### Vitamin K

【适应证】 维生素 K 作为羧化酶的辅酶参与凝血因子 II、VII、IX、X 的合成。用于维生素 K 缺乏引起的出血，如梗阻性黄疸、胆瘘、慢性腹泻所致出血，新生儿出血，香豆素类、水杨酸钠等所致的出血。长期应用广谱抗生素应作适当补充，以免维生素 K 缺乏。

【制剂】 本品主要剂型有注射剂及片剂。

【不良反应】 维生素 $K_1$ 静脉注射太快可产生潮红、呼吸困难、胸痛、虚脱。较大剂量维生素 $K_1$ 对新生儿、早产儿可发生溶血及高铁血红蛋白症。葡萄糖-6-磷酸脱氢酶缺乏患者也可诱发溶血。

【用药指导】 ①维生素 $K_1$ 是口服抗凝药如华法林引起的低凝血酶原症的唯一拮抗药，对肝素引起的出血无效；②静脉注射有可能引起出汗、胸闷等，故一般不采用，如果必须采用静脉注射，需缓慢给药，每分钟不超过 5mg；③新生儿用维生素 $K_1$ 可能出现高胆红素血症；④大剂量时可作为杀鼠药"敌鼠钠"中毒的解救药。

【商品信息】 1929 年，丹麦生化学家 Dam 观察到一些小鸡在用低脂食物喂养一段时间后流血死亡，1936 年 Dam 发现小鸡的出血原因是缺乏一种脂溶性维生素，并命名为维生素 K；1939 年维生素 K 被分离并合成；我国于 1966 年投入生产。

我国维生素 K 的产量相对其他主要维生素品种（如维生素 C 和 B 族维生素）来说较小，占总产量的比例不足 6%。原料主要由山东广通宝医药有限公司、安徽万和制药有限公司、浙江诚意药业股份有限公司、四川仁安药业有限责任公司等企业生产。制剂除上述企业外，还有浙江医药股份有限公司新昌制药厂、国药集团容生制药有限公司、成都倍特药业股份有限公司、成都倍特药业股份有限公司等二十多家企业生产。

目前维生素 $K_1$（注射液）被《国家基本药物目录（2018 年版）》收录；维生素 $K_1$（注射液）属于《国家基本医疗保险、工伤保险和生育保险药品目录（2024 年）》甲类药品，维生素 $K_1$（口服常释剂型）、维生素 $K_4$（口服常释剂型）属于《国家基本医疗保险、工伤保险和生育保险药品目录（2024年）》乙类药品。

【贮藏】 遮光密封，防冻保存。

## 氨甲苯酸
### Aminomethylbenzoic Acid

【其他名称】 4-氨甲基苯甲酸、抗血纤溶芳酸、止血芳酸、对羧基苄胺等。

【适应证】 本品可抑制纤溶酶原激活因子，使纤溶酶原不被激活为纤溶酶，并可直接抑制纤溶酶。用于治疗血纤维蛋白溶解亢进引起的各种出血，如产后出血、血尿及上消化道出血等；还可用于因链激酶或尿激酶应用过量引起的出血。

【制剂】本品主要剂型是注射剂和片剂。

【不良反应】用量过大可致血栓形成，诱发心肌梗死。

【用药指导】①氨甲苯酸对慢性渗血效果显著，但是对癌症出血或大量的创口出血则无止血效果；②有血栓形成倾向者禁用；③肾功能不全者禁用。

【商品信息】氨甲苯酸于 1959 年合成，我国于 1968 年投入生产。

我国是全球氨甲苯酸市场的主要生产和消费国之一，其产量在全球市场中占据重要地位。原料主要由常州康普药业有限公司、常州兰陵制药有限公司和湖南洞庭药业股份有限公司生产。制剂主要由山东圣鲁制药、西南药业、西安利君制药、郑州卓峰制药、安徽长江药业、宁波大红鹰药业、甘肃兰药药业、广西南宁百会药业、甘肃兰药药业、湖南洞庭药业、华润双鹤药业等 60 多家企业生产。

目前氨甲苯酸（注射剂）被《国家基本药物目录（2018 年版）》收录；氨甲苯酸（口服常释剂型、注射剂）属于《国家基本医疗保险、工伤保险和生育保险药品目录（2024 年）》甲类药品，氨甲苯酸氯化钠注射剂、葡萄糖注射剂属于乙类药品。

【贮藏】本品原料药及制剂宜在密闭、避光、10～30℃范围内保存。对于已打开的包装，建议在相对湿度小于 60% 的条件下立即称量并一次性使用完毕。

## 鱼精蛋白
### Protamine Sulfate

【适应证】本品在体内可与强酸性的肝素结合，形成稳定的复合物，使肝素失去抗凝活性。临床作为抗肝素药，用于因注射肝素过量所引起的出血。

【制剂】本品主要剂型为注射剂。

【不良反应】可引起心动过缓、胸闷、呼吸困难及血压降低，大多因静脉注射过快，药物直接作用于心肌或周围血管扩张引起；注射后有恶心呕吐、面红潮热及倦怠。如作用短暂，无须治疗；偶见过敏。

【用药指导】①口服无效；②禁与碱性物质接触；③过敏反应较少发生，但对鱼类过敏者应用时应注意。

【商品信息】鱼精蛋白发现于 1870 年，是从鱼类新鲜成熟精子中提取的一种碱性蛋白质的硫酸盐。从 1958 年开始，上海和青岛等地的水产品部门曾经多次从青鱼精巢中提取出鱼精蛋白。1999 年，吴燕燕等成功地从鲅鱼、罗非鱼等淡水鱼的精巢中提取出鱼精蛋白；2001 年谢俊杰等从鲢鱼精巢中提取出了鱼精蛋白，且对具有抑菌性的鱼精蛋白进行了纯化和鉴定。

我国是全球鱼精蛋白市场的重要参与者之一，其产量在全球市场中占据一定份额。鱼精蛋白主要由上海上药第一生化药业和北京斯利安药业生产。鱼精蛋白注射液主要由悦康药业集团股份有限公司、上海上药第一生化药业有限公司、多多药业有限公司生产。

目前鱼精蛋白（注射剂）被《国家基本药物目录（2018 年版）》收录；鱼精蛋白（注射剂）属于《国家基本医疗保险、工伤保险和生育保险药品目录（2024 年）》甲类药品。

【贮藏】本品原料药及制剂应遮光、密闭，于阴凉处保存。

## 三、其他促凝血药物

**1. 氨甲环酸（tranexamic acid）**　又名"传明酸、凝血酸、止血环酸"，主要用于急性或慢性、局限性或全身性原发性纤维蛋白溶解亢进所致的各种出血。制剂主要有注射剂、胶剂、片剂。偶有药物过量所致颅内血栓形成和出血；注射后可有视物模糊、头痛、头晕、疲乏等中枢神经系统症状；必须持续应用本品较久者，应做眼科检查监护（如视力测验、视觉、视野和眼底）。对于有血栓形成倾向者（如急性心肌梗死）慎用；慢性肾功能不全时，用量应酌减，因给药后尿液中药物浓度常较高；治疗前列腺手术出血时，本品用量也应减少；与青霉素或输注血液有配伍禁忌。

原料药主要由上海现代哈森（商丘）药业、开封制药、华润双鹤药业、常州寅盛药业等企业生产。制剂主要由江苏朗欧药业、浙江诚意药业、成都第一制药、湖南五洲通药业、哈药集团三精制药、哈尔滨泰华药业、葵花药业、吉林万通药业等150多家企业生产。

目前氨甲环酸（注射液）被《国家基本药物目录（2018年版）》收录，属于《国家基本医疗保险、工伤保险和生育保险药品目录（2024年）》甲类药品；氨甲环酸（口服常释剂型）、氨甲环酸氯化钠注射剂属于乙类药品。

**2. 凝血酶（thrombin）** 包含牛血凝血酶、猪血凝血酶，可促使纤维蛋白原转化为纤维蛋白，应用于创口止血。用于手术中不易结扎的小血管止血、消化道出血及外伤出血等。剂型主要是冻干粉。偶可致过敏反应，应及时停药。凝血酶严禁注射，如误入血管可导致血栓形成、局部坏死危及生命；凝血酶必须直接与创面接触，才能起止血作用；凝血酶冻干粉应新鲜配制使用；凝血酶遇酸、碱、重金属发生反应而减效；为提高上消化道出血的止血效果，宜先服一定量抗酸药中和胃酸后口服本品，或同时静脉给予抑酸剂。

原料由昆明白马制药有限公司、兰州生物制品研究所有限责任公司、江西赣南海欣药业股份有限公司生产。制剂由上海上药第一生化药业、昆明白马制药、珠海同源药业、南京南大药业、常州千红生化制药、浙江杭康药业、博晖生物制药、诺一生物医药、成都蓉生药业、广东卫伦生物制药等110多家企业生产。

目前凝血酶（冻干粉）被《国家基本药物目录（2018年版）》收录；凝血酶（外用冻干制剂、散剂）属于《国家基本医疗保险、工伤保险和生育保险药品目录（2024年）》甲类药品。

# 第五节　抗凝血药

## 一、概述

抗凝血药（anticoagulants）是指一类能够干扰机体生理性凝血过程的不同环节，从而阻止血液凝固的药物。这类药物主要用于血栓栓塞性疾病的预防与治疗，以及预防中风或其他血栓性疾病。抗凝是指通过物理或化学方法，除掉或抑制血液中的凝血因子，从而阻止血液凝固的过程，以预防血栓形成，降低因血栓而引发的心肌梗死、中风等严重疾病的风险。抗凝治疗主要通过干扰凝血因子的活性，减少纤维蛋白血栓形成的过程。

抗凝机制是一个复杂而精细的过程，涉及多个环节和因素。通过抑制凝血因子的活性、增强生理性抗凝物质的活性、干扰凝血酶原的激活以及促进纤维蛋白溶解等方式，抗凝药物能够有效地阻止血液凝固和血栓形成，从而保护患者的生命健康。

抗凝血药物的来源多种多样，主要包括天然提取和化学合成两种方式。除了天然提取和化学合成方式外，还有一些抗凝血药物可能来源于其他途径。例如，某些微生物发酵产物或基因工程产品也可能具有抗凝作用。这些新型抗凝血药物的研发和应用，为临床抗凝治疗提供了更多的选择和可能性。

### （一）抗凝血药的分类

**1. Ⅰ类——肝素类药物** 低分子肝素、合成肝素。

**2. Ⅱ类——香豆素类药物** 华法林。

**3. Ⅲ类——新型抗凝药物**　利伐沙班、阿哌沙班、依度沙班、达比加群、阿加曲班等。

抗凝血药被《国家基本药物目录（2018 年版）》和《国家基本医疗保险、工伤保险和生育保险药品目录（2024 年）》收录的情况详如表 15-4 所示。

表 15-4　抗凝血药被国家基本药物目录和国家医保目录收录情况

| 药品类别 | 药品名称 | 药品剂型 | 《国家基本药物目录<br>（2018 年版）》 | 《国家基本医疗保险、工伤保险和<br>生育保险药品目录（2024 年）》 |
|---|---|---|---|---|
| 抗凝血药 | 肝素 | 注射液 | 收录 | 甲类目录 |
| | | 封管液 | — | 乙类目录 |
| | 低分子量肝素 | 注射剂 | 收录 | 乙类目录 |
| | 华法林 | 口服常释剂型 | 收录 | 甲类目录 |
| | 达肝素 | 注射剂 | — | 乙类目录 |
| | 那屈肝素 | 注射剂 | — | 乙类目录 |
| | 依诺肝素 | 注射剂 | — | 乙类目录 |
| | 达比加群酯 | 口服常释剂型 | 收录 | 乙类目录 |
| | 尿激酶 | 注射剂 | 收录 | 甲类目录 |
| | 利伐沙班 | 口服常释剂型 | 收录 | 乙类目录 |
| | 注射用重组人组织型纤溶酶原激酶衍生物 | — | 收录 | 乙类目录 |
| | 重组链激酶 | 注射剂 | — | 甲类目录 |
| | 降纤酶 | 注射剂 | — | 乙类目录 |
| | 纤溶酶 | 注射剂 | — | 乙类目录 |
| | 蚓激酶 | 口服常释剂型 | — | 乙类目录 |
| | 巴曲酶 | 注射剂 | — | 乙类目录 |
| | 注射用重组人尿激酶原 | — | — | 乙类目录 |
| | 阿加曲班 | 注射剂 | — | 乙类目录 |
| | 阿哌沙班 | 口服常释剂型 | — | 乙类目录 |
| | 磺达肝癸钠 | 注射剂 | — | 乙类目录 |
| | 甲苯磺酸艾多沙班片 | — | — | 乙类目录 |
| | 阿魏酸哌嗪 | 口服常释剂型 | — | 乙类目录 |
| | 奥扎格雷 | 注射剂 | — | 乙类目录 |

### （二）抗凝血药的作用机制

**1. 肝素类药物作用机制**　肝素通过增强抗凝血酶 3（AT-Ⅲ）与凝血酶之间的亲和力，加速凝血酶的失活，从而有效抑制凝血过程。此外，肝素还能抑制血小板的聚集，防止血小板在血管壁上的沉积和形成血栓。

**2. 香豆素类药物作用机制**　香豆素类药物的结构与维生素 K 相似，它们能够竞争性地抑制维生素 K 环氧合物还原酶。这种抑制作用阻止了维生素 K 在肝脏内的正常转化过程，即阻止维生素 K 的环氧型向氢醌型的转变。这一步骤是维生素 K 活化凝血因子所必需的，因此香豆素类药物通过这一途径影响了凝血因子的生成。

**3. 新型抗凝药物作用机制**　新型抗凝药物主要通过直接抑制凝血过程中的关键成分，从而有效预防和治疗血栓栓塞性疾病。

## 二、抗凝血药物

抗凝血药物是一类用于防止血液凝结的药物，它们通过影响凝血过程中的某些凝血因子或血小板的功能，从而阻止凝血过程，减少血栓的形成。这类药物在预防和治疗血栓性疾病方面具有重要意义。抗凝血药物在临床上具有广泛的应用价值，主要用于预防和治疗血栓性疾病、心脏手术体外循环抗凝、血液透析的抗凝。目前用于临床的抗凝血药物有肝素、低分子肝素、华法林、达比加群酯、利伐沙班、双嘧达莫等。

### （一）抗凝血药物的发展历史

抗凝血药物的发展历史可以大致分为早期发现与初步应用、技术进步与药物优化、新型口服抗凝药物的崛起三个阶段。1916 年，美国约翰·霍普金斯大学医学院二年级医学生 Jay McLean（麦克廉）和生理学教授 William Henry Howell（豪厄尔）在进行体内促凝血物质效价测定的专题研究时，Jay McLean 从狗的肝脏中提取了一种脂溶性化合物，这种物质在体外显示出抗凝作用。由于当时认为这种抗凝物质只存在于肝脏，因此将其命名为"肝素（heparin）"。作为第一种被确定并用于医疗的抗凝药物，肝素于 1937 年首次在人体中使用。

20 世纪上半叶，科学家们开始关注血液凝固机制的研究，以期找到有效的抗凝药物。在加拿大和美国北部，由于天气异常温暖，农场储存的牧草发霉腐败，牧民们将这些发霉的牧草喂给牲畜后，发现牛羊们变得非常脆弱，伤口出血后血液无法正常凝固，甚至有时连伤口都找不到也会自发性出血，最后七孔流血而亡。这一现象引起了科学家们的注意。化学家卡尔·保罗·林克（Karl Paul Link）是华法林发现的关键人物。林克从这些发霉的牧草中分离出了具有抗凝血作用的物质，即双香豆素的衍生物。经过进一步的研究和改造，他合成了具有更强抗凝作用的物质——苄丙酮香豆素。由于这项研究是在威斯康星大学校友基金会（WARF）的资助下完成的，因此将这种香豆素衍生物命名为 Warfarin（WARF：基金会；–arin：香豆素词尾），中文译为华法林，沿用至今。最初，华法林被用作灭鼠药。由于其抗凝作用，老鼠吃下华法林后会因内出血而死。由于华法林的作用较为迟缓，老鼠难以将食用华法林和死亡直接联系起来，这使得华法林在灭鼠方面取得了巨大成功。随着研究的深入，科学家们逐渐发现华法林在抗凝方面的潜力。1948 年，华法林开始被用于治疗血栓症和心脏病等疾病的实验研究。1954 年，美国食品药品管理局（FDA）正式批准华法林可以作为药物应用于人类的疾病。自 20 世纪 50 年代起，华法林开始在临床上广泛应用，成为预防和治疗血栓栓塞性疾病的重要药物。尤其是在 1955 年，美国总统艾森豪威尔在心脏病发作后服用了华法林，这一事件进一步增加了民众对华法林的接受程度。

随着医学技术的不断进步，低分子量肝素（LMWH）于 1987 年问世，低分子量肝素保留了普通肝素原有的抗凝作用，但分子质量降低，降低了出血风险，同时不需要频繁监测凝血指标。1990 年，静脉直接凝血酶抑制剂阿加曲班开始应用于临床，进一步丰富了抗凝药物的选择。

自 2004 年以后，新型口服抗凝药物如达比加群酯、利伐沙班、阿哌沙班、艾多沙班等陆续上市。这些药物靶向凝血级联中的特定因子，如凝血酶或因子 Ⅹa，具有更高的选择性和更少的药物间相互作用。与传统抗凝药物相比，新型口服抗凝药在抗凝和减少包括出血在内的各种不良反应方面具有明显优势，同时可以口服、固定剂量、不需要监控凝血时间、不受食物、性别、种族的影响。

抗凝血药物的发展历史是一个从简单到复杂、从低效到高效、从单一到多样的过程。随着科技的进步和医疗水平的提高，未来抗凝药物的发展将更加注重精准化、安全性和便捷性。

### （二）典型抗凝血药物

目前，抗凝血药物种类繁多，包括肝素及其衍生物（如肝素、低分子肝素）、维生素 K 拮抗剂（如华法林、双香豆素、醋硝香豆素）、直接 Ⅹa 因子抑制剂（利伐沙班、阿哌沙班）和直接 Ⅱa 因子抑制剂（如达比加群酯、阿加曲班）等。

　　根据公开发布的信息，2022 年全球抗凝血药市场规模达到了约 650 亿美元，并预计在未来五年内将以每年 7% 左右的速度增长。在中国市场上，抗凝血药品种类繁多，主要包括传统口服抗凝剂（如华法林）和新型口服抗凝剂（NOACs）。其中，NOACs 因其使用方便、安全性高而逐渐成为市场主导力量，占据整体市场份额的 60% 以上。具体药物如达比加群酯、利伐沙班、阿哌沙班等的销售额均达到了较高的水平。

## 蛇毒血凝酶
### Hemocoagulase

　　【其他名称】　蝮蛇血凝酶、凝血酶素、蛇毒促凝血酶、蛇毒凝血酶、蛇凝血素酶等。

　　【适应证】　可用于需减少流血或止血的各种医疗情况，如外科、内科、妇产科、眼科、耳鼻喉科、口腔科等临床科室的出血及出血性疾病；也可用于预防出血，如手术前用药，可避免或减少手术部位及手术后出血。

　　【制剂】　本品主要剂型为注射剂。

　　【不良反应】　不良反应发生率极低，偶见过敏样反应。

　　【用药指导】　①有血栓病史者禁用；②应注意防止用药过量，否则其止血作用会降低。

　　【商品信息】　蛇毒血凝酶是 20 世纪中叶从巴西的矛头蝮蛇提取的具有促凝血、止血作用的物质，经过深入研制开发，最终以"巴曲酶"成功上市，历经半个多世纪的临床应用，证明该药安全性高、止血功效好。目前，蛇毒血凝酶已在全球 50 多个国家和地区注册上市销售。蛇毒血凝酶主要在医院临床使用，零售药店、城市社区医疗中心、乡镇卫生院用量极少或不用。北京康辰药业的尖吻蝮蛇血凝酶是具有自主知识产权的首个蛇毒血凝酶国家级 1 类新药，2009 年正式上市，商品名为"苏灵"。苏灵是利用从我国特有的尖吻蝮蛇蛇毒中提取的活性蛋白酶研制而成的止血药物，是唯一完成全部氨基酸测序的单一组分的蛇毒血凝酶药物，该药仅作用于纤维蛋白，因其不含凝血酶原激活物，不能激活凝血因子，从而避免了使用血凝酶类药物有可能导致的血液高凝状态和正常血管内壁血栓形成的潜在风险。

　　目前国内蛇毒血凝酶的生产企业仅有两家。原料由锦州奥鸿药业有限责任公司生产。制剂除上述企业外，还有兆科药业（合肥）有限公司生产。

　　白眉蛇毒血凝酶（注射剂）和蛇毒血凝酶（注射剂）均属于《国家基本医疗保险、工伤保险和生育保险药品目录（2024 年）》乙类药品。

　　【贮藏】　密闭，在冷处（2 ~ 10℃）避光保存。

## 肝素钠
### Heparin Sodium

　　【其他名称】　肝磷脂、Heparin、HED heparin 等。

　　【适应证】　肝素主要通过与抗凝血酶Ⅲ（AT – Ⅲ）结合，而增强后者对活化的Ⅱ、Ⅸ、Ⅹ、Ⅺ和Ⅻ凝血因子的抑制作用。适用于防止血栓形成或栓塞性疾病（如心肌梗死、血栓性静脉炎、肺栓塞等）引起的弥散性血管内凝血（DIC），也用于血液透析、体外循环、导管术、微血管手术等操作中及某些血液标本或器械的抗凝处理。

　　【制剂】　本品主要剂型为注射剂。

　　【不良反应】　本品毒性较低，主要不良反应是用药过多可致自发性出血；偶可引起过敏反应及血小板减少，常发生在用药初 5 ~ 9 天，故初始治疗 1 个月内应定期检测血小板计数；偶见一次性脱发和腹泻；长期使用（4 个月以上），可能发生严重的骨质疏松症及自发性骨折。

【用药指导】①对肝素过敏，有自发出血倾向者、血液凝固迟缓者（如血友病、紫癜、血小板减少），溃疡病、创伤、产后出血及肝功能不全者禁用。②妊娠后期和产后用药有增加母体出血危险，须慎用。③60岁以上老年人，尤其是老年妇女对该药较敏感，用药期间容易出血，应减量并加强用药随访。④肝素与下列药物合用，可加重出血危险：香豆素及其衍生物；阿司匹林及非甾体抗炎药；双嘧达莫、右旋糖酐；肾上腺皮质激素、促肾上腺皮质激素；其他药物如依他尼酸、组织纤溶酶原激活物、尿激酶、链激酶等。⑤肝素与纠正酸中毒的药物碳酸氢钠、乳酸钠等合用可促进肝素的抗凝作用。⑥肝素与透明质酸酶混合注射，既能减轻肌内注射疼痛，又可促进肝素吸收。但肝素可抑制透明质酸酶活性，故两者应临时配伍使用，药物混合后不宜久置。

【商品信息】1916年，约翰·霍普金斯大学医学院二年级的学生麦克廉在豪厄尔教授指导下进行科研工作，发现肝脏的提取物有抗凝血作用，由于是从肝脏中提取的因而得名"肝素"。1937年，加拿大的查斯发现在肺脏内也有肝素，甚至比肝脏还要多；于是，他从肺组织的提取物中分离并纯化了肝素；同年，肝素在临床上首次用于预防血栓形成并获得成功。1939年，Brinkhous和他的同事发现，肝素的抗凝作用是由血浆中的内源性物质介导的，这种内源性物质就是一种抗凝血酶；30年后，抗凝血酶从血浆中被提纯；肝素就是催化剂，加速了抗凝血酶的反应，进而起到抗凝血作用。我国于1966年开始研制生产肝素。而今，肝素通常由猪小肠黏膜和猪、牛的肺中提取，成为临床常用的体内、体外抗凝剂。我国是肝素生产大国，产量占全球市场的三分之一，但大部分供出口，欧美国家是全球肝素药品最主要的消费国，并且肝素制剂和低分子量肝素药品生产企业多为欧美跨国药企，因此长期以来，欧美一直是我国肝素产品最主要的出口市场。

近年来，我国肝素原料药产量在全球占据重要地位，是全球主要的肝素原料药出口国。原料药主要由深圳市海普瑞药业集团股份有限公司、四川菲德力制药有限公司、常州千红生化制药股份有限公司、烟台东诚药业集团股份有限公司、南京健友生化制药股份有限公司等企业生产。制剂主要由河北凯威制药有限责任公司、陕西博森生物制药股份集团有限公司、山东省惠诺药业有限公司、成都市海通药业有限公司、哈药集团生物工程有限公司、马鞍山丰原制药有限公司等100多家企业生产。

目前肝素（注射剂）被《国家基本药物目录（2018年版）》收录，属于《国家基本医疗保险、工伤保险和生育保险药品目录（2024年）》甲类药品。

【贮藏】遮光、密闭，在阴凉处（2~8℃）保存。

## 华法林
### Warfarin Sodium

【其他名称】华法令、法华林、Warfarin、苄丙酮香豆素钠、华法林钠等。

【适应证】本品为香豆素类抗凝血药，用于预防及治疗深静脉血栓及肺栓塞；预防心肌梗死后血栓栓塞并发症（脑卒中或体循环栓塞）；预防房颤、心瓣膜疾病或人工瓣膜置换术后引起的血栓栓塞并发症（脑卒中或体循环栓塞）。

【制剂】本品主要剂型有片剂、胶囊剂、注射剂。

【不良反应】过量易致各种出血；早期表现有瘀斑、紫癜、牙龈出血、鼻衄、伤口出血经久不愈，月经量过多等；出血可发生在任何部位，特别是泌尿和消化道。偶见不良反应有恶心、呕吐、腹泻、瘙痒性皮疹，过敏反应及皮肤坏死。大量口服甚至出现双侧乳房坏死，微血管病或溶血性贫血以及大范围皮肤坏疽；一次量过大的尤其危险。

【用药指导】①肝肾功能损害、严重高血压、凝血功能障碍伴有出血倾向、活动性溃疡、外伤、先兆流产、近期手术者禁用，妊娠期禁用；②治疗期间应严密观察口腔黏膜、鼻腔、皮下出血及大便隐血、血尿等，用药期间应避免不必要的手术操作，择期手术者应停药7天；③若发生轻度出血，或凝血酶原时间已显著延长至正常的 2.5 倍以上，应立即减量或停药。④华法林易通过胎盘并致畸胎，妊娠期使用本品可致"胎儿华法林综合征"。妊娠后期应用可致出血和死胎，故妊娠早期 3 个月及妊娠后期 3 个月禁用本品。

【商品信息】 1921 年，在加拿大和美国北部的很多牧场中，牛羊因为吃了发霉腐败的牧草流血不止死去，因此推测是这些腐败的牧草造成了牲畜的凝血功能障碍。1940 年，化学家卡尔·保罗·林克从这些发霉的牧草中最终分离出了具有抗凝血作用的物质，并确定了它的结构，这是一种双香豆素类的物质。此后几年中，人们陆续发现了几种分子结构类似的物质，它们都具有抗凝血的作用。这种物质发现以后的最初几年，人们并没有想到把它当作药物使用，倒是把它做成了老鼠药。为了让老鼠药的药劲更大，林克对双香豆素进行了结构改造，于 1948 年得到了一种更强效的抗凝物质，并把它命名为"华法林"。1954 年，华法林被正式批准用于人体。在华法林上市之前，临床使用的抗凝药物是肝素，这种药物仅能注射，对于需要长期使用的患者而言非常不便。华法林片剂的出现解决了这个问题。

2023 年全球华法林市场容量为 35.38 亿元，预计在未来几年内将以 0.81% 的年复合增长率增长，到 2029 年有望达到 37.41 亿元。原料药主要由上海旭东海普药业有限公司和山东安弘制药有限公司生产；制剂主要由北京嘉林药业股份有限公司、上海福达制药有限公司、河南中杰药业有限公司、齐鲁制药有限公司等数十家企业生产。

目前华法林（片剂）被《国家基本药物目录（2018 年版）》收录，属于《国家基本医疗保险、工伤保险和生育保险药品目录（2024 年)》甲类药品。

【贮藏】 本品原料药及制剂应遮光，密封于 15～25℃保存。开封后的华法林在避光、密封、适宜温度的环境下保存，存放时间不得超过 6 个月。

## 尿激酶
## Urokinase

【其他名称】 Urokinase、尿活素、人纤溶酶、尿激酶 6000 等。

【适应证】 尿激酶直接作用于内源性纤维蛋白溶解系统，能催化裂解纤溶酶原成纤溶酶，从而发挥溶栓作用。主要用于血栓栓塞性疾病的溶栓治疗；也可用于人工心脏瓣膜手术后预防血栓形成，保持血管插管和胸腔及心包腔引流管的通畅等。溶栓的疗效需要后续的肝素抗凝加以维持。

【制剂】 本品主要剂型为注射剂。

【不良反应】 ①出血：发生严重出血并发症时需立即停止输注，必要时输新鲜血或红细胞、纤维蛋白原等。预防出血主要是严格选择适应证和禁忌证，预先建立好静脉通路，开始输注本品后禁止肌内注射给药。②尿激酶为内源性纤溶酶原激活剂：无抗原性，但个别患者可发生轻度过敏反应，如皮疹、支气管痉挛、发热等。③消化道反应：如恶心、呕吐、食欲减退。

【用药指导】 ①下列情况的患者禁用本品：急性内脏出血、急性颅内出血、陈旧性脑梗死、近 2 个月内进行过颅内或脊髓内外科手术、颅内肿瘤、动静脉畸形或动脉瘤、出血体质、严重难控制的高血压患者。②用药期间应密切观察患者反应，如脉率、体温、呼吸频率和血压、出血倾向等。③静脉给药时，要求穿刺一次成功，以避免局部出血或血肿。④动脉穿刺给药完毕，应在穿刺局部加压至少 30 分钟，并用无菌绷带和敷料加压包扎，以免出血。

【商品信息】 本品为从健康人尿中分离的，或从人肾组织培养中获得的一种酶蛋白。在对脑血管意外患者治疗过程中，溶栓是最重要也是最有效的治疗方法，我国乃至全球临床均在使用。

我国尿激酶的产量在全球市场中占据重要地位，预测到 2030 年，我国尿激酶的产量将达到一定水平。原料药主要由广东天普生化医药股份有限公司、武汉人福药业有限责任公司、上海枫华制药有限公司、山东北大高科华泰制药有限公司等企业生产。制剂主要由成都通德药业有限公司、南京南大药业有限责任公司、哈尔滨圣吉药业股份有限公司、开封康诺药业有限公司、沈阳光大制药有限公司等 120 多家企业生产。

目前尿激酶（注射剂）被《国家基本药物目录（2018 年版）》收录，属于《国家基本医疗保险、工伤保险和生育保险药品目录（2024 年）》甲类药品。

【贮藏】本品原料药及制剂应低温、避光、密封保存。对于冻干粉制剂的尿激酶，其贮藏条件通常为 2～10℃（或 4～10℃）的冷藏环境。已配制的注射液尿激酶在室温下（如 25℃）的保存时间相对较短，通常应在 8 小时内使用完毕；冰箱内（2～5℃）可保存 48 小时

### 三、其他抗凝血药物

**1. 低分子量肝素（low molecular weight heparin）** （如依诺肝素钠注射液）由猪小肠黏膜水溶液中提取出来的肝素钠片段组成。低分子量肝素在凝血的早期阶段有最高活性，适用于有轻至中度血栓栓塞危险的患者，预防手术中及手术后深部静脉血栓形成（如普通外科手术）。制剂主要为注射剂。低分子量肝素造成的出血为剂量依赖性不良反应，特别是皮肤、黏膜、伤口、胃肠道和泌尿生殖系统出血；偶见轻度血小板减少症。低分子量肝素绝不能肌内注射，因有引起血肿的危险，且不可与其他静脉推注和滴注药混合。目前国内低分子肝素制剂有国产与进口可供选择。

目前低分子量肝素注射剂被《国家基本药物目录（2018 年版）》收录，属于《国家基本医疗保险、工伤保险和生育保险药品目录（2024 年）》乙类药品。

**2. 重组链激酶（recombinant streptokinase）** 是从 C 族 $\beta$-溶血性链球菌培养液中制得的一种不具有酶活性的蛋白质。用于急性心肌梗死、深部静脉血栓、肺栓塞、脑栓塞、急性亚急性周围动脉血栓、中央视网膜动静脉栓塞、血透分流术中形成的凝血、溶血性和创伤性休克及并发弥散性血管内凝血（DIC）的败血症休克等。制剂主要为注射剂。出血为主要并发症，一般为注射部位出现血肿，不需停药，可继续治疗，严重出血可给予氨基己酸或氨甲苯酸对抗本品的作用，更严重者可补充纤维蛋白原或全血。在使用本品过程中，应尽量避免肌注及动脉穿刺，因可能引起血肿。

目前重组链激酶注射剂属于《国家基本医疗保险、工伤保险和生育保险药品目录（2024 年）》甲类药品。

**3. 阿替普酶（alteplase）** 本品为重组人组织型纤维蛋白溶酶原激活剂，可用于急性心肌梗死，已被证实可降低急性心肌梗死患者 30 天死亡率；血流不稳定的急性大面积肺栓塞；急性缺血性脑卒中。制剂为注射用阿替普酶，静脉给药；溶液配制后，立即使用；已经证实配制好的溶液能够在 2～8℃保持稳定 24 小时。最常见的不良反应为出血，可导致红细胞比积和（或）血红蛋白下降，很常见血管损伤处出血（如血肿）、注射部位处出血（穿刺部位处出血、导管放置部位处血肿、导管放置部位处出血）。不能用于 18 岁以下及 80 岁以上的急性脑卒中患者治疗。目前仅有德国 Boehringer Ingelheim Pharma GmbH & Co. KG 进口的"爱通立"注射用阿替普酶。

注射用阿替普酶属于《国家基本医疗保险、工伤保险和生育保险药品目录（2024 年）》乙类药品，用于特定条件下的溶栓治疗。

答案解析

## 思考题

1. 简述血小板凝聚抑制剂和抗凝药的区别。
2. 简述如何合理使用抗贫血药物，防止疗效不佳的情况产生。

3. 从抗贫血药的发展历程中读者获得的启发是什么？

4. 简述抗贫血药中，临床最畅销的抗贫血药的类别及代表药品。

5. 简述如何合理使用维生素 $B_{12}$，可以防止影响其疗效不佳的情况发生。

6. 作用机制不同的血小板凝聚抑制剂可以联合使用吗？为什么？

（刘 玲）

书网融合……

本章小结

微课

习题

# 第十六章　泌尿系统用药

PPT

### 学习目标

　　1. 通过本章学习，掌握利尿药的分类，呋塞米、氢氯噻嗪、螺内酯、特拉唑嗪的药品信息，前列腺增生用药的分类，布美他尼、氨苯蝶啶、坦洛新的药品信息；熟悉脱水药的分类，依他尼酸、托拉塞米、甘露醇、乙酰唑胺、垂体后叶素、非那雄胺的药品信息；了解尿崩症用药的分类，阿米洛利、氯噻酮、山梨醇、葡萄糖、尿素、鞣酸加压素的药品信息各类泌尿系统用药的发展历史及现状，本章中各类药物的制剂和商品信息。

　　2. 具有根据泌尿系统疾病的具体情况选择对症的治疗药物并合理使用的能力，以及根据各类泌尿系统用药的研发、生产、市场情况合理预测未来发展趋势的能力。

　　3. 养成依据患者所患泌尿系统疾病的病因选择具有针对性的治疗药物，合理使用泌尿系统治疗药物以防止出现作用机制相同的药物重复使用的思维模式。

　　2017 年 4 月，世界肾脏大会发布了首个全球肾脏病的健康报告。数据显示全球肾病患者人数超过 6 亿，每年死于慢性肾病相关疾病的患者人数超过 100 万。全球约 10% 的成年人患有肾脏疾病，而大多数人对患有肾病并不自知。而据中国首次肾病流行病学调查报告显示：我国慢性肾病的总发病率为 10.8%。由此推算，我国慢性肾病患者人数估计约为 1.3 亿。慢性肾病已经成为我国重要的公共卫生问题。 ✉ 微课

# 第一节　概　述

## 一、泌尿系统和泌尿系统疾病

　　泌尿系统（urinary system）是由肾、输尿管、膀胱、尿道及与其有关的血管神经组成，主要功能是生成和排出尿液，将人体内代谢产生的废物和毒素排泄出去，以调节机体的水盐和酸碱平衡，维持机体内环境稳定。

　　泌尿系统疾病（diseases of the urological system）是指发生在泌尿系统各器官，包括肾脏、输尿管、膀胱、尿道以及男性特有的前列腺等部位的器质性或功能性异常的一组疾病。这些疾病可能由多种因素引起，如感染、结石形成、肿瘤发展、外伤导致的组织损伤等。这些因素可能导致管道狭窄、阻塞，影响尿液的正常排出，进而引发一系列临床表现。泌尿系统疾病的症状因具体疾病而异，但常见的症状包括尿频、尿急、尿痛、血尿、排尿困难、腰痛、发热以及肾功能损害引起的水肿等。

　　泌尿系统疾病可分为泌尿系统感染、泌尿系统结石、泌尿系统肿瘤、泌尿系统损伤、泌尿系统先天性疾病、泌尿系统炎症。泌尿系统疾病的发病机制涉及感染、结石形成、肿瘤发展、损伤与先天性疾病以及免疫力低下和不良生活习惯等多个方面。为了预防泌尿系统疾病的发生，人们应保持良好的生活习惯和饮食习惯，注意个人卫生，避免过度劳累和熬夜等。

## 二、泌尿系统药物

　　泌尿系统药物种类繁多，根据不同的疾病类型和症状，可以选择不同的药物进行治疗。泌尿系统用

药按其作用特点可分为利尿药、脱水药及良性前列腺增生用药。这些药物可以通过影响肾脏的尿液生成过程、提升血浆渗透压来发挥利尿脱水作用从而增加尿量，或通过影响前列腺平滑肌的张力来改善排尿受阻症状，从而发挥治疗作用。

**1. 利尿药**　是一类能够增加尿量、促进体内多余水分和电解质排出的药物，广泛应用于水肿、高血压、心力衰竭等多种疾病的治疗中。利尿药根据其作用机制和化学结构的不同，可以分为多种类型。常见的利尿药包括袢利尿剂、噻嗪类利尿剂、保钾利尿剂、碳酸酐酶抑制剂等。

**2. 脱水药**　又称渗透性利尿药，是一类具有高渗透压的小分子非电解质化合物。这类药物在体内不易被代谢或代谢较慢，静脉给药后，可使血浆内渗透压迅速增高，进而引起组织脱水。其主要作用机制包括提升血浆渗透压、促进肾小球滤过、减少肾小管重吸收以及增加尿量，从而达到利尿脱水的目的。包括甘露醇、山梨醇、高渗葡萄糖等。

**3. 良性前列腺增生用药**　是一类作用机制各不相同，但均能改善排尿困难症状的一类药物。这类药物作用机制多样，根据不同的药物类型，可分为 $\alpha$-受体拮抗剂、$5\alpha$-还原酶抑制剂、M 受体拮抗剂等。

### 三、泌尿系统用药的发展历史及现状

泌尿系统用药的发展历史可以追溯到古代，并随着医学和药学的发展而不断演进。早在公元前 16 世纪到公元前 13 世纪，古埃及医生就已经开始使用植物和矿物的混合物加入酒和蜂蜜中作为利尿药使用。这表明当时人们已经意识到某些物质具有促进尿液排出的作用，尽管其具体机制尚不清楚。随着时间的推移，人们对利尿药的认识逐渐加深。公元 1 世纪，古罗马学者老普林尼在写作中提到了葡萄、常春藤、甜樱桃、橄榄等具有利尿作用的植物。这些发现为后来的药物研究提供了宝贵的线索。到了 18 世纪和 19 世纪，随着化学和药理学的发展，人们开始从植物中提取有效成分，并尝试合成新的药物。例如，1788 年 Joseph Plenick 在发表的一篇论述中提到了 115 种有利尿作用的植物，包括大蒜、甘草、藏红花等。这些发现为泌尿系统用药的进一步发展奠定了基础。进入 20 世纪后，泌尿系统用药的发展迎来了新的高峰。1910 年到 20 世纪 60 年代，汞制剂曾作为高效的利尿药被广泛使用。然而，由于其严重的毒性，逐渐被淘汰。1919 年，渗透性利尿药开始应用于降低颅内压。这类药物通过提高尿液的渗透压来促进尿液排出，具有显著的利尿效果。1940 年，Mann 和 Keilin 发现磺胺能导致患者产生碱性尿，这是碳酸酐酶抑制剂作用的早期表现。随后，乙酰唑胺作为首个应用于临床的碳酸酐酶抑制剂于 1956 年问世。20 世纪 50 年代末，噻嗪类利尿药如氯噻嗪、氢氯噻嗪等被广泛应用于高血压的治疗。这类药物通过抑制肾远曲小管的钠离子重吸收来发挥利尿作用。1960 年，醛固酮拮抗剂螺内酯被 FDA 批准应用于醛固酮增多症、原发性高血压、水肿、低钾血症的治疗。这类药物通过拮抗醛固酮受体来减少钠离子的重吸收和钾离子的排泄。1964 年，呋塞米作为一种新型袢利尿药开始被应用于临床。这类药物主要作用于髓袢升支粗段，通过抑制钠、钾、氯离子的共转运来发挥强大的利尿作用。20 世纪中叶以来，喹诺酮类抗生素如左氧氟沙星、环丙沙星、莫西沙星等在治疗泌尿系统感染中发挥了重要作用。这类药物通过抑制细菌的 DNA 回旋酶来阻断细菌 DNA 的复制和修复过程。

随着医学和药学的不断进步，泌尿系统用药的种类和治疗方法也在不断更新和完善。例如，近年来无氟喹诺酮类药物（NFQs），如奈诺沙星和加雷沙星的发现和开发为喹诺酮类药物的发展带来了新的希望。同时，中成药在泌尿系统感染治疗中的应用也越来越广泛，如三金片、热淋清颗粒等中成药在临床上取得了良好的疗效。

泌尿系统用药的发展历史是一个不断探索和创新的过程。从古代的植物和矿物混合物到现代的化学合成药物和生物制剂，人类在不断寻找更加安全、有效、方便的治疗方法来满足患者的需求。

2023 年全球泌尿生殖系统药物市场规模达到了 1983.87 亿元人民币。预计至 2029 年，这一市场规模将以 1.12% 的年均复合增长率增长至 2121.18 亿元人民币。

泌尿系统疾病患病率和诊疗率的上升，以及人口老龄化、免疫能力下降等因素，共同推动了泌尿系统用药市场需求的增长。

泌尿系统用药的全球市场呈以下 5 个特征：市场规模持续增长；市场需求多样化；市场竞争激烈；研发创新加速；地区差异显著。

### 知识拓展

**利尿药与脱水药的区别**

利尿药与脱水药在多个方面存在显著的区别，这些区别主要体现在它们的作用机制、临床应用以及药理特点上。

**1. 作用机制**

利尿药：主要通过抑制肾小管对钠、水的重吸收来实现利尿作用。

脱水药：则主要依赖其低分子量物质能很快从肾小球滤过，进入肾小管后不被重吸收，且不易从血管透入组织液中的特性，从而提高血浆渗透压，产生组织脱水作用。这种作用机制被称为"渗透性利尿作用"。

**2. 临床应用**

利尿药：主要用于治疗由心、肝、肾疾病引起的全身性水肿，以及用于排除体内的毒物。此外，利尿药还常常与降压药搭配使用，以治疗高血压。

脱水药：则主要用于消除脑水肿、降低颅内压（如治疗脑水肿）、降低眼内压（如治疗青光眼）以及预防急性肾衰竭等。

**3. 药理特点**

利尿药：根据作用部位和效力的不同，可分为多种类型，如噻嗪类利尿剂、袢利尿剂、保钾利尿剂和碳酸酐酶抑制剂等。

脱水药：在体内不被代谢，且不易从血管透入组织液中，这使得它们能够迅速提高血浆渗透压，产生显著的脱水作用。由于脱水药的作用强烈且迅速，因此需严格控制剂量和给药速度，以避免不良反应的发生。

# 第二节　利尿药

## 一、概述

利尿药（diuretics）是指一类能促进体内电解质（主要是钠离子）和水分排出而增加尿量的药物。利尿药主要是通过影响肾脏的生理功能，特别是肾小管的重吸收和分泌功能，来达到利尿的效果。

利尿药的来源多种多样，主要包括天然提取、化学合成和生物工程技术等。

### （一）利尿药的分类

**1. Ⅰ类——高效利尿药**　包括呋塞米、布美他尼、托拉塞米等。

**2. Ⅱ类——中效利尿药**　包括噻嗪类中效利尿药（以氢氯噻嗪为典型代表）以及环戊噻嗪、氢氟噻嗪、卞氟噻嗪、氯噻酮等。

**3. Ⅲ类——弱效利尿药**　包括氨苯蝶啶、阿米洛利、乙酰唑胺、螺内酯等。

利尿药被《国家基本药物目录（2018 年版）》和《国家基本医疗保险、工伤保险和生育保险药品目录（2024 年）》收录的情况详如表 16－1 所示。

表 16－1　利尿药被国家基本药物目录和国家医保目录收录情况

| 药品类别 | 药品名称 | 药品剂型 | 《国家基本药物目录（2018 年版）》 | 《国家基本医疗保险、工伤保险和生育保险药品目录（2024 年）》 |
|---|---|---|---|---|
| 利尿药及脱水药 | 呋塞米 | 口服常释剂型 | 收录 | 甲类目录 |
| | | 注射剂 | 收录 | 甲类目录 |
| | 氢氯噻嗪 | 口服常释剂型 | 收录 | 甲类目录 |
| | 螺内酯 | 口服常释剂型 | 收录 | 甲类目录 |
| | 氨苯蝶啶 | 口服常释剂型 | 收录 | 甲类目录 |
| | 吲达帕胺 | 口服常释剂型 | 收录 | 甲类目录 |
| | | 缓释控释剂型 | 收录 | 甲类目录 |
| | 吲达帕胺Ⅱ | 缓释控释剂型 | — | 乙类目录 |
| | 布美他尼 | 口服常释剂型 | — | 乙类目录 |
| | | 注射剂 | — | 乙类目录 |
| | 托拉塞米 | 口服常释剂型 | — | 乙类目录 |
| | | 注射剂 | — | 乙类目录 |
| | 非奈利酮片 | — | — | 乙类目录 |
| | 托伐普坦片 | — | — | 乙类目录 |
| | 依普利酮片 | — | — | 乙类目录 |

### （二）利尿药的作用机制

**1. 高效利尿药作用机制**　该类药物中的呋塞米和布美他尼主要作用于髓袢升支髓质部，抑制该部 $Cl^-$ 和 $Na^+$ 的重吸收，增加尿液的生成和排出，而呈现强大的利尿作用。适用于治疗各种水肿性疾病，如充血性心力衰竭、肝硬化腹水、肾病综合征等引起的水肿。同时，也可用于预防急性肾功能衰竭以及治疗高钾血症。呋塞米是临床广泛应用的利尿药，长期使用呋塞米可能导致电解质紊乱，特别是低钾血症，因此需要密切监测电解质水平，并及时补钾。托拉塞米主要作用于髓袢的升支粗端，能够抑制 $Na^+$、$K^+$、$Cl^-$ 的转运系统，从而发挥利尿作用。其利尿作用迅速、强大且持久，不良反应发生率相对较低。临床上常用于治疗水肿性疾病，特别是那些对噻嗪类利尿剂或其他利尿剂效果不佳的患者。

**2. 中效利尿药作用机制**　该类药物主要通过抑制髓袢升支皮质部及远曲小管 $Cl^-$ 和 $Na^+$ 的重吸收，干扰尿的稀释功能，产生中等强度的利尿作用，适用于各型水肿，可导致低钾血症。

**3. 弱效利尿药作用机制**　该类药物主要作用于远曲小管抑制 $Na^+$ 的重吸收，增加 $Cl^-$、$Na^+$ 排泄而产生利尿作用，对 $K^+$ 有潴留作用。螺内酯为醛固酮拮抗剂，可在远曲小管和集合管竞争性地对抗醛固酮的作用，抑制 $Na^+-K^+$ 交换，增加 $Cl^-$、$Na^+$ 排泄而产生保钾、排钠的利尿作用。本类药物单独使用利尿作用较弱，故常与排钾性利尿药合用以相互取长补短。此外，乙酰唑胺、双氯非那胺能抑制碳酸酐酶，也能产生较弱的利尿作用，主要用于治疗青光眼。

## 二、高效利尿药物

### 1. 典型高效利尿药物

呋塞米

Furosemide

【其他名称】呋喃苯胺酸、利尿磺胺。

【适应证】作用于髓袢升支粗段 $Na^+$-$K^+$-$2Cl^-$ 的同向转运，抑制 NaCl 再吸收，影响尿液的稀释和浓缩机制，而发挥强大的利尿作用。临床适用于对其他利尿药无效的各型严重水肿，如心型、肾型和肝型水肿等，并可促进上部尿道结石的排泄。

【制剂】本品主要剂型有片剂、注射剂等。

【不良反应】①常见的不良反应与电解质紊乱有关，表现为低血容量、低血钾、低血钠、低血镁及低氯碱血症等。②此外尚可出现高尿酸血症、高血糖、直立性低血压、听力障碍等；极少数病例出现胰腺炎、皮疹、中性粒细胞减少、血小板减少性紫癜、肝功能障碍等。

【用药指导】①药物剂量应个体化，从最小有效剂量开始用药，后续根据利尿反应调整剂量，以减少水、电解质紊乱等不良反应。②应注意掌握剂量，长期使用应适当补充钾盐。③肠道外给药宜静脉给药，不主张肌内注射。大剂量静脉注射过快时，可出现听力减退或暂时性耳聋，故应缓慢注射。④本品与两性霉素、头孢菌素、氨基糖苷类等抗生素合用，肾毒性和耳毒性风险增加。⑤肾上腺素、促肾上腺皮质激素及雌激素能降低其利尿作用。⑥与非甾体抗炎药合用，能降低本品的利尿作用。

【商品信息】①本品作用强、疗效好、价格低廉，是临床最常用的利尿药之一；②我国于1966年生产本品，国内市场以片剂和注射剂为主。

我国在呋塞米原料药生产方面具有较强的实力和竞争力，在全球市场中占据重要地位。原料主要由辽源市百康药业有限责任公司、台山市新宁制药有限公司、东北制药集团股份有限公司等企业生产。制剂生产企业有吉林百年汉克制药有限公司、云南白药集团股份有限公司、石药银湖制药有限公司、杭州民生药业股份有限公司、海南倍特药业有限公司等100多家企业生产。

目前呋塞米（片剂和注射剂）被《国家基本药物目录（2018年版）》收录，且呋塞米（口服常释剂、注射剂）属于《国家基本医疗保险、工伤保险和生育保险药品目录（2024年）》甲类药品。

【贮藏】遮光，密封于干燥处保存。本品遇光会变色，但不影响疗效。

## 布美他尼
### Bumetanide

【其他名称】丁尿胺、伯明顿、布迈。

【适应证】本品利尿作用为呋塞米20~40倍。此外可能有扩张肾血管作用。临床适用于各型顽固性水肿及急性肺水肿，尤其对急慢性肾衰竭患者较为适宜，用大剂量呋塞米无效时，可试用本品。

【制剂】本品主要剂型有片剂、注射剂等。

【不良反应】不良反应基本同呋塞米。长期或大量应用本品应定期检查电解质。

【用药指导】①本品长期使用应适当补充钾剂。②肾功能不全患者大剂量使用时，可能发生皮肤、黏膜及肌肉疼痛症状，大多持续1~3小时，可自行消失，如疼痛剧烈或持久，应停药。③本品可加强降压药的作用，故治疗高血压伴水肿时，宜减少降压药的用量。

【商品信息】①本品为较新型的利尿药，临床上可作为呋塞米的代用品，由于疗效好、毒性低、价格适中，其销售量呈逐渐上升趋势。②我国1980年生产，主要剂型以片剂和注射剂为主。

我国是布美他尼原料药的重要生产国之一，具有显著的生产实力和市场份额。原料主要由海南吾仁制药有限公司、宁波大红鹰药业股份有限公司等企业生产。制剂有北京市燕京药业有限公司、华润双鹤药业股份有限公司、重庆华森制药股份有限公司、康普药业股份有限公司、桂林南药股份有限公司等46家企业生产。

目前布美他尼（口服常释剂型和注射剂）属于《国家基本医疗保险、工伤保险和生育保险药品目录（2024年）》乙类药品。

【贮藏】遮光、密闭保存。

**2. 其他高效利尿药物**

（1）依他尼酸（ethacrynic acid）　　利尿作用及机制、作用特点均与呋塞米相似，临床用于各类水肿、急性肾衰。但可引起水电解质紊乱、耳毒性与肾毒性等不良反应较多见且严重，与呋塞米相比，临床相对少用。主要制剂有片剂和注射剂，国内市场以片剂和注射剂为主。避光，密封保存。

注射用依他尼酸由石药集团欧意药业有限公司生产，而依他尼酸片剂主要由广州白云山光华制药股份有限公司生产。

（2）托拉塞米（torasemide）　　是新一代强效、长效利尿剂，临床上主要用于急慢性心衰、肝硬化腹腔积液、肾功能不全、原发性高血压以及其他各种原因引起的水肿。是一种目前评价较高的速效、高效、低毒利尿药。主要制剂有片剂和注射剂。本品 1990 年由挪威 Hafslund Nycomed 公司率先开发，1993 年以来先后在德国、美国、意大利、比利时等国家上市，是近十年来由美国 FDA 批准的高效利尿药。20 多年临床应用证实，托拉塞米适应证广，利尿作用迅速强大且持久，不良反应发生率低，更符合药物经济学要求，是临床上值得推广的一类高效利尿剂。托拉塞米用药以注射剂为主，一直占市场的主导地位，2023 年，中国三大终端六大市场（包括医院、药店、诊所等销售渠道）托拉塞米片的销售额超过 2 亿元。

托拉塞米原料药主要由浙江诚意药业股份有限公司、湖北亨迪药业股份有限公司、国药集团致君（苏州）制药有限公司、浙江华海药业股份有限公司等 6 家企业生产，托拉塞米制剂主要有山西普德药业有限公司、浙江华海药业股份有限公司、南京海辰药业股份有限公司、南京优科制药有限公司、太极集团四川太极制药有限公司等 40 多家企业生产。

目前，托拉塞米（口服常释剂和注射剂）属于《国家基本医疗保险、工伤保险和生育保险药品目录（2024 年）》乙类药品。

## 三、中效利尿药物

**1. 典型中效利尿药**

### 氢氯噻嗪
### Hydrochlorothiazide

【其他名称】双氢克尿噻。

【适应证】主要抑制远端小管前段和近端小管对 $Na^+$ 和 $Cl^-$ 的再吸收，从而促进肾脏对 NaCl 的排泄而产生利尿作用。临床上适用于各型水肿，对心性水肿疗效较好。治疗肝性水肿常与螺内酯合用。亦作为基础降压药用于各期高血压，也可用于轻型尿崩症的治疗。

【制剂】本品主要剂型为片剂。

【不良反应】本品毒性较低，但长期应用可引起：①电解质紊乱，如低钠血症、低氯血症和低钾血症；②肠胃道症状，如恶心、呕吐、腹泻、胀气；③高糖血症、高尿酸血症、氮质血症、血氨上升等反应。

【用药指导】①长期使用应适当补充钾剂；②停药时应逐渐减量，突然停药可能引起水、钠的潴留；③糖皮质激素、促肾上腺皮质激素、雌激素能降低本品的利尿作用，增加发生低钾血症的机会；④本品可升高尿酸及血糖水平，同用抗痛风药或降血糖药时应注意调整剂量；⑤非甾体抗炎药或交感神经节阻断药可减弱本品的作用。⑥肝功能不全者及糖尿病患者慎用；对磺胺药过敏及严重肝肾功能损害者禁用。

【商品信息】①本品使用方便、安全、价格低廉，广泛应用于临床多年，是最常用的利尿药之一；②本品也是广泛用于高血压的基础降压药，与其他类型抗高血压药组成复方制剂联合使用，销售量较大。

在我国，氢氯噻嗪原料药生产具有一定规模，原料主要由常州制药厂有限公司、苏州立新制药有限公司等企业生产。制剂生产企业有常州制药厂有限公司、北京双吉制药有限公司、浙江华海药业股份有限公司、广东彼迪药业有限公司、江苏万高药业股份有限公司、苏州中化药品工业有限公司等 256 家企业生产。

目前氢氯噻嗪（片剂）被《国家基本药物目录（2018 年版）》收录；氢氯噻嗪（口服常释剂型）属于《国家基本医疗保险、工伤保险和生育保险药品目录（2024 年）》甲类药品。

【贮藏】 本品应遮光，密闭保存。

**2. 其他中效利尿药** 氯噻酮（chlorthalidone）的药理作用与噻嗪类利尿药相似，口服后胃肠道吸收较慢且不完全；临床适用于充血性心力衰竭、慢性肾炎、肝硬化、更年期综合征等引起的水肿，也可与其他降压药如利血平合用治疗高血压。主要制剂是片剂。遮光密闭保存。

我国是氯噻酮制剂生产的重要国家之一，制剂主要有成都第一制药有限公司、上海全宇生物科技确山制药有限公司、华润双鹤药业股份有限公司、成都第一制药有限公司、山西太原药业有限公司、海南制药厂有限公司等 8 家企业生产。

## 四、弱效利尿药物

### 1. 典型弱效利尿药

**螺内酯**

Spironolactone

【其他名称】 安体舒通、螺瑞酮。

【适应证】 本品为醛固酮受体拮抗剂，使 $Na^+$、$Cl^-$ 和水的排出增加而利尿。临床用于治疗与醛固酮升高有关的顽固性水肿，如肾病综合征、慢性心力衰竭、肝硬化腹腔积液等，常与噻嗪类利尿药合用可增强疗效，并可对抗噻嗪类排钾作用；用于诊断和治疗原发性醛固酮增多症；也可作为高血压的辅助用药。

【制剂】 本品主要剂型有片剂、胶囊剂。

【不良反应】 ①高钾血症最常见，尤其在单独用药、与钾剂或含钾药物合用时；②胃肠道反应，如恶心、呕吐；③少见低钠血症；④抗雄性激素样作用。

【用药指导】 ①给药应个体化，从最小有效剂量开始使用，以减少电解质紊乱等不良反应发生；②本品有保钾作用，在应用过程中不可使用氯化钾等含钾药物，以免引起钾中毒。可与氢氯噻嗪合用，其排钾作用可被螺内酯所抵消，合用后疗效增加、不良反应减轻；③本品与引起血压下降的药物合用，可增强利尿和降压作用；④肾衰竭患者及血钾偏高者忌用；妊娠期及哺乳期妇女慎用。

【商品信息】 本品是临床较为常用的利尿药之一，销售量较大。利尿作用较弱，起效缓慢，但效力持久。

螺内酯原料主要由津药药业股份有限公司、浙江神洲药业有限公司、浙江朗华制药有限公司、绍兴民生医药股份有限公司等企业生产。制剂主要由广州康和药业有限公司、上海金不换兰考制药有限公司、上海衡山药业有限公司、江西希尔康泰制药有限公司、苏州弘森药业股份有限公司等 40 多家企业生产。

目前螺内酯（片剂）被《国家基本药物目录（2018 年版）》收录；螺内酯（口服常释剂型）属于《国家基本医疗保险、工伤保险和生育保险药品目录（2024 年）》甲类药品。

【贮藏】 密封，在干燥处保存。

## 氨苯蝶啶
### Triamterene

【其他名称】2,4,7-三氨基-6-苯基蝶啶、三氨喋啶、Triamterene 等。

【适应证】本品为低效利尿药,利尿作用迅速但较弱,临床上用于治疗心力衰竭、肝硬化和慢性肾炎等引起的顽固性水肿或腹腔积液,尚可使尿酸排出而用于痛风治疗。

【制剂】本品主要剂型是片剂和胶囊剂。

【不良反应】①大剂量长期使用可出现血钾过高现象,停药后症状可逐渐消失。②长期使用可使血糖升高。③偶出现头痛、口干、低血压、皮疹及胃肠道反应。

【用药指导】①给药应个体化,从最小有效剂量开始,以减少不良反应;②服药后多数患者会出现淡蓝色荧光尿;③高钾血症,严重肝、肾功能不全者禁用;妊娠期妇女慎用。

【商品信息】本品作用迅速但较弱,保钾作用弱于螺内酯,临床应用中常与排钾利尿药合用,以降低其对血钾的影响。

原料药生产商为华润双鹤药业股份有限公司。制剂主要由河北云盘山药业有限公司、仁和堂药业有限公司、呼伦贝尔康益药业有限公司、上海金不换兰考制药有限公司、吉林显锋科技制药有限公司等25 家企业生产。

目前氨苯蝶啶(片剂)被《国家基本药物目录(2018 年版)》收录;氨苯蝶啶(口服常释剂型)属于《国家基本医疗保险、工伤保险和生育保险药品目录(2024 年)》甲类药品。

【贮藏】避光,密闭保存。

### 2. 其他弱效利尿药

(1)阿米洛利(amiloride)　本品作用部位及作用机制与氨苯蝶啶相似,在远曲小管及集合管皮质段抑制 $Na^+$-$H^+$ 和 $Na^+$-$K^+$ 交换,为目前排钠留钾利尿药中作用较强的药物,临床用于心、肝、肾疾病引起的水肿,能增强氢氯噻嗪和依他尼酸等利尿药的作用并减少钾的丢失,一般不单独应用。不良反应以高血钾常见,可有高血钾症状。主要制剂有盐酸阿米洛利片。

阿米洛利制剂由杭州民生药业股份有限公司、江苏迪赛诺制药有限公司、苏州东瑞制药有限公司、安徽长江药业有限公司 4 家企业生产。

(2)乙酰唑胺(acetazolamide)　本品抑制肾小管上皮细胞中的碳酸酐酶,使 $H_2CO_3$ 的形成减少,随之 $H^+$ 的分泌受阻,$Na^+$-$H^+$ 交换减慢,$Na^+$ 重吸收减少而产生利尿作用。本品利尿作用不强,易致代谢性酸中毒,且长期服用会导致耐受性的发生,目前很少单独用于利尿。临床可用于治疗青光眼、心性水肿、脑水肿。不良反应主要为四肢麻木感、嗜睡等,长期应用可致高氯血症、低钾血症、粒细胞减少症等。主要制剂有乙酰唑胺片。

乙酰唑胺的原料药生产企业有北京斯利安药业有限公司、上海医药集团股份有限公司、四川科伦药业股份有限公司和江苏恩华药业股份有限公司生产。制剂除上述企业外,还有浙江亚太药业股份有限公司、上海上药信谊药厂有限公司、河南中帅药业有限公司、天津力生制药股份有限公司、甘肃成纪生物药业有限公司等数十家企业生产。

目前乙酰唑胺(片剂)被《国家基本药物目录(2018 年版)》收录;属于《国家基本医疗保险、工伤保险和生育保险药品目录(2024 年)》甲类药品。

# 第三节　脱水药

## 一、概述

脱水药(dehydration medications)是指具有高渗透压的小分子非电解质化合物,它们通过提升血浆渗透压来促进组织间液向血管内转移,从而达到脱水的目的。脱水药具有以下特点:①静脉给药后,可使血浆内渗透压迅速增高,引起组织脱水。②具有减轻或消除脑水肿、降低颅内压的作用。③其利尿作用并不十分明显,且心功能不全的患者禁用。④分子量越小的药物,在相同浓度下产生的渗透压越高,脱水能力越强。脱水药主要通过提升血浆渗透压、促进肾小球滤过、减少肾小管重吸收、增加尿量等作用机制实现利尿脱水效果。

脱水药在临床上有着广泛的应用,主要包括治疗脑水肿、降低颅内压、辅助利尿及术前准备。使用脱水药时,应严格控制药物的浓度和剂量,避免过度脱水导致水电解质紊乱。同时,应密切监测患者的血压、肾功能和电解质水平。已确诊为急性肾小管坏死的无尿患者、严重失水者、颅内活动性出血者(颅内手术时除外)、急性肺水肿或严重肺淤血患者禁用脱水药。

脱水药的来源是化学合成,通过精细的化学反应过程制备而成。脱水药的种类较多,常见的包括甘露醇、山梨醇、高渗葡萄糖等。

### (一)脱水药的分类

**1. Ⅰ类——高渗脱水剂**　20% 甘露醇和 50% 葡萄糖。

**2. Ⅱ类——其他脱水药**　包括人血白蛋白注射液、羟乙基淀粉注射液等。

脱水药被《国家基本药物目录(2018 年版)》和《国家基本医疗保险、工伤保险和生育保险药品目录(2024 年)》收录的情况详如表 16-2 所示。

表 16-2　脱水药被国家基本药物目录和国家医保目录收录情况

| 药品类别 | 药品名称 | 药品剂型 | 《国家基本药物目录 (2018 年版)》 | 《国家基本医疗保险、工伤保险和生育保险药品目录 (2024 年)》 |
|---|---|---|---|---|
| 脱水药 | 甘露醇 | 注射剂 | 收录 | 甲类目录 |
| | | 冲洗剂 | 收录 | 乙类目录 |
| | 复方甘油 | 注射剂 | — | 乙类目录 |
| | 甘油果糖氯化钠 | 注射剂 | — | 甲类目录 |

### (二)脱水药的作用机制

**1. 高渗脱水剂作用机制**　这些药物具有高渗透压,静脉注射后可以暂时提高血浆渗透压,使人体内的水分从组织转移到血液中,从而达到组织脱水的目的。

**2. 其他脱水药作用机制**　如人血白蛋白注射液、羟乙基淀粉注射液等,这些药物可以补充机体内所需要的蛋白质或胶体物质,从而维持机体的正常渗透压和水分平衡。

## 二、典型脱水药

脱水药也称为渗透性利尿药,在临床中具有重要的价值。它们主要通过提高血浆渗透压,促进组织间液向血管内转移,进而实现组织脱水,降低颅内压、眼内压等。脱水药在治疗脑出血、脑梗死、脑外伤等引起的脑水肿和颅内压升高的疾病治疗中,发挥着不可替代的作用。它们可以单独使用,也可以与其他药物联合使用,以达到更好的治疗效果。目前用于临床的脱水药物有甘露醇、甘油果糖、葡萄糖注射液(高渗)、人血白蛋白等。

### 甘露醇
#### Mannitol

【其他名称】D-甘露醇、D-甘露糖醇、D-甘露密醇、D-木蜜醇、六己醇等。

【适应证】本品能迅速提高血浆渗透压,导致渗透性利尿作用。临床适用于治疗脑水肿及青光眼、大面积烧烫伤引起的水肿,预防和治疗肾功能衰竭、腹腔积液等。

【制剂】本品主要剂型为注射剂。

【不良反应】不良反应少见，但注射过快可引起头痛、视物模糊、眩晕等。

【用药指导】①快速静脉注射，可因血容量突然增加，加重心负荷，故心功能不全者慎用。颅内有活动性出血者禁用；肺水肿、充血性心力衰竭、严重失水者及妊娠期妇女禁用。②因本品排水多于排钠，故不适用于全身性水肿的治疗，仅作为其他利尿药的辅助药。③本品可加剧强心苷类药品的毒性作用。

【商品信息】①本品临床常用、价格低廉、销售量大。②寒冷地区冬季需防冻。气温较低时本品易析出结晶，可置热水（80℃）中使其完全溶解，否则不能使用。③本品除可直接作为医药原料使用，也广泛用于食品工业，近年来甘露醇作为口腔崩解片的关键辅料这一新用途，推动甘露醇的国际市场需求进一步增大。

我国是甘露醇原料药的主要生产国之一，主要由石家庄华旭药业有限责任公司、广西南宁化学制药有限责任公司、山东天力药业有限公司等企业生产。制剂除上述企业生产外，还有天圣制药集团股份有限公司、河南双鹤华利药业有限公司、武汉福星生物药业有限公司等200多家企业生产。

目前甘露醇（注射剂）被《国家基本药物目录（2018年版）》收录，属于《国家基本医疗保险、工伤保险和生育保险药品目录（2024年）》甲类药品。

【贮藏】本品原料药及制剂应遮光，密闭保存。

## 甘油果糖
### Glycerol Fructose

【其他名称】甘果糖、固苏林、润坦。

【适应证】甘油果糖属于高渗透性脱水药物，通过提高血浆渗透压，使组织内的水分（包括眼、脑、脑脊液等）进入血管，从而减轻组织水肿，降低颅内压。甘油果糖能促进组织中的水分向血液中移动，使血液得到稀释，降低毛细血管周围的水肿，从而改善微循环。甘油果糖通过促进脑代谢和增加细胞活力，有助于提高脑组织的整体功能。甘油果糖主要用于治疗由脑血管疾病（如脑梗死、脑出血、蛛网膜下腔出血等）、脑外伤、脑肿瘤、颅内炎症等引起的急性和慢性颅内压增高及脑水肿症状；降低青光眼患者的眼压或在眼科手术中缩小眼容积。

【制剂】本品主要剂型为注射剂。

【不良反应】不良反应一般较少且轻微，偶见瘙痒、皮疹、溶血、血红蛋白尿、血尿等症状。大量快速输入时可能产生乳酸中毒。此外，还可能出现高钠血症、低钾血症、头痛、恶心、口渴等不良反应。

【用药指导】①对有遗传性果糖不耐受的患者禁用。②对严重循环系统功能障碍、尿崩症、糖尿病和溶血性贫血患者慎用。③必须限制食盐摄入量的患者也应谨慎使用，因为甘油果糖内含有氯化钠。④妊娠期及哺乳期妇女用药安全性尚不明确，不推荐使用。⑤在静脉滴注过程中，应严格控制滴速，避免过快导致不良反应的发生。特别是大量快速输入时，可能产生乳酸中毒、高钠血症、低钾血症等不良反应。⑥成人一般一次使用250~500ml，一日1~2次。静脉滴注时，每次500ml需滴注2~3小时，250ml需滴注1~1.5小时。具体用量需根据患者的年龄、症状及医生的判断进行调整。

【商品信息】甘油果糖并非一个单一成分的物质，而是甘油和果糖的混合物或相关制剂，通常用于医疗领域，如作为脱水剂治疗脑水肿等。目前国内药用果糖原料的生产企业有江苏正大丰海制药有限公司、西王药业有限公司、石家庄华旭药业有限责任公司、四川新开元制药有限公司、蚌埠丰原涂山制药有限公司5家公司。生产甘油果糖制剂的企业有青岛金峰制药有限公司、湖北津药药业股份有限公司、成都青山利康药业股份有限公司、大连天宇制药有限公司、江西长江药业有限公司、南京正大天晴制药有限公司、扬子江药业集团有限公司、佛山昊朗药业有限责任公司等60多家企业。

目前甘油果糖氯化钠（注射剂）被《国家基本药物目录（2018年版）》收录，属于《国家基本医疗保险、工伤保险和生育保险药品目录（2024年）》甲类药品。

【贮藏】本品原料及制剂应密闭保存于阴凉处。

### 三、其他脱水药

**1. 山梨醇（sorbitol）** 为甘露醇的同分异构体，作用和用途与甘露醇相似。本品价格便宜，且溶解度大，临床上常配成25%注射液用于静脉注射，可用于治疗脑水肿和青光眼，也可用于心、肾功能正常的水肿少尿者。主要制剂为注射液。遮光，密封保存。我国的山梨醇生产始于1958年，近年来，我国山梨醇的产能和产量稳步增长，无论是生产规模、技术水平，还是产量和质量均有大幅提高，预计今后我国山梨醇的产销形势将长期看好。截至2024年8月26日，全国共有山梨醇制剂生产批文55个，原料药生产批文5个，总产能已达200余万吨，年产量达130万吨，已经成为全球最大的山梨醇生产国和出口国。

我国是山梨醇原料药的主要生产国之一，原料主要由宜昌人福药业有限责任公司、石家庄瑞雪制药有限公司等企业生产。制剂除上述企业生产外，还有广东大家制药有限公司、宜昌三峡制药有限公司、华润双鹤药业股份有限公司、广东雷允上药业有限公司等50多家企业生产。

**2. 葡萄糖（glucose）** 本品静脉注射50%高渗溶液，具有脱水和渗透性利尿作用。因葡萄糖可进入组织中被代谢利用，故脱水作用较弱，持续时间较短（1~2小时）。葡萄糖进入脑脊液和脑组织被代谢后，使颅内压回升，故单独用于脑水肿可产生"反跳"现象。本品一般与甘露醇或山梨醇联合用于脑水肿或青光眼的治疗。本品需密封保存。本品临床应用甚广，价格便宜，销售量很大。

我国是葡萄糖原料药的主要生产国之一，原料主要由山东西王糖业有限公司、山东鲁洲集团有限公司等企业生产。制剂除上述企业生产外，还有黑龙江博宇制药有限公司、北大医药股份有限公司、福寿堂制药有限公司、济川药业集团有限公司、广东世信药业有限公司、佛山昊朗药业有限责任公司等四千多家企业生产。

目前葡萄糖注射剂被《国家基本药物目录（2018年版）》收录，属于《国家基本医疗保险、工伤保险和生育保险药品目录（2024年）》乙类药品。

## 第四节 良性前列腺增生用药

### 一、概述

良性前列腺增生症（benign prostatic hyperplasia，BPH）是由机械因素引起的尿路梗阻性疾病，即多余的雄性激素和胆固醇堆积在前列腺内而形成的疾病。是一种男性老年退行性病变，病因尚未完全阐明，主要临床表现是尿频、尿急、排尿困难、尿失禁、血尿等。

良性前列腺增生症是老年男性的常见病。世界卫生组织的一项全球统计表明，目前60岁以上的老年人中，约有50%患有前列腺疾病，而70岁以上的发病率高达88%。目前我国已经步入老龄社会，对BPH应引起社会的广泛关注，近10年来，药物治疗已经成为轻度和中度BPH患者的主要治疗方法，并取得较好效果。在我国，前列腺增生药物市场相对较为成熟，随着老年病用药需求量的不断增长，显示出较大的发展空间，治疗前列腺增生的新药正不断地补充市场，全国前列腺药物总体市场已到达20亿元左右。

治疗良性前列腺增生症的药物来源多样，主要包括化学合成药物和植物制剂等。这些药物通过不同的作用机制，达到缓解前列腺增生症状、改善排尿功能的目的。目前临床上常用的治疗前列腺增生症的药物主要有 α 受体拮抗剂（盐酸坦索罗辛胶囊、特拉唑嗪片）、5α-还原酶抑制剂［非那雄胺片（商品名"保列治"）、度他雄胺软胶囊］，植物制剂（前列舒通胶囊）。

### （一）良性前列腺增生药的分类

**1. Ⅰ类——α 受体拮抗剂**　坦索罗辛、多沙唑嗪、阿夫唑嗪、特拉唑嗪、萘哌地尔等。

**2. Ⅱ类——5α-还原酶抑制剂**　如非那雄胺、度他雄胺、爱普列特等。

**3. Ⅲ类——天然植物药**　如前列康、保前列、通尿灵、舍尼通、塞尿通等。

良性前列腺增生用药被《国家基本药物目录（2018 年版）》和《国家基本医疗保险、工伤保险和生育保险药品目录（2024 年）》收录的情况详如表 16-3 所示。

表 16-3　良性前列腺增生用药被国家基本药物目录和国家医保目录收录情况

| 药品类别 | 药品名称 | 药品剂型 | 《国家基本药物目录（2018 年版）》 | 《国家基本医疗保险、工伤保险和生育保险药品目录（2024 年）》 |
|---|---|---|---|---|
| 良性前列腺增生用药 | 坦洛新（坦索罗辛） | 缓释控释剂型 | 收录 | 乙类目录 |
| | 特拉唑嗪 | 口服常释剂型 | 收录 | 甲类目录 |
| | 非那雄胺 | 口服常释剂型 | 收录 | 乙类目录 |
| | 阿夫唑嗪 | 口服常释剂型 | — | 乙类目录 |
| | | 缓释控释剂型 | — | 乙类目录 |
| | 爱普列特 | 口服常释剂型 | — | 乙类目录 |
| | 普适泰 | 口服常释剂型 | — | 乙类目录 |
| | 赛洛多辛 | 口服常释剂型 | — | 乙类目录 |

### （二）良性前列腺增生药的作用机制

**1. α 受体拮抗剂的作用机制**　通过拮抗交感神经向 $\alpha_1$ 受体输入信号，从而导致前列腺和膀胱颈平滑肌松弛，缓解症状，增加尿流速率。

**2. 5α-还原酶抑制剂的作用机制**　竞争性地抑制 5α-还原酶活性，从而抑制睾酮转化成双氢睾酮，使前列腺体积缩小而改善症状、增加尿流速率、预防良性前列腺增生进展。

**3. 天然植物药作用机制**　植物制剂的作用机制复杂，目前难以判断具体成分的生物活性与疗效的相关性。

## 二、典型前列腺增生用药

特拉唑嗪

Terazosin

【其他名称】TERAZOSIN（HYTRIN）、1-（4-氨基-6,7-二甲氧基-2-喹唑啉基)-4-［（四氢呋喃-2-甲酰基)哌嗪］、四喃唑嗪、双水盐酸特拉唑嗪、盐酸四喃唑嗪等。

【适应证】本品为选择性 $\alpha_1$ 受体拮抗药，能降低外周血管阻力，对收缩压和舒张压均有降低作用；具有松弛膀胱和前列腺平滑肌的作用，可缓解良性前列腺肥大而引起的排尿困难症状。

【制剂】本品主要剂型有片剂、胶囊剂和滴丸。

【不良反应】轻微不良反应如头痛、头晕、无力、心悸、恶心、直立性低血压等，继续治疗可自行消失，必要时可减量。

【用药指导】①本品首次服药应从睡前顿服 1mg 开始，以防止和减轻晕厥和"首剂"效应的发生，在确定无明显不适后，逐渐增加剂量；②停药数天后再服本药时，仍应从小剂量开始，逐渐增加剂量；③使用过程中注意监测血压；④严重肝肾功能不全患者及 12 岁以下儿童、妊娠期妇女禁用。

【商品信息】①本品为第 2 代 α 受体拮抗剂，近年来在前列腺增生用药市场占有重要地位，另一适应证是高血压，因此是前列腺增生并伴有高血压疾病患者的首选药物。②该药由美国雅培公司开发，商品名"高特灵"，1987 年首次上市。

我国是特拉唑嗪原料药的主要生产国之一，主要由扬子江药业集团江苏制药股份有限公司、上海雅培制药有限公司、华润双鹤药业股份有限公司等企业生产。制剂除上述企业生产外，还有湖南绅泰春制药股份有限公司、海南绿岛制药有限公司、苏州东瑞制药有限公司、灵源药业有限公司、华润赛科药业有限责任公司、石家庄科迪药业有限公司等 40 多家企业生产。

目前特拉唑嗪（片剂）被《国家基本药物目录（2018 年版）》收录，属于《国家基本医疗保险、工伤保险和生育保险药品目录（2024 年)》甲类药品。

【贮藏】本品原料药及制剂应遮光，密闭保存。

## 坦洛新
### Tamsulosin

【其他名称】坦索罗辛、坦舒洛新、他苏洛辛、Tamsulosin。

【适应证】本品对尿道、膀胱及前列腺等器官平滑肌有高选择性的阻断作用，抑制尿道内压力上升的能力是抑制血管舒张压力上升能力的 13 倍；用于改善排尿障碍作用；降低前列腺部尿道内压，对膀胱内压无明显影响，故可用于前列腺增生引起的排尿障碍。

【制剂】本品主要剂型是缓释胶囊剂。

【不良反应】①偶有精神神经症状，如头晕、头痛、失眠等；②消化系统症状，如恶心、呕吐、胃部不适、食欲减退等；③其他，如过敏反应，皮疹、直立性低血压、肝功能损伤等。

【用药指导】①患者应排除前列腺癌后，才可使用；②本品主要用于治疗良性前列腺增生症（BPH）引起的排尿障碍，可改善尿频、尿急、排尿困难、尿线变细等症状。③成人通常每日 1 次，每次 0.2mg，饭后口服。根据症状可适当调整剂量，但每日最大剂量不超过 0.4mg。④肝功能不全患者，需谨慎使用，可能需调整剂量，密切监测肝功能。⑤轻度肾功能不全者无需调整剂量；中重度肾功能不全者应在医生指导下慎用，可能需减少剂量或延长用药间隔。⑥用药初期可能出现头晕、乏力、直立性低血压（突然站立时血压下降），建议服药后避免突然站起，夜间起夜时动作缓慢。如出现头晕、黑矇等症状，应立即平卧，必要时就医。

【商品信息】①本品是第一个针对前列腺增生疾病的长效 α₁ 受体拮抗剂，由日本山之内（Yamanouchi）制药公司开发，是目前全球治疗良性前列腺增生症的常用药物。1993 年以商品名"Harnal"首次上市，在欧洲商品名为"Flomax"。该药于 1996 年投入我国市场，国内商品名为"哈乐"。2004 年 3 月，哈乐在我国行政保护期结束后，多家企业相继取得生产批文。②2014 年 8 月，盐酸坦索罗辛缓释胶囊的口崩缓释片新剂型——坦索罗辛口崩缓释片（"新哈乐"）在我国正式上市，可减少老年人因药物吞咽困难等服药问题而延误最佳治疗时机。

我国是坦洛新原料药的主要生产国之一，国内的原料药生产企业有昆明积大制药股份有限公司、鲁南贝特制药有限公司、浙江金华康恩贝生物制药有限公司和浙江海力生制药有限公司。制剂除上述企业生产外，还有重庆科瑞制药（集团）有限公司、成都第一制药有限公司、湖南千金协力药业有限公司和江苏联环药业股份有限公司生产。

目前坦洛新（缓释胶囊）被《国家基本药物目录（2018 年版）》收录，属于《国家基本医疗保险、工伤保险和生育保险药品目录（2024 年)》乙类药品。

【贮藏】遮光，密闭保存。

## 非那雄胺
### Finasteride

【其他名称】 非那司提、非那甾胺、Finasteride 等。

【适应证】 非那雄胺是一种强有力的 $5\alpha$-还原酶抑制剂，可用于治疗良性前列腺增生，使增大的前列腺缩小，其逆转过程需 3 个月以上；可改善排尿症状，使最大尿流率增加，减少发生急性尿潴留和手术概率。还可用于治疗男性秃发，能促进头发生长并防止继续脱发。

【制剂】 本品主要剂型有片剂、胶囊剂。

【不良反应】 ①乳房增大和压痛。偶见性功能障碍，偶有瘙痒感、皮疹、口唇肿胀等过敏反应和睾丸疼痛；②有中度抑郁临床表现。

【用药指导】 ①本品主要在肝脏代谢，肝功能不全者慎用；②对于有大量残留尿或严重尿流减少的患者，应密切监测其尿路梗阻的情况；③治疗前期，须认真鉴别有无患前列腺癌的可能性，且随后要定期检查。

【商品信息】 ①非那雄胺是市场上第一个 $5\alpha$-还原酶抑制剂，由美国默沙东公司开发，1992 年 6 月通过美国 FDA 批准，以商品名"Proscar"上市，目前已在全球 110 多个国家地区获得注册后上市。20 世纪 90 年代初，非那雄胺进入我国市场，1993 年 8 月获得我国行政保护。同年，中美杭州默沙东公司的非那雄胺以商品名"保列治"在我国上市，该药在近几年的前列腺增生用药市场中高居榜首，占市场份额 40% 以上，且其销售额仍在逐年增长。2003 年保列治的行政保护到期，多家国内企业陆续介入该市场。

我国是非那雄胺原料药的主要生产国之一，主要由内蒙古君业生物制药有限公司、湖北葛店人福药业有限责任公司、武汉贝尔卡生物医药有限公司、武汉德美凯生物科技有限公司生产。制剂除上述企业外，还有海南赛立克药业有限公司、南京圣和药业股份有限公司、重庆万利康制药有限公司、华润赛科药业有限责任公司、天方药业有限公司、四川明星药业有限责任公司、武汉人福药业有限责任公司等 60 多家企业生产。

目前非那雄胺（片剂）被《国家基本药物目录（2018 年版）》收录，属于《国家基本医疗保险、工伤保险和生育保险药品目录（2024 年）》乙类药品。

【贮藏】 本品原料药及制剂应遮光，密封保存。

**思考题**

答案解析

1. 利尿剂主要通过哪些途径增加尿量？
2. 列举几种常见的利尿剂类别，并简要说明每种类别的代表药物及其主要特性。
3. 为什么不同类别的利尿剂在治疗不同水肿和高血压情况下可能有不同的首选地位？
4. 介绍近年来研发的新型利尿剂或正在临床试验中的利尿剂，它们相较于传统利尿剂有哪些潜在优势？
5. 使用脱水药后可能出现哪些不良反应？其中哪些是对患者生命体征有严重威胁的？

（刘　玲）

书网融合……

本章小结

微课

习题

# 第十七章　激素及影响内分泌药

PPT

📖 **学习目标**

1. 通过本章学习，掌握激素、肾上腺皮质激素、性激素、糖尿病等基本概念，以及胰岛素和其他降糖药的分类，氢化可的松、地塞米松、甲睾酮、雌二醇、黄体酮、左炔诺孕酮、胰岛素、格列吡嗪、阿卡波糖的药品信息；熟悉肾上腺皮质激素的分类，性激素的分类，泼尼松、苯丙酸诺龙、己烯雌酚、罗格列酮、二甲双胍、丙硫氧嘧啶的药品信息；了解计划生育药的分类，甲地孕酮、司坦唑醇、米索前列醇、那格列奈、左甲状腺素、碘和碘化物的药品信息，本章中各类药物的制剂和商品信息。

2. 具有全面理解激素及影响内分泌药物的药理作用、临床应用及安全使用的能力，以及根据激素及影响内分泌药物的研发、生产、市场情况合理预测未来发展趋势的能力。

3. 树立珍视生命、尊重科学的观念，维护人民群众的用药安全，提升职业素养和学术道德。

激素是由内分泌腺或内分泌细胞所分泌的具有高效生物活性的化学物质，可直接进入血管和淋巴管，随血液循环到全身，选择性地作用于一定的组织器官，通过调节其代谢活动来影响人体生理活动，是生命中的重要物质。激素的分泌均极微量，为毫微克水平，但其调节作用非常明显，作用甚广。激素分泌一旦失衡，就会引起疾病的产生，应用激素类药品应严格掌握适应证，避免导致药源性疾病。

激素类药品在临床应用上有十分重要的地位，自 20 世纪 50 年代至 60 年代以来，激素类药物已经有了很大的发展，不但开发了众多品种，而且临床用途也日益扩大，成为国际医药市场上一大类重要药物品种，世界各国现生产的品种多达上百个，目前国际市场的销售额达 60 亿~80 亿美元。

激素及影响内分泌药物按其作用特点可分为肾上腺皮质激素类药物、性激素类药物、胰岛素及口服降血糖药物、甲状腺激素及抗甲状腺药物。

## 第一节　肾上腺皮质激素

肾上腺皮质激素为肾上腺皮质所分泌的甾体化合物，根据其主要生理作用分为糖皮质激素和盐皮质激素两类。1927 年 Rogoff 和 Stewart 通过静脉注射肾上腺匀浆提取物使切除肾上腺的狗存活而证明了肾上腺皮质激素的存在。本类产品经过几十年的研究开发，目前已形成种类繁多、临床应用广泛和需求旺盛的一大类药物，据统计目前全世界生产的产品品种丰富，上市量达 292 种之多。自 20 世纪 90 年代以来，国际市场甾体激素药物销售额每年以 10%~15% 的速度递增，保持着快速发展势头，泼尼松系列产品作为皮质激素的龙头产品增长更加迅猛，平均价格也明显提升。

我国自 20 世纪 60 年代已开展研制，经过多年发展，已初具规模，能生产皮质激素 40 余种，目前具有一定生产能力的产品仍以中低端糖皮质激素为主，主要有氢化可的松系列、泼尼松系列、地塞米松系列、倍他米松系列近 20 个产品，虽然激素品种已从 20 世纪 80 年代的火爆市场转向理性使用，总体增速平稳，但肾上腺皮质激素类药物仍是医院中不可缺少的药物。

与其他品种相比，激素类药物的总体市场规模较小，加上生产工艺复杂，因此全球只有法国罗素、美国辉瑞、英国葛兰素威康等少数公司实现了规模生产。国内开发实力最强，也是亚洲规模最大的皮质激素类药物生产企业是天津药业集团，目前生产的皮质激素类原料药和制剂品种及规模均居全国之首，产品的销售市场也较稳定。此外，我国生产皮质激素类原料药达到规模经济的公司还有上海华联制药有限公司和浙江仙琚制药股份有限公司等。

## 一、糖皮质激素

糖皮质激素由肾上腺皮质中层束状带合成和分泌，主要影响糖、蛋白质和脂肪的代谢，对电解质平衡影响较少。糖皮质激素作用广泛而复杂，其药理作用主要表现为抗炎、免疫抑制、抗毒素、抗休克等，对中枢神经系统、消化系统、对血液和造血系统也有影响。

糖皮质激素临床上主要用于急、慢性肾上腺皮质功能减退、严重感染、自身免疫性疾病、过敏性疾病、防止某些炎症的后遗症、各种原因引起的休克、血液系统疾病等。

糖皮质激素类药物可分为短效（如可的松、氢化可的松等）、中效（如泼尼松、泼尼松龙等）、长效（如地塞米松、倍他米松等）三类。

### 1. 典型糖皮质激素

#### 氢化可的松
#### Hydrocortisone

【其他名称】氢可的松、皮质醇、尤卓尔、Cortisol。

【适应证】本品为糖皮质激素类药物，具有抗炎、免疫抑制、抗毒素、抗休克等作用。用于各种急性细菌感染、严重的过敏性疾病、各种原因引起的肾上腺皮质功能减退症、自身免疫疾病等。

【制剂】本品主要剂型有片剂、软膏、眼膏、注射剂等。

【不良反应】本品不良反应较多，大剂量或长期应用本类药物，可引起人向心性肥胖、多毛、痤疮、血糖升高、高血压、眼内压升高、钠和水潴留、水肿、血钾降低、精神兴奋、消化性溃疡甚至出血穿孔、骨质疏松、脱钙、病理性骨折、伤口愈合不良等。

【用药指导】①有中枢抑制症状或肝功能不全患者慎用，大剂量更应注意；②本品的注射剂（醇型）含有50%的乙醇，不能直接静脉注射，必须充分稀释至0.2mg/ml后静脉注射；③本品为天然短效糖皮质激素，抗炎作用为可的松的1.25倍，其潴留活性较强，可直接注入静脉而迅速发挥作用；④本品混悬剂（酯型）可供关节腔内注射。⑤本类药品对病原微生物并无抑制作用，且可降低机体的防御能力，故一般感染不宜用本类药物。⑥应尽量避免长期或大剂量用药，不可骤然停药，应逐渐减量，以免复发或出现肾上腺皮质功能不足的症状。

【商品信息】①本品及其醋酸酯为短效天然糖皮质激素，于1937年自肾上腺分离得到，1950年化学合成，我国于1958年研制投产。②我国是氢化可的松的主要供应国。氢化可的松及其醋酸酯均可为临床使用，价格低且剂型多，故临床应用广泛，销售量比较大。由于美国FDA已批准氢化可的松为非处方药上市，从而带动了销售增长。③主要生产厂家有津药和平（天津）制药有限公司、湖南迪诺制药有限公司、湖北恒安药业有限公司、浙江仙居制药股份有限公司等。

目前氢化可的松（片剂、注射液、乳膏剂）被《国家基本药物目录（2018年版）》收录；氢化可的松（软膏剂、注射剂、口服常释剂型）属于《国家基本医疗保险、工伤保险和生育保险药品目录（2024年）》甲类药品。

【贮藏】原料、片剂、注射剂、滴眼液遮光，密闭保存；软膏剂、眼膏剂应密闭，于凉暗处保存。

## 地塞米松
### Dexamethasone

【其他名称】 氟美松、优诺平、息洛安、意可贴、Dexasone。

【适应证】 本品是长效糖皮质激素，抗炎及抗过敏作用比泼尼松更显著，主要用于过敏性与自身免疫性炎症性疾病。临床用途同泼尼松，但其针剂可代替氢化可的松用于抢救患者，尤其是中枢抑制或肝功能不全的患者。

【制剂】 本品剂型主要有片剂、注射剂、软膏和滴眼液等。

【不良反应】 本品对下丘脑－垂体肾上腺轴功能的抑制较强。引起水钠潴留的不良反应较少，较大剂量易引起糖尿病、类库欣综合征及精神症状。

【用药指导】 ①本品潴钠作用微弱，不宜用作肾上腺皮质功能不全的替代治疗；②较大量服用，易引起糖尿及类库欣综合征。③长期服用，较易引起精神症状及精神病，有癔病史及精神病史者最好不用。④溃疡病、血栓性静脉炎、活动性肺结核、肠吻合术后患者忌用或慎用。

【商品信息】 ①本品为人工合成的长效糖皮质激素药物，具有长效、强效、不良反应少，对水盐代谢影响小且价格适中等优点而在临床广泛应用，是糖皮质药物中销量较大的品种之一。②本品是含卤素的高档激素品种，1958 年合成并用于临床，我国 1966 年研制，1968 年投产。现今国内已具有了一定的生产规模，奠定了我国激素产业在国际市场的牢固地位。③我国地塞米松系列产品，临床应用广泛，前景较好。国内主要生产企业有三九企业集团、广东恒健制药有限公司、天津信谊津津药业有限公司、浙江仙琚制药股份有限公司等。

目前地塞米松（片剂、注射液）被《国家基本药物目录（2018 年版)》收录；地塞米松（注射剂、口服常释剂型、滴眼剂）属于《国家基本医疗保险、工伤保险和生育保险药品目录（2024 年)》甲类药品，地塞米松（软膏剂、植入剂）属于乙类药品。

【贮藏】 遮光，密闭保存。软膏遮光，密闭于阴凉处保存。

**2. 其他糖皮质激素**

（1）泼尼松龙（prednisolone） 本品作用和用途同泼尼松。制剂有片剂、注射液、软膏等。本品为能直接起作用的合成糖皮质激素，为中效糖皮质激素，抗炎及抗过敏作用较强，不良反应较少，其水、钠潴留及促进钾排泄作用比可的松小。可用于肝功能不良的患者。我国 1961 年研制，1963 年上海通用药厂投产。主要生产厂家有东北制药集团股份有限公司、天津天药药业股份有限公司、山东新华制药股份有限公司等。泼尼松龙是后期发展出来的一只中效糖皮质激素，是全球皮质激素的高端品种，具有临床推广价值，供应价格和数量近年来上升十分稳定。天津天药药业股份有限公司、浙江仙琚制药股份有限公司等是国内最大的生产商和出口商。总体国际市场需求仍然十分旺盛，且价格得到较好保持，未来激素类产品价格将维持强势。

目前泼尼松龙未被《国家基本药物目录（2018 年版)》收录；泼尼松龙（口服常释剂型、注射剂、滴眼剂）属于《国家基本医疗保险、工伤保险和生育保险药品目录（2024 年)》乙类药品。

**2. 莫米松（mometasone）** 本品具有抗炎、抗过敏、止痒及减少渗出等作用。主要用于对皮质激素治疗有效的皮肤病，如神经性皮炎、湿疹、异位性皮炎及银屑病等引起的皮肤炎症和皮肤瘙痒。制剂有莫米松霜剂或乳膏：5g∶5mg。外用涂患处一日 1 次。美国先灵葆雅公司 1997 年将该产品引入国内市场，商品名"艾洛松"。国内主要生产企业有上海医药集团股份有限公司、浙江仙琚制药股份有限公司、上海通用药业股份有限公司等。

目前糠酸莫米松（乳膏剂和鼻喷雾剂）被《国家基本药物目录（2018 年版)》收录；糠酸莫米松（软膏剂、吸入剂、凝胶剂）属于《国家基本医疗保险、工伤保险和生育保险药品目录（2024 年)》乙类药品。

## 二、盐皮质激素

本类药物的作用特点是能促进钠的潴留，增加钾的排泄，对糖代谢几乎无作用。与糖皮质激素相比，临床需求较少，商品品种也较少，主要药物有9α-氟可的松和去氧皮质酮。

**1. 9α-氟可的松（fluorohydrocortisone）**　本品为氢化可的松的氟化物，因有较强的水钠潴留作用，主要用于外用。常用于湿疹、过敏性皮炎、接触性皮炎、瘙痒等征。制剂有片剂和软膏。遮光，密闭保存。妊娠期、肝病及黏液性水肿患者应用本品时，剂量应适当减少，以防钠潴留过多、水肿、高血压和低钾血症，用药期间可给予低钠高钾饮食。本品乳膏剂长期外用可引起皮肤色素沉着，皮肤有化脓性感染时禁用。本品疗效好，价格便宜，适合长期使用。

**2. 去氧皮质酮（desoxycortone）**　本品主要影响水盐代谢，促进远端肾小管对钠的再吸收及钾的排泄，主要用于原发性肾上腺皮质功能减退症的替代治疗。制剂有注射液和微结晶混悬液。遮光，密封保存。注射液遇光易变色，色泽变深，不可供药用。本品长期或大剂量服用，可致高血压。高血压、水肿、肾炎、肝硬化等患者禁用。

# 第二节　性激素

性激素主要由性腺分泌，受脑垂体前叶分泌的促性腺激素调节，可促进性器官的发育和第二性征的形成。同时性激素对促性腺激素有负反馈作用，常利用这一机制来治疗一些因促性腺激素过多引起的病症。性激素一般分为以下几类：雄激素及蛋白同化激素类、雌激素、孕激素类及促性腺激素类。

## 一、雄激素及蛋白同化激素

天然雄激素为睾丸素（睾酮），具有雄激素活性，并有一定的蛋白同化作用。睾丸素由睾丸分泌，肾上腺皮质、卵巢和胎盘也有少量分泌。雄激素主要用于男性性腺功能不足的替代治疗，也可用于女性转移性乳癌。临床常用的雄激素主要是睾酮的衍生物，如丙酸睾酮，可供肌内注射；此外还有睾酮的甲基衍生物，其在肝脏破坏较慢，适用于口服。

睾酮经结构修饰后的产物雄激素活性减弱，而蛋白同化作用得以保留或加强，从而提高其分化指数，这类药物称为蛋白同化激素。临床上主要用于蛋白质同化或吸收不足，以及蛋白质分解亢进或损失过多等情况，如营养不良、严重烧伤、术后恢复期、骨折不易愈合等。临床应用的有苯丙酸诺龙注射剂、癸酸诺龙注射剂、达那唑胶囊等。

**1. 典型雄激素及蛋白同化激素**

### 甲睾酮
### Methyltestosterone

【其他名称】甲基睾丸素、甲基睾丸酮、甲基睾酮、Androral。

【适应证】本品作用与天然睾酮相似，能促进男性性器官及第二性征的发育、成熟等。用于男性性腺功能减退症、无睾症及隐睾症；绝经妇女晚期乳腺癌姑息性治疗。

【制剂】本品主要剂型为片剂。

【不良反应】大剂量（每月300mg以上）可引起男性睾丸功能不全和萎缩、女性男性化、水肿、肝损害、黄疸、头晕、痤疮等。大剂量或长期应用易导致胆汁淤积性肝炎，出现黄疸、肝损伤等。舌下给药可致口腔炎，表现为疼痛、流涎。

【用药指导】①有过敏反应者应停药。肝功能不全者慎用。前列腺癌患者、妊娠期及哺乳期妇女禁用。②本品遇光易变为黄色而失效；③本品能由口腔黏膜及胃肠道吸收，口服有效，但口服后在肝脏代谢失活，故以舌下含服为佳，长期或大剂量可引起男性睾丸功能不全和萎缩、女性男性化、水肿、肝损害、黄疸、头晕、痤疮等。

【商品信息】①本品 1937 年合成，我国 1958 年研制投产。②主要生产厂家有天津中央药业有限公司、华润双鹤药业股份有限公司等。

目前甲睾酮未被《国家基本药物目录（2018 年版）》和《国家基本医疗保险、工伤保险和生育保险药品目录（2024 年）》收录。

【贮藏】遮光，密封，干燥处保存。遇光变黄色者不可供药用。

## 苯丙酸诺龙
### Nandroline Phenylpropionate

【其他名称】多乐宝灵、苯丙酸去甲睾酮、Durabolin

【适应证】本品为蛋白同化类激素，用于慢性消耗性疾病、严重灼伤、手术前后、骨折不易愈合和骨质疏松症、早产儿、儿童发育不良等。尚可用于不能手术的乳腺癌、功能性子宫出血、子宫肌瘤等。

【制剂】本品主要剂型为注射剂。

【不良反应】①妇女使用后可有轻微男性化作用，如痤疮、多毛症、声音变粗、阴蒂肥大、闭经或月经紊乱等反应，应立即停药。②本品长期使用后可能引起黄疸及肝功能障碍，也可能使水钠潴留而造成水肿，不宜做营养品使用。

【用药指导】①发现黄疸应立即停药，肝功能不全者慎用；②前列腺癌患者、妊娠期及哺乳期妇女禁用；③可使骨骼骺端过早融合，影响身高，并促进性早熟及女性男性化，健康儿童禁止使用。

【商品信息】①本品蛋白同化作用为丙酸睾酮的 12 倍，雄激素活性仅为其 1/2。②本品 1959 年合成，我国 1966 年投产，主要生产厂家有上海通用药业股份有限公司、上海华联制药有限公司、浙江仙琚制药股份有限公司等。

目前苯丙酸诺龙未被《国家基本药物目录（2018 年版）》和《国家基本医疗保险、工伤保险和生育保险药品目录（2024 年）》收录。

【贮藏】遮光，密封，干燥处保存。

2. 其他雄激素及蛋白同化激素

（1）司坦唑醇（stanozolol）　本品的蛋白同化作用较强，为甲睾酮的 30 倍，雄激素活性则为甲睾酮的 1/4。临床用于慢性消耗性疾病、重病及手术后体弱消瘦、年老体弱、骨质疏松症、小儿发育不良、再生障碍性贫血、白细胞减少症、血小板减少症、高脂血症等。制剂主要为片剂。本品 1959 年合成，我国 1973 年广州第八制药厂投产。主要生产厂家有广西南宁百会药业集团有限公司、湖北制药有限公司等。

目前司坦唑醇未被《国家基本药物目录（2018 年版）》收录；司坦唑醇（口服常释剂型）属于《国家基本医疗保险、工伤保险和生育保险药品目录（2024 年）》乙类药品。

（2）丙酸睾酮（testosterone）　本品作用和适应证同睾酮、甲睾酮，可肌内注射，口服无效，肌内注射作用时间较持久，肌内注射 1 次，可维持 2~3 日。制剂主要是注射液。遮光密闭保存。大剂量可引起女性男性化、浮肿、肝损伤、黄疸、头晕等。有过敏反应者应立即停药。肝、肾功能不全、前列腺癌患者及妊娠期妇女忌用。本品 1935 年合成，我国 1958 年研制投产。主要生产厂家有上海华联制药厂、华润双鹤药业股份有限公司、武汉远大制药集团有限公司等。

目前丙酸睾酮注射剂被《国家基本药物目录（2018 年版）》收录；丙酸睾酮（注射剂）属于《国家基本医疗保险、工伤保险和生育保险药品目录（2024 年）》甲类药品。

## 二、雌激素

雌激素主要由卵巢和胎盘产生，肾上腺皮质也产生少量雌激素。天然的雌激素包括雌二醇、雌酮及雌三醇，以雌二醇的活性最强，主要作用为促进女性性器官的形成及第二性征的发育。但天然雌二醇及其衍生物口服活性很低，仅供注射且价格比较贵。目前临床常用的雌激素类药物主要来源是人工合成品及其衍生物，如注射用的长效雌激素苯甲酸雌二醇、戊酸雌二醇、环戊丙酸雌二醇以及口服有效的炔雌醇、己烯雌酚等。雌激素主要用于绝经期综合征、卵巢功能不全和闭经、功能性子宫出血、乳房胀痛、青春期痤疮及晚期乳腺癌、前列腺癌。它们还可与孕激素组成各种不同的复方用作避孕药。

### 1. 典型雌激素

**雌二醇**
**Estradiol**

【其他名称】求偶二醇、爱斯妥、康美华、伊司乐、Oestradiol。

【适应证】本品促进女性性征和性器官的发育成熟，用于卵巢功能不全或卵巢激素不足引起的各种症状，主要是功能性子宫出血、原发性闭经、绝经期综合征以及前列腺癌等。

【制剂】本品主要剂型有注射剂、片剂（含缓释片）、凝胶剂、贴片等。

【不良反应】大剂量可有恶心、呕吐、乳房胀痛、子宫内膜过度增生；静脉和动脉血栓形成及胆汁淤积型黄疸；外用贴剂，可引起局部红肿、瘙痒、皮疹。

【用药指导】①应与孕激素联合应用，以对抗单纯雌激素引起的子宫内膜过度增生而导致腺癌。②凝胶剂不可口服，忌用于乳房、外阴和阴道黏膜。③巴比妥类、卡巴西平、甲丙氨酯、保泰松、利福平等会减低雌激素活性。④乳腺癌、子宫内膜癌、子宫内膜异位、原因未明的阴道出血、严重肝功能损害、血栓栓塞性疾病患者及妊娠期妇女禁用。严重高血压、子宫出血倾向、子宫内膜炎及糖尿病患者慎用。⑤不宜长期、大剂量使用。

【商品信息】①本品 20 世纪 30 年代首次从雌猪的卵泡液和怀孕的雌马马尿中分离出来。②主要生产厂家有广州先灵药业有限公司、浙江仙琚制药股份有限公司。

目前雌二醇未被《国家基本药物目录（2018 年版）》收录；雌二醇（凝胶剂和口服常释剂型等）属于《国家基本医疗保险、工伤保险和生育保险药品目录（2024 年）》乙类药品。

【贮藏】遮光，密闭保存。

### 2. 其他雌激素

己烯雌酚（diethylstilbestrol，乙菧酚，二乙菧酚）为人工合成的非甾体雌激素，作用与雌二醇相似，口服疗效为雌二醇的 2～3 倍。本品口服吸收良好，用于卵巢功能不全或垂体异常引起的闭经、子宫发育不全、绝经期综合征、功能性子宫出血、老年性阴道炎、退乳等。可有恶心、呕吐、厌食、头痛和轻度腹泻等，中途停药可导致子宫出血，肝、肾病患者及妊娠期妇女禁用。本品主要剂型有片剂和注射剂。遮光，密闭保存。本品 1938 年合成，使用广泛，价格低廉。我国 1958 年上海光明药厂投产。

目前己烯雌酚（片剂）被《国家基本药物目录（2018 年版）》收录；己烯雌酚（注射剂和口服常释剂型）属于《国家基本医疗保险、工伤保险和生育保险药品目录（2024 年）》甲类药品。

## 三、孕激素

孕激素主要由卵巢黄体分泌，妊娠后逐渐改由胎盘分泌。其主要作用是促进子宫内膜生长，利于受精卵的着床与胚胎发育，用于月经失调，也用于子宫内膜异位症及某些乳癌、子宫内膜癌。天然孕激素黄体酮，口服后在肝脏被迅速破坏，仅供注射。临床上主要应用的是人工合成品及其衍生物，如甲地孕酮、炔诺酮类等作用较强，在肝脏破坏亦较慢，可以口服。孕激素是避孕药的主要成分，单用或与雌激素合用，口服或肌内注射均可达到避孕目的。

**1. 典型孕激素**

### 黄体酮
### Progesterone

【其他名称】孕酮、安琪坦、益玛欣、Utrogestan。

【适应证】本品是天然黄体酮的合成代用品。用于习惯性流产、闭经、痛经、经血过多或血崩症等。口服大剂量也用于黄体酮不足所致疾患，如经前期综合征、排卵停止所致月经紊乱、良性乳腺病、绝经前和绝经期等。

【制剂】本品主要剂型有注射剂、胶囊剂。

【不良反应】可有头晕、头痛、恶心、抑郁、乳房胀痛等。长期大量使用可致子宫内膜萎缩、月经量减少，肝功能异常并容易并发阴道霉菌感染。每日用量过高时可能引起嗜睡。

【用药指导】①肝功能不全、不明原因阴道出血、动脉疾患高危者、乳腺癌患者禁用。②本品在肝脏迅速代谢失活，故一般采用注射给药或其他途径给药。③大剂量时可致水、钠潴留，故肾病、心脏病水肿患者慎用。

【商品信息】①本品 1934 年首次从孕猪的卵巢中分离出，并确定其化学结构。我国 1958 年研制投产。②主要生产厂家有上海通用药业、浙江仙琚制药厂、湖北制药有限公司等。

目前黄体酮注射剂被《国家基本药物目录（2018 年版）》收录，黄体酮注射剂、栓剂和口服常释剂型等被《国家基本医疗保险、工伤保险和生育保险药品目录（2024 年)》收录。

【贮藏】遮光，密闭保存。

**2. 其他孕激素** 甲羟孕酮（medroxyprogesterone）作用与黄体酮相似，为作用较强的孕激素，无雌激素活性，口服和注射均有效。用于痛经、功能性闭经、功能性子宫出血、先兆流产或习惯性流产、子宫内膜异位症等。大剂量可用作长效避孕药。制剂有片剂和注射液。本品可引起孕酮类反应如乳房疼痛、溢乳、阴道出血、闭经等；长期应用也有肾上腺皮质功能亢进的表现，肌内注射时由于贮存于局部组织缓慢释放，可维持长达 2～4 周的药效，若剂量加大可达 3 个月之久。本品于 20 世纪 50 年代晚期由美国 Upjohn 公司制备，我国于 1964 年在上海华联药厂研制投产。主要生产厂家有浙江仙琚制药股份有限公司、德国赫素大药厂等。

目前甲羟孕酮（片剂和胶囊剂）被《国家基本药物目录（2018 年版）》收录；甲羟孕酮（口服常释剂型）属于《国家基本医疗保险、工伤保险和生育保险药品目录（2024 年)》甲类药品，甲羟孕酮（注射剂）为乙类药品。

## 四、促性腺激素

促性腺激素是由垂体前叶分泌的蛋白激素。主要用于治疗两性性腺功能不全所致的各种疾病，还用于计划生育、妇产科疾病及抗肿瘤。目前临床应用的促性腺制剂，主要是注射用绒促性素、氯米芬等。

**1. 绒促性素（chorionic gonadotrphin）** 本品用于不孕症、黄体功能不足、功能性子宫出血、先兆流产或习惯性流产、隐睾症、男性性功能减退症等。制剂主要是注射剂。用本品促进排卵，可增加多胎率，而使新生儿发育不成熟。发现卵巢过度刺激综合征及卵巢肿大、胸水、腹水等并发症时应停药。除了男性促性腺激素功能不足、为促发精子生成以外，其他情况本品不宜长期连续使用。生产企业有：

沈阳光大制药有限公司、上海第一生化药业有限公司、上海丽珠制药有限公司等。

目前绒促性素（注射剂）被《国家基本药物目录（2018 年版）》收录，为《国家基本医疗保险、工伤保险和生育保险药品目录（2024 年）》甲类药品。

**2. 氯米芬（clomifene）**　本品具有较强的抗雌激素作用和较弱的雌激素活性。用于避孕药引起的闭经及月经紊乱。对经前期紧张症、溢乳症可改善症状。尚可用于精子缺乏的男性不育症。制剂主要有片剂和胶囊。本品为治疗无排卵型不育症的首选促排卵药。促排卵药是处方药，必须在医生的监测指导下服用。盲目滥用本品会导致卵巢过度刺激综合征，严重的甚至会危及生命。我国明确规定，禁止以多胎妊娠为目的应用促排卵药物。药品监督管理部门也应加强处方药在药店的销售管理，堵住其销售泛滥的漏洞。生产企业有：华润双鹤药业股份有限公司、西南药业股份有限公司、上海新华联制药有限公司等。

目前氯米芬未被《国家基本药物目录（2018 年版）》收录；氯米芬（口服常释剂型）属于《国家基本医疗保险、工伤保险和生育保险药品目录（2024 年）》乙类药品。

# 第三节　计划生育药

应用避孕药物是开展计划生育的重要措施之一。进入 21 世纪后，生殖系统及性激素类药物市场呈快速增长的趋势，其中避孕药物占据了该市场半壁江山。在全球避孕药物市场中，德国拜耳先灵、美国强生、美国默克先灵葆雅领衔该市场。

## 一、口服避孕药

1960 年，首款口服避孕药诞生。它通过雌激素和孕激素的协同作用，可从多个环节阻断精子与卵子结合并着床发育，从而实现避孕的效果。目前，全球已有 535 种口服避孕药品牌，全世界约有 1 亿多女性使用复方口服避孕药。

口服避孕药有两种类型，即复合型和孕激素型。复合型是最普通的口服避孕药，由雌激素和孕激素两种合成激素组成。当前，该类药物已从第一代炔诺酮、第二代左炔诺孕酮，发展到第三代的孕二烯酮、去氧孕烯和诺孕酯，第四代屈螺酮及其类似物和复合口服制剂。

目前，我国市场上使用最多的是口服避孕药，并呈现出逐年增长的趋势。根据避孕作用时间长短不同，可分为紧急、短效、长效 3 种。紧急避孕药在零售市场用量最大，大约占 70% 的市场份额。短效避孕药主要成分是孕激素，是避孕常规药品，可长期服用，副作用小，停药后可恢复受孕，占 20% 的市场份额。长效避孕药主要成分是人工合成孕激素和长效雌激素，每月只需服用一片便可达到避孕效果，虽然服用方便，但停药后会影响生育，因此使用量相对较少。

### 1. 典型口服避孕药

#### 左炔诺孕酮
#### Levonorgestrel

【其他名称】敏婷、特居乐。

【适应证】本品为口服强效孕激素，是目前应用较广泛的一种口服避孕药。与炔雌醇组成复合片或双相片、三相片可作为短效口服避孕药。通过剂型改变，还可作为多种长效避孕药。

【制剂】本品主要剂型有片剂（含双相片和三相片）、滴丸等。

【不良反应】少数可有恶心、呕吐、头晕以及不规则出血等。

**【用药指导】** ①本品为限复方制剂活性成分非处方药。②活动性肝炎、肾炎患者禁用。子宫肌瘤、血栓病史及高血压患者慎用。③为保证避孕效果，必须定时服用。

**【商品信息】** 本品由德国先灵公司开发后上市，现在是拜耳公司旗下的品种，在全球孕激素处方药市场中位居第二，商品名为"Mirena"。左炔诺孕酮埋植剂在欧洲上市后，现已被多个国家批准使用，是国内外应用最广泛的一种口服避孕药。近年来，左炔诺孕酮全球性市场稳步增长，2021年全球左炔诺孕酮市场销售额达到了0.5亿美元，预计到2028年将达到0.6亿美元。欧洲是最大的左炔诺孕酮市场，约占43%的市场份额，其次是亚太，约占29%的市场份额。左炔诺孕酮三相片用小剂量激素模拟生理月经周期激素的动态变化，既达到了避孕效果，又减少了不良反应，是20世纪70年代末发展起来的短效低剂量新型避孕药。

左炔诺孕酮炔雌醚片为长效口服避孕片，复方左炔诺孕酮片为短效口服避孕片，是我国应用较广的一种紧急避孕药，主要品牌有北京紫竹药业的"毓婷"、北京中惠药业的"惠婷"、东北制药集团沈阳第一制药的"安婷"、广州朗圣药业的左炔诺孕酮肠溶片"丹媚"等。左炔诺孕酮在我国医院市场和零售市场均有较大销售空间。

目前左炔诺孕酮未被《国家基本药物目录（2018年版）》和《国家基本医疗保险、工伤保险和生育保险药品目录（2024年）》收录。

**【贮藏】** 遮光，密闭，干燥处保存。

**2. 其他口服避孕药** 甲地孕酮（megestrol）具有显著排卵抑制作用，用作短效口服避孕药，也可肌内注射作长效避孕药。还用于功能性子宫出血、子宫内膜腺癌、子宫内膜异位症、痛经、闭经等。制剂有片剂（含纸型片和探亲片）、膜剂。本品为高效孕激素，口服时其作用约为黄体酮的75倍，注射时约为50倍，并无雌激素和雄激素活性。本品的片剂，因主药在糖衣层内，受潮后溶解、黏结，使含量不准或变质，不可供药用。本品1959年合成，我国1967年研制，1970年投产。主要生产厂家有上海信谊康捷药业有限公司、青岛格瑞药业有限公司、英国百时美施贵宝公司等。

目前甲地孕酮未被《国家基本药物目录（2018年版）》收录；甲地孕酮（口服常释剂型）属于《国家基本医疗保险、工伤保险和生育保险药品目录（2024年）》甲类药品。

## 二、抗早孕药

抗早孕药是一类新型的抗生育药物，第一个孕激素受体拮抗剂米非司酮已用于抗早孕和催经止孕等。3β-羟甾脱氢酶抑制剂环氧司坦能抑制黄体酮的合成，用于抗早孕。它们与前列腺素合用，可使完全流产率显著提高。前列腺素在妇产科领域具有广泛的应用，尤其在中期引产、抗早孕以及促进宫颈成熟等方面。除了卡前列素注射剂及其甲酯栓剂、吉美前列素栓剂和硫前列酮注射剂等药物外，还有其他几种前列腺素类药物在临床上表现出较好的效果。米索前列醇与米非司酮合用，抗早孕同样有效，更方便。

**1. 米非司酮（mifepristone）** 本品为新型的抗孕激素，用于抗早孕、催经止孕、宫内死胎引产、扩宫颈。与小剂量前列腺素类药物合用，能提高完全流产率。可有恶心、呕吐、头晕、乏力、腹痛等不良反应。本品1982年由法国Roussel-Uclaf公司研制，1988年在法国、英国上市，我国1995年生产。具有使用方便、更有效、更安全的特点，被认为是目前为止最有效的紧急避孕药物之一。该药属于严格监管的处方药，只能在医院购买，并在医生监督下使用。2005年FDA发出警示，由丹科有限责任公司生产的堕胎药物米非司酮，可导致使用者出现严重脓毒血症和败血症等疾病，甚至导致死亡。国内主要生产厂家有上海新华联制药有限公司、浙江仙琚制药股份有限公司、北京紫竹药业有限公司等。

目前米非司酮（片剂）被《国家基本药物目录（2018年版）》收录；米非司酮（口服常释剂型）

属于《国家基本医疗保险、工伤保险和生育保险药品目录（2024 年）》乙类药品。

**2. 米索前列醇（misoprostol）**　本品对妊娠子宫底具有明显收缩作用，而对子宫颈却表现为松弛、软化作用。本品与米非司酮合用，抗早孕有良好效果，不良反应小，且使用方便。本品还有抑制胃酸分泌作用和胃黏膜保护作用，用于防治消化性溃疡。可见恶心、呕吐、腹痛、头晕等不良反应。过敏者禁用，心、脑血管病者慎用。主要制剂为片剂。美国赛尔药厂开发，1987 年正式上市，目前主要生产厂家有浙江仙琚制药股份有限公司、北京紫竹药业有限公司等。

目前米索前列醇（片剂）等被《国家基本药物目录（2018 年版）》收录；米索前列醇（口服常释剂型）属于《国家基本医疗保险、工伤保险和生育保险药品目录（2024 年）》甲类药品。

# 第四节　胰岛素及其他降血糖药

糖尿病是由多种原因引起的胰岛素分泌相对或绝对不足以及靶细胞对胰岛素敏感性降低，继而引起糖、脂肪和蛋白质等代谢障碍的一种综合征，其主要特点是持续的血糖升高。糖尿病作为一种系统性疾病可引起多种组织、器官的结构和功能改变，严重威胁身体健康。临床将糖尿病分为两型，1 型糖尿病，即胰岛素依赖型糖尿病，是由于胰岛 $\beta$ 细胞损害引起胰岛素分泌水平降低，约占糖尿病患者的 5%，其治疗只能依赖于外源性给予胰岛素；另一类为 2 型糖尿病，即非胰岛素依赖型糖尿病，是胰岛素分泌的相对不足及胰岛素作用不健全而致血糖水平升高，可用化学药物促使 $\beta$ 细胞分泌更多胰岛素，或改善靶组织对胰岛素敏感性进行治疗。

根据国际糖尿病联盟统计，2021 年全球 20～79 岁的成年人中有 5.37 亿糖尿病患者，相当于每 10 个人中就有 1 个糖尿病患者。预计到 2030 年，全球糖尿病患者总数将增至 6.43 亿，到 2045 年，这一数字将进一步增至 7.83 亿，而其中新增加的患者将大部分出自发展中国家。糖尿病在我国近 10 年呈井喷态势，我国已成为全球糖尿病患者最多的国家，据国际糖尿病联盟数据显示，我国糖尿病患者已超过 1.4 亿，其中 2 型糖尿病占糖尿病人群的 90% 以上。2 型糖尿病多发于中老年人，除了遗传因素，比 1 型糖尿病更受环境影响，包括生活方式、营养状况等。据中国疾控中心联合国家老年医学中心共同编写的《中国糖尿病地图》显示，自 1980 年以来，我国各年龄段人群的 2 型糖尿病患病率均呈现上升趋势，特别是老年人群中，2 型糖尿病的患病率不仅一直保持较高水平，且还在持续快速增长。此外，男性的 2 型糖尿病患病率也持续高于女性的患病率。全球降糖药物市场近年来持续增长，根据 2022 年数据，全球糖尿病药物市场的规模达到 596 亿美元，并且保持着持续增长的态势。在我国，降糖药物市场也呈现出强劲的增长趋势。2023 年，国内等级医院口服降糖药销售额达到了 187 亿元人民币，同比增长 12.8%。随着糖尿病患病率的上升，降糖药物市场的需求预计将持续增长。

## 一、胰岛素类药

### （一）胰岛素类药物的分类

**1. 按来源分类**

（1）动物胰岛素　是经动物胰腺提取或适当纯化的猪、牛胰岛素。

（2）人胰岛素　是指采用不同制备工艺获得的与人胰岛素氨基酸序列完全相同的胰岛素。

（3）胰岛素类似物　是利用重组 DNA 技术，通过对人胰岛素的氨基酸序列进行修饰生成的、可模拟正常胰岛素分泌和作用的一类物质。胰岛素类似物中，目前已经用于临床的有两种超短效胰岛素类似物，即赖脯胰岛素和门冬胰岛素，两种长效胰岛素类似物，即甘精胰岛素和地特胰岛素。

国外胰岛素类似物的市场份额已经超过了常规胰岛素，但国内目前常规胰岛素仍然占据主流市场，胰岛素类似物表现出良好的增长势头，潜力非常大。

**2. 按作用时间分类**

（1）短效（速效）胰岛素制剂　又称为普通胰岛素或正规胰岛素。由于不含任何延缓其吸收的物质，吸收和起作用均迅速，但作用持续时间短。短效胰岛素主要控制饭后的高血糖，可供皮下注射，如胰岛素注射液400U，重组人胰岛素注射液300U、400U。

（2）中效胰岛素制剂　在普通胰岛素的基础上，为了延缓胰岛素的吸收而加入了低量的鱼精蛋白，皮下注射后吸收缓慢而均匀，作用可持续18～28小时。中效胰岛素主要用于控制基础高血糖（两餐之间血糖和空腹血糖），如低精蛋白锌胰岛素注射液400U。

（3）长效胰岛素制剂　长效胰岛素制剂通过添加过量的鱼精蛋白和锌，与正规胰岛素结合，形成鱼精蛋白锌胰岛素，从而增加长效成分。这种制剂皮下注射后吸收缓慢且稳定，能够持续作用24～36小时。长效胰岛素无明显作用高峰，主要提供基础水平的胰岛素，如精蛋白锌胰岛素注射液400U。

（4）预混胰岛素制剂　是指短效或超短效胰岛素与中效或长效胰岛素按不同比例混合制成一系列的预混胰岛素制剂，以供给某些患者使用，其优点是使用方便，注射次数相对少。常用的有精蛋白锌胰岛素注射液（30R）400U，精蛋白生物合成人胰岛素注射液（预混30R）300U。

**3. 根据胰岛素的制剂类型分类**　除传统注射剂以外，目前胰岛素新开发了胰岛素笔芯、胰岛素笔、特充装置、胰岛素连续皮下注入装置（CSH）以及喷射注射器系统等。吸入性胰岛素目前在国内外已经上市（EXUBERA），但在国内尚未见其应用于临床。

### （二）典型胰岛素类药

迄今为止胰岛素仍是抗糖尿病最有效的药物之一。目前，全球胰岛素市场基本被丹麦诺和诺德公司、美国礼来公司和法国赛诺菲－安万特公司所垄断。三大巨头胰岛素类产品销售总额高达89亿美元，占全球胰岛素90%以上的市场份额。胰岛素制剂目前正朝长效化、新给药途径方向发展，如诺和诺德的超长/短效胰岛素类似物Degludec和赛诺菲的U300，正处于申请上市中。2014年上半年，国内批准上市了甘李药业的精蛋白锌重组赖脯胰岛素混合注射液（25R），以及通化东宝药业的精蛋白重组人胰岛素混合注射液（40/60）。

### 胰岛素
#### Insulin

【其他名称】正规胰岛素、普通胰岛素、因苏林。

【适应证】本品的作用主要为调节糖代谢，临床用于1型糖尿病，特别是幼年型糖尿病；2型糖尿病经饮食控制及口服降血糖药物治疗无效的患者；糖尿病合并妊娠及分娩时；糖尿病合并重度感染或消耗性疾病，或兼有外科病在进行手术前后；糖尿病酮症及糖尿病性昏迷。

【制剂】本品主要剂型是注射剂。

【不良反应】剂量过大可引起低血糖反应，如饥饿感、出汗、心悸、昏迷甚至惊厥等；亦有过敏反应，局部反应为注射部位红肿、结节，全身性过敏反应有荨麻疹、紫癜及血管神经性水肿；以及产生胰岛素耐受性等。

【用药指导】①为避免用药后发生低血糖，应于饭前半小时使用。如出现低血糖反应及时给予葡萄糖进行解救。②本品疗效确切，是治疗糖尿病的特效药，起效亦较快，持续6～8小时。若应用过量可使血糖降低，可出现饥饿感、神经不安、瞳孔扩大、共济失调、昏迷甚至惊厥。③凡用于本品的注射器等用具消毒时，勿用碱性物质。④低血糖、肝硬化、溶血性黄疸、胰腺炎、肾炎等患者禁用。⑤注射部位可有皮肤发红、皮下结节和皮下脂肪萎缩等局部反应，故须经常更换注射部位。

【商品信息】①我国在 1965 年首次人工合成具有生物活性的结晶牛胰岛素。目前可通过重组 DNA 技术利用大肠埃希菌合成胰岛素。②临床上使用的进口品主要由礼来制药公司和诺和诺德公司提供；合资产品主要由天津诺和诺德生物技术有限公司提供；国内主要生产厂家有上海第一生化药业公司、徐州万邦药业有限公司等。

胰岛素（注射剂）被《国家基本药物目录（2018 年版）》和《国家基本医疗保险、工伤保险和生育保险药品目录（2024 年）》收录，为甲类药品。

【贮藏】未开瓶使用的胰岛素应在 2~8℃条件下冷藏密闭避光保存。已开瓶使用的胰岛素注射液可在室温（最高 25℃）保存最长 4~6 周，使用中的胰岛素笔芯不要放在冰箱里，可以与胰岛素笔同时使用或者随身携带，在室温最长保存 4 周。冷冻后的胰岛素不可使用。

### （三）其他胰岛素类药

甘精胰岛素（insulin glargine）是 2000 年 4 月获美国 FDA 批准的首个长效胰岛素类似物。注射后在皮下可形成细小的胰岛素微沉淀，然后缓慢、持续地溶解，并在 24 小时内不断吸收进入血液。此种胰岛素释放方式更接近于生理基础胰岛素分泌，平稳无峰，在血糖轻易控制达标的同时，几乎没有低血糖风险，且每天只需注射一次，更适合用于基础胰岛素替代治疗，一般也和短效胰岛素或口服降糖药配合使用。甘精胰岛素在全球糖尿病治疗药物市场中占有显著的份额，2021 年我国三代胰岛素市场规模约 194.9 亿元，其中甘精胰岛素的市场规模约为 77.0 亿元，占比约为 39%。由于集中带量采购政策的实施，胰岛素产品的价格有所下降，这可能导致销售额的变动，2022 年我国三代胰岛素市场规模下降至 136.5 亿元，甘精胰岛素的市场规模也相应下降。甘精胰岛素市场竞争激烈，主要生产企业包括赛诺菲、甘李药业、珠海联邦、通化东宝等。赛诺菲的原研产品来得时在市场上占据主导地位，而甘李药业的长秀霖等国产品牌也在逐步扩大市场份额。随着市场竞争的加剧以及政策的影响，甘精胰岛素的价格呈现下降趋势。例如，美国市场上，礼来、赛诺菲、诺和诺德等公司宣布降低部分产品标价，以应对政府压力和市场变化。尽管面临价格下降的挑战，但由于糖尿病患者人数的增加以及治疗需求的持续增长，甘精胰岛素市场仍然具有较好的发展前景。预计全球甘精胰岛素市场在预测期间内将以约 6.77% 的年均复合增长率增长，并于 2028 年达到 631.29 亿元人民币的市场规模。

目前甘精胰岛素（注射剂）被《国家基本药物目录（2018 年版）》和《国家基本医疗保险、工伤保险和生育保险药品目录（2024 年）》收录，为乙类药品。

## 二、口服降糖药

口服降糖药主要从促进胰岛素分泌、改善胰岛素抵抗、促进组织对葡萄糖的利用和延缓肠道葡萄糖吸收等方面发挥治疗作用。它的发展大致分为三个时期，早期的口服降糖药主要有磺酰脲类和双胍类，药品种类少，但有效改善了此前糖尿病患者缺乏药物治疗的局面。爆发增长期（1980—2000 年），此阶段各类新的治疗方案不断出现，涌现出 α-糖苷酶抑制剂、噻唑烷二酮类以及格列美脲等新一代药物。发展成熟期（2000 年至今），该阶段主要研发治疗效果更优而副作用更低的药品如 DPP-4 抑制剂和 GLP-1 受体激动剂等，新一代药物在减少低血糖发生风险、给药方式上等明显优于前期药品，市场规模增长迅速。

目前全球降糖药新药开发有几大热点。一是 GLP-1 类似物（胰高血糖素样肽-1 类似物），是一类用于治疗 2 型糖尿病（T2DM）的药物，它们通过模拟 GLP-1 的作用来降低血糖水平，并且具有减重的效果。目前全球已经批准上市的主要有诺和诺德的利拉鲁肽、司美格鲁肽，礼来的度拉糖肽、替尔泊肽，GSK 的阿必鲁肽、礼来制药公司与 Amylin 公司的艾塞那肽，还有赛诺菲的依西那肽等。二是 DPP-4 抑制剂（二肽酰肽酶-Ⅳ抑制剂），首个 DPP-4 抑制剂西格列汀是默克公司开发的，于 2006 年在美国上市，2010 年登陆我国。目前我国市场已有沙格列汀、维格列汀等，销售最好的是西格列汀，由恒瑞医药研发的磷酸瑞格列汀片已于 2023 年 6 月在我国获批上市。三是 SGLT2 抑制剂（钠 - 葡萄糖协同转运蛋白 2）。SGLT2 抑制剂通过减少肾脏对葡萄糖的重吸收，增加尿糖排泄，已成为糖尿病治疗的重要药物。强生/杨森的卡格列净于 2013 年 3 月获得 FDA 批准，成为全球首个上市的 SGLT2 抑制剂。目前，全球已有多款 SGLT2 抑制剂上市，并且有新的药物如加格列净片获批，进一步加剧市场竞争。四是葡萄糖激酶激活剂类药物，华堂宁®（多格列艾汀片）作为全球首个获批的葡萄糖激酶激活剂（GKA）类药物，通过修复葡萄糖激酶功能，重塑血糖稳态自主调节，为 2 型糖尿病患者提供了全新的治疗选择。其他，如细胞疗法和基因疗法，这些先进的治疗手段在糖尿病防治领域不断传来新进展，本土厂商加速在原研创新药方面进行布局，推动糖尿病用药市场格局的重塑；智能胰岛素给药制剂，如连接有糖结构的胰岛素类似物和葡萄糖反应性皮下胰岛素递送装置，旨在实现更精准的血糖控制；其他新型药物，包括成纤维细胞生长因子类似物、脂联素受体激动剂、细胞糖皮质激素抑制剂、选择性 PPAR 调节剂、伊美格列明等，这些药物正处于研发阶段，未来可能为糖尿病治疗带来新的选择。

### （一）口服降糖药的分类

**1. 磺酰脲类** 磺酰脲类降糖药是应用最早、品种最多、临床应用最广的降糖药，能直接刺激胰岛 $\beta$ 细胞释放胰岛素，使内源性胰岛素增加，同时抑制细胞释放胰高血糖素。用于胰岛功能尚存的 2 型糖尿病且单用饮食控制无效者。第一代的磺酰脲类药物于 20 世纪 50 年代开始应用于临床，代表药物有甲苯磺丁脲、氯磺丙脲等，由于治疗剂量大及毒副作用较大，接近淘汰边缘。第二代磺酰脲类药物疗效更好，用量更小，不良反应少，代表药物有格列吡嗪、格列喹酮、格列齐特、格列美脲等，但是除了格列美脲外，其他品种的销售均到了平台期，增长幅度都不大。本类药物的缺点是有引起高胰岛素血症和低血糖症的潜在风险。

格列吡嗪

Glipizide

【其他名称】美吡达、瑞易宁、曼迪宝、捷贝、迪沙、优哒灵。

【适应证】本品作用于胰岛 $\beta$ 细胞，促进内源性胰岛素分泌。主要用于单用饮食控制治疗未能取得疗效的轻、中度非胰岛素依赖型糖尿病患者；对胰岛素抵抗患者可加用本品，但用量应在 30 ~ 40U 以下。

【制剂】本品主要剂型为片剂（含控释片）。

【不良反应】偶有低血糖，尤其是年老体弱活动过度、不规则进食、饮酒或肝肾功能损害者。有胃肠道反应如恶心、腹泻等。

【用药指导】①本品口服吸收完全，降血糖作用强而迅速，不良反应少且较为轻微；故无或极少因蓄积而产生"低血糖"的副作用。②有消化道狭窄、腹泻者不宜用控释片，控释片应整片吞服，不可嚼碎或掰开服用。③与 $\beta$ 受体拮抗剂相互作用，增加低血糖危险，掩盖低血糖症状。④本品可增加乙醇毒性，治疗期间应戒酒。

【商品信息】①本品为第二代磺酰脲类口服降血糖药，近年发展速度很快，2007 年占磺酰脲类糖尿病用药市场 19.8% 份额。意大利爱宝公司 1973 年研发成功上市，商品名为"美吡达"。其长效控释片由辉瑞公司于 1994 年上市，商品名为"瑞易宁"，目前在国内销售额最大，达 1.41 亿元。②主要生产厂家有辉瑞制药有限公司、上海信谊药业有限公司、杭州康恩贝制药等。

目前格列吡嗪（片剂和胶囊剂）被《国家基本药物目录（2018 年版）》收录；格列吡嗪（口服常释剂型）属于《国家基本医疗保险、工伤保险和生育保险药品目录（2024 年）》甲类药品，格列吡嗪（缓释控释剂型）为乙类药品。

【贮藏】避光，密闭保存。

**2. 双胍类**　双胍类药物自 20 世纪 50 年代起应用于临床，代表药物有苯乙双胍和二甲双胍。在我国，2023 年销量最好的双胍类仍然是二甲双胍，其主要用于轻型患者，尤适用于肥胖者、单纯饮食控制无效者。

二甲双胍（metformin）为目前广泛应用的双胍类口服降血糖药。用于单纯饮食控制不满意的 2 型糖尿病患者，尤其是肥胖伴高胰岛素血症者。也可与磺酰脲类联用，单独用磺酰脲类治疗效果不满意或远期效果不佳者，也可与胰岛素合用治疗 2 型糖尿病。主要制剂为片剂。国内的生产厂家有中美上海施贵宝制药有限公司、悦康药业集团、石药集团欧意药业有限公司、华北制药集团有限责任公司等，其中上海施贵宝的"格华止"占了双胍类绝大部分的市场份额。虽然糖尿病新药层出不穷，但二甲双胍的疗效、安全性及价格优势仍然无可比拟，其一线用药的地位未被撼动，特别是二甲双胍可与其他降糖药联合使用，且价格低廉，在全国范围内广泛使用。

目前二甲双胍（片剂、胶囊剂、缓释剂型）被《国家基本药物目录（2018 年版）》收录；二甲双胍（口服常释剂型）属于《国家基本医疗保险、工伤保险和生育保险药品目录（2024 年）》甲类药品，二甲双胍（缓释控释剂型及其某些复方制剂）为乙类药品。

**3. α-葡萄糖苷酶抑制剂类**　目前应用于临床的有阿卡波糖和伏格列波糖，在缓解糖尿病患者餐后高血糖方面优于前两类药物。这种抑制作用是可逆的，它也有一定的降血脂作用，能防治糖尿病的慢性并发症，但价格较昂贵。主要毒副作用为肠道反应。α-糖苷酶抑制剂是国内口服降糖药中销售金额最大的药物类别，约占糖尿病用药市场近 30% 的份额，在口服降糖药中的份额超过 40%，近年来一直保持着较为稳定的增长速度。

## 阿卡波糖
### Acarbose

【其他名称】拜唐苹、抑葡萄糖苷酶、GLUCOBAY。

【适应证】本品为 α-葡萄糖苷酶抑制剂，用于胰岛素依赖型或非胰岛素依赖型糖尿病，亦可与其他口服降血糖药或胰岛素联合应用。

【制剂】本品主要剂型为片剂。

【不良反应】时常出现胀气、腹胀、肠鸣响、偶尔有腹泻、绞痛。个别出现红斑、皮疹和荨麻疹等皮肤反应

【用药指导】①胃肠道的不良反应可通过缓慢增加剂量和控制饮食而减轻，多在继续用药中消失。②每顿主餐第一口饭时咀嚼服用，饭后服用无效。③本品具抗餐后高血糖作用，单独应用时不引起低血糖，但与磺脲类、二甲双胍和胰岛素合用时，可发生低血糖，应适当减少这些药物的剂量。低血糖时，应使用葡萄糖来纠正低血糖反应。

【商品信息】①阿卡波糖于 1975 年由德国拜耳公司研制成功，并与 1986 年在瑞士首次上市。该药是经美国 FDA 批准的世界上第一个 α-葡萄糖苷酶抑制剂，已被推荐为治疗 2 型糖尿病的一线用药。1994 年在我国销售，商品名"拜糖苹"。作为主食为稻谷类的国内患者，对该产品的接受度高，因此拜耳原研药阿卡波糖在我国空前成功，多年来一直占据着糖尿病用药的头部位置。②主要生产厂家有拜耳医药保健有限公司、四川绿叶制药股份有限公司、石药集团欧意药业有限公司、杭州中美华东制药有限公司等。

目前阿卡波糖（片剂、胶囊剂）被《国家基本药物目录（2018 年版）》收录；阿卡波糖（口服常释剂型、咀嚼片）属于《国家基本医疗保险、工伤保险和生育保险药品目录（2024 年）》甲类药品。

【贮藏】密闭保存。

**4. 非磺酰脲类胰岛素分泌促进剂** 也称为"餐时血糖调节药"，代表药有瑞格列奈和那格列奈。本类药物通过刺激胰岛素的早期分泌有效降低餐后血糖，具有吸收快、起效快和作用时间短的特点，也是增长速度较快的口服降糖药。

（1）瑞格列奈（repaglinide） 本品是一种新型的促胰岛素分泌剂，被称为"膳食葡萄糖调节剂"，是一种起效快、作用时间短、耐受性好、安全性高的血糖调节剂，用于饮食控制及运动不能有效控制高血糖的 2 型糖尿病。与二甲双胍合用具有协同作用。制剂主要为片剂。本品由丹麦诺和诺德公司和德国勃林格殷格翰公司联合开发，1998 年在美国上市，目前已在全球许多国家地区销售，2000 年在我国上市。国内主要厂家有诺和诺德、江苏豪森药业集团有限公司、北京北陆药业股份有限公司和北京福元医药股份有限公司等。

目前瑞格列奈（片剂）被《国家基本药物目录（2018 年版）》收录；瑞格列奈（口服常释剂型）属于《国家基本医疗保险、工伤保险和生育保险药品目录（2024 年）》乙类药品。

（2）那格列奈（nateglinide） 本品为苯丙氨酸衍生物，口服后直接作用于胰岛 $\beta$ 细胞，促使其释放胰岛素，适用于饮食、运动疗法和服用 $\alpha$-葡萄糖苷酶抑制剂不能控制的轻、中度 2 型糖尿病的治疗。与瑞格列奈相比起效更快、持续作用时间更短，能有效控制餐后血糖高峰，且不引起低血糖。制剂主要为片剂，由日本山之内、味之素和 Roussel Morishjtu 等 3 家公司联合开发，于 1999 年 8 月在日本获准上市。诺华公司产品"唐力"（Starlix）于 2000 年 12 月获得 FDA 批准，2001 年 2 月在美国上市，目前国内市场主要由唐力主导。国内生产企业主要有江苏德源药业股份有限公司、天方药业有限公司、珠海同益制药有限公司、珠海联邦制药股份有限公司等。

目前那格列奈未被《国家基本药物目录（2018 年版）》收录；那格列奈（口服常释剂型）属于《国家基本医疗保险、工伤保险和生育保险药品目录（2024 年）》乙类药品。

**5. 胰岛素增敏剂** 如罗格列酮、吡格列酮和曲格列酮。这些化合物均具有 2,4-噻唑烷二酮骨架，能增加周围组织对葡萄糖的利用率及降低肝脏对葡萄糖的输出率，改善胰岛素抵抗状态。

罗格列酮（rosiglitazone）为噻唑烷二酮类胰岛素增敏剂，可明显降低空腹血糖及胰岛素水平，对餐后血糖和胰岛素亦有降低作用。主要制剂为片剂。其不良反应为肝功能异常、头晕、头痛、腹泻等，本品可造成血浆容积增加和由前负荷增加引起的心脏肥大，诱发心力衰竭。合并使用其他降糖药物时，有发生低血糖的风险。老年患者可能有轻中度水肿及轻度贫血。罗格列酮降血糖作用较曲格列酮强约 100 倍，为吡格列酮的 30~40 倍。罗格列酮是第二个上市的噻唑烷二酮类胰岛素增敏剂，由葛兰素史克制药公司开发，1999 年上市，商品名"文迪雅"（Avandia）。国内生产厂家主要有成都恒瑞制药有限公司、贵州圣济堂医药产业股份有限公司、浙江海正药业股份有限公司、江苏黄河药业股份有限公司、山东鲁抗医药股份有限公司等。

目前罗格列酮未被《国家基本药物目录（2018 年版）》收录；罗格列酮（口服常释剂型）属于《国家基本医疗保险、工伤保险和生育保险药品目录（2024 年）》乙类药品。

### 🔗 知识拓展

#### 文迪雅的曲折命运

文迪雅是葛兰素史克（GSK）公司开发的用于治疗 2 型糖尿病的药物马来酸罗格列酮。曾是 GSK 畅销全球的糖尿病口服药物，于 2006 年上市，在美国的销售额达 30 亿美元，上市当年全球服用人数超过 600 万。

令人意外的是，2007 年 FDA 和 GSK 共同宣布，文迪雅存在增加女性骨折风险的可能。2007 年 5 月《新英格兰医学杂志》网站刊出的研究报告称，罗格列酮可能大幅增加心脏病风险，导致死亡率增加。

2010 年 9 月，美国 FDA 因文迪雅可能诱发心脏病而对该药的使用进行严格限制，欧洲监管部门则勒令该药退出欧洲市场，我国药品监管部门也发文要求限制该药的使用。这一事件的发生，使得文迪雅当年销量直线下降，2009 年，文迪雅全球销售额已经下降到 8.4 亿美元左右。自此，GSK 不得不面对市场失利的现实，而文迪雅事件似乎也尘埃落定。

2013 年 11 月 25 日美国 FDA 发布安全公告，称经过审查后认定，与标准的 2 型糖尿病药物二甲双胍和磺脲类药物相比，含罗格列酮的药物［如葛兰素史克（GSK）的降糖药文迪雅］，不会增加心脏病发作的风险，因此将取消对这类药物在处方和配药方面的限制。

目前 FDA 将需要修改罗格列酮处方信息和患者用药指南，以包含这些新的信息。FDA 建议，含罗格列酮药物的分销将不再受限制。医疗保健专业人员、药店、患者将不再需要加入罗格列酮风险控制计划（REMS）才能开立处方、配药或获得罗格列酮药物；作为 REMS 的一部分，主办方将确保向有可能处方罗格列酮药物的卫生保健专业人士，提供基于当前关于罗格列酮药物心血管风险科学知识的培训。制造商也将向医疗保健提供者和专业协会发送信件，对开处方人员进行这些新信息的教育。

# 第五节　甲状腺激素及抗甲状腺药

## 一、甲状腺激素

甲状腺是人体最大的内分泌腺，主要由大小不同的、呈囊状的腺泡所组成。甲状腺激素包括甲状腺素（四碘甲状腺原氨酸，$T_4$）和碘甲腺氨酸（三碘甲状腺原氨酸，$T_3$），它们是由甲状腺滤泡上皮细胞分泌的一组含碘酪氨酸。$T_3$ 是主要的生物活性物质，能促进生长，提高糖类与氨基酸向细胞内转运，增强生物氧化，提高代谢率；$T_4$ 要转变为 $T_3$ 才起作用。

左甲状腺素（levothyroxine）为人工合成的四碘甲状腺原氨酸，常用其钠盐。适用于单纯性甲状腺肿，及甲状腺切除手术后服用，也可以预防甲状腺肿的复发，还可作为各种原因引起的甲状腺功能减退的补充治疗等。美国阿博特雅培公司旗下的处方药左甲状腺素（synthroid）是领军品种，近十年销售额稳定在 5 亿美元以上。左甲状腺素也是国内甲状腺疾病用药市场的主要品种。国内临床进口用药有默克雪兰诺的优甲乐、德国柏林化学制药公司的雷替斯和英国的特洛新；国产左甲状腺素药物由深圳市中联制药厂和扬子江药业集团、四川海蓉药业有限公司生产。

目前左甲状腺素钠（片剂）被《国家基本药物目录（2018 年版）》收录；左甲状腺素（口服常释剂型）属于《国家基本医疗保险、工伤保险和生育保险药品目录（2024 年）》甲类药品。

## 二、抗甲状腺药

当甲状腺功能亢进或低下，可分别导致体内甲状腺素水平过高或低下，都会引起各种临床症状。甲状腺激素药物主要用于甲状腺功能减退的替代治疗。而抗甲状腺药主要用于治疗甲状腺功能亢进症（甲亢），缓解亢进症状及术前准备等。包括硫脲类、碘和碘化物、放射性碘、$\beta$ 受体拮抗药等四类。

甲状腺疾病是内分泌领域的第二大疾病，其中女性患者为男性患者的 6 ~ 10 倍，在 40 岁以上的女性中有 10% ~20% 的人群患有甲状腺疾病。在药物方面，用药金额位居前 3 名的药物是左甲状腺素、甲巯咪唑和丙硫氧嘧啶，左甲状腺素钠片在我国市场上占据主要份额，超过 70%，并且增速维持在 20% 以上。此外，全球甲减治疗药物市场在 2015 年至 2021 年间呈现缓慢增长趋势，销售额在 2021 年达到 302.96 亿元，而我国的甲减治疗药物市场在同一年的销售额为 8.24 亿元，占全球市场的不足 3%。全球甲状腺疾病治疗市场在 2023 年的规模约为 24 亿美元，预计在 2024 年至 2032 年间的复合年增长率为 3.9%，到 2032 年市场规模将达到 33 亿美元，这显示了甲状腺疾病治疗药物市场的潜力和增长前景。

**1. 硫脲类抗甲状腺药**　硫脲类是最常用的抗甲状腺药。可分为硫氧嘧啶类和咪唑类两类。前者有甲硫氧嘧啶和丙硫氧嘧啶；后者有甲巯咪唑和卡比马唑。甲硫氧嘧啶和丙硫氧嘧啶是治疗甲亢的主要药物，甲巯咪唑的活性约是丙硫氧嘧啶的 10 倍。

### 丙硫氧嘧啶
#### Propylthiouracil

【其他名称】丙基硫氧嘧啶、普洛德、敖康欣。

【适应证】本品能抑制甲状腺素的合成。用于甲状腺功能亢进，甲状腺功能亢进症的手术前准备或放射性碘治疗前作准备，甲状腺危象等。

【制剂】本品主要剂型为片剂。

【不良反应】较多见的不良反应有皮肤瘙痒和皮疹，可停药、减量或换用其他制剂；严重不良反应为血液系统异常，轻度的有白细胞减少，严重的有粒细胞缺乏、再生障碍性贫血。其他不良反应有胃肠道反应、关节痛、头痛脉管炎和红斑狼疮样综合征。

【用药指导】①服用本品的患者须密切监护，一旦出现不良反应应立即就医，并应定期检查血常规；②与有抑制甲状腺功能和引起甲状腺肿大作用的药物合用需注意，如磺胺类、保泰松、巴比妥类、磺酰脲类等；③结节性甲状腺肿大合并甲状腺功能亢进者、甲状腺癌患者及对本品过敏者禁用，妊娠期及哺乳期妇女慎用；④在用本品前避免服用碘剂。

【商品信息】①本品疗效好，不良反应轻，使用方便，价格适中，是临床治疗甲亢的常用药品。②本品 1945 年合成，我国 1958 年上海新亚药厂生产。主要生产厂家有上海朝晖药业有限公司、上海信谊药业有限公司、德国赫尔布兰德公司等。2012 年，德国赫尔布兰德公司的丙硫氧嘧啶占据 44.2% 份额，国内企业则占 55.8% 的份额。

目前丙硫氧嘧啶（片剂）被《国家基本药物目录（2018 年版）》收录；丙硫氧嘧啶（口服常释剂型）属于《国家基本医疗保险、工伤保险和生育保险药品目录（2024 年）》甲类药品。

【贮藏】遮光，密闭保存。

**2. 碘和碘化物**　碘和碘化物是人体内必需的微量元素之一，正常人每日需碘 100～150μg。目前常用复方碘溶液，又称卢戈氏液，含碘 5%，碘化钾 10%，也可用碘化钠等。

碘为合成甲状腺激素的原料。小剂量碘剂可促进甲状腺素合成，纠正原来垂体促甲状腺素分泌过多，而使肿大的甲状腺缩小，可治疗地方性甲状腺肿。大剂量有抗甲状腺作用。但作用时间短暂，且服用时间过长，可使病情加重，因此不作为常规用药，主要应用于甲亢危象的治疗和甲状腺功能亢进的手术前准备。制剂有复方碘口服溶液。长期应用可出现口内铜腥味、喉部烧灼感、鼻炎、皮疹等，停药后可消退。活动性肺结核及碘过敏者禁用。妊娠期及哺乳期妇女慎用。我国 1950 年天津制药厂投产。主要生产厂家有东北制药集团股份有限公司、天津力生制药股份有限公司、广州白云山光华制药股份有限公司等。

**3. 放射性碘**　碘的放射性同位素有 $^{131}I$、$^{125}I$、$^{123}I$ 等几种。$^{125}I$ 的 $t_{1/2}$ 太长（60 天），$^{123}I$ 的 $t_{1/2}$ 太短（13 小时），均不便于应用。$^{131}I$ 的 $t_{1/2}$ 约 8 天，用药后一个月可消除其放射性的 90%，56 天可消除 99%，因此比较适用。

由于放射性物质对人体具有广泛的影响，尤其是其可能的致癌及致突变作用，故应严格限制其适应证。放射性 $^{131}I$ 主要用于甲状腺功能亢进的治疗和甲状腺摄碘功能测定，但仅适用于不宜手术、手术后复发、因过敏或其他原因不能应用硫脲类抗甲状腺药者，或长期药物治疗无效或复发者。

<sup></sup>$^{131}$I治疗甲状腺功能亢进症后大多数患者无不良反应，少数在一周内有乏力、食欲减退、恶心等轻微反应，一般在数天内即可消失。服药后2周左右可出现甲状腺功能亢进症状加剧的现象，个别患者甚至发生甲状腺危象。$^{131}$I治疗甲亢最重要的并发症是永久性甲状腺功能低下症。

**4. β 受体拮抗药**　普萘洛尔等β受体拮抗药主要通过拮抗β受体，减轻甲亢患者交感-肾上腺系统兴奋所致心率加快、心悸、多汗、手震颤等症状，此外还可抑制甲状腺激素的分泌。临床主要用于控制甲亢、甲亢术前准备及甲状腺危象时的辅助治疗，适用于不宜用抗甲状腺药、不宜手术及$^{131}$I治疗的甲亢患者。甲亢患者用药后，可迅速减轻焦虑、震颤及窦性心动过速等症状；甲亢术前应用大剂量本类药物可避免甲状腺充血，缩短手术时间，有利于手术进行；静脉注射该药可帮助甲状腺危象患者度过危险期，若与硫脲类药物合用疗效更佳。本类药物不干扰硫脲类药物对甲状腺的作用，且起效快，但要注意防止本类药物对心血管系统和气管平滑肌等的不良反应。

答案解析

## 思考题

1. 简述口服降糖药的分类及代表药物。
2. 简述如何合理使用肾上腺皮质激素。
3. 激素类药物的不良反应有哪些，如何预防和处理？

（樊玉录）

书网融合……

本章小结

习题

# 第十八章　抗变态反应药

PPT

📖 **学习目标**

1. 通过本章学习，掌握抗变态反应药的分类，氯苯那敏、氯雷他定的药品信息；熟悉变态反应的概念，抗组胺药的临床应用，两代抗组胺药的区别，西替利嗪、酮替芬的药品信息；了解抗组胺药的作用原理，苯海拉明、色甘酸钠的药品信息，白三烯受体拮抗剂、钙剂、脱敏制剂在变态反应疾病中的应用。

2. 具有过敏性疾病基础知识，具备对常见的过敏性疾病如过敏性鼻炎、荨麻疹等选择合理抗过敏药物能力，以及根据疾病发病率等因素预测抗过敏药物的市场前景、市场容量、市场竞争等分析能力。

3. 了解抗变态反应药领域的不断发展和变化，树立终身学习的意识，持续更新自己的知识和技能，以适应医学发展的需求。

变态反应也称为过敏反应，属于 I 型超敏反应。它是机体受抗原性物质（又称过敏原，如细菌、病毒、花粉、食物、药物等）刺激后引起的组织损伤或生理功能紊乱，属于异常的或病理性的免疫反应。其机制为过敏原进入过敏者体内后产生特异性的抗体 IgE，结合在肥大细胞的表面，使机体呈致敏状态，当再次接触过敏原时，肥大细胞脱颗粒，释放多种化学介质，如 5 - 羟色胺、慢反应物质、组胺、白三烯等。

用于防治变态反应性疾病的药物为抗变态反应药物，又称抗过敏药物。根据作用机制的不同，可将其进行如下分类。

**1. 抗组胺药**　主要是组胺 $H_1$ 受体拮抗剂，其他尚有组胺酸脱羧酶抑制剂等。组胺 $H_1$ 受体拮抗剂，如苯海拉明、异丙嗪等，能与组胺竞争效应细胞上的组胺 $H_1$ 受体，使组胺不能同 $H_1$ 受体结合，从而抑制其引起变态反应的作用。

**2. 过敏反应介质阻释剂**　能稳定肥大细胞膜，阻止组胺及其他过敏反应介质（如慢反应物质、缓激肽等）的释放，产生抗过敏效应，如色甘酸钠、酮替芬等。

**3. 白三烯受体拮抗剂**　通过阻断白三烯（LTs）受体而拮抗 LTs 的生物活性，阻断其引起的血管通透性增加、气道嗜酸性粒细胞浸润和支气管痉挛等变态反应病理过程。主要用于呼吸系统过敏症状，如扎鲁司特、普鲁司特、孟鲁司特。

**4. 其他抗变态反应药**　包括：①脱敏制剂，如异种免疫血清（抗毒素）、菌苗制剂、粉尘螨注射液；②抑制抗原抗体反应药，如肾上腺皮质激素、免疫抑制剂等；③改善或控制变态反应症状药，如平滑肌解痉药异丙肾上腺素、沙丁胺醇，减轻过敏所致水肿药，如萘甲唑啉、氯化钙、葡萄糖酸钙。

过敏性疾病已成为世界第六大疾病，全球约有 1/4 的人口受到过敏性疾病的困扰。WHO 已把变态反应性疾病列为 21 世纪须重点研究和防治的三大疾病之一。

2023 年全球抗过敏药市场销售额达到了 114.4 亿美元，预计 2030 年将达到 149 亿美元，年复合增长率为 3.9%（2024—2030 年）。全球抗过敏药市场呈现稳步增长态势，我国抗过敏药市场规模也在不断扩大。由于环境污染、生活方式变化以及过敏性疾病发病率的上升，我国抗过敏药物市场持续扩大。据统计，2023 年，我国抗过敏药市场规模 309.4 亿元，其中，非抗组胺类市场规模 242.2 亿元，抗组胺类市场规模 67.2 亿元。

# 第一节　抗组胺药

组胺是变态反应物质之一，广泛存在于人体的组织细胞中。当机体发生变态反应或受理化等因素刺激时，组胺从细胞中释放出来，与各种靶细胞膜上的组胺受体结合，产生一系列生理效应。目前已知组胺受体有四个亚型：$H_1$、$H_2$、$H_3$ 和 $H_4$ 受体。组胺作用于 $H_1$ 受体，引起支气管、胃肠平滑肌收缩，毛细血管扩张导致血管通透性增加，产生喉部、胃肠痉挛，局部红肿、瘙痒和变应性鼻炎等；组胺作用于 $H_2$ 受体，引起胃酸分泌增加，而胃酸过多与消化性溃疡的形成有密切关系；$H_3$ 受体是一种新型组胺受体，广泛分布于中枢和外周神经末梢；既能调节组胺的合成与释放，又能调节其他神经递质的释放，从而调节中枢和外周器官的活动。$H_3$ 受体参与脑内多种神经递质的调控，与动物的精神行为紊乱有密切关系。$H_3$ 受体拮抗剂是用于治疗老年痴呆症、注意力缺陷多动症、癫痫、焦虑症以及帕金森综合征等疾病的候选药。$H_4$ 受体是新发现的组胺受体，主要在炎症反应相关的组织和造血细胞中表达；参与粒细胞的分化、肥大细胞和嗜酸性粒细胞的趋化等，$H_4$ 受体拮抗剂可作为抗炎和抗过敏药物。

从 1927 年 Bovet 发现经典的抗组胺药以来，到目前为止已有 50 余种 $H_1$ 受体拮抗剂研发上市用于临床。一般说的抗组胺药是指 $H_1$ 受体拮抗剂，可拮抗组胺对毛细血管、平滑肌、呼吸道分泌腺、唾液腺、泪腺的作用，主要用于抗过敏。$H_2$ 受体拮抗剂主要用于消化性溃疡的治疗，如西咪替丁、雷尼替丁、法莫替丁等。

## 一、抗组胺药的临床应用

**1. 治疗变态反应性疾病**　本类药物对由组胺释放所引起的荨麻疹、花粉症和过敏性鼻炎等皮肤黏膜变态反应效果良好；对昆虫咬伤引起的皮肤瘙痒和水肿也有良效；对药疹和接触性皮炎有止痒效果。

**2. 晕动病和呕吐**　苯海拉明、异丙嗪、布克力嗪对晕动病、妊娠呕吐以及放射病呕吐有镇吐作用。预防晕动病应在乘车、船前 15～30 分钟服用。

**3. 失眠**　对中枢有明显抑制作用的异丙嗪、苯海拉明可用于治疗失眠。

**知识拓展**

### 警惕抗组胺药主要副作用——嗜睡

抗组胺药服用后最常见的副作用是嗜睡、倦怠和注意力不集中。如果晚间服用这类药物，当然不会产生什么影响，还有利于睡眠，但白天服用常因嗜睡等副作用而影响学习、工作，降低工作效率，特别是驾驶汽车的司机，由于困倦和精神不集中，容易发生交通事故。在抗组胺药中，第一代该副作用较大，如氯苯那敏、苯海拉明等容易通过血脑屏障进入脑内，出现嗜睡副作用的比例可达20%～30%；而第二代的特非那丁、西替利嗪等抗组胺药，血浆蛋白结合率高，不易通过血脑屏障，因此很少发生嗜睡类副作用。

值得一提的是，我国生产的部分抗感冒药中所含抗组胺药，均为氯苯那敏或苯海拉明等第一代抗组胺药，如克感敏、白加黑感冒片中的黑片、感冒通、速效伤风胶囊、感冒清胶囊等。因此这类药物最好晚间服用，如果白天服用，则应在家休息，特别是不能驾驶汽车。老年人服用后，不宜自行上街，以免跌跤。

## 二、抗组胺药的分类

### （一）根据有无镇静和抗胆碱作用以及应用时间分类

根据 $H_1$ 受体拮抗剂有无镇静和抗胆碱作用以及应用时间的先后分为两代。

第一代抗组胺药多数具有中枢抑制和抗胆碱作用，具有良好的止痒效果，也有一定的止吐、局部麻醉作用，常用的有苯海拉明、异丙嗪、氯苯那敏、赛庚啶等。由于药效维持时间较短，且用药后易产生嗜睡、视物模糊、口干和尿潴留等不良反应，目前市场份额较小。但因其价格便宜、治疗过敏性皮肤病及晕动病疗效可靠，对人体各系统和器官无明显毒副作用，在我国的基层医院及人群中仍然应用较广泛。

第二代抗组胺药多数无中枢抑制和抗胆碱作用，因血浆半衰期长而具有长效的特点，有的品种药效可维持 24 小时。药物吸收迅速，较难透过血脑屏障，故嗜睡等副作用不明显，对用药者的工作和日常生活影响较少，应用广泛。常用的有西替利嗪、阿司咪唑、特非那定、氯雷他定等。但阿司咪唑、特非那定已被发现有较强的心脏毒性，美国、日本及欧洲各国先后停用。

近年来，临床已出现第三代抗组胺药，如去甲基阿司咪唑、地氯雷他定（也称地洛他定）、左西替利嗪、盐酸司他斯汀，是第二代抗组胺药的活性代谢物，无中枢镇静作用，心脏毒副作用小，药物相互作用少，临床应用越来越广。

### （二）根据化学结构分类

抗组胺药根据化学结构还可以划分为：①烷基胺类，如氯苯那敏等；②乙醇胺类，如苯海拉明、氯马斯汀；③乙二胺类，如吡卞明等；④吩噻嗪类，如异丙嗪等；⑤哌嗪类，如羟嗪、去氯羟嗪、西替利嗪等；⑥哌啶类，如氯雷他定、地氯雷他定、特非那定、赛庚啶、依巴斯汀、左卡巴斯汀、咪唑斯汀等；⑦其他类，如多塞平等。

## 三、典型抗组胺药

### 氯苯那敏
#### Chlorphenamine

【适应证】 本品抗组胺作用强，对中枢抑制作用和抗胆碱作用较轻。适用于各种过敏性疾病，如荨麻疹、枯草热、虫咬、药物过敏等。对过敏性鼻炎和上呼吸道感染引起的鼻充血有效，可用于感冒或鼻窦炎。

【制剂】 本品主要剂型有片剂、控释胶囊、滴丸、注射剂，还常与解热镇痛药配伍制成复方制剂。

【不良反应】 本品不良反应较轻，如轻度嗜睡、疲劳、乏力、口鼻咽喉干燥、痰液黏稠，少见皮肤瘀斑、出血倾向。

【用药指导】 ①本品与解热镇痛药配伍，可增强后者镇痛和缓解感冒症状的作用。②与中枢镇静药、催眠药、安定药或乙醇并用，可增加对中枢神经的抑制作用。③可增强抗抑郁药的作用。④驾驶车、船，操作精密仪器或高空作业者工作期间应禁用有中枢抑制作用的抗组胺药。⑤新生儿、早产儿不宜使用；妊娠期及哺乳期妇女慎用；老年人使用时应注意调整剂量。

【商品信息】 本品于 1950 年由先灵葆雅公司研制推出。与第一代抗组胺药的其他品种相比，其嗜睡反应较轻，目前在我国二、三线城市的抗组胺药市场仍占据一定份额。国内生产原料药的有河南九势制药、上海新华联制药、沈阳新地药业等，制剂生产以注射剂和片剂为主，较新的剂型是氯苯那敏滴丸。

目前氯苯那敏（片剂）被《国家基本药物目录（2018 年版）》收录；氯苯那敏（口服常释剂型）属于《国家基本医疗保险、工伤保险和生育保险药品目录（2024 年）》甲类药品，氯苯那敏（注射剂）属于乙类药品。

【贮藏】避光，密闭保存。滴丸剂：遮光、密封，在凉处保存。

## 氯雷他定
### Loratadine

【适应证】本品可缓解过敏性鼻炎的有关症状，如喷嚏、流涕、鼻痒、眼痒及烧灼感，用于季节性或常年性过敏性鼻炎，也可用于慢性荨麻疹，瘙痒性皮肤病以及其他过敏性皮肤病。

【制剂】本品主要剂型有片剂（普通片、分散片、咀嚼片）、糖浆剂、颗粒剂和胶囊剂，均为口服制剂。

【不良反应】在推荐剂量下，本品未见明显的镇静作用。常见不良反应有乏力、头痛、嗜睡、口干、胃肠道不适（包括恶心、胃炎）以及皮疹等。罕见的有脱发、过敏反应、肝功能异常、心动过速及心悸等。

【用药指导】①对肝功能受损者，使用本品应减低剂量，可按隔日 10mg 服药。②膀胱颈梗阻、幽门十二指肠梗阻、甲状腺功能亢进、青光眼、消化性溃疡、高血压和前列腺肥大者慎用。③同时服用酮康唑、大环内酯类抗生素、西咪替丁、茶碱等药物，会提高氯雷他定在血浆中的浓度，应慎用。

【商品信息】氯雷他定最早于 1988 年由先灵葆雅公司研制成功并在比利时上市，商品名"开瑞坦"。1994 年在全球市场的销售额为 5.05 亿美元，到 2002 年已达到 41.55 亿美元，在全球抗组胺药销售额中排名第一。

截至 2024 年，我国共批准了氯雷他定批准文号 100 个，包括原料药、片剂、分散片、咀嚼片、口腔崩解片、泡腾片、胶囊、糖浆，地氯雷他定的批准文号共有 52 个。

目前氯雷他定（片剂、胶囊）被《国家基本药物目录（2018 年版）》收录；氯雷他定（口服常释剂型）属于《国家基本医疗保险、工伤保险和生育保险药品目录（2024 年）》甲类药品，氯雷他定（口服液体剂）属于乙类药品。

【贮藏】密封，干燥处保存。

## 苯海拉明
### Diphenhydramine

别名苯那君、苯那坐尔、可那敏。本品为 H_1 受体拮抗剂，对中枢有明显抑制作用。主要用于各种皮肤黏膜的变态反应性疾病，包括各种皮炎、湿疹、荨麻疹、药疹、过敏性鼻炎等；可治疗失眠，尤其是因变态反应性疾病所致的烦躁失眠；亦能缓解帕金森病症状及诸多药物引起的锥体外系反应。本品用于预防和治疗晕动病及呕吐时，注意在旅行前最少 30 分钟服用。

苯海拉明是最早发现的抗组胺药，于 1946 年首次在美国上市，从此揭开了变态反应性疾病的治疗新篇章。由于本品对中枢神经系统的抑制较强，用于抗变态反应目前已较少口服，常制成皮肤用制剂，用于局部抗过敏。苯海拉明注射剂主要用于急性重症过敏反应。同类商品有茶苯海明片（乘晕宁），为苯海拉明和 8-氨茶碱的复合物，有较强的镇吐、防晕作用，可用于晕车船所致的恶心、呕吐或妊娠、放疗及术后等引起的恶心、呕吐。

目前苯海拉明（片剂、注射液）被《国家基本药物目录（2018 年版）》收录；苯海拉明（口服常释剂型、注射剂）属于《国家基本医疗保险、工伤保险和生育保险药品目录（2024 年）》甲类药品。

## 西替利嗪
### Cetirizine

别名贝芬、比特利、赛特赞、西可韦、仙特敏、伊维妥。西替利嗪为第二代抗组胺药，具有长效选择性抗 H_1 受体的作用，主要用于季节性、常年性过敏性鼻炎、过敏性皮肤瘙痒、结膜炎及哮喘。不良反应主要包括轻微镇静作用、口干，偶尔出现头痛和眩晕等。近年来临床发现有导致心律失常并致死的严重不良反应，但发生病例少于特非那定、阿司咪唑和氯雷他定。本品一般口服给药，有肾功能障碍的老年患者应适当减量。

西替利嗪由美国辉瑞和比利时联合化工集团（UCB）在 1987 年联合开发成功，商品名"仙特明"。由于其药效强于其他第二代抗组胺药，且具有很高的生物利用度，2003 年仙特明在全球市场的销售额已突破 20 亿美元。目前国内已有山东鲁南制药、苏州东瑞制药、江苏扬子江药业等 60 余家企业生产，并占领了超过六成的西替利嗪市场份额。

目前西替利嗪（口服常释剂型、口服液体剂）属于《国家基本医疗保险、工伤保险和生育保险药品目录（2024 年）》乙类药品。

几种常用抗组胺药药理作用及主要不良反应比较见表 18 - 1。

表 18 - 1　常用抗组胺药药理作用及主要不良反应比较

| | 药物 | 抗过敏作用 | 镇静、嗜睡 | 防晕止呕 | 口干 | 心律失常 |
|---|---|---|---|---|---|---|
| 第一代 | 苯海拉明（diphenhydramine） | + + | + + + | + + | 有 | 无 |
| | 异丙嗪（promethazine） | + + | + + + | + + | 有 | 无 |
| | 氯苯那敏（chlorphenamine） | + + + | + | - | 无 | 无 |
| | 赛庚啶（cyproheptadine） | + + + | + | - | 有 | 无 |
| 第二代 | 阿司咪唑（astemizole） | + + + | - | - | 无 | 有 |
| | 氯雷他定（loratadine） | + + + | - | - | 无 | 极少见 |
| | 特非那定（terfenadine） | + + + | - | - | 无 | 有 |
| | 西替利嗪（cetirizine） | + + + | + + | + | 有 | 极少见 |

# 第二节　过敏反应介质阻释剂

过敏反应介质阻释剂是能稳定肥大细胞膜，阻止组胺及其他过敏反应介质（如慢反应物质、缓激肽等）的释放，产生抗过敏效应的药物。由于化学性质稳定，毒性低，即使应用较大剂量亦不致发生中毒反应，是一类比较安全的药物。但是此类药物起效较慢，一般要在连续用药 12 周后逐渐起效，与一般平喘药或抗组胺药不同，故必须按时给药，不要随意中断。少数人于用药期间出现困倦、恶心、食欲减退、口干等不良反应，一般能耐受或停药后自行消失，不影响连续用药。

## 酮替芬
### Ketotifen

【适应证】本品兼具很强的组胺 $H_1$ 受体拮抗作用和抑制过敏反应介质的作用，因此具有预防和治疗变态反应性疾病的双重功能。除对皮肤、胃肠道、鼻部变态反应有效外，对多种类型的支气管哮喘均有较好的作用，且未发现耐受性。对儿童哮喘的疗效优于成年哮喘。

【制剂】本品主要剂型有片剂、胶囊剂、滴眼液、滴鼻液、鼻喷雾剂和鼻吸入气雾剂。

【不良反应】用药初期可出现困倦、乏力等中枢抑制反应，少数有口干、恶心、胃肠不适。个别患者出现过敏症状，如皮疹瘙痒、局部皮肤水肿等。如遇此情况应及时停药。

【用药指导】对已发作的急性哮喘无效，对持续状态的哮喘亦无帮助。由于起效缓慢，对支气管哮喘的缓解作用一般需连续用药 2~4 周才逐渐出现，服药数月后才能达到最大效果。

【商品信息】酮替芬为 20 世纪 70 年代末第二个被临床接受的哮喘预防药，由瑞士山道士公司研制成功，80 年代初即在西欧、亚洲和我国用于哮喘，尤其是儿童哮喘的防治。因其疗效可靠且价格低廉，适合发展中国家使用。目前国内酮替酚的使用主要是在农村地区或偏远基层医疗诊所。由于具有一定的中枢神经抑制作用，影响患者的生活质量和儿童的智商发育，目前口服制剂仍未获得 FDA 的批准，仅爱尔康公司的酮替芬滴眼剂（ZADITOR）在 1999 年获 FDA 批准在美国上市。酮替芬气雾剂经鼻吸入给药可以大大减轻中枢抑制作用，临床效果较好。

目前酮替芬（口服常释剂型、吸入剂、滴眼剂）属于《国家基本医疗保险、工伤保险和生育保险药品目录（2024 年）》乙类药品。

**【贮藏】** 遮光，密封保存。

### 色甘酸钠
#### Sodium Cromoglicate

本品无抗组胺和抗炎作用，但能选择性地抑制抗原抗体结合所引起的过敏介质的释放，产生平喘效应。适用于：①支气管哮喘，对外源性哮喘特别是季节性哮喘有效，对儿童疗效尤为显著。②胃肠道变态反应、过敏性和季节性枯草热。③局部用于过敏性鼻炎及过敏性结膜炎能迅速控制症状。④外用于湿疹及某些皮肤瘙痒，也有显著疗效。

本品起效较慢，需连续用药数日后才能见效；不可骤然停药，以免哮喘加重。干粉吸入时少数患者有咽部刺激感、咳嗽、鼻腔充血、胸部紧迫感及恶心等不良反应。对牛奶、乳制品过敏者与本品有交叉过敏。

色甘酸钠是英国费森斯（Fisons）公司 1969 年研制成功的临床第一个专门针对哮喘的防治药物，目前仍是预防哮喘发作的常用药物之一。我国于 1974 年开始生产，截至 2024 年，获得批准文号品种共 38 个，以滴眼液、气雾剂为主。

目前色甘酸钠（滴鼻剂、吸入剂、滴眼剂）属于《国家基本医疗保险、工伤保险和生育保险药品目录（2024 年）》乙类药品。

## 第三节　白三烯受体拮抗剂

白三烯（LTs）是体内重要的炎症介质，在人体的多种疾病中起作用。可引起支气管收缩、黏液分泌增加和肺水肿；引起冠状动脉收缩，加重心绞痛和心肌梗死；参与多种炎性疾病的病理过程，如风湿性关节炎、肾小球肾炎、哮喘等。

白三烯受体拮抗剂是与位于支气管平滑肌等部位上的受体选择性结合，竞争性阻断 LTs 的作用，进而阻断器官对 LTs 的反应，终止炎症反应的药物。主要应用于轻度哮喘及合并过敏性鼻炎患者的长期控制治疗，尤其适用于 2 岁以上儿童。对于中、重度哮喘患者可以在吸入激素同时联合用药，具有协同作用，可以减少吸入激素的剂量。

该类药物是非激素类抗炎药物，其抗炎作用没有激素强，但已发现的优点有：口服药物，使用方便，疗效迅速，耐受性好，无明显不良反应；对阿司匹林哮喘、运动性哮喘均有较好疗效；使慢性哮喘症状减轻，改善肺功能；与 $\beta_2$ 受体激动剂及肾上腺皮质激素有协同作用等。1997 年美国变态反应、哮喘及免疫学研究院、临床免疫学会、美国免疫学家联合会三方联席会议上公布的新版《国家哮喘教育和预防纲要（NAEPP）》已将其列入哮喘治疗用药，认为可以代替吸入低剂量肾上腺皮质激素来治疗轻度的持续哮喘患者。

第一个白三烯受体拮抗剂异丁司特（ibudilast）于 1989 年在日本上市以来，本类药物的开发研究十分活跃。目前用于临床的主要有：异丁司特、扎鲁司特、孟鲁司特、普鲁司特。国产的异丁司特主要为缓释制剂，生产企业有深圳海王药业、四川杨天生物药业、华夏药业。扎鲁司特仅有进口品种（商品名"安可来"），由英国 AstraZeneca 公司生产。孟鲁司特制剂主要由默克公司研发、生产，包括普通压制品、咀嚼片、颗粒剂等（商品名均为"顺尔宁"）。1999 年，获得我国国家药品监督管理部门批准上市。国内目前孟鲁司特的批号有 50 个，剂型有片剂、咀嚼片、颗粒剂、口溶膜剂等，主要生产厂家有杭州民生滨江制药有限公司、石药集团欧意药业、鲁南贝特制药、亚宝药业四川制药、齐鲁制药、四川大冢制药等。

目前孟鲁司特（口服常释剂型、颗粒剂、咀嚼片）属于《国家基本医疗保险、工伤保险和生育保险药品目录（2024 年）》乙类药品。

# 第四节　其他抗变态反应药

包括脱敏制剂，如倍他斯汀、异种免疫血清（抗毒素）、菌苗制剂、粉尘螨注射液；抑制抗原抗体反应药，如肾上腺皮质激素、免疫抑制剂等；改善或控制变态反应症状药，如平滑肌解痉药异丙肾上腺素、沙丁胺醇，减轻过敏所致水肿药，如萘甲唑啉、氯化钙、葡萄糖酸钙等。

## 一、脱敏制剂

脱敏治疗又称特异性免疫治疗或减敏疗法，是用于治疗特定过敏原所致 I 型超敏反应的方法。即通过注射少量过敏原，诱使机体致敏细胞仅释放微量活性介质，而不引发明显的临床症状，短时间内多次注射，可使致敏细胞内活性介质逐渐耗竭，从而消除机体致敏状态。治疗时选择相应过敏原注射剂，采用皮下注射。初次治疗从低浓度、小剂量开始，逐步递增浓度和剂量，直至患者所能耐受的最高浓度和最大剂量；将浓度和剂量固定在该水平，再重复注射一定时期。注射一般 2～3 天进行一次，总的治疗时间约需 2～3 年。

该疗法是迄今为止对过敏性疾病进行病因治疗的最直接方法，主要用于过敏性哮喘、过敏性鼻炎、花粉症、过敏性皮肤病和蜂毒过敏症等疾病的防治。临床常见脱敏治疗根据给药方式不同包括：注射脱敏、舌下含服脱敏、敷贴脱敏贴等。

**1. 哮喘菌苗**　本品又称气管炎菌苗，是由甲型链球菌、奈瑟球菌及白色葡萄球菌分别培养灭活后混合制成的三联菌苗。能增强机体免疫力，对防治由病原微生物所诱发的支气管哮喘和慢性气管炎有一定效果。用于因伤风感冒、上呼吸道感染而引起的支气管哮喘、哮喘性支气管炎、慢性支气管炎及过敏性鼻炎等。一般在发作季节前 1 个月开始注射，可全年用药或连续数年用药。活动性结核、活动性肝炎、肺源性心脏病、肝硬化、肾炎及发热 38℃ 以上患者禁用。

**2. 粉尘螨制剂**　本品是由粉尘螨浸出液配制成的灭菌水溶液，为强烈过敏原，通过少量多次地接触过敏原，使机体产生较多的特异性阻断抗体（IgG），占据肥大细胞及嗜碱性粒细胞抗体与抗原连接位置，产生免疫耐受性，经较长时期治疗后可使 IgE 减少而脱敏。对过敏性哮喘疗效显著，对异位性皮炎比一般抗组胺药好。适用于吸入性哮喘、过敏性鼻炎、异位性皮炎、泛发性湿疹、慢性荨麻疹等。目前为丹麦 ALK – Abello A/S 公司生产，商品名"安脱达"。

粉尘螨滴剂，舌下含服脱敏制剂。每日一次滴于舌下，含 1 分钟后吞服。相比于注射脱敏疗法，本品方便性增强，提高了患者的依从性。国内目前仅浙江我武生物科技公司生产，商品名"畅迪"。

## 二、抑制抗原抗体反应药

抑制抗原抗体反应药，主要有肾上腺皮质激素、免疫抑制剂等。糖皮质激素类药物，具有较强的免疫抑制作用，可抑制变态反应的多个环节，对各型变态反应都有较好疗效，是治疗严重变态反应的首选药物。如泼尼松和泼尼松龙。

泼尼松具有抗炎及抗过敏作用，并能抑制组胺及其他毒性物质的形成与释放，抗炎及抗过敏作用较强，不良反应较少，故比较常用。临床上可用于各种急性严重细菌感染、严重的过敏性疾病、结缔组织病（红斑狼疮、结节性动脉周围炎等）、风湿病、肾病综合征、严重的支气管哮喘、血小板减少性紫癜、粒细胞减少症、急性淋巴性白血病、各种肾上腺皮质功能不足症、剥脱性皮炎、神经性皮炎、湿疹等。

## 三、改善或控制变态反应症状药

改善或控制变态反应症状药主要包括减轻过敏所致水肿药以及平滑肌解痉药，平滑肌解痉药主要在呼吸系统用药讲述，本章主要介绍减轻过敏所致水肿药。

钙离子能增加毛细血管的致密度，降低血管通透性，减少渗出，且钙在形成抗体的显微结构中具有重要意义，因此具有减轻炎症和非特异性抗过敏作用。可用于荨麻疹、湿疹、血清病、血管神经性水肿、接触性皮炎、皮肤瘙痒症等辅助治疗。常用的钙剂有葡萄糖酸钙、氯化钙、维丁胶性钙、乳酸钙、钙素母等。其中葡萄糖酸钙对组织刺激性较小，临床较常用。氯化钙静脉注射时若漏出血管外可引起组织坏死，禁用于肌内注射。另外，钙离子具有心脏兴奋作用，注射过快可致心律失常，应加以注意。

答案解析

**思考题**

1. 简述抗过敏药的市场前景。
2. 简述抗变态反应药的分类及代表药物。
3. 简述临床中常用的抗组胺药物及其适应证、不良反应。

（王青宇）

---

书网融合……

本章小结

习题

# 第十九章　免疫系统用药

PPT

人体的免疫系统是由免疫器官、免疫细胞和免疫活性物质组成的。免疫器官包括骨髓、胸腺、脾、淋巴结等；免疫细胞如吞噬细胞、淋巴细胞；免疫活性物质包括抗体、淋巴因子、溶菌酶等。免疫系统有免疫防御、免疫监视和免疫自稳三大功能，能识别、破坏和清除异物，维持机体的内环境稳定。正常情况下，人体的免疫系统发挥防御疾病等的功能，而免疫系统的异常则会导致免疫系统疾病，如自身免疫性疾病和免疫缺陷病等。由于免疫系统结构或功能异常、免疫调节失去平衡而导致的疾病统称为免疫性疾病。

通过影响免疫应答反应和免疫病理反应，进而防治机体免疫功能异常所致疾病的药物称为免疫系统用药。免疫应答反应是指机体免疫系统在抗原刺激下所发生的一系列的变化，可分为3期。感应期：巨噬细胞和免疫活性细胞处理与识别抗原的阶段；增殖分化期：免疫活性细胞被抗原激活后分化增殖并产生免疫活性物质的阶段；效应期：致敏淋巴系统或抗体与相应靶细胞或抗原接触，产生细胞免疫或体液免疫效应的阶段。正常的免疫应答反应在抗感染、抗肿瘤及抗器官移植排斥方面具有重要意义。但当机体免疫功能异常时，即会出现免疫病理反应，包括变态反应（过敏反应）、自身免疫性疾病、免疫缺陷病、免疫增殖病等。

影响免疫功能的药物主要分为两大类，一类是具有免疫抑制作用的药物，称为免疫抑制剂，一类是具有增强免疫功能的药物，称为免疫增强剂。

近年来随着人们生活方式的改变，免疫性疾病的发病率不断升高。2023年，全球畅销药榜单中，超过百亿美元的前十位药，主要分布在肿瘤、自身免疫性疾病和代谢等疾病领域。

## 第一节　免疫抑制剂

免疫抑制剂是对机体的免疫反应具有抑制作用的药物，临床中广泛用于器官移植的排斥反应和自身免疫性疾病，如类风湿关节炎、强直性脊柱炎、红斑狼疮、自身免疫性溶血贫血等。自身免疫性疾病病因复杂，对其的治疗，免疫抑制剂仅能缓解症状而不能根治。

多数免疫抑制剂对机体免疫系统的作用缺乏特异性和选择性，既可抑制免疫病理反应，又干扰正常免疫应答反应，对正常组织代谢过程也有影响，故不良反应较明显，甚至有一定的危险性。长期用药除了各药特有的毒性外，还易出现一些共同的不良反应，包括：由于降低机体抵抗力而诱发感染、抑制造血功能、肿瘤发生率增加、影响生殖系统功能等。

常用的免疫抑制剂主要有五类。①肾上腺皮质激素类，如可的松和泼尼松等；②微生物代谢产物，如环孢素、他克莫司、麦考酚吗乙酯、西罗莫司、藤霉素等；③抗代谢物，如硫唑嘌呤、甲氨蝶呤和6-巯基嘌呤等；④多克隆和单克隆抗淋巴细胞抗体，如抗淋巴细胞球蛋白、抗胸腺细胞球蛋白、莫罗单抗（OKT3）等；⑤烷化剂类，如环磷酰胺等；⑥中药类，如雷公藤多苷。

根据Frost&Sullivan披露的信息，2018—2022年，全球免疫抑制剂市场规模持续上涨，2022年，全球免疫抑制剂市场规模达1323亿美元。免疫抑制剂行业在全球范围内已成为了一个市场规模超千亿美元的行业。2013—2022年，我国免疫抑制剂市场规模复合年增长率约超17%。2024—2029年，预计我国免疫抑制剂行业保持25%的复合年增长率，到2028年市场规模或超1100亿元。

他克莫司、吗替麦考酚酯和环孢素等传统免疫抑制剂多年来始终占据市场的前三位。2022年，这三种药品在全国医院免疫抑制剂销售额中的占比分别为31%、23%和13%左右。另外，免疫抑制剂领域中，自身免疫性疾病治疗药物值得关注。自身免疫性疾病已经成为仅次于肿瘤的第二大疾病领域。2023年，全球销售额前十的药品中，3款为自身免疫性疾病药物，分别为艾伯维的修美乐（Humira）144.04亿美元，赛诺菲/再生元的度普利尤单抗（Dupixent）115.88亿美元，强生公司的乌司奴单抗（Stelara）108.58亿美元。其中，度普利尤单抗和乌司奴单抗，销售额同比增长为34%和11.7%。相关数据预测，到2030年，全球自身免疫性疾病药物市场规模有望达到1760亿美元，2022—2030年复合年增长率为3.6%。

免疫抑制剂被《国家基本药物目录（2018年版）》和《国家基本医疗保险、工伤保险和生育保险药品目录（2024年）》收录的情况详如表19-1所示。

表19-1　免疫抑制剂被国家基本药物目录和国家医保目录收录情况

| 药品类别 | 药品名称 | 药品剂型 | 《国家基本药物目录（2018年版）》 | 《国家基本医疗保险、工伤保险和生育保险药品目录（2024年）》 |
| --- | --- | --- | --- | --- |
| 钙神经素抑制剂 | 环孢素 | 口服常释剂型 | 收录 | 甲类目录 |
| | | 口服液体剂 | 收录 | 甲类目录 |
| | | 注射剂 | — | 甲类目录 |
| | 他克莫司 | 口服常释剂型 | — | 乙类目录 |
| | | 缓释控释剂型 | — | 乙类目录 |
| 选择性免疫抑制剂 | 吗替麦考酚酯 | 口服常释剂型 | 收录 | 乙类目录 |
| | | 口服液体剂 | | 乙类目录 |
| 肿瘤坏死因子α（TNF-α）抑制剂 | 重组人Ⅱ型肿瘤坏死因子受体-抗体融合蛋白 | 注射剂 | | 乙类目录 |
| | 戈利木单抗 | 注射剂 | — | 乙类目录 |
| | 阿达木单抗 | 注射剂 | — | 乙类目录 |
| 白介素抑制剂 | 托珠单抗 | 注射剂 | — | 乙类目录 |
| 其他免疫抑制剂 | 甲氨蝶呤 | 口服常释剂型 | 收录 | 甲类目录 |
| | 硫唑嘌呤 | 口服常释剂型 | 收录 | 甲类目录 |
| | 雷公藤多苷 | 片剂 | 收录 | 甲类目录 |

## 环孢素

### Cyclosporine

【适应证】环孢素是一种强效的免疫抑制剂，首选用于抑制器官和组织移植后的排异反应；也可用于其他药物无效的难治性自身免疫性疾病，如1型糖尿病、类风湿关节炎、肾病综合征、银屑病等。

【制剂】本品主要剂型有胶囊剂、口服液、注射剂及滴眼液。

【不良反应】发生率较高，其严重程度、持续时间均与剂量、血药浓度相关，多为可逆性。最常见及严重的不良反应是肾毒性，发生率为70%，可出现血清肌酐和尿素氮呈剂量依赖性增高；其次为肝毒性，多见于用药早期，一过性肝损害；继发性感染也较常见，继发肝肿瘤发生率约为一般人群的30倍。此外还有厌食、嗜睡、多毛症、震颤、感觉异常、牙龈增生、过敏反应等。

【用药指导】①本品临床应用根据剂型及治疗疾病的种类不同，用量有一定差异，必须在专业医师的指导下用药。②病毒感染如水痘、带状疱疹感染时禁用本品；对环孢素过敏者禁用；严重肝、肾损害、未控制的高血压、感染及恶性肿瘤患者忌用或慎用。妊娠期及哺乳期妇女慎用。③下列药物可以影响本品血药浓度，应避免联合用药，若必须使用时，应严密监测其血药浓度并调整剂量。增加环孢素血药浓度的药物：钙离子通道阻滞药、抗真菌药、大环内酯类抗生素、肾上腺皮质激素、多西环素、口服避孕药等。降低其血药浓度的药物：抗惊厥药苯巴比妥、苯妥英钠等、抗结核药利福平、异烟肼等、二氧萘青霉素、甲氧苄啶以及静脉给药的磺胺二甲异嘧啶等。

【商品信息】1983 年美国 FDA 批准环孢素用于临床肾移植，1984 年诺华公司首先推出环孢素产品（商品名"山地明"），抗排斥反应效果较其他药物强且感染发生率较低。环孢素的发明使移植后器官存活率大大提高，推动了现代器官移植事业的飞速发展。截至 2024 年，我国企业共持有环孢素原料药、胶囊、软胶囊、注射剂、口服溶液、滴眼液等 39 个批准文号，进口药品共 6 个批准文号。

目前环孢素（含胶囊、软胶囊、口服溶液剂）被《国家基本药物目录（2018 年版）》收录；环孢素（口服常释剂型、口服液体剂、注射剂）属于《国家基本医疗保险、工伤保险和生育保险药品目录（2024 年）》甲类药品。

【贮藏】注射液遮光，密封，30℃以下保存。软胶囊 25℃以下保存。

## 他克莫司
### Tacrolimus

【适应证】本品作用机制与环孢素相似。他克莫司集合细胞内结合蛋白（FK560）形成复合物，抑制 IL-2 基因转录，产生强大免疫抑制作用。本品是从土壤真菌中提取的一种大环内酯类抗生素，具有较强的免疫抑制特性，比环孢素强 10~100 倍。临床用于肝脏、肾脏、心脏及骨髓移植患者的排斥反应，对传统免疫抑制方案耐药者也适用。对特应性皮炎、系统性红斑狼疮、自身免疫性眼病等自身免疫性疾病也有一定作用。

【制剂】本品主要剂型有胶囊、缓释胶囊、软膏剂、注射液、颗粒剂及滴眼液。

【不良反应】主要为肾毒性。也可见头痛、失眠、震颤、肌痛、乏力、嗜睡、视觉或听觉异常（白内障、青光眼、弱视、耳鸣、耳聋）、味觉丧失等神经毒性；以及腹泻、恶心、高血压、心律失常、高血钾、高血钙、低血镁、高尿酸血症及高血糖等。肾毒性及神经毒性不良反应发生率更高，多毛症的发生率较低。可诱发肿瘤或感染。偶见皮疹等过敏反应。

【用药指导】①本品临床应用根据剂型及治疗疾病的种类不同，用量有一定差异，必须在专业医师的指导下用药。②妊娠期及哺乳期妇女、有细菌或病毒感染者及对本品或大环内酯类抗生素过敏者禁用。③口服吸收不规则，个体差异大，需要进行血药浓度监测。④本品注射液中含聚氧乙烯氢化蓖麻油，可能引起过敏反应。注射时不能使用 PVC 塑料管道及注射器。

【商品信息】1984 年，日本藤泽公司（Fujisawa）在大阪筑波地区分离出筑波链霉菌，通过发酵、纯化等分离出他克莫司成分。1991 年他克莫司由日本安斯泰来制药开发，商品名为"普乐可复"（Prograf）。上市剂型有他克莫司胶囊剂、注射剂。1993 年他克莫司软膏投放日本市场，用于治疗儿童、成人的特应性皮炎。1995 年被美国 FDA 批准，用于原发性肝移植和肾移植的排斥反应治疗，后又被批准用于骨髓移植。1999 年，在我国上市。目前，他克莫司已广泛地应用于肝脏、胰腺、肾脏、心脏、肺等实体器官的移植中。2023 年全国医院抗肿瘤药和免疫功能调节药（化学或生物药）销售前 10 榜单中，他克莫司胶囊排名第 6，销售额为 18.4 亿元。

目前他克莫司（口服常释剂型、缓释控释剂型）属于《国家基本医疗保险、工伤保险和生育保险药品目录（2024 年）》乙类药品。

【贮藏】避光，25℃以下贮藏。

## 吗替麦考酚酯
### Mycophenolatemofetil

吗替麦考酚酯（霉酚酸酯），又名麦考酚吗乙酯，是一种真菌抗生素的半合成衍生物，在体内可转化生成霉酚酸（mycophenolic acid，MPA）。MPA 是高效、选择性、可逆性的次黄嘌呤单核苷酸脱氢酶（IMPDH）抑制剂，抑制鸟嘌呤核苷酸的合成，导致鸟嘌呤减少。

本品口服给药吸收迅速，生物利用度高。适用于接受同种异体肾脏或肝脏移植的患者，预防器官的排斥反应。可与环孢素或他克莫司和皮质类固醇同时应用。也可用于不能耐受其他免疫抑制剂或疗效不佳的类风湿关节炎、全身性红斑狼疮、原发性肾小球肾炎、银屑病等自身免疫性疾病。

不良反应为腹泻，减量或对症治疗可消除，无明显的肝肾毒性。妊娠期和哺乳期妇女禁用。有严重慢性肾功能损害者（每分钟肾小球滤过率 $<25ml/1.73m^2$），用量不宜超过每次 1g，一日 2 次。本药主要由尿排出，不可与抑制肾功能的药物同用。进食可降低本药的血浆峰值近 40%，故应空腹服药。氢氧化铝（镁）可减少本药吸收。考来烯胺降低本药活性代谢物（MPA）的血浓度。阿昔洛韦、更昔洛韦、丙磺舒可与本药代谢产物竞争肾小管排泄，这些药物与本药合用可使两者血药浓度增加。

目前吗替麦考酚酯（片剂、胶囊、分散片）被《国家基本药物目录（2018 年版）》收录；吗替麦考酚酯（口服常释剂型、缓释控释剂型）属于《国家基本医疗保险、工伤保险和生育保险药品目录（2024 年）》乙类药品。

## 硫唑嘌呤
### Azathioprine

本品是嘌呤类似物的抗代谢类免疫抑制剂，主要用于肾移植的排异反应和一些自身免疫性疾病，如类风湿关节炎、系统性红斑狼疮等。若与皮质激素合用可以减少后者的使用量并增强其疗效。

硫唑嘌呤起效较慢，但维持时间长，疗效肯定，不良反应相对比其他免疫抑制剂少而轻，比较安全。最主要的不良反应是骨髓抑制，此外尚有胃肠道反应、肝功能损害、致畸胎、皮疹等。故妊娠期及哺乳妇女慎用。刚开始服用时，每隔 1~2 周需要进行常规的血液学检测，以后须每三个月检查一次。

20 世纪 60 年代英国器官移植的先驱 Calne 首先将本品应用于临床，其后硫唑嘌呤与肾上腺皮质激素并用一直是预防器官移植排斥反应的标准用药，直至环孢素的发现。故医学界将其作为推动器官移植发展的第一代免疫抑制剂的代表。目前临床使用的进口产品主要是德国赫曼大药厂生产的"依木兰"，国内有上海上药信谊药厂、浙江诚意药业股份有限公司、浙江浙北药业有限公司、北京嘉林药业股份有限公司、河南天方药业、常州亚邦制药有限公司生产。

目前硫唑嘌呤（片剂）被《国家基本药物目录（2018 年版）》收录；硫唑嘌呤（口服常释剂型）属于《国家基本医疗保险、工伤保险和生育保险药品目录（2024 年）》甲类药品。

## 阿达木单抗
### Adalimumab

阿达木单抗是全球首个获批上市的全人源抗肿瘤坏死因子 $\alpha$（tumor necrosis factor-$\alpha$，TNF-$\alpha$）单克隆抗体，可特异性地与可溶性人 TNF-$\alpha$ 结合，并阻断其与细胞表面 TNF 受体 p55 和 p75 的相互作用，从而有效地阻断 TNF-$\alpha$ 的致炎作用，达到治疗疾病目的。

2002 年获得 FDA 批准，2010 年 8 月初在我国正式上市，目前已在我国获批用于治疗类风湿关节炎、强直性脊柱炎、斑块状银屑病和多关节型幼年特发性关节炎、克罗恩病。上市以来，阿达木单抗在全球已批准用于治疗包括类风湿关节炎、强直性脊柱炎、银屑病、银屑病关节炎、幼年特发性关节炎、克罗恩病（包括儿童克罗恩病）、溃疡性结肠炎、化脓性汗腺炎、葡萄膜炎等十八种疾病。

阿达木单抗由 AbbVie Ltd（艾伯维）公司原研上市，商品名为"修美乐"，2021 年其销售额为 206. 96 亿美元，同比 2020 年增长 3. 5%；2022 年销售额为 212. 37 亿美元；2023 年销售额为 144. 04 亿美元。修美乐迄今已累计创下单品超 2000 亿美元营收，曾连续十年蝉联称霸之冠，稳居全球"药王"地位。

2010 年，首次获准进口中国。2019 年 5 月，被纳入《中国第二批临床急需境外新药名单》用于治疗葡萄膜炎。2020 年 9 月，信达生物制药（苏州）有限公司阿达木单抗（商品名"苏立信"）获批上市，用于治疗类风湿关节炎、强直性脊柱炎及银屑病、多关节型幼年特发性关节炎等。目前国内阿达木单抗注射液共有 8 个批号，生产厂家有信达生物制药（苏州）有限公司、百奥泰生物制药股份有限公司、神州细胞工程有限公司、上海复宏汉霖生物制药有限公司、苏州众合生物医药科技有限公司、杭州博之锐生物制药有限公司、正大天晴药业集团南京顺欣制药有限公司。

目前阿达木单抗（注射剂）属于《国家基本医疗保险、工伤保险和生育保险药品目录（2024 年）》乙类药品。

本品须冷藏在 2 ~ 8℃ 下，并注意不要冷冻。避光保存。

### 雷公藤多苷
#### Tripterysium Glycosides

本品为卫矛科植物雷公藤的去皮根部提取的总苷，具有抗炎及抑制细胞免疫和体液免疫等作用。用于治疗类风湿关节炎、原发性肾小球肾病、肾病综合征、红斑狼疮、亚急性及慢性重症肝炎，亦可用于银屑病性关节炎、麻风反应、贝赫切特综合征、自身免疫性肝炎等。

雷公藤多苷对生殖系统有明显的影响，可致月经紊乱及精子活力降低，数量减少。亦可有胃肠道反应如恶心、呕吐、腹痛、腹泻等症状，偶可引起消化道出血。对血液系统有骨髓抑制作用，可引起白细胞及血小板减少，发生率为 15%。但大多数不良反应在停药后可自行缓解。妊娠期及哺乳期妇女禁用。服此药时应避孕；老年有严重心血管病者慎用。

雷公藤多苷的疗效弱于环磷酰胺、环孢素、甲氨蝶呤等药，考虑到其不良反应可涉及多系统损害，临床一般将其使用限定在难治性肾病综合征，作为其他细胞毒药物的替补。

目前雷公藤多苷片剂被《国家基本药物目录（2018 年版）》收录；属于《国家基本医疗保险、工伤保险和生育保险药品目录（2024 年）》甲类药品。

# 第二节  免疫增强剂

免疫增强剂（亦称免疫调节剂），是指单独使用或者与抗原联用时能增强机体免疫应答的物质。临床主要用于免疫缺陷病、慢性感染性疾病、肿瘤的辅助治疗等。随着疾病治疗观念转变，治疗的重点从直接杀伤外源性病体转向调整机体自身功能，免疫增强剂在医学中应用引起更多的关注。

常用的免疫增强剂分为五类：①生物制剂类（胸腺激素类、转移因子、免疫核糖核酸、干扰素、白细胞介素等）；②微生物来源的制剂（利用细菌抗原做成的制剂，类似菌苗类，如哮喘疫苗、卡介苗等）；③化学合成药物（左旋咪唑、异丙肌苷、羟壬嘌呤、二乙胺基硫代甲酸钠等）；④聚合糖类（微生态制剂，香菇多糖、云芝多糖 K、银耳多糖、灵芝多糖等）；⑤中药及植物来源类〔人参、刺五加、枸杞子、黄芪、白芍、淫羊藿、冬虫夏草、灵芝、植物血凝素（如刀豆素 A）、人胎盘脂多糖等〕。

值得注意的是，人体免疫系统相当复杂，包含着若干种免疫机制和调节对应体。免疫增强剂对于具有正常免疫功能的人来说作用并不明显，反而会抑制免疫功能或者引发免疫紊乱性疾病，而且会引起一些不良反应。免疫增强剂最常见的不良反应是发热、过敏反应，有时可能出现过敏性休克之类的严重不良反应。如使用干扰素的患者可能出现类似脑炎的脑部症状、左旋咪唑可引发流感症状、丙种球蛋白由于是血液制品也存在潜在危险性。总之，如果没有证据证实患者免疫功能低下，临床不应盲目使用免疫增强剂。

由于免疫增强剂既可用于免疫缺陷性疾病，又可用于难治性感染，同时也是抗肿瘤必不可少的辅助用药，因此其临床适用科室广泛。

据统计，2019 年抗肿瘤药和免疫功能调节药（化学或生物药）全国院内市场销售额突破千亿。2022 年，销售额超过 1300 亿元，呈现持续增长的态势。根据米内网国内重点城市（20 个省会城市/直辖市）公立医院化学药终端格局报告，抗肿瘤和免疫调节剂是化学药十四大类中排名第一的类别，销售额和市场份额逐年增长；2021 年、2022 年、2023 年销售额分别为 443.05 亿元、442.5 亿元、482.05 亿元，占整个化学药市场份额的比例分别为 24.86%、25.45%、26.16%。

## 胸腺素
### Thymosin

胸腺素又称胸腺肽，是从胸腺中分离的一组活性多肽，具有增强细胞免疫功能和调节免疫平衡等作用。胸腺素可使由骨髓产生的干细胞转变为 T 淋巴细胞，因而可增强细胞免疫功能，对体液免疫的影响甚微，是高效的免疫调节剂。临床主要用于细胞免疫缺陷疾病（包括艾滋病）、肿瘤、某些自身免疫性疾病和病毒感染。本品与干扰素合用，对于改善机体免疫功能有协同作用。

常见的不良反应为发热，少数患者有荨麻疹、皮疹，个别患者出现头昏等。本品注射前或停药后再次注射时须做皮试，治疗期间应定期检查肝功能。除少数患者出现轻微过敏反应外，一般无严重不良反应。18 岁以下患者慎用。

胸腺素最早是由雪兰诺公司从小牛胸腺提取的一种胸腺因子，1980 年在意大利上市。我国 1985 年由北京东风制药厂投产，目前已能采用基因工程生物合成。

临床应用的主要剂型有：冻干粉针剂、注射剂、肠溶片、肠溶胶囊剂等。

## 干扰素
### Interferon，IFN

干扰素是一类可诱导的糖蛋白，是免疫系统产生的细胞因子，病毒感染或诱生剂可以促其生成。主要分为三型：INF-$\alpha$（白细胞型）、INF-$\beta$（成纤维细胞型）、INF-$\gamma$（淋巴细胞型）。干扰素具有抗病毒、抗肿瘤和免疫调节作用。INF-$\alpha$、INF-$\beta$ 的抗病毒作用强于 INF-$\gamma$，INF-$\gamma$ 具有免疫调节作用，能增强自然杀伤细胞（NK 细胞）、巨噬细胞和 T 淋巴细胞的活力，对细胞免疫和体液免疫都有增强作用。

INF 几乎能抵抗所有病毒引起的感染，对感冒、乙型病毒性肝炎、带状疱疹和腺病毒性眼病等病毒性感染有预防作用。用于肿瘤的治疗，对成骨肉瘤的疗效较好，对其他肿瘤（如多发性骨髓瘤、乳癌、肝癌、肺癌、各种白血病）有辅助疗效，可改善患者的血常规和全身症状。

本品的不良反应主要是流感样症状，如发热、头痛、寒战，以及神经系统症状如嗜睡、精神紊乱，另有皮疹、肝功能损害、低血压、心律失常。大剂量可致可逆性白细胞减少。约 5% 的患者用后产生 IFN 抗体。

目前重组人干扰素（$\alpha$1b 注射剂、$\alpha$2a 注射剂、$\alpha$2b 注射剂）被《国家基本药物目录（2018 年版）》收录；属于《国家基本医疗保险、工伤保险和生育保险药品目录（2024 年）》乙类药品。

## 白细胞介素–2
### Interleukin–2，IL–2

白细胞介素–2 又称 T 细胞生长因子，在恶性肿瘤、免疫缺陷病和自身免疫性疾病的治疗和诊断方面有重要意义。临床主要用于治疗恶性黑色素瘤、肾细胞癌、霍奇金淋巴瘤等，可控制肿瘤发展，减小肿瘤体积及延长生存时间；还可用于病毒和细菌感染，与抗艾滋病药物合用可治疗艾滋病。

本品的不良反应较常见。全身性不良反应如发热、寒战，胃肠道症状如厌食、恶心、呕吐、腹泻，此外尚有心肺反应、泌尿系统反应、血液系统反应及神经系统症状等。使用较大剂量时，本品可能引起毛细血管渗漏综合征，表现为低血压、末梢水肿、暂时性肾功能不全等，应立即停用。IL-2 的不良反应常与剂量及用药时间呈相关性，停止用药后症状多迅速减轻或消失。

临床使用的主要是基因工程产品注射用重组人白细胞介素-2。

目前白介素-2（注射剂）属于《国家基本医疗保险、工伤保险和生育保险药品目录（2024 年）》乙类药品，部分产品使用医保基金支付时有支付范围的限制，如人白介素-2（重组人白介素-2）限肾细胞癌、黑色素瘤、癌性胸腹腔积液。

答案解析

## 思考题

1. 简述免疫抑制剂的主要种类及代表药物。
2. 简述免疫增强剂的主要种类及代表药物。
3. 列举 2 种主要用于器官移植领域的药物并阐述其适应证、不良反应及用药注意事项。

（王青宇）

书网融合……

本章小结

习题

# 第二十章　抗肿瘤药

PPT

### 学习目标

1. 通过本章学习，掌握烷化剂和抗代谢药物的分类，环磷酰胺、氟尿嘧啶、巯嘌呤、甲氨蝶呤、表柔比星、长春瑞滨、紫杉醇、顺铂、他莫昔芬、曲妥珠单抗的药品信息，抗肿瘤抗生素的分类，卡莫司汀、白消安、放线菌素 D、伊立替康、奥沙利铂、贝伐单抗、吉非替尼的药品信息；熟悉植物类抗肿瘤药、激素类抗肿瘤药物的分类，吉西他滨、卡铂、氨鲁米特、利妥昔单抗的药品信息；了解铂类抗肿瘤药的分类、靶向抗肿瘤药物的分类，美法仑、福莫司汀、培美曲塞、吡柔比星、长春新碱、多西他赛、高三尖杉酯碱、戈舍瑞林的药品信息。

2. 具有了解抗肿瘤药物的发展方向和药物市场变化的能力。

3. 树立终身学习理念，培养严谨求实的科学态度、创新意识和批判性思维。

## 第一节　抗肿瘤药概述

恶性肿瘤是导致人类死亡的重要疾病之一，在我国癌症已成为死亡率居首位的疾病。目前，临床上治疗恶性肿瘤主要采用手术、放射治疗和化学治疗。化学治疗即药物治疗，为临床治疗的重要方法。

抗肿瘤药物种类众多，按性质及来源可分为常规抗肿瘤药物（烷化剂、抗代谢药、抗生素、植物药、金属铂配合物）、激素类抗肿瘤药物及靶向抗肿瘤药物。在这些种类中开发最早的是烷化剂，但目前应用较好的是植物类抗肿瘤药和抗代谢抗肿瘤药。按其对细胞增殖动力学的影响可将抗肿瘤药物分为细胞周期非特异性药物和周期特异性药物。细胞周期非特异性药物对处于各种增殖状态，包括休止期在内的细胞均可起杀伤作用，如烷化剂。细胞周期特异性药物只能选择性杀伤处于增殖周期某时相的细胞，它仅对某一时相的细胞有杀伤作用，故其作用较弱，单独使用时很难达到较彻底的杀伤，如抗代谢药物。

现有抗肿瘤药物大多选择性不强，在抑制或杀伤肿瘤细胞的同时，对正常细胞，尤其是增殖旺盛的细胞（如骨髓、头发毛囊）也有抑制杀伤作用。因此，化疗药物在一般治疗剂量时就可使机体产生不良反应。常见的不良反应有骨髓抑制、消化道反应、神经毒性、心脏毒性、口腔黏膜反应、肝肾毒性、脱发等。耐药性问题也是影响治疗效果的原因之一。采用联合用药的方法，可一定程度地减少不良反应及耐药性的发生。为了从根本上解决常规抗肿瘤药选择性差、不良反应严重的问题，靶向药物已成为当前抗肿瘤药物研究中最活跃的领域之一。据统计，靶向疗法占 2021 年全球肿瘤市场的 61%。目前使用的靶向抗肿瘤药物主要包括单克隆抗体和小分子靶向化合物、抗血管生成药物、PARP 抑制剂、免疫检查点抑制剂。

2023 年全球肿瘤药物市场规模为 2017.5 亿美元，预计将从 2024 年的 2208 亿美元增长到 2032 年的 5182.5 亿美元，预测期内（2024—2032 年）复合年增长率为 11.3%。全球肿瘤患者数量庞大，随着新治疗手段的不断出现，肿瘤药物热度也一直居高不下。2022 年伊始，全球抗肿瘤药物研发管线数量已突破两万大关，较 2021 年增长了 8.22%，带动全球及中国抗肿瘤药物市场快速增长。2023 年中国化疗药市场规模为 1332.1 亿元，其中植物类市场规模为 590.5 亿元，抗代谢药市场规模为 431.5 亿元，烷化剂市场规模为 121.4 亿元，抗生素类市场规模为 75.4 亿元。与国外以单抗药物为主导不同，国内抗肿瘤药物市场相对保守，传统抗肿瘤药物占比市场份额超过 40%。烷化剂类、抗肿瘤抗生素类、铂类药物近年增长趋缓，靶向药物将是未来最大增长亮点。靶向治疗具有更高的效果和更低的毒副作用，能够满足更多未被覆盖的治疗领域和患者需求。抗肿瘤药物市场竞争激烈，各国药企都在加大创新投入和布局。中国药企在抗肿瘤领域也表现出较强的创新能力和活力，尤其是在免疫治疗方面，有多个一类原研新药在临床试验中。

# 第二节 烷化剂

烷化剂具有活泼的烷化基团，通过共价键与 DNA 相联，干扰 DNA 的复制或转录，从而抑制迅速增殖的肿瘤细胞的生长。烷化剂属细胞毒类药物，可杀伤各类细胞，尤其是增殖较快的细胞。烷化剂曾经是抗肿瘤药物的主要类型，在肿瘤的化疗中发挥过重要的作用。但由于此类药物选择性差，对骨髓造血组织、消化道上皮和生殖细胞有较大的毒性，加之各种类型新药的不断出现，其应用逐渐减少，所占市场份额也越来越低。2023 年国内抗肿瘤药的市场份额中烷化剂仅占 4.34%。

烷化剂被《国家基本药物目录（2018 年版）》和《国家基本医疗保险、工伤保险和生育保险药品目录（2024 年）》收录的情况如表 20 – 1 所示。

表 20 – 1 烷化剂被国家基本药物目录和国家医保目录收录情况

| 药品分类 | 药物名称 | 药品剂型 | 《国家基本药物目录（2018 年版）》 | 《国家基本医疗保险、工伤保险和生育保险药品目录（2024 年）》 |
|---|---|---|---|---|
| 氮芥类 | 环磷酰胺 | 口服常释剂型 | 收录 | 甲类药品 |
| | | 注射剂 | 收录 | 甲类药品 |
| | 异环磷酰胺 | 注射剂 | 收录 | 乙类药品 |
| | 苯丁酸氮芥 | 口服常释剂型 | — | 乙类药品 |
| | 氮芥 | 注射剂 | — | 甲类药品 |
| | 硝卡芥 | 注射剂 | — | 乙类药品 |
| | 美法仑 | 口服常释剂型 | — | 乙类药品 |
| | 苯达莫司汀 | 注射剂 | — | 乙类药品 |
| 亚硝基脲类 | 卡莫司汀 | 注射剂 | — | 乙类药品 |
| | 洛莫司汀 | 口服常释剂型 | — | 乙类药品 |
| | 司莫司汀 | 口服常释剂型 | 收录 | 甲类药品 |
| | 福莫司汀 | 注射剂 | — | 乙类药品 |
| | 尼莫司汀 | 注射剂 | — | 乙类药品 |
| 乙烯亚胺类 | 塞替派 | 注射剂 | — | 甲类药品 |
| 甲基磺酸酯类 | 白消安 | 口服常释剂型 | 收录 | 甲类药品 |
| | | 注射剂 | — | 乙类药品 |

## 一、典型烷化剂

### 环磷酰胺
### Cyclophosphamide

【适应证】本品为氮芥类衍生物，为细胞周期非特异性药物。抗瘤谱广，对多种类型的肿瘤均有效，尤其对恶性淋巴瘤疗效显著。适用于淋巴瘤、白血病、多发性骨髓瘤，对乳腺癌、卵巢癌、肺癌、胃癌、鼻咽癌等实体肿瘤也有一定疗效。本品还具有免疫抑制作用，常用于肉芽肿、系统性红斑狼疮等病的治疗。

【制剂】本品主要剂型为片剂和注射剂。

【不良反应】本品不良反应较多。最常见的不良反应为骨髓抑制，白细胞最低值出现在用药后 1～2 周，多在 2～3 周后恢复。其代谢产物有膀胱毒性，可引起出血性膀胱炎；还可引起食欲减退、恶心、呕吐等；亦可杀伤精子，出现女性闭经现象，但为可逆性。

【用药指导】①本品的代谢产物对尿路有刺激性，应用时应鼓励患者多饮水，大剂量应用时应水化、利尿。同时给予尿路保护剂美司钠。②骨髓抑制、感染、肝肾功能损害者禁用或慎用，对本品过敏者、妊娠期及哺乳期妇女禁用。

【商品信息】①本品是第一个药效"潜伏化"的广谱抗肿瘤药，疗效确切，毒性低，价格适中，应用广泛。②本品因利润很低，甚至售价还低于原料价格，长期亏本使许多厂家不得不放弃生产。相关部门在降低许多价格昂贵的抗肿瘤药的价格的同时，上调了环磷酰胺的价格，以保证生产企业的利益。

目前环磷酰胺（片剂、注射用无菌粉末）被《国家基本药物目录（2018 年版）》收录；环磷酰胺（口服常释剂型、注射剂）属于《国家基本医疗保险、工伤保险和生育保险药品目录（2024 年）》甲类药品。

【贮藏】片剂、注射液均遮光、密闭，在 30℃以下保存。水溶液不稳定，应在溶解后短期内使用。

## 卡莫司汀
### Carmustine

【适应证】本品为亚硝脲类烷化剂，为细胞周期非特异性药物，抗瘤谱广。对多种肿瘤有明显抑制作用，且起效快。因能够通过血脑屏障，对脑瘤、脑转移瘤和脑膜白血病有效。对恶性淋巴瘤、多发性骨髓瘤，与其他药物合用对恶性黑色素瘤有效。

【制剂】本品主要剂型为注射剂。

【不良反应】本品主要不良反应为恶心、呕吐及迟发的骨髓抑制、白细胞和血小板下降，并对肝、肾也有一定毒性。

【用药指导】①肝肾功能不全者慎用，妊娠期及哺乳期妇女禁用。②使用时不要与皮肤接触，以免引起发炎及色素沉着。

【商品信息】本品给药后 1 小时即可进入脑组织，6 小时后脑内浓度达血浓度的 60%～70%，其代谢物仍有抗癌作用。

目前卡莫斯汀（注射剂）属于《国家基本医疗保险、工伤保险和生育保险药品目录（2024 年）》乙类药品。

【贮藏】遮光、密闭，5℃以下保存。超过 32℃即分解，运输时需装在冰盒中。

## 白消安
### Busulfan

【适应证】本品属甲基磺酸酯类双功能烷化剂，为细胞周期非特异性药物。主要适用于慢性粒细胞白血病的慢性期，对缺乏费城染色体 Ph1 患者效果不佳。也可用于治疗原发性血小板增多症，真性红细胞增多症等慢性骨髓增殖性疾病。

【制剂】本品主要剂型为片剂。

【不良反应】不良反应为骨髓抑制，可见白细胞、血小板减少等，但比其他烷化剂缓和。久用偶见肺纤维化、皮肤色素沉着、性功能减退等。

【用药指导】慢性粒细胞白血病急性病变时应停药；用药期间应严格检查血常规。可致畸胎，妊娠期妇女禁用。

目前白消安（片剂）被《国家基本药物目录（2018 年版）》收录；白消安（口服常释剂型）属于《国家基本医疗保险、工伤保险和生育保险药品目录（2024 年）》甲类药品，白消安（注射剂）属于乙类药品。

【贮藏】遮光、密闭，在干燥处保存。

## 二、其他烷化剂

**1. 美法仑（melphalan）**    本品为氮芥类烷化剂，用于多发性骨髓瘤、乳腺癌、卵巢癌、慢性白血病、恶性淋巴瘤、骨软骨病等；动脉灌注可用于治疗肢体恶性黑色素瘤、软组织肉瘤及骨肉瘤；大剂量给药用于造血干细胞移植的预处理。制剂有片剂和注射剂。不良反应主要为骨髓抑制和消化道反应，有时出现皮疹、瘙痒，长期应用可出现肺纤维化、脱发、皮炎、不育等。对本品过敏者、严重贫血及血小板减少者、妊娠早期妇女及哺乳妇女禁用。本品是苯丙氨酸氮芥的左旋体，作用强于消旋体苯丙氨酸氮芥。

美法仑（口服常释剂型）属于《国家基本医疗保险、工伤保险和生育保险药品目录（2024 年）》乙类药品。

**2. 福莫司汀（fotemustine）**    本品为亚硝基脲类烷化剂。用于原发性脑内肿瘤和播散性恶性黑色素瘤（包括脑内部位）。制剂有福莫司汀注射剂。主要不良反应为血小板和白细胞减少，发生较晚。若在本品治疗之前进行过其他化疗和（或）与其他可能诱发血液毒性的药物联合应用时，可加重血液学毒性。用药后 2 小时内出现中度恶心和呕吐、暂时性可逆性氨基转移酶、碱性磷酸酶及胆红素升高、发热、暂时性血尿素氮升高、暂时性可逆性神经功能障等。妊娠期及哺乳期妇女禁用，严重骨髓抑制者，严重肝肾功能损害者。

福莫司汀（注射剂）属于《国家基本医疗保险、工伤保险和生育保险药品目录（2024 年）》乙类药品。

# 第三节    抗代谢药

抗代谢药物是通过干扰 DNA 合成中所需物质的代谢途径而抑制肿瘤细胞的生长。由于正常细胞与肿瘤细胞之间生长的分数不同，抗代谢药物可更多地杀死肿瘤细胞而对正常细胞影响较小。2023 年国内抗肿瘤药市场份额中抗代谢药物占 15.41%，居常规抗肿瘤药物第二位。应用较好的品种有替加氟、吉西他滨、卡培他滨和培美曲塞。

抗代谢药被《国家基本药物目录（2018 年版）》和《国家基本医疗保险、工伤保险和生育保险药品目录（2024 年）》收录的情况如表 20 – 2 所示。

表 20 – 2    抗代谢药被国家基本药物目录和国家医保目录收录情况

| 药品分类 | 药品名称 | 药品剂型 | 《国家基本药物目录（2018 年版）》 | 《国家基本医疗保险、工伤保险和生育保险药品目录（2024 年）》 |
|---|---|---|---|---|
| 叶酸拮抗剂 | 甲氨蝶呤 | 口服常释剂型 | 收录 | 甲类药品 |
| | | 注射剂 | 收录 | 甲类药品 |
| | 培美曲塞 | 注射剂 | 收录 | 乙类药品 |
| | 雷替曲塞 | 注射剂 | — | 乙类药品 |

续表

| 药品分类 | 药品名称 | 药品剂型 | 《国家基本药物目录（2018 年版）》 | 《国家基本医疗保险、工伤保险和生育保险药品目录（2024 年）》 |
|---|---|---|---|---|
| 嘌呤拮抗剂 | 巯嘌呤 | 口服常释剂型 | 收录 | 甲类药品 |
| | 硫鸟嘌呤 | 口服常释剂型 | — | 乙类药品 |
| | 氟达拉滨 | 口服常释剂型 | — | 乙类药品 |
| | | 注射剂 | | 乙类药品 |
| 嘧啶拮抗剂 | 氟尿嘧啶 | 口服常释剂型 | — | 甲类药品 |
| | | 注射剂 | 收录 | 甲类药品 |
| | 卡莫氟 | 口服常释剂型 | — | 乙类药品 |
| | 阿糖胞苷 | 注射剂 | 收录 | 甲类药品 |
| | 替加氟 | 口服常释剂型 | — | 乙类药品 |
| | | 栓剂 | — | 乙类药品 |
| | | 注射剂 | — | 乙类药品 |
| | 羟基脲 | 口服常释剂型 | 收录 | 甲类药品 |
| | 地西他滨 | 注射剂 | — | 乙类药品 |
| | 吉西他滨 | 注射剂 | 收录 | 乙类药品 |
| | 卡培他滨 | 口服常释剂型 | 收录 | 乙类药品 |
| | 阿扎胞苷 | 注射剂 | — | 乙类药品 |
| | 替吉奥 | 口服常释剂型 | — | 乙类药品 |

## 一、典型抗代谢药

### 氟尿嘧啶
#### Fluorouracil

【适应证】本品为嘧啶的代谢拮抗剂。主要用于治疗消化系统肿瘤、乳腺癌、卵巢癌、绒毛膜上皮癌、子宫颈癌、肺癌、肝癌、膀胱癌、皮肤癌（局部涂抹）、外阴白斑（局部 涂抹）等。

【制剂】本品主要剂型为注射剂和片剂。

【不良反应】常见骨髓抑制及消化道反应。严重者可有腹泻。局部注射部位静脉炎。少数可有神经系统反应如小脑变性、共济失调，也有人出现皮疹、色素沉着、甲床变黑等。

【用药指导】肝、肾功能不全患者及妊娠期妇女禁用。用药期间应严格检查血常规。

【商品信息】①本品是第一个合成的抗代谢药，也是目前临床上应用最广的抗嘧啶类药物之一，在肿瘤内科治疗中占有重要地位。②复方氟尿嘧啶片由本品和环磷酰胺、鲨肝醇、奋乃静、白及粉和海螵蛸粉组成，适用于不易注射给药的消化道肿瘤。

目前氟尿嘧啶（注射液）被《国家基本药物目录（2018 年版）》收录；氟尿嘧啶（口服常释剂型、注射剂）属于《国家基本医疗保险、工伤保险和生育保险药品目录（2024 年）》甲类药品。

【贮藏】遮光，密闭保存。

### 巯嘌呤
#### Mercaptopurine

【适应证】本品为嘌呤拮抗剂类抗肿瘤药物，为细胞周期特异性药物。适用于绒毛膜上皮癌、恶性葡萄胎、急性淋巴细胞白血病及急性非淋巴细胞白血病、慢性粒细胞白血病的急变期。

【制剂】本品主要剂型为片剂。

【不良反应】常见消化道反应及骨髓抑制；少数患者有肝功能损伤、皮疹及脱发。高尿酸血症多见于白血病治疗初期，严重的可发生尿酸性肾病。

【用药指导】①用药期间应注意定期检查外周血常规及肝、肾功能。②对本品高度过敏的患者及妊娠期妇女禁用。③别嘌呤可抑制本品的代谢，合用时明显增加本品的效能与毒性。

目前巯嘌呤（片剂）被《国家基本药物目录（2018年版）》收录；巯嘌呤（口服常释剂型）属于《国家基本医疗保险、工伤保险和生育保险药品目录（2024年）》甲类药品。

【贮藏】遮光、密封保存。

## 甲氨蝶呤
### Methotrexate

【适应证】本品为叶酸的代谢拮抗剂。对急性白血病、绒毛膜上皮癌、恶性葡萄胎效果较好，对骨肉瘤、乳腺癌、膀胱癌、睾丸肿瘤等均有一定疗效。

【制剂】本品主要剂型为片剂和注射剂。

【不良反应】常见不良反应有骨髓抑制、黏膜损伤、脱发、色素沉着等。少数患者有月经延迟及生殖功能减退。鞘内注射剂量过高可引起抽搐。

【用药指导】①用药期间应严格检查血常规。②肝、肾功能不全患者及妊娠期妇女禁用。③长期应用易产生抗药性。④常用甲酰四氢叶酸为解毒剂。

【商品信息】本品为联合化疗方案中常用的细胞周期特异性药物。与环磷酰胺和氟尿嘧啶联合治疗乳腺癌；与环磷酰胺、长春新碱、泼尼松联合治疗恶性淋巴瘤等。

目前甲氨蝶呤（片剂、注射用无菌粉末）被《国家基本药物目录（2018年版）》收录；甲氨蝶呤（口服常释剂型、注射剂）属于《国家基本医疗保险、工伤保险和生育保险药品目录（2024年）》甲类药品。

【贮藏】遮光、密闭，在阴凉处保存。

## 二、其他常用抗代谢药

**1. 吉西他滨（gemcitabine）**　本品属嘧啶拮抗剂类抗代谢药物，适用于治疗中、晚期非小细胞肺癌。制剂主要是注射剂。可影响血液系统、消化系统，可引起蛋白尿和血尿，还可引起皮疹等不良反应。本品于1995年在南非、瑞典、荷兰、澳大利亚等国家获准上市。1996年经美国FDA批准上市，作为临床治疗非小细胞肺癌和胰腺癌的一线药物。其在国内的销售额居抗肿瘤药的前10位。

目前吉西他滨（注射用无菌粉末）被《国家基本药物目录（2018年版）》收录；吉西他滨（注射剂）属于《国家基本医疗保险、工伤保险和生育保险药品目录（2024年）》乙类药品。

**2. 培美曲塞（pemetrexed）**　本品为多靶位叶酸拮抗剂，通过破坏细胞内叶酸依赖性的正常代谢过程而抑制肿瘤的生长。主要用于治疗恶性胸膜间皮瘤和非小细胞肺癌。制剂为培美曲塞二钠注射剂。主要不良反应为骨髓抑制。在本品治疗的同时以叶酸和维生素 $B_{12}$ 进行补充治疗，可预防或减少治疗相关的血液学或胃肠道不良反应。禁用于对培美曲塞或药品其他成分有严重过敏史的患者。只能静脉滴注，注射前只建议用0.9%氯化钠注射液溶解稀释。2004年2月，FDA批准本品与顺铂联用治疗一种罕见的癌症——恶性胸膜间皮瘤，是FDA批准的第一种治疗此症的药物；同年10月FDA又以快速审批途径批准将本品作为局部晚期肺癌或转移性非小细胞肺癌的二线治疗药物。

目前培美曲塞（注射用无菌粉末）被《国家基本药物目录（2018年版）》收录；培美曲塞（注射剂）属于《国家基本医疗保险、工伤保险和生育保险药品目录（2024年）》乙类药品。

# 第四节 抗肿瘤抗生素

抗肿瘤抗生素多直接作用于 DNA 或嵌入 DNA，具有干扰模板的功能。尽管抗肿瘤抗生素在特定的治疗情况下具有其独特的价值和作用，但由于适用范围局限、毒性副作用较强、耐药性及生产成本等因素的影响，它们在整体癌症治疗市场中的市场份额相对较小。2023 年国内抗肿瘤药市场份额中，抗肿瘤抗生素仅占比 2.69%。

抗肿瘤抗生素被《国家基本药物目录（2018 年版）》和《国家基本医疗保险、工伤保险和生育保险药品目录（2024 年）》收录的情况如表 20 - 3 所示。

表 20 - 3　抗肿瘤抗生素被国家基本药物目录和国家医保目录收录情况

| 药品分类 | 药品名称 | 药品剂型 | 《国家基本药物目录（2018 年版）》 | 《国家基本医疗保险、工伤保险和生育保险药品目录（2024 年）》 |
|---|---|---|---|---|
| 多肽类 | 放线菌素 D | 注射剂 | — | 甲类药品 |
| | 博来霉素 | 注射剂 | — | 乙类药品 |
| | 平阳霉素 | 注射剂 | 收录 | 甲类药品 |
| 蒽醌类 | 丝裂霉素 | 注射剂 | — | 甲类药品 |
| | 柔红霉素 | 注射剂 | 收录 | 甲类药品 |
| | 多柔比星 | 注射剂 | 收录 | 甲类药品 |
| | 表柔比星 | 注射剂 | — | 乙类药品 |
| | 伊达比星 | 注射剂 | — | 乙类药品 |
| | 阿柔比星 | 注射剂 | — | 乙类药品 |
| | 吡柔比星 | 注射剂 | — | 乙类药品 |
| | 米托蒽醌 | 注射剂 | — | 乙类药品 |

## 一、典型抗肿瘤抗生素

### 放线菌素 D
### Dactinomycin

【适应证】本品属多肽类抗肿瘤抗生素，其主要作用机制是通过与 DNA 结合来抑制细胞的 RNA 转录，为细胞周期非特异性药物。对肾母细胞瘤、神经母细胞瘤及霍奇金病有效，对绒毛膜上皮癌及睾丸肿瘤也有一定疗效。

【制剂】本品主要剂型为注射剂。

【不良反应】常见消化道反应和骨髓抑制。少数患者有脱发、皮炎、发热及肝功能损伤等。

【用药指导】①有出血倾向者慎用或不用本品，有患水痘病史者忌用；②本品有致突变、致畸和免疫抑制作用，妊娠期妇女禁用。

【商品信息】①本品是较早用于临床的抗肿瘤抗生素，由我国桂林的土壤中分离出的放线菌的发酵液中得到，与国外的放线菌素 D 结构相同。②本品抗瘤谱广，疗效肯定，与氟尿嘧啶合用，治疗绒癌疗效显著。

目前放线菌素 D（注射剂）属于《国家基本医疗保险、工伤保险和生育保险药品目录（2024 年）》甲类药品。

【贮藏】 遮光、密闭，在阴凉处保存。

## 表柔比星
### Epirubicin

【适应证】 本品的主要作用部位是细胞核，抑制 DNA 和 RNA 的合成。用于治疗急性白血病和恶性淋巴瘤、乳腺癌、支气管肺癌、卵巢癌、肾母细胞瘤、软组织肉瘤、膀胱癌、睾丸癌、前列腺癌、胃癌、肝癌以及甲状腺髓样癌等多种实体瘤。

【制剂】 本品主要剂型为注射剂。

【不良反应】 本品主要不良反应有骨髓抑制、心脏毒性反应、脱发、黏膜炎、胃肠功能紊乱、高热等。

【用药指导】 ①口服无效，不能肌内注射或鞘内注射；②渗出血管外可导致局部坏死、溃疡；③妊娠期和哺乳期妇女、水痘或疱疹患者禁用；④用药前应检查心脏功能，做心电图；⑤肝功能不全患者慎用。

【商品信息】 本品为多柔比星（阿霉素）的同分异构体，为细胞周期非特异性药物，对多种移植性肿瘤均有效。其销售额居抗肿瘤抗生素之首。

目前表柔比星（注射剂）属于《国家基本医疗保险、工伤保险和生育保险药品目录（2024 年）》乙类药品。

【贮藏】 原料药遮光，密封，在冷处保存。干燥的药粉在 22℃ 下可保存 2 年不变。常用灭菌注射用水配置，终浓度不超过 2mg/ml。配制好的注射液可在冰箱保存 7 天，室温下仅能保存 24 小时。

## 二、其他抗肿瘤抗生素

吡柔比星（Pirarubicin）为半合成的蒽环类抗肿瘤药，是阿霉素的衍生物。对恶性淋巴瘤和急性白血病有较好疗效，对乳腺癌、头颈部癌、胃癌、泌尿系统恶性肿瘤、卵巢癌、子宫内膜癌、子宫颈癌等有效。单用吡柔比星的有效率为 20%~70%。与多种化疗药物如阿糖胞苷、环磷酰胺、巯嘌呤、甲氨蝶呤、氟尿嘧啶、顺铂等联合应用抗癌作用增加。制剂为注射剂。不良反应有骨髓抑制、心脏毒性、胃肠道反应、肝肾功能异常、脱发、皮肤色素沉着等。膀胱内注入可出现尿频、排尿痛、血尿等膀胱刺激症状，甚至膀胱萎缩。严重器质性心脏病或心功能异常者及对本品过敏者禁用；妊娠期、哺乳及育龄期妇女禁用。本品近几年的销售额仅次于表柔比星和多柔比星，居抗肿瘤抗生素的第三位。我国从 1993 年起进行生产、销售。

目前吡柔比星（注射剂）属于《国家基本医疗保险、工伤保险和生育保险药品目录（2024 年）》乙类药品。

## 第五节　植物类抗肿瘤药

天然植物类抗肿瘤药种类多、作用强，但大多数药物毒性较大、水溶性差，对其改造得到的半合成衍生物抗肿瘤作用强、毒副作用小、溶解性得到改善。目前，此类药物在抗肿瘤药物市场中已占有较大份额。2023 年国内抗肿瘤药市场份额中植物类抗肿瘤药物占 21.09%，居常规抗肿瘤药物第一位。销售额最高的是紫杉醇和多西他赛，排在前列的还有伊立替康、长春瑞滨、依托泊苷等。

植物类抗肿瘤药被《国家基本药物目录（2018 年版）》和《国家基本医疗保险、工伤保险和生育保险药品目录（2024 年）》收录的情况如表 20-4 所示。

表 20-4 植物类抗肿瘤药被国家基本药物目录和国家医保目录收录情况

| 药品分类 | 药品名称 | 药品剂型 | 《国家基本药物目录（2018 年版）》 | 《国家基本医疗保险、工伤保险和生育保险药品目录（2024 年）》 |
|---|---|---|---|---|
| 长春碱类 | 长春新碱 | 注射剂 | 收录 | 甲类药品 |
| | 长春地辛 | 注射剂 | — | 乙类药品 |
| | 长春瑞滨 | 口服常释剂型 | — | 乙类药品 |
| | | 注射剂 | — | 乙类药品 |
| 喜树碱类 | 羟喜树碱 | 注射剂 | — | 甲类药品 |
| 紫杉烷类 | 紫杉醇 | 注射剂 | 收录 | 甲类药品 |
| | | 注射剂（白蛋白结合型） | — | 乙类药品 |
| | | 注射用紫杉醇脂质体 | — | 乙类药品 |
| | 多西他赛 | 注射剂 | — | 乙类药品 |
| 鬼臼毒素类 | 依托泊苷 | 注射剂 | 收录 | 甲类药品 |
| | 替尼泊苷 | 注射剂 | — | 乙类药品 |
| | 托泊替康 | 口服常释剂型 | — | 乙类药品 |
| | | 注射剂 | — | 乙类药品 |
| | 伊立替康 | 注射剂 | — | 乙类药品 |
| 其他类 | 高三尖杉酯碱 | 注射剂 | 收录 | 甲类药品 |
| | | 口服液体剂 | — | 乙类药品 |
| | 榄香烯 | 注射剂 | — | 乙类药品 |

## 一、典型植物类抗肿瘤药

### 长春瑞滨
### Vinorelbine

【适应证】本品主要通过阻滞细胞有丝分裂过程中的微管形成，使细胞分裂停止于有丝分裂中期，为细胞周期特异性药物。是晚期非小细胞肺癌的一线治疗药物，也用于转移性乳腺癌、难治性淋巴瘤、卵巢癌及头颈部肿瘤的治疗。

【制剂】本品主要剂型为注射剂。

【不良反应】本品不良反应有血液系统毒性、周围神经毒性反应、消化系统反应等。可引起呼吸困难或支气管痉挛，可在注药后数分钟或数小时内发生。

【用药指导】①用药期间应密切观察血常规变化，每次用药前均应检测血红蛋白、白细胞和粒细胞计数；②肝功能不全者应减量，肾功能不全者慎用。

【商品信息】①本品是一种半合成的长春碱衍生物，为广谱抗肿瘤药。对顽固性晚期卵巢癌、晚期乳腺癌的疗效较好。②2006 年美国临床肿瘤学会共识，长春瑞滨联合顺铂是目前非小细胞肺癌辅助化疗的最好方案。同年，乳腺癌临床实践指南推荐本品为复发或转移性乳腺癌的首选化疗药物。

目前长春瑞滨（口服常释剂型、注射剂）属于《国家基本医疗保险、工伤保险和生育保险药品目录（2024 年）》乙类药品。

【贮藏】2~8℃密封、遮光保存。

### 伊立替康
### Irinotecan

【适应证】本品是水溶性喜树碱类衍生物，用于晚期大肠癌患者的治疗，与氟尿嘧啶和亚叶酸联合治疗既往未接受化疗的晚期大肠癌患者，作为单一用药，治疗经含氟尿嘧啶化疗方案治疗失败的患者。

【制剂】本品主要剂型为注射剂。

【不良反应】本品主要不良反应为消化道反应，如腹泻、恶心和呕吐等。

【用药指导】慢性肠炎和（或）肠梗阻的患者、对本品有严重过敏反应史的患者、胆红素超过正常值上限 1.5 倍的患者、妊娠期和哺乳期妇女禁用。

【商品信息】①本品是全球首个获批联合氟尿嘧啶和亚叶酸用于一线治疗转移性结直肠癌的 DNA 拓扑异构酶 I 抑制剂。无论是用于一线治疗，还是在氟尿嘧啶治疗失败后的二线治疗，本品都显示了对于转移性结直肠癌的抗肿瘤活性，是具有发展前景的喜树碱类抗肿瘤新药物之一。②本品由日本 Daiichi Seiyaku 公司和 YakultHonsha 公司联合开发，已获得美国 FDA 和欧盟的共同批准，在全球 100 多个国家上市。它是美国 FDA 四十多年来继氟尿嘧啶以来，唯一批准用于晚期大肠癌一线治疗的化疗药。

目前伊立替康（注射剂）属于《国家基本医疗保险、工伤保险和生育保险药品目录（2024 年）》乙类药品。

【贮藏】遮光，室温密闭保存。

## 紫杉醇
### Paclitaxel

【适应证】本品作用于微管蛋白系统，可促进微管蛋白装配成微管，抑制微管的解聚，导致微管束的排列异常，形成星状体，使纺锤体失去正常功能，导致细胞死亡。本品与铂制剂联合应用治疗卵巢癌，用于常规治疗失败后的转移性乳腺癌的治疗，非小细胞肺癌的治疗，与阿霉素、环磷酰胺联合治疗结节阳性乳腺癌。

【制剂】本品主要剂型为注射剂。

【不良反应】本品常见不良反应包括骨髓抑制、过敏反应、神经系统毒性，对心血管系统、肝胆也有影响。

【用药指导】①使用时应注意防过敏，定期检查血常规、心电图等；②治疗前必须采用肾上腺皮质激素、抗组胺药及 $H_2$ 受体拮抗剂预防过敏反应；③药液不能接触聚氯乙烯塑料器械。

【商品信息】①本品为一种新型抗微管药，抗瘤谱广，对顺铂、阿霉素耐药的癌细胞也有效。②本品是目前最热门的抗肿瘤药物之一，被誉为"抗乳腺癌明星"。受紫杉醇非专利药及其衍生物多西他赛的冲击，其在海外市场进入缓慢衰减期，而国内市场方兴未艾。③紫杉醇是由珍稀植物红豆杉树干、树皮或针叶中提取的有效成分，提取工艺复杂，资源有限。3 吨红豆杉枝叶只能提取 1kg 本品，因而价格较高。美国施贵宝公司研发出一种新工艺，成功地利用紫杉树的细枝、叶等可再生材料，提取初级原料，再人工半合成生产紫杉醇。该方法很好地解决了资源保护与医学需要之间的矛盾。

目前紫杉醇（注射液）被《国家基本药物目录（2018 年版）》收录；紫杉醇（注射剂）属于《国家基本医疗保险、工伤保险和生育保险药品目录（2024 年）》甲类药品，紫杉醇注射剂（白蛋白结合型）及注射用紫杉醇脂质体属于乙类药品。

【贮藏】遮光，密闭 25℃ 以下保存。

## 二、其他植物类抗肿瘤药

**1. 长春新碱（vincristine）** 本品是由夹竹桃科植物长春花中提取的一种生物碱，抗瘤谱广，疗效肯定。主要用于急、慢性白血病，恶性淋巴瘤，乳腺癌，小细胞肺癌；亦可用于睾丸肿瘤、卵巢癌、消化道癌及恶性黑色素瘤。剂型为注射剂。本品对周围神经系统毒性较大，对骨髓抑制和消化道反应较轻。用药期间应严格检查血常规。妊娠期与哺乳期妇女禁用。

目前长春新碱（注射用无菌粉末）被《国家基本药物目录（2018 年版）》收录；长春新碱（注射剂）属于《国家基本医疗保险、工伤保险和生育保险药品目录（2024 年）》甲类药品。

**2. 多西他赛（taxotere）** 本品为紫杉醇类抗肿瘤药，属于微管解聚抑制剂。适用于先期化疗失败的晚期或转移性乳腺癌的治疗，也适于使用以顺铂为主的化疗失败的晚期或转移性非小细胞肺癌的治疗。剂型为注射剂。不良反应包括骨髓抑制、体液潴留、过敏反应、胃肠道反应、神经毒性和心血管反应等。所有患者在接受本品治疗前均必须口服糖皮质激素类，以预防过敏反应和体液潴留。多西他赛曾经是我国抗肿瘤药市场上销售较好的植物生物碱类药物之一。2019 年到 2022 年间，多西他赛在抗肿瘤植物药中的销售金额占比从 20.8% 逐渐下降到了 6.2%，在 2019 年和 2020 年时曾排位第二。

目前多西他赛（注射剂）属于《国家基本医疗保险、工伤保险和生育保险药品目录（2024 年）》乙类药品。

## 第六节 铂类抗肿瘤药

铂类抗肿瘤药是一类金属铂络合物。能与肿瘤细胞 DNA 结合，干扰 DNA 的复制，从而抑制肿瘤细胞的分裂。铂类抗肿瘤药在临床上使用广泛，顺铂与奥沙利铂分别代表了抗肿瘤药物价格的两个发展方向，前者是肿瘤治疗中的"普药"经过长期的应用已经为临床所熟知，价格低廉，用途广泛，是多种联合化疗方案的首选药物之一；而后者是新药的代表，价格往往是前者的几百倍。

铂类抗肿瘤药被《国家基本药物目录（2018 年版）》和《国家基本医疗保险、工伤保险和生育保险药品目录（2024 年）》收录的情况如表 20 – 5 所示。

表 20 – 5 铂类抗肿瘤药被国家基本药物目录和国家医保目录收录情况

| 药品分类 | 药品名称 | 药品剂型 | 《国家基本药物目录（2018 年版）》 | 《国家基本医疗保险、工伤保险和生育保险药品目录（2024 年）》 |
|---|---|---|---|---|
| 铂类抗肿瘤药 | 顺铂 | 注射剂 | 收录 | 甲类药品 |
| | 顺铂氯化钠 | 注射剂 | — | 乙类药品 |
| | 奈达铂 | 注射剂 | — | 乙类药品 |
| | 卡铂 | 注射剂 | 收录 | 甲类药品 |
| | 奥沙利铂 | 注射剂 | 收录 | 乙类药品 |
| | 奥沙利铂甘露醇 | 注射剂 | — | 乙类药品 |
| | 洛铂 | 注射剂 | — | 乙类药品 |

## 一、典型铂类抗肿瘤药

### 顺铂
### Cisplatin

【适应证】本品为金属铂类络合物，属细胞周期非特异性抗肿瘤药。具有抗瘤谱广、对缺氧细胞有效的特点。本品在细胞内低氯环境中迅速解离，以水合阳离子的形式与细胞内 DNA 结合形成链间、链内或蛋白质 DNA 交联、从而破坏 DNA 的结构和功能。本品适用于小细胞与非小细胞肺癌、睾丸癌、卵巢癌、宫颈癌、子宫内膜癌、前列腺癌、膀胱癌、黑色素瘤、肉瘤、头颈部肿瘤及各种鳞状上皮癌和恶性淋巴瘤的治疗。

【制剂】本品主要剂型为注射剂。

【不良反应】本品主要不良反应有胃肠道反应，常导致严重的恶心呕吐；骨髓抑制较强；肾脏毒性，导致急性肾损伤；耳毒性，听力损失或耳鸣；过敏反应等。

【用药指导】①使用前，尤其是高剂量时，应先检查肾功能及听力，并注意多饮水或输液强迫利尿；②肾功能不全者慎用。

【商品信息】①本品是第一个上市的铂类抗肿瘤药物，作用机制类似烷化剂。②本品抗瘤谱广，疗效确切，是目前被公认的治疗睾丸癌和卵巢癌的一线药物。也是联合化疗中最常用的药物之一。③本品水溶液不稳定，供药用者是含有甘露醇和氯化钠的冷冻干燥粉。

目前顺铂（注射液、注射用无菌粉末）被《国家基本药物目录（2018 年版）》收录；顺铂（注射剂）属于《国家基本医疗保险、工伤保险和生育保险药品目录（2024 年）》甲类药品，顺铂氯化钠（注射剂）属于乙类药品。

【贮藏】原料药及注射液遮光、密闭保存。

## 奥沙利铂
### Oxaliplatin

【适应证】本品为二氨基环己烷的铂类化合物，对大肠癌、卵巢癌有较好疗效，对胃癌、非霍奇金淋巴瘤、非小细胞肺癌、头颈部肿瘤有一定疗效。适用于经过氟尿嘧啶治疗失败之后的结、直肠癌转移的患者，可单独或联合氟尿嘧啶使用。

【制剂】本品主要剂型为注射剂。

【不良反应】本品不良反应主要有神经毒性，如感觉迟钝、感觉异常；胃肠道反应，如恶心、呕吐、腹泻；对造血系统的影响，如贫血、白细胞减少、粒细胞减少、血小板减少等。

【用药指导】①不能与碱性药物或介质、氯化合物、碱性制剂等一起使用，也不能用含铝的静脉注射器具。②对铂类衍生物有过敏者禁用，妊娠期及哺乳期妇女慎用。

【商品信息】①本品为第 3 代金属铂配合物，具有毒性低、抗瘤谱广、疗效显著等特点，也是迄今唯一对结直肠癌有显著活性的铂类药物。②本品是国内抗肿瘤药销售额居前 10 位的药物，在国内的销售额呈持续上涨趋势。③目前国内市场的奥沙利铂进口品占 45% 的市场份额，国产品占 55%。至 2023 年，我国已有 30 家药厂获准生产奥沙利铂。

目前奥沙利铂（注射用无菌粉末）被《国家基本药物目录（2018 年版）》收录；奥沙利铂（注射剂）、奥沙利铂甘露醇（注射剂）属于《国家基本医疗保险、工伤保险和生育保险药品目录（2024 年）》乙类药品。

【贮藏】原料药及注射液应遮光、密闭，在 25℃ 以下保存。

## 二、其他铂类抗肿瘤药

卡铂（carboplatin）为第 2 代金属铂配合物，对小细胞肺癌、卵巢癌、睾丸肿瘤、头颈部鳞癌及恶性淋巴瘤有较好的疗效；对膀胱癌及子宫颈癌也有一定疗效。剂型为注射剂。常见不良反应为骨髓抑制、注射部位疼痛，偶见过敏反应、黏膜炎或口腔炎、周围神经毒性、耳毒性、视物模糊及恶心呕吐、便秘或腹泻、食欲减退等。避免与氨基糖苷类抗生素等可能损害肾功能的药物同时使用。应避免与铝化合物接触，也不宜与其他药物混合滴注。

目前卡铂（注射用无菌粉末）被《国家基本药物目录（2018 年版）》收录；卡铂（注射剂）属于《国家基本医疗保险、工伤保险和生育保险药品目录（2024 年）》甲类药品。

# 第七节　激素类抗肿瘤药

激素类抗肿瘤药通过调节体内激素的平衡发挥抗肿瘤作用。由于机体许多正常组织的生长发育均受某种激素的调控，当这些组织发生癌变时，通常会保留与原有组织相似的激素依赖性，因此，有针对性地应用一些激素，调节体内激素平衡，可以控制肿瘤的生长。激素类药物能选择性地作用于相应的肿瘤组织，对一般增殖迅速的正常组织不会产生抑制作用，因而较少引起骨髓抑制、胃肠道反应及毛囊细胞增殖抑制等细胞毒类抗肿瘤药物常见的不良反应。激素类抗肿瘤药一般用于手术后或与化疗药物合用。由于乳腺癌等生殖系统肿瘤的高发率，激素类抗肿瘤药已成为抗肿瘤药物的重要组成部分。2023年，激素类抗肿瘤药占我国抗肿瘤药物市场份额的10%。居前几位的药物分别是戈舍瑞林、来曲唑、比卡鲁胺、阿那曲唑和依西美坦等。

激素类抗肿瘤药被《国家基本药物目录（2018年版）》和《国家基本医疗保险、工伤保险和生育保险药品目录（2024年）》收录的情况如表20-6所示。

**表20-6　激素类抗肿瘤药被国家基本药物目录和国家医保目录收录情况**

| 药品分类 | 药品名称 | 药品剂型 | 《国家基本药物目录（2018年版）》 | 《国家基本医疗保险、工伤保险和生育保险药品目录（2024年）》 |
|---|---|---|---|---|
| 肾上腺皮质激素类抗肿瘤药物 | 地塞米松 | 口服常释剂型 | 收录 | 甲类药品 |
| | | 注射剂 | 收录 | 甲类药品 |
| | 倍他米松 | 口服常释剂型 | — | 乙类药品 |
| | | 注射剂 | — | 乙类药品 |
| | 泼尼松龙 | 口服常释剂型 | — | 乙类药品 |
| | | 注射剂 | — | 乙类药品 |
| 雌激素类抗肿瘤药物 | 己烯雌酚 | 口服常释剂型 | 收录 | 甲类药品 |
| | | 注射剂 | 收录 | 甲类药品 |
| | 雌二醇 | 凝胶剂 | — | 乙类药品 |
| | 炔雌醇 | 口服常释剂型 | — | 甲类药品 |
| | 他莫昔芬 | 口服常释剂型 | 收录 | 甲类药品 |
| | 雷洛昔芬 | 口服常释剂型 | — | 乙类药品 |
| | 氟维司群 | 注射剂 | — | 乙类药品 |
| | 托瑞米芬 | 口服常释剂型 | — | 乙类药品 |
| | 阿那曲唑 | 口服常释剂型 | — | 乙类药品 |
| | 来曲唑 | 口服常释剂型 | — | 乙类药品 |
| | 依西美坦 | 口服常释剂型 | — | 乙类药品 |
| 雄激素类抗肿瘤药物 | 阿比特龙 | 口服常释剂型 | — | 乙类药品 |
| | 氟他胺 | 口服常释剂型 | — | 乙类药品 |
| | 比卡鲁胺 | 口服常释剂型 | — | 乙类药品 |
| 孕激素类抗肿瘤药物 | 黄体酮 | 注射剂 | 收录 | 甲类药品 |
| | | 口服常释剂型 | — | 乙类药品 |
| | | 栓剂 | — | 乙类药品 |
| | 甲羟孕酮 | 口服常释剂型 | 收录 | 甲类药品 |
| | | 注射剂 | — | 乙类药品 |
| | 甲地孕酮 | 口服常释剂型 | — | 乙类药品 |

续表

| 药品分类 | 药品名称 | 药品剂型 | 《国家基本药物目录（2018 年版）》 | 《国家基本医疗保险、工伤保险和生育保险药品目录（2024 年）》 |
|---|---|---|---|---|
| 促性腺激素释放素类抗肿瘤药物 | 亮丙瑞林 | 微球注射剂 | — | 乙类药品 |
| | | 缓释微球注射剂 | — | 乙类药品 |
| | 丙氨瑞林 | 注射剂 | — | 乙类药品 |
| | 注射用戈舍瑞林微球 | | — | 乙类药品 |
| | 醋酸戈舍瑞林缓释植入剂 | | — | 乙类药品 |
| | 曲普瑞林 | 注射剂 | — | 乙类药品 |
| | 注射用醋酸曲普瑞林微球 | | — | 乙类药品 |
| | 戈那瑞林 | 注射剂 | — | 乙类药品 |

## 一、典型激素类抗肿瘤药

### 他莫昔芬
### Tamoxifen

【适应证】本品为雌激素受体拮抗剂，用于治疗女性复发转移乳腺癌，还可用作乳腺癌手术后转移的辅助治疗，预防复发。

【制剂】本品主要剂型为片剂。

【不良反应】本品常见的不良反应有面部潮红、恶心、呕吐等，较少见的有月经不规则、阴道出血、白带增多、外阴瘙痒和皮炎等。本品尚有部分雌激素受体激动作用，长期应用可引起继发性子宫内膜肿瘤。

【用药指导】①高剂量长期应用可致视力障碍，故用药期间应定期作眼科检查。有月经的妇女慎用，以免引起月经不规则和卵巢囊肿增大。②妊娠期妇女禁用。

【商品信息】本品有 Z 型和 E 型两个异构体，E 型具有弱雌激素活性，Z 型则具有抗雌激素作用，临床应用的是 Z 型异构体。

目前他莫昔芬（片剂）被《国家基本药物目录（2018 年版）》收录；他莫昔芬（口服常释剂型）属于《国家基本医疗保险、工伤保险和生育保险药品目录（2024 年）》甲类药品。

【贮藏】遮光、密闭保存。

### 氨鲁米特
### Aminoglutethimide

【适应证】本品为肾上腺皮质激素抑制剂和芳香化酶抑制剂。主要适用于绝经后晚期乳腺癌，雌激素受体阳性效果更好。对乳腺癌骨转移有效，也可用于皮质醇增多症的治疗。

【制剂】本品主要剂型为片剂。

【不良反应】可出现嗜睡、困倦、乏力、头晕等中枢神经抑制作用，一般 4 周左右逐渐消失。皮疹常发生在用药后 10~15 天，多可自行消退。少数患者有食欲减退、恶心、呕吐和腹泻。偶可出现白细胞减少、血小板减少和甲状腺功能减退。

【用药指导】①不宜与他莫昔芬合用。②对本品严重过敏者禁用，妊娠期、哺乳期妇女及儿童禁用。

【商品信息】本品抑制芳香化作用比抑制肾上腺皮质激素合成作用大 10 倍。

目前氨鲁米特未被《国家基本药物目录（2018 年版）》和《国家基本医疗保险、工伤保险和生育保险药品目录（2024 年）》收录。

【贮藏】遮光、密封保存。

## 二、其他激素类抗肿瘤药

戈舍瑞林（goserelin）是一种合成的、促黄体生成素释放激素（LHRH）的类似物，适用于可用激素治疗的前列腺癌，可用激素治疗的绝经前期及围绝经期妇女的乳腺癌、子宫内膜异位症。制剂为醋酸戈舍瑞林缓释植入剂，在腹前壁皮下注射，每 28 天一次。曾有报道出现皮疹，多为轻度，不需中断治疗即可消退。在以本品治疗早期，一些妇女出现了不同持续时间和不同程度的阴道出血，通常出现于治疗的第一个月。这种出血可能是雌激素撤退性出血，应可以自动停止。已知对本品活性成分或其他 LHRH 类似物及本品其他任一辅料过敏者禁用。妊娠期及哺乳期妇女禁用。近年来，本品的销售额居激素类抗肿瘤药物之首。

目前醋酸戈舍瑞林缓释植入剂、注射用戈舍瑞林微球属于《国家基本医疗保险、工伤保险和生育保险药品目录（2024 年）》乙类药品。

# 第八节　靶向抗肿瘤药

随着人们对肿瘤发生的分子机制的认识逐渐深入，分子靶向治疗已成为肿瘤治疗的重要组成部分。靶向抗肿瘤药是通过与肿瘤发生及肿瘤细胞生长所必需的特定分子靶点的作用来阻止肿瘤细胞生长而发挥抗肿瘤作用的药物。目前应用的靶向抗肿瘤药根据分子的大小可分为单克隆抗体和小分子靶向药物。

靶向抗肿瘤药物的共同特点是：具有靶向性和非细胞毒性；具调节作用和细胞稳定性作用；毒性的作用谱和临床表现与常用的细胞毒类药物有很大区别；与常规治疗（化疗、放疗）合用有更好的效果等。

未来十年，全球抗肿瘤药物市场将以靶向治疗和免疫治疗为主，传统化疗和放疗逐渐减少。到 2030 年，免疫治疗市场份额预计为 47.6%，靶向治疗为 42.2%，化疗和放疗分别降至 5.7% 和 4.5%。自 2016 年起，单克隆抗体药物占据全球生物药市场最大份额，2020 年市场规模为 1703 亿美元，占 58.54%，2023 年增长至 2400 亿美元。小分子靶向抗肿瘤药物近年来快速增长，2021 年全球销量前五的药物分别是伊布替尼、哌柏西利、奥希替尼、奥拉帕利和达沙替尼。

靶向抗肿瘤药被《国家基本药物目录（2018 年版）》和《国家基本医疗保险、工伤保险和生育保险药品目录（2024 年）》收录的情况如表 20-7 所示。

表 20-7　靶向抗肿瘤药被国家基本药物目录和国家医保目录收录情况

| 药品分类 | | 药品名称 | 《国家基本药物目录（2018 年版）》 | 《国家基本医疗保险、工伤保险和生育保险药品目录（2024 年）》 |
|---|---|---|---|---|
| 免疫调节药物 | PD-1/PD-L1 抑制剂 | 帕博利珠单抗 | — | — |
| | | 纳武利尤单抗 | — | — |
| | CTLA-4 抑制剂 | 派姆单抗 | — | — |
| | TNF-α 抑制剂 | 伊匹单抗 | — | — |
| | | 戈利木单抗 | — | 乙类药品 |
| | | 阿达木单抗 | — | 乙类药品 |
| | IL-2 受体拮抗剂 | 注射用英夫利西单抗 | — | 乙类药品 |
| | IL-6 受体拮抗剂 | 巴利昔单抗 | — | 乙类药品 |
| | | 托珠单抗 | — | 乙类药品 |

续表

| 药品分类 | | | 药品名称 | 《国家基本药物目录<br>(2018 年版)》 | 《国家基本医疗保险、工伤保险和<br>生育保险药品目录（2024 年)》 |
|---|---|---|---|---|---|
| 非免疫调节<br>药物 | 蛋白络氨<br>酸激酶<br>抑制剂类 | 表皮生长因子受体<br>(EGFR) 酪氨酸激酶<br>抑制剂 | 吉非替尼 | 收录 | 乙类药品 |
| | | | 阿法替尼 | — | 乙类药品 |
| | | | 达可替尼 | — | 乙类药品 |
| | | | 厄洛替尼 | — | 乙类药品 |
| | | | 奥希替尼 | — | 乙类药品 |
| | | 血管内皮生长因子酪<br>氨酸激酶抑制剂 | 埃克替尼 | 收录 | 乙类药品 |
| | | | 阿昔替尼 | — | 乙类药品 |
| | | BCR – ABL 酪氨酸 | 达沙替尼 | — | 乙类药品 |
| | | | 伊马替尼 | 收录 | 乙类药品 |
| | | | 尼洛替尼 | — | 乙类药品 |
| | | 其他蛋白激酶抑制剂 | 伊布替尼 | — | 乙类药品 |
| | | | 索拉非尼 | — | 乙类药品 |
| | | | 哌柏西利胶囊 | — | — |
| | | | 赛瑞替尼胶囊 | — | — |
| | | | 舒尼替尼 | — | 乙类药品 |
| | 单克隆<br>抗体类 | 以白细胞分化抗原<br>CD 分子为靶点的<br>单抗 | 利妥昔单抗 | 收录 | 乙类药品 |
| | | | 奥法木单抗 | — | — |
| | | | 替伊莫单抗 | — | — |
| | | | 硼替佐米 | — | 乙类药品 |
| | | 以表皮生长因子受体<br>(EGFR) 家族为靶点<br>的单抗 | 托西莫单抗 | — | — |
| | | | 西妥昔单抗 | — | 乙类药品 |
| | | | 曲妥珠单抗 | 收录 | 乙类药品 |
| | | | 帕妥珠单抗 | — | 乙类药品 |
| | | 以血管内皮生长因子<br>(VEGF) 为靶点的<br>单抗 | 帕尼单抗 | — | — |
| | | | 贝伐珠单抗 | — | 乙类药品 |
| | 其他 | PARA 抑制剂等 | 奥拉帕利 | — | 乙类药品 |
| | | | 尼拉帕利 | — | 乙类药品 |

# 一、典型靶向抗肿瘤药

## 帕博利珠单抗
### Pembrolizumab

【适应证】本品是一种免疫检查点抑制剂，其作用机制是通过抑制免疫检查点蛋白 PD – 1（程序死亡蛋白 1）与其配体 PD – L1（程序死亡配体 1）或 PD – L2 的结合，从而恢复 T 细胞的抗肿瘤活性。这种免疫疗法可以增强机体对肿瘤的免疫反应，提高肿瘤的消失率和长期存活率，适用于多种肿瘤的治疗，包括恶性黑色素瘤、肾细胞癌、非小细胞肺癌、头颈部鳞状细胞癌等。

【制剂】本品主要剂型为注射剂。

【不良反应】①免疫相关副作用：皮肤反应（皮疹、瘙痒、湿疹）；②内分泌系统问题（甲状腺炎、肾上腺炎、胰腺炎）；③肺部反应（免疫介导性肺炎）。④常见的其他副作用：疲劳、食欲丧失、发热、关节痛、恶心。

【用药指导】静脉注射给药，使用期间需要监测可能的免疫相关副作用，如肺炎、肝炎、甲状腺炎等。如果出现严重的副作用，需及时与医生沟通，可能需要调整用药方案或采取对症处理。对于妊娠期及哺乳期妇女和肾功能不全患者的使用，需根据具体情况慎重考虑，并在医生指导下进行。

【商品信息】本品在全球范围内被广泛使用，其市场地位相对较高，在 2023 年全球抗肿瘤药物销售榜中排第一位。

目前帕博利珠单抗未被《国家基本药物目录（2018 年版）》和《国家基本医疗保险、工伤保险和生育保险药品目录（2024 年)》收录。

【贮藏】2 ~ 8℃下贮存。

## 曲妥珠单抗
### Trastuzumab

【适应证】本品是一种人源化单克隆 $IgG_1$ 抗体，选择性作用于人表皮生长因子受体 2（HER - 2），可抑制 HER - 2 过度表达的肿瘤细胞的增殖，还可提高肿瘤细胞对化疗的敏感性。适用于 HER - 2 过度表达的转移性乳腺癌；作为单一药物治疗已接受过一个或多个化疗方案的转移性乳腺癌；与紫杉醇或者多西他赛联合，用于未接受化疗的转移性乳腺癌患者。

【制剂】本品主要剂型为注射剂。

【不良反应】本品常见的不良反应有发热、恶心、呕吐、输注反应、腹泻、感染、咳嗽加重、头痛、乏力、呼吸困难、皮疹、中性粒细胞减少症、贫血和肌痛。本品有心脏毒性，可引起左心室功能不全、心律失常、高血压、症状性心衰、心肌病和心源性死亡等。与蒽醌类抗生素联用时发生率最高。

【用药指导】禁用于已知对曲妥珠单抗过敏或者对任何本品其他组分过敏的患者。

【商品信息】①本品 1998 年被美国 FDA 批准上市，是第一个用于治疗早期乳腺癌和转移性乳腺癌的单克隆抗体药物，无论单药还是与化疗药物合用治疗 HER - 2 过度表达的乳腺癌均取得了明显疗效。2010 年 10 月美国 FDA 批准了曲妥珠单抗联合化疗治疗 HER - 2 过表达的胃癌。②本品由美国 Genentech 公司研发，与罗氏公司共同开发市场，2003 年进入中国市场。2021 年，本品在全球药品销售额排行榜位列第 49 名。

目前曲妥珠单抗（注射剂）属于《国家基本医疗保险、工伤保险和生育保险药品目录（2024 年)》乙类药品。

【贮藏】2 ~ 8℃下贮存。

## 吉非替尼
### Gefitinib

【适应证】本品是一种选择性表皮生长因子受体酪氨酸激酶抑制剂，适用于治疗接受过铂剂和多西紫杉醇化学治疗的局部晚期或转移性非小细胞性肺癌。

【制剂】本品主要剂型为片剂。

【不良反应】最常见的不良反应为腹泻、皮疹、瘙痒、皮肤干燥和痤疮。一般见于服药后的第 1 个月内，通常是可逆性的。大约 8% 的患者出现严重的药物不良反应，因不良反应停止治疗的患者仅有 1% 。

【用药指导】①接受本品治疗的患者，偶尔观察到发生间质性肺病。处方医生应密切监测间质性肺病发生的迹象。②可引起无症状性肝氨基转移酶升高，建议定期检查肝功能，肝氨基转移酶轻中度升高的患者应慎用本品。

【商品信息】本品是第一个用于治疗非小细胞肺癌的分子靶向药物。2003年5月被FDA批准单药用于经含铂类或多西他赛方案化疗失败的晚期非小细胞肺癌。

目前吉非替尼（片剂）被《国家基本药物目录（2018年版）》收录；吉非替尼（口服常释剂型）属于《国家基本医疗保险、工伤保险和生育保险药品目录（2024年）》乙类药品。

【贮藏】20~25℃保存。

## 二、其他靶向抗肿瘤药

**1. 利妥昔单抗（rituximab）**    本品是一种人鼠嵌合的单克隆抗体，适用于复发或化疗抵抗性B淋巴细胞型的非霍奇金淋巴瘤的患者。剂型为注射液，滴注本药60分钟前可给予止痛药（如对乙酰氨基酚）和抗过敏药（如盐酸苯海拉明）。瓶装制剂应保存于2~8℃，未稀释的药瓶应避光。配制好的药液，室温可存放12小时。如配制好的液体不能立即使用，在未受室温影响其稳定性时，将其存放于2~8℃，可保存24小时。本品可发生滴注综合征，首先表现为发热和寒战，随后的症状包括恶心、荨麻疹（皮疹）、疲劳、头痛、瘙痒、支气管痉挛（呼吸困难）等；其次常见的是原有的心脏病，如心绞痛和充血性心力衰竭加重。2021年，本品在全球药品销售额排行榜位列第54名。

目前利妥昔单抗（注射液）被《国家基本药物目录（2018年版）》收录；利妥昔单抗（注射剂）属于《国家基本医疗保险、工伤保险和生育保险药品目录（2024年）》乙类药品。

**2. 哌柏西利（pipamperone）**    本品是一种多靶点酪氨酸激酶抑制剂，主要用于治疗晚期或转移性乳腺癌，特别是HR阳性、HER2阴性的病例。它通过阻止细胞周期的推进，从而抑制肿瘤细胞的增殖。其适应证主要包括与芳香化酶抑制剂联合使用，以及在某些情况下与他莫昔芬联合使用。制剂主要为片剂。本品不良反应包括中性粒细胞减少，可能引起感染风险增加；贫血，可能导致虚弱和疲劳；肝功能异常，可能出现肝酶水平升高等。本品通常为125mg，每日1次，连续服用21天后休息7天，形成一个28天的治疗周期，需定期检查肝功能，必要时调整剂量，同时监测中性粒细胞、血小板和血红蛋白水平。本品近年来热度上升，2021年居全球小分子靶向抗肿瘤药物销售排行榜第二位。

目前哌柏西利未被《国家基本药物目录（2018年版）》和《国家基本医疗保险、工伤保险和生育保险药品目录（2024年）》收录。

**3. 伊布替尼（ibrutinib）**    本品是一种口服的布鲁顿酪氨酸激酶（BTK）抑制剂，用于治疗多种类型的血液癌症。它通过抑制BTK，干扰癌细胞的信号传导，从而帮助控制癌症的进展。适用于慢性淋巴细胞白血病、小淋巴细胞淋巴瘤、套细胞淋巴瘤、华氏巨球蛋白血症等。制剂主要为片剂。常见不良反应有出血、感染（由于免疫系统抑制，可能增加感染风险）、心血管问题、腹泻、恶心、疲劳及肝功能异常等。本品剂量为每日一次150mg或200mg，具体剂量需根据疾病类型和患者情况调整。应整片口服，不应咀嚼、压碎或分开。建议每天同一时间服用，以保持药物浓度稳定。如漏服一剂，尽快补服，但避免在下一剂服药时间临近时重复服用。本品在2023年全球抗肿瘤药物销售榜中排第四位。

目前伊布替尼（胶囊）属于《国家基本医疗保险、工伤保险和生育保险药品目录（2024年）》乙类药品。

 **知识拓展** --------------------------------------------------------

### 免疫治疗

免疫治疗包括单克隆抗体药物、细胞治疗和免疫治疗疫苗。细胞治疗是一种靶向治疗方法，是利用患者自身的免疫细胞（如T细胞或自然杀伤细胞）经过工程或激活后，针对特定的病理目标（如癌细胞）进行攻击和清除。免疫治疗疫苗是一种利用疫苗来增强免疫系统对特定疾病（如癌症）或感染的治疗方法。免疫疫苗通常包含癌细胞特异性抗原或其部分，这些抗原能够刺激免疫系统产生针对癌细胞的免疫反应。目前在临床上使用的癌症免疫治疗疫苗通常处于研究和开发阶段，并非所有类型的癌症都有相应的疫苗治疗选项。研究人员和医生们正不断努力开发和改进这些疫苗，以提高其治疗效果和适用范围。

答案解析

## 思考题

1. 某些抗肿瘤药物具有较高的毒副作用。请举例说明一种常见的抗肿瘤药物及其可能的副作用。

2. 在治疗非小细胞肺癌（NSCLC）过程中，吉非替尼与铂类及紫杉醇药物的联用效果如何？

3. 单克隆抗体在癌症治疗中的作用有哪些？

4. 通过结构修饰，如何提高植物类抗肿瘤药物的疗效和选择性？

（孙国君）

书网融合……

本章小结

习题

# 第二十一章　维生素类及矿物类药

PPT

## 📖 学习目标

1. 通过本章学习，掌握维生素、矿物类药、脂溶性维生素、水溶性维生素等适应证、不良反应和用药指导；熟悉维生素 A、维生素 C、维生素 $B_1$、维生素 $B_6$、维生素 D、维生素 E、维生素 $B_2$、葡萄糖酸锌、葡萄糖酸钙等药品信息；了解葡萄糖酸亚铁、碳酸钙的药品信息，本章中各类药物的制剂和商品信息。

2. 具有全面理解维生素和矿物类药物的药理作用、临床应用及安全使用的能力，以及根据各类维生素和矿物类药物的研发、生产、市场情况合理预测未来发展趋势的能力。

3. 树立珍视生命、尊重科学的观念，始终将人民群众的生命安全放在首位，提升职业素养和学术道德。

维生素是维持人体健康所必需的一类营养素，在调节物质代谢、促进生长发育和维持生理功能等方面都发挥着重要作用。它的本质为低分子有机化合物，不能在体内合成，或者所合成的量难以满足机体的需要，所以必须由食物供给。人体每日对维生素的需要量甚微，但如果缺乏，则可引起一类特殊的疾病，称为"维生素缺乏症"。食物是维生素和矿物质的最好来源，已有充分平衡膳食的健康者，另行补充维生素并无益处。

维生素的种类很多，化学结构差异很大，通常按溶解性不同，将天然维生素分为脂溶性和水溶性两大类，脂溶性维生素包括维生素 A、维生素 D、维生素 E、维生素 K 等，水溶性维生素包括维生素 B 族和维生素 C 等。

维生素现已成为国际医药与保健品市场的主要大宗产品之一。我国是最主要的维生素生产、出口大国，绝大部分维生素产品现已进入国际市场，其价格受国际需求的影响较大。其中，维生素 C 在全球具有举足轻重的地位。

矿物类药物主要指的是人体所需的各种微量元素，如钙、铁、锌等，人体内的微量元素虽然含量很少，但对人体健康却起着重要的作用。它们作为酶、激素、维生素、核酸的成分，参与生命的代谢过程。

## 第一节　脂溶性维生素

脂溶性维生素包括维生素 A、维生素 D、维生素 E、维生素 K 四种，在食物中与脂类共同存在，在肠道吸收时也与脂类吸收有关，排泄效率低，故摄入过多时，可在体内蓄积，产生有害作用，甚至中毒。

### 维生素 A
### Vitamin A

【其他名称】　维生素甲、视黄醇、甲种维生素。

【适应证】本品为维持儿童生长发育必需的维生素，具有促进生长，维持上皮组织如皮肤、结膜、角膜等正常功能的作用，并参与视紫红质的合成。适用于维生素 A 缺乏症，如夜盲症、干眼症、角膜软化症和皮肤粗糙等。也可用于补充需要如妊娠期及哺乳期妇女、婴儿等。

【制剂】本品常用剂型为软胶囊。

【不良反应】长期应用大剂量可引起维生素 A 过多症，甚至发生急性或慢性中毒。成人一次剂量超过 100 万单位，小儿一次超过 30 万单位，即可致急性中毒；不论成人或小儿，如连续每日服 10 万单位超过 6 个月，可致慢性中毒，以 6 个月至 3 岁的婴儿发生率最高。表现为食欲不振、皮肤发痒、毛发干枯、脱发、口唇皲裂、易激动、骨痛、骨折、颅内压增高（头痛、呕吐、前囟宽而隆起）。停药 1～2 周后可消失。

【用药指导】①本品常用于儿童，膳食正常的健康人不需要另外补充。②老年人长期服用维生素 A 可能因视黄醛清除延迟而致维生素 A 过量。③慢性肾功能衰竭时慎用。

【商品信息】①1931 年美国化学家泰维斯从鳕鱼肝中分离出维生素 A 纯品并确定了化学结构，1937 年化学合成成功。②天然维生素 A 广泛存在于各种动物性食物中，特别是鱼肝油、蛋黄、肝脏、牛奶、淡水鱼中含量丰富，许多绿色植物如胡萝卜、番茄等含有 $\beta$-胡萝卜素，$\beta$-胡萝卜素是维生素 A 的前体，可在小肠和肝脏转化为维生素 A。③维生素 A 的主导生产厂有帝斯曼、巴斯夫、罗氏和安万特动物饲料（AAN），目前国内生产企业主要有青岛双鲸药业有限公司、国药控股星鲨制药（厦门）有限公司等。

目前维生素 A 未被《国家基本药物目录（2018 年版）》收录；维生素 A（口服常释剂型）属于《国家基本医疗保险、工伤保险和生育保险药品目录（2024 年）》乙类药品。

【贮藏】原料药使用铝制或其他合适容器，充氮，密封，在凉暗处保存；制剂使用棕色瓶。

## 维生素 D
## Vitamin D

【其他名称】维生素 $D_2$：骨化醇、钙化醇、抗佝偻素；维生素 $D_3$：胆骨化醇、胆钙化醇。

【适应证】本品对钙磷代谢和儿童骨骼生长发育有重要影响，用于治疗和预防小儿佝偻病，成人软骨病及因缺乏维生素 D 而引起的婴儿手足抽搐症、龋齿等。

【制剂】本品主要剂型有片剂、胶丸、滴剂、注射剂等。

【不良反应】长期大量使用本品可引起高血钙、厌食、呕吐、腹泻、肾功能减退等症。

【用药指导】①高血钙、吸收不良、冠心病、肾功能不全、动脉硬化者及老年人慎用。②短期内服用大剂量或长期服用超剂量维生素 $D_2$，可导致严重中毒反应。③不宜与噻嗪类利尿药合用，以免引起高钙血症。④不宜与液状石蜡、新霉素或考来烯胺合用。

【商品信息】本品在动物的肝、乳汁、蛋黄及脂肪中含量丰富。动物和人的皮内贮存的 7-脱氢胆固醇，经日光或紫外线照射后可转变为维生素 $D_3$；植物油和酵母性食物中含有的麦角固醇，经紫外线照射后可转变为维生素 $D_2$。维生素 $D_2$、维生素 $D_3$ 作用相同。主要生产厂家主要有美国安士制药有限公司、青岛双鲸药业有限公司、国药控股星鲨制药（厦门）有限公司、山东达因海洋生物制药股份有限公司等。

目前维生素 $D_2$（软胶囊和注射剂）被《国家基本药物目录（2018 年版）》收录；维生素 $D_2$（口服常释剂型及注射剂）、维生素 $D_3$（注射剂）属于《国家基本医疗保险、工伤保险和生育保险药品目录（2024 年）》甲类药品。

【贮藏】原料药遮光，充氮气、密封于冷处保存；各种制剂应遮光、密封保存。不宜久贮。发生酸败不可药用。

## 维生素 AD
## Vitamin AD

【其他名称】伊可新、双鲸、星鲨。

【适应证】适用于维生素 AD 缺乏，如夜盲症、干燥性眼炎、佝偻病、软骨症等。

【制剂】本品主要剂型有口服液体剂、胶丸、滴剂等。

【不良反应】①长期过量服用，可产生慢性中毒。早期表现为骨关节疼痛、肿胀、皮肤瘙痒、口唇干裂、发热、头痛、呕吐、便秘、腹泻、恶心等。②慢性肾功能衰竭、高钙血症、高磷血症伴肾性佝偻病者禁用。

【用药指导】1 岁以下婴儿每日需维生素 A 1500IU，维生素 D 2500IU；1 岁以上儿童，每日需维生素 A 2000IU，维生素 D 2700IU。①必须按推荐剂量服用，不可超量服用。②高钙血症妊娠期妇女可伴有维生素 D 敏感，功能上又能抑制甲状旁腺活动，以致婴儿有特殊面容、智力低下及患遗传性主动脉弓缩窄。③婴儿对维生素 D 敏感性个体差异大，有些婴儿对小剂量维生素 D 很敏感。④老年人长期服用本品，可能因视黄醛清除延迟而至维生素 A 过量。

【商品信息】维生素 AD 可以通过不同的来源获取，包括食物和补充剂。维生素 A 的食物来源分为动物体内含有的维生素 A（类视黄醇）和水果蔬菜中含有的维生素 A 原（类胡萝卜素），后者需要经过代谢后才能被人体吸收利用。维生素 D 的形式多样，包括维生素 $D_2$、维生素 $D_3$ 等，其中维生素 $D_3$ 经过代谢后的活性远高于维生素 $D_2$。在选购维生素 AD 产品时，应注意其载体油的类型，如大豆油、花生油、菜籽油或中链甘油三酯（MCT），后者在母乳中也有发现，具有高亲和力和易被人体吸收的特点。主要生产厂家有山东达因海洋生物制药股份有限公司、国药控股星沙制药（厦门）有限公司、青岛双鲸药业有限公司等。

目前维生素 AD 未被《国家基本药物目录（2018 年版）》收录，维生素 AD（口服液体剂）属于《国家基本医疗保险、工伤保险和生育保险药品目录（2024 年）》乙类药品。

【贮藏】遮光：避免阳光直射。阴凉干燥处：避免高温和潮湿。

## 维生素 E
## Vitamin E

【其他名称】生育酚、产妊酚、来益。

【适应证】本品属于抗氧化剂，能对抗自由基的过氧化作用。用于习惯性流产、先兆流产、不孕症及更年期障碍、进行性肌营养不良症、外阴萎缩症及外阴瘙痒症、早产儿溶血性贫血、小腿痉挛、间歇性跛行等。

【制剂】本品主要剂型有片剂、胶丸、软胶囊、注射剂等。

【不良反应】长期大量服用（每日量 400~800mg），可引起视物模糊、乳腺肿大、腹泻、头晕、流感样综合征、头痛、恶心及胃痉挛、乏力软弱。长期服用超量（一日量大于 800mg），对维生素 K 缺乏患者可引起出血倾向，改变内分泌代谢（甲状腺、垂体和肾上腺），改变免疫机制，影响性功能，并有出现血栓性静脉炎或栓塞的危险。外用可引起接触性皮炎。

【用药指导】①食物中硒、维生素 A、含硫氨基酸不足时，或含有大量不饱和脂肪酸时，其需要量将大为增加，如不及时补充本品，则可能引起其缺乏症。②对维生素 K 缺乏而引起的低凝血酶原血症及缺铁性贫血患者慎用。③氢氧化铝、硫糖铝等药物影响维生素 E 的吸收。④香豆素及其衍生物可干扰本品的吸收。

【商品信息】维生素 E 为抗氧化剂，可清除体内自由基。本品可用于抗衰老、美容，在保健品市场竞争中脱颖而出，已成为国际市场上用途最多、产销量极大的主要维生素品种，与维生素 C、维生素 A 一起成为维生素系列的三大支柱产品。目前国内生产企业有广州白云山星群（药业）有限公司、浙江医药新昌制药厂、上海信谊延安药业有限公司等。

目前维生素 E 未被《国家基本药物目录（2018 年版)》和《国家基本医疗保险、工伤保险和生育保险药品目录（2024 年)》收录。

【贮藏】遮光，密封，在干燥处保存。

# 第二节　水溶性维生素

水溶性维生素是指能在水中溶解的一组维生素，常是辅酶或辅基的组成部分。包括 B 族维生素（维生素 $B_1$、维生素 $B_2$、维生素 $B_6$、维生素 $B_{12}$、维生素 PP 等）和维生素 C（抗坏血酸）。水溶性维生素的特点：易溶于水，不溶于脂肪及有机溶剂；容易从尿中排出体外，一般不会产生蓄积中毒，但当长期大量使用时，会产生不良反应，不能滥用。

## 维生素 $B_1$
## Vitamin $B_1$

【其他名称】甲维比、维多维、盐酸硫胺。

【适应证】本品结合三磷酸腺苷形成维生素 $B_1$ 焦磷酸盐（二磷酸硫胺、辅羧酶），是碳水化合物代谢时所必需的辅酶。适用于维生素 $B_1$ 缺乏的预防和治疗，用于维生素 $B_1$ 缺乏所致的脚气病及各种疾病的辅助治疗（如全身感染、高热、糖尿病、甲亢、妊娠期等）。

【制剂】本品主要剂型有片剂、注射剂等。

【不良反应】偶有头晕、眼花、焦虑不安、恶心等，注射时偶见过敏反应。

【用药指导】①维生素 $B_1$ 一般可由正常食物中摄取，较少发生单一维生素 $B_1$ 缺乏。如有缺乏症状表现，使用复合维生素 B 制剂较宜。②肌内注射前用 10 倍稀释液 0.1ml 皮试，以防止过敏反应。③维生素 $B_1$ 在碱性溶液中易分解，与碱性药物如碳酸氢钠、枸橼酸钠配伍，易引起变质。

【商品信息】①维生素 $B_1$ 是 19 世纪末荷兰医生艾克曼从米糠中提取制得的，是人们最早发现的一种维生素。②天然维生素 $B_1$ 广泛存在于植物中。在谷类、豆类的种皮中含量丰富，尤其在酵母中含量更多。维生素 $B_1$ 缺乏症国内少见，但随着生活水平的提高，长期食用精细谷物引发的脚气病在国内依然存在。③我国维生素 $B_1$ 主产地集中在天津、杭州、上海等。国际主要生产厂商有罗氏、巴斯夫、安万特等。

目前维生素 $B_1$（注射液）被《国家基本药物目录（2018 年版)》收录；维生素 $B_1$（注射剂）属于《国家基本医疗保险、工伤保险和生育保险药品目录（2024 年)》甲类药品，维生素 B（口服常释剂型）为乙类药品。

【贮藏】遮光，密封保存。

## 维生素 $B_2$
## Vitamin $B_2$

【其他名称】核黄素。

【适应证】本品为黄酶类辅基的组成部分，可转化为核黄素单核苷酸和核黄素腺嘌呤二核苷酸。用于防治口角炎、唇干裂、舌炎、阴囊炎、角膜血管化、结膜炎、脂溢性皮炎等维生素 $B_2$ 缺乏症。也用于多种疾病的辅助治疗，全胃肠道外营养及因摄入不足所致营养不良，进行性体重下降时应补充维生素 $B_2$。

【制剂】本品主要剂型有片剂、注射剂等。

【不良反应】水溶性维生素 $B_2$ 在正常肾功能状况下几乎不产生毒性。

【用药指导】维生素 $B_2$ 一般可由正常食物中摄取，较少发生单一维生素缺乏。如有缺乏症状表现，更宜使用复合维生素 B 制剂。空腹服用本品，吸收反不如进食时服用，故宜在食时或食后立即服。大量服用时尿呈黄色。不宜与甲氧氯普胺合用。

【商品信息】天然维生素 $B_2$ 广泛存在于动、植物中，米糠、酵母、肝、蛋黄中含量丰富。国际维生素 $B_2$ 的主导生产厂是巴斯夫，国内生产企业有华中药业股份有限公司、湖北广济药业股份有限公司、上海信谊药业有限公司、天津力生制药股份有限公司、东北制药集团股份有限公司等。

目前维生素 $B_2$（片剂）被《国家基本药物目录（2018 年版）》收录；维生素 $B_2$（口服常释剂型）属于《国家基本医疗保险、工伤保险和生育保险药品目录（2024 年）》甲类药品，维生素 $B_2$（注射剂）为乙类药品。

【贮藏】遮光，密封保存。

## 维生素 $B_6$
## Vitamin $B_6$

【其他名称】吡多辛、抗皮炎素、抗炎素。

【适应证】本品在体内与 ATP 经过酶催化生成磷酸吡哆醛和磷酸吡多胺，作为辅酶参与蛋白质、碳水化合物、脂类等代谢。还可参与色胺酸转化成烟酸或 5 - 羟色胺。适用于：①防治因大量或长期服用异烟肼、肼屈嗪等引起的周围神经炎、失眠、不安；减轻抗癌药和放射治疗引起的恶心、呕吐或妊娠呕吐等。②治疗婴儿惊厥或给妊娠期妇女服用以预防婴儿惊厥。③白细胞减少症。④局部涂搽治疗痤疮、酒糟鼻、脂溢性湿疹等。

【制剂】本品主要剂型为片剂。

【不良反应】本品在肾功能正常时几乎不产生毒性。长期大量应用可引起严重神经感觉异常，进行性步态不稳至足麻木、手不灵活，停药后可缓解，但仍软弱无力。妊娠期妇女接受大量维生素 $B_6$，可致新生儿产生维生素 $B_6$ 依赖综合征。

【用药指导】①本品一般可由正常食物中摄取，较少发生单一维生素缺乏；如有缺乏症状表现，更宜使用复合维生素 B 制剂。②与左旋多巴合用时，可降低左旋多巴的药效。

【商品信息】天然维生素 $B_6$ 在动植物中分布很广，谷类外皮含量尤为丰富。目前国内生产企业有华中药业股份有限公司、广东恒健制药有限公司、上海信谊药业有限公司、广东南国药业有限公司等。

目前维生素 $B_6$（片剂和注射液）被《国家基本药物目录（2018 年版）》收录；维生素 $B_6$（注射剂和口服常释剂型）属于《国家基本医疗保险、工伤保险和生育保险药品目录（2024 年）》甲类药品。

【贮藏】遮光，密封（10～30℃）保存。

## 维生素 C
## Vitamin C

【其他名称】抗坏血酸、德维喜、力度伸、高喜。

【适应证】本品参与氨基酸代谢、神经递质的合成、胶原蛋白和组织细胞间质的合成。主要用于：①预防与治疗坏血病。②急慢性传染病时，消耗量增加，应适当补充，以增强机体抵抗力。病后恢复期，创伤愈合不良者，也应适当补充本品。③克山病患者在发生心源性休克时，可用本品大剂量治疗。④用于肝硬化、急性肝炎和砷、汞、铅、苯等慢性中毒时的肝脏损害。⑤也可用于各种贫血、过敏性皮肤病、口疮、促进伤口愈合等。还可以用于慢性肝炎及汞、砷、铅等慢性中毒的辅助治疗。

【制剂】 本品主要剂型有片剂（包括泡腾片、含片）、注射剂等。

【不良反应】 长期服用每日 2～3g 可引起停药后坏血病，偶可引起尿酸盐、半胱氨酸盐或草酸盐结石，每日用量 1g 以上可引起腹泻、皮肤红而亮、头痛、尿频、恶心呕吐、胃痉挛。过多服用咀嚼片可导致牙釉质损坏，快速静脉注射可引起头晕、晕厥。

【用药指导】 ①不适合与碱性药物配伍使用，以免影响疗效。②半胱氨酸尿症、痛风、高草酸盐尿症、草酸盐沉积症、尿酸盐性肾结石、糖尿病、葡萄糖-6-磷酸脱氢酶缺乏症、血色病或地中海贫血、镰形红细胞贫血患者慎用。③大量长期服用突然停药，有可能出现坏血病症状，故宜逐渐减量停药。④与维生素 $K_3$ 配伍，使两者疗效减弱或消失；与肝素或华法林并用，可引起凝血酶原时间缩短。⑤妊娠期妇女服用大量时，可产生婴儿坏血病。

【商品信息】 ①天然维生素 C 广泛存在于水果、蔬菜中，辣椒、柠檬、番茄中含量尤为丰富。②维生素 C 是世界卫生组织和联合国工业开发组织确定的 26 种基本药物之一，是世界上产销量最大，应用最广的维生素产品。广泛用于医药、食品饮料、饲料行业、化妆品行业等。③1928 年被成功分离得到纯品，1933 年发明的维生素 C 工业生产法成为此后 50 多年该品种工业生产的主要生产方法。我国于 1980 年发明维生素 C 两步发酵法，并于 90 年代初大规模生产，目前已成为全球最大的维生素 C 生产国和出口国，占全球生产总量的 80%～90%。主要生产企业有拜耳医药（力度伸）、华中药业、东北制药、四川依科制药等。

目前维生素 C（注射液）被《国家基本药物目录（2018 年版）》收录；维生素 C（注射剂）属于《国家基本医疗保险、工伤保险和生育保险药品目录（2024 年）》甲类药品，维生素 C（口服常释剂型）属于乙类药品。

【贮藏】 避光，密封保存。片剂及注射液色泽变黄后不可使用。

# 第三节　矿物类药

矿物类药为无机盐类营养素，是人类所需营养要素之一。在人体中有数十种，根据含量高低分为常量元素（钙、磷、钾、钠、氯、镁等）和微量元素（铁、铜、锌、碘、硒等）。它们虽然含量不高，却起着极为重要的作用。如钙、磷、镁等是骨骼和牙齿的重要组成成分，并参与许多重要生理过程；硫是某些蛋白质的组分；钾、钠、氯与蛋白质、水等共同维持体内各种组织的渗透压，并参与酸碱平衡，保持机体正常的、稳定的内环境；铁、锌、锰、铜等是许多酶和具有特殊生物活性的蛋白质的活性必需组分；钴是维生素 $B_{12}$ 的主要组分等。矿物类药作为许多种酶、激素和维生素等重要生命物质的组成成分（并常与其生物活性密切相关），在新陈代谢反应及其调节过程中发挥重要作用。

人体必须保证一定的无机元素摄入量，但应注意各种元素间的合理比例和最好通过正常饮食渠道摄入，因为虽然各种无机元素缺乏会导致机体功能异常，但过量摄入（特别是以药物方式）也同样会带来不良甚至严重的后果。如钙缺乏会引起佝偻病及骨软化症，并影响心血管系统功能等；但过量盲目服用钙剂会产生高钙血症，使机体组织产生异常钙化，甚至导致肾功能衰竭等。同样血钾过低可引起肌肉无力、食欲减退、肠麻痹和心肌损伤、精神异常等；但血钾过高，会导致心脏骤停等严重后果。儿童若体内锌元素水平不足，可能会出现生长速度减缓、味觉敏感度下降、食欲减退、注意力难以集中等。然而，锌的摄入需适量，过量补充锌可能导致严重的中毒症状。

## 葡萄糖酸钙
## Calcium Gluconate

【其他名称】佳加盖、三精。

【适应证】本品用于预防和治疗钙缺乏症，如骨质疏松、手足抽搐症、骨发育不全、佝偻病，以及儿童、妊娠期和哺乳期妇女、绝经期妇女、老年人钙的补充。

【制剂】本品主要剂型有片剂、注射剂、口服液等。

【不良反应】静脉注射可有全身发热，静注过快可产生心律失常甚至心跳停止、呕吐、恶心。可致高钙血症，表现为便秘、嗜睡、持续头痛、食欲不振、口中有金属味、异常口干，甚至精神错乱、高血压、眼和皮肤对光敏感等。

【用药指导】①同服维生素 A 和维生素 D 可促进钙的吸收。②本品宜在空腹（饭前一小时）时服用。③应尽量通过正常膳食保证钙的摄入。④本品不宜大量长期服用，使用时间超过 2 周，应进行血钙、血磷监测。⑤肝肾功能不全时应在医嘱下使用。

【商品信息】本品在钙剂市场上占主导地位，口服液的占有率最高。哈药集团的三精葡萄糖酸钙的市场占有率高，是目前钙剂市场的领导品牌。目前国内生产企业有海南制药厂有限公司、山东鲁抗医药股份有限公司、哈药集团股份有限公司、新疆特丰药业股份有限公司等。

目前葡萄糖酸钙（注射液和片剂）被《国家基本药物目录（2018 年版）》收录；葡萄糖酸钙（注射剂和口服常释剂型）属于《国家基本医疗保险、工伤保险和生育保险药品目录（2024 年）》甲类药品，葡萄糖酸钙（颗粒剂）为乙类药品。

【贮藏】密闭保存。

## 碳酸钙 $D_3$
## Calcium Carbonate and Vitamin $D_3$

【其他名称】钙尔奇、达因、盖笛欣、喜凯笛、力之助。

【适应证】钙是维持人体神经、肌肉、骨骼系统、细胞膜和毛细血管通透性正常功能所必需的元素。维生素 D 能参与钙和磷的代谢，促进其吸收并对骨质形成有重要作用。本品适用于老年人、妊娠期妇女、更年期妇女，以及慢性病患者，如高血压、糖尿病、肾病等的成人钙补充剂。

【制剂】本品主要剂型有片剂、咀嚼片、泡腾颗粒等。

【不良反应】偶有嗳气症状，大剂量长期服用可发生高钙血症。

【用药指导】①本品为钙剂和维生素 $D_3$ 的复方制剂，可以促进钙的吸收，比单用钙剂效果要好，吸收也较为完全。②对本品过敏者禁用。高钙血症、高尿酸血症、含钙肾结石或有肾结石病史者禁用。③服用洋地黄类药物期间禁用。

【商品信息】目前国内生产企业有哈药集团制药六厂、苏州惠氏制药有限公司、武汉西莫制药有限公司、山东达因海洋生物制药股份有限公司等。

目前碳酸钙 $D_3$ 未被《国家基本药物目录（2018 年版）》收录；碳酸钙 $D_3$（口服常释剂型、颗粒剂）和小儿碳酸钙 $D_3$（颗粒剂）属于《国家基本医疗保险、工伤保险和生育保险药品目录（2024 年）》乙类药品。

【贮藏】密封、避光，置干燥处保存。

## 葡萄糖酸亚铁
## Frrous Guconate

【其他名称】雪宜、中恒、涟药。

【适应证】本品参与血红蛋白的合成，在传递氧和参与人体代谢活动中起重要作用。用于预防和治疗各种原因引起的缺铁性贫血，如营养不良、慢性失血、月经过多、妊娠期及儿童生长期等所致的缺铁性贫血。

【制剂】本品主要剂型有片剂、胶囊、糖浆剂等。

【不良反应】可见胃肠道不良反应，如恶心、呕吐、上腹疼痛、便秘。本品可减少肠蠕动，引起便秘并排黑便。

【用药指导】①偶有胃肠刺激症状，饭后服用可减轻胃肠刺激症状。②服药后两小时内，忌饮茶和进食含鞣酸的食物。③细菌感染患者不宜应用本品。④本品与制酸药及含鞣酸的药物或饮料同用，易产生沉淀而影响本品吸收；与西咪替丁、去铁胺、二巯丙醇、胰酶、胰脂肪酶等同用，可影响铁的吸收；铁可影响四环素类药物、氟喹诺酮类、青霉胺及锌制剂的吸收；与维生素 C 同服，可增加本品吸收。

【商品信息】治疗缺铁性贫血的补铁剂主要有硫酸亚铁、葡萄糖酸亚铁、琥珀酸亚铁等制剂。1960年由哈马隆德（Hammanlund）合成，1988 年我国生产。已被我国及世界多国药典均已收载。目前国内生产企业有江苏涟水制药有限公司、浙江天一堂药业有限公司、广西梧州制药有限公司、杭州老桐君制药有限公司、山东益康药业股份有限公司、广西方略药业有限公司等。

目前葡萄糖酸亚铁未被《国家基本药物目录（2018 年版）》收录；葡萄糖酸亚铁（口服常释剂型）属于《国家基本医疗保险、工伤保险和生育保险药品目录（2024 年）》乙类药品。

【贮藏】密封，避光。

## 葡萄糖酸锌
## Zinc Gluconate

【其他名称】三精、丁桂、迪冉、南岛、纽兰、辛葡康。

【适应证】锌具有促进生长发育、改善味觉的作用。锌缺乏时出现味觉、嗅觉差、厌食、生长与智力发育低于正常。主要用于治疗缺锌引起的营养不良、厌食症、异食癖、口腔溃疡、痤疮、儿童生长发育迟缓等。

【制剂】本品主要剂型有片剂、胶囊、口服液等。

【不良反应】可见胃部不适、恶心或呕吐等消化道刺激症状。

【用药指导】①忌与四环素、青霉胺、多价磷酸盐同时服用。②用药过量可能影响铜、铁离子的代谢。③本品宜餐后服用以减少胃肠道刺激。④应在确诊为缺锌症时使用，如需长期服用，必须在医师指导下使用。⑤对本品过敏者禁用，过敏体质者慎用。

【商品信息】本品为应用最多的补锌制剂，其中三精牌葡萄糖酸锌口服液占据了绝大部分市场。目前国内生产企业有哈药集团制药总厂、浙江杭康药业、海南制药厂、亚宝药业、湖北纽兰药业、上海迪冉郸城药业等。

目前葡萄糖酸锌未被《国家基本药物目录（2018 年版)》和《国家基本医疗保险、工伤保险和生育保险药品目录（2024 年）》收录。

【贮藏】密闭保存。

答案解析

## 思考题

1. 简述维生素的分类。
2. 简述过量盲目服用钙剂会带来哪些不良后果。
3. 简述维生素在促进健康方面的作用。
4. 谈谈你对近期维生素 $D_3$ 涨价的看法。

（樊玉录）

书网融合……

本章小结

习题

# 第二十二章  解毒药

PPT

📖 **学习目标**

　　1. 通过本章学习，掌握硫代硫酸钠、氯解磷定、碘解磷定、纳洛酮及亚甲蓝的作用与适应证；熟悉硫代硫酸钠、氯解磷定、碘解磷定、纳洛酮的不良反应、用药指导与商品信息；了解常见中毒物质的中毒机制及体征等，亚甲蓝的不良反应与用药注意事项。

　　2. 具有根据中毒类别选择解毒药物并合理使用的能力，以及初步分析解毒药市场信息及发展趋势的能力。

　　3. 养成以商品学的视角认识、理解解毒药物及合理使用解毒药物的思维方式。

　　毒物是指在一定条件下以较小剂量进入生物体后，能与生物体之间发生物理、化学作用并导致生物体器官组织功能或形态结构损害性变化的化学物质。机体过量或大量接触毒物，引发组织结构和功能损害、代谢障碍而发生疾病或死亡，称为中毒。中毒的严重程度与剂量有关，多呈剂量－效应关系。中毒其发展过程分为急性中毒、亚急性中毒及慢性中毒。急性中毒指一次接触大量毒物所致的中毒。多次或长期接触少量毒物，经一定潜伏期而发生的中毒，称慢性中毒。亚急性中毒则介于急性中毒和慢性中毒之间。

　　解毒药是一类能直接对抗毒物或解除毒物对机体毒性作用的药物。根据其作用特点，分为非特异性解毒药和特异性解毒药。非特异性解毒药又称为一般救治药物，其适用广泛，但专一性低，疗效差，仅在毒物产生毒性作用之前，通过破坏毒物、促进毒物排除、稀释毒物浓度、保护胃肠黏膜、阻止毒物吸收等方式，保护机体免遭毒物的进一步损害。特异性解毒药又称特效解毒药，可特异性地对抗或阻断某些毒物中毒效应的解毒药，其作用具有高度专属性，解毒效果好。在临床中毒未确定毒物种类、性质之前，先采取一般处理措施和使用非特异性解毒药，一旦查明毒物，就应及时使用特异性解毒药。本章节主要介绍氰化物中毒、阿片类中毒、亚硝酸盐中毒及有机磷酸酯类中毒的特异性解毒药。

## 第一节  氰化物中毒解救药

　　氰化物可分为无机氰化物和有机氰化物，无机氰化物包含氢氰酸、氰化钾（钠）、氯化氰等；有机氰化物有乙腈、丙烯腈、正丁腈等，两者均能在体内很快析出离子，均属高毒类。同时，凡能在加热或与酸作用后或在空气中与组织中释放出氰化氢或氰离子的都具有与氰化氢同样的剧毒作用。

　　氰化物进入人体内后析出氰离子，迅速与细胞线粒体内氧化型细胞色素氧化酶的三价铁结合，阻止了氧化酶中三价铁的还原，阻断了氧化过程中的电子传递，使组织细胞不能利用氧，形成细胞内窒息。

　　氰化物中毒的初期症状为头晕、头痛、呼吸速率加快，后期为发绀和昏迷。吸入高浓度氰化氢气体或吞服致死剂量的氰化钠（钾）后可引起猝死。中毒患者呼吸时有些人可闻到氰化物特有的杏仁味道。暴露在高剂量氰化物下，在很短时间下可伤害脑及心脏，造成昏迷及死亡；如低剂量长期暴露，可能导致呼吸困难、心口痛、呕吐、头痛和甲状腺肿大。皮肤接触后会有溃烂、皮肤刺激及红斑；眼睛接触后会有刺激、烧伤、视物模糊，过量或延时性接触会造成眼睛永久性伤害。

氰离子在体内易与三价铁结合，在硫氰酸酶参与下再同硫结合成毒性很低的硫氰酸盐从尿排出。所以高铁血红蛋白形成剂和供硫剂的联合应用可达到解毒目的。

### 硫代硫酸钠
### Sodium Thiosulfate

【其他名称】大苏打、海波。

【适应证】硫代硫酸钠所供给的硫，通过体内硫转移酶，将硫与体内游离的或已与高铁血红蛋白结合的 CN—相结合，使变为毒性很小的硫氰酸盐，随尿排出而解毒。主要用于氰化物中毒，也可用于砷、汞、铅、铋、碘等中毒。

【制剂】本品主要剂型为注射剂、粉针剂。

【不良反应】静注后除有暂时性渗透压改变外，尚未见其他不良反应。若药物过量可引起头晕、恶心、乏力等。

【用药指导】①若与亚硝酸钠一同治疗氰化物中毒，应分别先后静脉注射，不能混合后同时静注。②可在亚硝酸钠静注后，立即由原针头注射硫代硫酸钠。

【商品信息】硫代硫酸钠是一种氰化物中毒的常用解毒剂，属国家短缺药品、急抢救药品。硫代硫酸钠注射液的原研企业是 Hope Pharmaceuticals，未进入中国市场。目前国内的生产企业仅有上海上药新亚药业、重庆药友制药、四川汇宇制药、华润紫竹药业、津药和平制药五家；其中，上海上药新亚药业的获批剂型为粉针剂，其余企业则为注射剂；四川汇宇制药的硫代硫酸钠注射液已通过一致性评价，其余企业目前尚未通过评价。

目前硫代硫酸钠（注射液及注射用无菌粉末）被《国家基本药物目录（2018 年版）》收录；硫代硫酸钠（注射剂）属于《国家基本医疗保险、工伤保险和生育保险药品目录（2024 年）》甲类药品。

【贮藏】密闭，避光保存。

## 第二节　有机磷酸酯类中毒解毒药

有机磷酸酯类的农药有对硫磷、内吸磷、乐果、敌百虫、敌敌畏、马拉硫磷等。该类农药为脂溶性且多易挥发，可经呼吸道、消化道黏膜，甚至完整的皮肤吸收而中毒。在农业生产使用过程中，皮肤吸收是主要的中毒途径。有机磷酸酯类进入人体后，其亲电子性的磷原子与乙酰胆碱酯酶酯解部位丝氨酸羟基的亲核性氧原子形成共价键，生成难以水解的磷酰化胆碱酯酶，使乙酰胆碱酯酶失去水解乙酰胆碱的能力，造成乙酰胆碱在体内大量堆积，引起一系列中毒症状。本类药物毒性大，作用快，中毒后如急救不及时或不当，可在短时间内致死。

### 氯解磷定
### Pralidoxime Chloride

【其他名称】氯磷定、氯化派姆。

【适应证】本品是肟类化合物，对急性有机磷杀虫剂抑制的胆碱酯酶活力有不同程度的复活作用，用于解救多种有机磷酸酯类杀虫剂的中毒。但对马拉硫磷、敌百虫、敌敌畏、乐果、甲氟磷、丙胺氟磷和八甲磷等的中毒效果较差；对氨基甲酸酯杀虫剂所抑制的胆碱酯酶无复活作用。

【制剂】本品主要剂型为注射剂。

【不良反应】注射后可引起恶心、呕吐、心率增快、心电图出现暂时性 ST 段压低和 Q－T 时间延长。注射速度过快可引起眩晕、视物模糊、复视、动作不协调。剂量过大可抑制胆碱酯酶、抑制呼吸和引起癫痫样发作。

【用药指导】①有机磷杀虫剂中毒患者越早应用氯解磷定越好。②皮肤吸收引起中毒的患者，应用氯解磷定的同时要脱去被污染的衣服，并用肥皂清洗头发和皮肤。眼部用 2.5% 碳酸氢钠溶液和生理氯化钠溶液冲洗。③口服中毒患者用 2.5% 碳酸氢钠溶液彻底洗胃。口服患者应用本品至少要维持 48~72 小时，以防引起延迟吸收后加重中毒，甚至致死。④氯解磷定在碱性溶液中易分解，禁与碱性药物配伍。

【商品信息】氯解磷定的作用与碘解磷定相似而略强，且毒性较低。氯解磷定注射液为常用的农药解毒药，是国家战略储备药品。国内生产企业有北京华素制药、上海旭东海普药业、开封制药、华润双鹤药业等七家。复方制剂有北京华素制药的复方氯解磷定注射液。

目前氯解磷定（注射液）被《国家基本药物目录（2018 年版)》收录；氯解磷定（注射剂）属于《国家基本医疗保险、工伤保险和生育保险药品目录（2024 年)》甲类药品，复方氯解磷定（注射剂）属于乙类药品。

【贮藏】遮光，密闭，在阴凉处保存（不超过 20℃）。

### 碘解磷定
### Pralidoxime Iodide

【其他名称】解磷定、碘磷定。

【适应证】本品为肟类化合物，它的亲核性基团可直接与胆碱酯酶的磷酸化基团结合而后共同脱离胆碱酯酶，使胆碱酯酶恢复原态，重新呈现活力。适用于解救多种有机磷酸酯类杀虫剂的中毒。但对马拉硫磷、敌百虫、敌敌畏、乐果、甲氟磷、丙胺氟磷和八甲磷等的中毒效果较差；对氨基甲酸酯杀虫剂所抑制的胆碱酯酶无复活作用。

【制剂】本品主要剂型为注射剂。

【不良反应】本品注射后可引起恶心、呕吐、心率增快、心电图出现暂时性 ST 段压低和 Q-T 时间延长。注射速度过快引起眩晕、视物模糊、复视、动作不协调。剂量过大可抑制胆碱酯酶、抑制呼吸和引起癫痫发作。

【用药指导】①对碘过敏患者，禁用本品，应改用氯解磷定。②首次剂量一般中毒患者用 0.8g，严重患者用 1.6g，以后按临床症状和血胆碱酯酶水平，每 2~6 小时重复注射 1 次，或静脉滴注每分钟 100~300mg，共 2~3 次。严重和口服中毒患者本品的治疗需要持续数天。③其他注意事项同"氯解磷定"。

【商品信息】目前国内生产碘解磷定注射液的企业有上海旭东海普药业、湖北科伦药业及远大医药等 7 家企业。

碘解磷定（注射液）被《国家基本药物目录（2018 年版)》收录；碘解磷定（注射剂）属于《国家基本医疗保险、工伤保险和生育保险药品目录（2024 年)》甲类药品。

【贮藏】遮光，密闭保存。

## 第三节 亚硝酸盐中毒解毒药

亚硝酸盐多存在于腌制的咸菜、肉类、不洁井水和变质腐败蔬菜等。特别是腐烂的菜叶或煮熟的剩菜或新腌泡的蔬菜及咸菜，在腌后一周左右亚硝酸盐含量最高。长期饮用含亚硝酸盐的井水或腌制咸肉时加亚硝酸盐过多可引起亚硝酸盐中毒。另外，在一些特殊情况下，如肠道功能紊乱时，由于胃酸分泌减少，硝酸盐在肠道硝酸盐还原菌（沙门菌属和大肠埃希菌）的作用下，可使大量硝酸盐还原为亚硝酸盐，从而引起亚硝酸盐中毒。一般来说，亚硝酸盐摄入 $0.2\sim0.5g$ 即可引起中毒。亚硝酸盐可作用于血管平滑肌使血管扩张、血压下降，发生休克甚至死亡。

亚硝酸盐中毒的潜伏期长短不等，视摄入亚硝酸盐的数量、浓度而定。长者有 $1\sim2$ 天，短者仅 10 分钟左右。通常中毒的儿童最先出现症状，表现为发绀、胸闷、呼吸困难、呼吸急促、头晕、头痛、心悸等。中毒严重者还可出现恶心、呕吐、心率变慢、心律不齐、烦躁不安、血压降低、肺水肿、休克、惊厥或抽搐、昏迷，最后可因呼吸、循环衰竭而死亡。临床上主要通过血液中高铁血红蛋白的定量检验和剩余食物中亚硝酸盐的定量检验进行亚硝酸盐中毒判定。

## 亚甲蓝
### Methylthioninium Chloride

【其他名称】 亚甲基蓝、次甲基蓝、次甲蓝、碱性湖蓝 BB、美蓝。

【适应证】 亚甲蓝本身为氧化剂，对化学物亚硝酸盐、硝酸盐、苯胺、硝基苯、三硝基甲苯、苯醌、苯肼等和含有或产生芳香胺的药物引起的高铁血红蛋白血症有效。对先天性还原型二磷酸吡啶核苷高铁血红蛋白还原酶缺乏引起的高铁血红蛋白血症效果较差。对异常血红蛋白伴有高铁血红蛋白血症无效。对急性氰化物中毒，能暂时延迟其毒性。

【制剂】 本品主要剂型为注射剂。

【不良反应】 亚甲蓝静脉注射过速，可引起头晕、恶心、呕吐、胸闷、腹痛。剂量过大，除上述症状加剧外，还出现头痛、血压降低、心率增快伴心律失常、大汗淋漓和意识障碍。用药后尿呈蓝色，排尿时可有尿道口刺痛。

【用药指导】 ①亚甲蓝不能皮下、肌内或鞘内注射，前者引起坏死，后者引起瘫痪。②6-磷酸-葡萄糖脱氢酶缺乏患者和小儿应用亚甲蓝剂量过大可引起溶血。③肾功能不全患者应慎用。

【商品信息】 国内仅有西南药业、济川药业及华润双鹤药业三家企业生产亚甲蓝注射液。

目前亚甲蓝（注射液）被《国家基本药物目录（2018 年版）》收录；亚甲蓝（注射液）属于《国家基本医疗保险、工伤保险和生育保险药品目录（2024 年）》甲类药品。

【贮藏】 遮光，密闭保存。

# 第四节　阿片类中毒解毒药

阿片类药物包括阿片、吗啡、可待因、复方樟脑酊和罂粟碱等，其中以吗啡为代表（含 10% 阿片的吗啡）。吗啡对中枢神经系统作用为先兴奋，后抑制。一次大量误用或频繁使用阿片类药物可致中毒，表现为欣快、头痛、头晕、恶心、呕吐、四肢无力，昏迷、尿潴留、便秘等。原有慢性病，如肝病、肺气肿、支气管哮喘、贫血、甲状腺或慢性肾上腺皮质功能减退症等患者更易发生中毒。与酒精饮料同服，即使治疗剂量，也有发生中毒的可能。

## 一、阿片类药物中毒的治疗

（1）口服中毒者尽快给予催吐或洗胃（1∶5000 高锰酸钾溶液）。由于阿片类可引起幽门痉挛、胃排空延缓，即使中毒较久的患者，仍应洗胃。

（2）保持呼吸道通畅，吸氧；酌情使用呼吸兴奋剂，维持呼吸功能；必要时应用呼吸机辅助呼吸。

（3）应用纳洛酮。

（4）输液、利尿，促进药物排泄，必要时行血液净化治疗。

（5）对症支持治疗。

## 二、典型阿片类药物中毒解毒药物

### 纳洛酮

### Naloxone Hydrochloride

【其他名称】烯丙羟吗啡酮、盐酸纳洛酮。

【适应证】本品为阿片类受体拮抗剂，不具有其他阿片受体拮抗剂的"激动性"或吗啡样效应，不引起呼吸抑制、拟神经病反应或缩瞳反应。可用于：①阿片类药物复合麻醉药术后，拮抗该类药物所致的呼吸抑制，促使患者苏醒。②阿片类药物过量，完全或部分逆转阿片类药物引起的呼吸抑制。③解救急性乙醇中毒。④急性阿片类药物过量的诊断。

【制剂】本品主要剂型为注射剂及舌下片。

【不良反应】使用本品时，偶见低血压、高血压、室性心动过速和纤颤、呼吸困难、肺水肿和心脏停搏。术后患者使用纳洛酮过量可能逆转痛觉缺失并引起患者激动。对阿片类药物产生躯体依赖的患者突然逆转其阿片作用可能会引起急性戒断综合征，包括但不局限于下述症状和体征：躯体疼痛、发热、出汗、流鼻涕、喷嚏、竖毛、打哈欠、无力、痢疾、恶心或呕吐、腹部痛性痉挛、血压升高、心悸亢进等。对新生儿，阿片戒断症状可能有：惊厥、过度哭泣、反射性活动过多。

【用药指导】①应慎用于已知或可疑的阿片类药物躯体依赖患者，包括其母亲为阿片类药物依赖者的新生儿。对这种病例，突然或完全逆转阿片作用可能会引起急性戒断综合征。②有心血管疾病史，或接受其他有严重的心血管不良反应的药物治疗的患者应慎重用本品。③由于此药作用持续时间短，用药起作用后，一旦其作用消失，可使患者再度陷入昏睡和呼吸抑制，因此用药需注意维持药效。④本品可透过胎盘，诱发母亲和胎儿出现戒断症状。尤其轻至中度高血压患者在临产时使用纳洛酮应密切监护，以免发生严重高血压。

【商品信息】本品是日本代市三共株式会社在20世纪60年代发明的一种类鸦片活性肽逆转激发剂。国内有海南灵康制药、辰欣药业等多家企业生产纳洛酮制剂。2024年美国FDA批准盐酸纳洛酮鼻喷雾剂上市，国内尚未有该剂型上市。

目前纳洛酮（注射液及注射用无菌粉末）被《国家基本药物目录（2018年版）》收录；纳洛酮（注射剂）属于《国家基本医疗保险、工伤保险和生育保险药品目录（2024年）》甲类药品。

【贮藏】密闭，在凉暗处（避光并不超过20℃）保存。

### 硫代硫酸钠的多临床应用

氰化物属于剧毒类物品，广泛应用于电镀、冶金、医药及贵重金属提炼等领域。硫代硫酸钠是氰化物中毒的常用解毒剂，也可用于砷、汞、铅、铋、碘等中毒。硫代硫酸钠属国家短缺药品、急抢救药品，临床必备。近年来，硫代硫酸钠在肿瘤铂类药物解毒、血管钙化的治疗、非特异性的抗过敏等其他领域的疗效也得到了临床数据的支持与相关领域专家的认同。

2022年9月美国FDA批准硫代硫酸钠用于降低1个月及以上局部非转移性实体瘤儿童患者与顺铂相关的耳毒性风险。硫代硫酸钠是首个也是唯一一个FDA批准的用于帮助儿童和青年接受顺铂后保护听力的治疗药物。同时，国内外指南推荐硫代硫酸钠用于缓解顺铂的肾脏毒性。美国注射剂协会已将硫代硫酸钠列为治疗钙化防御的超说明书用药。目前是治疗血管钙化的重要药物，同时还能缓解尿毒症患者瘙痒。因此被誉为"血管钙化防治的新希望"。此外，硫代硫酸钠有抗过敏作用，临床上用于皮肤瘙痒症、慢性荨麻疹、药疹、湿疹等，可联合激素或其他抗过敏药物，得到临床广泛认可。

答案解析

## 思考题

1. 简述硫代硫酸钠的应用剂型及商品信息等。
2. 简述有机磷酸酯类中毒解毒药的商品信息。
3. 简述纳洛酮的使用注意事项。

（林津晶）

**书网融合……**

本章小结

习题

# 第二十三章　皮肤科用药

PPT

### 学习目标

1. 通过本章学习，掌握临床常用外用皮质激素及抗银屑病药物及其商品信息，临床常用外用皮质激素及抗银屑病药物及其适应证、用药指导等；熟悉临床常用外用皮质激素及抗银屑病药物及其剂型、不良反应等，临床常用角质溶解药及其商品信息；了解临床常用角质溶解药的用药指导及不良反应等。

2. 具有依据症状合理选择皮肤科药物的能力及分析常见外用皮质激素制剂、抗银屑病药和角质溶解药市场信息、市场发展趋势的能力。

3. 养成以商品学的视角认识、理解皮肤科用药及合理使用皮肤科药物的思维方式。

皮肤病是皮肤（包括毛发和甲）受到内外因素的影响后，其形态、结构和功能均发生变化，产生病理过程，并产生各种临床症状。皮肤病的发病率很高，多较轻，常不影响健康，但少数较重甚至可以危及生命。目前，皮肤科用药金额较多的大类有外用皮质激素制剂、外用抗真菌药、抗银屑病药、角质溶解药、消毒剂、抗痤疮药物及外用抗细菌药等。本章重点介绍外用皮质激素制剂、抗银屑病药和角质溶解药。

## 第一节　外用皮质激素制剂

外用皮质激素多为糖皮质激素制成外用制剂，具有较强的抗炎、抗过敏、免疫抑制及抗增生作用。常用的药物中弱效类有氢化可的松；中效类有地塞米松；强效类有倍氯米松、倍他米松、氟轻松；最强效类有氯倍他索等。长期外用本类药物会产生许多副作用，如引起皮肤萎缩，毛细血管扩张，诱发或加重皮肤细菌或真菌感染，还可引起口周皮炎、痤疮及局部多毛等。故非处方药为安全起见，只收载弱效及中效类皮质激素，个别强效类的则严格限制其浓度。

### 卤米松
### Halometasone

【其他名称】卤美他松。

【适应证】本品是强效含卤基的外用糖皮质类固醇药物，具有良好的抗炎、抗表皮增生、抗过敏、收缩血管及止痒等作用。用于对皮质类固醇治疗有效的非感染性炎症性皮肤病，如脂溢性皮炎、接触性皮炎、异位性皮炎、局限性神经性皮炎、钱币状皮炎和寻常型银屑病。

【制剂】本品主要剂型为乳膏剂。

【不良反应】局部用药的不良反应包括：接触性过敏、皮肤色素沉着或继发性感染。若长期使用或用于大面积皮肤或使用密封性包扎，或用于如面部、腋下等通透性高的皮肤部位，可能发生萎缩纹、萎缩性变化、出血、口周皮炎或玫瑰痤疮样皮炎、毛细血管扩张、紫癜或激素性痤疮。

【用药指导】①细菌和病毒性皮肤病（如水痘、脓皮病、接种疫苗后、单纯疱疹、带状疱疹）、真菌性皮肤病、梅毒性皮肤病变、皮肤结核病、玫瑰痤疮、口周皮炎、寻常痤疮等患者禁用。②无论患者的年龄，均应避免长期连续使用，密封性包扎应限于短期和小面积皮肤。③应慎用于面部或擦烂的部位

（如腋间部位），且只能短期使用。④不能与眼结膜或黏膜接触。⑤服药期间忌食鱼、虾、酒、绿豆、西红柿等食物，以免影响疗效。

【商品信息】卤米松是在地塞米松的基团上改进侧链而来，地塞米松在 20 世纪 40 年代至 50 年代广泛应用，但是抗炎效果欠佳，长期使用不良反应发生率较大。通过侧链改造，卤米松的抗炎效率较地塞米松提高 120 倍以上，且不良反应亦较地塞米松低。卤米松乳膏在皮肤科用药的外用皮质激素制剂中属于一类用药。目前国内有香港澳美制药厂、重庆华邦制药、湖南明瑞制药及津药和平（天津）制药四家企业生产的卤米松乳膏获批上市，另有希腊 Famar SA 的卤米松/三氯生乳膏。

目前卤米松（乳膏剂）及卤米松/三氯生（软膏剂）属于《国家基本医疗保险、工伤保险和生育保险药品目录（2024 年）》乙类药品。

【贮藏】阴凉密闭保存，置于儿童不易触及之处。

## 莫米松
### Mometasone

【其他名称】艾洛松、糠酸莫米松。

【适应证】本品为合成的糖皮质激素，具有抗炎、抗过敏、止痒及减少渗出等作用。用于对皮质激素治疗有效的皮肤病，如神经性皮炎、湿疹、异位性皮炎及银屑病等引起的皮肤炎症和皮肤瘙痒。

【制剂】本品主要剂型有乳膏剂、凝胶剂。

【不良反应】使用本品的局部不良反应极少见，如烧灼感、瘙痒刺痛和皮肤萎缩等。长期大量使用皮质激素类药物，可造成的不良反应有：刺激反应、皮肤萎缩、多毛症、口周围皮炎、皮肤浸润、继发感染、皮肤条纹状色素沉着等。

【用药指导】①皮肤破损者禁用。②妊娠期及哺乳期妇女慎用。婴幼儿、儿童和皮肤萎缩的老年人，对本品更敏感，故使用时应谨慎。③不宜长期或大面积使用，会增加药物的全身吸收，同时会增加肾上腺皮质受抑制的危险性，必须加以注意。儿科患者使用莫米松时，应尽可能减少药物的用量。④避免接触眼睛和其他黏膜（如口、鼻等）。

【商品信息】莫米松是皮肤科外用皮质激素制剂的一线用药，原研企业为上海先灵葆雅制药，糠酸莫米松首先在美国上市，是唯一在美国获批用于儿童的糖皮质激素制剂。1997 年，先灵葆雅公司将该产品引入我国市场，商品名"艾洛松"。目前国内有 10 余家企业生产莫米松制剂，本品在社区医疗中消费量较大。

目前糠酸莫米松（乳膏剂）被《国家基本药物目录（2018 年版）》收录；糠酸莫米松（软膏剂及凝胶剂）属于《国家基本医疗保险、工伤保险和生育保险药品目录（2024 年）》乙类药品。

【贮藏】密闭，在 25℃以下保存。

## 氢化可的松
### Hydrocortisone

【其他名称】皮质醇。

【适应证】氢化可的松为肾上腺皮质激素类药物。外用具有抗炎、抗过敏、抗增生、止痒及减少渗出作用，用于过敏性、非感染性皮肤病和一些增生性皮肤疾患，如皮炎、湿疹、神经性皮炎、脂溢性皮炎及瘙痒症等。

【制剂】本品主要剂型是乳膏剂。

【不良反应】长期使用可引起局部皮肤萎缩，毛细血管扩张、色素沉着、毛囊炎、口周皮炎以及继发感染。

【用药指导】①禁用于感染性皮肤病，如脓疱病、体癣、股癣等。②不宜长期使用，并避免全身大面积使用。③涂布部位如有灼烧感、瘙痒、红肿等，应停止用药，并洗净。④妊娠期妇女及儿童需慎用。

【商品信息】本品为第一个可局部外用的糖皮质激素。1927 年 Rogoff 和 Stewart 用肾上腺匀浆提取物为切除肾上腺的狗进行静脉注射使之存活，证明了肾上腺皮质激素的存在，有人根据这个实验推测，提取物的生物活性是由单个物质引起的，后来人们从提取物中分离出来 47 种化合物，其中就包括内源性糖皮质激素氢化可的松和可的松。氢化可的松乳膏的生产企业主要有重庆华邦制药、江苏联环药业、西安利君制药等。

目前氢化可的松（乳膏剂）被《国家基本药物目录（2018 年版）》收录；氢化可的松（软膏剂）属于《国家基本医疗保险、工伤保险和生育保险药品目录（2024 年）》甲类药品，丁酸氢化可的松（软膏剂）为乙类药品。

【贮藏】密闭，在凉暗处保存。

### 地奈德
### Desonide

【适应证】本品为弱效激素；适用于对皮质类固醇治疗有效的各种皮肤病，如接触性皮炎、神经性皮炎、脂溢性皮炎、湿疹、银屑病、扁平苔藓、单纯性苔藓、汗疱症等引起的皮肤炎症和皮肤瘙痒的治疗。

【制剂】本品主要剂型为软膏剂、乳膏剂。

【不良反应】局部使用偶可引起灼热、瘙痒、刺激、皮肤干燥、毛囊炎、多毛症、痤疮样皮疹、色素脱失、口周炎、继发感染以及皮肤萎缩等。

【用药指导】①对外用皮质激素过敏的患者禁用。②长期使用此类药品可导致儿童生长发育迟缓。

【商品信息】地奈德制剂有重庆华邦制药、湖北人福成田药业及福元药业三家企业生产，医疗机构为本品的主要销售渠道。

目前地奈德（软膏剂）属于《国家基本医疗保险、工伤保险和生育保险药品目录（2024 年）》乙类药品。

【贮藏】密闭，凉暗（避光并不超过20℃）处保存。

# 第二节　抗银屑病药

银屑病俗称牛皮癣，是一种慢性、复发性、炎症性皮肤病，病程较长，有的病例几乎终生不愈。该病发病以青壮年为主，全球患病人数大约为 1.25 亿，我国有七百多万银屑病患者，其中大多数为轻、中度患者。皮肤损害以边界清楚的红色斑丘疹、斑块，表面覆以银白色鳞屑为主要特征。以头皮，四肢伸侧较为常见，多在冬季加重。目前对银屑病病因及发病机制尚未完全明确，一般认为是由遗传免疫、炎症介质、神经介质、细胞增殖与凋亡、微循环障碍等诸多因素引起的。

## 一、典型抗银屑病药物

### 卡泊三醇
### Calcipotriol

【适应证】卡泊三醇软膏为维生素 D 衍生物卡泊三醇的外用制剂，能抑制皮肤细胞（角朊细胞）增生和诱导其分化，从而使银屑病皮损的增生和分化异常得以纠正。用于寻常性银屑病的局部治疗。

【制剂】 本品主要剂型有搽剂、凝胶及软膏剂。

【不良反应】 瘙痒症、皮肤刺激、灼烧感、刺痛感、皮肤干燥、红斑和皮疹较常见。接触性皮炎、湿疹、银屑病恶化少见。罕见代谢和营养紊乱，如高钙血症、高钙尿症。

【用药指导】 ①钙代谢失调者禁用。②可能对面部皮肤有刺激作用，不应用于面部。③有严重肾衰竭或严重肝功能不全的患者应避免使用。④用药期间，应尽量限制或避免过度暴露在自然光或人工光下。

【商品信息】 本品在抗银屑病药市场中占据了近半壁江山。目前，国内有江苏知原药业的卡泊三醇搽剂，重庆华邦制药、福元药业及江苏知原药业的卡泊三醇软膏；进口的有香港澳美制药厂的卡泊三醇软膏，爱尔兰利奥制药卡泊三醇软膏、卡泊三醇倍他米松软膏、卡泊三醇倍他米松凝胶，丹麦利奥制药的卡泊三醇搽剂、软膏及卡泊三醇倍他米松凝胶；其中，利奥制药的卡泊三醇制剂占有较大市场份额。

目前卡泊三醇（外用液体剂、软膏剂）及卡泊三醇倍他米松（软膏剂、凝胶剂）均属《国家基本医疗保险、工伤保险和生育保险药品目录（2024 年)》乙类药品。

【贮藏】 储存于室温下（15～25℃）。应置于儿童无法取到的地方。

## 阿维 A
### Tretinoin

【其他名称】 阿曲汀、阿维 A 酸。

【适应证】 本品具有调节表皮细胞分化和增殖等作用，但其对银屑病及其他角化性皮肤病的作用机制尚不清楚。适用于治疗严重的银屑病，其中包括红皮病型银屑病、脓疱型银屑病等及其他角化性皮肤病。

【制剂】 本品主要剂型有胶囊剂、片剂。

【不良反应】 常见的不良反应为维生素 A 过多症样反应，主要表现为：瘙痒、红斑、干燥、鳞屑、甲沟炎；唇炎、鼻炎、口干；眼干燥、结膜炎；肌痛、背痛、关节痛、骨增生；头痛、颅内压升高、耳鸣、耳痛；疲劳、厌食、食欲改变、恶心、腹痛等。继续治疗或停止用药，以上改变可恢复。

【用药指导】 ①阿维 A 有生殖毒性，妊娠期和哺乳期妇女禁用。②严重肝肾功能不全者、高脂血症者，维生素 A 过多症或对维生素 A 及其代谢物过敏者禁用。③在阿维 A 治疗期间或治疗后 2 个月内，应避免饮用含酒精的饮料，并忌酒。④在服用阿维 A 前和治疗期间，应定期检查肝功能。若出现肝功能异常，应每周检查。若肝功能未恢复正常或进一步恶化，必须停止治疗，并继续监测肝功能至少 3 个月。⑤对有脂代谢障碍、糖尿病、肥胖症、酒精中毒的高危患者和长期服用阿维 A 的患者，必须定期检查血清胆固醇和甘油三酯。⑥对长期服用阿维 A 的患者，应定期检查有无骨异常。

【商品信息】 20 世纪 40 年代的研究认为，维生素 A 是维持人体某些生理功能不可缺少的生命元素，并开始用于治疗某些角化性皮肤病。1968 年 Roche 实验室对维生素 A 的化学结构进行了改造，开发出了多种维 A 酸类药物用于临床，改变了皮肤科临床治疗的现状，是皮肤科治疗史上的一次革命。维 A 酸类药物是一组与天然维生素 A 结构类似的化合物，主要品种阿维 A 和阿维 A 酯是治疗银屑病的口服药物。《中国银屑病治疗指南》指出阿维 A 药物安全性较高，可长期使用而无时间限制，有利于持续治疗提高疗效。国内市场的阿维 A 胶囊生产企业为重庆华邦制药与法国塞内西制药厂。

目前阿维 A（口服常释剂型）属《国家基本医疗保险、工伤保险和生育保险药品目录（2024 年)》乙类目录。

【贮藏】 密封、阴凉（不超过 20℃）处保存。

## 二、抗银屑病靶向生物药

对于传统系统药物治疗效果欠佳的银屑病患者可选择生物制剂或小分子药物进行治疗。目前，国外已经有七款治疗银屑病的单抗药物上市，分别是阿达木单抗注射液、乌司奴单抗注射液、古塞奇尤单抗注射液、依奇珠单抗注射液、司库奇尤单抗注射液、柏达鲁单抗注射液、比吉利珠单抗注射液；其中前四款药物已在我国上市；除阿达木单抗注射液外，其余三款在我国上市的单抗注射液均为进口品种。同时，恒瑞医药与智翔金泰研发的银屑病生物制剂已进入申请上市阶段，三生国健和康方生物的在研银屑病生物制剂已进入Ⅲ期临床试验阶段。

### 阿达木单抗
### Adalimumab

【适应证】 本品为生物靶向制剂，在我国获批的适应证有风湿关节炎、强直性脊柱炎、银屑病、多关节型幼年特发性关节炎、克罗恩病、非感染性葡萄膜炎，对糖皮质激素或免疫调节剂应答不足的 6 岁及以上的中重度活动性克罗恩病患儿。

【制剂】 本品主要剂型为注射剂。

【不良反应】 最严重的不良反应为重度感染、神经功能影响以及淋巴系统的某些恶性肿瘤。最常见的不良反应是感染、注射部位反应、头痛和骨骼肌疼痛。大多数注射部位反应轻微，无需停药。

【用药指导】 ①必须严密监测患者是否出现感染，包括结核，在感染未得到控制之前均不能开始本品治疗。②当患者出现新的严重感染或乙肝再激活时，应中断本品治疗，直到感染得到控制。③本品对驾驶和操作机器有轻微的影响。④不推荐儿童、妊娠期和哺乳期妇女使用。

【商品信息】 阿达木单抗为该类药物中的主要品种，原研企业为艾伯维，于 2003 年在美国上市，是全球首个获批上市的全人源抗肿瘤坏死因子 α 单克隆抗体，共获批 18 个适应证。2010 年阿达木单抗注射液在中国上市，商品名 "修美乐"，目前获批包括银屑病在内 8 个适应证。该品种于 2020 年成为我国首个获批用于治疗儿童银屑病的生物制剂；目前我国布局阿达木单抗生物仿制药的企业约 20 家，其中，百奥泰生物制药、正大天晴等七家企业已有产品获批上市，另有部分企业处于申报或临床试验阶段。

目前阿达木单抗（注射剂）属于《国家基本医疗保险、工伤保险和生育保险药品目录（2024 年）》乙类药品。

【贮藏】 在冰箱内储存（2~8℃），注射器或药物应保存在包装盒内，不能进行冷冻。

# 第三节 角质溶解药

角质溶解药是用于皮肤角化症、手足皲裂、头足癣及局部角质增生的治疗药物。主要包括尿素（外用软膏剂型）、鱼石脂（外用软膏剂型），具有使角蛋白溶解变性、角质溶解、较弱的消炎及抗真菌作用。

### 尿素
### Urea

【其他名称】 碳酰胺。

【适应证】 本品可使角质蛋白溶解变性，增进角质层水合作用，从而使皮肤柔软，防止干裂。用于手足皲裂、角化型手足癣所引起的皲裂，也可用于指（趾）甲癣、胼胝和鸡眼的软化和剥离。

【制剂】 本品主要剂型有乳膏剂、贴膏剂、软膏剂。

【不良反应】 偶见皮肤刺激（如烧灼感）或过敏反应（如皮疹、瘙痒等）。

【用药指导】 ①避免接触眼睛和其他黏膜（如口、鼻等）。②用药部位如有烧灼感、瘙痒、红肿等情况应停药，并将局部药物洗净。③病灶周围有炎症、化脓者禁用。④抗真菌药可增强尿素疗效。⑤妊娠期妇女应慎用本品，且不可大面积使用。

【商品信息】 1773年，伊莱尔·罗埃尔发现尿素。人类历史上第一次合成尿素是在19世纪20年代，加热氰酸铵溶液得到的。德国化学家维勒自1824年起研究氰酸铵的合成，但是他发现在氰酸中加入氨水后蒸干得到的白色晶体并不是铵盐，到了1828年他终于证明出这个产物是尿素。尿素软膏剂国内有福元药业、马应龙药业等多家尿素制剂生产企业。

目前尿素（软膏剂及乳膏剂）被《国家基本药物目录（2018年版）》收录；尿毒（软膏剂）属于《国家基本医疗保险、工伤保险和生育保险药品目录（2024年）》甲类药品。

【贮藏】 密封，阴凉（不超过20℃）干燥处保存。

# 鱼石脂

## Ichthammol

【其他名称】 鱼石硫酸铵。

【适应证】 鱼石脂为消毒防腐药，具有温和刺激性和消炎、防腐及消肿作用。用于疖肿。

【制剂】 本品主要剂型是软膏剂。

【不良反应】 偶见皮肤刺激和过敏反应。

【用药指导】 ①不得用于皮肤破溃处。②避免接触眼睛和其他黏膜（如口、鼻等）。③连续使用一般不超过7日，如症状不缓解，应咨询医师。④用药部位如有烧灼感、红肿等情况应停药，并将局部药物洗净。⑤鱼石脂遇酸生成树脂状团块，与碱性物质配伍可放出氨气，故忌与酸、碱性药物等配合使用。

【商品信息】 鱼石脂为棕黑色黏稠液体，早期是由沥青干馏所得的焦油，再经磺化和氨中和而得，有类似沥青的特异臭。目前，鱼石脂多为豆油、玉米油等植物油经硫化、磺化，再与氨水反应后得到。国内有浙江康恩贝制药、南京长澳制药等几十家鱼石脂制剂生产企业。

目前鱼石脂（软膏剂）被《国家基本药物目录（2018年版）》收录；鱼石脂（软膏剂）属于《国家基本医疗保险、工伤保险和生育保险药品目录（2024年）》甲类药品。

【贮藏】 密闭保存。

 知识拓展

### 银屑病治疗的口服靶向制剂

银屑病是一种免疫介导的多基因遗传性皮肤病。该病虽基本不致命，但严重影响患者的生活质量。近年来，靶向生物制剂和口服小分子药物已经成为银屑病治疗的新焦点，与传统治疗方法相比，其可以更有效地调节病理性免疫反应，减轻炎症并降低复发率。我国上市用于银屑病治疗的口服小分子药物有氘可来昔替尼、阿普米司特等。氘可来昔替尼是第一个被美国FDA批准用于治疗中重度斑块型银屑病的酪氨酸激酶2抑制剂，氘可来昔替尼靶向的酪氨酸激酶2是银屑病的一个全新治疗靶点；2023年，该药在我国获批上市。2021年，创新口服靶向药物阿普米司特获得国家药品监督管理局批准上市，用于治疗符合接受光疗或系统治疗指征的中度至重度斑块状银屑病的成人患者，成为我国首个获批用于斑块状银屑病治疗的口服磷酸二酯酶4小分子抑制剂。口服小分子药物的出现更是为银屑病治疗带来新的选

择。但在获益同时，仍需要更多的研究不断地对这些药物进行监测，以期为银屑病患者带来长期疗效与安全性。

思考题

答案解析

1. 简述皮肤用药中主要外用皮质激素药的商品信息。
2. 简述典型抗银屑病药物卡泊三醇的应用剂型及商品市场情况。
3. 简述角质溶解药尿素用药时应注意的问题。

（林津晶）

**书网融合……**

本章小结　　　　　　习题

# 参考文献

［1］Grand View Research. Anti‑hypertensive Drugs Market Size, Share & Trends Analysis Report By Drug Class（Diuretics, ACE Inhibitors）, By Type（Primary, Secondary）, By Route of Administration, By Distribution Channel, By Region, And Segment Forecasts, 2024‑2030［EB/OL］. ［2024‑9‑22］. https://www. grandviewresearch. com/industry‑analysis/anti‑hypertensive‑drugs‑market‑report.

［2］Yaozh. Drug Instructions‑Propafenone Hydrochloride Tablets［EB/OL］. ［2024‑9‑22］. https://db. yaozh. com/instruct/43544. html.

［3］陈新谦,金有豫,汤光. 陈新谦新编药物学［M］. 18 版. 北京:人民卫生出版社,2018.

［4］傅鸿鹏. 中国药物政策研究进展［M］. 北京:中国协和医科大学出版社, 2017.

［5］国家心血管病中心. 中国心血管健康与疾病报告 2023［M］. 北京:中国协和医科大学出版社, 2024.

［6］国家心血管病中心. 中国心血管健康与疾病报告 2022［M］. 北京:中国协和医科大学出版社, 2023.

［7］国家心血管病中心,中国心血管健康与疾病报告编写组. 中国心血管健康与疾病报告 2023 概要［J］. 中国循环杂志, 2024(7): 625‑660.

［8］郭继鸿. 普罗帕酮:心律失常药物治疗的利器［J］. 临床心电学杂志, 2019(6): 453‑465.

［9］国家药品监督管理局药品评价中心. 药物警戒体系与质量管理［M］. 北京:中国医药科技出版社, 2022.

［10］国家药品监督管理局执业药师资格考试认证中心. 国家执业药师职业资格考试指南药学专业知识(二)［M］. 8 版. 北京:中国医药科技出版社, 2020.

［11］刘明波,何新叶,杨晓红,等.《中国心血管健康与疾病报告 2023》要点解读［J］. 中国心血管杂志, 2024(4): 305‑324.

［12］刘勇. 医药商品学［M］. 北京:中国医药科技出版社, 2019.

［13］陆林. 沈渔邨精神病学［M］. 6 版. 北京:人民卫生出版社, 2017.

［14］毛崇武. 医药商品学［M］. 成都:西南交通大学出版社, 2017.

［15］欧阳小青. 医药物流实务［M］. 2 版. 北京:中国医药科技出版社, 2020.

［16］秦泽平,张万隆. 药品储存与养护技术［M］. 3 版. 北京:中国医药科技出版社, 2017.

［17］舒炼,桑林,杨玉平. 药品储存与养护技术［M］. 北京:中国石化出版社, 2021.

［18］宋华琳,孙沛. 我国药品管理立法的制度史演进［J］. 中国食品药品监管, 2024(8): 22‑33.

［19］宋瑞霖,李心怡,张帆,等. 中国药品监管 40 年变迁与思考［J］. 中国药房, 2024, 35(24): 2965‑2971.

［20］谭浩. 普罗帕酮致不良反应文献分析［J］. 天津药学, 2008(2): 29‑30, 80.

［21］万融,陈红丽,沈丽. 商品学概论［M］. 北京:中国人民大学出版社, 2022.

［22］王雁群. 医药商品学［M］. 北京:中国医药科技出版社. 2021.

［23］徐晶. 医药商品学［M］. 北京:中国中医药出版社, 2016.

［24］徐景和.《药品管理法》颁布四十年回顾与展望［J］. 中国药学杂志, 2024, 59(18): 1665‑1673.

［25］薛海宁,丁锦希. 中国药品供应保障制度概论［M］. 北京:人民卫生出版社, 2024.

［26］杨宝峰,陈建国. 药理学［M］. 9 版. 北京:人民卫生出版社, 2019.

［27］杨海丽. 商品学［M］. 成都：西南财经大学出版社, 2023.

［28］张国兴, 杨玄烨. 质量管理学［M］. 北京：中国水利水电出版社, 2014.

［29］诸骏仁, 高润霖, 赵水平, 等. 中国成人血脂异常防治指南(2016 年修订版)［J］. 中国循环杂志, 2016(10)：937 – 953.

［30］左根永. 药事管理与法规 15 讲［M］. 北京：中国医药科技出版社, 2018.